KB160403

Military History of Korea

한국군사사 ⑤

조선전기 Ⅰ

기획·주간

史 육군군사연구소
ARMY MILITARY HISTORY INSTITUTE

육군본부

"역사를 깨닫지 못하는 자에게
비극의 역사는 필연적으로 되풀이 된다"

　인류의 역사에서 전쟁은 한 국가의 명운을 좌우해 왔습니다. 그렇기 때문에 모든 나라들은 전쟁을 대비하는 데 전 국가역량을 집중해 왔습니다. 한 나라의 역사를 이해하기 위해 군사사 분야의 체계적인 연구가 필요한 이유가 여기에 있습니다.

　육군에서는 이러한 군사사 연구의 중요성을 인식하고 1960년대부터 지금까지 '한국고전사', '한국의병사', '한국군제사', '한국고대무기체계' 등을 편찬하였습니다. 이는 우리의 군사사 연구 기반 조성에 큰 도움을 주었지만, 단편적인 연구에 국한된 아쉬움이 늘 남아 있었습니다.

　이에 육군은 그간의 연구 성과를 바탕으로 군사사 분야를 보다 체계적으로 연구·집대성한 '한국군사사(韓國軍事史)'를 발간하였습니다. 본서는 2008년부터 3년 6개월 동안 비록 짧은 기간이지만, 많은 학계 전문가들이 참여하여 군사, 정치, 외교 등 폭넓은 분야에 걸쳐 역사적 사실을 새롭게 재조명하였습니다. 특히 고대로부터 근·현대에 이르기까지 전쟁사, 군사제도, 강역, 군사사상, 통신, 무기, 성곽 등 군사사 전반이 망라되어 있습니다.

"역사를 깨닫지 못하는 자에게 비극의 역사는 필연적으로 되풀이 된다"라는 말이 있습니다. 미래에 대한 변화와 발전도 과거에 대한 깊은 이해와 성찰을 통해서 이루어 질 수 있습니다. 이러한 의미에서 우리나라 최초로 군사사 분야를 집대성한 '한국군사사'가 군과 학계 연구를 촉진시키는 기폭제가 되고, 군사사 발전을 위한 길잡이가 되길 기대합니다.

그동안 어려운 여건속에서도 연구의 성취와 집필을 위해 열과 성을 다해 준 집필진과 관계관 여러분의 노고를 치하합니다.

2012년 10월
육군참모총장 대장 김상기

일러두기

1. 이 책의 집필 원칙은 국난극복사, 민족주의적 서술에서 벗어나 국가와 민족의 생존의 역사로서 군사사(전쟁을 포함한 군사 관련 모든 영역의 역사)를 객관적으로 서술하는데 있다.

2. 한글 맞춤법과 표준어 등은 국립국어원이 정한 어문규정을 따르되, 일부 사항은 학계의 관례를 따랐다.

3. 이 책의 목차는 다음의 순서로 구분, 표기했다.
 : 제1장 - 제1절 - 1. - 1) - (1)

4. 이 책에서 사용한 전쟁 명칭은 다음과 같은 원칙에 따라서 표기했다.
 (1) '전쟁'의 명칭은 다음 기준에 부합되는 경우에 사용했다.
  ① 국가 대 국가 간의 무력 충돌에만 부여한다.
  ② 일정 규모 이상의 대규모 군사활동에만 부여한다.
  ③ 무력충돌 외에 외교활동이 수반되었는지를 함께 고려한다. 외교활동이 수반되지 않은 경우는 군사충돌의 상대편을 국가체로 볼 수 있는지를 검토한다.
 (2) 세계적 보편성, 여러 나라가 공유할 수 있는 명칭 등을 고려하여 전쟁 명칭은 국명 조합방식을 기본적으로 채택했다.
 (3) 국명이 변경된 나라의 경우, 전쟁 당시의 국명을 사용하는 것을 원칙으로 했다.
  (예) 고려-요 전쟁   조선-후금 전쟁
 (4) 동일한 주체가 여러 차례 전쟁을 한 경우는 차수를 부여했다.
  (예) 제1차~제7차 고려-몽골 전쟁
 (5) 일반적으로 널리 알려진 전쟁 명칭은 ( ) 안에 일반적인 명칭을 병기했다.
  (예) 제1차 조선-일본 전쟁(임진왜란)   조선-청 전쟁(병자호란)

5. 연대 표기는 다음과 같은 원칙에 따라서 표기했다.
 (1) 주요 전쟁·전투·역사적 사건과 본문 서술에 일자가 드러난 경우는 서기력(양력)과 음력을 병기했다.
  ① 전근대 : '음력(양력)' 형식으로 병기하는 것을 원칙으로 했다.
  ② 근·현대: 정부 차원의 양력 사용 공식 일자를 기준으로 구분하여, 1895년까지는 '음력(양력)' 형식으로, 1896년 이후는 양력(음력) 형식으로 병기했다.
 (2) 병기한 연대는 ( ) 안에 양력, 음력 여부를 (양), (음)으로 표기했다.
  (예) 1555년(명종 10) 5월 11일(양 5월 30일)
 (3) 「연도」, 「연도 월」처럼 일자가 드러나지 않은 경우는 음력(1895년까지) 혹은 양력(1896년 이후)으로만 단독 표기했다.
 (4) 연도 표기는 '서기력(왕력)' 형태를 기본으로 하되, 필자가 필요하다고 판단한 경우에는 왕력(서기력) 형태의 표기도 허용했다.

6. 외국 인명은 다음과 같은 원칙에 따라서 표기했다.
 (1) 외국 인명은 최대한 원어 발음을 기준으로 표기하는 것을 원칙으로 했다. 단, 적절한 원어 발음으로 표기하지 못한 경우에는 한자음으로 표기했다.

(2) 전근대의 외국 인명은 다음과 같은 원칙에 따라서 표기했다.

　① 중국을 제외한 여타 외국 인명은 원어 발음을 기준으로 표기하고 한자를 병기했다.

　　(예) 누르하치[努爾哈赤]　　도요토미 히데요시[豊臣秀吉]

　② 중국 인명은 학계의 관행에 따라서 한자음으로 표기했다.

　　(예) 명나라 장수 척계광戚繼光

(3) 근·현대의 외국 인명은 중국 인명을 포함하여 모든 인명을 원어 발음 기준으로 표기하는 것을 원칙으로 했다.

　(예) 위안스카이[袁世凱]　　쑨원[孫文]

7. 지명은 다음과 같은 원칙에 따라서 표기했다.

(1) 옛 지명과 현재의 지명이 다른 경우에는 '옛 지명(현재의 지명)'형식으로 표기했다. 외국 지명도 이 원칙에 따라서 표기했다.

(2) 현재 외국 영토에 있는 지명은 가능한 원어 발음으로 표기했다.

　(예) 대마도 정벌 → 쓰시마 정벌

(3) 전근대의 외국 지명은 '한자음(현재의 지명)' 형식으로 표기했다.

　(예) 대도大都(현재의 베이징[北京])

(4) 근·현대의 외국 지명은 원어 발음으로 표기하는 것을 원칙으로 하되, 학계에서 일반화되어 고유명사처럼 쓰이는 경우에는 한자음으로 표기했다.

　(예) 상하이[上海]　　상해임시정부上海臨時政府

본문에 사용된 지도와 사진

- 본문에 사용된 지도는 한국미래문제연구원(김준교 중앙대 교수)에서 제작한 것을 기본으로 하여 필자의 의견을 반영해서 재 작성했습니다.
- 사진은 필자와 한국미래문제연구원에서 제공한 것을 1차로 사용했으며, 추가로 장득진 선생이 많은 사진을 제공했습니다. 필자와 한국미래문제연구원, 장득진 제공사진은 ⓒ표시를 하지 않았습니다.
- 이 외에 개인작가와 경기도박물관, 경희대박물관, 고려대박물관, 국립중앙박물관, 국사편찬위원회, 규장각한국학연구원, 독립기념관, 문화재청, 서울대박물관, 연세대박물관, 영집궁시박물관, 육군박물관, 이화여대박물관, 전쟁기념관, 한국학중앙연구원, 해군사관학교박물관, 화성박물관 외 여러 기관에서 소장자료를 제공했습니다. 이 경우 개인은 ⓒ표시, 소장기관은 기관명을 표시했습니다. 사진을 제공해 주신 분들께 감사드립니다.
- 이 책에 실린 사진 중에서 소장처를 파악하지 못해 사용허가를 받지 못한 사진이 있습니다. 이 사진에 대해서는 저작권자가 확인되는 대로 게재 허락을 받고 통상의 기준에 따라 사용허가 및 사용료를 지불하도록 하겠습니다.

제6장 군역제도와 신분제

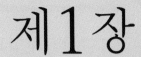

제1장

조선건국의 과정과
군제개편

제1절

고려의 대명 관계와 철령위 문제

1. 동아시아 국제정세변화와 고려군의 요동 출정

원·명의 왕조교체는 동아시아 세계에 커다란 충격을 주었다. 특히 몽골족의 원 왕조를 대신하여 한족의 명나라가 등장함에 따라 여러 세력 간의 갈등과 충돌의 강도를 한층 높였다. 그 여파는 고려와 요동·만주 지방에도 곧 파급되었다. 이를 계기로 새로운 국제 질서의 수립을 위한 진통이 본격적으로 전개되었다. 장기간 원나라와 특수한 관계에 있었던 고려에는 정치, 외교, 군사는 말할 나위도 없고 경제, 사회, 문화 등의 모든 면에 걸쳐 상당한 변화가 불가피하였다.

공민왕과 노국공주 영정

고려가 명나라와 본격적으로 외교 관계를 수립하였던 것은 1368년(공민왕 17) 8월 원의 수도였던 대도大都가 함락된 뒤였다. 중원에 대한 지배권을 명나라가 사실상 장악했다고 판단했다. 그 해 11월 장자온張子溫을 파견하여 오왕吳王을 예방하였고, 그로부터 융성한 예우를 받았다.[1] 이미 지난 1월에 주원장이 황제를 칭하고 국호를 명明으로 정했음을 알고 있었음에도 굳이 오왕으로 표현한 것은 아직 정식으로 외교 관계를 수립하지 않았기 때문이었다. 그럼에도 명에서는 고려의 사신을 우대했는데 어떻게 해서든지 두 나라의 우호 관계를 수립하기 위해서였다. 명의 입장에서 볼 때 고려는 원과 특별한 관계가 있는 국가였다. 고려와의 불화는 중원의 통일을 눈앞에 둔 명의 입장에서는 극력 피해야 할 일이었다.[2]

하지만 고려는 아직은 원과 명 어느 한쪽에 대해 적대적인 태도를 보이지 않았다. 같은 해 11월에 원나라가 보낸 사신 만자한巒子罕이 도착하자 공민왕이 직접 행성行省에 나아가 맞이했다. 시어궁에서 성대한 연회를 베풀고,[3] 답례로 이성서李成瑞를 신년 축하사절로 보냈다.[4] 비록 대도가 함락되었으나 중국의 정세는 여전히 유동적이었다. 사태를 관망하면서, 양국에 사신을 파견하여 정보 수집과 상황 파악에 힘썼다. 그런 점은 명이나 원도 마찬가지였을 것이다. 경쟁적으로 고려에 사절을 파견해서 어떻게 해서든지 끌어들이려고 노력하였다. 이런 태도는 원의 잔존 세력이 완전히 구축될 때까지 계속되었다. 그에 따른 외교전이 치열하게 전개되었으며, 그 연장선상에서 군사적인 마찰까지 발생했다.

1369년 4월에 명의 사절인 설사偰斯가 와서 정식으로 원을 몰아내고 국호를 새로 정했으며 황제로 즉위했음을 선포했다.[5] 명나라는 고려와 서둘러 우호관계를 확립하는 한편, 고려의 사정도 탐지하려고 했다. 사신으로 온 설사가 원나라 출신으로 고려에 귀화해 국왕의 측근으로 활약했던 설손偰遜의 동생이었다는 것도 이런 추측을 가능하게 한다.[6]

사신의 내왕을 계기로 명과의 관계가 한층 강화되었다. 우선 원의 연호였던 지정至

---

1 『고려사』 권41, 세가41, 공민왕 17년 11월 정미.
2 김한규, 『한중관계사Ⅱ』, 아르케, 1999, 564쪽.
3 『고려사』 권41, 세가41, 공민왕 17년 11월 병진 ; 『고려사』 권41, 세가, 공민왕 17년 11월 기미.
4 『고려사』 권41, 세가41, 공민왕 17년 11월 갑자.
5 『고려사』 권41, 세가41, 공민왕 18년 4월 임신, 원래는 전 해 11월에 출발했지만, 해로사정으로 이 때야 도착했다고 한다.
6 『고려사』 권41, 세가41, 공민왕 18년 4월 임신.

正의 사용을 중지했다.[7] 그리고 답사를 보내 등극을 축하하며 사은하는 표문表文을 올렸다.[8] 이와 동시에 원과의 관계를 확실하게 끊겠다는 상징적 조치로서 조서를 가지고 온 원나라 사신을 살해하고,[9] 동서북면 일대의 군사적인 대비책들을 마련했다. 우선 서경, 의주, 정주, 이성, 강계 등지에 만호와 천호를 두었다.[10] 그 위에 이성계李成桂를 동북면 원수 겸 지문하성사, 지용수池龍壽를 서북면 원수 겸 평양윤으로 임명하였다.[11] 이어서 이인임李仁任을 서북면 도통사로 지명해 대둑大纛[12]를 주어서 보냈다. 또한 양백안楊伯顔을 부원수로 제수하였다.[13] 동원된 지휘관들의 면모나 정황으로 미루어 보아 이는 단순히 변방의 방어 태세를 강화하기 위한 것이 아니라 동녕부東寧府 공격을 위한 준비 작업이었던 것 같다.

1370년 1월에 동북면의 이성계가 휘하의 군대를 이끌고 출동하면서 동녕부 공격이 시작되었다. 압록강을 건너 그 중심지인 우라산성亏羅山城[14]을 함락시켰다.[15] 그러나 군사적 성공에도 불구하고 원정군은 점령을 기도하지 않고, 다수의 주민과 함께 귀환했다.[16] 그래서 일제시기 식민사가들은 이 원정의 목적이 반원정치 과정에서 살해된 친원파의 핵심인물 기철奇轍의 아들 기새인티무르奇賽因帖木兒를 제거하려는 것이

---

7 『고려사』 권41, 세가41, 공민왕 18년 5월 신축.
8 『고려사』 권41, 세가,41 공민왕 18년 5월 갑진.
9 『고려사』 권41, 세가41, 공민왕 18년 11월.
10 『고려사』 권41, 세가41, 공민왕 18년 8월 을축.
11 『고려사』 권41, 세가41, 공민왕 18년 11월 경오.
12 둑은 군신인 치우를 상징하는 의장으로서 긴 창날 아래에 긴 술이 무성하게 달려 있다. 전쟁에 출정하는 날에는 둑기 아래에 모든 병사가 모여 입에 짐승 피를 바르며 함께 싸울 것을 맹세하고 서약문을 읽은 뒤 명령을 받는다(민승기, 『조선의 무기와 갑옷』, 가람기획, 2004, 407쪽).
13 『고려사』 권41, 세가, 공민왕 18년 11월, 본 기사에 이어서 공민왕이 일찍이 서경에 갔을 때에 대둑을 만들고 관원을 배치하여 그것을 지키면서 일정한 날에 제사를 지내게 했는데 이때에 이르러 이인임에게 주어서 나가 진수케 하였다고 한다. 대청관에서 출진제를 지내고 출발 때는 오군에 명령하여 황교까지 호위 전송케 하였다는 내용이 서술되었다. 이것으로 고려 정부의 의지가 어느 정도였는지를 짐작할 수 있다.
14 우라산성은 올자산성, 오녀산성, 오로산성 등으로 불렸는데, 현재 중국 랴오닝성(遼寧省) 환런현(桓因縣) 서북방, 즉 퉁자강(佟佳江) 우안(右岸)에 있는 오녀산성을 가리킨다고 한다(朴焞, 「高麗末 東寧府征伐에 대하여」 『中央史論』 4, 1985, 118쪽).
15 『고려사』 권42, 세가42, 공민왕 19년 1월.
16 『고려사』 권42, 세가42, 공민왕 19년 1월 무인 ; 『고려사』 권42, 세가42, 공민왕 19년 1월 임오.

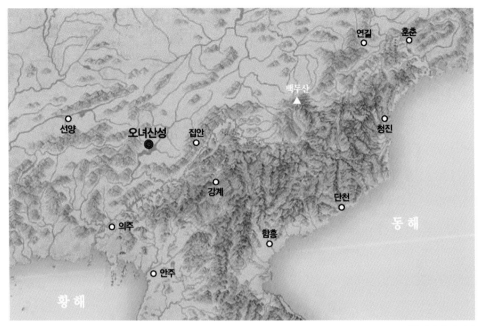

오녀산성(우라산성)의 위치

었다고 주장했다. 그러나 이런 주장은 근거가 박약하다. 압록강 이북 지역에 대해 고려의 위력을 과시함과 동시에 방어 요충지였던 강계의 대안對岸에 거주하던 주민들을 우리 쪽 사람으로 만들기 위한 시위적 초유招諭일 가능성이 높다.[17]

원정의 성과를 정리하면서 남긴 "동쪽은 황성皇城까지, 북쪽은 동녕부까지, 서쪽은 바다까지, 남쪽은 압록강까지의 지역이 한결같이 텅 비게 되었다."는 『고려사』의 진술도 이런 추정을 뒷받침해 준다.[18]

이 원정을 통해 압록강을 경계로 그 이남은 고려의 고유한 영토이며, 건너 편 동·북·서쪽의 일정 영역은 일종의 국경선에 해당하는 완충지로 설정하되 어떤 경우에도 적대적인 세력의 주둔을 결코 허용하지 않겠다는 고려의 의지가 명확히 표출되었다.

한편 동녕부 원정이 단행되었던 바로 그해 4월에 명나라에서는 도사 서사호徐師昊를 파견하여 고려 국왕을 신하로 삼았음을 공포하고, 천자로써 고려의 산천에 제사를

---

17 朴焞, 앞의 논문, 1985.
18 『고려사』 권42, 세가42, 공민왕 19년 1월.

지냈다.[19] 이어서 5월에는 설사를 다시 보내 왕을 책봉하고 고명誥命을 주었다. 이때 대통력大統曆[20]도 함께 전달했다.[21] 먼저 산천에 제사를 지낸 것은 온천하가 명나라의 땅이며 궁극적인 주인은 천자임을 전파하기 위한 것이었다. 대통력을 보낸 것은 새로 이 제정한 역법으로 명나라와 동일한 시간을 사용해야 한다는 것을 의미했다. 이로써 공간과 시간이 모두 명에 의해 정해지며 자연히 그 궁극적인 소유자는 천자임을 확인 하고, 고려왕에게 고명을 주어 대리자의 자격으로 관할 지역을 다스리게 하였음을 주 지시켰다.

명나라는 고려의 사신 편으로 다시 새서璽書를 보냈는데, 제후의 나라가 위태롭게 될 경우에, 천자가 자문을 주는 것이 도리라고 하며, 고려의 국정에 대해 몇가지를 지 적했다. 특히 왕이 불도에 힘쓰는 동안 왜구로 인해 해안가의 백성이 고통받고 있다 고 지적하고 국정과 국방 정책을 시정할 것을 촉구했다.[22]

고려는 일단 명과의 외교 관계를 돈독히 한다는 의미에서 홍무洪武 연호를 사용했 다.[23] 그리고 탐라(제주도)는 원나라의 영토가 아닌 고려의 영토이므로 고려가 되찾게 해달라고 요청하고, 대신 말을 보내주겠다고 제안했다.[24] 동시에 이성계와 지용수, 양 백연 등에게 동녕부를 다시 공격하게 했다.[25] 고려군은 의주에 부교를 가설하고 강을 도하해서 신속하게 요성遼城으로 진격해서 함락시켰다.[26] 그런 다음 도평의사사에서 동녕부에 자문咨文을 보냈다. 내용은 요심遼瀋 지방은 본래 고려의 옛 영역이다. 원나 라를 섬기면서 부마 관계를 맺어 행성의 관할 하에 맡겨 두었다. 그런데 기새인티무 르가 강점하여 자기의 소굴로 만들었으므로 군사를 파견했다는 것이다. 즉 이번 군사

---

19 『고려사』 권42, 세가42, 공민왕 19년 4월 경진.
20 명나라 건국 초기에 태사원사 유기가 무신대통력을 태조에게 올리고, 1370년(홍무 3) 대통민력이
　만들어졌다. 이는 모두 원나라 때 곽수경이 만든 수시력에 따른 것이다(李殷晟,「近世 朝鮮의 曆」
　『東方學志』 19, 1978).
21 『고려사』 권42, 세가42, 공민왕 19년 5월 갑인.
22 『고려사』 권42, 세가42, 공민왕 19년 4월.
23 『고려사』 권42, 세가42, 공민왕 19년 7월 을미.
24 『고려사』 권42, 세가42, 공민왕 19년 7월 갑진.
25 『고려사』 권42, 세가42, 공민왕 19년 8월 기사.
26 『고려사』 권42, 세가42, 공민왕 19년 11월 정해·기축.

행동은 기새인티무르를 노린 것으로 몽골이나 중국인에 대한 공격은 아니라는 것이다.[27] 하지만 당시 기새인티무르의 처지로는 이곳에서 무엇을 할 수 있었던 입장이 아니었으며 이는 순전히 핑계에 불과했다.[28]

원정의 진정한 의도는 강계만호부에서 붙인 방문에 드러나 있다. "요양은 원래 우리나라의 영역이었는데 대군이 또 출동하면 선량한 사람들에게 해를 끼칠 우려가 있다. 백성 중에서 강을 건너와서 우리 주민이 되기를 원하는 자에게는 관청에서 양식과 종자를 주어 생업에 안착하게 할 것을 약속한다."는 것이었다.[29]

앞선 제1차 동녕부 정벌에서도 분명히 했던 것처럼 압록강에서 요심에 이르기까지는 경계에 해당하는 완충지로서 원래 우리 영역 안에 속하였기 때문에, 만일 적대적인 세력이 들어온다면 군사적 응징도 가할 수 있는 권리가 있다는 것이다. 그것을 실천에 옮긴 것이 이번에 단행된 원정임을 선언한 것이다.

그런데 명나라 세력이 점차 요동·만주 지역으로 팽창하면서 사정이 한층 복잡해졌다. 북원의 요양성 평장遼陽省平章으로 있었던 유익劉益 등이 고려와 명 사이에서 눈치를 보다가 마침내 1371년에 명으로 투항하는 사건이 발생했다.[30] 이를 계기로 명나라는 정료도위定遼都衛를 설치하고 요동 경영에 본격적으로 착수했다.[31]

이에 대해 고려도 적극적으로 대응했다. 같은 해 9월에 서경도만호西京都萬戶 안우경과 안주 상만호 이순李珣을 보내 오로산성五老山城[32]을 토벌했다.[33] 이때도 산성을 격파하고 포로를 노획했다.[34] 이번에도 정료위定遼衛에 자문을 보내 기새인티무르가 요양로와 동녕부의 관리들과 결탁하여 여러 차례 국경 지방의 근심거리가 되었기 때문에 부득이 두 번이나 군사를 동원하여 두 곳의 성을 격파하였다고 주장했다. 하지만

---

27 『고려사』 권42, 세가42, 공민왕 19년 12월 정사.
28 朴焞, 앞의 논문, 1985, 125~126쪽.
29 『고려사』 권42, 세가42, 공민왕 19년 12월 정사.
30 『고려사』 권43, 세가43, 공민왕 20년 윤3월·4월 무술.
31 김순자, 『韓國中世韓中關係史』, 혜안, 2007, 73쪽.
32 고려군이 제1차 동녕부 원정에서 함락시켰던 우라산성의 다른 이름이다(朴焞, 앞의 논문, 1985, 118쪽).
33 『고려사』 권43, 세가43, 공민왕 20년 9월 신해.
34 『고려사』 권43, 세가43, 공민왕 20년 10월 병술.

기새인티무르를 잡지 못했고, 그의 일당이나 불순한 무리들이 계속 침공해왔기 때문에 때때로 강을 건너 추격하기도 했다고 하였다. 이어 동녕과 요양은 아직까지 명에 귀순하지 않았을 뿐만 아니라 우리에게는 항상 적의를 가지고 있으므로 방비해야 하는데 요해지에 대기하고 있다가 격멸하도록 이미 명령을 내렸다고 했다. 끝으로 기새인티무르를 체포하면 압송해 달라고 통보했다.[35]

명은 태조가 직접 나서 사대의 예를 잃지 않으면 무슨 일이 생기겠느냐고 반문하면서 자신은 결코 수 양제 같은 어리석은 인물이 아니라고 말했다.[36] 그러면서 정료성에 도착해 있던 고려 사신의 입국을 거절하고 귀환시켰다. 육로는 백성에게 부담이 되니 앞으로 해로로 왕래하라는 것이었다.[37] 나아가 원의 잔여 세력으로 요동 일대에 웅거했던 나하추納哈出가 명나라 우가장牛家莊의 마두馬頭 10만량糧과 군마 3천필을 약탈한 것은 고려가 뒤에서 사주한 일이라고 단언하고, 그 보복 조치로서 앞으로는 조공을 3년에 한번 정조사正朝使로 실시하라고 명령했다.[38]

고려는 다시 사신을 보내 명에 대한 사대 외교에는 변함이 없음을 강변하고,[39] 사신의 육로 이용을 요청했다.[40] 고려의 태도는 명과의 평화적인 외교 관계는 유지하겠지만, 압록강 이북 지역에 대한 연고권도 포기하지 않겠다는 것이었다. 아마 명도 이 점을 감지한 듯, 고려의 압록강 이북 진출을 극도로 경계하면서 사신의 육로 이용도 불허하였다.[41]

외교적인 신경전이 벌어지는 사이에 고려에서 커다란 사건이 연이어 터졌다. 공민왕 시해 사건과[42] 고려의 호송관이었던 김의金義가 명나라 사신 채빈蔡斌과 그 아들을 죽인 다음 임밀林密을 붙잡아 북원으로 도망친 사건이었다.[43] 이로 인해 두 나라의 관

---

35 『고려사』 권43, 세가43, 공민왕 21년 3월 경술.
36 『고려사』 권43, 세가43, 공민왕 21년 9월 임술.
37 『고려사』 권44, 세가44, 공민왕 22년 2월 경인.
38 『고려사』 권43, 세가43, 공민왕 22년 7월.
39 『고려사』 권43, 세가43, 공민왕 22년 10월 을유.
40 『고려사』 권43, 세가43, 공민왕 23년 2월.
41 김순자, 「고려말 대중국관계의 변화와 신흥유신의 사대론」 『역사와 현실』 15, 1995, 120쪽.
42 『고려사』 권43, 세가43, 공민왕 23년 9월 갑신.
43 『고려사』 권133, 열전46, 우왕 즉위년 11월.

계가 크게 요동치게 된다.

외부의 시선으로 본다면 두 개의 사건이 연관되어 있다고 의심할 수도 있기 때문에 고려로서는 크게 당황하였다. 반면에 명은 고의든 아니든 간에 혐의를 극대화시킴으로써 주도권을 장악하고자 했다. 고려는 어려운 입장에서 벗어나고자 안간힘을 쓰면서도 어떻게 해서든지 기본 원칙만큼은 지키려 했다. 이것이 이후 두 나라 관계에서 중요한 변수로 작용하였다.

2. 긴장 고조와 철령위 설치

1374년 새로 즉위한 우왕은 처음부터 자격을 놓고 논란이 많았다.[44] 일부 세력들은 공민왕의 친자 여부를 의심했다.[45] 명은 이런 상황을 이용하기 위해 고려의 거듭된 요구에도 우왕을 공민왕의 정식 후계자로 인정하는 고명을 내주지 않았다. 그리고 경제적 요구를 끊임없이 했다.[46] 수세에 몰린 고려는 부담의 과중함을 느끼면서도 일단 명의 요구에 응했다. 그리고 계속해서 사신을 파견했다. 그 결과 1378년(우왕 4)에 황제의 칙지를 받았고,[47] 이를 계기로 지난해부터 중단했던 홍무 연호를 다시 사용했다.[48]

그렇지만 군사적 대응 태세도 소홀히 하지 않았다. 1377년에 올린 개성부의 건의에 국방과 관련하여 4개의 대책이 제시되었다. 첫째는 왜적방어책으로 활쏘기와 말타기에 능한 자는 마병으로 삼고 민군民軍은 보졸步卒로 만들어 모두 창, 칼, 백봉白棒을 가지고 왜적을 방어한다. 둘째는 동북면과 서북면의 사례를 따라 익군을 설립한다.

---

44 『고려사』 권133, 열전46, 우왕 즉위년 9월.
45 비교적 고려 사정에 정통하였던 나하추조차도 공민왕은 아들이 없는데 누가 계승했냐고 물어올 정도였다. 북원에서는 심왕 고의 손자 탈탈불화를 고려왕으로 삼았다(『고려사』 권133, 열전46, 우왕 1년 1월).
46 김순자, 앞의 책, 2007, 92~93쪽.
47 『고려사』 권133, 열전46, 우왕 4년 8월.
48 『고려사』 권133, 열전46, 우왕 4년 9월. 이를 계기로 우왕 정권과 명나라 사이의 관계가 재개되었던 것으로 보고 있다(김순자, 앞의 책, 2007, 98~99쪽).

셋째는 개성에 환과고독鰥寡孤獨이 많아 병력이 부족하므로 남정男丁이 없는 호에서도 연호烟戶를 낸다. 마지막으로 정료위의 대처방법으로 무기와 기계를 엄히 하고 봉화를 정성스럽게 하며 마병과 보병을 기른다. 적이 공격해 오면 양반, 백성, 공사 천인, 승려를 막론하고 모두 징발한다. 형세가 불리하면 산성에서 농성하고, 기회를 보아 사방으로 공격한다는 것이다.[49]

정료위에 관한 방책은 총력전 체제라고 할 수 있다. 고려군의 장기인 산성방어전을 활용하여 청야수성淸野守成의 원리에 따라 굳건하게 지키다가 기회를 엿보다가 기습 공격할 것을 건의한 것이다.[50] 역사적으로 고구려의 수·당 전쟁이나 거란 및 몽골과의 싸움에서 커다란 효과를 거두었던 전술이었다.

하지만 그에 앞서 제시된 세 가지 대책에 비해 현실성이 떨어지는 것은 그만큼 정료위, 즉 명과의 전면전이 쉽게 일어나지 않을 것으로 보았기 때문이 아닌가 한다. 아무튼 외교적인 수단을 최선의 것으로 여기되 여의치 않을 경우에는 전쟁을 각오했던 것이 분명했다.

명에서도 고려를 포함한 동방의 문제를 군사적으로 해결하기보다 외교적으로 처리하는 것을 우선으로 삼았을 것이다. 고려 침공은 너무 버거운 일이었다. 태조가 친히 보낸 조서에서 과거 수 양제라든가 당 태종의 일을 언급했던 것은 어떤 면에서 두려움의 발로로 볼 수 있다. 하지만 군사력의 도움 없이 외교만으로는 소기의 성과를 거둘 수 없다는 점이 고민거리였다. 일단 강압적인 외교를 펼쳐 고려를 시험하면서 만약의 사태에 대비할 필요가 있었다. 이러한 방책이 성공하려면 일단 고려를 철저하게 고립시켜야 했다.

고려의 완전한 고립은 명으로는 최선의 방책이었다. 다행히 빈번한 왜구의 침입으로 인해 일본과 연결되는 것은 불가능하였다. 남은 것은 요동·만주 지역에 흩어져 있는 몽골, 여진, 기타의 종족 및 그들을 등에 업고 있는 여러 정치 세력들과 고려가 합

---

49 『고려사』 권81, 지35, 병1, 병제, 우왕 4년 7월.
50 산성 중심의 방어 전술을 강화하자는 개성부의 장은 단순히 건의로 끝난 것은 아니었다. 즉각 사신을 파견하여 여러 도의 산성을 수축하도록 했다(윤훈표, 『麗末鮮初 軍制改革研究』, 혜안, 2000, 124쪽).

심하는 것을 방지해야 했다. 이들과 고려를 분리시키기 위해 조그만 꼬투리만 있어도 고려를 의심하며 압박을 가했다.

일차로 압록강과 그 지류를 건너오지 못하게 하는 것이 중요했다. 실제로 명나라는 요동의 원나라 잔여 세력 가운데 가장 강력했던 나하추를 공략하기 전에 압록강·퉁자강佟佳江·휘발하輝發河 상류 일대를 경략하여 고려와 연결되는 것을 차단하고자 했다.[51] 그 과정에서 고려군과 비록 소규모이기는 하지만 충돌하였다.[52] 1383년 고려에서 입수한 정보에 따르면 명군이 직접 침공할 것을 계획하기도 했다고 한다. 즉 요동총병관遼東惣兵官이 황제에게 '달달韃韃이 문합라불화文哈剌不花를 고려에 보내 정료위를 협공하려고 하니 원병을 파견해 달라'고 요청하자 손도독係都督 등에게 병선 8·900척을 이끌고 고려를 정벌하라고 명하였다는 것이다. 손도독이 도착한 다음에 다시 요동군을 세 길로 나누어 고려로 향해 출발했는데, 그때 마침 달달이 혼하구자渾河口子를 공격하여 명군을 전멸시키고 혼하에 주둔하였다. 이때 손도독의 군사가 이들과 교전하였으나 패하여 돌아갔다는 것이다. 이런 사실을 보고받았던 우왕은 도당都堂에 국경 방비 대책을 의논할 것을 명했다.[53]

1384년에는 명군이 고려 영토로 진격하였다. 요동도사가 여진 천호女眞千戶 백파파산白把把山에게 70여 명의 기병을 인솔시켜 북청주北靑州를 불의에 습격하도록 했는데 만호였던 김득경金得卿이 야음을 틈타 반격을 가해 40여 명을 사살하였다. 앞서 이원굉李元紘 등이 요동에 갔을 때에 군사를 파견하여 북원 사신의 회로를 차단하려 한다는 것을 알아내서 미리 통보했기 때문에 성과를 올릴 수 있었다.[54]

고려 영토 안에서 명나라 군내와 전투하는 일이 벌어졌으며 첩보 수준이기는 하지만 침공이 실제로 계획되었다는 사실이 확인되었다. 그럼에도 불구하고 여전히 외교적인 해결책이 우선시되었다. 아직까지 파국에 이르지 않았다는 주장이 우세했기 때문이었다.[55] 명에서 사절을 보내 북청주 사건을 문제 삼자 김득경의 개인적인 소행으

---

51 朴元熇, 『明初朝鮮關係史研究』, 一潮閣, 2002, 246쪽.
52 김순자, 앞의 책, 2007, 114쪽.
53 『고려사』 권135, 열전48, 우왕 9년 10월 ; 『고려사절요』 권32, 우왕 9년 10월.
54 『고려사』 권135, 열전48, 우왕 10년 11월.
55 우왕은 이성계를 동북면 도원수로, 문하찬성사 심덕부를 상원수로, 지밀직 홍징을 부원수로 임명

로 일어난 일이라고 변명하면서 그를 체포하여 보내주었다.[56] 곧 바로 명에서도 그 동안 잡아두었던 고려의 사신들을 석방하고 조빙朝聘을 허락하였다.[57] 동시에 전부터 강하게 요구하였던 공민왕에 대한 시호와 우왕에 대한 책봉도 실시하였다.[58] 언뜻 평화로운 관계로 진전되는 것처럼 보였다.

바로 그 무렵부터 명에서는 본격적으로 요동·만주 지역에 대한 공략에 나섰다. 그 중에는 요동에 웅거하였던 나하추 세력을 평정하여 북원의 잔여 세력을 일소하는 것도 포함되었다. 이를 위해 고려와의 관계를 일시적으로 개선시켜 경계심을 누그러뜨리는 동시에 나하추와 손잡는 것을 차단하고자 했다. 동시에 각종 정벌 사업에 필요하였던 마필 등을 고려로부터 사들이려고 했다.

1387년(우왕 13) 명은 20만 대군을 동원하여 나하추의 투항을 얻어냈다. 이로써 요동의 중심부를 장악하고, 계속 밀고 내려와서 고려와 국경을 맞닿을 정도로 진출했다. 이 사건을 계기로 고려에 대한 태도가 다시 강경해졌다. 일차적으로 요동도사에게 고려 사신의 입국을 허락하지 말 것을 명하였다. 그리고 철령위鐵嶺衛 설치를 통보하게 했다.[59] 즉 철령 이북, 이동, 이서의 땅은 전에 개원開元에 속했으니 거기에 토착하는 여진·달단·고려인 군민들은 요동에서 통치하고 철령의 남쪽은 전에 고려에 속했으니 그 백성들은 모두 본국에 속하여 관리하게 하되, 강역이 정해졌으니 각자 잘 지켜 서로 침벌하지 않도록 하라는 것이다.[60]

기존의 여러 연구 성과에서 거론했듯이 이는 영토 문제에 있어 명이 공식적으로 원나라 때의 영역을 그대로 계승하겠다는 것을 의미했다. 아울러 이전에 개원로開元路에 거주하였던 다양한 종족들, 즉 여직, 달단, 고려인 등에 대한 영유권을 장악하겠다

하고 북청주로 파견하여 요동군의 침공에 대비하게 했는데, 김득경이 격퇴했다는 소식을 듣고서 귀환시켰다(『고려사』 권135, 열전48, 우왕 10년 12월). 이것은 전면적인 공격이 아니라는 점을 사전에 파악했기 때문으로 짐작된다. 그러나 경계심을 늦추지 않고 방어 태세를 항상 갖추고자 했던 것은 확실했다.

56 김순자, 앞의 책, 2007, 114쪽.
57 『고려사』 권135, 열전48, 우왕 11년 4월.
58 『고려사』 권135, 열전48, 우왕 11년 9월.
59 朴元熇, 앞의 책, 2002, 284쪽.
60 『명태조실록』 권187, 홍무 20년 12월 임신.

는 것이었다.[61] 이미 요동에 진출할 때부터 명은 이 지역에 대한 전략적 중요성을 깊이 인식하고 있었다. 동쪽으로는 압록강을 넘어 조선을 억누를 수 있고, 서쪽으로는 산해관과 접하여 경기를 껴안을 수 있으며, 남쪽으로는 명해溟海에 걸터앉고 청기青冀와 이어졌으며, 북쪽으로는 요하를 넘어 사막과 마주하고, 동북으로는 누르칸[奴兒干]에 이르러 바다 건너 길열미吉列迷 제종諸種 부락이 있고, 동쪽으로는 건주建州·해서海西 야인野人 여진 및 올량합兀良蛤 삼위三衛와 이웃하는 전략적으로 더 할 수 없는 요충지로 간주하였다. 이로 인해 명 태조는 그 아들들을 번왕藩王으로 분봉해 구변九邊에 나누어 주둔케 할 때, 그 중 3명을 요동에 포진시켰을 정도였다.[62]

명의 철령위 설치 통보는 고려에게는 엄청난 충격이었다. 조야를 막론하고 그 파장은 대단히 컸다. 다만 철령위의 위치에 대해서는 지금까지도 학자들 사이에서 논란이 되어 있다. 근래 '철령'과 철령위는 분리해서 생각해야 한다는 주장이 제기되어 주목된다. 즉 전자인 '철령'은 대체로 함경도 남단의 산령山嶺인 '철령'을 가리키는 것이 확실하다고 한다. 다만 철령위의 소재지에 대해서는 지금까지도 이견이 많은데 압록강 중류의 북안北岸인 황성黃城이 유력하게 검토되고 있다.[63] 그러나 통고 당시의 고려 사람들은 '철령'과 철령위를 분리해서 생각하지 않았을 것이다. 분명히 함경도 남단의 철령으로 간주했을 것이다. 자연히 철령위가 설치된다면 공민왕의 반원개혁 정치이래 수십 년간 많은 희생을 무릅쓰고 수복하였던 영토가 하루아침에 상실될 것으로 여겼다. 극도로 격한 반응을 보일 수밖에 없었다. 국토를 잃는 것은 절대 받아들일 수 없었다. 단지 어떻게 대응할 것인가의 문제만 남아 있을 뿐이었다.

1388년 2월에 박의중朴宜中을 파견해 철령위 설치의 철회를 요청하며 그 지역은 원래 고려의 영토였음을 재삼 강조하였다.[64] 그런데 다음 달인 3월에 서북면 도안무사 최원지崔元沚로부터 요동도사가 지휘자 2명에게 1천여 명의 병력을 인솔하게 하여 강계에 와서 철령위를 수립한다는 보고가 들어오자 국왕은 울면서 '여러 신하들이 나의

61 김순자, 앞의 책, 2007, 111~112쪽.
62 김한규, 『요동사』, 문학과 지성사, 2004, 534쪽.
63 박원호, 「鐵嶺衛의 位置에 관한 再考」 『동북아역사논총』 13, 2006.
64 『고려사』 권137, 열전50, 우왕 14년 2월.

요동 진공 계획을 듣지 않더니 이렇게 만들었다'고 말했다. 그리고 곧 8도의 정병을 징발하도록 명했다.[65]

철령위의 설치 통보를 접하면서 국왕측은 즉각 선제공격을 가해야 한다고 주장했던 것 같다. 반면에 여러 신하들은 최후의 일전은 외교적인 교섭이 완전히 실패로 돌아갔을 때 검토해야 하는 것으로 인식했던 것 같다. 많은 논쟁을 거쳐 일차적으로 외교 교섭을 통해 해결하고자 박의중을 파견하였다. 그러나 국왕측은 여전히 탐탁하게 여기지 않고 선제 공격론을 옹호했던 것 같다. 마침내 최원지의 보고를 적극적으로 이용해서 선제 공격론, 이른바 요동정벌을 추진하였다.

국왕측이 여러 신하들의 우려에도 불구하고 박의중의 외교 성과를 기다리지 않고 선제공격을 감행하고자 했던 이유가 궁금하다. 여러 가지 요인이 있겠지만 즉위 초부터 왕의 정통성에 대해 의심을 받아왔으며, 또한 그 동안 정권 담당자들에 의해 부정부패가 극심하게 저질러져서 사회가 한층 혼란하게 되었던 것에 따른 불평과 불만이 상당한 수준에 도달했음을 의식했던 것 같다. 또 다른 골칫거리였던 왜구의 침입도 심각한 수준이었다. 나아가 명에 일방적으로 끌려 다니다가 철령위가 설치된다면 정치적 타격이 심대할 수 있었다. 대신에 선제공격에 성공한다면 그 동안 쌓였던 비난과 비판을 일거에 잠재울 수도 있었다.[66] 결국 요동 정벌은 내외의 압력과 비난에서 한꺼번에 벗어나고자 했던 우왕 정권의 결정적 승부수였다.

---

65 『고려사』 권137, 열전50, 우왕 14년 3월.
66 우왕대 정치적 상황에 관해서는 姜芝嬿, 『高麗 禑王代(1374年~88年)政治勢力의 研究』, 이화여대 박사학위논문, 1996 ; 李亨雨, 『高麗 禑王代의 政治的 推移와 政治勢力 研究』, 고려대 박사학위논문, 1999 ; 金塘澤, 「都堂을 통해 본 高麗 禑王代의 정치적 상황」 『歷史學報』 180, 2003 등의 연구에 상세하게 정리되었다.

제2절

요동정벌군의 편성과 출정

1. 정벌의 추진 과정

1387년(우왕 13) 우왕은 요동 정벌을 과감하게 추진했다. 역사상 사대의 대상국이었던 중국을 선제공격하는 것은 전례가 없던 일이었다.[67] 여기에 우왕대는 국내의 정치, 사회적 사정도 최악이고 왜구의 침입도 극심했다. 이런 상황에서 요동 정벌을 추진한다는 것은 대단히 이례적인 일이었다. 그런 점에서 요동 정벌의 논의 과정에 대한 검토가 필요하다.

종전에는 『고려사』 등의 일부 기록에 근거하여 우왕과 당시 정국을 주도했던 최영의 일방적 결정에 의거하여 추진되었다고 파악하였다. 하지만 매우 취약해졌던 우왕정권이 단순히 몇몇 인사들에 의해 명나라를 상대로 전쟁을 추진했다는 것은 이해하기 힘들다. 이에 영토에 관한 명측의 부당한 요구를 수용할 수 없었으며 필요한 경우에는 군사 동원도 불가피하다는 인식을 지배층이 지니고 있었다는 견해도 있다.[68]

그리고 실제로 회의를 개최해서 동의를 얻어 정벌을 단행했다는 사실이 위화도에서 회군하는 군대를 설득하기 위해 우왕이 파견하였던 전밀직부사 진평중陳平仲이 지닌 유서諭書의 내용을 통해 확인된다.

---

67 김순자, 앞의 책, 2007, 199쪽.
68 김순자, 앞의 책, 2007, 199쪽.

왕명을 받고 국외로 출정하다가 이미 상부의 절제節制를 위반하고 병력을 이끌고 대궐로 향하였으며 또 강상綱常을 위반하여 이런 사단을 일으켰으니 이것은 나로 인한 것이다. 그러나 군신君臣의 대의大義는 고금의 통칙인데 그대들은 평소에 독서를 좋아한 사람이거늘 어찌 이것을 모르는가? 하물며 나라의 강토는 조상에게서 받은 것이거늘 어찌 쉽사리 남에게 주겠는가? 군사를 일으켜 싸우는 것만 같지 못하기 때문에 내가 여러 신하들에게 모의謀議하였더니 모두들 '가하다'라고 하였다. 지금에 와서 어찌 감히 이의異議를 가질 수 있겠는가? 비록 최영을 지적하여 구실을 붙이나 최영이 나를 보위하는 것도 그대들이 아는 일이요 우리 왕실을 위하여 충실한 것도 그대들이 다 아는 바이다. 이 교서를 받는 날로 그릇된 견해를 버리고 허물을 다 고쳐서 부귀를 함께 누리도록 힘쓰라. 나는 진실로 이것을 바란다. 그대들은 어떻게 생각을 하는가?[69]

위에 인용된 자료의 내용을 통해 여러 신하들과 함께 논의하던 자리에서 아무리 명이라고 하더라도 영토를 내어줄 수 없음을 분명히 했음을 알 수 있다. 특히 중요한 것은 군사적인 조치도 필요하다면 단행해야 한다는데 대다수의 인원이 찬성하였다는 사실이다. 그리고 최영이 일신의 안위를 위해 혼자서 주도했던 것이 아니었다.

이성계는 최영과 더불어 당시 정국을 주도했으며 군사적 입지가 대단히 컸다. 그런 인물이 여러 신하들과 회의하는 자리에서는 침묵을 지켰다가 별도로 만나서 반대의 사를 표시했다고 보기는 어렵다. 이성계는 최고 지휘관으로 당장 군대를 이끌고 출정해야 할 처지에 있었다. 그가 정말로 반대했다면 그렇게 빠른 시간에 정벌이 결정되고서 즉각 출동하지 못했을 것이다.

이성계는 요동 정벌을 어떻게 구상하고 있었을까? 그런 점에서 우왕에게 건의했던 다음의 방안이 지닌 의미가 크다.

전하께서 반드시 대계大計를 성취하시려고 한다면 서경에 머물러 있으면서 가을을 기다려 출정하시기 바랍니다. 그러면 곡식이 들을 덮을 것이니 대군大軍의 군량이 풍족

---

69 『고려사』 권137, 열전50, 우왕 14년 6월 갑진.

하여 계속 전진할 수 있습니다. 그러나 지금은 출정할 시기가 아닙니다. 설사 요동의 한개 성城을 함락시킨다 해도 바야흐로 비가 내리면 군사들은 전진도 후퇴도 못하게 되고 사기가 떨어지며 군량이 결핍되어 화를 재촉할 뿐일 것입니다.[70]

위 인용문 내용을 통해 이성계도 군사적 조치의 불가피성을 어느 정도 인정하고 있음을 알 수 있다. 외교적인 해결이 어렵다면 물리적인 방법을 사용할 수 밖에 없다는 점을 인식하고 있었다. 그러나 군사적인 조치에는 시기 문제가 대단히 중요했다. 강대국인 명과 싸우려면 기습 공격을 가해 소기의 성과를 거두는 것이 긴요했다. 하지만 지금은 그럴만한 시기가 아니라는 것이다. 장마철에 접어들었기 때문에 선제 기습이 힘들었다. 군대의 이동, 보급에 애로가 예상되었다. 그러므로 가을철 추수기로 공격을 연기해야 한다고 주장했다.

하지만 공격을 연기했다가 이 정보가 명에 들어가면 정벌 자체가 처음부터 불가능질 가능성이 높았다. 아마도 회의에 참석했던 여러 신하들은 최영의 즉각 공격론과 이성계의 추수기로 연기해야 한다는 주장을 놓고 격론을 벌였을 것이다. 그리고 기왕 군사적 해결을 시도한다면 최영의 주장대로 즉시 기습을 감행해서 명나라를 당황케 한 다음에 외교적 해결을 모색하는 것이 전략적으로 옳다고 판단했던 것 같다. 따라서 회의석상에서 최영의 의견대로 결론이 났던 것으로 짐작된다. 이성계로서도 더 이상 자신의 의견을 고집하기가 어려운 상황이었을 것이다.

하지만 이성계의 위상으로 미루어 짐작했을 때 『고려사』의 기록처럼[71] 그의 의견이 완전히 무시되었을 가능성은 실제로 없었을 것이다. 적당한 타협이 필요했다. 여기서 중요하게 살펴보아야 할 것은 요동 정벌의 구체적인 목표가 무엇인가 하는 점이다. 궁극적인 목적은 명의 철령위 설치를 단념하게 하는 것이었다. 그런데 문제는 군사적

---

70 『고려사』 권137, 열전50, 우왕 14년 4월.
71 『고려사』에 따르면 요동 정벌에 반대하는 이성계에게 우왕이 "그대는 이자송의 일을 보지 못하였는가?"라고 위협적으로 말하였다고 했다. 이에 대해 이성계는 "이자송은 비록 죽었어도 그의 미명은 후세에 남을 것이나 우리들은 비록 살아 있어도 이미 방침을 잘못 잡았으니 무슨 소용이 있습니까?"라고 응답했다고 한다.(『고려사』 권137, 열전50, 우왕 14년 4월) 하지만 두 사람의 대화 내용은 당시의 정황을 보았을 때 상당히 과장된 측면이 많았을 것이다.

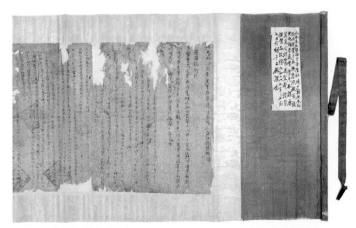

태조 이성계 호적(국립중앙박물관)

으로 어디를 어떻게 공략하느냐였다. 이번 정벌이 막연하게 요동 전체를 군사적으로 완전히 점령해서 명나라 군대와 정면으로 일전을 치루겠다는 의도는 애초부터 없었다고 생각한다. 그것은 너무나 큰 부담이었으며 실제로 성과를 기대하기도 어려웠다. 고려의 분명한 의도는 요동을 군사적으로 점령하는 것이 아니라 철령위 설치를 좌절시키는 일이었다. 이것을 위해서는 전략적으로 중요한 요충지를 장악해서 명으로 하여금 철령위 설치를 고집하다가는 큰 손실을 당할 수도 있음을 인식하고 평화교섭에 나서게 하는 것이었다.

이처럼 현실적으로 미묘하면서도 어려운 목표를 달성하기 위해서는 정벌군 지휘관의 판단과 결정이 대단히 중요했다. 당시 그 문제에 결정권을 가질만한 인물은 이성계 밖에 없었다고 생각된다. 이미 앞서 요동 정벌을 성공적으로 수행했던 경험이 있으며 그 지역 정보도 누구보다 상세하게 입수할 수 있는 형편이었기 때문에 결정적인 판단을 내리는데 이성계보다 적합한 지휘관은 없었다. 따라서 회의석상에서 최영은 최고 지휘관에 오르기는 하지만 요동에 직접 출동하지는 않되 실질적으로 정벌을 이끄는 이성계 등에게 전투에 관한 모든 권한을 위임하는 방식을 채택했을 가능성이 높았다.

최영은 후방에서 머물면서 정벌에 필요한 모든 것을 책임지도록 하되 실질적인 정벌의 지휘권은 이성계가 좌군도통사였던 조민수曹敏修와 상의해서 처리하는 형태로 마무리되었던 것이 아닌가 한다. 시기 문제에서는 최영의 방안을 채택하되 반대급부로 이성계에게는 실질적인 정벌군의 지휘권을 부여했던 것으로 생각된다. 명확한 증거는 없지만 그렇게 추정해 볼 수 있는 것으로 위화도 회군 당시 이성계가 발의했던 것에 대해 지휘관 가운데 단 한 사람도 반대하지 않았다는 사실을 들 수 있다.[72] 그리고 『고려사』 왕안덕전王安德傳에는 '무진년 회군은 그 결정권이 이시중에게 있었으니 왕안덕은 그의 휘하에 있으면서 어찌 감히 반대할 수 있었겠습니까?'라는 구절이 나온다.[73] 그것은 정벌군의 실질적인 지휘권이 이성계에게 부여되었기 때문에 그의 판단과 결정에 대해 모든 지휘관들이 승복하지 않으면 안되었던 것으로 이해된다.

결과적으로 요동 정벌의 단행이라는 중대한 결정은 중신 회의에서 대다수의 참여자들에 의해 내려졌으며 시기는 최영의 의견에 따라 즉각 실시하는 것으로 되었고 주저했던 이성계에게는 정벌군의 지휘권이 부여되었던 것으로 짐작된다. 이로 인해 이성계도 요동 정벌에 능동적으로 나서게 되었던 것으로 판단된다.

2. 정벌군 편성의 특징

요동 정벌군은 1388년(우왕 14) 4월 병진일(양 5월 18일)에 정식으로 편성되었다.[74] 편제는 중군, 좌군, 우군의 전형적인 3군 체제를 택했다. 그러나 중군 사령관 최영이 출전하지 않게 되어 중군의 병력이 좌도와 우도 도통사에게 배속되는 변형된 3군 편제가 되었다.[75] 병력은 좌우군을 합하여 38,830명이며 겸인傔人은 11,634명이고 말이 21,682필이었다.[76]

3군 체제에서는 본래 중군이 주력을 형성하는 것이 일반적인데 사정상 그렇지 못했다. 대신에 중군에 속해야 할 장수와 부대들이 좌우군에 나누어 소속되었다. 그들

72 朴天植, 「戊辰回軍功臣의 冊封顚末과 그 性格」 『全北史學』 3, 1979, 75~76쪽.
73 『고려사』 권126, 열전39, 간신2, 왕안덕.
74 『고려사절요』 권33, 우왕 14년 4월 병진.
75 吳宗祿, 「高麗後期의 軍事 指揮體系」 『國史館論叢』 24, 1991, 242쪽.
76 『고려사』 권137, 열전50, 우왕 14년 4월.

〈표 1-1〉 요동 정벌군 지휘부

총사령관		팔도도통사(八道都統使) 최영
좌군	좌군도통사 조민수	서경도원수 심덕부, 부원수 이무, 양광도도원수 왕안덕, 부원수 이승원, 경상도상원수 박위, 전라도부원수 최운해, 계림원수 경의, 안동원수 최단, 조전원수 최공철, 8도도통사조전원수 조희고·안경·왕빈
우군	우군도통사 이성계	안주도도원수 정지, 상원수 지용기, 부원수 황보림, 동북면부원수 이빈, 강원도부원수 구성로, 조전원수 윤호·배극렴·박영충·이화·이두란, 김상, 윤사덕, 경보, 8도도통사조전원수 이원계·이을진·김천장

이 곧 8도도통사조전원수라고 할 수 있는데, 좌군에 조희고 등 3명, 우군에는 이원계 등 3명으로 되어 있어 공평하게 나누어졌음을 알 수 있다. 그런데 우군에 소속된 조 전원수는 이성계의 서형제庶兄弟인 이원계였다.[77] 그의 또 다른 서형제였던 이화李和 도 조전원수로 이성계의 휘하에 있었다.[78] 3형제 모두가 최고급 지휘관으로 참가했다 는 점에서 정벌군 내에서 이성계 가문이 차지하였던 비중과 위상을 짐작할 수 있다.

좌군도통사 조민수는 창령현昌寧縣 사람으로 공민왕 때부터 홍건적과 왜적과의 전 투에서 공을 세웠다. 경상도도순문사로 재직하면서 김해 등지에서 왜적과 전투를 벌 였고 서북면도체찰사로 재임 중에는 정료위와의 분쟁을 원만하게 처리했던 적이 있 었다.[79] 그런 연유 때문인지 그 휘하에 소속된 지휘관들은 대체로 서북면과 하삼도의 보직을 지니고 있었다. 당시의 사정을 감안해 보면 관할 지역의 시위군이라든가 직접 내려가 동원한 군사들을 이끌고 출동했을 것이다.[80]

구체적인 지역은 서경, 양광도, 경상도, 전라도, 계림, 안동 등이었다. 서경을 제외 하고는 모두 하삼도였다. 그런데 당시 하삼도에는 왜적의 침입이 심각했다. 따라서 주력 부대 전체가 동원되기 어려웠을 것이다.[81] 특히, 전라도의 경우에 부원수만 참가

77 朴天植, 앞의 논문, 1979, 93쪽.
78 朴天植, 앞의 논문, 1979, 93쪽.
79 『고려사』 권120, 열전33, 조민수.
80 吳宗祿, 앞의 논문, 1991, 239쪽.
81 실제로 요동 출병을 틈타 양광도에 침입한 왜구를 막기 위해 도흥 등의 5원수가 출동하였다(吳宗

한 것을 보면 매우 제한된 범위의 병력만 출동했을 것으로 짐작된다. 이것을 보충하기 위해서는 여러 지역에서 다양한 부대가 동원될 수밖에 없었는데 이로 인해 그들에 대한 통제력 행사가 결코 쉽지 않았을 것이다. 더구나 좌군도통사의 조전원수는 최공철 하나뿐이었다. 우군의 경우는 무려 8명에 달하였으며 그 중의 한 사람이 서형제였던 이화였다. 그렇기 때문에 좌도도통사의 휘하 병력에 대한 통제력은 우군에 비해 상대적으로 취약하거나 제한적이었던 것으로 사료된다.

한편, 조민수가 휘하 지휘관 사이에서 과연 어느 정도의 통솔력을 발휘할 수 있느냐가 중요했다. 당시 사료에 따르면 조민수는 창성부원군이었다가 갑자기 임명되었다. 최고위 재상급 인사의 경우 현직인지 아닌지는 그렇게 심각한 문제가 되지 않았을 것이다. 그러나 현직에 있지 않았던 조민수가 요동 정벌을 위한 회의에 참석해서 자신의 의견을 뚜렷하게 제시하지 못했을 것이다. 그렇다고 최영이나 이성계 등과의 관계가 밀접했던 것도 아니었다. 누군가의 추천을 받고서 임명되었을 것이다. 그렇기 때문에 처음부터 주도권을 장악해서 휘하의 병력을 통솔하기가 만만치 않았을 것이다. 더구나 주력을 이루었던 서경 및 양광도 병력을 이끌었던 심덕부와 왕안덕은 상당한 무장이었다.[82] 그러한 무장들을 현직에 갑자기 임명된 인사가 위엄을 가지고 다

의안대군 사당
(경기 남양주)
이화를 모신 사당이다.

祿, 앞의 논문, 1991, 242쪽).
82 吳宗祿, 앞의 논문, 1991, 237쪽.

이지란 초상(경기도박물관)

스리기는 어려웠을 것이다. 특히 회군과 같이 비정상적인 결정을 해야하는 순간에는 그의 발언권과 영향력이 그렇게 높을 수는 없었을 것이다.

반면에 우군의 상황은 전혀 달랐다. 먼저 휘하 지휘관들의 지역적 분포를 보면 안주도, 동북면, 강원도로 이성계의 기반인 동북면 군대가 고스란히 포함되어 있다. 조전원수도 무려 8명이었다. 그 면면을 살펴보면 서형제였던 이화는 말할 나위도 없고 윤호, 배극렴, 이두란 등은 후대 조선의 개국공신에 올랐던 인물들로서 그야말로 이성계의 최측근들이었다.[83] 그러므로 우군의 주력 가운데 절반 이상은 이성계의 휘하 친병이었다고 할 수 있다. 여기에 우군을 견제하는 역할을 은근하게 맡았다고 여겨지는 8도도통사조전원수의 하나인 이원계는 이성계의 서형제였다. 그러므로 견제 자체가 곤란한 상황이었다. 결정적인 시기에 이르면 이성계의 결단이 모든 것을 좌우할 수 있는 여건이 적어도 우군 내부에서는 조성되어 있었다. 물론 우군 내에서도 안주도도원수였던 정지와 상원수 지용기 등과 같은 이름난 무장이 있었으나,[84] 이성계와 맞서기에는 여러 가지 점에서 곤란한 상황이었다. 그러므로 우군의 경우 이성계의 위신이 전체를 압도했다고 볼 수 있다.

이밖에 이성원수泥城元帥 홍인계洪仁桂, 강계원수江界元帥 이의李薿가 먼저 요동 지경에 들어갔다가 귀환하였다는 기록이 있는데,[85] 아마도 이들은 선봉군 역할을 하도록 했던 모양이다. 특히 이성과 강계는 서북면의 접경에 있던 고을들로서 그 현지 병력을 동원해서 주력군이 압록강을 건너기 전에 시험 삼아 공격을 감행하게 했던 것으로 짐작된다. 따라서 별도로 편성된 부대는 아니었을 것이다. 실질적으로 대세에 큰 영향을 줄 정도의 병력을 갖춘 것으로 이해되지 않는다.

---

83 朴天植, 앞의 논문, 1979, 93쪽.
84 吳宗祿, 앞의 논문, 1991, 237쪽.
85 『고려사』 권137, 열전50, 우왕 14년 5월 갑신.

3. 정벌군의 출정과 좌절

처음에 계획한 정벌군의 출정 날짜는 1388년 4월 신유일(양 5월 23일)이었다. 하지만 그 순간에 도저히 납득하기 어려운 상황이 벌어졌다. 국왕이 취하여 아침에 일어나지 못해 좌우도통사가 배사拜辭하지 못하였기 때문에 결국 나가지 못했다는 것이다. 그 뒤 국왕이 석포石浦에 뱃놀이를 나갔다가 저녁 때 들어와 여러 원수들과 술을 마시며 의복, 갑옷 등을 하사했다고 한다.[86] 역사상 전례가 없는 중원의 왕조를 상대로 국가의 운명을 걸고 선제공격을 시작하려는 찰나에 국왕이 과연 그렇게 무책임한 행동을 했는지에 대해서는 의문이 든다. 아무리 어리석은 임금이었더라도 출정을 앞둔 군대 앞에서 그런 추태를 부렸다는 것은 이해되지 않는다.

출정이 연기된 것은 다른 각도에서 이해할 필요가 있다. 아마도 준비가 제대로 되지 않았던 것으로 추정된다. 급하게 서둘렀던 탓도 있겠지만 수많은 병력과 물자, 장비 따위를 갖추는 것이 예정대로 진행되지 못했을 것이다. 여기서 상황을 크게 악화시켰던 것은 그런 위태로운 순간에 보인 임금의 행동이었다. 준비가 제대로 되지 않았다면 임금부터 먼저 근신하면서 서둘러 마련하도록 독려하는 모습을 보였어야 했는데 그렇게 하지 않았던 것으로 사료된다. 평상시처럼 행동하면서 원수들을 위로했을 뿐이었다. 그들의 사기 진작을 위한 것으로 해석될 수도 있겠지만 정작 정벌군 전체의 신뢰를 얻는 데는 별로 도움이 되지 못했다.

4월 임술일(양 5월 24일)에 좌우도통사가 평양을 출발했다. 병력은 10만이라고 선전했다.[87] 수도인 개경이 아니라 평양에서 출정한 것은 이성계 등의 건의에 따라 서경, 즉 평양을 전진기지로 삼았기 때문이었다. 그만큼 본 정벌의 중요성 내지 의미가 컸음을 반증하는 것이다. 국왕을 비롯해서 모든 군신들이 절대로 후퇴하지 않겠다는 모습을 과시하기 위함이었다. 또한 이번 정벌의 핵심은 신속하게 기습하여 작은 희생으로 요동의 요충지를 점령하는 일이었다. 그것을 위해서는 빠른 기동이 필수였다. 그렇기 때문에 지휘부가 평양에서 집결하여 출정했다고 생각한다. 군사를 10만이라

---

86 『고려사』 권137, 열전50, 우왕 14년 4월 신유.
87 『고려사절요』 권33, 우왕 14년 4월 임술.

고 과장했던 것은 전쟁에서 흔히 사용하는 수법이었다. 적에게는 두려움을 아군에게는 용기를 주기 위함이었다.

하지만 출정 직후에 또 다시 심각한 상황에 직면했다. 최영이 우왕에게 지금 대군이 길에서 만일 열흘이나 달포쯤 지체된다면 큰 일이 이루어지지 않을 것이니 자신이 직접 가서 독려하겠다고 했다. 하지만 임금은 최영이 없으면 누구와 함께 정사를 하겠느냐며 자신도 따라가겠다고 했다.[88] 만약 이 기록이 정확하다면 임금으로서의 자질을 의심하게 하는 대목이다. 이번 정벌은 열흘, 아무리 늦어도 한 달 안에 가시적인 성과를 거둬야 그나마 성공을 바라볼 수 있었다. 지체된다면 선제 기습 공격의 의미가 없어지는 것이었다. 더구나 근래 요동 군사가 모두 오랑캐를 치러 가고 성중에는 다만 지휘하는 자 한 명이 있을 뿐이니, 만일 대군이 이르면 싸우지 않고 항복을 받을 것이라는 고무적인 정보가 입수되었음에도 우왕은 최영의 계획을 승인하지 않았다.[89] 만약 최영의 계획대로 진행되었다면 결과가 어떻게 되었을지 장담할 수 없다. 그러나 절대 절명의 순간에서 국왕이 취했던 태도는 정벌군의 신뢰를 상실하는 결과를 낳았다.

위화도
단동에서 본 모습. 의주 앞
압록강에 있는 하중도 중에서
제일 큰 섬이다.
강폭도 이 부분이 제일 넓다.

88 『고려사절요』 권33, 우왕 14년 4월 계해.
89 『고려사절요』 권33, 우왕 14년 4월 계해.

5월 경진일(양 6월 11일)에 좌우군이 압록강을 건너 위화도威化島에 둔을 쳤는데 도망하는 군사가 길에 이어져서 끊이지 않았다. 임금이 도처에서 참수하도록 명하였으나 그치게 하지는 못했다.[90] 압록강을 건너 요동에 들어가지 못했는데도 도망치는 군사의 수가 증가했다는 것은 사기가 극도로 떨어졌음을 반증하는 것이었다. 급하게 동원했던 탓에 군기도 엉망이었을 것이고 감독이나 감찰도 제대로 이루어지지 않았을 것이다. 무엇보다 원정의 성공을 장담하기 어려워 군 전체의 사기가 급격하게 위축되었음을 뜻하는 것이기도 했다. 지휘관이 자신감에 충만했다면 과연 군사들의 이탈을 이처럼 방치하지는 않았을 것이다.

위기감이 고조되자 최영은 우왕에게 개성으로의 귀환을 건의한다.[91] 왕을 보내고 자신이 직접 나서지 않으면 안되었기 때문일 것이다. 그 당시 최영은 군사적으로는 거의 신격화되었던 인물이었다. 성질이 강직하고 충실하며 또 청렴하였다. 전선에서 적과 대치해 태연하였으며 두려워하는 기색이 없었다고 한다. 그리고 군대를 지휘함에 있어서는 규율을 엄격히 해 필승을 기하였으며 병사가 한 걸음만 물러서도 곧 목을 베었다. 그렇게 했기 때문에 수많은 전투에서 승리를 쟁취할 수 있었고 일찍이 패배한 적이 없었다고 했다.[92] 그런 신화적 인물이 최전선에서 정벌군과 함께 있지 않았다는 사실 자체가 커다란 문제였다. 심리적인 공포가 극에 달한 상황에서 군사적으로 가장 큰 신뢰를 받았던 인물이 후방에 머물었다는 것은 군의 사기에 치명타였다. 그럼에도 우왕은 끝까지 받아들이지 않았다.

마침내 정벌의 성공 가능성이 사실상 사라졌기 때문에 회군할 것을 요청하는 상언이 위화도에 머물던

최영 장군
무신도로 1800년대 그려졌다.

---

90 『고려사절요』 권33, 우왕 14년 5월 경진.
91 『고려사절요』 권33, 우왕 14년 5월.
92 『고려사』 권113, 열전26, 최영.

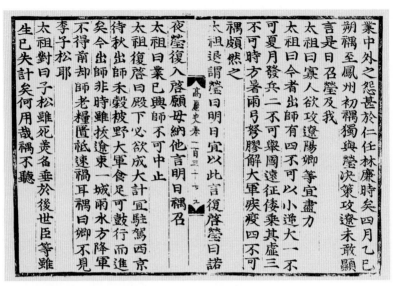

이성계의 4불가(『고려사』 권137, 열전50, 신우5, 우왕 14년 4월)

좌우도통사로부터 전해졌다.

> 신 등이 부교를 타고 압록강을 건넜으나 앞에 큰 내가 있는데 비로 인하여 물이 불어서
> 첫째 여울을 건너다가 물에 빠져 죽은 군사가 수백 명이며, 둘째 여울은 그보다 더욱
> 깊습니다. 그러므로 섬 중에 주둔하면서 단지 군량만 소모하고 있습니다. 이 앞으로도
> 요동성까지의 사이에는 큰 내가 많이 있어서 잘 건너기가 어려울 것 같습니다. … 전하
> 께서는 특별히 회군의 명령을 내려 온 나라의 소망에 부합하시를 바랍니다.[93]

위 사료에서 천문, 즉 기상 조건으로 인해 지리, 즉 큰 내의 물이 많이 불어 군대가
건너기가 어렵다는 점을 분명히 밝히고 있다. 전근대 시대의 전쟁에서 천문과 지리가
가장 중요했다. 바로 그것이 고려 측에 매우 불리하다는 것이다. 그런 상태에서 명을
상대로 선제 기습 공격을 가한다는 것은 무모하며 불가능하다는 점을 명확히 밝히고
있다.

---

93 『고려사』 권137, 열전50, 우왕 14년 5월 병술.

이로써 요동 정벌은 사실상 막을 내린 것이나 다름이 없었다. 군대의 사기가 형편 없이 떨어지고 천문과 지리라고 하는 가장 중대한 요소마저 불리하게 작용했기 때문 에 이미 싸우기 전부터 의욕이 상실되었다. 이런 상태에서 명과 전면전을 벌인다는 것 자체가 어불성설이었다. 나아가 상황을 악화시키는데 기여했던 관계로 국왕과 최 고 지휘관에 대한 신뢰가 무너지면서 돌이킬 수 없는 지경에 이르렀다. 정벌은 내부 적 요인으로 말미암아 이미 시작 전부터 실패할 가능성이 매우 높았다.

제3절

위화도 회군

1. 회군의 원인과 그 배경

1388년(우왕 14) 5월에 벌어졌던 위화도 회군은 일순간에 고려의 운명을 바꿔 놓았다. 최영으로 상징되는 왕조를 지키려 했던 세력이 꺾이면서 이성계로 대표되는 새로운 집권층이 부상하는 계기가 되었다.[94] 특히 후자는 당시 만연했던 국정의 난맥상을 수습하기 위해 개혁이 불가피하다며 구질서의 해체를 추구하였다. 그것은 곧 왕조의 붕괴로 이어졌다.

위화도 회군에 대해서는 일찍부터 다양한 견해들이 제출되었다. 이성계가 권력을 장악하기 위한 음모에서 시작되었다는 입장부터 국체의 존속을 위한 불가피했던 결단이었다는 주장에 이르기까지 폭넓게 제기되었다.[95] 그런데 불가피한 결단에 너무 치우치면 행위의 정당성을 일방적으로 부각시켜주는 문제점이 발생한다. 그렇다고 음모론을 고집하면 사회 모순을 해결하고자 회군 이후 실시했던 개혁의 의미를 제대로 이해하지 못하게 된다.[96] 집권하자마자 추진하였던 체제 개혁은 위화도 회군에 버금갈

---

94 한편으로 이성계를 중심으로 한 농민 출신 군사에 세력 기반을 둔 집단이 최영을 최고 책임자로 하여 왕의 시위와 숙위를 전담하던 특수한 군사 집단을 배경으로 한 세력을 약화시키는 계기가 되었다고 파악하는 견해가 있다(柳昌圭, 「高麗末 崔瑩 勢力의 형성과 遼東攻略」『歷史學報』143, 1994).

95 이에 관해서는 李相佰, 『李朝建國의 硏究』, 乙酉文化社, 1947/1978 재발간, 66~76쪽 참조.

정도로 충격을 주었다. 만약 단순히 정권을 탈취할 목적으로 회군하였다면 그처럼 철저하게 개혁 작업을 밀고 나가기 힘들었을 것이다. 회군의 원인과 배경에 대해 객관적인 입장에서 검토할 필요가 있다.

우선 회군의 근본 원인을 그 전제가 되었던 요동 정벌의 무리함에서 찾는 견해들이 많다.[97] 처음부터 문제가 많았기 때문에 군대가 되돌아오지 않으면 안되었다는 것이다. 역사상 중원의 왕조에 대해 선제공격을 가했던 적이 없었기 때문에 불안감이 고조되었던 상태에서 더구나 사회 내부의 현안들이 산적했음에도 무리한 정벌을 추진하다가 결국 회군을 자초하게 되었다는 것이다. 출발 전부터 이성계는 4대 불가론을 제기하면서 정벌의 불가함을 상세하게 진술하였다.

명에 대해 확고한 의지를 보여주어야 철령위의 설치 기도를 좌절시킬 수 있다는 최영의 견해와 현실적인 이유를 들어 어렵다고 판단했던 이성계의 생각 가운데 누가 더 옳았는지를 결정하기란 쉽지 않다. 다만 이성계의 생각이 최영의 견해에 비해 낮게 평가되어서는 곤란하다. 당시 처했던 국내외 정세를 보았을 때 타당한 부분이 적지 않기 때문이다.[98]

실제 정벌군을 인솔하고 출동했던 것이 이성계였다는 사실에 주목할 필요가 있다. 최고 지휘관이었던 최영은 후방에서 지원하는 역할을, 실질적 작전권은 이성계가 관장하는 것으로 정리되었다.[99] 이렇게 보면 회군의 근본적 원인이 요동 정벌의 무리함이라고 할 수 있겠으나, 다른 측면에서는 양측 타협의 허술함도 작용했던 것으로 추정된다. 타협을 파기했던 것은 이성계였으나 최영은 이성계가 타협을 파기했을 때 제재할만한 수단이 없었다. 그것이 회군을 초래했던 또 다른 원인이었다.

그러나 회군을 감행했던 결정적 요인은 군의 사기 저하와 도망자의 증가였다. 군의

---

96 김당택, 「李成桂의 威化島回軍과 制度改革」『全南史學』 24, 2005.
97 李相佰의 선구적인 업적이 나온 이래로 대부분의 연구자들이 그의 입장을 받아들이고 있다.
98 李相佰, 앞의 책, 1947/1978재발간, 46쪽.
99 요동 정벌군은 8도 도통사와 좌·우도통사 휘하에 원수제를 바탕으로 구성된 3군이 소속되는 체제였으나 정작 8도 도통사는 국내에 남고 그 휘하 군사력이 좌·우도통사에 분속되는 비정상적 지휘체계로 짜여져 출정하게 되었다. 위화도 회군은 이같은 비정상적 출정군 지휘체계, 그리고 사적 지휘체계가 바탕이 되는 원수제 때문에 가능했다고 한다(吳宗祿, 앞의 논문, 1991, 253쪽).

사기는 정벌의 성공을 좌우하는 요소였다. 신속하게 공격을 성공시켜 사기를 높여야 그나마 가능성이 있었다. 자칫해서 꺾일 경우 만회할 방도가 없었다. 이 순간에 결정적인 상황이 벌어졌으니 정벌군이 압록강의 위화도에 주둔하면서 도망하는 자가 속출하였다는 사실이다.[100] 도망자가 늘어났던 것은 여러 가지 이유 때문이었으나 정벌군이 계획대로 진격하지 못한 채 지체했던 것이 크게 작용하였다. 재빨리 요동으로 진입하였다면 이탈이 쉽지 않았을 것이다. 위화도에서 지체되자 상황이 달라졌다. 어떤 점에서 쉽게 도망칠 수 있는 최후의 기회처이기도 했기 때문이다.

그런데 도망자가 늘어나는 등 상황이 긴박했음에도 위화도를 벗어나지 못했던 이유가 궁금하다. 이에 대해 지휘관들은 비가 많이 와 갑자기 물이 불어 건너기가 어려웠고 그로 인해 병력의 손실도 매우 컸다고 보고했다. 이어서 요동성에 이르기까지 큰 내가 많아 건너기가 어렵다고 했다.[101] 도하 장비가 제대로 갖추어지지 않아 위화도에서 나오기 힘들며 앞날의 상황도 심각하다는 것이다. 3만이 넘는 대군을 동원하는데 따른 각종 장비의 마련은 매우 중요했다. 하지만 서둘렀기 때문인지 제대로 준비하지 못했다. 여기에 날씨마저 좋지 않아 형편이 더욱 악화되었으며 억지로 도하를 감행하다가 오히려 손실만 커졌다. 이로 인해 사기가 떨어지면서 이탈자가 속출했던 것으로 짐작된다.

사태가 어려워지자 지휘관들 사이에서 재차 연기론이 제기되었다. 그리고 곧 좌우도통사의 명의로 국왕에게 전달되었다.

> 소국이 대국을 섬기는 것은 나라를 보전하는 도리인데 우리나라는 삼한을 통일한 이래 근실하게 대국을 섬겼으며 공민왕이 홍무 2년에 명나라에 신복臣服할 때 그 표表에 '자손만대 길이 신하가 되겠다'라고 하였으며 그 정성이 지극하였습니다.……지금 유지휘劉指揮가 군사를 영솔하고 와서 (철령)위를 설립한다는 말을 듣고 밀직제학 박의중을 보내 표를 올려 계품啓稟하였으니 그 방책이 대단히 옳았습니다. 그런데 이제 그 명을 기다리지 않고 갑자기 대국을 침범하니 이것은 종묘 사직과 백성의 복이 아닙니

---

100 『고려사』 권137, 열전50, 우왕 14년 5월.
101 『고려사』 권137, 열전50, 우왕 14년 5월.

다. 하물며 지금은 장마철이라 활은 느슨해지고 갑옷은 무거워져서 사람과 말이 모두 지쳤습니다. 이들을 몰아 견고한 성벽 아래에서 싸운다면 반드시 이길 수 없으며 공격하더라도 반드시 취하지 못할 것입니다. 이런 때를 당하여 군량마저 공급되지 않아 나가지도 물러서지도 못하는 궁지에 빠졌으니 장차 어떻게 대처하겠습니까? 전하께서는 특히 회군의 명령을 내려 온 나라의 여망에 보답하시기 바랍니다.[102]

위에 언급된 내용이 이성계의 4대 불가론과 거의 일치함을 알 수 있다. 따라서 이성계의 생각이 강하게 작용해서 나왔던 것임을 짐작하게 한다. 다른 장수들의 의견도 중요했을 것이나 정벌군 내에서 이성계에 필적할만한 인사가 거의 없었다고 해도 과언이 아니었다.

심리적으로 위축되는 가운데 군량마저 제 때 공급되지 않자 견디다 못해 이탈하는 자가 속출하였다. 너무 서둘렀던 관계로 군량의 보급이 원활하지 않자 최악의 상황을 맞이했다. 이때 실질적으로 전투를 이끌어야 할 이성계의 의구심은 정벌 자체를 무산시키는 결정적인 요인이 되었다. 확신했더라도 성공할 가능성이 불투명했는데 그렇지 못하다면 이미 기울어졌다고 볼 수 있다. 이렇듯 정벌군 내부에서 여러 문제점들이 겹치면서 스스로 단념하게 만들었다.

2. 회군 과정과 주도 세력

회군이 어떻게 단행되었는지를 파악하는 것은 이후 전개된 역사적 상황에 대한 이해와 관련하여 각별한 의미를 지닌다. 회군으로 권력을 장악한 이성계일파가 전례가 없는 광범위한 체제 개혁을 추진했다는 사실은 그 의미를 새롭게 조명해야 한다. 권력이 교체되면서 철령위 설치와 관련하여 마련된 대응책만 바뀌었던 것이 아니라 아예 체제 전체가 전면적으로 개편되었다. 이는 회군이 최영 등의 계획 추진에 대한 불

---

102 『고려사』 권137, 열전50, 우왕 14년 5월 병술.

『팔준도첩(八駿圖帖)』의 명마(국립중앙박물관)
『팔준도첩』은 이성계가 탔던 여덟 마리 준마를 그린 화첩이다.

만으로 간단하게 일어났던 것이 아님을 의미했다.

회군하기 직전에 최후통첩이 최영에게 전달되었으나 곧 바로 거절당했다.[103] 더 이상 참을 수 없는 지경에 직면했는지 유언비어가 난무했다. '군중에서 태조 즉 이성계가 휘하의 친병을 거느리고 동북면으로 향하려고 이미 말에 올랐다'는 이야기가 돌자 정벌군 전체가 충격에 빠졌다.[104] 이성계 휘하의 부대가 동북면으로 향한다는 것은 장차 자신들의 본적지를 근거지로 삼아 반란을 도모하겠다는 뜻으로 해석되어 엄청난 사태를 초래할 수도 있었다. 자칫 내전으로 발전할 가능성도 있었다. 왜구의 발호, 명의 철령위 설치 기도 등과 같이 외환外患으로 인해 위기가 절정에 달했던 순간에 내분이 일어난다는 것은 전체를 파국에 이르게 할 수도 있었다.

이성계 측으로서는 조민수가 이끄는 좌군이 협력하지 않고 맞선다면 최후에 동북면으로 향하는 것 외에는 대안이 없었다. 좌군의 의도를 분명하게 알 필요가 있었다. 그런데 예상 외로 쉽게 좌군이 이성계에게 동조하였다. 조민수가 어쩔 줄 몰라 홀로 말을 타고 이성계에게 달려가서 눈물을 흘리며 만약 당신들이 떠나면 우리들은 어디로 가야하느냐고 물었다고 한다. 이에 대해 이성계가 어디로 가겠느냐며 반문했다는

103 『고려사』 권137, 열전50, 우왕 14년 5월.
104 『고려사』 권137, 열전50, 우왕 14년 5월. 이에 대해 이성계가 실제로 어떤 군사행동을 하였을 가능성과 더불어 이성계 쪽에서 회군을 결행하기 위한 사전 정지작업의 하나로 유포시켰을 가능성을 배제할 수 없다고 한다(강지언, 「위화도 회군과 그 추진 세력에 대한 검토」 『이화사학연구』 20·21, 1993, 67쪽).

것이다.[105] 이는 좌우군이 함께 회군하기로 뜻을 모아 일단 개경으로 진군하여 정권을 장악하는 것으로 결론이 내려졌음을 의미했다.[106]

회군을 단행하면서 내세웠던 명분은 명나라와의 전쟁은 국가와 백성에게 크나큰 희생을 강요하기 때문에 절대적으로 감행해서는 안된다는 것이었다.

> 드디어 여러 장수들에게 타이르기를 "만약 우리가 중국의 땅을 침범하면 천자에게 죄를 지어 나라와 백성에게 화가 당장 미칠 것이오. 내가 옳고 그른 것을 가려서 글을 올려 회군을 청했으나 왕은 깨닫치 못하며 최영은 늙고 망녕 들어 듣지 않으니 경卿들과 함께 왕을 뵙고 친히 어느 것이 화이며 복인가를 진술해서 임금 곁에 있는 악인들을 제거하여 온 나라의 살아 있는 생명을 건져내야 하지 않겠는가?" 라고 하였다. 여러 장수들이 모두 "우리나라의 안위安危가 공의 한 몸에 달려 있으니 감히 명을 따르지 않겠습니까?" 라고 말하였다.[107]

이 기록에서는 장수들에게 명나라와의 전쟁이 매우 위태로운 일이기 때문에 회군을 간청했으나 국왕과 최영이 이를 받아들이지 않아 부득이 단안을 내릴 수밖에 없었다는 사실을 강조하고 있다. 하지만 정벌의 직접적 원인은 저들의 철령위 설치 기도였다. 그런 사실은 아예 거론조차 하지 않은 채 국왕과 최영의 잘못만을 부각시켰다. 모든 책임을 사대, 즉 명나라에 따르기를 거부하였던 국왕과 최영 등에게 돌림으로써 자신들 행위의 정당성을 취하려 했다.

이로써 회군이 국왕의 명령을 어기는 항명에서 이루어진 것이 아니며 천자에게 죄를 짓고자 하는 무리들을 제거하기 위함이었다는 점을 부각시켰다. 실제로 죄지은 자는 표면상 국왕에게 항명하는 것처럼 보이는 자신들이 아니라 사대를 거부하였던 최영 등이라는 것이다.[108] 이렇듯 사대를 전면에 내세워서 회군의 정당성을 얻으려 했다.

---

105 『고려사』 권137, 열전50, 우왕 14년 5월.
106 강지언, 앞의 논문, 1993, 67쪽.
107 『고려사』 권137, 열전50, 우왕 14년 5월.
108 강지언, 앞의 논문, 1993, 68쪽.

그러나 명에 대한 사대만 가지고는 명분이 약했다. 정벌의 부당함을 부각시키고 회군의 정당성을 어느 정도 이끌어낼 수 있겠으나 그렇다고 새로운 정권이 탄생되어야 하는 이유가 되기에는 여러 모로 부족하였다. 더구나 그 원인을 제공했던 것은 명의 무리한 요구였다. 나아가 이에 대해 강력하게 저항했던 최영이 순수하게 영토를 지키려는 마음에서 비롯된 일임은 누구나 알고 있었다.[109] 자연히 비판적인 인사들이 결집해서 회군을 항명이라고 몰아쳐도 사실상 반박하기가 힘들었다.

회군을 앞두고 있을 무렵에 이성계파가 고민했던 문제는 바로 이런 점이었을 것이다. 사대 이외에 자신들의 입장을 강화시켜 줄 수 있는 정치적 구호가 절실하게 필요했다. 이 당시 민생을 어렵게 만들었던 것은 통치 체제의 혼란과 사회 모순의 증대였다. 이에 대한 실질적 해결 없이 민생 안정은 불가능하였다. 백성들의 삶이 가뜩이나 불안한 상황에서 명나라와 전쟁을 벌이면 최악의 지경에 빠지게 되므로 마땅히 회군해서 사대 관계를 회복시켜야 한다는 것이 이성계파의 핵심적인 주장이었다.

그러므로 정벌보다 사회에 만연된 혼란과 모순을 해결하기 위해 전면적인 체제 개혁을 단행해야만 민생 안정이 가능하다는 점을 강조했다. 실제로 이성계파 내부에서는 그런 일련의 시나리오를 회군 이전부터 조금씩 기획하고 있었다고 생각되는 증거들이 산견散見되기도 한다.[110]

뒷날 조선개국의 일등공신으로 책봉되었던 남은南誾과 조인옥趙仁沃 등이[111] 정벌군의 일원으로 참가했다가 위화도에서 회군해야 한다는 의견을 건의했으며 비밀리에 이성계를 임금으로 추대할 계획을 세웠다는 사실을 통해 간접적으로 짐작할 수 있다.[112] 이들이 어떻게 정벌군에 참가했는지 또 역할이 무엇이었는지에 대해서는 명확

---

109 이런 사실은 회군해왔던 정벌군을 꾸짖으면서 내렸던 우왕의 교서에서 확인된다. 즉 '비록 최영을 지적하여 구실을 붙이나 최영이 나를 보위하는 것도 그대들이 아는 일이요 우리 왕실을 위하여 충실한 것도 그대들이 다 아는 바이다.'라고 하였다(『고려사』 권137, 열전50, 우왕 14년 5월). 따라서 이런 최영을 징벌하기 위해 임금의 명령을 어기고 멋대로 군대를 철수시켰다는 것은 언제든지 비난 받을 수 있는 충분한 이유가 되었다.

110 이성계가 요동 공격을 위해 출정하기 전에 이미 회군과 회군 이후의 정치상황에 대한 준비를 하고 있었다고 한다(김당택, 앞의 논문, 2005, 155쪽).

111 한영우, 「조선 개국공신의 출신에 대한 연구」『조선전기사회경제연구』, 을유문화사, 1983.

112 『고려사』 권116, 열전, 남은.

하게 알려진 바가 없다. 아마도 이
들의 생각이 단순히 회군으로 정
권을 장악하는데 그쳤던 것은 아
니었을 것이다. 일찍부터 이성계
를 추대하여 새로운 왕조를 세우
려는 의도가 내면에 존재했을 것
으로 추측한다. 그 연장선상에서
회군 이후 체제 개혁에 앞장섰을
뿐만 아니라 그들과 함께 움직일
수 있는 인물들을 끌어들이는 역
할도 수행했던 것으로 보인다.[113]

윤소종 제단(경기 양주)

한편, 급진개혁파의 주요 인사였던 윤소종尹紹宗은 회군하자 곧 바로 정지鄭地를 통
해 이성계를 만나 곽광전霍光傳을 올리며 왕씨王氏를 다시 세울 것을 건의하였다.[114]
왕위 교체를 실시하여 국정의 주도권을 장악해야 함을 역설하였던 것으로 생각된다.
이 당시 곽광전을 읽었던 사람이 조인옥이었다. 계속해서 그는 윤소종의 의견을 받아
들여 왕씨를 다시 세울 것을 극렬하게 진술하였다.[115] 조인옥은 급진파의 또 다른 핵
심인 조준趙浚 등과 이른 시기부터 비밀리에 연계를 맺고 있었으며 거기에는 윤소종
등도 포함되었다.[116] 따라서 급진개혁파의 중추를 이루었던 인물들은 회군을 논의할
단계부터 이미 긴밀하게 이성계 측과 연을 맺었다.[117] 그 가운데 일부는 회군해서 정
권을 장악하는 것뿐만 아니라 내적으로 이성계의 추대 문제, 즉 새로운 왕조의 개창
까지 생각하였다. 하지만 그것은 시기 상조였으며 현실적으로 넘어야 할 고비가 많았
다.[118] 그보다 우선 민생 안정을 위한 체제 개혁을 광범위하게 실시해야 한다고 판단

113 강지언, 앞의 논문, 1993, 73~74쪽.
114 『고려사』 권120, 열전33, 윤소종.
115 『고려사』 권111, 열전24, 조돈 부 인옥.
116 『고려사』 권118, 열전31, 조준.
117 강지언, 앞의 논문, 1993, 74~76쪽.
118 남은과 조인옥 등이 회군뿐만 아니라 이성계의 추대 문제까지도 시도하고자 했는데 태종의 만류

했던 것 같다. 그것은 회군 이후에 이성계측과 가까웠던 급진개혁파들이 대거 등장하면서 여러 방안들을 제시하는 형태로 실현되었다. 그들은 우선 체제 개혁을 제대로 실천함으로써 민심을 얻고자 했다.

3. 결과와 의의

위화도에서 회군하였던 정벌군은 예상 밖으로 천천히 움직였다. 일반적인 상식에 따르면 신속하게 움직여서 상대편을 제압하는 것이 원칙이었다. 그 당시에 다른 장수들도 이런 점을 강조하였다. 하지만 이성계는 '속히 가면 반드시 싸우게 되어서 사람들이 많이 희생될 것이다.'[119]라면서 일부러 서서히 이동하게 했다. 그리고 군사들에게 경계하기를 '너희들이 만약 국왕의 행차를 범하면 내가 용서치 않을 것이며 백성들에게서 오이 하나라도 강탈하면 처벌하겠다.'[120]라고 공언하였다. 종래의 일반적인 군사 반란과는 형태가 매우 달랐다.

이성계의 입장에서는 명분이 대단히 중요했던 것 같다. 구차하게 살려고 항명이나 반란을 꾀했던 것이 아니라 혼란에 처한 민생을 구하기 위해 부득이 되돌아왔다는 점을 백성들에게 각인시키려 했다. 개경 근처에 도착해서도 즉각 진격하지 않은 채 우왕에게 상서하였다. 그 내용은 일찍이 제시하였던 4대 불가론을 다시 한번 요약한 것이었다. 그리고 말미에 '지금 최영을 버리지 않으면 반드시 나라가 전복되고 말 것입니다'라고 하였다. 국왕을 몰아내기 위해 철군했던 것이 아니라 오직 최영을 제거해서 나라를 구하고자 했음을 천명하였다.[121] 끝까지 명분을 내세워 회군의 정당성을 얻

로 일단 중단되었다고 한다(『고려사』권116, 열전29, 남은). 하지만 이것이 완전한 중단을 의미했던 것은 아니었을 것이다. 다만 아직까지는 시기상조로 여기고 상황의 변화에 따라 대응해야 한다는 전략에서 나왔을 가능성이 크다. 하지만 회군 시점에서 이미 추대 문제가 일부에서 비밀리에 거론되었다는 점은 상당한 의미가 있다. 회군에 대한 논의가 명과의 관계 회복을 전제로 사대의 추진을 위한 정권 교체에만 머무르지 않았다는 의미가 될 수 있기 때문이다.

119 『고려사』권137, 열전50, 우왕 14년 5월.
120 『고려사』권137, 열전50, 우왕 14년 5월.
121 『고려사』권137, 열전50, 우왕 14년 6월 계묘.

최영 장군 묘(경기 고양)

고자 했다.

한편 세간의 예측과 달리 천천히 군대를 움직여도 승산이 자신들에게 있음을 감지했을 것이다. 실제로 동북면의 지방민과 여진족 가운데 종군하지 않던 자들이 회군 소식을 듣고 앞을 다투어 모여들었는데 밤낮을 불문하고 달려온 자가 천여 명이 넘었다는 사실로 미루어 짐작할 수 있다.[122] 휘하 병력을 모두 정벌에 투입했던 것이 아니었다. 출발할 때부터 이미 이런 상황이 발생할 것으로 예측하고 있었는지, 아니면 만약을 생각해서 남겨두었는지는 분명하지 않다. 그러나 회군했다는 사실이 전해지자 동북면 등지에 출전하지 않은 채 남아 있던 잔존 병력들도 대거 개경으로 향했다는 것은 그만큼 이성계 진영의 군세가 막강해지고 있음을 의미했다.

소식을 전해들은 국왕도 군사들을 집결시켜 막으려 했다. 우선 대소군민大小軍民들에게 힘을 다하여 그들을 막으면 반드시 중한 상을 주겠다고 했다.[123] 그러나 임금이

---

122 『고려사』 권137, 열전50, 우왕 14년 6월.
123 『고려사』 권137, 열전50, 우왕 14년 5월.

막상 개경에 도착했을 때 함께 왔던 인원은 겨우 50여 명에 지나지 않았다.[124] 사태가 급박하게 돌아가자 부고府庫를 열어 금과 비단 등으로 병사 수십 명을 모집하였는데 모두 창고의 노예가 아니면 시정지배市井之輩들이었다.[125] 그리고 거리에 방을 붙여 '조민수 등의 장수들을 붙잡아 오는 자에게는 공사 노예일지라도 큰 상과 작위를 주겠다'고 했다.[126] 이런 식으로 여기저기에서 갑자기 끌어들였던 병력과 자진해서 찾아와서 합류했던 군사들과의 전력적인 차이는 분명했다. 충성도나 조직력 등에서 전자는 도저히 후자에게 미칠 수 없었다. 결국 간단하게 진압되었다.

궁성을 함락시켜 최영 등을 체포하는데 성공하였던 회군파들은 곧 우왕을 퇴위시켰다. 다만 그 과정에서 좀처럼 이해하기 힘든 광경이 벌어졌다. 최영의 딸인 영비寧妃를 쫓아내라고 하자 우왕이 함께 나가겠다고 해서 강화로 보내졌다는 것이다.[127] 만약 이 일이 사실로서 확인된다면 표면상으로 우왕은 강제로 밀려났던 것이 아니라 자신의 의지로 퇴위한 셈이 된다. 더욱 더 미묘한 문제가 국왕의 승계자를 결정하는 과정에서 일어났다. 왕씨의 자손을 세우려 했던 이성계의 뜻이 철저하게 무시되고 조민수와 이색李穡의 의견에 따라 우왕의 아들인 창왕이 등극하였다는 점이다.[128] 이성계의 뜻이 무참하게 외면당한 채 전력을 다해서 몰아냈던 전임금의 아들이 추대되었다는 것은 쉽게 납득되지 않는다.

이성계 파는 회군의 정당함을 인정받기 위한 명분을 위해 정치적 양보를 했던 것으로 추정된다. 회군이 국왕에 대한 항명으로 단행되었던 것이 절대로 아니라는 점을 부각시키기 위한 것이다. 그것은 사대를 어겨가면서 정벌을 감행하여 백성들의 커다란 희생을 초래하였던 최영 등의 죄를 묻기 위한 충절에서 나왔을 뿐이라는 것이다. 스스로 물러난 우왕을 대신하여 그 아들인 창왕을 추대함으로써 이런 점을 분명하게 입증하고자 했다.

창왕이 즉위하고 얼마 지나지 않아서 조준을 필두로 여러 사람들이 전례 없는 규모

---

124 『고려사』 권137, 열전50, 우왕 14년 5월 신축.
125 『고려사』 권137, 열전50, 우왕 14년 6월.
126 『고려사』 권137, 열전50, 우왕 14년 6월.
127 『고려사』 권137, 열전50, 우왕 14년 6월 경술.
128 『고려사절요』 권33, 우왕 14년 6월.

로 국정 개혁안을 쏟아내기 시작하였다. 특히 당시 사회 모순의 근원이라고 할 수 있던 토지 등의 분야에서 급진적인 개혁안이 제시되었고 실천에 옮기기 위한 방안이 다각도로 모색되었다. 이때 회군의 한 축으로 일컬어졌던 조민수가 사전에 대한 개혁을 저해한다는 이유로 조준 등의 탄핵을 받아 쫓겨나 귀양을 갔다.[129] 회군을 성공시켰으며 이성계의 뜻을 철저하게 무시하고 창왕을 즉위시킬 정도로 공로도 많았고 권세가 높았던 조민수가 막 논의되기 시작하였던 개혁을 반대한다고 해서 즉각적으로 정계에서 축출되었다는 사실은 시사하는 바가 적지 않다. 이것을 계기로 개혁에 반대하거나 장차 이성계의 라이벌이 될 수 있는 인물들에 대한 제거가 차례로 이루어졌기 때문이다.

결과적으로 위화도 회군은 최영으로 상징되는 고려의 구체제나 영토를 수호하고자 했던 세력들이 몰락하는 계기가 되었다. 이후 정권을 장악한 이성계일파는 급진파와 제휴해서 전면적인 국정 개혁을 추진하였다. 이를 통해 민생의 심각한 곤궁함을 극복해서 정치적인 주도권을 계속해서 장악하고자 했다. 그 과정에서 고려의 낡은 통치 체제에 대한 부정적 인식이 점점 더 커져 갔다.

---

129 『고려사절요』 권33, 우왕 14년 7월.

제4절

집권세력의 군제개혁과
조선의 건국

1. 이성계의 비변책

이성계 일파는 정권을 장악하자 급진개혁파사대부들과 제휴해서 대대적인 체제 개편 작업을 추진하였다. 그 중에는 숱한 문제를 안고 있으면서 정치 사회의 불안을 가중시켰던 군제도 포함되었다. 이때에 단행되었던 군제 개혁이 종전의 것과 크게 달랐던 점은 그 내용이 방대할 뿐 아니라 토지 제도의 개편 등과 연계되어 운영 기저에 해당하는 것들도 과감하게 고치려 했다는 점이다. 단지 새로운 정권의 지탱을 위해 임시방편으로 실시했던 것이 아니라 전면적으로 과단성 있게 처리하였다. 이로 인해 기득권을 잃게 될 것을 염려했던 구세력의 저항 등으로 일시 후퇴한 것도 있으나 진전된 것들도 많았다.

그런데 군제 개혁은 정치적 비중도 큰 사업으로 사전에 충분한 논의가 필요했다. 특히 권력과 직접 연관된 중대한 사안이었기 때문이다. 그 매개 고리를 찾는 것이 중요했다. 그런 점에서 1383년(우왕 9) 7월에 이성계가 올린 변방 안정책은 시사하는 바가 매우 크다. 그 내용은 접경지방인 북계, 곧 동북면의 방어 태세를 강화하는 방안이었으나,[130] 그의 정치적 비전을 보여주는 거의 유일한 글로서 군사적 재능 이외에도

---

130 안변책을 검토했던 허흥식의 견해에 따르면 앞서 이곳을 회복하고 군정일치의 반독립적인 상태를 인정하였던 공민왕 5년을 목표로 삼고 있었다고 한다. 여기에는 동북면을 고려정부의 간섭을

새로운 면모를 지니고 있음을 입증하였다.[131]

앞부분은 안변책을 올리게 된 배경에 대한 설명으로 시작한다. 북계는 여진과 달달(투르크), 요동·심양의 경계와 인접한 국가의 요해지이므로 항상 국방에 대비해야 한다. 그런데 지금 거주민들이 매번 저들과 무역[호시互市]하여 날마다 가까워져 혼인까지 맺고, 그들을 따라 이주하기도 하고, 향도가 되어 침략하기도 하고 있다. 전쟁의 승패는 지리의 득실에 달려 있는데 저들 군사들이 점거한 바가 서북 지방에서 매우 가깝다.[132]

동북면은 1359년(공민왕 5)에 원나라로부터 수복한 지역이었다. 무려 99년간 그들의 지배를 받으면서 몽골인, 여진인 등과 섞여 지냈다. 그로 인해 고려인의 정체성과 국가의식이 퇴색하고 있었다. 그런 상태에서 몽골, 여진 쪽에서 다시 찾고자 하는 움직임이 강하게 일어났다. 전자의 경우 원나라의 장수 출신으로 알려진 나하추[納哈出]가 1362년(공민왕 11) 경부터 몇 차례 침입하였다. 그리고 후자, 즉 여진인 호발도胡拔都 등이 1382년과 1383년에 걸쳐 맹렬하게 공격해서 수많은 사람들을 잡아갔다. 이들을 격퇴한 인물이 이성계였다. 하지만 그 후유증 때문에 지역 사회가 매우 혼란스러워졌으며 주민들도 크게 동요했다.[133]

자연히 그로서는 자신의 세력 기반이었던 동북면을 평온하게 만드는 것이 긴요했다. 이에 안변책을 건의했는데 이 일이 동북면에만 국한되는 않는다는 점을 강조했다. 이곳이 뚫리면 국토

함흥 본궁 사당

해제하고 군사권과 행정권을 독립적으로 자위화하려는 이성계의 야망이 잘 나타나 있다는 것이다 (허흥식, 「고려말 이성계(1335~1408)의 세력기반」 『역사와 인간의 대응』, 한울, 1984, 232쪽).

131 김영수, 『건국의 정치』, 이학사, 2006, 535쪽.
132 『고려사』 권135, 열전48, 우왕 9년 8월.
133 김구진, 「여말선초 두만강 유역의 여진 분포」 『백산학보』 15, 1973, 121~124쪽.

전체의 안전도 위협받게 된다는 것이다.

내용을 살펴보면 첫째로 군대의 훈련과 동원 문제를 거론했다.

> 외적을 막는 방도는 군사를 훈련하여 일제히 동원하는 데 있는데, 지금은 훈련하지 않
> 은 군사로써 먼 땅에 흩어져 있게 했다가 적이 이르러서야 창황히 불러 모으게 되니,
> 병사가 도착했을 때는 적은 이미 노략질하고 물러가 버렸습니다. 비록 더불어 싸워도
> 군대 신호에 익숙하지 못하고 치고 찌르는 것도 배우지 않았으니, 어떻게 하겠습니까?
> 원컨대 지금부터 군사를 훈련하는 데에 있어 약속을 엄히 세우고 호령을 거듭 밝게 하
> 였다가, 변을 기다려 곧 행동해서 기회를 잃지 않도록 하십시오.[134]

동북면은 어느 지역보다도 상무적인 습속이 강한 지역이었다. 주민들 가운데 무예
에 출중한 사람들도 많았다.[135] 하지만 이들이 고려군의 편제에 적합하게 단련되었던
것은 아니었다. 개개인의 자질이 우수하다고 정규 부대에 배치되어 그 명령 체계에
따라 일사불란하게 움직이는 것과는 달랐다. 그러므로 정규군의 규범에 따라 체계적
으로 훈련을 받고서 부대에 배속되어 활동하게 해야 한다고 주장했다.

더구나 오랜만에 수복된 지역이었기 때문에 도처에 여전히 종전의 풍속이 많이 남
아 있었다. 특히 종족상으로도 고려인뿐만 아니라 몽골인, 여진인 등이 섞여 있었다.
이질적인 요소들을 하나로 통합시켜 중앙 정부에 충성하도록 조직화시키는 작업이
매우 절실했다. 그것을 위해서는 무엇보다 이 지역의 방위력을 높여야 했다. 자연히
고려식 체제에 익숙하도록 훈련시켜 하나로 뭉치도록 해야 한다고 보았다.

두 번째는 군량의 조달 방안이었다. 동북면은 군량이 부족해 수복된 직후에는 경
상, 강릉, 교주도 등에서 운반해서 해결했다. 아무래도 수복 초창기에는 자체에서 조
달하기가 어렵고, 중앙 정부의 입장에서는 동북면의 조기 안정을 위해 국가적으로 군

---

134 『고려사』 권135, 열전48, 우왕 9년 8월.
135 고려말 동북면의 상황에 대해서는 유창규, 「이성계의 군사적 기반 - 동북면을 중심으로 -」 『진
   단학보』 58, 1984 ; 김순자, 「고려말 동북면의 지방세력연구」, 연세대 석사학위논문, 1987 등을
   참조할 것.

량을 공급하려고 노력했을 것이다. 시간이 흐르면서 동북면에서 자체적으로 마련하도록 했는데, 그 과정에서 여러 가지 사회 문제로 인해 숱한 말썽이 일어났다. 기상 조건의 악화로 흉년이 연속해서 들었다거나 반동이라는 불리는 불법적인 강제 매매의[136] 극성, 원수라든가 아문에서 파견했던 사람들에 의한 혹독한 수탈 등으로 민생이 피폐해져 군량의 조달이 사실상 매우 어려워졌다. 부족한 만큼을 다른 도에서 충당해야 하지만 그 역시 경제적인 혼란에 시달리고 있어 힘들었다.

이성계는 이런 부조리를 금지하는 동시에 세제 개혁을 건의했다. 종전과 같이 호의 대소가 아니라 경지의 다과를 기준으로 세금을 징수하자고 주장했다. 이는 군량 조달의 어려움이 현상적인 부조리가 아니라 근본적으로 조세제도의 모순에 의한 것임을 지적하는 것이다.

단순히 무장으로 인식되었던 이성계가 그런 정도의 식견을 지니고 있다는 점이 놀랍다. 그래서 이 안변책이 마침 이 시기에 이성계와 접촉한 정도전의 작품이라고 추정하기도 한다.[137] 그 진실 여부를 떠나 두 사람은 실제로 서로에게 상당한 영향력을 끼쳤던 것으로 짐작된다. 안변책의 내용에서 그러한 자취를 발견할 수 있다. 군사에 관한 문제라 하더라도 그것은 어디까지나 사회 경제적인 배경 위에서 전개되고 있다는 점을 밝힌 대목 때문이다. 문제의 근원적 해결을 위해서는 반드시 사회 경제적인 현안이 처리되어야 했다.

세 번째로 군과 민을 적절하게 통속할 수 있는 방도의 마련을 건의하였다. 동북면은 접경지역으로 상무적인 성향이 매우 강한 곳이었다. 하지만 일정한 통제 아래에 주민들을 포섭하지 못했기 때문에 전투에서 잠재적인 능력을 제대로 발휘하지 못했다.

1356년(공민왕 5)에 반원개혁정치를 단행하면서 이 지역에서도 원나라 관제와 사회조직을 개편하는 사업이 추진되었다. 이때 3가를 묶어서 1군호로 삼아 3가가 윤번으로 복무하고, 전쟁이 나면 3가의 장정을 모두 징발해서 대처하는 제도를 수립했다. 하지만 이 제도는 정착하지 못했는데, 다시 군호를 정하고 해서 이 제도를 시행하자는 것이다. 3가1호의 군정은 백호가 지휘하고, 백호는 원수영에 예속시킨다. 그렇게

====

136 이경식, 「조선전기 장시의 성립과 그 기반」 『조선전기토지제도연구[Ⅱ]』, 지식산업사, 1998, 155쪽.
137 김영수, 앞의 책, 2006, 536쪽.

하면 백호로부터 원수에 이르기까지 통솔 체계를 구축해서 효율적으로 지휘할 수 있을 뿐만 아니라 내부적인 결속도 한층 진전될 것이었다.

마지막으로 지역 사회의 안정을 위해서는 무엇보다 능력 있는 수령과 지휘관을 선임해서 파견해야 한다는 의견을 피력했다. 그런데 수령 문제는 동북면에서만 벌어진 문제는 아니었다. 그럼에도 굳이 거론해야 했던 이유는 이 지역의 수령이 권문세가와 연을 맺고 있기 때문이었다. 이런 현상 역시 다른 곳에서도 보이지만, 동북면에는 특수한 사정이 있었다.

동북면은 이전의 유풍이 많이 남아 있고, 몽골인, 여진인과의 유대도 깊었다. 그런 상태에서 고려에서 파견한 수령이나 지휘관들이 군민을 수탈하면 민심이 더 쉽게 이탈할 수 있고, 언제든지 외부와 결탁해서 중앙 정부에 대항할 수도 있었다.

이성계의 안변책은 가장 기본적인 것부터 해결해야 한다는 점을 원칙으로 삼아 접근하고 있다. 그 다음에 나머지 부분도 나름의 조치를 취할 수 있다고 했다. 방어대책도 군사적인 것에 한정하지 않고, 사회경제적 요소, 정치 제도의 개편 등도 모두 포괄해서 제시했다. 이는 정도전 등의 도움을 받았기에 가능했을 수도 있다.[138] 하지만 그 이전에 동북면의 특수한 사정이 이성계로 하여금 사회현상을 기본적이고 체제적인 문제로 인식하게 하는 계기를 제공했다고 보인다. 이것이 급진파와 연결될 수 있는 인식의 기저가 되었을 것이다.

2. 급진파사대부의 군제개혁안

급진파의 개혁 목표는 국방력을 강화하는 차원에 그치지 않았다. 사회 내부의 구조적 모순을 해소하는 방안의 하나로써 추진했다. 특히 토지와 신분제의 개편 작업 등과 연관시키되 민생 안정까지 추구하는 수준으로 강도를 높였다.[139]

---

138 정도전과의 만남을 계기로 이성계는 단순한 무장에서 벗어나 비로소 정치적으로 각성했던 것으로 보인다고 한다. 그것은 정치가로서의 새로운 탄생이었다는 것이다(김영수, 앞의 책, 2006, 536쪽).

이 시기 개혁의 길잡이 역할을 했던 것은 조준 등의 상소였다. 그 중에서도 토지에 관한 것이 핵심이었다. 그에 기초하여 군제의 면모를 일신하고 이전의 폐단을 제거해서 군사력을 증강시키려 했다. 먼저 1388년(창왕 즉위) 7월에 제출되었던 상소에서 군제 혼란의 가장 근본적인 요인이 토지 문제에 있다고 지적한다. 수조지분급제가 혼란에 빠지면서 직역자에게 주게 되어 있던 토지가 한 집안의 부자간에 사사로이 상속하는 바가 되어 조정에서 벼슬하지 않았던 사람이었음에도, 그리고 한 번도 군문에 드나든 적이 없었던 사람이었음에도 가만히 앉아서 땅에서 나는 수입을 차지하는 현상이 벌어졌다는 것이다.

반대로 개국공신의 후손이라도, 밤낮으로 시위하는 신하라도, 여러 번 전투에 참가하여 부지런히 싸웠던 군사라도 송곳을 세울 만한 경작지조차 받지 못해 부모와 처자를 봉양할 수 없을 지경에 처했다고 했다.[140] 이런 상태에서 그들이 나라의 일과 국방의 책무 등을 제대로 수행할 수 있을지가 의문이었다. 자연히 국정 운영의 문란과 군사력의 약화 등이 필연적으로 초래될 수밖에 없었다.[141]

한편 비슷한 시기에 개혁안을 제출하였던 이행李行 등도 선군지법選軍之法이 무너지면서 전투하는 군졸이나 시위하는 무사들에게 토지가 지급되지 않아 커다란 사회문제가 되었다고 지적했다.[142] 이런 상황에서는 설사 위대한 명장이 출현한다고 하더라도 소용이 없을 것이라고 단언했다. 조인옥 등도 부전府田이 망하게 되니 부병府兵도 역시 망했다면서 앞서 언급했던 사람들과 비슷한 입장을 보였다.[143]

이들 급진개혁파들은 가산화된 사전을 혁파하여 국가에 귀속시킨 다음에 새로운 기준을 마련하여 다시 분급하는 방안을 제시했다. 실제로 역을 부담하는 군인들에게 토지를 지급해서 거기에서 나온 수입으로 생계유지와 복무비용, 장비 조달 비용을 마련할 수 있게 하자고 했다. 그렇게 되면 군역 이탈과 회피현상도 사라져 군대가 튼실해질 것이다. 그리고 사전의 분급이 정상화되면 병사들이 권세가에 의존할 필요가 없

139 윤훈표, 『여말선초 군제개혁연구』, 혜안, 2000, 143쪽.
140 『고려사』 권78, 식화지 1, 전제, 전시과, 우왕 14년 7월.
141 윤훈표, 앞의 책, 144~145쪽.
142 『고려사』 권78, 지32, 식화1, 전제, 전시과, 우왕 14년 7월, 간관 이행 등의 상소.
143 『고려사』 권78, 지32, 식화1, 전제, 전시과, 우왕 14년 7월, 전법판서 조인옥 등의 상소.

어져서 공병이 사병처럼 움직이는 현상도 사라질 것이라고 파악했다.[144]

구체적인 방안은 조준 등의 상소를 통해 제시되었다. 먼저 새로운 기준에 의한 토지지급 규정이 제시되었다.

> 1. 구분전口分田 재내제군在內諸君 및 1품부터 9품까지의 관원에게 현직과 산직을 막론하고 품계에 따라서 지급한다. 첨설직添設職을 받은 자에게는 그 실직實職을 조사해서 주되 모두 그가 죽을 때까지 지급한다. 그 처가 수절하면 역시 사망할 때까지 주는 것을 허락한다. 현임 이외의 전함前銜과 첨설직을 가지고 토지를 받은 자들은 모두 오군五軍에 소속시킨다. 그리고 외방에 있는 자들에게는 다만 군전을 주고 역을 부담하게 한다. 무릇 토지를 받은 자가 죄를 범하면 국가에 반납해야 하며 또 승급하면 차례로 토지를 더 지급한다.
>
> 1. 군전은 지급받을 자의 재주와 기술을 시험해서 20세가 되면 받게 하고 60세가 되면 반환하게 한다.[145]

먼저 위 방안에 따르면 재내제군, 즉 왕실의 종친[146]을 비롯하여 첨설직을 받은 자에 이르기까지의 모든 현임 및 산직자들에게 구분전을 지급하게 했다. 단 현직 관리가 아닌 경우에는 오군에 소속하게 되었다. 외방 거주자에게는 군전을 지급해서 역을 부과하되 재예 시험에 통과한 자로 한정하며 그것도 15세부터 59세에 국한되도록 했다. 여기서 현직 관리가 아니면서 토지를 받고 오군에 소속된다는 것은 서울에 머물면서 왕실을 호위하는 역할을 수행하라는 의미였다. 올라오지 않고 외방에서 그대로 지내려고 하는 자에 대해서는 재예 시험에 합격한 사람에 한하여 군전을 지급하며 역을 부담하도록 했다. 이는 실력이 검증된 자들을 군사로 뽑는 것과 함께 외방에서 지위를 이용해서 민폐를 끼치거나 역을 기피하는 산직자들을 자연스럽게 중앙으로 올라오게 하려는 조치였다.

---

144 윤훈표, 앞의 책, 2000, 145~146쪽.
145 『고려사』 권78, 지32, 식화1, 전제, 전시과, 우왕 14년 7월, 대사헌 조준 등의 상소.
146 한국정신문화연구원편, 『역주 "고려사" 식화지』, 1996, 154쪽.

이에 따르면 현직자가 아니면서 구분전이나 군전을 지급받는 자들은 서울과 외방을 막론하고 모두 군역을 부담해야 했다. 이렇게 되면 점차로 국가와 왕실의 안녕이 보장되고 토지를 받고도 아무런 역을 지지 않는 모순된 상황이 해소되면서 관리나 군사들 사이의 불화도 사라질 것이었다. 나아가 사회 혼란으로 크게 흔들렸던 신분제까지도 안정시킬 것이다. 즉 엄격한 심사와 시험을 통해 토지를 지급하여 품관으로 확실하게 인정을 받는 자에게는 직책과 군역을 부과하며, 그렇지 못한 자에게는 본래의 역, 예를 들어 향리에게는 향역郷役 따위를 부담하게 하는 식이었다. 새로운 사전 분급제도와 직역 및 군역 부과체계를 상호 긴밀하게 연결시켜 운영해서 신분이 명확하게 들어나도록 한다는 것이다.[147]

그런 다음에 군 조직 내에서의 지위에 따른 역할을 분명하게 정하도록 했다. 전함 4품 이상은 삼군에 편성되어 주로 군장軍將의 요좌僚佐로서 활동하고 5품 이하는 부위에 배치되어 군부사의 통제를 받아 시위하게 했다. 이렇게 하면 군정과 군령에서 전함 품관의 역할이 확실하게 된다. 즉 4품 이상의 대부계大夫階를 지닌 사람은 주로 군령을 발하는 역할을 하게 되고 5품 이하의 낭계郎階를 지닌 사람은 군령에 따라 활동하면서 평상시에는 훈련에 임하고 유사시에는 즉각 출동하게 한다. 그렇게 해서 군부사를 중심으로 해서 군정이 정비될 수 있다는 것이다.[148]

다시 또 훈련을 실시하거나 선발하는 과정에서 군사적 재능이 떨어지는 자들을 제거해서 전체적으로 안정된 전력을 유지하는 방도를 마련했다. 먼저 제거해야 할 대상을 분명하게 규정했다. 우선 늙은이와 어린이, 군사적 재능이 없는 자들이었다. 이는 군전의 지급대상이 15세에서 59세까지라는 점과 직접 연결되었다. 그리고 재예 시험의 합격자에게 군전을 지급한다는 것과도 서로 통하였다. 이어서 장인, 상인, 노예들인데 이들은 무자격자들이었다. 아예 재예 시험에 응시할 수 없게 만들었다. 새로 선발하는 사람에 대한 관리 규정도 분명히 했다. 일단 용기와 지략을 겸비한 자를 선발해야 한다는 것이다. 즉 신분이나 가문의 배경이 아닌 능력을 중시하겠다는 의미였다. 다음으로 항상 무예를 연마해서 그 성적에 따라 직을 올리거나 쫓아내겠다고 했

---

147 윤훈표, 앞의 책, 2000, 147쪽.
148 윤훈표, 앞의 책, 2000, 147~148쪽.

다. 설사 운이나 요령으로 들어왔더라도 훈련 성적에 따라 평가한다면 결국 견디지
못할 것이다. 군사로 들어와 복무하는 과정에서 늘 훈련하고 연습하며 그 성적에 따
라 출세하도록 한다면 저절로 능력 있는 자들만 남게 될 것이었다.[149]

능력있는 자들을 군사로 선발하는 시스템이 구축되었다면 곧 이어 이들이 제대로
근무할 수 있게 조직 체계를 정비해야 했다. 그런데 원나라의 정치적인 간섭을 받으
면서 군조직의 운영 체계가 급속히 부실해졌다. 반원개혁 정치를 단행하였던 공민왕
때부터 이 문제에 대해 많은 관심을 가지고 몇 차례 정비 작업을 추진했으나 소기의
성과를 거두지 못했다.[150] 근본적 해결보다 임시 처방에 가까운 시도를 주로 행함으로
써 오히려 사태를 악화시켰다.

마침내 급진파들은 중앙의 숙위 기구부터 정비할 것을 건의하였다. 이미 오래 전부
터 부실해져 제 기능을 못하는 팔위八衛를 대신하여 근시近侍라든가 충용위忠勇衛 등
의 새로운 기구를 설립하거나 개편해서 금위禁衛를 맡겼으나 도리어 녹만 축낼 뿐 허
소화를 면치 못했다. 이와 달리 우달치迂達赤·속고치速古赤·별보別保 등의 애마愛馬
들은 열심히 근무해도 녹조차 받지 못하는 형편이었다. 한편 관리들의 어린 자제나
공상·천예들은 사십이도부四十二都府의 녹관을 차지하고 있으면서 아무 일도 하지 않
는 등 전체적으로 매우 불공평했다.[151] 이 같은 폐단을 근본적으로 해소하기 위해 대
대적인 조직 개편이 필요하다고 여겼다.

각 애마들을 팔위에 병합시킨 다음 근무 자세를 확립하고 각기 위 내의 호군 이하
교위校尉·대정隊正에 이르는 직을 품에 따라 녹용하는 체계를 구축하자고 했다. 먼저
숙위 기구를 하나로 통합하여 그에 따라 소속원도 한 군데로 모으자는 것이다. 그 동

---

149 윤훈표, 앞의 책, 2000, 149~150쪽.

150 민현구, 「고려후기의 군제」『고려군제사』, 육군본부, 1983 ; 김대중, 「高麗 공민왕대 경군의 재건
시도」『군사』21, 1990 ; 오종록, 「고려후기의 군사지휘체계」『국사관논총』24, 1991 ; 홍영의,
「공민왕의 반원정책과 염제신의 군사활동」『군사』23, 1991 ; 권영국, 「고려후기군사제도연구」,
서울대박사학위논문, 1995 ; 박한남, 「공민왕대 왜구침입과 우현보의 '상공민왕소'」『군사』34,
1997 ; 윤훈표, 「설장수의 축성론」『한국사상사학』9, 1997 ; 송인주, 「공민왕대 군제개혁의 실
태와 그 한계」『한국중세사연구』5, 1998 ; 도현철, 「대책문을 통해본 정몽주의 국방 대책과 문
무겸용론」『한국중세사연구』26, 2009.

151『고려사』권81, 지35, 병1, 병제, 공양왕 1년 12월 헌사상소.

안 같은 일을 하면서도 대우면에서 차이가 났던 불합리한 점을 해소하고자 하였다. 더불어 근무에 대한 평가 및 그 성적에 따라 승진하는 제도를 실시하여 복무에 열중하게 했다. 이로써 무능하거나 자격이 없는 자들이 자리만 차지하면서 임무를 소홀히 하는 문제까지도 해결하고자 했다.[152]

급진파들은 근무의 부실이 숙위직 자체까지도 변질시키는 현상으로 이어지고 있다고 파악했다. 즉 숙위직이 무리하게 출세하려는 수단이나 부정부패의 도구로 이용되었다는 것이다. 이러한 폐해를 제거하고 본연에 충실히 하기 위해서는 조직과 인원에 대한 개편 작업이 불가피하다는 것이다.

하지만 기구가 아무리 훌륭하게 개편된다고 해도 그것을 뒷받침할 인사 제도라든가 상벌 규정이 제대로 정비되지 않는다면 소용이 없었다. 권세가에게 밀착된 사람들이 변변한 업적이나 공로도 없는데도 갑자기 출세하는 폐단을 막지 못한다면 사실상 개편의 의미가 사라진다. 더구나 당시 외적의 침입이 빈번하고 정치적 격변이 자주 발생했기 때문에 군공 포상이 잇따를 수밖에 없었다. 그 때 권신들이 불공평하게 운영함으로써 숱한 폐단을 낳았다. 급진파들은 이 문제를 근본적으로 바로잡아야 한다고 보았다.

> 바라건대 앞으로는 강한 적을 격파하고 쳐부순 공로와 적의 장수를 죽이고 적의 기를 빼앗은 용기와 많은 싸움에서 수고한 공로를 세운 사람들에게는, 크면 상·대호군上·大護軍, 다음으로 호군護軍·중랑장中郎將에서 별장別將·산원散員에 이르기까지 모두 실직에 임명받게 해서 외적을 격파한 공로를 권장하면, 사람들이 모두 그 상관과 친하여 그 장을 위하여 죽을 것입니다. 근자에 의義를 일으켜 난을 진압했을 때에 군軍에 종사한 자에게도 또한 실직과 포상을 더하여 뒷사람을 권장할 것입니다.[153]

위에서 객관적으로 드러난 공적을 인정받은 자들만 상호군부터 산원에 이르는 군대의 최고위 실직에 임명하자고 했다. 다시 말해 공로가 인정된 자들을 최고위의 실

152 윤훈표, 앞의 책, 2000, 150~152쪽.
153 『고려사』권81, 지35, 병1, 병제, 공양왕 1년 12월 헌사상소.

직에 제수해야 하며 그 외의 기준은 적용시켜서는 안된다는 의미였다. 즉 능력과 공적으로 출세할 수 있어야 조직은 안정될 수 있었다.

끝으로 군의 통수권 행사 방식도 개정해야 한다고 주장했다. 말기에 올수록 외침이 빈번해지고 정치적 불안이 증폭되는 상황에서 군사적인 지식이나 경력이 부족한 사람이라도 재상이라는 이유로 무조건 원수직을 겸하는 경우가 많아졌다. 이 때문에 군대를 이끌고 출전했을 때 효율적으로 통솔하지 못해서 해를 당하는 일이 잦았다.[154] 본래 고려에서는 전쟁이 일어났을 때 재상이 원수에 임명되어 군대를 이끄는 것이 원칙이었다.[155] 따라서 개혁파도 재상이 겸임하는 것을 문제로 삼았던 것은 아니었다. 다만 그 재능을 검증하지 않은 채 지휘관으로 삼아서는 안된다는 것이다. 이것을 위해 천거제를 도입하고자 했다. 이때 국정의 최고 기구인 도평의사사와 재상들을 견제할 수 있는 대간에서 맡도록 했다.[156]

천거 절차가 공정하다면 개인적인 연줄보다 재주나 명성 등을 우선 고려하지 않으면 안되었을 것이다. 그렇게 되면 자연히 능력 있는 사람이 원수직을 겸하게 될 것이다. 이런 점은 전투가 끝난 뒤에 행하는 군공 포상에서도 마찬가지로 적용되어야 했다.

또한 각도에 3명의 절제사를 파견하는 것은 옛 제도에 어긋난다면서 양계를 제외하고는 1명으로 축소하고자 하였다.[157] 이는 비록 지방군에 한정되었던 방안이기는 하지만 통솔 체계의 일원화를 위한 기초 작업으로 여겨진다.

이상과 같은 급진파의 방안은 단지 군사제도에 국한되지 않고 토지라든가 신분제나 정치제도의 개편 문제 등과 연계되고 있다는 점이 특징이었다. 그런데 이것이 그대로 실행될 경우 지금까지 아무런 역도 부담하지 않았으면서 상당한 특권을 누려왔던 구가세족들이 커다란 타격을 받게 된다. 지금까지 누려왔던 면역의 특권이 상실되기 때문이었다. 이로 인해 개혁안의 실행은 정치적 출동을 피할 수 없게 되었다.[158]

---

154 『고려사』 권81, 지35, 병1, 병제, 공양왕 1년 12월 헌사상소.
155 변태섭, 「고려조의 문반과 무반」 『고려정치제도사연구』, 일조각, 1971.
156 『고려사』 권81, 지35, 병1, 병제, 공양왕 1년 12월 헌사상소.
157 『고려사』 권81, 지35, 병1, 병제, 공양왕 1년 12월 헌사상소.
158 윤훈표, 앞의 책, 2000, 155쪽.

3. 오군체제의 개편과 삼군도총제부의 설치

이성계와 급진개혁파들은 우왕의 아들인 창왕을 일단 옹립했으나 얼마 뒤 폐가입진廢假立眞, 즉 이들이 공민왕의 후손이 아니라 신돈의 자손들이라는 명목으로 몰아내고 공양왕을 새로 추대했다.[159] 이것은 반대파들을 제거하고 숙원이었던 체제 개혁에 박차를 가하기 위함이었다.[160]

이를 계기로 군제 개편에 전력을 다했다. 우선 여러 원수나 장수들이 사적으로 군사들을 예속시키는 형태를 철폐하는 하는 것으로부터 시작하였다. 이는 이성계파가 군권을 완벽하게 장악하려는 조치와도 연계되었다. 공양왕이 즉위하자 곧 이성계로 하여금 팔도의 군마를 통솔하게 했는데, 이를 계기로 군영을 설치하고 번을 나누어 교대로 숙직하게 하면서 군자軍資를 지급하였다.[161] 이는 외방에서 번상 시위하기 위해 올라오는 군사들을 이성계가 모두 통솔하게 되었음을 의미했다. 곧 이어 사헌부의 요청에 따라 원수들의 인장을 모두 회수했다.[162] 계속해서 각도의 장수를 혁파하고 군인들을 돌려보냈다.[163] 인장을 몰수당한 원수들은 지휘관으로서의 자격이 박탈되었음을 의미했다. 그 결과 원수들이 전부터 거느렸던 각도의 장수들과 군사들도 해산해서 원래대로 돌아가게 되었다.

피살지 삼척에 있던 무덤(좌), 태종때 공양왕으로 봉하고 고양으로 이장했다(우)

---

159 『고려사절요』 권34, 창왕 1년 11월.
160 윤훈표, 앞의 책, 2000, 155쪽.
161 『고려사절요』 권34, 공양왕 2년 1월.
162 『고려사』 권45, 세가45, 공양왕 2년 11월 신축.
163 『고려사』 권45, 세가45, 공양왕 2년 11월 계묘.

하지만 군대 동원을 빌미로 주민들을 마구 징발하거나 사적으로 예속시키는 관행은 여전히 남아 있었다. 이에 절제사의 정원을 정하고, 재주와 지혜를 겸비한 자를 골라 절제사로 삼고 나머지는 혁파하자고 했다.[164] 이 정책에는 기존의 절제사를 상당수 제거하려는 정치적 의도도 있었을 것이다. 하지만 장기적으로 보면 능력 있는 인물들로 채워서 절제사들을 정예화하는데 근본적인 목적이 있다.

절제사들이 군현의 군민들을 자기 마음대로 징발하는 행위도 제한하고, 이미 징발한 군사와 백성을 돌려보내게 했다. 즉 외적의 침입 등을 핑계로 함부로 주민들을 동원해서 사사로이 예속시키는 폐단을 불식시키려는 것이다.

하지만 왜구 등의 계속된 외침으로 인하여 일단 돌려보냈던 군사와 백성들을 다시 또 소집해야 하는 경우가 자주 발생했다. 이렇게 되면 전과 똑같은 상황이 재현될 수 있어 어렵게 추진하였던 개편 작업의 의미가 퇴색질 수밖에 없었다. 근본적인 문제 해결을 위해 전체를 아우를 수 있는 새로운 지휘 체계를 구축하고 이에 의거하여 군사력의 확충을 시도해야 했다.[165]

외침을 물리치기 위해 군대를 동원할 때, 고려는 전통적으로 오군체제를 선호했다. 군사 조직의 특성과 지형 등을 고려해서 나왔던 결과라 할 수 있다. 지금까지 검토했던 바에 따르면 오군은 평상시 조직이 아니라 전투에 동원하기 위한 편제였으나 특수한 업무를 담당했던 기간요원들은 항상 편성되어 있었다. 사변이 발생하면 원수·부원수 및 각군병마사 등의 지휘체계가 구성되고 아울러 중앙과 지방의 여러 군사들이 징발, 배속되어 출동했다고 한다. 고려말에 이르면 군사적인 긴장상태가 오랫동안 지속되면서 이것이 일상적인 체제로 자리잡았다.[166] 중간에 고제, 특히 『주례』의 제도에 어긋난다며 오군을 고쳐 삼군으로 만들기도 했다.[167] 즉 전군과 후군이 빠지고 전·좌·우의 삼군을 이루었다. 하지만 현실적인 이유 때문인지 얼마 뒤에는 오군 체제로 복귀하였다.

---

164 『고려사』 권81, 지35, 병1, 병제, 공양왕 2년 12월.
165 윤훈표, 앞의 책, 2000, 157~158쪽.
166 이기백, 『고려사병지역주1』, 일조각, 1969, 12~13쪽.
167 『고려사』 권81, 지35, 병1, 병제, 의종 3년 8월.

공양왕의 즉위를 전후하여 또 다시 오군에서 삼군 체제로의 개편이 추진되었다. 우선 개혁파들이 『주례』에 입각한 관제 정비를 주장하였는데 이것이 군제에서도 반영되었다.[168] 더구나 정도전이 사신으로 갔다가 돌아와서 명의 오군도독부五軍都督府를 본떠서 삼군도총제부를 설치했다는 이야기가 돌기도 했다.[169] 하지만 실제로 양자의 성격은 매우 달랐다. 전자는 재상의 권한을 축소하는 대신 황제가 최고 통수권을 장악하기 위해 설치되었다.[170] 반면에 후자는 정승이었던 이성계 일파가 군권을 독점하기 위해 만들었다고 할 수 있다. 다만 그 과정에서 명의 '오군'을 의식해서 '삼군'으로 개정했을 가능성은 남아 있다.

삼봉집(국립중앙박물관)

하지만 보다 근원적인 것은 개혁 작업을 통해 통수권 체제를 일원화시켜서 전군을 효율적으로 통제하고자 함이었다. 기존의 조직을 그대로 장악해서 반발을 초래하기보다는 개편을 빌미로 반대 세력을 몰아내고 그 자리에 가까운 인사들로 채우는 것이 목표 달성에 수월할 수도 있었다. 이를 위해 1391년(공양왕 3)에 삼군도총제부三軍都摠制府를 설치해서 중외의 군사를 통할케 했으며 수전산관受田散官과 신·구 경기에 거주하는 자, 사십이도부四十二都府, 그리고 각 성중애마各成衆愛馬를 분속시켰다.[171]

---

168 『고려사』 권118, 열전31, 조준.
169 『고려사』 권118, 열전31, 정도전.
170 山根幸夫, 「'元末の反亂'と明朝支配の確立」『岩波講座 世界歷史』12, 1971, 53~54쪽.
171 『고려사』 권77, 지31, 백관2, 제사도감각색, 삼군도총제부.『고려사절요』에서는 공양왕 3년 1월에 삼군도총제부가 설치되었다고 했다(권35). 그런데 『고려사』 권82, 지35, 병2에 따르면 공양왕 2년 2월 이전에 이미 삼군총제부가 설치되었다. 따라서 삼군도총제부와 삼군총제부와의 관계가 문제가 된다. 그런데 정도전의 건의에 따라 산관들이 숙위 근무를 하게 되면서 이들을 소속시킬 궁성숙위부가 공양왕 2년 1월에 세워졌다(『고려사절요』 권34, 공양왕 2년 1월). 그러므로 공양왕 2년 2월의 삼군총제부란 곧 궁성숙위부를 가리키는 것으로 보이며, 이것이 모체가 되어 공양왕 3년 1월에 정식으로 삼군도총제부가 설치되었던 것이 아닌가 한다(윤훈표, 앞의 책, 2000, 158쪽).

삼군도총제부의 직능은 중외의 군사를 통할하는 것이었으므로 서로 떨어져서 개별적으로 운영되었던 여러 병종들을 휘하로 소속시켜 하나로 통솔하는 체제를 구축했다.

이는 여러 병종 및 기구들의 남설로 인해서 빚어졌던 숙위와 시위 조직 간의 분리, 상호 연계의 부족에서 촉발되었던 통수 체계의 혼란을 극복하고자 했다는 점에서 매우 중요한 조치였다. 그리고 이들 군사조직들로 하여금 원수·절제사에게 사적으로 예속되었던 각도의 군인, 외방 및 경기 군현의 군민들을 대신하게 하려고 했다.

〈표 1-1〉 삼군도총제부의 구성

직함	정원	대상
도총제사	1명	시중 이상
삼군총제사	3명(각 군당 1)	성재(省宰) 이상
부총제사	3명(각 군당 1)	통헌대부 이상
단사관	2명	정순대부 이하 5품 이상
경력	1명	4,5품
도사	1명	5,6품
육방녹사	3명(각 1명)	
군녹사	3명(각 1명)	
육방전리	9명(각 3명)	

한편 삼군도총제부 안에는 여러 층위의 관원들을 배치해서 휘하의 여러 병종과 기구들을 효율적으로 통제할 수 있게 만들었다.[172]

도총제사는 시중 이상, 곧 재상이 최고 책임자가 된다. 결과적으로 삼군도총제부는 재상이 군 통수권을 행사하는 기구가 되었다. 실제로 이성계가 도총제사가 되었고, 그의 일파였던 배극렴裵克廉이 중군총제사, 조준이 좌군총제사, 정도전이 우군총제사로 임명되었다.[173]

---

172 『고려사』 권77, 지31, 백관2, 제사도감각색, 삼군도총제부.
173 『고려사절요』 권35, 공양왕 3년 1월.

그런데 이러한 개편작업이 단순히 이성계파가 통수권을 장악하려는 의도에서만 나온 것은 아니었다. 조선왕조가 성립되고 이성계가 국왕으로 즉위한 뒤에도 그 같은 원칙에는 변함이 없었다. 정도전의 『조선경국전』에서 삼군도총제부의 후신인 의흥삼군부義興三軍府와 제위諸衛의 판사는 재상이 맡는 것으로 되었다.[174] 그러므로 재상이 군의 통수권 행사에서 중추적인 역할을 한 것은 조선 태조 때에도 마찬가지였다. 즉 개혁파의 목표는 재상을 중심으로 하는 전국에 걸친 일원적인 군 통수체계를 확립하는 것이었다.[175]

먼저 도총제사로부터 부총제사까지는 군의 최고 통솔자 그룹에 속했다. 이에 재상급 인사로만 임명하게 되었으며 정원이 확실하게 정해져 있었다. 하지만 어떤 절차를 거쳐서 임명되었는지에 관해서는 구체적으로 밝혀놓지 않았다. 아마도 도평의사사 등의 추천을 받아야 했을 것으로 추정된다. 그렇게 해서 종전처럼 군사적 능력과 상관없이 재상이라는 이유만으로 군 지휘관에 임명되는 일을 방지했다.

다음으로 단사관 이하 육방전리까지는 실무직이었다. 그 중에서 단사관은 원나라에서 형정刑政을 맡았던 관직이었다.[176] 그러므로 단사관은 군사에 관한 여러 사무 중에서 특별히 형정을 책임지었을 것이다. 이로써 군대의 기강을 확립하는 중요한 역할을 했을 것으로 추정된다. 그 아래 경력, 도사, 육방녹사, 군녹사, 육방전리 등은 순수한 실무적이었다. 그런데 이들은 도평의사사의 것과 매우 유사했다. 도평의사사도 위화도 회군 이후 조직이 개편되었는데, 창왕 때 도평의사육색장都評議使六色掌을 이호예병형공吏戶禮兵刑工의 육방녹사로 고쳤고, 공양왕 때 경력사經歷司를 더 설치하여 육방을 통솔하게 했다.[177] 그러므로 조직 편제상 도평의사사와 흡사하게 되었는데, 곧 국가의 최고 민정기구였던 것과 같이 삼군도총제부가 명실상부한 최고의 군정기구로 탈바꿈하게 되었다.

또한 조준 등이 『주례』의 육전조직에 의거해서 관제정비를 강조했던 것에 힘입어

---

174 『조선경국전』 상, 치전, 군관.
175 윤훈표, 앞의 책, 2000, 160~161쪽.
176 『원사』 권85, 지35, 백관1.
177 『고려사』 권77, 지31, 백관2, 제사도감각색, 도평의사사.

1389년 마침내 육조제六曹制가 확립되었는데, 이때 육조와 민정의 최고기구인 도평의사사 간의 업무를 연결시키는 것이 곧 육방녹사와 육방전리였다. 군정의 경우에는 삼군도총제부의 육방녹사와 육방전리가 그 역할을 수행했을 것이다.

결국 군정 분야는 삼군도총제부가 육조와 연계해서 중요 업무를 처리하게 되었다. 자연히 군정에 관련된 모든 사항은 삼군도총제부가 최종적으로 다스리게 되었다. 이로써 휘하의 모든 기구들에 대한 실질적인 통수권을 지니게 되었다.[178]

4. 품관층의 삼군 병속과 성중애마의 조직 개편

군제 개편은 그와 동시에 진행된 전제 개혁 등과 긴밀하게 연결되어 추진되었다. 드디어 개혁이 실행되면서 1390년(공양왕 2) 1월부터 먼저 품관들에게 급전도감에서 과전의 지급 관계 서류인 전적田籍이 반급頒給되었다.[179] 그런 다음에 수전품관을 삼군에 소속시켰다.[180]

수전품관의 정체는 정확히는 수전산관受田散官이었다.[181] 이를 계기로 사전을 받은 수전산관들은 반드시 삼군에 속해서 복무해야 했다. 종전에는 여러 가지 이유로 땅을 받고도 복무를 기피하는 자들이 늘어나 조직의 허소화가 심화되었다. 이것을 보충하기 위해 힘없고 배경 없는 사람들을 억지로 징발하는 일이 빈번했다. 하지만 수조지 분급제의 마비와 국가 재정의 고갈 등으로 인해 보상이 제때 이루어지지 않았다. 자연히 경제적 고통을 견디지 못해 다시 도산하는 악순환이 반복되었다. 하지만 토지가 지급됨으로써 조직의 충실화를 기대할 수 있게 되었다.

또한 사졸로 징발되어 전투와 시위에 참가했다가 공로와 업적을 인정받아 산관에 오른 자들도 세족 출신과도 똑같은 대우를 받게 되었다. 이는 역의 공평한 부과를 상

---

178 윤훈표, 앞의 책, 2000, 162쪽.
179 『고려사』 권45, 세가45, 공양왕 2년 1월 임오.
180 『고려사』 권81, 지35, 병1, 병제, 공양왕 3년 1월.
181 『고려사』 권77, 지31, 백관2, 제사도감각색, 삼군도총제부.

징적으로 보여주는 것으로써 그 동안 이탈자와 잔류자, 부자와 빈자, 국가와 군인 간의 대립과 갈등을 완화시키는 요인이 되었다.[182]

수전 산관을 삼군에 소속시켰던 조치는 과전법이 제정되면서 한층 강화되었다. 그에 따르면 경기에 과전을 설치하고 사대부로 하여금 경성에 거주하며 왕실을 호위하도록 하며 외방에 군전을 설치하여 한량관리에게 왕실의 번병 구실을 하도록 되어 있다.[183] 이들은 삼군총제부에서 숙위해야 하는데, 부모의 상장喪葬이나 질병 외에 아무런 연고 없이 100일 이상 숙위에 빠지면 토지를 몰수하게 했다.[184]

수전제도는 신분제의 안정에도 상당한 영향을 주었을 것이다. 토지를 지급받은 자는 모두 자신의 직분에 합당한 의무를 수행하되, 그것을 매개로 신분이 확연하게 드러나도록 했다. 신분과 역의 수행이 일치하는 체제 수립의 근거를 급진파들은 『주례』의 직분론에서 찾았는데, 그것이 전제 개혁을 전제로 하는 수전 산관의 삼군 병속을 추진하면서 마침내 실행에 옮겨졌다.[185]

수전 산관의 삼군 병속을 계기로 군 조직 및 신분제의 안정화가 본격적으로 추진되었던 것과 더불어 또 다른 숙위 기구였던 성중애마에 대해서는 비슷한 취지의 조치가 이루어졌다. 성중애마는 원의 정치적 간섭을 받으면서 기존의 군사조직이 거의 마비되는 가운데 그들을 대신하는 특수부대로서 그 실체가 뚜렷해졌다.[186] 충렬왕 때 의관자제衣冠子弟, 즉 상류층 자제를 불러 국왕을 숙위토록 하고 그들을 홀치忽赤라고 불렀던 것을 시작으로 여러 부대들이 나타났다. 특히 궁중에서 국왕의 측근기구인 내시·다방 등 근시의 임무를 띤 자들이 군사적 기능을 강화하여 성중애마의 주축을 이루었다.

그런데 공민왕 때 반원 개혁의 추진과 그 이후 정치적인 갈등의 고조 및 외적의 빈번한 침입 등으로 군사력의 확충이 강하게 요구되는 가운데 성중애마도 전투에 참가해야 했으며, 그 와중에 몇몇 부대들이 새로 나타났다. 하지만 이들은 처음부터 일반

182 윤훈표, 앞의 책, 2000, 163~164쪽.
183 『고려사』 권78, 지32, 식화1, 전제, 과전법.
184 『고려사』 권78, 지32, 식화1, 전제, 과전법.
185 윤훈표, 앞의 책, 2000, 165쪽.
186 한영우, 『조선전기 사회경제연구』, 을유문화사, 1983, 319~320쪽.

군사들과 성격을 달리했다. 국왕을 측근에서 모시는 근시의 임무와 연결되는 숙위 활동을 했기 때문에 순수한 호위 병력이 아닌 다양한 역할을 수행하였다. 이로 인해 관리 신분으로 간주되면서 일정 기간의 근무를 마치면 다른 관직으로 진출하는 길이 열리기도 했다.[187]

하지만 모든 성중애마들이 그렇게 될 수 있었던 것은 절대로 아니었다. 만들어진 배경이나 구성원, 그리고 역할 등에서 상당한 편차가 존재했기 때문에 일률적으로 규정하기가 어려웠다. 자연히 그 내부가 복잡다단해지면서 심지어 비슷한 임무를 수행한다고 해도 부대에 따라 대우라든가 출세 등에서는 커다란 격차를 보이는 경우가 많았다.[188] 나아가 담당하는 임무는 수월했는데 승진은 빨리 되는 부대가 있는 반면에 그렇지 못한 것들도 있었다. 마침내 성중애마에도 말기적 양상이 나타났다.

더구나 소속 부대들의 설립 배경과 기능 등에서 차이를 보였기 때문에 일률적인 기준이 적용되지 않아 업무의 중복은 물론 선발기준, 인원, 대우 등에서 많은 문제를 안고 있었다. 그렇기 때문에 우선 자체 내의 통일을 기할 필요가 있었다. 부대나 조직 하나하나의 개편도 필요하지만 전체적인 통일성이나 상호연계를 어떤 식으로 해야 하는가도 중요했다.[189]

먼저 궁관宮官 계통에서 출발하여 숙위까지도 겸했던 내시內侍, 다방茶房, 사순司楯, 사의司衣, 사이司彝 등에 대한 개혁이 시도되었다.[190] 이때 가장 중요하게 여겼던 것은 신중한 선발이었다. 즉 선발 절차의 투명성을 강화해서 말썽의 소지를 근원적으로 차단하는 방도를 택하였다. 이조가 주도해서 가계에 문제가 있거나 무능력·무자격자, 군역기피자들이 들어오는 것을 막고, 이미 입속해 있던 사람에 대해서도 선별작업을 실시해서 적합하지 못하면 제거하려고 했다.[191]

특히, 이조가 주관해서 선발하도록 했다는 점이 주목된다. 과거에는 숙위와 근시의 직임은 이부吏部에서 관할하지 못했다. 이로 인해 군역기피자, 무능력·무자격자가 대

---

187 민현구, 『조선초기의 군사제도와 정치』, 한국연구원, 1983, 99~100쪽.
188 『고려사』 권81, 지35, 병1, 병제, 공양왕 1년 12월.
189 윤훈표, 앞의 책, 2000, 165~166쪽.
190 한영우, 앞의 책, 1983, 319쪽.
191 『고려사』 권75, 지29, 선거3, 전주, 성중관선보지법, 공양왕 3년 4월.

거 입속하게 되었고 이것을 계기로 사적 관계가 굳건해지면서 사병화의 조짐마저 보였다. 그러므로 이조에서 선발을 담당한다는 것은 사적인 관계를 통하여 들어오는 것을 원천적으로 차단하고 공적인 기구로 재편성되는 것을 의미했다.

다음으로 호적과 초입사를 고찰하게 했다. 가계나 신분에 대한 조사와 함께 어떻게 처음으로 관직에 들어왔는지를 확인한다는 의미였다. 이는 숙위와 근심의 임무를 띤 자들에 대해서는 엄격한 신분 조사를 실시해야 한다는 급진개혁파의 원칙이 그대로 적용됨을 의미했다. 여기에 용모의 관찰 즉 체격 조건을 고찰하고, 글씨 쓰기와 셈하기에 대한 시험을 보았다. 이것은 궁중의 사무를 맡을 자를 선발하는 것으로 생각된다. 활쏘기와 말타기는 숙위자에게 필요한 기능이었다. 그러므로 신분과 가계, 그리고 능력과 신체적인 조건 등을 갖추어 맡은 바의 업무를 제대로 수행할 사람을 선발하겠다는 것이다. 이러한 원칙은 점차 다른 성중애마들에게도 적용하였으며, 그것으로 전체적인 통일성을 기하고자 했다.[192]

끝으로 각각의 부대나 조직 등에 대해 그 특성에 맞추어 정원을 배정하여 선발함으로써 소수 정예화가 이루어지게 했다. 이는 조직 개편 이전에 들어왔던 사람들에 대해서도 재차 테스트를 하여 선별하는 작업과도 연결되었다. 특히 이 과정에서 기득권 따위를 인정하지 않음으로써 구성원들의 질적 향상을 꾀하여 운영의 충실화를 이룩하고자 했다. 즉 조직을 강화하고자 능력과 자격을 갖춘 정예 요원만 남기고 그 나머지 인원을 정리하겠다는 것이다. 이에 우선 내시와 다방은 각각 좌우번을 합해 100명으로 정하고,[193] 이어서 사순은 4번에 각 50명씩, 사의는 4번에 각 40명씩, 사이는 4번에 각 30명씩으로 정했다.[194]

이어서 충용忠勇, 근시近侍, 별보別保 등의 성중애마에 대한 개편 작업도 추진하였다. 이들 삼위三衛는 본래 궁중의 숙위를 위해서 설립된 것들이었기 때문에 병조가 직접 주관하였다.[195] 이곳의 개혁 역시 삼위의 정원을 정하고, 무능력자, 무자격자를 퇴

---

192 『고려사』 권75, 지29, 선거3, 전주, 성중관선보지법, 공양왕 3년.
193 『고려사』 권75, 지29, 선거3, 전주, 성중관선보지법, 공양왕 2년 10월.
194 『고려사』 권75, 지29, 선거3, 전주, 성중관선보지법, 공양왕 3년 4월.
195 근시는 1378년(우왕 4)에 홀치를 개편한 것인데(『고려사』 82, 지36, 병2, 숙위, 우왕 4년 10월), 홀치는 숙위병이고, 충용과 별보는 고려말에 처음 설치된 특수군으로 그 임무는 국왕의 호

출하는 것으로 시작했다.[196] 병조의 조치는 이조가 내시 등에 대해 실시했던 것과 원리 면에서 거의 흡사했다. 동일한 원리 원칙을 가지고 이조와 병조에서 분야를 나누어 처리한 것으로 추정된다.

성중애마들은 설립 배경도 다르고 기능의 차이도 컸기 때문에 한꺼번에 처리하기 곤란하였다. 그렇지만 개별 조직의 개편과 동시에 전체적인 통일성과 상호연계가 이루어질 수 있도록 추진되었다.[197]

5. 조선의 건국

위화도 회군 이후 이성계파와 급진파사대부들이 추진했던 군제 개혁 작업이 충분히 성과를 거두었다고 보기는 어렵다. 구세력의 반발이 만만치 않았으며 새로운 집권 세력의 내부사정도 복잡했다.[198]

구세력이 군제 개혁에 대해서만 저항했던 것은 아니었다. 아마도 토지 문제에 관해서는 그 강도가 더욱 심했을 것이다. 따라서 개혁주도 세력은 한꺼번에 모든 것을 개혁하려고 하면 사태가 굉장히 심각해질 것을 우려했다. 그러므로 먼저 전제 개혁에 대해 집중할 필요가 있었다. 그것이 어느 정도 성과를 거두어야 다른 분야에도 파급효과를 거둘 수 있었다.

그런데 군대란 물리적인 장치로 정치권력의 지탱 수단이었다. 따라서 군 통수권의 향방은 세력의 판도에 곧 바로 영향을 미치게 된다. 하지만 집권 세력 내의 생각과 주장이 모두 일치했던 것은 아니었다. 그들은 개혁에 필요성에 대해서는 모두 공감하였다. 그리고 토지 문제에 대해서는 그 비중으로 인해 서로 의견 조정이 이루어지면서 좁혀졌다. 전제 개혁이 되지 않으면 모든 것이 수포로 돌아갈 수 있기 때문에 타협이

위 등을 맡았던 금위의 군사라고 한다(김창수, 「성중애마고」『동국사학』 9·10, 1966, 26쪽).
196 『고려사』 권81, 지35, 병1, 병제 공양왕 3년 7월.
197 윤훈표, 앞의 책, 2000, 168쪽.
198 이 점에 대해서는 윤훈표, 앞의 책, 2000, 169~174쪽을 참조할 것.

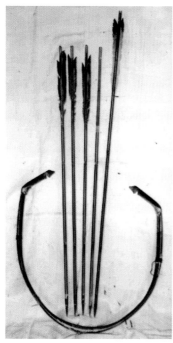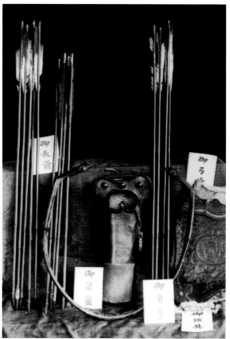

태조 이성계의 각궁과 전(箭)(국사편찬위원회, 유리원판)
태조가 1398년 권좌에서 물러난 후에 거처한 함흥 본궁의 각궁과 전이다.

불가피하였다. 하지만 군제는 그렇지 않았다. 군제 개혁의 내용에 따라 권세의 향방
이 결정되기 때문에 타협이 쉽지 않았다. 마침내 내외에 걸친 복잡한 상황으로 말미
암아 고려말에 추진되었던 군제 개혁은 완결되지 못한 채 새로운 왕조인 조선으로 이
월되어 재차 시도되지 않으면 안되었다.[199]

1492년 7월에 공양왕이 물러나고 이성계가 즉위하면서 고려의 멸망과 함께 조선
이 정식으로 건국하였다.[200] 공양왕을 대신해서 대비가 교지를 선포하여 이성계로 하
여금 국사國事를 감록監錄하게 하였다. 이어서 대소신료大小臣僚와 한량閑良·기로耆老
등이 국새를 받들고 찾아와 즉위할 것을 청하였다. 마침내 이를 수락함으로써 조선이
공식적으로 출범하였다.[201]

---

199 윤훈표, 앞의 책, 2000, 185쪽.
200 『고려사』 권45, 세가45, 공양왕 4년 7월 신묘.
201 『태조실록』 권1, 태조 1년 7월 병신.

동아시아 세계에서도 그 유래를 쉽게 찾기 어려울 정도로 장기간에 걸쳐 지속하였던 고려왕조가 무너지고 그 대신 조선왕조가 수립되었다는 사실은 역사적으로 엄청난 사건이었다. 그러므로 그 성격을 둘러싼 논쟁이 매우 격렬하게 진행되었으며 지금까지 계속되고 있다고 해도 과언이 아니다.[202]

초창기에는 일제 식민사관의 영향 등으로 별다른 사회 변화 없이 국왕의 성씨만 바뀌었다는 주장이 우세했다. 그 이외에는 바뀐 것이 거의 없다고 평가했다.

그러나 본격적으로 다양한 각도에서 왕조 교체기의 변화상을 검토하는 연구가 이루어지면서 상황이 바뀌었다. 현재까지 크게 세 가지 입장으로 정리되었다. 첫째로 중세사회라는 점에서는 동질이나 단계적인 차이를 인정하고 그 발전 정도를 파악하는 견해를 들 수 있다. 다만 그 발전 정도를 놓고서 여러 입장으로 나뉘어 있다. 둘째로는 고려를 중세사회로 조선을 근세사회로 파악하는 견해가 있다. 조선의 건국과 발전이 고려왕조와 질을 달리하는 사회 변동을 동반하는 것으로서 중세와도 그리고 근대와도 구별되는 독자적 성질의 사회 구성의 한 단계로서 근세를 설정한다는 점이 그 특징이다. 마지막으로 중세 사회의 성립론인데 고려말에서 조선초기의 사회는 중세사회가 성립되는 단계로 파악하는 견해이다.[203]

물론 그 밖에 다른 입장도 있겠으나 큰 범주에서 본다면 위에 제시된 세 가지에 포함시킬 수 있을 것으로 사료된다. 다만 크게 보아서 어느 한 범주로 분류시킨다고 하더라도 내용에서는 상당한 차이가 있다. 심지어 그 기본적인 입론조차 달리하기도 하는데 예를 들면 왕조 교체의 원인을 놓고서도 의견이 서로 틀리기도 한다. 그러므로 어디까지나 근본적 개념에서 제 범주들을 설정했다는 점에 유의할 필요가 있다.

그럼에도 불구하고 고려에서 조선으로의 왕조 교체에 대한 성격 규정에서 공통적으로 지적하는 바는 이 시기에 진행된 넓은 범위의 체제 개혁이 지녔던 의미이다. 그 개혁의 성격과 내용이 무엇이며 어떻게 평가하느냐에 따라 위에 제시된 범주 가운데 하나로 귀결된다. 자연히 왕조 교체가 가지는 역사적 의의는 실질적으로 체제 개혁에 대한 분석 결과에 의거하여 규정될 수 있을 것이다. 그런 점에서 본다면 조선의 건국

---

202 김인걸, 「조선사회의 구조와 성격」『새로운 한국사의 길잡이 上』, 지식산업사, 2008.
203 이경식, 「조선 건국의 성격문제」『중세사회의 변화와 조선 건국』, 혜안, 2005.

건원릉(동구릉, 태조이성계 묘)

은 체제 개혁의 산물이면서 동시에 그것을 추동해 나갔던 거대한 정치적 변혁이라고 볼 수 있다.

　이 시기 개혁 중에서 군사제도가 차지하는 비중은 그 자체의 중요성 때문에 결코 적지 않았다. 개혁도 고려말에서 조선 건국 이후까지 계속되었다. 자연히 군제에 나타난 변화는 왕조 교체의 의미와 성격을 상당 부분 반영하면서 이루어질 수밖에 없었다. 실제로 이를 통해서 보다 구체적으로 들어난다고 볼 수 있다. 이에 조선이 건국 이후에 단행되었던 작업 내용을 상세히 검토해야만 왕조 교체의 정확한 의미 파악이 가능할 것이다.

제2장

중앙집권적
군사체제의 확립

제1절

사병혁파와 병권의 통일

1. 의흥친군위의 설치

1392년 7월 조선왕조의 개창 직후에 반포되었던 태조의 즉위 교서에서 나라의 명 칭을 그대로 사용할 것이며 의장儀章과 법제法制 역시 바꾸지 않겠다고 선언했다.[1] 하 지만 얼마 뒤 국명의 교체를 포함하여 체제 전반에 걸친 개혁 사업을 전면적으로 시 도했다. 군제도 예외가 아니었다.

태조는 이미 고려말부터 실질적인 최고 권력자로서 병권을 장악하고 있었다. 그래 도 종전에는 재상의 지위에 있으면서 군대를 통솔했지만 임금의 자리에 오르자 상황 이 변했다. 재상 시절에는 일일이 공적인 과정이나 절차를 밟아서 집행하기가 어려웠 을 것이다. 대표적인 사례로 정몽주의 제거 사건을 들 수 있는데 과연 이것을 당시 군 주였던 공양왕이 사전에 승인했을지 의문이다. 그러므로 사안에 따라서는 사적으로 처리하고 뒤에 재가를 받는 경우도 있었을 것이다. 하지만 국왕이 된 뒤에도 그런 방 식으로 처리하는 것은 곤란했다. 그렇다고 모든 것을 공적 절차에 맞춰 행할 수만은 없었다. 아직 초창기라 여러 모로 복잡한 일이 많았기 때문이다. 당분간 공적인 체계 로 운용하되 그 이외의 방법으로 처리하는 것도 필요했다.

---

1 『태조실록』 권1, 태조 1년 7월 정미.

태조는 고려말에 패기牌記라 불리는 사병적인 속성이 강한 군대를 거느렸다.[2] 그 시절 백성들로부터 두터운 신망을 얻으며 정계에 두각을 나타내게 되었던 것도 말하자면 그들을 거느리고 전투에 나가 커다란 공을 세웠기 때문이었다. 위화도 회군과 그 이후 전개되었던 치열한 정치 투쟁에서 승리할 수 있었던 것도 그들의 충성심과 지원 덕분이었다.[3] 그들이 헌신적이었던 이유에 대해『태조실록』에서는 비슷한 유형의 다른 사람들은 자신의 막료幕僚와 사졸士卒이 뜻대로 움직이지 않으면 욕을 하

정몽주 초상(포은집)

면서 못하는 말이 없었으며 혹은 매질을 가하여 죽는 사람까지 있었기 때문에 원망하는 경우가 많았다고 했다. 그러나 태조는 성품이 엄중하여 홀로 휘하의 인물들을 예절로 대우했으며 평생 꾸짖는 말을 하지 않았으므로 두려움과 동시에 사랑을 받아서 다른 장수들 아래에 있던 사람들도 모두 소속되기를 원했다고 했다.[4] 액면 그대로 믿을 수 없겠으나, 다른 장수들이 병사들을 가혹하게 다룬 것은 꼭 그들의 인품이 부족해서가 아니라 고려말에는 농민을 징발해서 급조한 군대가 많아 장수와 병사들 간의 유대감과 훈련이 부족했기 때문이었다. 반면 동북면의 사회조직과 토병에 기초한 태조와 그 휘하 사이에는 다른 데에서는 찾아보기 어려운 끈끈한 유대감이 존재했던 것 같다. 즉위한 뒤에도 그런 분위기가 상당 기간 유지되었을 것이다.

태조는 즉위한 바로 다음날 의흥친군위義興親軍衛를 설치하고 도총중외제군사부都摠中外諸軍事府를 폐지했다.[5] 동시에 종친과 대신에게 명하여 여러 도의 군사를 나누어 거느리게 했다.[6] 먼저 도총중외제군사부 혁파의 의미를 파악할 필요가 있다. 위화도

---

2 고려말에 이르러 관에서 군사를 등록시키지 아니하고 여러 장수들이 각기 점모하여 군사를 삼았는데, 이를 패기라 했다. 대장 중에는 최영, 변안열, 지용수, 우인열 등이 거느렸으며 이성계도 그 가운데 한 사람이었다(『태조실록』권1, 태조 총서).
3 유창규, 「이성계의 군사적 기반 – 동북면을 중심으로 –」『진단학보』58, 1984, 16쪽.
4 『태조실록』권1, 태조 총서.
5 『태조실록』권1, 태조 1년 7월 정유.

회군 직후였던 1388년(고려 창왕 즉위년) 8월에 왕명으로 태조가 중앙과 지방의 모든 군사를 총괄하는 지위에 올랐다.[7] 그 사령부가 곧 도총중외제군사부였다. 이는 대체로 이성계파의 병권 장악을 위한 조치로서 그 휘하의 군사가 핵심을 이루었다.[8]

실제로 이들은 결정적인 순간에 태조에게 강력한 지지와 성원을 표시하여 반대 세력을 제압하는데 큰 구실을 했다. 대표적인 경우로 반이성계파의 핵심인 정몽주를 제거한 직후에 올린 중외제군사부 군관들의 상소를 들 수 있다. 그들은 정몽주의 가산을 적몰하고 아울러 그 일당들의 죄를 다스리기를 청했는데 그에 따라 이숭인李崇仁, 조호趙瑚, 이종학李種學, 이종선李種善, 김진양金震陽, 이확李擴 등을 폐하여 서인으로 삼았다.[9]

갑자기 정몽주 살해 사건이 발생해서 그 누구라도 쉽게 말하기 어려운 상황에서 과

숭양서원(개성)
정몽주는 귀가길에 살해되었다. 그의 집은 나중에 숭양서원이 되었다. 숭양서원 바로 앞에 있는 다리가 선죽교이다.

6 『태조실록』 권1, 태조 1년 7월 정유.
7 『고려사』 권137, 열전50, 우왕 14년 8월, "以我太祖 都摠中外諸軍事."
8 민현구, 『조선초기의 군사제도와 정치』, 한국연구원, 1983, 101~102쪽.
9 『고려사절요』 권35, 공양왕 4년 4월 ; 『태조실록』 권2, 태조 1년 10월 신해.

감하게 중외제군사부의 군관들이 정몽주와 그 일파를 처벌해야 한다고 강력하게 주장했던 것은 당시로서는 큰 충격이었을 것이다. 일국의 재상을 특별한 명분이나 죄명 없이 법적인 절차도 거치지 않은 채 길거리에서 살해했다는 것은 표면상 국가에 대한 반역 행위이며 임금에 대한 불충이기도 했다. 그럼에도 군관의 신분으로서 거리낌 없이 처벌을 건의했던 것은 일종의 쿠데타와 같은 상황을 연출했던 것으로 보인다. 이에 힘입어 반대파의 목소리를 확실하게 제압할 수 있었다.

그러한 도총중외제군사부를 폐지하고 의흥친군위를 설치했던 것은 과거의 운용 방식을 청산하고 새로운 조직으로 거듭나기 위함이었다. 이때 개편 과정을 거치지 않고 군이 번거롭게 폐지와 설치라는 절차를 밟았던 것이 주목된다. 그것은 첫째로 부(府)에서 위(衛)로 조직의 격을 낮추려는 의도가 있었기 때문이라고 추측된다. 당연히 '부'의 칭호를 지닌 조직은 격이 높아 재상급에 해당하는 사람이 책임자로 임명되어 통솔하는 것이 원칙이었다. 반면에 '위'는 그 격이 상대적으로 낮아서 반드시 재상급이 아니어도 상관이 없었다. 자연히 태조가 재상으로 있을 때에는 '부'의 칭호가 필요했으며 그에 걸맞게 중외, 즉 중앙과 외방의 군사를 모두 통솔할 수 있었다. 하지만 국왕으로 올라간 이상 '부'라는 칭호 대신에 실질적으로 직접 통솔할 수 있는 체계를 마련하는 것이 더 긴요했다. 이에 재상 시절의 도총중외제군사부를 청산하고 그 대신 국왕의 직접적인 통솔을 받는 의흥친군위를 설치했다고 생각된다.

둘째로 명칭의 변경과 더불어 그 기능을 분화시키는 것의 관계가 깊다. 도총중외제군사부라는 명칭은 중앙과 외방의 군사를 총괄하는 의미를 지니고 있었다. 그것은 태조가 비록 재상의 신분임에도 불구하고 국왕을 대신하여 실질적으로 전국의 모든 군대에 대한 통수권을 행사한다는 것을 뜻했다. 그런데 왕조 국가에서는 이런 일은 어디까지나 비상 상황에서만 가능했다. 태조가 즉위하자 이제 정상적인 체제로 복귀해서 명실공히 국왕이 통솔해야 했다. 따라서 도총중외제군사부를 일단 폐지할 필요가 있었다. 그 다음에 해야 할 과제는 그 기능을 어떤 식으로 계승하고 보완할 것인가에 있었다. 우선 의흥친군위를 설치해서 도총중외제군사부에서 담당했던 기능의 일부를 대신하도록 했다. 그것은 중앙에서 국왕을 숙위하는 임무를 맡았을 것이다. 물론 도총중외제군사부의 시절에도 그 일을 수행했을 것이나 그것은 어디까지나 재상의 입장에서 국왕을 견제하고 감시하는 역할이었을 것이다. 그에 반하여 의흥친군위는 그 명칭에서 알 수 있듯이 순수하게 국왕을 숙위하는 기구였다.

끝으로 도총중외제군사부 시절의 기능 가운데 또 다른 일부는 종친과 대신들이 여러 도의 군사를 나누어 거느리는 것으로 대체되었다. 도총중외제군사부에서도 태조의 측근들이 여러 도의 군사를 나누어 거느렸을 것이다. 하지만 그 당시에는 태조가 재상이었기 때문에 그 측근들은 군사 중의 하나에 불과했다. 실질적으로 각도의 군사들을 거느렸다고 하더라도 제도상으로는 그들 가운데 하나일 뿐이었다. 그러나 태조가 즉위하자 이제 제도상 책임자에 정식으로 임명되어 여러 도의 군사들을 거느리게 되었다.

<표 2-1> 태조 원년 서반 산계

품계	명칭	품계	명칭
정3품	절충장군(折衝將軍) 과의장군(果毅將軍)	정6품	돈용교위(敦勇校尉) 진용교위(進勇校尉)
종3품	보의장군(保義將軍) 보공장군(保功將軍)	종6품	승의교위(承義校尉) 수의교위(修義校尉)
정4품	위용장군(威勇將軍) 위의장군(威毅將軍)	정7품	돈용부위(敦勇副尉)
종4품	선절장군(宣節將軍) 선략장군(宣略將軍)	종7품	진용부위(進勇副尉)
정5품	충의교위(忠毅校尉) 현의교위(顯毅校尉)	정8품	승의부위(承義副尉)
종5품	현신교위(顯信校尉) 창신교위(彰信校尉)	종8품	수의부위(修義副尉)

하지만 의흥친군위의 설치와 도총중외제군사부의 폐지, 종친과 대신에게 여러 도의 군사를 나누어 거느리게 했던 것은 임시적인 조치에 불과했다.[10] 곧 이어 제도적으로 보완하는 조치를 취해야 했다. 즉위하고서 10여 일이 지난 다음에 문무 백관의 관제를 정하여 반포했다. 서반西班도 산계散階[11]와 의흥친군위를 위시한 10위의 군제를

---

10 윤훈표, 『여말선초군제개혁연구』, 혜안, 2000, 171쪽.
11 『태조실록』 권1, 태조 1년 7월 정미. 서반의 산계는 일찍이 고려 때에도 설치되었으나 실제로 무

정했다.

10위의 직제는 다음과 같다.

의흥친군좌위義興親軍左衛·우위右衛, 응양위鷹揚衛, 금오위金吾衛, 좌우위左右衛, 신호위神虎衛, 흥위위興威衛, 비순위備巡衛, 천우위千牛衛, 감문위監門衛 등 10위衛는 상장군上將軍 각 1명씩 정3품이고, 대장군大將軍 각 2명씩 종3품이다. 도호팔위장군都護八衛將軍 2명 정4품이고, 도부외都府外는 좌령左領·우령右領 중랑장中郎將 각 1명씩 5품이고, 낭장郎將 각 2명씩 6품이고, 별장別將 각 3명씩 7품이고, 산원散員 각 4명씩 8품이고, 위尉 20명 정9품이고, 정正 40명 종9품이다. 매 1위衛마다 각기 중령中領·좌령左領·우령右領·전령前領·후령後領을 설치하고, 1영領마다 장군 1명 종4품이고, 중랑장 3명 종5품이고, 낭장 6명 6품이고, 별장 6명 7품이고, 산원 8명 8품이고, 위 20명 정9품이고, 정 40명 종9품이다.[12]

위에서 순찰을 실시하며 도성의 치안 유지 등을 담당했던 도부외를 제외한 10위가 주력을 이루었음을 알 수 있다. 그런데 10위의 경우 의흥친군좌위와 우위를 제외한 나머지 8위는 모두 고려의 팔위를 이어받은 것이다. 그리고 10위의 하급부대로서의 영領도 그대로 사용했는데 다만 매 위마다 각기 중령·좌령·우령·전령·후령의 5령을 설치한다는 것이 달랐다. 이렇게 해서 10위 50령의 편성을 지니게 되었다. 한편 군계급에 있어서도 상장군, 대장군, 도호팔위장군, 장군, 중랑장, 낭장, 별장, 산원, 위, 정 등은 고려의 그것과 크게 틀리지 않았다.[13]

10위 50령의 편성은 종전의 고려 군제나 동반의 관제 등과 비교했을 때 손색이 없었다. 다만 의흥친군좌위·우위와 나머지 8위 사이의 관계가 문제였다. 의흥친군위는 대체로 도총중외제군사부에 속했던 태조의 휘하 군사 출신들로 구성되었던 것으

반에게 제수되었던 것은 조선 태조 때의 것이 처음이었다. 그런 점에서 그 의의가 있다고 한다(이성무, 『조선초기 양반연구』, 일조각, 1980, 77쪽).

12 『태조실록』 권1, 태조 1년 7월 정미.
13 민현구, 앞의 책, 1983, 97~98쪽.

<table>
<tr><th colspan="2">〈표 2-2〉 의흥친군위의 구성</th></tr>
<tr><th>직위</th><th>담당자</th></tr>
<tr><td>도절제사</td><td>이화(李和)</td></tr>
<tr><td>절제사</td><td>정도전, 이지란(7월 임명)
영안군(2자), 무안군(7자)
이제(부마, 이상 8월 임명)</td></tr>
<tr><td>동지절제사</td><td>남은 김인찬 장사길 조기</td></tr>
</table>

로 추정되므로 고려의 구제를 이어받았던 8위와는 성격이 달랐다. 자연히 역할이나 기능에 차이가 있었을 것인데 그에 대해서는 아무런 언급이 없었다. 하지만 더불어 임명된 책임자들의 면모[14]를 살펴보면 확실히 차이가 있음을 알 수 있다.

의흥친군위의 최고 책임자인 도절제사는 태조의 이복동생인 이화였다. 그 아래 절제사로는 정도전과 이지란 등 2명이었고, 동지절제사로는 남은, 김인찬, 장사길, 조기 등 4명이었다. 그 다음 달에 왕자와 부마를 봉군하면서 둘째인 영안군永安君과 일곱째인 무안군撫安君, 부마인 이제李濟를 의흥친군위절제사로 추가했다.[15]

반면에 8위의 최고 책임자인 판팔위사로는 문하시중이자 개국공신인 김사형을, 팔위상장군은 개국공신이며 참찬문하부사인 정희계로 임명했다.[16] 즉 8위의 경우에는 정·부책임자급에 1명씩, 개국공신이기는 하지만 비교적 비중이 적은 인물로 제수했

개국공신 이화 공신녹권(국립중앙박물관)
조선을 건국한 태조 이성계가 나라를 세우는 데 공헌한 신하에게 내린 것이다.

---

14 『태조실록』 권1, 태조 1년 7월 정미.
15 『태조실록』 권1, 태조 1년 8월 병진.
16 『태조실록』 권1, 태조 1년 8월 병진.

다고 할 수 있다.[17] 이들 이외에 8위와 관련되어 임명되었던 사람의 기록은 찾을 수 없다. 이로써 의흥친군위와 8위의 위상 차이가 매우 컸음을 짐작할 수 있다. 『조선왕조실록』에서도 의흥친군위가 실질적인 군사력을 지녔던 반면에 8위는 형해形骸, 즉 내용이 없는 뼈대만 있는 상태였다고 평가했다.[18]

다음으로 의흥친군위의 운용 방식에 관한 문제다. 절제사들이 모두 모여 함께 일을 처리하기란 쉽지 않았을 것이다. 물론 의견을 조절하기 위한 모임이 필요했겠지만 '의흥친군위' 자체에서 회합한다는 것은 어려웠을 것이다. 독자의 청사도 없었다. 이와 관련해서 주목되는 기록이 1392년 11월에 황희석黃希碩을 의흥친군위도진무義興親軍衛都鎭撫로 삼고, 조기를 상진무上鎭撫로 삼았다는 사실이다.[19] 도진무와 상진무는 부대의 참모장격에 해당하며 임금의 명령이나 작전 지시를 전달하는 역할을 했을 것으로 추정된다.[20] 실제로 조기의 졸기卒記에 따르면 그가 친군위상진무로 궁궐에 출입하면서 군령을 봉행하니 대오隊伍가 두려워서 복종했다고 한다.[21] 이로써 도진무와 상진무를 통해 임금의 명령이 의흥친군위에 전달되었으며 그것에 의하여 움직였음을 알 수 있다. 그때 절제사들이 일반 군사들과 똑같이 일방적인 지시에 따라 행동했다고 보기 어렵다. 왕명을 전달받되 그 범위 안에서 휘하의 군사들을 책임지고 통솔했을 것이다.

그런데 도절제사에서 동지절제사에 이르기까지 종친과 대신을 합하여 모두 10명이었다. 하지만 김인찬은 제수 직후에 바로 사망했다.[22] 그 빈자리를 누가 계승했는지는 분명하지 않다. 아마도 의흥친군위도진무에 임명된 황희석이 차지했을 가능성이 매우 높다.[23] 즉 황희석은 김인찬의 뒤를 이어 절제사가 되면서 도진무를 겸했을 것이다. 조기가 동지절제사이면서 상진무였던 것과 같은 경우라 할 수 있다. 그들을 제외

---

17 개국공신의 성향에 관해서는 韓永愚, 「朝鮮 開國功臣의 出身에 관한 研究」 『朝鮮前期社會經濟研究』, 乙酉文化社, 1983을 참조할 것.
18 민현구, 앞의 책, 1983, 98쪽.
19 『태조실록』 권2, 태조 1년 11월 기묘.
20 柳昌圭, 「朝鮮初 親軍衛의 甲士」 『歷史學報』 106, 1985, 135쪽.
21 『태조실록』 권7, 태조 4년 2월 신사.
22 『태조실록』 권1, 태조 1년 7월 기유.
23 황희석에 대해서는 柳昌圭, 앞의 논문, 1985, 135쪽을 참조할 것.

하면 8명이 남는데 아마도 여러 도의 군사를 나누어 통솔했을 것이다. 이 당시 양계를 포함해서 8도가 되는데 이때 각각 한 도씩 나누어 맡았을 가능성이 높았다. 태조가 즉위하자 곧 종친과 대신에게 명하여 여러 도의 군사를 나누어 거느리게 했는데,[24] 그것을 위해서 8명의 핵심 인물을 의흥친군위절제사로 겸임시켜 담당하게 했던 것으로 보인다.[25] 도의 군사를 통솔하지 않는 2명은 도진무와 상진무로 왕명을 전달하는 역할을 수행했던 것으로 생각할 수 있다. 절제사에 제수된 8명을 제외하고는 여러 도의 군사를 나누어 맡을만한 종친과 대신을 따로 찾기 어렵다. 만약 군이 분리하고자 했다면 그것이 더 큰 혼란을 초래할 수도 있었다. 실제로 1394년(태조 3) 무렵 강릉도의 군병을 관장했던 것이 남은이라는 사실이 확인되기 때문에 그 가능성은 매우 높은 편이다.[26]

그러므로 의흥친군위는 본래 태조의 휘하 군사 출신들과 종친과 대신 중에서 특별히 임명된 절제사들에게 맡겨졌던 각도의 병력 등으로 구성되었을 것이다. 그리고 도진무와 상진무를 통해 왕명이 전달되도록 했다.

의흥친군위의 군사는 갑사로 궁중의 숙위와 시위를 전담했으며 때때로 외적의 방어에 동원되기도 했다.[27] 이들은 동북면 양인 출신의 가별초家別抄에서 기원했다는 주장이 유력하다.[28] 하지만 그렇지 않은 군사도 있었을 것으로 짐작된다. 대표적으로 의흥친군위상진무였던 조기는 황해도 백주白州 출신으로 원래 최영의 휘하 군사로 있다가 그가 패하자 태조의 아래로 들어왔다.[29] 이로써 동북면 아닌 곳에서도 의흥친군위

---

24 『태조실록』 권1, 태조 1년 7월 정유.

25 기존의 연구에서는 의흥친군위의 설치와 도총중외제군사부의 폐지, 그리고 종친과 대신에게 여러 도의 군사를 나누어 거느리게 했던 조치에 대해 전자는 휘하의 친군을 새로운 군사기관을 통하여 통제하기 위함이고, 다른 군사는 건국에 공로가 큰 종친과 대신에게 분산시켜 거느리도록 하려는 것이라고 보았다(柳昌圭, 앞의 논문, 1985, 133쪽).

26 갑술년(1394년)에 오사충이 교주강릉도 관찰사로 임명되어 내려갔다. 그런데 남은이 일찍이 삼척 만호가 되었던 까닭으로 옛 친구가 많이 있었는데, 그가 강릉도의 병마를 맡게 되자 관군 가운데 계급 차례를 건너뛰어 벼슬을 준 자가 심히 많았다. 오사충이 엄격하게 조사하여 그 차례를 뛰어넘은 자는 모두 말을 내게 하여, 진헌하고 반전하는 숫자를 채웠더니, 남은이 다스리지 말기를 잇따라 청했으나 오사충이 따르지 않았다고 한다(『태종실록』 권11, 태종 6년 2월 신미).

27 柳昌圭, 앞의 논문, 1985, 135쪽.

28 柳昌圭, 앞의 논문, 1985, 135쪽을 참조할 것.

29 이에 관해서는 김종수, 「朝鮮初期 中央軍制의 整備와 私兵制 改革」『朝鮮의 政治와 社會』, 集文堂,

의 군사를 배출했음을 알 수 있다.

친군위의 군사들은 초창기에는 특별한 대우를 받았다. '친군'이라는 이유만으로 잘 못해도 왕명이 없으면 누구라도 처벌할 수 없었다.[30] 그러나 시간이 흘러 어느 정도 사회가 안정됨에 따라 더 이상의 특별 대우가 어려운 상황에 봉착했다. 장차 국가의 군대, 곧 공병으로 거듭나서 여타의 구성원들과 동등한 위치에 서게 할 필요가 있었다. 그러나 의흥친군위의 설치만으로는 이러한 과제를 해결하기 힘들었다.

사적인 유대감에 의거해서 구축되었던 통제 방식이나 의식 따위는 언젠가는 철폐되고, 새로운 공적 조직체계에 따라 움직이게 해야 했다. 그것은 어떤 면에서는 공신집단의 사적 군사력을 청산하는 것을 의미하는 것이기도 했다. 그러나 여전히 상황이 어수선했기 때문에 친군위의 헌신이 절실하게 필요했다.[31] 그렇다고 하더라도 종전과 같은 대우를 지속할 수는 없었다. 이에 신중한 접근과 그에 따른 처리가 요망되었다. 그 일의 달성 여부가, 즉 어떻게 되느냐가 초창기 정치적인 안정을 좌우하는 중대한 요소가 될 전망이었다. 그 어려운 과제가 개국공신 가운데 가장 핵심적인 인물이었던 정도전에게 주어졌다.

2. 의흥삼군부 중심의 병제 개편

건국 직후에 의흥친군위를 설치하고 도총중외제군사부를 폐지하는 것으로부터 본격적인 병제 개편이 시도되었다. 그런데 고려말 이성계일파가 집권하면서 도총중외제군사부와 더불어 새로운 기구로 창설했던 것이 삼군총제부三軍摠制府였다. 1391년(공양왕 3)에 설치한 삼군도총제부에는 수전산관受田散官과 신구경기新舊京圻의 거주자, 사십이도부四十二都府, 각성중애마各成衆愛馬 등이 소속되었다.[32] 이로써 그 비중이 매

2002, 23~24쪽에 상세하게 정리되었다.

30 『태조실록』 권12, 태조 6년 7월 정사.

31 柳昌圭, 앞의 논문, 1985, 141쪽.

32 『고려사』 권77, 지31, 백관2, 제사도감각색, 삼군도총제부.

우 컸음을 짐작할 수 있다. 그런데 1393년(태조 2) 9월에 삼군총제부를 의흥삼군부로 고치고 중방을 혁파했다.[33]

여기서 먼저 중방을 혁파했다는 사실에 주목할 필요가 있다. 중방의 혁파가 단지 고려의 구제를 제거한다는 정치적인 명분에서 단행되었을 가능성도 없지 않다. 하지만 중방은 중앙군의 중심이었던 2군 6위의 최고 지휘관인 상장군과 대장군들이 모여서 회의하던 합좌기관이었다.[34] 무신정권이 수립되면서 그 위상이 크게 달라졌다. 특히 서반을 주재하는 직임으로서 반주제班主制가 성립되면서 군정·군령에 걸치는 막중한 권력을 지니게 되었다. 곧 2군6위의 수위에 있었던 응양군 상장군이 중방회의의 의장이 되는 한편 병부상서까지 겸하며 자동적으로 반주가 되었기 때문이었다.[35]

삼군총제부 시절에는 중방이 병립되어 있었기 때문에 제도적으로 어떤 형태로든 일정한 절차를 거쳐야 실질적으로 군대를 통솔할 수 있었다. 어느 정도였는지 확인되지 않지만 완전히 무시하기란 곤란했을 것이다. 하지만 의흥삼군부를 창설하면서 중방을 혁파함으로써 삼군도총제부에 비해 의흥삼군부의 권한은 크게 달라졌다.[36]

다음으로 주목되는 부분이 의흥삼군부라는 명칭이다. 이는 의흥친군위와의 관련성을 암시하고 있다. 이는 의도적인 것으로 의흥삼군부의 설치를 통해 의흥친군위의 소속 문제도 해결하고자 했던 것으로 보인다. 실제로 의흥삼군부가 설치된 바로 다음 달에 여러 절제사가 거느리는 군관의 직함을 고치면서 영안군을 삼군부 중군절제사로 삼고, 무안군을 좌군절제사로, 이제를 우군절제사로 삼았다.[37] 이 3명은 앞서 언급했듯이 의흥친군위절제사들이었다.[38] 그들의 위상을 고려했을 때 삼군부절제사에 임명되었다고 해서 의흥친군위절제사 자리에서 물러나지는 않았을 것이다. 당연히 겸직했을 것이다. 나아가 그것을 통해 의흥친군위를 자연스럽게 의흥삼군부에 소속시켰을 가능성이 매우 높았다.

33 『태조실록』 권4, 태조 2년 9월 병진.
34 朴龍雲, 『『高麗史』 百官志 譯註』, 신서원, 2009, 637~638쪽.
35 민현구, 「高麗後期의 班主制」『千寬宇先生還曆紀念 韓國史學論叢』, 正音文化社, 1985.
36 윤훈표, 앞의 책, 2000, 188쪽.
37 『태조실록』 권4, 태조 2년 10월 기축.
38 『태조실록』 권1, 태조 1년 8월 병진.

한편, 원래 중방은 최고 지휘관들이 모여서 회의하던 합좌기관이었다. 그러므로 의장의 역할을 수행했던 반주를 비롯한 그 구성원들이 엄격한 상하 관계에 있었던 것은 아니었다. 그런데 만약 회의에 참석했던 최고위 지휘관들이 어떤 사안에 대해 완전한 합의를 이루었다면 상황이 크게 달라질 수도 있었다. 즉 조정과 문신들에게 때때로 큰 위협이 될 수도 있었다. 아마도 무신정권의 수립 이후에 고려에서는 이로 인한 갈등이 없지 않았을 것이다.

조선에서는 이런 일이 일어나지 않도록 미리 예방할 필요가 있었다. 우선 의흥삼군부의 경우 최고 책임자인 판사로 재상급 인물을 임명하고 중군·좌군·우군에 각각 절제사를 두되 종친이나 대신들을 제수하도록 했다. 자연히 직접 군대를 거느리던 장수들은 참여하지 못했다.[39] 결과적으로 의흥삼군부로의 개편은 본래의 소속체 군사들을 포함한 전군을 체계적으로 통솔하되 중방에서 나타나던 지휘체제의 갈등을 방지하고, 군사령관들에 대한 지휘를 강화하는 것이었다.

이어서 의흥삼군부 체제 하에서 군의 통솔과 각 병종에 대한 개편 작업이 본격적으로 추진되었다. 이는 의흥삼군부판사로 임명된 정도전이 1394년 2월에 제출한 부위제府衛制 개혁안을 태조가 승인하면서 시작되었다. 그 기본 골격은 고려의 부병제를 계승하되 문제가 많은 부분에 대해서는 과감하게 고친다는 것을 전제로 해서 중앙에는 부병과 주군에서 번상番上한 숙위병을, 지방에는 육수병陸守兵과 기선병騎船兵을 배치하는 것이었다.[40]

이때 무엇보다 중요하게 여겼던 것은 군의 통솔체계였다. 그 점에 관해 『조선경국전』에서는 다음과 같이 규정했다.[41]

우리나라에서는 당나라의 부병제도를 현실에 맞게 가감하여 10위를 설치하고 매 1위마다 5령을 소속시켰으며, 상장군에서 장군, 중랑장에서 위·정에 이르는 무관을 의흥

---

39 윤훈표, 앞의 책, 2000, 189~190쪽.
40 『조선경국전』 하, 정전, 군제.
41 정도전이 조선의 제도적 바탕을 마련하기 위하여 『조선경국전』을 편찬했다고 하지만 그렇다고 단순히 개인의 의견에 끝났던 것은 아니었다. 정도전의 구상은 실천을 전제로 했던 것이며, 태조대에 일시 제도화되기도 했다(민현구, 앞의 책, 1983, 107쪽).

삼군부에서 통솔케 했다. 재상으로 하여금 판부사判府事·판제위사判諸衛事을 맡게 하여 중관重官으로서 경군輕官을 통어하게 하고, 소관小官을 대관大官에 소속되게 했으니, 체통이 엄격했다. 매도每道에는 절제사를 두고 주군의 군사를 번상시켜 숙위하게 했으니, 이것은 중앙과 외방이 서로 제어하고자 하는 뜻에서이며, 이들을 의흥삼군부 진무소鎭撫所에 속하게 했던 것은 중앙이 지방을 통어하고자 하는 뜻이다.[42]

위에서 먼저 무관들을 의흥삼군부에서 통솔하게 했던 것과 더불어 재상으로 하여금 의흥삼군부와 제위의 판사직을 겸임시켰던 것은 상하 관계로 질서화된 조직 체계로서 다스리겠다는 의미였다. 아울러 도마다에 절제사를 두고 숙위하러 번상했던 병사들을 의흥삼군부진무소에 속하게 했던 것은 결국 중앙과 외방의 군사를 모두 통제하여 군의 통솔체계를 일원화시키려는 의도였다.

한편 의흥삼군부가 군의 통솔권을 장악하고 재상이 최고 책임자가 됨으로써 발생할지도 모르는 병권의 일방적 처리 현상을 방지하기 위해 군사에 관한 것만큼은 반드시 묘당廟堂에 알리도록 했다. 군사에 관한 사항은 재상이 독단으로 처리하는 것이 아니라 반드시 묘당에 알려 왕의 승인을 받아야 한다는 것이다. 한편 『조선경국전』에 의하면 재상은 계책을 결정하여 승리를 가져오는 일을 해야 하기 때문에 반드시 무예가 뛰어난 장수 출신이 임명될 필요가 없었고 위략韜略에 능통한 진신搢紳이 오히려 적당하다고 했다.[43] 이렇게 되면 문관 출신도 군대를 통솔할 수 있게 되었다. 이는 재상의 직임이 군대를 직접 거느리고 출동하기보다는 발명자發命者로서 통솔권을 관장하는 것이었기 때문에 가능했다고 볼 수 있다.[44]

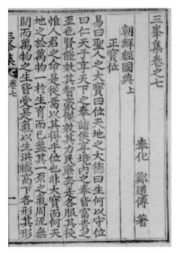

「조선경국전」 서문

<hr />

42 『조선경국전』 상, 치전, 군관.
43 『조선경국전』 상, 치전, 군관.
44 윤훈표, 앞의 책, 2000, 192~193쪽.

그 다음에 장병자將兵者, 즉 실제로 군대를 거느리고 사람에 대해서는 다음과 같은 조치를 취했다.

> 장병자의 직위가 낮으면 윗사람의 명령을 순종하게 되어, 사역하기가 쉬우며, 그 본분을 편안하게 지키는데,……본조의 부병제도 이미 이 뜻이 있었으니, 장군으로 하여금 오원십장과 육십위정尉正을 관장하게 하고, 대장군 이상은 참여하지 못하게 하고, 각도 주군의 병사도 또한 병마사 이하에게 명하여 이를 장악하게 하고, 절제사는 때때로 병마사의 근만만 규찰하게 한다면 체통이 서로 유지되므로, 병사가 비록 모이더라도 반란을 그치게 하지 못할 근심은 없을 것입니다.[45]

위에서 장병자는 지위가 낮아야만 윗사람의 명령에 순종하고 부리기가 쉽고 그 본분을 지킨다며 부병의 경우에는 장군이, 각도 주군의 병사는 병마사 이하가 관장하도록 했다. 그리고 대장군 이상은 부병에 대해서 관여하지 못하게 하고 절제사는 병마사의 근만을 때때로 규찰하도록 했는데 이는 실제로 군대를 거느리지 않고 다만 감독 기능만 수행하도록 한 것이다.

이렇게 되면 의흥삼군부의 판사로서 중외의 군대를 통솔하는 재상일지라도 묘당과 왕명, 그리고 대장군 이상과 절제사들을 거치지 않고서는 장병자인 장군·병마사 이하에게 직접 명령을 내려 군대를 동원할 수 없었다. 결국 병제 개편으로 비록 통솔권이 일원화된다고 하더라도 병권이 한 군데로 집중되는 폐단이 발생하지 않도록 했다.[46]

군의 통솔권을 일원화시킨 다음에는 조직 편제를 개편하기 시작했다. 먼저 항상 중앙에 거주하며 숙위하는 병사라고 할 수 있던 부병과 각도의 주군에서 번상 숙위하는 시위패侍衛牌,[47] 성중애마 등을 통합해서 운영할 수 있는 편제를 수립했다. 우선 숙위군을 궁궐을 시위하는 시위사侍衛司와 경성을 순찰하는 순위사巡衛司로 크게 나누

---

45 『태조실록』 권5, 태조 3년 2월 기해.
46 윤훈표, 앞의 책, 2000, 194~195쪽.
47 시위패의 존재형태에 관해서는 민현구, 앞의 책, 1983, 103~106쪽에 상세하게 정리되어 있다.

세조 11년 8월 왕의 온양 행차 때 중추원사로 호종한 정식(鄭軾) 부부상
그림 가운데 「세조대왕어사진상」이 표시되었으나 후대 모사작으로 알려진다(조선비 『한국 초상화 연구』, 1983). 정식은 여진정벌 등 북병 경영에 공로가 많은 인물로, 온양 행궁 화재때 세조를 업어 구출한 일화를 그린 그림이다.

어 전자는 중군에 후자는 좌군과 우군에 각각 배치했다.[48] 이를 위해 10위의 명칭을 그에 어울리게 고치고[49] 각 도병들도 도별로 삼군에 분속시켜 지휘 계통을 엄하게 했다.[50]

또한 1도道마다 종실·성재省宰로 임명하는 절제사와 중추부원中樞府員으로 임명하는 부절제사를 두었다. 그런데 가선대부를[51] 임명하는 병마검할사兵馬鈐轄使는 주군의 군사 100명을 관장하고, 정·종3품으로 임명하는 병마단련사도 주군의 군사 100명을 관장하되 단련판관團練判官에 이르기까지 군사를 관장하는데 차등을 두게 했다.[52] 바로 위에서 서술했듯이 절제사, 부절제사는 병마검할사 이하의 근만을 규찰하는 감독의 역할을 수행하고 병마검할사 이하가 각도 주군에서 번상하는 시위패 100명으로부터 그 이하의 군인을 관장했다.[53] 따라서 이 역시 위령직衛領職과 마찬가지로 직함에 의해 감독·규찰의 기능을 나누어 맡도록 조치한 것으로 볼 수 있다.

숙위군의 하나로 당시 매우 중요한 존재였던 성중애마는 고려말에 첨설된 것들이었기 때문에 혁파해야 했으나 각기 맡은 일이 있어 일단 그 중의 일부를 존속시켰다. 본래 궁관宮官의 계통으로 이조의 관할 아래에 있었던 사순司楯·사의司衣·사막司幕·

---

48 『태조실록』 권5, 태조 3년 2월 기해.
49 『태조실록』 권5, 태조 3년 2월 기해.
50 『태조실록』 권5, 태조 3년 2월 기해.
51 가선대부는 문산계의 종2품 하계를 가리킨다(『태조실록』 권1, 태조 1년 7월 정미).
52 『태조실록』 권5, 태조 3년 2월 기해.
53 주군병은 시위패를 가리키는 것으로 본다(민현구, 앞의 책, 1983, 109~10쪽).

사이司饗·사용司饔에게 10위에 소속된 각령의 녹관 중에서 일부를 떼어 제수했다. 즉 10위의 녹관수는 유지하되 그 중의 일부를 성중애마에게 할당하여 실질적으로 10위와 병합되는 효과를 거두려 했다.[54] 이를 계기로 성중애마의 비중을 크게 약화시켜 국왕과 그 측근 인사들이 자의적으로 숙위군을 통솔하는 것을 제한하는 동시에 부위병의 위상을 높이려 했다.[55]

조직 개편과 동시에 근무 기피나 이탈 등을 막기 위해 성중애마의 명단을 작성하여 관리하였다.[56] 이로써 기피나 이탈 여부가 확인되도록 했다.

군제 개편을 계기로 수전산관受田散官에 관한 정책도 이전 단계보다 강력하게 전개되었다. 수전산관의 번상 시위가 조선에 들어와 제대로 시행되지 않았다. 마침내 1394년 1월 삼군부에 분속되었던 수전산관에 대해 점고를 실시하여 상경하지 않고 외방에 그대로 남아 있던 사람들에게는 벌을 주었다.[57] 이렇게 의무적으로 상경하게 된 수전산관들은 부병이나 성중애마 등과 마찬가지로 삼군으로 나누어 소속된 다음에 시위 근무를 해야 했다.

> 국가에서 전지를 받은 대소인원을, 이름을 기록하고 패를 만들어 삼군에 분속시켜 왕실을 시위하게 했다.[58]

위에서 패를 만들어 삼군에 분속시켜 왕실을 시위하게 했다는 것은 당시 숙위 군사의 일반적인 예에 의거해서 조직 체계를 구성해서 임무에 종사하게 하려는 것이었다. 그러므로 수전산관이라고 하더라도 일단 삼군부에 분속되면 군사들과 똑같이 근무해야 했다.[59]

그러나 늙고 병든 자들도 많았으므로 젊고 건장한 자식, 사위, 동생, 조카들로 대신

---

54 『태조실록』 권5, 태조 3년 2월 기해.
55 윤훈표, 앞의 책, 2000, 198쪽.
56 『태조실록』 권5, 태조 3년 2월 기해.
57 『태조실록』 권5, 태조 3년 1월 을축.
58 『태종실록』 권4, 태종 2년 11월 계사.
59 윤훈표, 앞의 책, 2000, 200쪽.

하게 하자는 의견을 일부 관리들이 제시했다.[60] 하지만 이 의견은 채택되지 않았던 것 같다. 양부兩府 이하의 전함품관前銜品官들은 항상 경성에 거주하면서 왕실을 호위해야 한다면서 정해진 날짜 안에 상경하라는 지시가 다시 내려졌다.[61] 이 경우 노인이라도 예외가 없었으며,[62] 기한을 어긴 자에 대해서는 아무리 고위직을 지냈다고 하더라도 교지에 의거해 직첩을 빼앗고 재산을 몰수했다.[63] 그러므로 수전산관들은 예외 없이 일단 경성에 거주하며 왕실을 호위해야 했다. 이것은 결국 역의 공평한 부과를 위해 수전자들에게도 예외를 인정하지 않겠다는 것이다.[64]

그런데 수전산관들이 삼군에 분속되어 왕실을 호위하는 것으로 역의 공평한 부과가 모두 이루어진 것은 아니었다. 토지를 받지 못한 산관들도 있을 것이며 그 이외의 계층에게 역을 부과하는 문제도 있었다. 이것은 대체로 주군에서 번상했던 시위패를 통해 해결해 보려고 했다.[65] 시위패에 대한 개편 작업은 조선에 들어온 직후에 상하번으로 나누어 교대로 번상하는 것으로부터 시작했다.[66] 이는 번상을 하고 난 뒤에 충분한 휴식기간을 확보해 주려는 배려에서 나온 조치로 보인다. 그리고 곧 이어 8도의 군적을 작성해서 정확한 사정을 파악했다.[67] 고려말에는 홍건적 등의 침입으로 호적이 훼손되어 마구 징발했던 관계로 한 가구 내에서 수효대로 시위군이나 기선병으로 동원하여 역을 감당하기 어려워 도망하여 숨었던 사람들이 많았다.[68] 이런 폐단을 불식하기 위해 일단 도별로 군적을 작성했던 것이다.

그리고 실제로 번상 시위할 사졸들을 정해야 했는데, 그들의 경제적 사정이 매우 불균등했다. 만약 이것을 고려하지 않은 채 일방적으로 징발할 경우 역 부담의 불균형 현상이 발생하면서 이로 인한 불평과 불만이 증대될 것이었다.[69] 먼저 각호별로 동

---

60 『태조실록』 권6, 태조 3년 8월 기사.
61 『태조실록』 권11, 태조 6년 4월 을사.
62 『태조실록』 권11, 태조 6년 5월 경진.
63 『태조실록』 권11, 태조 6년 6월 임오.
64 윤훈표, 앞의 책, 2000, 200~201쪽.
65 윤훈표, 앞의 책, 2000, 201~202쪽.
66 『태조실록』 권2, 태조 1년 9월 임인.
67 『태조실록』 권3, 태조 2년 5월 경오.
68 『태조실록』 권6, 태조 3년 8월 기사.

거와 별거를 막론하고 60세 이하 16세 이상의 족친으로만 봉족을 구성하게 했다.[70] 이는 혹시 발생할지도 모르는 정군의 침탈을 차단하기 위함이었다.[71] 그리고 봉족에 대해서도 주현에서 평상시에 부과하는 사역을 지지 않도록 했다. 다만 군사와 관계되는 일이 발생할 경우 그 긴급 여부를 분간해서 봉족인의 다소를 참작하여 데리고 가도록 하고, 이를 어기는 수령이 있으면 처벌하도록 했다. 이는 수령들이 군사와 사역에 백성을 마구 징발하여 영농에 지장을 주는 일이 많았기 때문에 이를 방지하기 위한 특별 조처였다.[72]

　주군에서 번상해야 했던 시위패는 대개 품관마병, 무직마병, 보병으로 구성되었다. 이들에게는 각각 4, 3, 2명의 봉족을 지급해서 역 부담에 따른 경제적인 조력을 받을 수 있게 했다.[73] 토지를 분급받지 않고서도 복무에 필요한 식량과 장비를 마련할 수 있게 하려는 것이다. 그러나 노비를 많이 거느렸던 사람들에게는 봉족을 정해 주지 않아 부유층에게 부담을 가중시키는 방법으로 역의 공평 부과를 도모했다.[74] 당시 품관마병들이 무직마병이나 보병에 비해 많은 노비를 보유하고 있었을 것이다. 이들에게 더 큰 부담을 지게 하는 식으로 균형을 이루고자 했다.[75]

　의흥삼군부의 설치 등을 통한 군제 개혁 작업을 추진한 결과 새로운 조직 편제가 수립되면서 그에 따라 군사들의 성격도 바뀌었다. 특히 품관들도 현임이 아닌 이상 어떤 형태로든 군사 조직에 편입되어 숙위의 임무를 수행해야 했다. 시위패 등에 일반 양인들이 포함되었지만 구가세족까지 일단 숙위군으로 편성된 이상 품관층이 차지하는 비중은 매우 커졌다. 따라서 숙위가 단순히 군사 활동에만 국한되지 않고 일종의 정치행위로 간주될 정도였다.[76] 이에 대해 당시 개혁을 주도하던 정도전은 『조선경국전』에서 숙위의 임무가 단순히 왕실을 파수하는 것만이 아니었다는 점을 분명히

69　윤훈표, 앞의 책, 2000, 203쪽.
70　『태조실록』권11, 태조 6년 2월 갑오.
71　李成茂,「兩班과 軍役」『朝鮮初期 兩班研究』, 一潮閣, 1980, 193쪽.
72　『태조실록』권11, 태조 6년 2월 갑오.
73　『태조실록』권11, 태조 6년 2월 갑오.
74　『태조실록』권11, 태조 6년 2월 갑오.
75　윤훈표, 앞의 책, 2000, 205쪽.
76　윤훈표, 앞의 책, 2000, 206쪽.

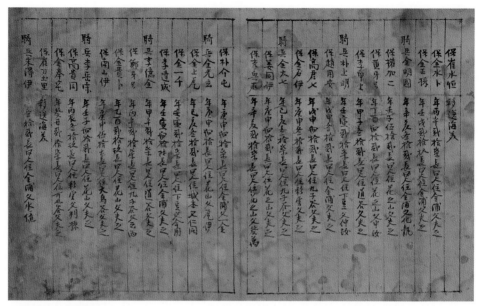

조선시대 군적(육군박물관)

했다. 육전六典 중에서 유독 병전만을 정政이라고 한 것은 사람의 부정함을 바로잡는 것이기 때문이라고 했다. 그러므로 자기 자신이 바른 사람이어야 남을 올바르게 할 수 있으며 그것이 곧 병의 근본이 되는 것임을 강조했다.[77]

그리고 이 같은 원칙이 숙위에도 그대로 적용되어야 한다고 주장했다.

> "그런 까닭에 궁궐문을 아홉 겹으로 만들어서 궁궐 안팎을 엄숙하게 하여 드나드는 사
> 람들을 살펴 단속하되 오직 비상을 방비하고 간특한 무리들을 막을 뿐 아니라, 또한 내
> 알內謁의 무리들도 난잡하게 들어가서 임금의 귀를 흐려 놓고 조정을 어지럽히지 못하
> 게 하는 것이다. 이렇게 해야만 국가의 치안이 오래 지속될 수 있을 것이다."[78]

위에서 숙위는 궁궐에 드나드는 사람들을 단속해서 비상사태에 대비하고 간특한 자들을 막는 것뿐만 아니라 내알의 무리들이 임금을 흐리게 하거나 조정을 어지럽히

---

77 『조선경국전』하, 정전, 총서.
78 『조선경국전』하, 정전, 숙위.

지 못하게 하는 것으로 규정했다. 다시 말해 숙위병의 역할은 단순한 파수가 아닌 임금과 조정을 바르게 하는 것이다.

그런데 숙위 군사가 임금과 조정을 바르게 하려면 당연히 무예에만 능해서는 안되고 내알을 막을 수 있는 정치적 안목이 요구되었으며 필요할 경우에는 학문도 겸비해야 했다. 그렇다고 모든 군사들이 전부 그렇게 되어야 하는 것은 아니었다. 지위와 신분에 맞게 조정될 필요가 있었다. 이를 위해 태조 때에는 군사교육제도를 대폭으로 정비했다.[79] 먼저 왕조 개창 직후에 무예훈련 및 병서·전진戰陣 등을 교습하는 기관으로 훈련관을 설립했다.[80] 이의 설립은 고려말 급진개혁파 사대부들의 병학 교육에 대한 열성에서 비롯되었다고 해도 과언이 아니었다.[81] 즉 새로운 성격의 무반층의 양성과 직결되었기 때문이었다. 훈련관 설립과 더불어 즉각 실천에 옮겨졌다.

> 도평의사사에서 계하기를, "……원하옵건대, 이제부터는 주장主掌하는 훈련관에서 양반자제와 성중관成衆官·영가교자領可敎者들을 모아서 병서와 진도陣圖를 강습하게 하여, 그 중에 재주를 성취한 사람이 있으면 전에 내린 교지에 의거하여 시취해 탁용하도록 하고, 감찰 한 사람은 날마다 훈련관에 이르러 근만을 고찰하게 하소서."라고 했더니, 왕이 그대로 윤허했다.[82]

위에서 훈련관에서 교습받은 자들을 어느 곳에 어떻게 탁용하는지가 명확하게 규정된 것은 아니었지만 위령직을 제수해서 숙위에 투입하려고 했던 것은 분명했다. 이는 다음의 자료에 의해서 확인된다.

> 판의흥삼군부사 정도전 등이 상서하기를, "……마땅히 본부와 병조로 하여금 제위령의 현임자의 신체를 살펴보고 재주를 시험하게 하여 건장하고 재주가 있는 사람은 그 직

---

79 윤훈표, 앞의 책, 2000, 207쪽.
80 『태조실록』 권1, 태조 1년 7월 정미.
81 정도전은 일찍부터 병학에 관심이 많아 『팔진삼십육변도보』, 『오행진출기도』 등의 병서를 저술한 바 있었다(한영우, 『개정판 정도전사상의 연구』, 서울대출판부, 1983, 35~37쪽).
82 『태조실록』 권4, 태조 2년 7월 병진.

책을 다시 주고, 어리고 약한 사람과 늙고 병든 사람과 재주가 없는 사람과 잡류에 속한 사람과 어떤 일을 핑계대고 출근하지 아니한 사람은 일제히 모두 삭제하고, 다시 친군위에 소속된 원종시위원인原從侍衛員人과 훈련관에서 병법을 익힌 원인과 태을습산원인太乙習筭員人은 각기 소속 관원들로 하여금 보거保擧하게 하여, 앞에서와 같이 신체를 살펴보고 재주를 시험한 다음에 아뢰어 차비差備하게 할 것입니다.……"라고 하니, 왕이 그대로 따랐다.[83]

위 기록에서 현재 여러 위령에 소속해 있던 인원들을 대상으로 선별 작업을 실시하여 적당치 못한 자를 제거하고 그 대신 훈련관에서 병법을 익힌 인물 등으로 보충하자고 했다. 이것은 훈련관에서 강습 실적과 성적에 따라 탁용하는 사람을 위령에 소속시키려는 의도를 보여준다. 위령직은 그 동안 주로 제도만 개혁되었고 소속 인원의 교체는 이루어지지 못했다. 그로 인해 이전에 들어왔던 어린 아이, 내료內僚, 공상잡류工商雜類 등이 여전히 자리를 차지하고 있으면서 임무를 감당하지 못하거나 권세가에 의탁해서 근무하지 않으면서 녹만 받고 있는 실정이었다.[84] 따라서 제도의 개혁과 더불어 인원의 개편도 단행하고자 하여 이 자리를 새로운 군사교육 기관인 훈련관에서 배출된 사람들로 채우려고 했던 것이다.[85]

또한 교육을 받고 시험을 거쳐 자격과 능력을 갖추었다고 인정받은 자가 위령직에 입속했다고 하더라도 비번일 경우에는 반드시 의무적으로 병법을 익히도록 했다. 계속해서 성적이 좋은 자는 포상을 하고 그렇지 못한 자에게는 벌을 내리게 했다.[86] 이것은 학습 효과를 크게 신장하려는 것이다. 동시에 이 과정을 통해 부정한 방법으로 입속했던 무능, 무자격자들이 제거되고 새로운 교육을 통해 능력이 배양된 자들만 남게 해서 구래의 폐단이 점차 사라지게 하려는 것이다. 그렇게 되면 앞서 언급했던 바와 같이 간특한 자나 내알의 무리들이 임금을 흐리게 하거나 조정을 어지럽히는 것을

---

83 『태조실록』 권5, 태조 3년 2월 기해.
84 『태조실록』 권5, 태조 3년 2월 기해.
85 윤훈표, 앞의 책, 2000, 210쪽.
86 『태조실록』 권5, 태조 3년 2월 기해.

숙위하는 군사들이 막을 수 있게
되는 것이다. 그것은 교육과정이
순전히 군사적인 능력만을 키워
주는 것이 아니라 상당한 정도의
정치적 안목과 식견을 스스로 갖
출 수 있도록 기본 소양을 길러
주는 역할도 수행하기 때문에 가
능했다.

그런데 훈련관 등에서 실시하
는 교육은 기본적으로 군사 분야
의 전문성을 제고시키는 것이었

훈련원 터 군사의 무예 훈련 방법 및 무과 시험 등을 담당하였다.
현재 국립중앙병원 자리이다.

다. 전문적인 군인층을 양성하는 데는 효과적이었다. 하지만 당시 숙위군 중에는 구
가세족 출신들도 있었다. 이들에게 계속해서 군사교육을 받고 시험 성적에 따라 위령
직에 올라 숙위하라고 강요하는 것은 아주 곤란한 일이었다. 이에 별도로 교육시킨
다음 숙위에 충당했다가 적당한 절차를 밟아 그들이 원하는 문무반의 고급 관직을 제
수하는 방도를 강구했다. 그것은 1397년(태조 6) 1월에 의흥삼군부에 사인소舍人所를
설치함으로써 실현되었다.[87] 여기서는 훈련관과 달리 문무에 걸친 다양한 교육을 실시
했다.

> 의흥부에 사인소를 설치하여 모든 대소 양반大小兩班의 자서제질子壻弟姪들을 이에 예
> 속하게 하고, 경사經史, 병서兵書, 율문律文, 산수算數, 사어射御 등의 기예를 이습肄習
> 시켜 탁용에 대비하도록 했다.[88]

사인소에서는 치자로서의 사대부가 지녀야 할 종합 교양과 기술관료직에 해당하
는 내용을 모두 가르치는데 한마디로 관리양성을 위한 전문 교육을 실시하는 것이

87 『태조실록』 권11, 태조 6년 1월 정축.
88 『태조실록』 권11, 태조 6년 1월 정축.

다.[89] 그 과정에서 성적이 뛰어난 자는 선발해서 탁용에 대비한다고 했는데 이는 구체적으로는 숙위에 충당하고 그 후에 재질을 논하여 벼슬을 수여한다는 것이다. 그리고 이같은 제도를 마련한 이유가 현재賢才가 벼슬길에서 침체되거나 관로官路가 요행에 의해서 오염되는 것을 막기 위한 것이라고 하고 있다.[90]

사인소에서 교육을 받고 숙위에 투입되었을 때 궁성에서 근시하므로 왕과 재상들이 가까이에서 이들의 인물과 재능의 됨됨을 보다 정확하게 파악할 수 있다는 것이다. 그런 다음에 관작을 제수하여 등용한다면 현재가 침체되거나 요행으로 출세하는 경우는 그만큼 줄어들게 되고 인사제도나 관행에서 발생하는 부정행위 등도 사전에 차단할 수 있을 것이다. 이로써 사인소 교육과 숙위 참여, 관리로의 승진이 일련의 연속된 과정으로 이루어지도록 했음을 알 수 있다.

앞서 언급했던 현재가 침체되고 관로에 요행이 통했던 가장 큰 이유는 인사권이 권문세가에 집중되어 지방의 한미한 사대부들이 관료로 입문할 수 있는 길이 극도로 제한당했기 때문이었다. 하지만 과전법의 실시로 인해 수전산관들이 숙위에 참여하면서 그 자제들을 의흥삼군부사인소에 입학시켜 공부하게 하고 근무하게 하는 과정에서 저절로 능력이 분별되게 만들려고 했다. 더구나 소수의 권력자가 마음대로 결정할 수 있는 것이 아니었다. 그러므로 벽촌 출신이라도 출세할 수 있는 길을 열어준 것으로 판단된다. 비록 '거경성위왕실居京城衛王室'이 힘들고 어렵지만 수전산관에게는 자기 자제의 능력을 펼칠 수 있는 기회가 되는 것이다. 만일 그런 기회를 널리 부여할 수 있다면 '거경성위왕실'에 대한 열기도 크게 높아질 것이었다.[91]

결국 정도전 등이 추구했던 숙위와 교육, 관리선발 제도와의 연속적인 결합은 훈련관 등을 거쳐 의흥삼군부사인소에 이르러 일단 확립되었다고 할 수 있다. 중앙군제 개혁과 군사교육의 정비를 통해 모든 병종마다 소속인의 직분에 합당한 교육제도를 마련하고 인사제도의 운영도 일치시켜 관료로서의 출사로를 새롭게 구축하려고 했다.

---

89 윤훈표, 앞의 책, 2000, 214쪽.
90 권근, 『양촌집』 권12, 기, 「의흥삼군부사인소청벽기(義興三軍府舍人所廳壁記)」, "今子弟之少也 各學於其學 稍長而可仕也 又升於三軍府 今三軍府 卽古司馬之職也 敎以道藝 且充宿衛 各論其材 而後爵之 則賢材無所抑之患 仕進塞僥倖之路 無非周官之遺意也."
91 윤훈표, 앞의 책, 2000, 215~216쪽.

.

이렇게 함으로써 인사권이 소수의 중앙세가들에게 독점되지 않도록 하고 넓은 층을 상대로 보다 공정하고 엄격한 능력검증을 통해 관리로 선임할 수 있을 것으로 기대되었다. 그런 점이 건국 직후 정도전 등이 의흥삼군부를 중심으로 해서 추구했던 병제 개편 작업의 핵심이며 특징이기도 했다.

3. 사병 혁파와 병권의 삼군부 귀속

1398년(태조 7) 8월에 1차 왕자의 난이 일어나 정도전, 남은 등이 제거되고 같은 해 9월 태조가 물러나고 정종이 즉위했다. 다시 1400년(정종 2) 1월에 2차 왕자의 난이 발발하고 여기서 승리한 정안군靖安君(뒤에 태종이 됨)이 같은 2월에 세제世弟가 됨으로써 정치적인 실권을 장악했다. 정안군의 주도로 그 해 4월에 사병이 혁파되고 이를 계기로 다시 한 번 전면적인 군제 개편이 단행되었다.[92]

사병혁파란 종친과 대신 출신의 절제사에게 전적으로 통솔을 받았던 병력을 국가기구의 통제로 돌리는 것이었다.[93] 이는 종친, 대신의 병권 박탈을 의미하므로 정치적 갈등을 수반할 수밖에 없었다.[94] 태조 때 의흥삼군부 설치 등의 제도 개혁 작업에도 불구하고 개창 초기의 불안한 정세로 훈신勳臣이나 종친들이 각기 사병을 거느리게 했다.

특히 외방 각도의 군마를 여러 절제사에게 분속시켜 혹은 시위라거나 별패, 사반당私伴儻이라 칭하며 번상하게 해서 자의적으로 거느렸다.[95] 더불어 사속인私屬人들을 갑사나 시위패로 편입시킨 뒤에도 계속해서 사적으로 통솔했다.[96] 대표적인 사례가 동북

---

92 윤훈표, 앞의 책, 2000, 221쪽.
93 김종수, 「朝鮮初期 中央軍制의 整備와 私兵制 改革」『朝鮮의 政治와 社會』, 集文堂, 2002.
94 이에 관해서는 다음 논저가 참고된다. 麻生武龜, 「李朝の建國と政權の推移」『靑丘學叢』 5, 1931 ; 李相伯, 「三峰人物考」『震檀學報』 2·3, 1935(『韓國文化史研究論攷』, 1947 재수록) ; 韓永愚, 「朝鮮建國의 政治·經濟 基盤」『朝鮮前期社會經濟研究』, 1983 ; 柳昌圭, 「太宗代 軍指揮體系의 변화와 집권층의 갈등」『水邨朴永錫敎授華甲紀念韓國史學論叢(上)』, 1992.
95 『정종실록』 권4, 정종 2년 4월.
96 柳昌圭, 앞의 논문, 1985.

태종 신도비(헌릉, 서울 서초)

면 출신의 가별초家別抄였다.[97] 이들이 태조의 친군[98]과 왕자 및 토호 출신의 훈신들이 거느린 군사의 주축을 이루었다.[99] 게다가 국가 기구의 통제에서 벗어나 오직 자신과 사적인 관계가 있는 종친·훈신들의 지시만을 따랐다. 그렇기 때문에 의흥삼군부로 통솔권을 일원화시킨다고 해서 곧 바로 이러한 사병적 구조까지 해소될 수 있는 것은 아니었다.[100]

정도전은 사병적 관계를 근본적으로 해소하기 위해 먼저 간관들을 움직여서 병권을 일원화시켜야 한다는 상소를 올리게 했다.[101] 또한 자신이 1397년 12월 사병적 관계의 근거지라 할 수 있는 동북면의 도선무순찰사로 나아가 지방행정체제를 대폭 개편하고[102] 군정軍丁을 정비하여 익속군翼屬軍으로 간주할 수 있는 기반을 조성했다.[103] 이로 인해 동북면의 사회 구조에 변화가 일어났으며 이에 상응하여 정부에서는 가별초와 그 곳 출신의 시위 군사 사이의 사적인 결합 관계를 단절시키려는 계획을 추진했던 것으로 보인다.[104] 다시 진도陣圖 교육을 통해 숙위군사에 대한 교육과 지휘권을 장악하려 했다. 그리하여 군관으로 진도를 모르는 자가 없다고 할 정도로[105] 성과를 거두자 곧 바로 1398년

97 가별초는 가별치라고도 했는데, 이에 관해서는 다음의 연구 성과를 참고할 것. 金九鎭, 「麗末鮮初 豆滿江流域의 女眞分布」『白山學報』15, 1973 ; 金九鎭, 「尹瓘 九城의 範圍와 朝鮮 六鎭의 開拓」 『史叢』21·22, 1977.

98 柳昌圭, 「李成桂의 軍事的 基盤」『震檀學報』58, 1984.

99 柳昌圭, 앞의 논문, 1985, 156~157쪽.

100 윤훈표, 앞의 책, 2000, 222쪽.

101 『태조실록』권14, 태조 7년 8월 기사.

102 『태조실록』권12, 태조 6년 12월 경자 ;『태조실록』권13, 태조 7년 2월 경진.

103 민현구, 앞의 책, 1983, 228~231쪽.

104 유창규, 앞의 논문, 1985, 154~155쪽.

105 『태조실록』권14, 태조 7년 8월 경술.

8월에 왕자들의 병권을 정식으로 박탈했다.[106]

　병권 박탈 조치는 왕자·훈신들에게는 커다란 충격을 주었다. 뿐만 아니라 그 동안 사적인 관계를 이용해서 중앙에 진출해서 출세할 수 있었던 시위 군사 등에게도 심각한 타격을 주었다.[107] 또 일부 개국공신들은 그간의 개혁이 왕의 권한을 약화시킨다는 불만을 갖고 있었다.[108] 군제 개혁은 이들의 불만을 촉발시켰다. 1차 왕자의 난이 발생하여 전도전 등이 제거되면서 개혁의 주체와 방향도 바뀌게 되었다.[109]

　1,2차 왕자의 난으로 권력을 장악한 정안군(태종) 측은 곧바로 군제 개편 작업을 실시했다. 1400년(정종 2) 4월에 권근權近과 김약채金若采 등이 사병혁파를 주장하는 상소를 올렸다. 그 요지는 병권은 국가의 대병

의안대군 방석 묘(경기 광주)

106 『태조실록』 권14, 태조 7년 8월 기사.
107 이는 다음의 사례를 통해서 그 정도를 짐작할 수 있다. 즉, '영성군 오사충이 졸했다. … (남)은 이 일찍이 삼척만호가 되었던 까닭으로 옛 친구가 많이 있었는데, 그가 강릉도의 병력을 관장하게 되자 관군 가운데 계급 차례를 건너뛰어 벼슬을 준 자가 심히 많았다. 오사충이 엄하게 조사하여 그 차례를 뛰어넘은 자는 모두 말을 내게 하여 진헌하고 반전하는 숫자를 채웠더니, (남)은이 묻지 말기를 잇따라 청했으나, (오)사충 또한 따르지 아니했다'(『태종실록』 권11, 태종 6년 2월 신미)고 해서 개국 공신이었던 남은이 강릉도의 병력을 관장하고 있을 때 그 곳 출신의 관군들이 차례를 뛰어넘어 수직하는 경우가 많았음을 알 수 있다. 여기서 관군이란 시위 군사를 지칭하는 것으로 보이며, 남은의 후광을 업고 빨리 출세할 수 있었다. 그러므로 당시 종친과 훈신들과 연계된 시위 군사들은 이를 이용해서 차례를 뛰어넘을 수 있을 정도로 출세하는 것도 가능했다.
108 군제개혁의 추진과 병권의 관장 문제를 놓고 종친과 개국 공신들 사이에서 갈등이 일어나기도 했다(정두희, 『조선초기 정치지배세력연구』, 일조각, 1983, 24~27쪽) 특히 개국 공신이었던 박포는 태조가 국가의 체통을 잃어버렸다고 주장할 정도로 정도전 등의 독주를 방치하는데 따른 불만을 토로하기도 했다. 심지어 나중에는 조준까지도 정도전 등과 대립하게 되었다(『태조실록』 권14, 태조 7년 8월 임자).
109 윤훈표, 앞의 책, 2000, 223~224쪽.

이므로 마땅히 통속이 있어야 한다. 병사를 장악한 자가 많으면 각기 도당을 만들어 세력 다툼을 벌이기 때문에 화란이 일어난다. 결국 형제마저 해치고 공신들도 보존하기 힘들게 된다. 더욱이 신하가 사병을 거느리면 참람해져서 임금을 위협하게 된다는 것이었다. 그리고 사병을 혁파한 뒤 임금은 가능한 한 적은 수의 전병자만을 거느리고 병권을 관장해야만 정치적 안정을 이룰 수 있으므로 중앙과 외방의 군대는 모두 삼군부에 속하게 해서 국가의 군대로 만들자고 건의했다.[110]

군대의 임무는 오직 궁전을 숙위하는 것이어 한다고 하여 사문에 직숙하지 못하게 했다.[111] 이는 정치 및 사회 질서의 안녕을 위해서 군사는 임금만이 거느려야 한다는 것이었다. 이 건의가 받아들여져서 드디어 서울에 머물고 있는 절제사들이 관장했던 시위패의 명부라고 할 수 있던 패기와 무기를 모두 삼군부로 옮겼다.[112] 아울러 사반私伴들도 국가로 흡수했다.[113]

또한 궁중갑사 및 국왕의 원종시위패原從侍衛牌도 삼군부로 이속시켰다. 1400년 6월 정이오鄭以吾는 궁중에 별도로 삼군부진무三軍府鎭撫를 설치하고 궁중갑사를 양성하는 것은 옳지 않으니 혁파해야 하며 그 대신 사순司楯을 비롯한 성중애마들을 숙위시키도록 건의했다.[114] 이 상소는 당시 동궁이면서 군사를 관장하던 태종의 입장을 반영한 것으로 곧 왕의 재가를 얻어 시행되었다.[115] 이렇게 해서 정종이 사적으로 통솔하던 병력은 모두 삼군부로 넘어가게 되었고, 태종이 병권을 완전히 장악할 수 있었다.[116]

그런데 사병혁파가 이루어진 다음에 삼군부의 운영문제가 다시 중요한 과제로 등장했다. 태종의 입장에서는 정도전의 방식대로 삼군부의 판사직을 겸임한 재상이 대사마大司馬가 되어 병권을 장악하게 할 수는 없었다. 이에 일단 고제에 따라 재상宰相·총제摠制·수명이행자受命以行者가 각각 발명發命·발병發兵·장병掌兵을 나누어 맡

---

110 『정종실록』 권4, 정종 2년 4월.
111 『정종실록』 권4, 정종 2년 4월.
112 『정종실록』 권4, 정종 2년 4월.
113 『정종실록』 권4, 정종 2년 4월.
114 『정종실록』 권4, 정종 2년 6월.
115 『정종실록』 권4, 정종 2년 6월 ; 『정종실록』 권5, 정종 2년 9월.
116 윤훈표, 앞의 책, 2000, 227쪽.

는 방안을 강구했다.

우선 중추원을 혁파하고 삼
군부를 녹관으로 삼아 성재省
宰 이상으로 절제사를 겸하게
하고, 이들로 하여금 도평의
사사의 직함을 띠고 합좌해서
군국의 정사를 의논하되 군사
가 있으면 도평의사사에 품하
고 임금의 명을 받아 삼군부
에 전달하자고 했다. 이렇게
하면 재상이 발명권을 행사하
는 것과 비슷한 효과를 거둘
수 있다고 보았다.

다음으로 삼군마다 각각 1
명의 절제사를 두되 도평의사

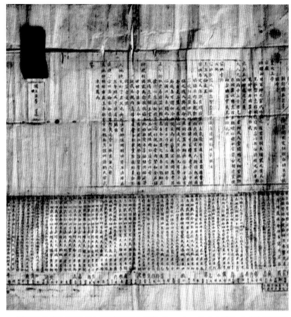

개국정사좌명삼공신회맹문(開國定社佐命三功臣會盟文)(국사편찬위원회)
태종과 개국 · 정사 · 좌명 공신들이 함께 황천상제와 종묘사직 · 산천백신의
영 앞에 나라의 군신과 붕우의 관계를 집에서의 부자 · 형제의 관계와 같이
충신성각으로써 할 것을 다짐한 군신회맹문.

사의 직함을 띠지 못하게 하고 오로지 본부에 앉아 중외의 군무를 다스리도록 했다.
하지만 담당 군 이외의 다른 군의 업무에는 관여하지 못하게 함으로써 병권이 분산되
는 효과를 거두게 하려고 했다. 그리고 여러 위의 상장군과 대장군은 삼군부에 합속
하는데 제절제사와 함께 번을 나누어 숙위케 하여 장병의 임무를 제대로 수행할 수
있게 하려고 했다.[117]

이 방안은 발명과 장병의 직책을 구분해서 전자는 도평의사사의 구성원이 되어 군
국의 정사에 참여케 하고 후자에게는 참여를 불허하고 오직 군무만을 처리하게 하는
것이었다. 또한 발명자라고 하더라도 국왕에게 명을 받아 삼군부에 전달해서 군대를
동원할 뿐이며 직접적으로 거느리는 것은 아니었다. 따라서 병권이 한 군데로 집중되
는 것을 방지했다. 그런데 여기서 하나 더 주목해야 할 점은 앞선 태조 때 정도전 등

---

117 『정종실록』 권4, 정종 2년 4월.

이 추구해왔던 체제를 와해시킬 수 있는 장치를 마련했다는 사실이다. 일단 중추원을 대신하게 된 삼군부는 아무래도 격이 떨어질 수밖에 없었다. 거기에 녹관으로 성재 이상의 고관이 절제사의 직책을 겸한다고 하더라도 그 위상이 결코 정도전의 판의흥 삼군부사에는 미칠 수 없었다. 그러므로 재상의 발명권 발휘에 있어 그 성격이 크게 변한다고 볼 수 있다.[118]

하지만 위 방안은 재상의 발명권을 변모시킨다는 목표의 달성에도 불구하고 그 내용에 있어 새로운 문제가 싹틀 소지가 컸다. 즉 고려말 군제 개혁을 실시하기 이전에 도평의사사에서 재추들이 합좌해서 군사 문제를 처리하던 것과 외형상 큰 차이가 없어져버린다는 사실이다. 특히 재상급 인사들이 절제사직을 겸임하고 도평의사사의 직함도 함께 갖게 되면 정사와 군사의 구분이 모호해질 가능성이 매우 높았다. 그렇게 될 경우 이 방안은 오히려 개혁 이전의 구제로 회귀하는 것이 되어버린다. 이것은 태종의 입장에서 절대로 용납할 수 없었다.[119]

그러므로 바로 하륜이 주도한 관제 개정 때 삼군부가 또 다시 개편되었다.

> 도평의사사를 고쳐 의정부로 하고 중추원을 고쳐 삼군부로 했다. 직임이 삼군을 맡은 자는 삼군에만 전적으로 나가게 하고 의정부에는 합좌하지 못하게 했다.[120]

위에서 중추원을 삼군부로 고쳤으나 도평의사사를 의정부로 개편하면서 삼군부의 관원들은 의정부에 합좌시키지 않도록 했다. 따라서 삼군부의 녹관이 의정부의 직함을 띠고서 군국의 정사를 논의하기 위해 합좌하는 것은 아니었다. 그러므로 군사 문제가 의정부에서 처리되지 않게 되었다.[121] 그 대신에 삼군부가 군사를 전담하게 되었다.

---

118 이에 재상보다는 오히려 국왕이 군 통수권을 장악할 수 있는 계기가 마련되었다고 보는 견해가 있다(정두희, 「조선건국초기 통치체제의 성립과정과 그 역사적 의미」『한국사연구』67, 1989, 60쪽).

119 윤훈표, 앞의 책, 2000, 230~231쪽.

120 『정종실록』권4, 정종 2년 4월.

121 『태종실록』권8, 태종 4년 9월 정사.

하륜 묘(경남 진주)

　태종이 즉위하면서 삼군부가 다시 개편되었다. 먼저 재상들을 발명권 행사에 참여시키는 문제가 재차 거론되었다. 1401년(태종 1) 7월에 의흥삼군부를 승추부承樞府로 개편하고[122] 정승이나 그에 버금가는 지위를 지닌 인물들로 판사직을 겸임하게 했다.[123] 하지만 이 방안은 재상의 발명권을 지나치게 강화시키고 장병의 직임을 약화시키는 것처럼 되어버려 개선이 필요했다. 1403년 6월에 다시 중군·좌군·우군에 각각 도총제부를 설립해서 각 군을 관장하게 했다. 그리고 도총제부를 승추부에 매이지 않도록 해서 장병의 직임이 약화되지 않도록 했다.[124] 그 결과 발명은 승추부로, 장병은 각군도총제부로 분산되어서 아예 삼군부의 조직과 기능 자체가 분리되었다.[125]

　하지만 이 방식도 조금 뒤에 개정되었다. 1405년(태종 5) 1월에 승추부를 병조에 병합시켰다. 원래 병조는 무관의 인사를 비롯한 군정에 관한 사항을 모두 장악했는데 이번 조치로 군령까지 총괄하게 된 것이다. 이어서 속아문제도屬衙門制度를 통해 삼군

---

122 『태종실록』 권2, 태종 1년 7월 경자.
123 『태종실록』 권4, 태종 2년 11월 경인.
124 『태종실록』 권5, 태종 3년 6월 을해.
125 윤훈표, 앞의 책, 2000, 232쪽.

제 2 장 중앙집권적 군사체제의 확립　95

과 10사 등도 모두 병조에 소속시켜 병조가 군정과 군령을 총괄하는 최고기관이 되었다. 동시에 기밀 사항이나 친히 아뢸 일이 있으면 의정부를 거치지 않고 왕에게 직접 보고하게 했다.[126] 전부는 아닐지라도 이제 재상이 군사에 참여하지 못하는 것이 제도상 가능하게 되었다.[127] 그러므로 이 조치의 성격은 재상·총제·명령 이행자가 각각 발명·발병·장병을 나누어 맡게 했던 종래의 개편안과는 완전히 다른 것이었다. 다만 병조판서가 삼군총제를 겸임하지 못하게 함으로써 발명자와 발병·장병자의 구분만큼은 분명히 했다.[128]

얼마 뒤인 1408년 1월에 육조 직계제를 시행하자 병조로의 병권 집중에 따른 폐단 문제가 제기되었다.[129] 이에 1409년 8월에 삼군진무소를 설치했다.[130] 삼군진무소는 장병의 직임을 맡았던 삼군의 도총제부와는 별도로 병조가 병권을 장악하는 데 따른 문제를 해소하기 위해 태조 때의 의흥삼군부를 본떠 설립되었다.[131] 그로 말미암아 일시적으로 의흥부로 개칭되기도 했으나,[132] 1414년경에 다시 삼군진무소로 회복되었으며 그 뒤 병조와 양립하면서 군령을 처리했다.[133]

이상과 같은 과정을 거쳐 병조와 삼군진무소는 서로 병립하는 체제가 성립되었다. 그 아래에는 각군별로 도총제부를 두고, 또 그 예하에 10사를 분속시켜 실제 병력은 이들이 거느리면서 상부의 명령을 받아 출동하는 체제를 구축했던 것이다.[134] 이것은 한마디로 정도전 등이 주도해서 마련했던 재상의 발명법을 폐지하고 국왕의 통수권을 강화시킨 체제였다.[135] 국왕이 삼군부와 병조를 통해 군사 조직을 직접 장악하게 되어 이전보다 더 강력한 힘을 발휘할 수 있게 되었다.[136] 국왕을 정점으로 그 아래에

---

126 『태종실록』 권9, 태종 5년 4월 계미.
127 유창규, 앞의 논문, 1992, 607쪽.
128 『태종실록』 권9, 태종 5년 5월 계축.
129 유창규, 앞의 논문, 1992, 610~611쪽.
130 『태종실록』 권18, 태종 9년 8월 경술.
131 『태종실록』 권18, 태종 9년 8월 정묘.
132 『태종실록』 권18, 태종 9년 8월 정묘.
133 민현구, 앞의 책, 1983, 279~280쪽.
134 『태종실록』 권24, 태종 12년 7월 무신.
135 이희관, 「조선초 태종의 집권과 그 정권의 성격」『역사학보』120, 1988, 37~38쪽.
136 유창규, 앞의 논문, 1992, 620~621쪽.

발병을 맡았던 총제摠制들과 장병을 책임진 호군護軍들이 마치 피라미드와 같은 형태로 포진하게 되었다.[137]

---

137 윤훈표, 앞의 책, 2000, 233~234쪽.

제2절

군령, 군정체제의 정비

1. 초창기 체제 정비 작업의 착수

군의 작전을 위한 동원 등의 명령을 집행하는 군령 체제는 통수권 운용의 근간을 이루고 있다. 또한 그 방식과 절차는 군사 행정의 집약이라는 군정과 더불어 당대 통치 체제의 운영 상황을 고스란히 반영하고 있다. 비중면에서는 직접 동원과 관계된 군령 쪽의 무게가 상당한 것으로 이해되기도 하지만 실제 행사에 있어 군정의 뒷받침이 없다면 별 소용이 없었다. 그러므로 양자를 어떻게 효율적으로 운영하느냐가 군대 통솔의 핵심적 과제이기도 했다. 왕조 교체의 격변기에는 더욱 심각한 과제로서 전면에 부각되었다.

위화도 회군으로 정권을 장악했던 이성계파와 급진파사대부들도 당연히 이 문제에 대해 많은 관심을 쏟았다. 이 당시 여타 분야와 마찬가지로 군령 및 군정 체제에도 운영상의 혼란이 극에 달했다. 심지어 패기라 하여 관에다가 군사를 등록시키지 않고 여러 유력한 장수들이 각기 점거하여 군사로 삼았던 일까지 벌어졌다.[138] 사병화가 널리 확산되면서 이미 공적인 절차와 과정에 의해서 통솔하기가 매우 어려워졌음을 알수 있다. 더구나 끊임없는 외환에 시달리고 있던 관계로 사태는 점점 악화되었다.

---

138 『태조실록』 권1, 총서.

새롭게 국정을 책임지게 되었던 세력으로서는 시급하게 해결해야 했다. 하지만 정국이 복잡하게 얽혀 있어 문제를 풀어나가는 것이 곤란했다. 정치적으로 극도로 불안정한 상황이라 병권이 권력유지에 절대적으로 필요했다. 그러므로 일단 현실적인 방도부터 찾아야 했다. 우선 1390년(공양왕 2) 1월에 이성계가 8도 시위군을 총지휘하게 되었다. 이어서 그 해 11월에 각도 원수의 인장印章을 거두고 그 군사들을 돌아가게 했다. 다시 1391년 1월에 삼군도총제부를 설치해서 중외의 군사를 모두 통솔했다. 이로써 장수의 지휘권 행사를 공식 기구가 관할하게 되었다.[139] 결과적으로 군령계통의 일원화라는 점에서 매우 중요한 변혁 조치가 이루어졌다.[140]

삼군도총제부의 설치에도 불구하고 한계가 있었다. 대표적으로 1388년(창왕 즉위년) 8월에 이성계 휘하의 군사를 중심으로 설립된 도총중외제군사부와는 공식적인 관계가 없었다.[141] 동일한 인물, 즉 이성계가 양 기구의 책임자이므로 그런 점에서 연결이 될 수 있겠으나 제도적으로 마련되었던 것은 아니었다. 그런 점에서 삼군도총제부의 군령권 행사에는 한계가 있었다. 실질적으로 사적으로 군대를 이끌 수 있도록 되어 있었던 원수제가 삼군도총제부의 설치에도 불구하고 명맥이 끊어지지 않다는 점은 시사하는 바가 크다.[142]

한편, 군정의 경우에도 상황이 복잡했다. 군령과 마찬가지로 관련 기구를 중심으로 규정과 절차 따위에 의거해서 운영되기보다는 사적으로 움직이는 경우가 많았다. 그에 따른 병폐도 심각했다. 이에 개편 작업을 서둘러 추진했다. 특히 군정의 경우에는 핵심이라고 할 수 있는 병조 중심으로 전개되었다. 먼저 1389(공양왕 1)에 종래의 육사六司를 육조로 개혁했다. 이때 오군과 팔위를 병조에서 관할하게 되었다. 그로 인해 병조의 군사 행정 장악력은 매우 높아졌다. 그럼에도 불구하고 한계가 뚜렷했다. 핵심인 인사권의 경우 창왕이 즉위하자 종래의 정방에서 전리사와 군부사軍簿司로 넘겨졌다. 하지만 바로 그해 9월에 정방이 상서사尙瑞司로 바뀌면서 다시 인사권을 담당

---

139 오종록, 「고려후기의 군사 지휘 체계」 『국사관 논총』 24, 1991, 242~243쪽.
140 민현구, 앞의 책, 1983, 264쪽.
141 『고려사』 권137, 열전50, 우왕 14년 8월.
142 오종록, 앞의 논문, 1991, 243쪽.

했다. 따라서 군부사의 후신 격인 병조가 인사권을 전담할 수는 없었다. 하지만 그 이 전보다는 한층 진전되었던 것은 사실이었다.[143]

군제 및 행정 체계의 개혁에 힘입어 군령, 군정 체계의 정비 작업에 일부 진전은 있 었으나 여전히 한계가 많았다. 그것은 특히 양자를 모두 이성계를 필두로 하는 몇몇 중요한 인물들이 간여했기 때문에 어쩔 수 없는 측면이 있었다. 더구나 왕조 교체라 는 정치적 격변기였기 때문에 그런 경향이 더욱 강했다. 이에 조선으로 넘어와서 본 격적으로 정비 작업이 추진되었다.

개창 직후 처음 취했던 조치는 의흥친군위의 설치와 도총중외제군사부의 폐지였 다.[144] 이는 재상의 신분으로서 휘하의 군사를 통솔했던 태조가 국왕으로 즉위하면서 이루어졌다. 최고 통수권자인 국왕으로서 휘하들을 거느리기 위해서는 불가피했다. 그리고 서제인 이화를 의흥친군위도절제사로 임명했다. 그 아래 절제사, 동지절제사 등에 대개 비슷한 유형의 인물들이 제수되었다.[145]

그러므로 그 지휘는 태조와 정치적 입장을 함께 했던 사람들에게 맡겨져 있었다. 자연히 이전부터 내려왔던 사병적 성격이 그대로 잔존했다. 더욱이 도사都事와 같은 행정 기구를 갖추는 등 독자적인 조직을 이루면서 오히려 강해진 측면도 있었다.[146] 이로 인해 군령이나 군정의 체제상에서 별다른 변화가 일어나지 않았다. 국왕과 해당 절제사 사이에 지시나 보고 등이 오갔을 때 국가 기구라든가 그에 의해 규정된 절차 에 따랐던 사례 등이 제대로 보이지 않는다.[147]

하지만 1393년(태조 2)에 삼군총제부를 고쳐 의흥삼군부로 만들고 중방을 혁파한 뒤에 변화가 조금씩 일어나기 시작했다.[148] 이는 지휘 계통을 일원화하기 위한 전초

---

143 박재우, 「고려 공양왕대 관제개혁과 권력구조」『진단학보』81, 1996, 81~85쪽.
144 『태조실록』권1, 태조 1년 7월 정유.
145 『태조실록』권1, 태조 1년 7월 정미.
146 민현구, 앞의 책, 1983, 102~103쪽.
147 일례로 온천 등에 행차했을 때 의흥친군위 외에는 심지어 각사의 성중애마 등도 시종을 허락하 지 않았다. 이로 인해 사헌부에서 대간·중방·통례문·사관 각 1원씩을 호종하게 해줄 것을 요청 해서 허락을 받기도 했다(『태조실록』권1, 태조 1년 8월 무진). 어떤 규정에 의해 시종이 결정되 었던 것이 아니라 국왕의 일방적 명령에 따라 이루어졌음을 알 수 있다. 특히 의흥친군위의 경우 에는 그 뒤에도 이런 일이 빈번했다.

작업이라고 할 수 있다.[149] 중앙의 부병과 주군에서 번상 숙위하는 시위패, 성중애마 등을 통합해서 운영하는 편제를 수립했다. 그리고 숙위군을 궁궐을 시위하는 시위사와 도성을 순작하는 순위사로 나누어 전자는 중군에, 후자는 좌군과 우군에 각각 배치했다. 이를 위해 10위의 명칭을 그에 어울리게 고치고 제도병들은 도별로 삼군에 분속시켜서 지휘 계통을 분명히 했다.[150]

정도전 집터(광화문 교보빌딩 뒤 소방서 앞)

그리고 확실하게 운영하기 위해 의흥삼군부에 판사라는 장관직을 설치하여 개국 공신으로 군제개혁 작업을 주도했던 정도전을 임명했다. 그는 전체의 운영을 책임지었던 것과 함께 왕자와 부마 등으로 임명된 중·좌·우절제사들을 견제하는 역할을 했다.[151] 하지만 당시 상황에서 완벽한 견제는 어려웠다. 실질적으로 간여할 수 있었던 부분은 임무 수행과 관련된 것으로 생각된다. 이때 그 당번이 되는 각사各司 상장군上將軍 이하를 의흥삼군부에서 때때로 명령을 내리되 무릇 입직하면 아무런 이유 없이 나가고 들어감을 허락하지 아니하며 이를 어긴 사람은 처벌했다.[152] 이에 의거해서 당번 근무를 하는 각사의 상장군 이하를 의흥삼군부에서 직접 다룰 수 있었던 것으로 파악된다. 아마도 그 이전에는 의흥친군위에 대해 특별한 경우가 아니라면 절제사 이외에는 그 누구도 간섭하지 못했을 것이다. 하지만 이제부터 임무와 관련해서 적어도 상장군 이하는 의흥삼군부에서도 감독할 수 있게 되었다.

이어서 위영衛領의 직책에 충원된 사람과 위영에 분속된 각 성중애마를 모두 명부

148 『태조실록』 권4, 태조 2년 9월 병진.
149 민현구, 앞의 책, 1983, 265쪽.
150 『태조실록』 권5, 태조 3년 2월 기해.
151 민현구, 앞의 책, 1983, 264~265쪽.
152 『태조실록』 권5, 태조 3년 2월 기해.

에 이름을 기재하게 했다. 그런 다음에 시위하거나 순작하는 번을 당하면 아무 사司의 몇 사람, 아무 애마愛馬의 몇 사람이라고 분명하게 기록하고서 명부에 있는데도 숙위하지 아니한 사람과 명부에 없는데도 들어온 사람에게 때때로 죄를 부과했으며 당번으로 숙위하고 순작하는 것을 제외하고는 병진兵陣의 법을 예습하게 하여 잘한 사람에게는 상을 주고 잘하지 못한 사람은 처벌했다.[153] 이로써 근무에 대한 것뿐만 아니라 평상시 훈련에 관한 사항까지도 관여하게 되었음을 알 수 있다.

다만 위에서 근무자에 대해 명부에 이름을 기록하게 했다는 것은 소속 사에서 관리했을 병적부와는 차이가 있었을 것이다. 즉 의흥삼군부에서 근무자에 국한되었을 뿐 조직 전체의 실질적인 병적부까지 관리할 수 있었던 것은 아니었다. 그것은 사병 혁파 이후에 단행된 조치를 통해서 해결되었다.[154] 그러나 주목해야 할 점은 종친이나 공신 가운데 임명된 절제사에 의거해서 이루어졌던 부병이나 시위패 등에 대한 통제가 의흥삼군부라는 기구에 의해 제도화되었던 규정에 근거하여 실시되었다는 사실이다. 비록 한계가 있었지만 실질적으로 작용하기 시작했다는 것이 대단히 중요했다.

드디어 1395년(태조 4)에 의흥삼군부에서 소속 군사들을 좀 더 분명하게 통솔할 수 있는 방도를 마련했다.

> 삼군부에서 상언上言했다. "군사軍事란 대소大小가 서로 통솔하고 피차 서로 검찰해야 오랫동안 다스려지고 장구하게 안정을 유지할 수 있는 것입니다. 궐내에 숙위하는 여러 위는 의흥삼군부로 하여금 이것을 맡겨서 지휘하게 하고, 진무소鎭撫所로 하여금 명부를 대조 점고點考하여 성기省記를 계문하게 하고, 입직한 중추中樞 1원員이 당후관堂後官으로 하여금 거안擧案을 거두게 하되, 상·대장군 이상은 각각 그 이름 밑에 진進 또는 부진不進이라고 쓰고, 장군 이하는 친히 서명하게 하여 이튿날 아침에 계문하게 하고, 중랑장이하는 총수만 시행할 것입니다. 여러 위의 순작도 역시 본부本府에서 맡아서 지휘하여, 당번 절제사로 하여금 명부를 점고하고 경更마다 순작하게 하되, 그 중에 이유 없이 숙위에 나오지 않은 자와 입번했다가 이유 없이 마음대로 나간 자는 입직

---

153 『태조실록』 권5, 태조 3년 2월 기해.
154 민현구, 앞의 책, 1983, 267쪽.

한 중추와 진무소로 하여금 본부에 보고하게 하고, 이유 없이 순작에 나오지 아니한 자는 감순절제사監巡節制使로 하여금 본부에 보고하게 하여 추고해서 죄를 주되, 가벼운 자는 환직還職하고, 중한 자는 계문하여 파직하고 충군하소서.……” 하니 임금이 그대로 따랐다.[155]

위에서 피차간에 검찰을 철저하게 해야 오랫동안 편안하게 잘 다스려지다는 명목하에 숙위와 순작에 대한 통제를 강화했음을 알 수 있다. 일단 숙위와 순작을 담당하는 제위는 모두 의흥삼군부의 통솔을 받아야 했다.

다시 삼군부의 부서였던 진무소에서는 명부를 대조하는 작업과 성기를 계문하는 일을 맡았으며 입직한 중추원의 관원과 당후관은 거안을 거두게 하는 일을 담당했다. 어떤 한 부서나 한 사람이 전체를 감당했던 것이 아니라 각기 업무를 분담해서 처치하도록 했다. 서로 견제하게 해서 부정행위라든가 소홀히 하는 일이 없도록 했다. 아울러 당번 위의 책임자들도 그 지위에 어울리게 출근을 표시하게 했다. 이것은 확인 절차를 간편하게 하면서도 명확하게 작성하도록 했던 것으로 보인다. 순작의 경우에도 마찬가지였다. 당번 절제사로 하여금 명부를 점고하고 시간마다 순찰하도록 했다. 이유 없이 나오지 않는 자는 감순절제사로 하여금 보고하게 하여 의흥삼군부에서 처벌했다. 업무의 담당자를 각각 달리 해서 혹시 그릇된 단합 행위로 해서 부실해지는 것을 방지했다.

종전보다 진전된 것은 확실했으나 분명한 처벌 규정이 없어서 실질적인 효과를 기대하기가 조금 어려웠다. 이에 좀더 정비된 방안을 1398년(태조 7)에 올려 임금의 허

예조 삼군부 터
(광화문 정부 종합청사 앞)

---

155 『태조실록』 권7, 태조 4년 2월 계미.

락을 받았다. 즉 10사十司의 상·대장군 이하의 원장員將들이 숙위, 순작, 아조衙朝 등의 일에 이유 없이 나오지 않으면, 초범과 이범은 처벌하되 본래의 직책으로 다시 돌려보내고 삼범인 자는 죄를 상세히 기록해서 보고하게 한 뒤에 상서사에 내리어 관직을 삭탈하고 무재가 있는 사람을 뽑아 이를 대신하게 했다.[156] 근무에 소홀한 자에 대한 처벌 규정을 상세히 정함으로써 휘하의 무관들에 대한 통제력을 강화했다. 절제사에 대해서는 여전히 한계가 있지만 상장군 이하의 인원에 관해서는 확실하게 감찰할수 있는 제도적인 권한을 보유하게 되었다.

그런데 제위의 근무가 원칙적으로 교대로 이루어지는 것이 때문에 그 밖의 시간에 대해서는 의흥삼군부에서 감찰하기가 사실상 힘들었다. 하지만 군대란 근무하는 외에는 반드시 훈련을 해야 했다. 훈련에 대해서도 의흥삼군부가 적극적으로 간여해야 했다. 의흥삼군부에서 근무와 훈련을 관장한다면 절제사를 대신하여 실질적으로 통솔한다고 해도 과언이 아니었다. 이미 의흥삼군부를 설치했을 때부터 숙위와 순작 이외에는 병진을 예습하게 한다고 했다.[157] 이 역시 곧 바로 구체화되었다. 1395년에 의흥삼군부에 명을 내려서 『수수도蒐狩圖』와 『진도陣圖』를 간행하게 했다.[158]

이 작업을 주도한 사람은 정도전이었다. 그가 만들어 바치자 태조는 훈도관訓導官을 두어 가르치고, 각절제사 군관, 서반 각품, 성중애마 등으로 하여금 『진도』를 익히게 했으며, 또 잘 아는 사람들을 각도에 나누어 보내 가서 가르치게 했다.[159] 나아가서 헌사로 하여금 『진도』를 익히지 않았다는 이유로 삼군절도사, 상·대장군, 군관 등을 탄핵하기도 했다.[160]

이 시기에 의흥삼군부의 주도로 실시되었던 진법 훈련은 군사들을 정예화시킨다는 표면상의 이유 외에도 절제사들의 휘하 군사들에 대한 사적인 영속 관계를 삭감하려는 의미도 포함되었다.[161] 주로 그들의 정예병들을 훈련에 참여시킴으로써 통제력의

---

156 『태조실록』 권14, 태조 7년 윤5월 병신.
157 『태조실록』 권5, 태조 3년 2월 기해.
158 『태조실록』 권7, 태조 4년 4월 갑자.
159 『태조실록』 권11, 태조 6년 6월 갑오.
160 『태조실록』 권14, 태조 7년 8월 정미.
161 민현구, 앞의 책, 1983, 110~111쪽.

약화를 꾀했기 때문이다.[162]

　제위의 근무와 훈련 등에 대해 의흥삼군부의 실질적 통제를 제도적으로 강화함으로써 명실상부의 군령 체제의 일원화를 구축하고자 했다. 이에 대한 반발도 만만치 않았다. 그러나 종전과 같이 사적인 요소가 계속해서 존재한다는 것은 새로운 왕조의 군제 운영뿐만 아니라 그에 의거한 정치적 안정에도 상당한 지장을 주었다.

　군정의 경우 병조가 주도적인 역할을 맡도록 되었다. 이는 태조 즉위 직후에 제정된 관제에서 무관의 선발과 병적兵籍·우역郵驛 등의 일을 관장하도록 했던 것에서 알 수 있다.[163] 이와 동시에 중추원中樞院에서는 계복啓復·출납出納과 병기兵機·군정軍政·숙위宿衛·경비警備·차섭差攝 등의 일을 관장하도록 했다.[164] 지금까지 기존의 연구에서는 중추원의 군사 기능은 사실상 허구화되었던 것으로 보고 있다.[165]

　그러나 중추원에서 맡았던 군정의 내용과 그 성격에 대해서는 명확하게 알 수가 없다.[166] 다만 숙위와 경비 등에 대해서는 의흥삼군부와 함께 일정한 역할을 하고 있는 것이 확인된다.[167] 특히, 계복과 출납을 관장하고 있기 때문에 숙위와 경비 등에서 임금에게 직접 보고하고 지시 등을 전달하는 역할을 중추원에서 담당했을 것이다. 그런 점에서 역할이 상당히 중요했을 것으로 추측된다. 즉 임금과 의흥삼군부, 기타 도평의사사 등과의 사이에서 실질적인 연락 관계를 전담했을 것으로 보인다.

　군정 체제에서 병조의 비중이 컸으나 가장 중요한 인사 문제에서는 상서사에게 밀리는 입장에 있었다. 그것은 대표적으로 숙위, 순작, 아조 등에 무단으로 나오지 않는 무관 가운데 3번을 범한 자는 상서사에 내리어 관직을 삭탈해 버리고 무재가 있는 사람들을 뽑아서 그들을 대신하게 했던 조치를 통해 알 수 있다.[168] 여전히 중요한 무관 인사는 상서사에서 맡아서 처리했다.[169] 병조의 위상이 아직도 확고하게 자리잡지 못

162　鄭杜熙,「三峰集에 나타난 鄭道傳의 兵制改革案의 性格」『震檀學報』50, 1980, 143~144쪽.
163　『태조실록』권1, 태조 1년 7월 정미.
164　『태조실록』권1, 태조 1년 7월 정미.
165　민현구, 앞의 책, 1983, 269쪽.
166　병조 등과의 연락 관계를 뜻하는 것으로 생각할 수도 있으나 명확하지 않다.
167　『태조실록』권7, 태조 4년 2월 계미.
168　『태조실록』권14, 태조 7년 윤5월 병신.
169　金潤坤,「麗末鮮初의 尙瑞司-政房에서 尙瑞司로의 變遷過程을 중심으로-」『歷史學報』25, 1964.

했음을 알 수 있다. 반면에 상서사의 고위직에 포진했던 개국 공신 출신이나 종친 등이 군대의 인사 문제 처리에 상당한 영향력을 행사했다.

건국 직후부터 군령 및 군정 체제에 대한 정비가 추진되었다. 대체로 군령에서는 의흥삼군부를, 군정에서는 병조를 중심으로 전개되었다. 일단 일원화로 목표를 해서 사적인 요소를 서서히 해소하면서 공적인 과정과 절차 등을 강화하는 방향으로 시도되었다.

2. 사병 혁파 이후 병조 중심의 운영 체제 수립

1398년(태조 7)에 일어난 왕자의 난으로 정권이 교체됨과 동시에 군제 개편의 방향도 크게 바뀌었다. 그것은 군령, 군정 체제에 대해서도 직접적으로 영향을 미쳤다. 특히 그 주역으로 등장했던 태종 계열은 그 동안 태조 때 정도전 등이 중심이 되어 추진했던 것과는 다른 입장에서 작업을 밀고나갔다. 특히 1400년에 단행되었던 사병 혁파를 계기로 실행에 옮겨졌다.

태종 계열은 의흥삼군부를 통하여 재상들이 군령 체제를 실질적으로 좌우하게 되었다고 판단했다. 창업 군주였던 태조는 스스로가 지녔던 영향력 때문에 그런 체제에 대해서도 별다른 이의가 없었을 것이다. 하지만 그와 같은 힘을 지니지 못했던 후임 군주들은 상황이 달랐다. 즉 원천적으로 태조와 같은 절대적 권위를 가질 수 없었기 때문에 불안감이 적지 않았을 것이다. 이에 원점으로 되돌아가서 새롭게 기존의 군령 체제에 대해 검토하기 시작했다.

1400년 4월 대성에서 무릇 군에 관한 일은 도평의사사에서 임금의 명령을 받아서 삼군부에 옮겨서 재상이 명령을 발하는 법, 즉 발명發命에 응하게 하는 법을 제안했다. 절제사를 성재가 겸직하는 것을 제외하고 삼군에 각각 1인을 녹관으로 하여 비록 중추의 고위직에 있더라도 다만 한 군만 절제하게 하고, 사사의 직함을 띠는 것을 허락하지 않으며 본부에 앉아 중앙과 외방의 군무를 다스리게 하여 총제의 직책을 맡도록 하자고 했다. 여러 위의 상·대장군은 합하여 삼군부에 붙이어 그 일에 이바지하게 했다. 여러 절제사와 상·대장군 이하는 번을 나누어 숙위하여 뜻밖의 변에 대비하여 군사를 맡는 직임, 곧 장병掌兵에 봉사하게 하되, 변이 있으면 절제 이하가 명령을 받아서 나가게 하자고 했다.[170]

위 방안은 고제, 즉 옛 제도에 입각하여 일단 발명과 장병의 직책을 구분해서 전자를 맡는 자는 도평의사사의 구성원이 되어 군국의 정사에 참여케 하고, 후자를 담당하는 자들에게는 참여를 불허하고 오직 군무만을 처리하게 하는 것을 원칙으로 삼았다. 또한 발명자라고 하더라도 국왕에게 명을 받아 삼군부에 전달해서 군대를 동원할 뿐이며, 직접적으로 거느리는 것은 아니었다. 따라서 병권이 한 군데로 집중되는 것을 방지했다.

이 방안에서 주목되는 점은 정도전 등이 추구해왔던 체제를 와해시킬 수 있는 단서를 마련했다는 사실이다. 일단 중추원을 대신하게 된 삼군부는 아무래도 격이 떨어질 수밖에 없었다. 비록 성재 이상의 고관이 절제를 겸하고, 녹관으로 지삼군·동지삼군·첨서·학사의 직이 설치되었다고 하더라도 그 위상이 결코 정도전의 판의흥삼군부사에는 미칠 수 없었다. 그러므로 재상의 발명권 발휘에 있어 그 성격이 크게 바뀌었다고 할 수 있다.[171]

하지만 이 방안에도 새로운 문제가 싹틀 소지가 컸다. 즉 고려말 군제 개혁을 실시하기 이전에 도평의사사에서 재추들이 합좌해서 군사 문제를 처리하던 것과 외형상 큰 차이가 없어져버린다는 사실이다. 특히 재상급 인사들이 절제사직을 겸임하고 도평의사사의 직함도 함께 갖게 되면, 정사와 군사의 구분이 모호해질 가능성이 매우 높았다. 더구나 도평의사사가 삼군부보다 우월한 지위를 점하기 때문에 언젠가는 재상들이 원수를 겸하면서 장군의 직임도 함께 관장할 수 있게 될지도 몰랐다. 그렇게 되면 발명, 발병, 장병의 구분이 모호해지면서 고려말처럼 재상이 양자를 모두 관장

---

170 『정종실록』 권4, 정종 2년 4월.

171 이에 대해 재상보다는 오히려 국왕이 군 통수권을 장악할 수 있는 계기가 마련되었다고 보는 견해가 있다. 특히 공신 재상들의 군 통수권을 박탈하고 나면, 그러한 권한이 제도적으로 중추원에 귀속될 수밖에 없기 때문에 이를 사전에 방지하려고 중추원을 혁파했고 그로 인하여 국왕이 군 통수권을 다 장악할 수 있는 계기가 마련될 수 있었다는 것이다(鄭斗熙, 앞의 논문, 1989, 60쪽).

하륜의 부조묘(不祧廟)
본래 조상의 신주는 4대가 넘으면 사당에서 꺼내야 하지만, 나라에 공훈이 있는 사람으로 인정된 경우에는
사당에서 내가지 않고 계속 기제를 지내는 것을 허용하는 불천위가 된다. 부조묘란 불천위(不遷位) 제사의
대상이 되는 신주를 모신 사당을 말한다.(경상남도 함양군 병곡면 도천리 소재).

하여 군사를 자의적으로 운용하게 될 수도 있었다. 자칫 개혁 이전의 구제로 회귀하
는 것이 되어버릴 수도 있었다. 이것은 태종의 입장에서 용납하기 어려웠다.[172]

> 도평의사사를 고쳐 의정부로 하고, 중추원을 고쳐 삼군부로 하여, 직임이 삼군을 맡은
> 자는 삼군에만 전적으로 나가게 하고, 의정부에는 합좌하지 못하게 했다.……도총제
> 이하는 의정부사議政府事를 겸하지 못하게 했다.[173]

중추원을 고쳐 삼군부로 삼았던 것은 그대로 관철했으나 도평의사사를 의정부로
개편하면서 삼군부의 관원들은 의정부에 합좌하지 않도록 했다. 이로 인해 삼군부의

---

172 윤훈표, 앞의 책, 2000, 230~231쪽.
173 『정종실록』 권4, 정종 2년 4월, "改都評議使司爲議政府 改中樞院爲三軍府 職掌三軍者 專仕三軍 不得坐議政府……都摠制以下 不得兼議政府事."

관원들은 의정부의 직함을 띠고서 군국의 정사를 논의하기 위해 합좌하지 못했다. 하지만 실제로는 삼군 총제도 의정부사를 겸하게 했다.[174] 아마도 당시 태종이 정안군으로 세자의 위치에 있었던 관계로 의정부에 삼군부 관원이 합좌하지 못하게 하는 것이 정치적으로 부담이 되었던 모양이었다. 따라서 일단 삼군 총제로 하여금 의정부의 관원을 겸하게 했다.

태종이 1400년 11월에 정식으로 즉위하면서 사정이 변했다. 본격적으로 개편 작업이 재개되었다. 이듬해 문하부 낭사에서는 옛 제도에 근거하여 의정부를 혁파해서 각각 문하부에 앉게 하고 큰일이 있은 뒤에야 합좌하게 하여 재상의 임무를 중하게 할 것과 다시 중추원을 두어서 삼군을 통솔하게 하고 '의흥'의 이름은 없앨 것을 청했다.[175] 즉 의정부를 혁파하여 합좌해서 군국의 정사를 처리했던 종래의 방식을 없애는 것을 전제로 중추원을 통한 삼군의 통솔을 건의했다. 재상의 발명, 총제의 발병, 장병자의 구분 등이 옛 제도에 의거하여 확실하게 이루어지게 하려는 것이었다.

그러나 실제로 하륜의 주도로 이루어졌던 관제 개편에서는 문하부마저 없어지고 의정부가 되었다. 그리고 의흥삼군부는 승추부承樞府로 바뀌었다.[176] 아마도 태종은 문하부 낭사의 요구대로 의정부의 합좌 기능을 없애는 것은 문제가 될 수 있다고 여겼던 모양이다. 일단 의정부가 그대로 존속했기 때문에 중추원 대신에 승추부라는 명칭을 사용했던 것 같다. 중추원만 복구하는 것은 조금 부담이 되었기 때문인 것 같다. 다시 정승들로 하여금 승추부의 판사직을 겸임하게 했다.[177] 이로 인해 승추부에서 군무를 전담하게 되었으며 의정부조차 소외되는 결과를 가져왔다.[178] 그렇지만 이것은 승추부 판사들의 권한을 지나치게 강화하여 장병자들을 위축시킬 위험성이 있었다.[179] 얼마 뒤에 삼군에 각각 도총제부都摠制府를 설치하고 도총제 1명, 총제 2명, 동지총제 2명, 첨총제 2명씩을 두었다. 아울러 전에는 승추부모군총제承樞府某軍摠制라고 칭했

---

174 『정종실록』 권4, 정종 2년 4월.
175 『태종실록』 권1, 태종 1년 6월 계유.
176 『태종실록』 권2, 태종 1년 7월 경자.
177 『태종실록』 권4, 태종 2년 11월 경인.
178 『태종실록』 권8, 태종 4년 9월 정사.
179 윤훈표, 앞의 책, 2000, 232쪽.

었는데 앞으로 각각 부를 세워 승추부에 매이지 않고 군무를 전과 같이 통솔하게 했다.[180] 어느 정도 분산시켜 하나로 집중되는 폐단을 차단하고자 했다.

그런데 갑자기 1405년(태종 5)에 승추부를 병조에 병합시켰으며, 상서사에서 서반의 전주銓注까지 넘겨받아 무관의 인사가 병조에게로 귀속되게 했다. 더불어 의정부의 서무를 나누어 육조로 보냈으며 육조에 각각 판서 1명을 두도록 했다.[181] 이로써 육조는 종래까지의 정3품아문에서 정2품아문으로 그 지위가 격상되었고, 아울러 판서는 종전과 달리 조정에 참여하는 등 기능이 크게 강화되었다. 즉 육조 중심의 국정 운영이 펼쳐지기 시작했다.[182]

대개 이번 조치는 승추부 중심의 운영 체제에 문제가 발생했기 때문이 아니라 육조 중심의 국정을 이끌고 나가기 위해 부득이하게 취했던 것으로 생각된다. 원래 병조는 무관의 인사를 비롯한 군정에 관한 사항을 관장했는데 상서사의 권한까지 넘겨받고 아울러 이번 조치로 군령까지 총괄하게 된 것이다.[183] 계속해서 속아문제도를 통해 삼군과 10사十司 등도 모두 병조에 소속시켰다.[184] 이 삼군은 삼군도총제부를 지칭한다는 견해가 있다. 이것은 다시 공문의 이송 절차를 통해 확인되는데 병조와 삼군도총제부의 상하 관계가 뚜렷하다는 것이다. 또한 병조의 장관인 병조판서 위에 정승이 판병조사를 겸하는 일도 있었다. 이런 점들이 병조의 사실상의 위치를 높이는 데 작용했다는 것이다.[185] 이는 지금까지 추진해왔던 발명·발병·장병을 각각 나누어 맡게 해서 병권의 집중을 방지했던 방안과는 완전히 다른 방향의 것이었다.[186] 원래 군정 기구로부터 출발했던 병조가 군령까지 관장하게 되었음을 의미했다.

최고의 군령기관으로 확장된 병조가 삼군도총제부에 명령을 내려 그 하부 조직이었던 10사의 말단까지 전달되도록 하는 계통을 수립했다. 그러나 1408년(태종 8) 1

---

180 『태종실록』 권5, 태종 3년 6월 을해.
181 『태종실록』 권9, 태종 5년 1월 임자.
182 한충희, 『조선초기 육조와 통치체계』, 계명대출판부, 1998, 41쪽.
183 민현구, 앞의 책, 1983, 275쪽.
184 『태종실록』 권9, 태종 5년 3월 병신.
185 민현구, 앞의 책, 1983, 274~275쪽.
186 윤훈표, 앞의 책, 2000, 233쪽.

월에 육조직계제가 시행되자 병권의 병조 집중 문제가 새롭게 제기되었다.[187] 우선 임시 조처로서 영삼군사領三軍事가 주재하는 영삼군사처라는 군령상의 합의 기관이 나타났다. 처음 보이는 것은 1408년 2월이라고 한다.[188] 그것에 관한 자세한 내용이 1408년 2월 예조에서 올린 영삼군사의 체통體統과 예도禮度에 서술되었다. 군령은 병조에서 맡아서 삼군도총제부와 10사에 행이行移하면, 삼군 호군三軍護軍과 십사 진무十司鎭撫, 각도절제사도各道節制使道의 색장色掌이 곧 영삼군사처에 가서 보고하여 시행하도록 했다. 10사의 갑사 각 1명과 각도 군관 각 1명은 매일 영삼군사처에 나와서 명령을 듣도록 했다. 춘추의 강무와 경외에 거둥할 때에는 호군·진무·색장 등이 모두 영삼군사의 호령을 듣게 했다.[189]

영삼군사처는 일종의 회의체로서 병조에 의한 군령권의 독단을 막고 군사 운용의 실제에서 상호 협조할 수 있도록 설치되었다는 것이다. 즉 병조에 의한 군령 체계상의 단일화가 지니는 병권 집중의 우려를 해소시키기 위한 것이라고 한다.[190] 그러나 영삼군사처는 임시 기구적인 성격이 매우 강했다.[191] 어디까지나 군령은 병조에서 나왔다. 그리고 삼군도총제부는 그것에 따라야 했다. 물론 영삼군사처에도 전달했지만 문제가 있다고 판단될 경우 중지하거나 제지할 수 있는 권한이 부여되지 않았다. 물론 영삼군사에 임명된 사람의 비중이 대단히 크기 때문에 무시할 수는 없었다.[192] 하지만 이것은 개인적인 위신의 문제이지 제도화되었던 것은 아니었다. 이로 인해 조만간 새로운 군령 기구의 설치가 이루어질 수밖에 없었다.

새로운 군령 체계의 확립을 위해 1409년(태종 9) 8월에 삼군진무소三軍鎭撫所를 설치했다. 세자에게 전위한 뒤에 친히 군정을 맡고자 하면서 병조는 모두 유신儒臣으로 충당하니 군사를 지휘하기에 마땅치 않다는 것이 그 이유였다.[193] 하지만 전위 계

---

187 유창규, 앞의 논문, 1992, 610~611쪽.
188 민현구, 앞의 책, 1983, 276쪽.
189 『태종실록』 권15, 태종 8년 2월 갑진.
190 민현구, 앞의 책, 1983, 277쪽.
191 이재훈, 『태종·세종대의 삼군 도총제부』 『사학연구』 69, 2003, 58쪽.
192 민현구, 앞의 책, 1983, 276쪽.
193 『태종실록』 권18, 태종 9년 8월 경술.

x

획을 철회한 뒤에도 삼군진무소의 역할에는 아무런 변화도 없었다. 군정 기구였던 병조에서 군령까지 관장하는 것에 따른 문제점의 해소가 그 근본적인 요인이 아닌가 한다.[194] 드디어 삼군진무소는 장병의 직임을 맡았던 삼군도총제부와는 별도로 병조가 병권을 전장專掌하는 데 따른 문제를 해소하기 위해 태조 때의 의흥삼군부를 본떠 설립되었다.[195] 그로 말미암아 의흥부義興府로 개칭되기도 했다.[196] 이를 계기로 군사 성기軍士省記를 고찰하는 것, 순패巡牌의 감신監申, 출납出納, 품명출령稟名出令 등의 일을 맡게 했다.[197] 의흥부가 군령 기구로서 기능하게 되었음을 의미했다.[198]

1412년에 의흥부를 혁파하고, 다시 병조로 하여금 군령을 관장하게 했다.[199] 이것은 군령 체제의 개편을 시도하다가 일어났던 것으로 파악되기보다는 태종 때의 복잡한 정치 상황에서 기인한다고 생각된다.[200] 세자 전위의 파동 따위를 최대한으로 활용해서 소기의 정치적 목적을 달성하기 위한 방도의 하나로 의도했던 면이 강했다. 즉 자신이 추진했던 정책에 반발하거나 혼선을 일으킬 우려가 있는 인물이나 세력 등을 숙청하기 위한 작업의 일환으로 단행했던 것으로 생각된다. 얼마 지나지 않아 의흥부가 아닌 삼군진무소로서 복설되었다. 대체로 1414년을 전후한 시점에 삼군진무소가 다시 나타났다. 그 뒤 병조와 양립하면서 군령을 처리했는데 그 아래에 있는 삼군도총제부와 10사 등에 대한 지휘권을 행사했다.[201]

하지만 삼군진무소는 명칭에서 들어나듯이 태조 때의 의흥삼군부하고는 위상에서 차이가 컸다. 그것은 곧 재상의 발명권 행사와 관계가 깊었다. 삼군진무소의 체제로서는 도저히 재상의 발명권 행사를 고스란히 실현하기가 어려웠다. 본래 군정 기구였

---

194 이재훈, 앞의 논문, 2003, 60쪽.
195 『태종실록』 권18, 태종 9년 8월 정묘.
196 『태종실록』 권18, 태종 9년 8월 정묘.
197 『태종실록』 권18, 태종 9년 10월 을축.
198 실제로 의흥부에서 군령을 전부 맡아서 대소 군사의 동정과 진퇴가 모두 매어 있다고 표현할 정도였다(『태종실록』 권19, 태종 10년 5월 신사).
199 『태종실록』 권24, 태종 12년 7월 무신.
200 최승희, 「태종말 세자폐립사건의 정치사적 의의」 『조선초기 정치사연구』, 지식산업사, 2002, 107쪽. 태종 6년의 제1차 전위파동은 병권 문제 때문에 일어났다고 한다(이재훈, 「조선 태종대 삼군진무소의 성립과 국왕의 병권 장악」 『사총』 61, 2005, 43~44쪽).
201 민현구, 앞의 책, 1983, 279~280쪽.

던 병조도 그런 점에서는 마찬가지였다. 더구나 삼군진무소와 병조가 양립하면서 군령을 처리하는 체제에서는 더 말할 나위도 없었다. 결과적으로 재상의 발명권은 크게 제약될 수밖에 없었다.

따라서 태종이 지향했던 체제의 특징은 국왕을 정점으로 그 아래에 발병을 맡았던 총제들과 장병을 책임진 호군들이 마치 피라미드와 같은 형태로 포진한다는 점에 있었다. 이것은 정도전이 구상하여 태조 때에 시행해 보려고 했던 군의 통수체계와는 많은 차이가 있었다.[202]

복잡한 과정을 거쳤던 군령 체제의 정비 작업과는 달리 군정 체제는 병조를 중심으로 해서 비교적 단순하게 정리되었다. 1405년 1월에 육조를 중심으로 국정을 운영하고자 대폭적인 개편을 단행했다. 이때 병조는 승추부를 흡수하여 군령을 총괄하는 동시에 상서사에서 서반의 전주권까지 넘겨받았다. 이로써 무관의 인사 행정을 도맡게 되었다. 그 책임자에는 정2품 판서가 임명되었다.[203] 병조판서가 군정은 물론 군령까지 총괄하는 지위에 이르게 되었다.

같은 해 3월에 육조의 직무 분담과 그 소속을 정했는데, 병조에서는 무선武選·부위府衛·조견調遣·직방職方·병갑兵甲·출정出征·고첩告捷·강무講武 등의 일을 맡았으며, 속사屬司 셋을 두었다. 무선사武選司는 무관 계품武官階品·고신告身·무거武擧·부위府衛·군융軍戎 등을 맡고, 승여사乘輿司는 노부鹵簿·여연輿輦·유악帷幄·구목廐牧·정역程驛 등의 일을 맡고, 무비사武備司는 중외갑병中外甲兵의 수복數目·무예훈련武藝訓鍊·지도 고열地圖考閱·진융鎭戎·성보城堡·변경 요해邊境要害의 주지周知·봉화烽火·출정出征·고첩告捷 등의 일을 맡았다. 소속 아문으로는 중군中軍·좌군左軍·우군右軍·10사十司·훈련관訓鍊觀·사복시司僕寺·군기감軍器監·의용순금사義勇巡禁司·충순호위사忠順扈衛司·별시위別侍衛·응양위鷹揚衛·인가방引駕房·각전各殿의 행수行首 및 견룡牽龍 등이 있었다.[204]

드디어 병조가 군정 기구로서 확고한 위치에 오르게 되었다. 1414년에 이르러 의

---

202 윤훈표, 앞의 책, 2000, 234쪽.
203 『태종실록』 권9, 태종 5년 1월 임자.
204 『태종실록』 권9, 태종 5년 3월 병신.

경복궁 앞 의정부와 마주한 중추원 건물
대원군 때 같은 자리에 복원하였다. 대한제국 장교단을 촬영한 사진이다 (카르로 로제티, 한국과 한국인).

정부의 모든 일을 나누어서 육조로 돌리는 이른바 직계제가 실시되었다. 이를 계기로 병조의 위상이 더욱 더 높아졌다. 이 당시 삼군三軍에 판부사判府事를 각각 1명씩 더 두었는데 직질은 종1품이었다.[205]

병조가 군령까지 총괄했던 시기도 있었다. 그러나 과도하게 집중되는 것을 우려하여 군령 업무를 삼군진무소나 그 후신인 오위도총부로 이관하는 경우가 많았다. 하지만 군정 분야의 경우에는 『경국대전』에 이르기까지 큰 변화가 없었다.[206]

군령 및 군령의 운영 체제에서 병조의 위치가 확고해지면서 그 책임자였던 병조판서보다 상위의 관직으로 판사判事와 겸판사兼判事가 때때로 두어지기도 했다. 주로 정승 내지 그에 버금가는 실력자로 하여금 재직하면서 주로 인사 관계를 관장하도록 했다. 그것은 병조가 군정과 군령에 걸쳐 방대한 권한을 지녔던 것과 관계가 깊었다.[207]

1418년에 태종이 갑자기 세종에게 왕위를 넘기면서 제도를 개편했다. 전위하기 바로 직전에 의용위義勇衛를 설치하여 세자로 하여금 군사 지휘를 나누어 맡도록 했다.[208] 넘긴 직후에 다시 의흥부를 의건부義建府로 고치면서 이전부터 있었던 삼군진무소를 의건부진무소로 바꾸고 방금 전에 설치했던 의용위진무소를 삼군진무소로 바꾸

---

205 『태종실록』 권27, 태종 14년 4월 경신.
206 민현구, 앞의 책, 1983, 295쪽.
207 민현구, 앞의 책, 1983, 296쪽.
208 『태종실록』 권35, 태종 18년 6월 병술.

헌릉(태종의 묘)의 무인석
태종의 묘에는 문·무인석이 다른 릉과 달리 2개가 있다.

었다.[209] 이는 상왕으로 있으면서 병권은 그대로 장악하기 위한 조치였다.[210] 하지만 오히려 이중적인 체제 운영으로 혼란이 가중될 것을 우려하여 즉각 의건부를 혁파하고 삼군부에 합속시켰다.[211] 자연히 원점으로 돌아와 계속해서 삼군진무소가 병조와 함께 군령을 관장하게 되었다.[212]

그런데 종전에는 군령 가운데 큰 일은 병조의 낭상관이 삼군신무소 노신무와 함께 명령을 받고 작은 일은 병조의 낭청郎廳과 진무鎭撫가 함께 승정원으로 나아가서 명령을 받도록 되었다. 이로써 양사兩司에서 반드시 함께 명령을 받은 후에 시행하도록 했다. 하지만 전위가 갑자기 단행되었던 1418년부터 병조에서 처음으로 대언代言의 직책에 대신하게 되어 선지宣旨를 받들어 선전宣傳하게 되었으며 진무는 명령을 받은 뒤에 영令을 내리는 것이 격례格例가 되었다.[213] 전위 파동을 계기로 병조에서 군령 체

209 『태종실록』 권36, 태종 18년 8월 정해.
210 민현구, 앞의 책, 1983, 280쪽.
211 『세종실록』 권1, 세종 즉위년 9월 기미.
212 민현구, 앞의 책, 1983, 280쪽.
213 『세종실록』 권57, 세종 14년 9월 임신.

제의 운영을 주도하게 되었다.

이로 인해 명령의 전달 과정에서 문제가 생기기 시작했다. 즉 병조에서 군령에 관한 사항을 담고 있는 공문을 삼군에만 보내고 삼군진무소에는 보내지 않았다. 그러므로 삼군진무소가 군사를 관장한다고 하지마는 실제로 그에 관계되는 것을 알지 못하고 다만 서리胥吏들의 듣고 본 것으로서 실상을 짐작하는 경우가 늘었다.[214] 군령의 전달을 병조에서 맡아서 처리하면서 아예 삼군진무소에는 보내지도 않고 직접 삼군을 상대했던 것이다. 이렇게 되면 삼군진무소에서 삼군을 통솔한다는 의미가 크게 퇴색할 수밖에 없으며 실질적인 권한이 없다고 해도 과언이 아니었다. 심지어 잘못을 저지른 삼군진무의 처벌도 병조에서 마음대로 처리해 버렸다.[215] 이는 아예 그 하부 기구의 관원으로 취급했다고 볼 수 있다.

이러한 운영 방식에는 여러 가지 문제점이 내포되었다. 이미 직계제를 실시하는 과정에서 권력이 육조에 분산되어 통일되는 바가 없으며 모든 것들이 제때에 올려서 결정되어 내려오지 못하여 일이 많이 막히고 지체되었다.[216] 군령의 경우에서도 그와 비슷한 일들이 벌어졌다. 병조의 낭청 한 사람이 승정원에 나아가 명령을 받으면 삼군진무소의 진무가 다시 또 병조에 가서 들어야 했다. 이중으로 서로 전하면서 명령을 받는 까닭으로 군령이 지체되거나 착오가 생기기도 했다.[217] 더구나 군령에 관한 공문이 삼군진무소에는 보내지 않고 직접 삼군으로 전달되는 상황이 초래되자 한층 심각해졌다. 병조로서는 군정도 처리해야 했는데 군령까지 주도함으로써 업무가 지나치게 방대해졌다.

일단 혼선이 일어나는 것을 피하기 위해 삼군진무소를 병조의 예하 기구로 삼아야 한다는 건의가 제출되었다.[218] 하지만 이에 대해 국왕은 조종조祖宗朝로부터 병조에 붙이지 아니했어도 별로 폐해가 없었다는 이유로 거부했다. 다만 호령號令은 병조에서 승전承傳해서 진무소에 전달하라고 지시했다.[219] 이는 삼군진무소를 제외시킨 채

---

214 『세종실록』 권57, 세종 14년 9월 임신.
215 『세종실록』 권57, 세종 14년 9월 임신.
216 『태종실록』 권27, 태종 14년 4월 경신.
217 『세종실록』 권57, 세종 14년 9월 임신.
218 『세종실록』 권57, 세종 14년 9월 임신.

삼군에만 군령에 관한 공문이 전달되는 잘못을 제거하기 위함이었다. 하지만 삼군진무소에는 태종 때부터 인신印信이 없었기 때문에 갑자기 병조와 더불어 관문關文으로 통하는 것이 곤란했다. 인신이 없었던 것은 악병지관握兵之官으로 하여금 발병發兵의 권한을 지니지 못하게 하려는 의도였다. 자연히 지금 당장 그 체제를 변경하기가 곤란하므로 삼군진무소에서는 앞으로도 계속해서 각사에 이문하지 못하게 하되 병조에 대해 부득이한 일이 있으면 낭청진무郎廳鎭撫로 하여금 수본手本을 친히 올리도록 했다.[220]

또한 삼군도총제부와 삼군 사이의 관계도 문제였다. 양자는 상하 관계에 있는 것인지, 또 있다면 어떤 식으로 이루어지는지가 명확하지 않았다. 더불어 병조와의 관계도 애매했다. 삼군도총제부가 병조의 속아문이었다는 견해도 있으나,[221] 분명하지 않은 면이 있다. 1432년 상정소에서는 삼군도총제부는 일찍이 군정을 관할한 일이 없으므로 이름과 실상이 서로 맞지 않는다고 주장했다. 이에 국초의 관제에 의거하여 판중추원사 3명을 두어 종1품으로 하고, 원사院使·지원사知院事 각 3명을 두어 정2품으로 삼자고 했다. 아울러 삼군에 지사知事 1명을 더 두어 정3품, 첨지僉知 1명을 더 두어 종3품 이상으로 하고, 대호군은 무략이 있는 자로 겸임시키며 호군 이하는 종전대로 하자고 했다.[222] 이는 삼군도총제부를 중추원으로 고칠 것을 요청했던 것으로 보인다. 동시에 삼군과 아무런 관계도 맺지 않도록 명확하게 정리하고자 했음을 알 수 있다. 이것으로 삼군도총제부가 병조의 속아문이 아니었던 것이 분명했다. 다만 삼군만 속아문으로 되었던 같다. 따라서 실제적으로는 삼군도총제부와 삼군은 관계가 없었으며, 오히려 병조와 직접 연결되었던 것으로 이해된다. 즉 병조에서 삼군의 각각에게 군령을 전달했던 것으로 생각된다. 자연히 삼군도총제부는 별다른 맡은 일이 없었으며, 대체로 최고위 관료들을 대우하는 기관으로 존재했던 것으로 파악된다.[223]

마침내 같은 해 5월에 삼군부, 즉 삼군도총제부를 중추원으로 고치고, 숙위·경비

---

219 『세종실록』 권59, 세종 15년 1월 경오.
220 『세종실록』 권59, 세종 15년 2월 정미.
221 민현구, 앞의 책, 1983, 274쪽.
222 『세종실록』 권55, 세종 14년 3월 을해.
223 이재훈, 앞의 논문, 2003, 69쪽.

등의 일은 본원의 첨지사 이상으로 행하되 1명은 입직하고 1명은 감순監巡하게 하며 윤번으로 교대하게 했다.[224] 이로써 중추원은 특별하게 맡아서 하는 일 없이 소속 고위 관리가 숙위와 경비에 교대로 참여하도록 했다. 다시 말해 상징적인 것에 불과했을 뿐이며 중국이나 고려처럼 중추원 자체가 특별하게 기능했던 것은 아니었다. 다만 최고위 관료들을 대우하는 기관으로 운영되었다.

다시 삼군의 경우 삼군 군사의 수가受暇와 도숙到宿의 전보傳報와 행이行移 및 섭육십·보충군의 차역差役 이외에는 다른 사무가 없었다. 그럼에도 삼군도총제부를 중추원으로 고치는 것과 관련해서 삼군에 지사·첨지를 두었으나 별다른 업무가 없어서 쓸데가 없었다. 이에 혁파할 것과 호군은 그대로 두어서 각각 조방朝房을 주어 그 군을 통솔하게 하고, 오원 근사五員近仕은 다른 호군의 예에 의하여 행순과 입직 등의 일을 아울러 하도록 하고 삼군이 맡은 바 사목事目 중에서 갑사의 잡무에 관계되는 일은 10사十司에서 병조에 직접 보고하게 했다.[225] 그러므로 삼군 자체는 군령에 있어서 중요한 기능을 수행하는 것은 아니었다. 오히려 중요했던 것은 10사에서 병조에 직접 보고하고 명령을 받는 것이었다. 결과적으로 병조와 10사가 군령 체계에서 중심축으로 작용했으며 거기에 삼군 등은 보조적인 역할을 담당했다.

이 경우 삼군진무소와 10사의 관계가 중요했다. 그 역시 10사에 대한 통제권을 지니고 있었기 때문이다. 갑사 12사의 매사每司에 각 1명, 별시위의 좌우 1·2번에 각 1명, 방패 12사의 매사에 1명, 시위패侍衛牌의 매패每牌에 1인을 일차日差라고 일컬어 진무소에 청령聽令하게 했으며, 만약 군사들을 소집할 일이 있으면 이들로 하여금 명령을 전달하게 했다.[226]

여기서 군사가 날을 바꾸어 청령하는 것을 일차라고 했다.[227] 이것을 통해 삼군진무소가 삼군도총제부와 삼군을 거치지 않고 직접 10사에 군령을 내리는 것을 알 수 있다. 특히 군사를 교대로 일차로 삼았다는 사실에서 그저 명령에 따라 동원하는 등의

---

224 『세종실록』 권56, 세종 14년 5월 신유.
225 『세종실록』 권66, 세종 16년 10월 경오.
226 『단종실록』 권9, 단종 1년 12월 신묘.
227 『문종실록』 권9, 문종 1년 9월 병오.

일을 맡았음을 알 수 있다. 그 이외의 긴요한 지시나 전달 사항 등은 처리되기 어려운 상황이었다.[228]

삼군진무소로서는 발명이나 발병 등의 권한을 행사하기 어려웠다. 병조에서 영을 내리면 삼군진무소에서 이를 받들어 검찰했는데, 점차로 그 위세에 눌리면서 병조 낭청에게 엄한 질책을 당하는 일까지 벌어졌다.[229] 결국 병조의 명령을 받고서 예하의 10사에 전달하여 집행하는 것이었다. 그 과정에서 삼군도총제부나 삼군은 보조적인 역할을 수행했을 뿐이다.

3. 오위도총부와 병조의 양립 체제

1451년(문종 1)에 기존의 12사가 5사로 개편되면서 삼군 체제에도 변화가 생겼다. 그러나 삼군 그 자체는 유지되었기 때문에 삼군진무소도 계속해서 존속했다. 그런데 1457년(세조 3) 5사가 5위로 바뀌는 것과 동시에 삼군도 오위로 개편되었고,[230] 삼군진무소는 오위진무소로 개칭되었다. 이때에도 평상시에 영을 내릴 때는 병조에서 오위진무소에 공문을 보내고, 진무소에서 다시 위장衛將에게 공문을 보내며, 만약 긴급한 일을 아뢸 때에는 구례에 의거하여 패를 내서 진무를 불러 직접 대면해서 처리하게 했다. 그리고 이것을 위해서 오위도진무의 인과 대장의 인, 그리고 위장들의 인 등을 각각 주조하여 지급했다.[231] 지금까지 내려왔던 방식대로 군령 체제를 운영하면서도 공문을 낼 수 있도록 인을 만들어 지급했다.

1466년에 관제 개혁을 단행하면서 오위진무소를 오위도총부로 개편하고 도진무를 도총관으로 바꾸었다.[232] 『경국대전』에도 오위도총부가 군령 기구로 기록됨으로써 군

---

228 반면에 삼군진무소의 업무는 매우 다양했으며 그 중에서도 중앙군을 지휘·감독하는 것이 가장 중요했다고 한다(이재훈, 앞의 논문, 2005, 54~56쪽).
229 『문종실록』 권9, 문종 1년 9월 병오.
230 민현구, 앞의 책, 1983, 286쪽.
231 『세조실록』 권7, 세조 3년 4월 갑오.
232 『세조실록』 권38, 세조 12년 1월 무오.

령 체제의 정비가 일단락되었다.[233] 이것을 계기로 오위도총부와 병조 사이의 관계가 조금씩 변화하기 시작했다. 일례로 1468년에 오위도총부에서 임금의 행차를 호위했 던 군사들의 마필과 장비가 부실한데도 병조에서 제대로 감독하지 않은 것을 군법으 로 다스려야 한다고 건의한 사건이 있다. 세조는 이 건의를 받아 판서 이하의 관련자 들을 처벌했다.[234] 삼군진무소 시절에는 병조의 잘못이나 실수를 지적하고, 처벌을 요 청했던 적이 별로 없었다. 하지만 오위도총부와 도총관으로 바뀌면서 상황이 달라졌 다. 심지어 국왕이 오위도총부에 직접 영을 내리고 이것을 다른 부서로 전파시키기도 했다.[235] 뿐만 아니라 임금의 행차 때 금령을 위반하는 사람들에 대한 처벌을 정하여 보고하거나,[236] 위반자를 처벌하기 위해 감금하기도 했다.[237] 본인을 대신해서 번상시 킨 군사를 적발하고, 대립을 제대로 감독하지 못한 수령과 감사를 탄핵하기도 했다.[238]

한편, 양계 등지의 변방에서 군사적 상황이 발생하면 최고위급 조정 중신과 의정부 등을 불러 그 대책을 논의하는 것이 일반적인 예였다. 그런데 그 자리에 병조와 함께 오위도총부를 부르거나,[239] 혹은 오위도총부만을 부르는 사례가 점차 증가했다.[240] 이 로 인해 오위도총부의 위상이 조금씩 높아지고 소속 인원도 늘어나게 되었다.

하지만 성종 때에 이르면 지나친 군액 증가에 따른 후유증이 심각하다는 이유로 오 위도총부의 권한을 재조정하게 되었다. 성종대에 수차에 걸쳐 군액을 감축했는데,[241]

---

233 민현구, 앞의 책, 1983, 286쪽.
234 『세조실록』 권45, 세조 14년 2월 신축.
235 군적을 작성하는 일에 병조·감사·절도사들 가운데 마음을 쓰는 자가 없고 구차하게 세월만을 보 내고 있어 문제가 심각하다며 앞으로 마음을 쓰지 않는 자가 있으면 언제나 검거하고, 폐단이 있 다며 개정하는 자는 제서유위율로 논죄하며, 그 중에 죄가 큰 자는 군법으로 시행하겠다는 것을 오위도총부를 시켜 공포하게 했다(『세조실록』 권46, 세조 14년 6월 병오).
236 『세조실록』 권45, 세조 14년 3월 무진.
237 『세조실록』 권43, 세조 13년 7월 병인 ; 『예종실록』 권7, 예종 1년 9월 신묘 ; 『예종실록』 권8, 예종 1년 10월 기묘.
238 『예종실록』 권3, 예종 1년 1월 임신.
239 『세조실록』 권39, 세조 12년 7월 정축 ; 『세조실록』 권47, 세조 14년 8월 을묘 ; 『예종실록』 권 1, 예종 즉위년 9월 병술 ; 『성종실록』 권169, 성종 15년 8월 임신.
240 『세조실록』 권39, 세조 12년 8월 정미 ; 『세조실록』 권40, 세조 12년 11월 임오 ; 『세조실록』 권 40, 세조 12년 12월 을사 ; 『세조실록』 권41, 세조 13년 1월 무인 ; 『세조실록』 권43, 세조 13년 9월 갑자 ; 『세조실록』 권46, 세조 14년 4월 병오 ; 『예종실록』 권3, 예종 1년 1월 계미 ; 『성종 실록』 권152, 성종 14년 3월 병오.

군액 감축은 통솔 기구들의 축소 문제와도 연결되었다. 군액이 줄어들었으므로 관리 기구 및 인원들이 축소되는 것은 당연했다. 그 대표적인 것 가운데 하나가 오위도총부 축소였다. 먼저 1473년(성종 4)에 사간원에서 도총부는 위졸衛卒을 점검하는 일을 맡아서 사무가 많지 않은데, 당상관이 10명이나 되고 낭청이 12명이나 된다고 하고, 이어 전에는 낭청이 군직을 겸직하여 관원이 많아도 다 직급에 맞추어 제수하여(준직 準職) 지금은 경력經歷이니 도사都事와 같이 봉록을 과科에 따라 지급하므로 소용없는 인원을 제거하자고 주청했다.[242]

예문관부제학 이극기李克基 등도 병조는 한 나라의 군무를 총섭하는데도 낭관이 단지 8명에 지나지 않는데, 오위도총부는 병조의 속관이며 금병禁兵을 맡아 볼 따름인데도 4, 5품에 해당하는 자가 12명이나 되니 쓸데 없는 관원을 도태시켜야 한다고 주장했다.[243]

사헌부에서도 의정부는 옛날의 중서성이니 정사를 논해야 하고, 중추부는 옛날의 추밀원樞密院인데 한갓 허명만 안고 있으며 병무를 맡지 않았다고 했다. 이에 국가에서 별도로 오위도총부를 설치하여 도총관 10명과 요좌 8명으로 하여금 군려軍旅를 전장專掌하고 있는데, 이것은 옛날 법에도 틀리고 현재에도 마땅하지 않다는 것이다. 따라서 오위도총부를 혁파하고 그곳에서 관장하던 기무機務를 모두 중추부에 맡기고, 사람을 가려서 임명하여 총관의 임무를 대신하게 하는 한편 양부兩府의 요좌僚佐들도 모두 하나로 합할 것을 청했다.[244]

대간이나 예문관 등의 주장이 곧 바로 채택되지는 않았다. 군사의 운영과 깊이 연결되었던 것이기 때문에 신중하게 처리할 수밖에 없었다. 우선 오위도총부를 설치한 시기와 중추부에서 군사를 총령總領하지 않았던 날짜를 조사하여 보고하게 했다.[245] 하지만 이에 대한 조사에서도 뚜렷한 결론을 내리지 못했던 것 같다. 그 이후에도 계속해서 종전과 같은 규모를 유지하게 했다. 『경국대전』에 따르면 오위도총부에서는

---

241 민현구, 앞의 책, 1983, 86쪽.
242 『성종실록』 권26, 성종 4년 1월 계묘.
243 『성종실록』 권32, 성종 4년 7월 기미.
244 『성종실록』 권33, 성종 4년 8월 계해.
245 『성종실록』 권79, 성종 8년 4월 정미.

오위의 군무를 관장하여 다스린다고 했다. 책임자급인 정2품 도총관都摠管과 종2품 부총관副摠管은 모두 10명으로 하여 다른 관원으로서 겸직시키되 1년이 지나면 서로 교체하도록 했다. 당하관으로는 행정 능력이 있고 군무에 정통하고 익숙한 자를 임명하되 취재取才를 겸용하도록 했다. 한편 실무를 담당하는 낭청으로는 종4품 경력經歷 6명과 종5품 도사 6명을 두었다.[246] 그런데 도총부의 낭청에 모두 문신으로만 등용하여 열무閱武 때에 우왕좌왕하는 일이 발생한다며 무신과 반반씩 나누어 제수할 것을 건의하기도 했다.[247]

위 『경국대전』의 규정에 따르면 오위도총부는 휘하 오위의 군무를 관장하여 다스렸다. 그러므로 오위에 소속된 중앙군에 대하여 지휘하고 감독하는 권한을 가졌던 것으로 파악된다. 다만 실제로 어떻게 통솔했는지가 문제인데, 오위라는 조직이 평상시에는 병종별로 입직·행순하는 것이 주요한 임무였으므로 아마도 오위도총부에서는 거기에 동원된 군사들을 지휘했던 것으로 생각할 수 있다.[248] 한편 오위장五衛將이 휘하 부장部將의 근무 성적을 평가하는 포폄襃貶을 작성하여 오위도총부에 보고했다.[249] 이것을 보면 성적 평가에 따른 승진 등에도 직접 간여했음을 알 수 있다.

그러나 오위는 『경국대전』에 병조의 속아문으로 되어 있으므로 그 지

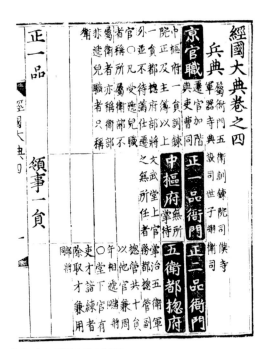

『경국대전』 병전 오위도총부조

246 『경국대전』 권4, 병전, 경관직, 오위도총부.
247 『성종실록』 권91, 성종 9년 4월 임인.
248 민현구, 앞의 책, 1983, 287쪽.
249 『성종실록』 권229, 성종 20년 6월 계묘.

시에 따라야 했다.[250] 일례로 분군分軍을 처음에는 오위에서 관장했는데 1468년(세조 14)부터 병조에서 주관하도록 바꾸었다. 그러나 1475년(성종 6)에 병조의 직임이 오위를 총치總治하고 오로지 군부軍簿를 관장함에 있다며 분군은 종전 대로 오위로 하여금 처리하게 할 것을 요청해서 관철시켰다.[251] 여기서 병조가 오위를 총치한다는 것은 그 휘하에 있으면서 지휘와 감독을 받아야 했음을 의미했다.

다만 위장은 이조에서 당상관 16명을 가지고 주의注擬하여 수점受點하게 했다.[252] 이것은 인사권은 한결같이 이조에 위임하고, 병조에서는 오로지 군무만을 관장하며 제수하는 것은 서반西班에 국한시키고 도목都目을 바치는 것도 군사직에 한정했던 조치와 직접 연관된다고 볼 수 있다.[253] 그만큼 병조의 권한을 제한했던 것이다.

그러나 군령 체제에서 병조의 위치는 확고했다. 삼군진무소 시절에 비하면 오위도총부의 위상이 높아졌던 것은 사실이었다. 아울러 오위에 대한 지휘권을 갖도록 『경국대전』에 명백하게 규정되었다. 이로 인해 두 기구 사이의 상하 관계는 성립되지 않고 횡적인 협조 관계에 놓이게 되었지만 병조의 우위라는 사실에는 변함이 없었다.[254]

군정 체제는 병조의 주도적 위치가 변함이 없었다. 『경국대전』에 의하면 병조에서는 무선武選, 군무軍務, 의위儀衛, 우역郵驛, 병갑兵甲, 기장器杖, 문호門戶, 관약管鑰에 관한 정사政事를 맡는다고 규정되었다. 당하관은 모두 문관으로 임용하게 했다. 소관 업무는 휘하의 3사가 분담했다. 먼저 무선사武選司에서 무관武官, 군사軍士, 잡직雜職의 임명과 고신告身, 녹패祿牌, 부과附過, 급가給假 및 무과武科 등에 관한 사무를 맡았다. 다음으로 승여사乘輿司에서는 노부鹵簿, 여련輿輦, 구목廏牧, 정역程驛, 보충대補充隊, 조예皂隸, 나장羅將, 반당伴倘 등의 사무를 맡았다. 마지막으로 무비사武備司에서는 군적軍籍, 마적馬籍, 병기兵器, 전함戰艦, 군사軍士의 점호點呼와 사열査閱, 무예武藝의 훈련, 숙위와 순작, 성보城堡와 진수鎭戍, 비어備禦, 정토征討, 군관과 군인의 파견, 군

250 민현구, 앞의 책, 1983, 287쪽.
251 『성종실록』 권51, 성종 6년 1월 을묘.
252 『세조실록』 권7, 세조 3년 4월 갑오.
253 『성종실록』 권44, 성종 5년 윤6월 신축.
254 민현구, 앞의 책, 1983, 287~288쪽.

역의 교대, 급보給保, 급가給假, 시정侍丁, 복호復戶, 화포火砲, 봉수烽燧, 개화改火, 금화禁火, 부신符信, 경첨更籤 등에 관한 사무를 맡았다. 책임자는 분장한다. 정2품 판서判書 1명, 종2품 참판參判 1명, 정3품 참의參議와 참지參知 각 1명씩, 정5품 정랑正郎 4명, 정6품 좌랑佐郎 4명을 두었다.[255]

병조는 소속 3사를 통하여 군정에 관한 모든 사항을 전반적으로 관리했다. 업무에 따라서는 다른 부서와 함께 처리해야 하는 것도 있었으나 그 핵심 사항은 언제나 병조가 관장했다. 다만 앞서 언급했듯이 고위직은 이조가 처리했다. 그것은 병조의 권한이 그만큼 컸기 때문에 견제를 위해서 부득이했다.

한편 병조의 속아문으로 『경국대전』에서는 오위, 훈련원, 사복시, 군기시, 전설사, 세자익위사 등이 있었다. 오위는 중앙군의 핵심을 이루는 것이다. 훈련원에서는 군사의 시재試才, 무예 연마, 무경 습독 등을 담당했다. 사복시는 여마輿馬와 구목을 장악하는 마정 기구였다. 군기시는 병기의 제조를 전담했다. 전설사는 장막을 관리하고 설치하는 일을 맡았다. 세자익위사는 세자를 배위陪衛하는 일을 담당했다.[256]

이로써 군정의 범위를 대략 파악할 수 있다. 그 업무는 세자익위사를 비롯한 일부를 제외하고는 대체로 병조의 관할 아래에서 이루어지는 것이었다. 그만큼 군정 체제에서 비중이 컸음을 짐작하게 해준다.

---

255 『경국대전』 권1, 이전, 경관직, 육조.
256 민현구, 앞의 책, 1983, 299~301쪽.

제3절

무과의 설립과 운영

1. 설립 배경과 그 실시

무반의 등용문이었던 무과는 조선에 들어와서 처음으로 실시되었다. 과거 가운데 다른 분야의 시험들은 이미 고려 때부터 설립되어 체계적으로 운영되었다. 그럼에도 무과가 시행되지 않았던 것은 시험방식의 의의와 장점을 몰라서가 아니라 무반의 인사 제도와 군제가 독특한 특성을 지녔던 탓이다.

고려시대에 문과에 대칭되는 개념으로서의 무과는 실시되지 않았지만, 시험제가 아주 없었던 것은 아니다. 정기적으로 시행하는 무선武選이라는 제도가 있어 무인들을 선발했다. 무선제도는 대정隊正 이상의 무반직을 선발해서 임용하는 제도였다. 무선제의 의의에 대해 문반직을 시험보아서 등용했던 문과와 별다른 차이가 없었다고 보는 견해도 있다.[257]

문과 응시생을 위한 교육제도와 같이 무선을 위한 양성제도도 존재했다고 한다. 『고려사』 선거지 예종 4년(1109) 7월조에 국학 7재國學七齋를 설치하면서 학생 선발의 내용으로 "태학에서 최민용 등 70명과 무학에서 한자순 등 8명을 시험쳐 뽑아 여기에 나누어 배치했다."는 기록이 있다.[258] 이에 대한 지금까지의 일반적인 풀이는 예

---

257 신천식, 「고려시대 무과와 무학」 『군사』 7, 1983, 176쪽.
258 『고려사』 권74, 지28, 선거2, 학교 국학, "大學崔敏庸等七十人 武學韓自純等八人分處之."

종의 국학 7재 설치 이전에 무학이 설치되지 않았다는 것이다. 하지만 다시 세밀하게 검토해보니 그 문장의 주어가 시취武取 앞에 생략된 칠재라는 것이다. 이것을 그대로 받아들이면 국학 출재는 대학의 최민용 등 70인과 무학의 한자순 등 8인을 시취하여 나누어 처하게 했다고 해석할 수도 있다. 그렇게 되면 무학이 국학 7재 이전부터 존재했을 가능성이 생기게 된다. 그것이 곧 1076년(문종 30)에 제정된 문무반록文武班祿에 나타나 있는 무학박사武學博士와 연결된다고 파악했다. 그렇다면 문무반의 녹봉이 정해지던 1076년에는 무학이 설립되어 있다는 결론에 이르게 된다.[259]

국학 7재 이전에 무학이 설치되었다는 위 주장을 굳이 따르지 않더라도 고려에서도 관료 사회가 양반 체제로 구성되어 있었기 때문에 문반과 마찬가지로 어떤 형태로든 무반의 선발 제도가 마련되어 있었다고 보아야 할 것이다. 음서로 모든 무반을 충당했다고 보기는 어렵다. 신분과 사회적 배경만을 기준으로 삼아 재능과 실력이 검증되지 않는 인물들에게 군대의 지휘를 맡긴다면 그 결과는 대단히 참담했을 것이기 때문이다. 강력한 군사력의 유지는 국가의 존망과 직접적으로 연결되는 것이기에 재능과 실력을 검증하는 장치는 반드시 필요했다.

그러나 이상하게도 무선과 무학도 오래 지속되지 않았다. 1133년(인종 11)에 학생들이 쉬운 무학만을 택하여 무학이 증가하고 있는데, 이들이 문학인과 대립하면 불편한 사태가 발생할 것이라는 이유로 무학을 폐지시켰다.[260] 그 뒤에 무학의 설치가 다시 거론되었던 것은 고려 말기에 들어서였다.

그렇다면 무반은 대체로 일반 군사들 가운데 유능한 자로 충원되었을 가능성이 높았다. 기존 연구에서는 바로 그 점이 문반에 비해 무반의 신분상 차이를 보여주는 징표라고 주장했다.[261] 군사들 가운데에서 무반을 발탁했다면 그들은 그저 단순히 동원된 존재들이 아니었을 가능성이 높았다. 억지로 징발된 자들을 무반으로 승격시킨다는 것은 위급한 상황이 아니라면 일반적으로 생각하기 힘들다. 따라서 무반으로 올라갈 수 있는 군사들은 이미 들어올 때부터 성격이 달랐을 것이다. 다시 말해 의무적으

---

259 신천식, 앞의 논문, 1983, 180~181쪽.
260 『고려사』 권74, 지28, 선거2, 학교, 인종 11년 1월.
261 변태섭, 『고려정치제도사연구』, 일조각, 1971, 313~316쪽.

로 동원되었던 것이 아니라 특별한 기준에 의거해서 입속했을 것으로 추정된다. 그런 점에서 군반씨족軍班氏族이나 선군급전選軍給田 등의 의미를 주목할 필요가 있다. 이 때 고려 사회의 성격에 대해 살펴보아야 한다. 유교문화의 융성을 지향했던 조선과 달리 고려는 아마도 무가적武家的인 속성이 강하게 작용하지 않았는가 한다. 그러므로 군사가 되는 일이 선망의 대상이 될 수 있는 요소가 있었다.

하지만 고려 말기에 들어오면서 상황이 크게 변하기 시작했다. 전시과제도의 모순이 심각해지면서 군인전의 분급이 매우 곤란해졌다. 이로 인해 선군급전이라는 것이 더 이상 기능하기 어려웠다. 토지 문제 및 그에 결부된 신분제 등의 혼란은 군제와 관료제 운영의 기초적인 부분까지 흔들었다. 그 위에 원나라의 정치적 간섭을 받으면서 군의 조직체계에 여러 가지 많은 문제가 발생했다. 원의 조정은 고려군이 강력해지는 것을 절대로 용납하지 않았다. 자연히 고려 정부에서도 군대를 육성하는 일에 부담을 느꼈을 것이다. 점차로 군사력이 약화될 수밖에 없었다. 그 와중에 1350년(충정왕 2) 경부터 왜구가 해안 지역에 자주 출몰했는데, 그에 대한 방어 과정에서 많은 문제가 발생했다. 침체된 국방력으로 낯선 전술을 구사했던 왜구를 제대로 막지 못하자 정치적인 파장은 물론이거니와 사회경제적인 면에서도 엄청난 재앙이 초래되었다.

아무튼 국방력의 강화가 시급했던 상황에 봉착하면서 무엇보다 유능한 무반의 등용이 절실했다. 1351년에 즉위한 공민왕은 곧 조서를 반포하여 왜구의 토벌에 효과적인 방책을 상주上奏하는 자에게는 포상할 것을 천명했다.[262] 이에 적극적으로 호응했던 사람이 이색李穡이었다. 그는 1352년 2월에 무과의 설립을 건의했다.[263] 비록 그의 의견이 즉각 채택되지 않았으나 그 이후에 여러모로 상당한 영향력을 행사했기 때문에 그의 건의 내용을 검토할 필요가 있다.

이색은 왜구의 침입이 주로 바다를 통해 이루어지기 때문에 지금과 같이 육상 병력으로는 막기가 어렵다고

이색 초상(규장각한국학연구원)

262 『고려사』 권38, 세가38, 공민왕 1년 2월 병자.
263 『고려사』 권74, 지28, 선거2, 무과, 공민왕 1년 4월.

보고 수군을 길러 해전으로 대적해야 한다고 주장했다. 이때 수로에 익숙한 섬주민들을 활용하면 충분히 승산이 있다고 여겼다. 하지만 여기서 그치지 않았다. 근본적으로 군사력의 확충이 선결 과제임을 강조했다. 그는 문과 무는 어느 한쪽도 폐지하면 안되는 것인데, 지금 만호부萬戶府는 원나라에서 설치한 것으로 이미 유명무실해졌고, 모든 요직은 고량膏粱, 즉 유한 상층부가 독점하고 있어 실질적으로 무가 폐기되고 군대가 없는 상태와 같다고 비판했다.

이런 상황에서 만약 약탈 위주였던 왜구가 아닌 다른 외적이 침입할 경우에는 도리없이 나라마저 잃을 것이라고 했다. 이런 문제를 해결하기 위해 시급한 과제가 유능한 무반을 확보하는 것이다. 그러므로 무과를 설립해서 위衛에 충용될 군사들의 무재武才와 용맹을 시험함으로써 무예를 습득하게 하고 작위와 녹봉을 내려 줌으로써 사기를 고무시켜야 한다고 했다. 그러면 나라에는 우수한 군사들이 많아질 것이며 사람들은 등용되기를 좋아할 것이니 장래 후환이 거의 없어지게 될 것이라고 보았다.[264]

이색의 상소는 무과를 설립해서 실력 있는 무반을 등용하고, 군사력을 강화하자는 이상의 내용은 피력하지 않았다. 하지만 그 전제가 되었던 문무의 불가편폐와 연관시켜 볼 때 무과설치만이 아니라 관료제도에서도 문반과 동등한 무반을 구축하고자 했음을 알 수 있다. 무반의 시험선발과 등용만으로 군사력이 강화될 수는 없었다. 이를 위해서는 양반 체제의 균형을 이룩하기 위한 관료제도의 정비 작업까지 시행되어야 했다. 이런 점에서 이색의 건의는 그 의미가 자못 컸다고 볼 수 있다.

이색의 건의는 실현되지 못했으나 무과의 설립과 새로운 무반 후보자들을 양성하려는 움직임에 자극을 주었던 것은 분명했다. 1371년(공민왕 20)에는 중앙의 성균관부터 외방의 향교에 이르기까지 문무의 두 학을 개설하여 인재를 양성해서 관리 등용을 대비하라는 교서를 내렸다.[265] 다시 그 이듬 해 우현보禹玄寶 등이 병서兵書로 인재를 판별해서 채용했던 고제에 의거해서 장수의 재목감을 선발하자고 상소했다.[266] 하지만 이 역시 제대로 실행되지 못했다.

---

264 『고려사』 권115, 열전28, 이색.
265 『고려사』 권74, 지28, 선거2, 학교, 공민왕 20년 12월.
266 『고려사』 권81, 지35, 병1, 병제, 공민왕 21년 10월.

다시 설립 문제가 본격적으로 거론되었던 것은 위화도 회군 이후 개혁파사대부들이 정계를 주도하며 체제 개혁을 추진하면서였다. 그 대표격이었던 정도전은 경연에서 옛날에 사람을 쓰는데 네 가지 길이 있으니 문학, 무과, 이과, 문음이다. 이 네 개의 과로써 인재를 선발했는데 합격하면 채용하고 그렇지 못하면 쓰지 않았다고 했다.[267] 이 말에는 문관, 무관, 서리와 같은 행정실무직까지 모두 시험을 보아 선발해야 한다는 사상이 내포되어 있다. 마침내 이런 분위기에 힘입어 무과가 정식으로 설립되었다.

> 도평의사사에서 아뢰기를 "문무의 두 길은 어느 하나도 폐할 수 없는데, 우리나라에서는 다만 문과만 보고 무과는 보지 아니 했으므로 무예에 통달한 사람이 적다. 마땅히 인신사해년寅申巳亥年에는 무과를 실시하되 그 시관試官은 양부兩府 이상 관원 중에서 1명을 정하고 동고시관同考試官은 3·4품品 중에서 문무 각 1명으로 정하며 시취와 패牌를 주는 것은 전부 문과 의식과 동일하도록 한다. 1등은 3명으로 하되 병서에 모두 통달하고 무예에 정통한 자를, 2등은 7명으로 무예를 대략 익히고 병서에 통달한 자를, 3등은 23명으로 혹은 병서에 통달했거나 한 가지 무예에 정통한 사람을 뽑는 것을 영구한 규정으로 삼는다."라고 하니 왕이 따랐다.[268]

이때 비로소 무과가 정식으로 설립되었으나 곧 바로 실시되지 않았다. 아마도 당시 전제 개혁과 군제 개편작업이 한참 진행 중에 있었기 때문에 무과를 실시할 여유를 갖지 못한 것 같다. 결국 이 문제는 조선왕조로 이관되어 처리되었다.[269]

조선에 들어오자 곧 바로 태조의 즉위 교서를 통해 무과의 조속한 실시를 천명했다. 그 내용은 강무講武할 때 주장主掌하는 훈련관訓鍊觀에서 때때로 무경칠서武經七書와 활쏘기의 기예를 강습시켜 그 통달한 경서의 많고 적은 것과 기예의 정밀하고 거친 것으로써 고하를 정하여 입격한 사람 33명을 문과의 법식에 의거하여 출신패出身

---

267 『고려사』 권75, 지29, 선거3, 전주, 공양왕 2년 1월.
268 『고려사』 권74, 지28, 선거2, 과목2, 무과, 공양왕 2년 윤4월.
269 윤훈표, 「조선초기 무과제도 연구」 『학림』 9, 1987, 15쪽.

牌를 주고 명단을 병조로 보내어 탁용에 대비하게 하는 것이었다.[270] 강무하는 법이라고 했지만 합격자 수를 문과와 동일하게 33명으로 하는 등 내용상 무과와 매우 흡사했다. 여기서 주목되는 것은 선발방식에서 후보자에 대한 교육과 선발 시험을 연계시켰다는 것이다. 정도전은 문과에서도 성균관 생원들을 별도의 시험을 거치지 않고 학업성적만으로 등용하는 교육과 선발을 연계하는 방안을 구상했다.[271] 무과도 같은 원칙을 사용했고, 왕조 초창기에 군제의 개편 작업을 주도했던 사정을 감안하면 이 강무법 역시 정도전 등의 입장이 반영된 것으로 생각된다.[272]

그리고 문반과 문과에서의 성균관과 유사한 역할을 수행할 수 있도록 훈련관을 신설하여 무예를 훈련하고 병서·전진戰陣을 교습시키는 일 등을 관장하게 했다.[273] 우선 훈련관에 양반자제와 각성중관各成衆官, 각 영領에서 교육이 가능한 자를 모아 병서와 진도陣圖를 강습시키되, 그 중에 재주를 성취한 자가 있으면 앞서 내린 교지에 의거하여 시취해 탁용하도록 했다.[274] 이는 무예와 병학을 배우는데 지장이 없을만한 사람들을 골라 강습시키되 그 과정에서 검증된 사람들을 태조의 즉위교서에 의거하여 병조로 보내 시험으로 평가한 뒤 서용하겠다는 의미였다. 이렇게 해서 훈련관 등을 중심으로 무반의 교육 및 선발 과정을 연결시켜 임용하는 체계가 구축되게 했다.[275]

무과가 시행됨에 따라 점차 무반으로 출세하고자 할 때 문음보다 무과의 입격이 더 우대되도록 제도화되기 시작했다.[276] 그 과정에서 무예와 병서 등을 강습 받았을 때 좋은 성적을 올리는 일이 중요해졌다. 그것과 관련하여 1394년(태조 3)의 사재소감 송득사末得師의 상서가 주목된다.

---

270 『태조실록』 권1, 태조 1년 7월 정미.
271 임용한, 『조선전기 관리등용제도 연구』, 혜안, 2008, 73~75쪽.
272 윤훈표, 「여말선초 신분제의 개편과 무반층의 변화」 『중세사회의 변화와 조선 건국』, 혜안, 2005, 225쪽.
273 『태조실록』 권1, 태조 1년 7월 정미.
274 『태조실록』 권1, 태조 2년 7월 병진.
275 윤훈표, 「麗末鮮初 軍事訓鍊體系의 改編」 『軍史』 53, 2004, 197쪽.
276 1392년(태조 1) 8월에 제정된 입관보리법에 따르면, 유품에 입사하려면 7과, 즉 문음·문과·무과·이과·역과·음양과·의과를 통과해야 했다(『태조실록』 권1, 태조 1년 8월 신해). 따라서 문음을 통해서도 무반으로 나갈 수 있으나, 주류가 되지는 못했을 것이다.

무예는 강습하지 않을 수 없사오니 중외로 하여금 해마다 봄·가을에 강습하게 하고, 문과 향시의 예에 따라 취재하여 훈련관에 올려서 도시를 보아, 1등은 등급을 뛰어 올려 녹용하고, 2등은 차례대로 녹용하게 하면, 무비의 계책이 성취될 것입니다.[277]

태조는 이 상서를 받아들였다. 송득사의 구상대로라면 문과의 향시례에 따라 실시되는 취재에 응시할 수 있는 사람은 중앙과 외방에서 해마다 봄가을에 무예 강습을 받아야 했다. 이때 강습과 취재가 분리되는 것이 아니라 익히는 과정에서 성적 평가가 이루어지고 그 결과에 따라 입격자가 가려지게 되는 것이다. 그러나 어디서 어떻게 무예를 강습하느냐가 구체적으로 명시되지 않았다. 중앙에서는 훈련관 등에서 실시했겠으나 지방이 문제였다. 향교와 같은 기관이 없었기 때문에 아마도 지원자들을 일정한 장소에 모이게 해서 강습하고 취재했을 것으로 추정될 뿐이다. 송득사가 상서하고서 1년이 지난 1395년 4월에 무예도시武藝都試를 실시하여 33명을 뽑았다.[278] 남은 과제는 외방의 무예강습을 제도화, 체계화시키는 일이었다.

1396년 11월 의흥삼군부의 건의로 강무법을 정했다.[279] 천신薦新과 인명을 해치고 농사짓기를 방해하는 짐승을 사냥해서 제물로 쓴다는 구실로 군사훈련을 시행하고 무예도 단련시키려 했다. 이때 누구를 어떻게 동원할 것인가가 중요했다.

1397년 4월에 갑사가 숙위를 전담하는 대신에 각도의 군사는 관찰사로 하여금 봄가을에 강무를 실시해서 정강精强을 고열考閱하게 했다.[280]

무과 급제 교지(홍패)

277 『태조실록』 권5, 태조 3년 4월 임신.
278 『태조실록』 권7, 태조 4년 4월 신묘.
279 『태조실록』 권10, 태조 5년 11월 갑신.
280 『태조실록』 권11, 태조 6년 4월 정미.

이로써 외방 군사에 대한 무예 강습이 체계화되었다. 즉 각관에서 강습하되 그 과정에서 우수한 성적을 올린 자들을 관찰사가 모아 시험한 다음에 그 가운데 탁월한 자들을 뽑아 중앙의 훈련관으로 올려 보냈을 것이다. 이렇게 모인 사람들을 대상으로 무예도시를 실시했을 것으로 생각된다.

1397년에 병조에서 받은 교지에 따르면 무과출신자는 훈련관에 가서 여러 병서와 무예를 시험하여 3등으로 나누고 문과의 예에 따라 서용하게 했다.[281] 이때의 무과출신자는 무예도시를 통과했던 사람들을 가리키는 것으로 보인다. 그리고 문과의 예란 태조의 즉위교서에서 최종 선발된 33명을 이조로 보내 재주를 헤아려 탁용하라는 것을 뜻한다고 생각한다.[282] 무예도시에 입격한 사람들을 대상으로 병서와 무예를 다시 시험해서 3등으로 최종 순위를 매기고 그 결과를 병조에 보내 적당한 무반직에 등용하는 것이다.

새로이 교육 받았던 사람들을 선발했다는 것은 무반층의 개편 방향 및 그 성격을 가늠케 하는 지표로 보인다. 특히 강습 및 교육 과정을 통해 엄선된 사람들로 무반층을 구성함으로써 면모를 일신하고자 했다.[283]

1398년 1차 왕자의 난으로 태종 계열이 정권을 장악했다. 이를 계기로 지금까지 추진해왔던 개편 작업의 방향이 바뀌었다.[284] 특히 정치 및 사회 질서의 안녕을 위해서는 군사는 임금만이 거느려야 한다는 논리에 의거하여 중앙과 외방의 군사를 모두

---

281 『태조실록』 권11, 태조 6년 5월 임자.
282 『태조실록』 권1, 태조 1년 7월 정미.
283 윤훈표, 앞의 논문, 2005, 225~228쪽. 그런데 훈련관과는 별도로 1393년 10월에 이른바 육학의 하나로 병학을 설치하고 여기서 양가자제들을 모아서 이습하게 했다. 이때 병학 외에 율학, 자학, 역학, 의학, 산학이 속해 있었던 것으로 보아(『태조실록』 권4, 태조 2년 10월 기해) 잡학의 교육을 강화하기 위해 육학을 설치했던 것은 분명했다(申海淳, 「중인」『한국사 25』, 국사편찬위원회, 1994, 124쪽). 따라서 병학은 훈련관과 교육 수준이 달랐다. 더구나 양반자제가 아닌 양가자제를 주 대상으로 삼고 있다는 점에서 차이가 분명했다. 그러므로 병학 출신자들은 훈련관의 무과출신자들에 비해 대우면에서 차별을 받았을 것으로 추정된다. 그러나 양반자제라고 해서 훈련관을 거치기만 하면 출세가 보장되고, 병학을 나온 양가자제는 고위직에 오르기가 불가능했던 것은 아니었을 것이다. 신분과 능력이 모두 출중하면 더 말할 나위가 없겠으나, 신분이 떨어지더라도 능력이 탁월하다면 승진할 수 있는 길을 열어주고자 했던 것이 병학의 설치로 표현되었다고 생각된다(윤훈표, 앞의 논문, 2004, 198~199쪽).
284 韓永愚, 『朝鮮前期社會經濟研究』, 乙酉文化社, 57~60쪽.

국가 기구에 통합시켰다. 그 과정에서 국왕을 중심으로 하는 군의 통수 체계가 서서히 자리잡았다.

새로이 구성된 통수체계를 원활하게 운영하기 위해 시급했던 것이 유능하면서도 새로운 무반의 등용이었다. 이에 재차 무과제도를 정비하여 1402년(태종 2)에 정식으로 실시하기에 이르렀다.

> 비로소 무과법을 시행했다. 병조에서 아뢰기를, "삼가 『경제육전』을 살펴보건대, 무과 출신은 3년에 한 번 뽑기로 되었습니다.……이제 과거의 식년이 되었으니 길일을 택하여 시험하기를 바랍니다. 그리고 관향시觀鄕試 · 회시會試 · 전시殿試의 방방放榜과 은영연恩榮宴은 한결같이 문과의 예에 의거하여 실시하며, 관시의 수는 50명, 향시는 좌우도에서 20명, 충청도 30명, 전라도 20명, 경상도 30명, 강원도와 풍해도는 각 10명, 동북면과 서북면은 각 15명으로 하고, 시험관은 무관으로서 양부 이상 2명을 뽑아, 1명은 감교시監校試로, 1명은 동감교시同監校試로 삼고, 기타의 시험관은 모두 문과의 예에 따르소서."하여, 그대로 따랐다.[285]

이 무과법의 특징은 태조 때에 실시했던 과거와 교육과의 연계성을 폐지했다는 것이다.[286] 그 동안 주도적인 역할을 맡았던 훈련관은 차후 단지 다른 기구와 함께 참여하는 정도에 머무르고 말았다. 그 뒤 훈련관을 성균관과 같은 인재양성기관으로 승격시키려는 시도가 있었으

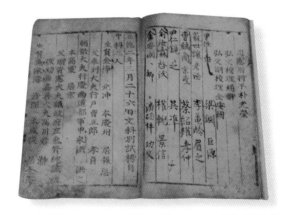

정덕(正德) 2년 3월 문·무·잡과 방목(권벌 종가 문적, 충재 박물관)
1507년(중종 2년) 실시한 문무과 및 잡과에 합격한 사람들의 명단을 적은 방목으로, 현재까지 알려진 것 중 가장 오래된 판본이다.

---

285 『태종실록』 권3, 태종 2년 1월 기축.
286 태종 때에는 문과도 생원시 일변도였던 정도전의 방안에서 진사시를 도입했고, 결과적으로는 과거와 교육을 연계시키는 방안을 폐지했다(임용한, 앞의 책, 2008, 99~103쪽).

나 받아들여지지 않았다. 계속해서 이러한 체제로 운영되면서 무과는 교육 체계와 직접적인 관련 없이 실시되었다.[287]

이 무과법에 따라 1402년 4월에 처음으로 28명의 합격자를 배출했으며,[288] 곧 이어 복시覆試를 실시하여 최종 석차를 발표했다.[289] 그 가운데 이미 앞서 문과에 급제했던 장온張蘊이 포함되어 있어 논란을 빚기도 했다. 문과 출신자로서 국가에서 무과에 합격하면 수數를 더하여 지급한다는 영令을 듣고서 무과에 응시했다며 이는 염치의 도리를 잃은 것이라며 앞으로 이런 일을 금지시킬 것을 청했으나 받아들여지지 않았다.[290]

이는 당시 문학인도 어느 정도 무예에 숙달되었으며 또한 무과의 경우에도 강경의 비중이 적지 않아 문무를 겸비한 사람이 합격했을 가능성이 높았음을 의미한다. 이렇게 볼 때 당시 위정자들은 문무 겸비자를 선발해서 새로운 무반층을 형성하려고 했음을 알 수 있다. 따라서 그들은 종래와 달리 무장이면서도 문반과 같이 행정 관료로서의 역할을 수행할 수 있는 바탕을 가지게 되었으며, 문과 출신과 대등한 입장에서 각자 맡은 분야에 종사하게 되어 문무반의 고질적인 대립과 알력을 피할 수 있게 되었다.[291]

한편 무과의 질을 더욱 높이고 우수한 합격자를 다수 배출하기 위해 지방 유력자들의 자제들을 모아서 무학 교육을 실시하는 방안을 강구했다. 1405년에 경상도관찰사의 매년 봄가을로 점고하고 식년式年에 이르러 시험에 응시하게 하자는 건의를 받아들여 외방의 각 고을마다 양반의 자제를 뽑아서 무예를 익히고 병서를 읽게 할 것을 명했다.[292] 이는 지방의 향교처럼 양반 자제를 모아 무예와 병서를 교육시켜 무과 응시에 대비하기 위한 것인데 이를 통해 우수한 응시자들을 미리 확보해서 합격자의 질을 높이자는 것이었다. 하지만 제대로 실시되지 못했다. 향교 또는 그와 비슷한 기구

---

287 윤훈표, 앞의 논문, 1987, 21쪽.
288 『태종실록』 권3, 태종 2년 4월 병진.
289 『태종실록』 권3, 태종 2년 4월 임술.
290 『태종실록』 권3, 태종 2년 4월 임술.
291 윤훈표, 앞의 논문, 1987, 22쪽.
292 『태종실록』 권9, 태종 5년 4월 계유.

에서 무학 교육을 체계적으로 실시했던 적이 없었기 때문이다. 아마도 여건상 실천하기 어려웠던 모양이다.[293]

　다만 재정비한 무과의 실시를 통해 우수한 무반을 선발함으로써 명실상부한 양반 관료체제의 구축과 함께 새로 구성된 군 통수체계의 원활한 운영을 시도했다.

2. 운영 체계와 그 종류

　태종 때부터 무과의 운영이 본궤도에 올랐으나 여러 가지 요인으로 인해 몇 차례 개정 작업이 이루어지다가 드디어 『경국대전』에 이르러 제도적으로 확립되었다. 그 배경에는 양반 관료 체제의 성장과 함께 등용문으로서 과거의 비중이 점차로 높아졌던 점이 크게 작용했다. 합격에 대한 열망이 고조되었던 것과 함께 응시자가 폭발적으로 증가하는 양상이 벌어졌다. 그것은 무과에서도 예외가 아니었다. 그 같은 상황을 적극적으로 활용하고자 문과와 마찬가지로 정기적인 시험 이외에 다양한 명목의 특별 시험을 비정기적으로 실시했다.

　먼저 무과에도 문과와 마찬가지로 정기 시험인 식년시와 부정기 시험인 각종의 특별시가 있었다. 식년시는 3년마다 한 번씩 정기적으로 실시했는데 문과와 달리 소과, 곧 생원진사시는 없었다. 다만 초시初試, 복시會試, 전시殿試를 거치도록 되었다.[294] 초시는 1402년의 무과법부터 관시와 향시로 나뉘었다. 관시는 중앙의 훈련관시[295]를, 향시는 외방의 시험을 의미했다. 이때부터 선발 인원의 지역 할당제가 시행되었다. 즉 관시 50명, 향시는 경기 좌우도 20명, 충청도 30명, 전라도 20명, 경상도 30명, 강원도와 풍해도 각 10명, 동북면과 서북면은 각 15명이었다.[296] 이는 『경국대전』에서도 숫자만 조정된 채 그대로 유지되었다. 즉 원시는 70명이고, 향시는 경상도 30

293　윤훈표, 앞의 논문, 1987, 22쪽.
294　심승구, 「조선초기 무과제도」 『북악사론』 1, 1989, 21~22쪽.
295　1466년(세조 12)에 훈련관이 훈련원으로 개칭되면서 원시로 바뀌었다(심승구, 앞의 논문, 1989, 22쪽).
296　『태종실록』 권3, 태종 2년 1월 기축.

『북새선은도(北塞宣恩圖)』의 길주목도회시(吉州牧都會試)(국립중앙박물관)
『북새선은도』는 함경도 함흥과 길주에서 실시된 별설(別設) 문무과를 국왕에게 보고하기 1664년(현종 5) 한시각(韓時覺)이
제작한 기록화이다. 그 중 길주목도회시는 길주 관아 마당에서 무과 시험을 보는 장면을 묘사하고 있다.

명, 충청도·전라도 각 25명, 강원도·황해도·영안도·평안도 각 10명이었다.[297]

이렇게 지역적으로 골고루 배치하려는 이유는 합격자가 어느 한정된 지역과 계층에 국한됨으로써 지역간의 불균형을 초래하여 중앙집권을 위협하는 요소로 등장할 가능성을 차단하기 위함이었다.[298] 더불어 향리가 무과에 응시할 경우에는 무경칠서를 강독해서 조粗[299] 이상의 성적을 거두어야 초시를 볼 수 있도록 했다.[300]

초시에 합격한 사람은 다시 병조에서 실시하는 2차 시험인 복시에 응시했다. 복시에서는 28명을 선발했으며 이들을 대상하여 다시 국왕이 보는 3차 시험인 전시를 치렀다. 전시에서는 특별한 결격 사유가 없는 한 탈락시키는 일은 없었고, 다만 급제자의 등급을 결정할 따름이었다.[301] 그러므로 복시가 실질적으로 최종적인 합격 여부를

---

297 『경국대전』 권4, 병전, 시취.

298 송준호, 「과거제운영에 있어서 지역할당제의 성립과정과 그 의의 - 송대를 중심으로 -」『전북대학교논문집』 5, 1963, 210~211쪽.

299 과거의 채점규정. 강서 시험은 통, 약, 조의 3등급으로 구분했다. 통은 구독과 훈, 해석이 모두 정확하고 글을 뜻을 완전히 이해하여 설명에 의문의 여지가 없는 것, 약은 구독과 훈이 분명하고 대의를 통하기는 하지만 완전히 이해하지는 못한 것, 조는 구독과 훈이 틀리지 않고, 강론이 통하지는 않으나 대의는 이해한 수준이다. 이 보다 못하면 불합격이었다. 점수는 통이 2분(점), 약이 1분, 조는 반분이었다.

300 심승구, 앞의 논문, 1989, 41쪽.

「무예도보통지(武藝圖譜通志)」에 보이는 기창(騎槍)과 격구(擊毬)
(규장각한국학연구원)

결정하는 가장 중요한 시험이라 할 수 있다. 자연히 시험 방식이나 과목 등이 복잡할
수밖에 없었다.[302] 초시에는 무예만 시험보았으나 복시에서는 이른바 초장, 중장, 종장
의 삼장을 거치면서 다양한 과목을 거치도록 했다.

초장에서는 목전木箭 · 철전鐵箭 · 편전片箭을 시험보았다. 중장에서는 기사騎射 · 기창
騎槍 · 격구擊毬를 보았다.[303] 초장에서는 보사步射에 해당하는 과목을 치렀는데 중장에
서는 말 위에서 하는 무예를 시험했다. 보사는 기본기에 해당하기 때문에 누구나 쉽
게 익숙해질 수 있었다. 반면에 말 위에서 하는 무예는 여러 가지 조건을 갖추어야 했
다. 먼저 말을 잘 탈 줄 알아야 했으며 그 위에서 활이나 창 등을 가지고 하는 무술에
도 능숙해야 했다. 농업사회였던 조선에서는 익히기가 결코 만만치 않았을 것이다.[304]
그런데 이것을 중장에 배치해서 무반이 되기 위해 필수로 익혀야 하는 것임을 강조
했다.

종장에서는 무경 등을 강하는 시험을 실시했다. 태종 때에는 무경칠서를 강했으
나 세종 때 무반들도 의리를 알아야 한다는 명목으로 유교 경전을 첨가했다. 사서오

---

301 심승구, 앞의 논문, 1989, 24쪽.
302 심승구, 앞의 논문, 1989, 41쪽.
303 심승구, 앞의 논문, 1989, 41~42쪽.
304 중종 때 승지였던 윤희평은 근래 무사들이 보사만 하고 기사는 전혀 하지 않는다고 했다. 무재란
　　모두 말 위에서 능해야 되는 것인데 보사만 익히니 되겠는가라고 개탄하기도 했다(『중종실록』
　　권14, 중종 6년 12월 임오).

경 중에서 한 책을 자원하는 자에게 강독하게 하여 무경의 예에 따라 점수를 주었다. 아울러 무재가 조금 부족하더라도 경술經術에 능통하면 선발하도록 했다. 이어서『소학』을 더했으며, 1454년(단종 2)에는『병요兵要』, 1468년(세조 14)에는『경국대전』까지 강하게 했다.[305] 드디어『경국대전』에서는 사서오경 중에서 한 책, 무경칠서 중에서 한 책,『통감通鑑』·『병요兵要』·『장감將鑑』·『박의博議』·『무경武經』·『소학』 중의 한 책을 모두 자원하는 바에 따라 선택하도록 하고,『경국대전』은 필수로 했다.[306]

종장에서 무경 등을 강하는 시험에 대한 비중이 높아져 점수가 많아지자 초장·중장의 무예 성적이 아무리 좋더라도 탈락하는 일이 발생했다. 이는 무과 본래의 취지에서 벗어나는 것이라며 강의 비중을 축소해야 한다는 의견이 제시되기도 했다. 하지만 무예의 성적은 190분(점)인데 강의 점수는 119분에 지나지 않으며 장수가 지략이 없으면 쓸모가 없다는 이유로 거부되었다. 다만 1471년(성종 2)에는 문과와 같이 배강背講하는 것이 곤란하다며 임문고강臨文考講하도록 했다.[307]

종장의 무경 강독 시험은 고려말 이래 문무를 겸비한 새로운 유형의 장수들을 발탁하고자 했던 작업의 추진 결과라 할 수 있다. 능력 있는 무반을 뽑아서 군사력을 확충하는 동시에 고질적인 병폐였던 문반과의 대립과 갈등 따위를 해소하기 위함이었다. 유교 이념을 채택했던 조선에서는 이것이 더욱 확대되었다. 즉 무경칠서 이외의 여러 병서들과 유교 경전 등이 추가되었다.

무경칠서는 동양 병법의 고전에 해당하므로 무반의 필독서라 할 수 있다.[308] 그러나 이는 중국에서 나온 것이라 우리 실정에 맞지 않아 보완할 필요가 있었다. 군사제도를 정비하면서 이에 적합한 병법을 고안하며 독자적인 병서를 편찬했다. 그로 인해『병요』 등이 간행되었으며 빠른 보급과 활용을 위해 종장의 강독 교재로 채택했다. 이는 우리식 전략 전술의 개념 확산과 함께 유교 문화의 진전에 따라 무반이면서도 문학을 이해할 수 있게 하고자 했던 것이다.[309]

---

305 심승구, 앞의 논문, 1989, 42~43쪽.

306 『경국대전』권4, 병전, 시취.

307 심승구, 앞의 논문, 1989, 43~44쪽.

308 장학근, 「선초『武經七書』의 도입 배경」『동서사학』2, 1996 ; 곽낙현, 「武經七書를 통해서 본 조선전기 武科試取에 관한 연구」『東洋古典研究』34, 2009.

급제자의 최종 석차를 정하기 위해 실시하는 전시는 처음에는 보사·기창·병서강경 등의 삼장으로 이루어졌다. 그러나 문과에 비해 과목이 너무 많다며 1420년(세종 2)에 병서강경을 제외시켰다. 그 뒤 기마술을 익히는데 도움이 된다며 몇몇 관료들의 반대를 무릅쓰고 1425년에 격구를 과목으로 채택했다. 여전히 지나치다는 의견에 따라『경국대전』에서는 다시 조정되어 기격구騎擊毬·보격구步擊毬만을 채택했다. 그 성적에 따라 과차科次 즉 등급을 정하는데 갑과甲科 3명, 을과乙科 5명, 병과丙科 20명으로 모두 28명이었다.[310]

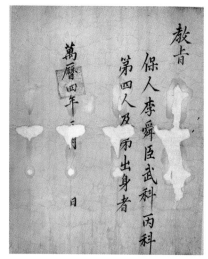

이순신의 홍패(紅牌)(충남 아산 현충사)
홍패는 일종의 무과 합격증이다. 보인 이순신이 1576년 무과 병과 제4인으로 합격했음을 적어 놓았다.

그런데 전시라는 용어는 초창기에는 자주 사용되지 않았으며 복시가 대신했다고 한다. 하지만 복시가 1420년 이후에 실록의 기록상에서 잠시 보이지 않았는데 당시 진행 중에 있었던 과거제 정비와 연관이 있지 않았는가 한다. 그 대신 전시의 사용이 확대되면서 국왕이 직접 석차를 매김으로써 합격자들과의 긴밀한 관계를 맺는 것을 강조했다.

다른 한편으로 전시의 실시와 관련해서 그 시험 절차인 전시의殿試儀로부터 방방의 放榜儀, 은영연恩榮宴, 사은의謝恩儀 등 합격자와 국왕과의 유대를 공고히 하는 일련의 제도를 체계적으로 정비했다. 이러한 조치들은 종래 과거제 운영상의 커다란 폐해였던 좌주문생 관계를 철폐하고 국왕을 중심으로 하는 새로운 체제를 구축하려는 것이었다.[311]

한편 무과 실시 과정에서 특별하게 주목되었던 부분이 시험관에 관한 문제였다. 종래의 좌주문생 관계에서 나타났던 바와 같은 시험관과 합격자 사이의 긴밀한 관계가

309 윤훈표, 앞의 논문, 1987, 39쪽.
310 심승구, 앞의 논문, 1989, 44쪽.
311 심승구,「朝鮮初期 覆試에 대한 檢討」『擇窩許善道先生停年紀念韓國史學論叢』, 一潮閣, 1992.

무과 운영에도 재현될 경우에는 그 정치적 파장은 엄청날 수밖에 없었다. 더구나 사병 혁파와 연관되어 유력한 무장들이 정치적으로 상당한 관심의 대상으로 떠올랐기 때문에 매우 민감하게 반응할 수밖에 없었다.

하지만 1402년의 무과법에 의거해서 처음 실시했을 때에는 『경제육전』의 규정에 따라서 했다. 즉 삼군부의 정관正官 2명을 택하여 위임하되, 감교시사監校試使와 부사副使에 충원하고 동고시관同考試官 4명과 문하부·사헌부의 각 1명은 기간에 임박하여 임명하되, 훈련관과 함께 시험하여 뽑도록 되어 있었는데, 이에 의거하여 무관으로서 양부 이상 2명을 뽑아 1명은 감교시로, 1명은 동감교시로 삼고, 기타의 시관은 모두 문과의 예를 따르게 했다.[312] 이 당시의 감교시, 동감교시는 종전의 지공거知貢擧, 동지공거同知貢擧를 그대로 이어받은 것에 불과했다. 아직까지 좌주문생 관계의 유습이 강했던 지공거제를 대신할만한 제도적 장치가 마련되지 못했기 때문이 아닐까 한다.[313]

1402년에 실시된 무과 회시의 시관은 감교관監校官 조영무趙英茂, 동감교관同監校官 이숙번李叔蕃이었다.[314] 1405년에는 감교관 이무李茂, 동감교관 조연趙涓이었다.[315] 이들은 모두 공신 출신으로 태종의 집권에 큰 역할을 수행했다. 당시 태종으로서는 정권의 조속한 안정을 위해 공신 세력에 의존할 수밖에 없었고 또한 그들을 통하여 집권 기반을 확대시킬 필요가 있었다. 이에 그들을 무과의 시험관으로 임명하여 새로 합격한 인물들과 돈독한 유대 관계를 맺도록 유도했을 가능성이 있다. 한편 전형적인 무장이었던 조영무를 제외하고 이숙번은 1393년에 문과에 급제했으며, 이무 역시 고려 때 과거에 합격했다. 조연은 13세에 진사에 올랐다. 이들은 대체로 문무를 겸비한 인물들이었다. 이는 무과가 단순히 무예만을 시험보이지 않고 무경 등의 강독 따위도 함께 했음을 의미하는 것이기도 했다. 즉 문무의 상호 조화를 꾀하려는 시도도 포함

---

312 『태종실록』 권3, 태종 2년 1월 기축.
313 윤훈표, 앞의 논문, 1987, 44쪽.
314 『태종실록』 권3, 태종 2년 4월 병진.
315 『태종실록』 권9, 태종 5년 4월 무인. 1408년(태종 8)의 무과 시관에 대해서는 실록에 나타나지 않는다. 하지만 이때에도 감교관, 동감교관으로 실시되었던 것으로 파악된다(심승구, 앞의 논문, 1989, 32쪽).

되었던 것으로 추정된다.[316]

그러나 얼마 지나지 않아 공신 출신의 시관과 무과급제자 사이에 사적인 관계에 입각한 파벌의 형성이 커다란 정치 문제가 되었다. 그 대표적인 예로 이른바 이지성 사건李之誠事件을 들 수 있다. 이지성은 무과 출신이었는데 좌주였던 이무의 추천으로 크게 출세할 수 있었다. 심지어 국왕도 모르는 사이에 계속해서 승진했던 사실이 발각됨으로써 한층 더 부각되었다. 더구나 두 사람이 외척으로 막강한 권세를 누리다가 견제 대상이 되었던 민씨 일가와 얽혀졌던 관계로 상황이 매우 복잡해졌다. 드디어 이 분란의 근본 원인 가운데 하나가 무과를 통한 좌주문생관계라 단정 짓고 그에 대한 개혁을 서둘러 추진했다.[317]

1410년(태종 10) 재상급으로 임명되는 감교관 등을 혁파하고 병조, 의흥부, 훈련관으로 하여금 공동으로 시취하게 했다. 개인이 아닌 국가기구가 중심이 되는 시관제도로 전환되었다. 이는 이듬해 법제화되어 실시되었다.

> 병조에 명하기를, "이제부터 무과친시는 본조와 의흥부·훈련관에서 관장하며, 이를 영원한 규칙으로 삼으라."고 했다. 병조의 청을 따른 것이다.[318]

이에 의거하여 1413년 좌주문생제가 혁파되었다. 무과는 병조가 주관하고 훈련관 등이 참여하는 방식으로 운영되었다. 시관의 명칭도 참시관參試官, 동참시관同參試官으로 고쳐 시험을 주관하기보다 참여해서 감독하는 것으로 변모했다. 여기에 대간을 참여시켜 부정과 비리를 적발하게 했는데, 시험관과 급제자들의 관계를 감시하는 역할도 맡았을 것이다. 그로 말미암아 시관과 대간이 종종 충돌하기도 했다. 이것을 조정하기 위해 1427년(세종 9) 문무과회시에 대간이 참여하는 예의 절차를 마련했다. 이윽고 『속육전』의 정비 절차에 따라서 문무과회시에서의 시관좌차예도試官座次禮圖를 정했다. 그만큼 시관제도가 정비되어갔음을 의미했다.[319]

---

316 윤훈표, 앞의 논문, 1987, 44~45쪽.
317 『태종실록』 권18, 태종 9년 10월 신축 ; 『태종실록』 권19, 태종 10년 2월 병진.
318 『태종실록』 권21, 태종 11년 4월 갑진.

무과의 시관을『경국대전』에 의거해서 정리하면, 초시의 경우 원시는 훈련원에서 녹명錄名하여 시취했다. 향시는 병마절도사가 차사원을 정하여 녹명하여 시취하게 했다. 복시는 병조가 훈련원의 7품 이하 관과 함께 녹명하여 시취했다. 좀더 구체적으로는 시관(3~4명), 참고관參考官(3~5명)으로 구성되었다. 시관은 간혹 정1품이 상시관上試官이 되는 경우도 있으나 대체로 종1품에서 참의參議로 이루어지는 경우가 보통이었다. 이와 함께 감시관監試官으로 사헌부와 사간원에서 각 1명을 파견했다. 전시는 『경국대전』에는 분명한 규정이 없다. 국왕이 친림했기 때문으로 보인다. 대체로 복시의 시관과 비슷했다고 한다.[320]

무과의 종류와 선발 인원 등에 대해 기존의 연구 성과에 의거해서 성종 때까지의 현황을 아래의 〈표 2-3〉로서 정리했다.[321]

〈표 2-3〉 15세기에 실시된 무과의 종류와 선발 인원

연도(年度)	과별(科別)	선발인원	비고
1402	임오식년(壬午式年)	28	
1405	을유식년(乙酉式年)	28	
1407	정해중시(丁亥重試)	(×)	
1408	무자식년(戊子式年)	*	
1410	경인중시(庚寅重試)	33	
1411	신묘식년(辛卯式年)	28	
1414	갑오식년(甲午式年)	28	
1414	갑오알성(甲午謁聖)	(×)	
1416	병신친시(丙申親試)	9	중시대거(重試對擧)
1416	병신중시(丙申重試)	5	
1417	정유식년(丁酉式年)	28	
1419	기해증광(己亥增廣)	28	등극경(登極慶)
1420	경자식년(庚子式年)	28	

---

319 윤훈표, 앞의 논문, 1987, 46쪽.
320 심승구, 앞의 논문, 1989, 34~35쪽.
321 심승구, 앞의 논문, 1989, 19~21쪽의 표 내용을 그대로 전재했다.

1423	계묘식년(癸卯式年)	28	
1426	병오식년(丙午式年)	28	
1427	정미친시(丁未親試)	20	명선종등극경(明宣宗登極慶)
1427	정미중시(丁未重試)	12	
1429	기유식년(己酉式年)	28	
1429	기유친시(己酉親試)	(×)	작헌례(酌獻禮)
1432	임자식년(壬子式年)	28	
1434	갑인알성(甲寅謁聖)	10	
1435	을묘식년(乙卯式年)	28	
1436	병진친시(丙辰親試)	2	명영종등극경(明英宗登極慶)
1436	병진중시(丙辰重試)	12	
1438	무오식년(戊午式年)	28	
1439	기미친시(己未親試)	7	
1441	신유식년(辛酉式年)	28	
1442	임술친시(壬戌親試)	17	
1444	갑자식년(甲子式年)	28	
1447	정묘식년(丁卯式年)	28	
1447	정묘중시(丁卯重試)	21	
1447	정묘친시(丁卯親試)	18	
1450	경오식년(庚午式年)	28	
1451	신미증광(辛未增廣)	40	등극경(登極慶)
1453	계유증광(癸酉增廣)	40	
1453	계유식년(癸酉式年)	28	
1454	갑술증광(甲戌增廣)	28	계유정난(癸酉靖難)
1456	병자식년(丙子式年)	28	
1457	정축친시(丁丑親試)	25	중시대거(重試對擧)
1457	정축중시(丁丑重試)	28	
1457	정축별시(丁丑別試)	13	
1458	무인별시(戊寅別試)	5	
1459	기묘식년(己卯式年)	28	
1460	경진별시(庚辰別試)	51	

1460	경진별시(庚辰別試)	1813	신숙주(申叔舟)의 북정(北征)
1460	경진평양별시(庚辰平壤別試)	100	세조(世祖)의 북순(北巡)
1461	신사별시(辛巳別試)	(×)	
1462	임오알성(壬午謁聖)	(×)	
1462	임오식년(壬午式年)	28	
1464	갑신온양별시(甲申溫陽別試)	60	온양행행(溫陽行幸)
1465	을유식년(乙酉式年)	28	
1465	을유별시(乙酉別試)	4	
1466	병술알성(丙戌謁聖)	27	
1466	병술중시(丙戌重試)	40	
1466	고성별시(高城別試)	37	행관동주오대산(幸關東駐五臺山)
1466	발영시(拔英試)	43	정이품이하부시(正二品以下赴試)
1466	등준시(登俊試)	51	종친부시(宗親赴試)
1468	무자식년(戊子式年)	28	
1468	온양별시(溫陽別試)	38	
1468	무자중시(戊子重試)	36	
1469	기축증광(己丑增廣)	28	등극경(登極慶)
1470	경인별시(庚寅別試)	13	
1471	신묘별시(辛卯別試)	17	
1472	임진증광(壬辰增廣)	28	등극경(登極慶)
1474	갑오식년(甲午式年)	28	
1475	을미알성(乙未謁聖)	19	
1476	병신별시(丙申別試)	18	중시대거(重試對擧)
1476	병신중시(丙申重試)	14	
1477	정유식년(丁酉式年)	28	
1477	정유알성(丁酉謁聖)	(×)	즉일방방시차(卽日放榜始此)
1478	무술친시(戊戌親試)	11	
1479	기해별시(己亥別試)	9	중시대거(重試對擧)
1479	기해중시(己亥重試)	17	
1480	경자알성(庚子謁聖)	3	
1480	경자식년(庚子式年)	28	

1481	신축친시(辛丑親試)	7	
1482	임인친시(壬寅親試)	23	진현시대거(進賢試對擧)
1482	진현시(進賢試)	10	중시(重試)의 일종(一種)
1483	계묘식년(癸卯式年)	28	
1485	을사별시(乙巳別試)	15	
1486	병오식년(丙午式年)	28	
1486	병오중시(丙午重試)	16	
1487	정미별시(丁未別試)	16	
1488	무신별시(戊申別試)	4	명효종등극(明孝宗登極)
1489	기유식년(己酉式年)	28	
1490	경술별시(庚戌別試)	22	명태자탄생경(明太子誕生慶)
1491	신해별시(辛亥別試)	21	
1492	임자식년(壬子式年)	28	
1492	임자별시(壬子別試)	33	명태자책봉경(明太子冊封慶)
1494	갑인별시(甲寅別試)	22	

※ 1408년의 *표시는 『조선왕조실록』에는 나타나지 않았으나 『국조문과방목』의 무자방(戊子榜)에 마희성(馬希聖)을 무과 장원으로 기록하고 있는 것으로 보아 무과가 실시되었던 것을 확인할 수 있었기 때문에 넣은 것이다.

먼저 위의 표를 살펴보면 식년시로 표기되었던 정기시와 여러 명목으로 실시되었던 비정기시로 크게 나뉨을 알 수 있다. 식년시는 조선의 성립 직후였던 1393년(태조 2)부터 3년에 한 번씩 시험을 본다는 원칙을 정하고, 자子·오午·묘卯·유酉가 들어간 해에 실시하도록 했다. 무과도 이 원칙에 따라서 정기시의 경우에는 3년마다 실시하되 28명을 선발하도록 했으며 실제로 그대로 적용되었다.

그러나 정기시 이상으로 여러 종류의 비정기시가 실시되었다. 실시 횟수뿐만 아니라 선발 인원면에서도 오히려 더 많은 것을 볼 수 있다. 심지어 한 해에 여러 종류의 비정기시를 한꺼번에 실시했던 사례도 있다. 그러므로 어떤 이유 때문에 비정기시가 정기시 보다 빈번하게 실시되어 다수의 인원을 선발했는지가 궁금하다.

우선 무반의 정원이 문반의 그것보다 많은데도 불구하고 무과 정기시의 합격자가 적었던 것에서 근본적인 원인을 찾을 수 있다. 문과의 33명보다 적은 수를 최종적으로 뽑았다는 것은 그만큼 무과에 대한 차별성을 보여주는 것이라고 널리 인식되었다. 즉 정기시 이외의 비정기시가 남발될 수밖에 없는 것은 무과 자체가 지닌 구조적인 결함에서 파생되었다는 것이다. 그럼에도 불구하고 현실에 맞게 고치지 않았다는 것은 무과의 실시를 통하여 정치적으로 소기의 목적을 추구하려는 의도가 있었다고 생각된다. 그런 점은 각종 비정기시의 실시 목적에 대한 분석을 통해 짐작할 수 있을 것이다.

비정기시이면서도 정기시와 매우 유사하게 실시되는 것으로 증광시를 들 수 있다. 증광시는 국왕의 즉위나 국가의 경사가 겹칠 때 실시하는 시험이었다. 태종의 즉위를 축하하기 위해 처음 실시했었으나 무과는 제외되었다. 드디어 1419년에 세종의 즉위를 경축하면서 실시했던 것이 시초였다. 정기시와 시험 절차나 선발 인원 등에서 큰 차이가 없었다. 초시, 복시, 전시를 거쳐서 28명을 뽑는 것이 보통이었다. 다만 경우에 따라 선발 인원을 40명으로 늘리기도 했다.

별시는 증광시와 마찬가지로 국가 경사가 있을 때 실시하는 것이다. 규모가 적은 것이 보통인데 시험 절차도 초시와 전시의 두 단계만 있었다. 이때 초시는 정기시의 회시에 해당한다. 세자의 입학, 중국 황제의 등극, 중국 태자의 책봉 등을 축하하기 위해 행해졌다. 또는 권학이라든가 천재지변의 인심 수습용으로 행해지기도 했다. 별시는 서울에서 행해지는 것이 원칙이며 뽑는 인원은 일정하지 않았다.

외방 별시도 있었는데, 국왕이 지방을 순행하거나 온천에 갔을 때 행재소行在所에서 실시되었다. 세조 때인 1460년, 1464년, 1466년, 1468년에 행해졌는데 선발 인원이 매우 많다는 점이 특징이다. 그것은 외방 별시가 주로 지방 민심의 수습 차원으로 실시되었기 때문에 문과보다 쉬운 무과에 다수를 합격시켜 소기의 목적을 달성하고자 했기 때문이라고 한다. 이런 양상은 조선-일본 전쟁(임진왜란) 이후에 더욱 확산되어 무과 남발의 계기가 되었다.

알성시도 있었다. 이는 국왕이 성균관의 석전례釋奠禮에 참석한 뒤 실시했다. 원래 문과만 실시했는데, 이는 무반들이 참배할 수 있는 무성묘武聖廟가 조선에서는 마련되지 않았기 때문이었다. 하지만 1434년에 이르러 문무의 균형을 맞추기 위해 알성 문과가 실시될 때 함께 거행하도록 법제화되었다. 알성시는 초시, 전시의 두 단계로 실시되었으며 선발 인원은 일정치 않았으나 대체로 액수가 적었다.

중시는 10년에 한 번씩 정기적으로 실시하는 것으로 당하관 이하를 대상으로 했다. 무과는 1410년에 처음으로 실시되었다. 1416년에 문무과를 동시에 실시하되, 병년丙年마다 하는 것으로 상례가 되었다. 또한 이때부터 별시도 아울러 거행했는데 중시대거重試對擧로 표현되었다. 중시가 당하관 관리들의 승진을 위한 시험이었기 때문에 별도로 별시를 실시하여 처음 관직에 나오고자 하는 자에게도 응시할 기회를 주었다.

중시와 비슷한 형태의 시험으로 발영시拔英試·등준시登俊試·진현시進賢試가 있었다. 발영시는 1466년(세조 12) 단오절에 실시했다. 같은 해에 발영시의 예에 의하여 등준시를 실시했는데 종친까지 참여시켰다. 진현시는 1482(성종 13)에 실시했다. 세조 때의 발영시의 예에 의하여 붙여진 것이다. 이들 시험은 기존의 관료들을 대상으로 실시되었으므로 중시와 비슷했다.[322]

여러 가지 명목과 다양한 명칭으로 실시되었던 비정기시는 기본적으로 정기시 무과의 결함을 보완한다는 의미를 지니고 있다. 동시에 높아진 과거의 위상을 최대한 활용하기 위한 정치적인 의도도 대단히 강했다. 특히 함부로 선발 인원을 늘리면 문제가 커질 수밖에 없었던 문과를 대신하여 무과를 적극적으로 이용해서 소기의 목적을 달성하고자 했다. 위로는 종친에서부터 아래로 지방민에 이르기까지 참여시켜 국정을 함께 한다는 의식을 널리 확산시키고자 했다.

---

322 이상의 서술은 심승구, 앞의 논문, 1989, 24~29쪽의 내용을 요약한 것이다.

제4절

무반의 대우와 인사체제

1. 무반의 대우

1) 등용 방식의 개편과 무산계의 정비

무반武班이란 사전적인 의미로는 무관의 반열을 의미한다. 조정에서 조회나 제반 의식을 거행할 때 관리들이 남향한 국왕을 향하여 동서로 갈라서는데 무관은 서쪽에 줄을 짓는 데서 서반으로 지칭되기도 한다. 반면에 문관은 동쪽에 줄을 짓기 때문에 동반으로 불렸다. 이들을 합하여 양반을 형성했는데 원래는 문무반에 소속된 관리들만 의미했으나 점차로 사회의 특권신분층을 상징하는 말로 확대 사용되었다.[323] 이로 인해 무반은 전문적인 군사직인 무관을 총칭하는 용어로 사용되었다. 하지만 무반의 사회적 지위가 문반에 비하여 낮았기 때문에 실제로 국정을 입안하고 논의하며 집행하는 최고 기구에는 제대로 오르지 못했다는 평가를 받고 있다.

조선에 들어와서 이전과 비교해서 크게 달라진 점의 하나는 무반의 등용문에 커다란 변화가 생겼다는 사실이다. 그것은 과거 가운데 무과에 급제한 사람들이 주축을 이루었다는 점이다. 고려시기에는 대체로 일반 군사들 가운데 유능한 자를 무반으로

---

323 이성무, 『조선초기양반연구』, 일조각, 1980, 4~5쪽.

충원했다. 기존 연구에서는 바로 그 점이 문반에 비교해 무반의 신분상 차이를 보여주는 징표라고 주장했다.[324] 거기에 음서를 통해 들어온 사람들도 한 축을 이루었다고 볼 수도 있다. 그러나 조선에서는 무과가 본격적으로 실시되면서 성격이 크게 바뀌었다.

정기적으로 시험을 보는 식년시에는 28명을 선발해서 문

흥배도(『조선의 공신』, 129쪽, 한국학중앙연구원) 무신 흥배부분.

과에 비해 수가 적었으나, 각종 비정기시들로 해서 오히려 총 합격자의 수에서는 능가하는 결과를 낳았다. 그러므로 무반의 주축이 무과 급제자들로 채웠다고 해도 과언이 아니다. 물론 음서라든가 군공 포상 등의 이유로 일반 군사 중에서도 승진하는 경우가 없지는 않았으나 주류라는 점에서는 한계가 있었다.

과거를 통한 등용이라는 점에서는 무반은 문반에 비해 손색이 없었다. 다만 무과에 대한 평가라든가 합격자를 대우하는 면에서는 차이가 없지 않았다. 그런 점들로 인하여 문과와 무과의 구별이 전혀 없었다고 보기는 어렵다. 일례로 무과의 실시가 본궤도에 올랐다고 여겨지는 태종 때에도 문무를 병용하는 것은 옳지만 문무를 병립竝立시키는 것은 옳지 않다는 주장이 강력하게 제기되었을 정도였다.[325] 즉 문과와 무과는 분명하게 구별된다는 인식이 굳건하게 자리잡고 있음을 보여주었다.

일단 무과의 실시로 등용 과정에서 문무반의 균형이 어느 정도 자리잡혔다고 할 수 있다. 그러한 경향은 곧 관리들의 위계를 표시하는 제도에서도 관철되었다. 고려에서는 무반들의 위계인 무산계武散階를 노병이나 향리, 탐라의 왕족, 여진의 추장, 공장工匠, 악인樂人 등에게 제수했다. 무반은 오히려 문반과 더불어 문산계文散階를 받는 것

324 변태섭, 앞의 책, 1971, 313~316쪽.
325 『태종실록』 권21, 태종 11년 5월 무진.

이 원칙이었다.[326] 그렇게 된 이유가 여러 가지 있었을 것이나 기본적으로 양반 체제가 그만큼 확고하게 뿌리내리지 못했던 것이 아마도 큰 요인이었을 것으로 추정된다.

무반에게 비로소 주어진 무산계가 1392년(태조 1) 7월에 다음과 같이 제정되었다.[327]

> 서반西班은 정3품은 절충장군折衝將軍·과의장군果毅將軍이고, 종3품은 보의장군保義將軍·보공장군保功將軍이고, 정4품은 위용장군威勇將軍·위의장군威毅將軍이고, 종4품은 선절장군宣節將軍·선략장군宣略將軍이고, 정5품은 충의교위忠毅校尉·현의교위顯毅校尉이고, 종5품은 현신교위顯信校尉·창신교위彰信校尉이고, 정6품은 돈용교위敦勇校尉·진용교위進勇校尉이고, 종6품은 승의교위承義校尉·수의교위修義校尉이고, 정7품은 돈용부위敦勇副尉이고, 종7품은 진용부위進勇副尉이고, 정8품은 승의부위承義副尉이고, 종8품은 수의부위修義副尉이다.[328]

위와 같은 무산계의 수여로 그 동안 문산계를 편중해서 활용했던 전시기의 방식에서 어느 정도 벗어나 균형 있는 운영이 가능하게 되었다. 그럼에도 위 무산계에는 결함이 있었다. 첫째로 2품 이상의 계가 없다는 점이다. 2품 이상의 무산계가 없다는 것은 그 이상으로 승진했을 때 비록 무반이라고 하더라도 문산계를 제수받아야 함을 의미했다. 이는 곧 문반은 존귀하게 보고 무반은 천하게 여기는 징표로 이해하기도 한다. 둘째로는 9품계가 없다는 점이다. 이는 제도상의 큰 결함을 의미하는 것으로 파악되었다. 9품계가 없기 때문에 유외직流外職인 대정隊正·대부隊副에서 직접 8품계로 올려 받아야 하는 불합리한 점이 존재했다.[329]

먼저 2품 이상의 무산계가 제정되지 않았다는 사실은 실제로 무반에게 제수되지 않았다고 알려진 고려의 제도와 비교했을 때 오히려 불균형이 심화된 것으로 이해

---

326 旗田巍,「高麗의 '武散階'」『朝鮮中世社會史의 研究』, 法政大學出版局, 1972.
327 이성무, 앞의 책, 1980, 77쪽.
328 『태조실록』 권1, 태조 1년 7월 정미.
329 이성무, 앞의 책, 1980, 77쪽. 이때 9품계가 제정되지 않았던 것은 고려시대의 대정·대부가 유외직이기는 하지만 9품계로 대용되고 있었기 때문이 아닐까라는 의견이 제시되어 있다.

할 수도 있다. 왜냐하면 고려 때 제정된 무산계에는 종1품 표기대장군驃騎大將軍, 정 2품 보국대장군輔國大將軍, 종2품 진국대장군鎭國大將軍 등이 마련되어 있었기 때문이 다.[330] 표면상으로 이는 문무반의 균형을 추구했던 조선의 새로운 시책과 상반되는 것 으로 보이기도 한다.

그런데 태조 때 군제 개혁 작업을 주도했던 정도전은 통수권 행사에서 재상의 역할 을 매우 중시하는 입장에 있었다. 그런 점은 이미 고려말 개혁을 추진하면서 명확하 게 드러내고 있었다. 조선왕조 성립 직전인 1391년(공양왕 3)에 설립된 삼군도총제부 에서는 도총제사都摠制使는 1명으로 시중侍中 이상이 임명되며, 삼군총제사三軍摠制使 는 각각 1명으로 성재省宰 이상이, 부총제사副摠制使는 각각 1명으로 통헌通憲 이상이 맡도록 했다.[331]

본래 삼군도총제부는 중앙과 외방의 군사를 모두 통솔하기 위해 설립한 것인데[332] 그 책임자들은 대체로 재상급 인물들로 임명되는 것을 알 수 있다. 이런 점을 고려해 보았을 때 최고위 무반들이 통수권 행사에 그대로 참여할 수는 없으며 일단 재상이 되어야 가능했다. 이어서 재상이 되기 위해서는 일단 최상위의 정무 기관에 들어가야 하는데 이 역시 무반을 위하여 마련되었던 것이 아니었다. 자연히 무반의 신분을 유 지하는 것이 곤란했다.

조선에 들어와서도 상황은 달라지지 않았다. 정도전은 『조선경국전』에서 삼군도총 제부의 후신인 의흥삼군부와 위衛의 판사는 재상이 맡는다고 서술했다.[333] 그러므로 재상이 군의 통수권 행사에서 중추적인 역할을 수행한 것은 조선에서도 마찬가지였 다.[334] 더불어 정도전은 재상은 계책을 결정하여 승리를 가져오는 일을 해야 하기 때 문에 반드시 무예가 뛰어난 장수 출신이 임명될 필요는 없고 병법과 병학에 능통한 진신搢紳이 오히려 적당하다고 했다.[335] 이렇게 되면 문반 출신의 재상이 군을 실질적

330 『고려사』 권77, 지31, 백관2, 문무산계.
331 『고려사』 권77, 지31, 백관2, 제사도감각색, 삼군도총제부.
332 윤훈표, 『麗末鮮初軍制改革硏究』, 혜안, 2000, 158쪽.
333 『조선경국전』 상, 치전, 군관.
334 윤훈표, 앞의 책, 2000, 160~161쪽.
335 『조선경국전』 상, 치전, 군관, "蓋宰相無所不統 以軍機之重 必欲使廟堂知之 所以存體統也 長槍大

으로 통수하는 체제가 운영될 수밖에 없었다.

하지만 실질적으로 군대를 거느리는 것은 장병자將兵者들이었는데,[336] 그들의 직위가 낮아야 윗사람의 명령을 순종하게 되어 사역使役하기가 쉽다고 했다. 이에 장군으로 하여금 오원십장五員十將과 육십위정六十尉正을 관장하게 하고, 대장군 이상은 참예하지 못하게 하고, 각도 주군의 군사도 또한 병마사 이하에게 명하여 이를 장악하게 한다. 절제사는 때때로 병마사의 부지런하고 태만한 것만 규찰하게 한다면 체통이 서로 유지되므로 군사가 비록 모이더라도 반란을 그치게 하지 못할 근심은 없을 것이라고 했다.[337]

군대를 실질적으로 거느리고 있는 무반들은 그 직위가 낮아야 하며, 최고의 통수권은 문반 출신의 재상들이 장악해야 한다는 입장이 기반이 되어 수립된 체제에서는 2품 이상의 무산계가 별다른 소용이 없었을 것이다. 만약 제정하여서 최고급 무반들에게 수여된다면 오히려 이들이 문반 출신 재상의 통수권을 위협할 수도 있었다. 그 직위에 걸맞는 권한을 달라고 반드시 강하게 요구할 것이기 때문이다. 사전에 미리 완전하게 차단한다는 입장에서는 2품 이상의 무산계를 제정할 필요가 없었다.

한편 정도전 등과는 다른 각도에서 군의 통수권 문제를 다루었던 태종 계열에서도 무반들이 군대를 실질적으로 장악하는 것은 절대로 용납하지 않았다. 그 대신에 국왕의 통수권을 강화시키는 체제를 구축했다. 자연히 무반들에게 2품 이상의 무산계를 주어야 할 이유가 없었다. 따라서 태종 계열이 집권해서 다른 형태로 바꾸었다고 하더라도 그들이 시행했던 통수권 체제의 운영상 2품 이상의 무산계를 새롭게 제정할 필요가 없었다. 오히려 그것이 통수권 운영에 방해가 될 것으로 여겼을 가능성이 높았다.

2품 이상의 무산계와 달리 9품계가 마련되지 않았다는 것은 제도 운영상의 결함이 노출되었던 것으로 이해할 수 있다. 1392년의 무산계 제정으로 문무반의 균형이 서서히 자리잡혀 가고 있었으나 여전히 미진한 부분이 없지 않았다. 이런 점을 인식했

劍 雖非搢紳之所能措 而決策制勝 亦待深於韜略者."
336 윤훈표, 앞의 책, 2000, 193쪽.
337 『태조실록』 권5, 태조 3년 2월 기해.

는지 대책 마련에 부심했다. 드디어 1436년(세종 18) 국왕은 동반에는 이미 9품을 설치했음에도 권무權務[338]의 직職을 두었지만, 서반에는 비록 9품이 있으나, 대장·대부는 유외 서인流外 庶人의 직이라 서반에 제수되는 자는 거의 모두 8품에 초배超拜되고 있어 순자법循資法을 어기고 있다며 9품을 가설하여 그 폐단의 제거를 지시했다. 이 지시에 따라서 제정했는데 정9품은 진무부위進武副尉라 하고 종9품은 진의부위進義副尉라 했으며 모두 사용司勇으로 칭호하되, 녹과祿科는 모두 정품正品에 의하도록 했다.[339] 이렇게 해서 무관의 정상

무관 당상관용 쌍호 흉배(국립중앙박물관)
관복의 가슴과 등에 붙이는 흉배는 여러 차례 변경을 거쳐 1871년(고종 8) 이후로는 무관 당상관은 쌍호, 당하관은 단호 흉배를 사용하도록 했다.

적인 제수를 위해 무산계가 문산계와 동일한 구조로 정비되기에 이르렀다.[340]

그 뒤 1466년(세조 12)에 대대적인 관제 개편이 이루어지면서 더불어 무산계도 크게 바뀌었다.[341] 그것은 다시 약간의 수정을 거쳐 『경국대전』에 이르러 확립되었다.[342]

> 종2품 이상은 품계가 동쪽 반열과 같다.
>
> 정3품 절충장군折衝將軍 ○ 이상이 당상관
>
>   어모장군禦侮將軍
>
> 종3품 건공장군建功將軍 · 보공장군保功將軍

---

338 권무는 문자 그대로 하면 임시직이라는 의미이다. 그러나 대개는 서리와 정식 관원사이에 위치한, 또는 관직의 최하위 직종으로 기능했다.

339 『세종실록』권73, 세종 18년 윤6월 계미.

340 韓忠熙,「朝鮮初期 文·武散階의 淵源과 整備 小考」『仁荷史學』10, 2003, 312~313쪽.

341 『세조실록』권38, 세조 12년 1월 무오, "折衝將軍陞爲堂上官 果毅將軍改爲禦侮將軍 保義爲建功 威勇爲振威 宣節爲定略 忠毅校尉爲果毅校尉 顯毅爲忠毅 承義爲勵節 修義爲秉節 敦勇副尉爲迪順副尉 進勇爲奮順 進武爲効力 進義爲展力 餘皆仍."

342 한충희, 앞의 논문, 2003, 313~314쪽.

정4품 진위장군振威將軍 · 소위장군昭威將軍

종4품 정략장군定略將軍 · 선략장군宣略將軍

정5품 과의교위果毅校尉 · 충의교위忠毅校尉

종5품 현신교위顯信校尉 · 창신교위彰信校尉

정6품 돈용교위敦勇校尉 · 진용교위進勇校尉

종6품 여절교위勵節校尉 · 병절교위秉節校尉

정7품 적순부위迪順副尉

종7품 분순부위奮順副尉

정8품 승의부위承義副尉

종8품 수의부위修義副尉

정9품 효력부위效力副尉

종9품 전력부위展力副尉[343]

이로써 무반의 위계인 무산계의 정비가 일단락되었다. 마침내 문반과 대등한 지위를 누리게 되면서 명실상부한 양반제의 토대가 되었다.[344]

2) 무반직의 구조

무산계를 제수받아도 어느 정도의 사회적 위치를 차지할 수 있었지만 그 자체가 관직은 아니었다. 산계를 지니고 있는 사람들 가운데 여러 방향으로 능력이나 재능을 인정받은 자들만이 적당히 빈자리가 생겼을 때 관직에 들어갈 수 있었다. 또한 관직에는 실직實職과 산직散職이 있었다.[345] 실직은 직사가 있는 관직이고 산직은 직사가 없는 관직이었다. 다시 실직에는 국가로부터 녹봉을 지급받는 녹관祿官과 녹봉을 받지 못하는 무록관無祿官이 있었으며 녹관 중에도 일반직인 정직正職과 매도목마다 교

---

343 『경국대전』 권4, 병전, 경관직.
344 한충희, 앞의 논문, 2003, 312쪽.
345 이성무, 앞의 책, 1980, 116~117쪽.

체되는 체아직遞兒職이 있었다. 다시 실직을 경관직과 외관직으로 나누기도 했다.[346] 양반 체제의 균형을 이루고자 했으므로 이 체제는 무반직에도 그대로 관철되었다.

먼저 무반의 정직은 왕조 성립 직후였던 1392년 7월에 정3품에서 종9품에 이르기까지 총 4,392직을 설치하면서 성립했다. 정3품에는 10위衛 상장군上將軍(각1직) 10직, 종3품에는 10위 대장군大將軍(각2직) 20직, 정4품은 도호팔위都護八衛 장군將軍 2직, 종4품은 장군(각5직) 50직, 정5~6품에는 10위·도부외都府外 중랑장中郞將 152직 등 356직, 7~종9품 10위·도부외 별장別將 306직 이하 4,034직이 있었다.

하지만 이후 군제개혁과 관제개편 작업이 꾸준하게 진척되면서 무반 정직에는 많은 변화가 일어났다. 특히 여러 다양한 병

전오자치 초상(나주오씨 대종회)
전오자치는 1467년(세조 13) 이시애의 난을 평정한 공으로 일등공신에 오른 인물로 알려져 있다. 초상에서 오자치는 검은색 사모와 짙푸른 색 관복을 착용하고 있다. 가슴에는 호랑이무늬를 수놓은 흉배가 있다.

종이 설치되는 것과 더불어 군액이 늘어나면서 재정 부담이 커다란 과제로 떠올랐다. 이에 경비 절감의 차원에서 무반직의 체아직화가 점차 증가되었다. 반면에 정직은 그 수가 상당히 축소되었다.

그리하여 1400년(정종 2)까지 정3품 상장군에서 종9품 대장·대부까지 4,170여 직으로 조정되었다. 다시 태종말에는 정3품 상호군 이하 유외직까지 포함해서 4,000여 직으로 정리되었다가 1466년(세조 12)에 이르면 5위에 소속된 갑사 등 무반직의 대부분이 체아직으로 전환되면서 850여 직으로 줄었다. 또 다시 1484년(성종 15)까지 834여 직으로 정비되었다가, 이것이 『경국대전』에 법제화되면서 일단 무반 정직으로

---

346 이성무, 앞의 책, 1980, 124~125쪽.

확립되었다.[347]

『경국대전』의 의하면 중추부에는 정1품 영사 1명, 종1품 판사 2명, 정2품 지사 6명, 종2품 동지사 7명, 정3품 당상 첨지사 8명, 종4품 경력 1명, 종5품 도사 1명이 있었다. 오위도총부에는 종4품 경력 4명, 종5품 도사 4명이 있었다. 오위에는 정3품 당하 상호군 9명, 종3품 대호군 14명, 정4품 호군 12명, 종4품 부호군 43명, 정5품 사직司直 14명, 종5품 부사직副司直 45명, 정6품 사과司果 15명, 종6품 부장部將 25명·부사과副司果 71명, 정7품 사정司正 5명, 종7품 부사정副司正 112명, 정8품 사맹司猛 16명, 종8품 부사맹副司猛 117명, 정9품 사용司勇 42명, 종9품 부사용副司勇 232명이 있었다. 훈련원에는 정3품 당상 도정都正 1명, 정3품 당하 정正 1명, 종3품 부정副正 2명, 종4품 첨정僉正 2명, 종5품 판관判官 2명, 종6품 주부主簿 2명, 종7품 참군參軍 2명, 종8품 봉사奉事 2명이 있었다. 세자익위사世子翊衛司에는 정5품 익위翊衛 좌우 각각 1명, 종5품 사어司禦 좌우 각각 1명, 정6품 익찬翊贊 좌우 각각 1명, 종6품 위솔衛率 좌우 각각 1명, 정7품 부솔副率 좌우 각각 1명, 정8품 시직侍直 좌우 각각 1명, 정9품 세마洗馬 좌우 각각 1명이 있었다.[348]

다음으로 체아직에는 경직과 외직이 있었다. 그런데 경직이 지속적으로 운영되고 그 관직의 대부분을 점했다. 반면에 외직은 일시적으로 운영되고 그나마 수도 매우 적었다. 그러므로 무반의 체아직은 곧 경직이라고 이해할 수 있다. 무반의 체아직은 설치시기가 명확하지 않다. 다만 늦어도 1423년(세종 5) 이전에는 삼군에 설치되었던 것으로 추측된다. 이후 1484년(성종 15)까지 녹봉을 절약하고 각종 군사에게 관직 획득의 기회를 확대하면서 군사력을 확보할 의도로 새로 설치되는 각종 병종과 군사기구 등의 관직에 체아직을 설치하면서 이와 동시에 기존의 무반직도 대부분 이것으로 전환되었다.[349] 우선적으로 1428년(세종 10)에서 1432년(세종 14) 사이에 기존의 내금위·별시위·갑사 등 대부분의 군직이 체아직으로 전환되었다. 아울러 1431년 이후

---

347 한충희, 『조선초기 관직과 정치』, 계명대학교 출판부, 2008, 94~98쪽.
348 『경국대전』 권4, 병전, 경관직. 그런데 일부 관직의 정액에는 추정치가 포함되었다. 이에 관해서는 한충희, 앞의 책, 2008, 98쪽을 참조할 것.
349 한충희, 앞의 책, 2008, 99쪽.

에 신설된 제원 등에는 체아직이 설치되었다. 1466년(세조 12) 경에 대부분의 체아직이 종품직으로 되었다.

체아직의 수는 대체로 세종대 말엽에는 2,000여 직에 이르렀던 것으로 추정된다. 그것이 세조대 말엽에 이르면 4,600여 직으로 늘었던 것으로 파악된다. 그런데 『경국대전』에 법제화되었던 체아직의 수는 연구자에 따라서 차이가 있다.[350] 따라서 그 정확한 수에 대해서는 앞으로도 상세한 검토를 통해 확인이 필요할 것으로 생각된다.

더불어 무반의 체아직이 관직의 효율적 운영과 관련해서 동반 관직자에게 제수되기도 했다. 대표적인 예로서 1446년(세종 28) 3월 이전에 사부학당 교수관四部學堂敎授官에게 군직 체아 10명, 종학박사宗學博士에게 군직 체아 6명이 할당되기도 했다.[351] 그리고 1451년(문종 1)에 제생원 훈도濟生院訓導, 풍수학風水學, 도화원 별좌圖畵院別坐, 내의원內醫院, 왜통사倭通事, 의원醫員 등에게도 군직 체아가 할당되었다. 그 이유에 관해서는 좀더 세밀한 검토가 필요할 것이나, 다수의 관직을 효율적으로 운영하되더불어 경비도 절감할 수 있는 방안으로 군직 체아를 일부의 문반직자에게 할당했다는 것이 지금까지의 연구 결과라 할 수 있다.

문무반의 균형을 이룩하고자 했던 것이 조선의 기본적인 시책이었다. 하지만 왕조가 성립되고 얼마 지나지 않았던 시점에서 앞서 언급했던 바와 같이 문반의 대부분은 정직이었던 반면에 무반은 대체로 체아직으로 이루어졌다는 사실은 조금 이해하기 어려운 측면이 있다. 더구나 무반의 체아직 일부는 문반직에게 할당되었다. 그럼에도 불구하고 무반들은 어째서 이의나 불만을 제기하지 않았는지 궁금하다.

고려말의 갈등 상황을 되돌아보았을 때 초기부터 표면상 상당히 불리해 보이는 관직 체계의 개편 결과에 대해 무반들이 별다른 반응 없이 그대로 수용했다는 것은 의미가 남달랐다고 볼 수도 있다. 아마도 그런 체제가 대우면에서 보았을 때 무반에 지극히 불리한 것이 아니었을 가능성이 컸다.

========

350 이재룡, 「조선초기의 체아직」『조선초기사회구조연구』, 일조각, 1984, 36쪽에서는 3,005직으로 파악했다. 한충희, 앞의 책, 2008, 109쪽에서는 총 4,587직으로 보고 있다. 이는 오위의 정3품 당하관 이하 3,236직에 있어서 2,464직은 체아직이지만, 772직은 그 관직적 성격이 불분명하다는 한충희의 견해에서 비롯되었던 것 같다(한충희, 앞의 책, 2008, 114쪽).

351 한충희, 앞의 책, 2008, 107~108쪽.

먼저 무반의 대우와 관련해서 매우 중요한 연결 고리가 되는 것이 당시 진행되었던 군제 개편 작업이라 할 수 있다. 그 과정에서 전시기와 크게 달라진 현상이 나타났으니 이른바 직역의 부담과 토지 분급의 연계성이 서서히 약해지면서 완전히 사라진다는 것이었다. 그 전기를 이루었던 것은 1404년(태종 4)에 기존의 수전패受田牌와 무수전패無受田牌를 혁파하고 애마인愛馬人과 한량자제閑良子弟 가운데 적당한 자를 선발하여 응양위鷹揚衛를 설치했던 일이었다고 판단된다.[352]

이때 응양위라는 새로운 조직의 설치보다 그 과정에서 특히 수전패와 무수전패를 혁파했다는 사실이 주목된다. 이 조치는 고려말에 과전법을 제정하면서 내걸었던 중요한 원칙, 곧 '수전산관受田散官의 거경성위왕실居京城衛王室'을 중지시킬 수도 있음을 의미하기 때문이다. 나아가 그것은 전제 개혁에서 천명했던 군역 부담자에게 토지를 분급한다는 원칙의 변화를 예고하는 것이기도 했다. 물론 그 뒤에 곧 바로 수전패와 무수전패를 회복했기 때문에 군역 부담자에게 토지를 분급하는 체제는 당분간 그대로 유지되었다. 그러나 점차 수전산관들이 거경성위왕실의 기피가 노골화되었다. 이것을 계기로 드디어 토지를 매개로 하는 군역제의 운영 방식이 수명을 다해 가고 있었다. 그리고 그 빈자리를 태종대 이후부터 새로운 군 조직이 등장하면서 채워가고 있었다.[353]

이런 현상에 박차를 가했던 것은 태종, 세종 연간에 추진되었던 사전의 외방 이급 조처였다고 판단된다. 과전법의 규정에 따라 사전은 경기도 안에서만 절급折給되어야 했다. 이것을 사전경기私田京畿의 원칙이라고 한다. 그런데 1403년(태종 3)부터 사전경기의 원칙을 깨뜨리고 사전의 일부를 외방으로 이급하려는 논의가 일어났다. 드디어 1417년(태종 17)에 이르러 실현되었다. 이때 이급된 토지 종목은 과전科田을 비롯하여 공신전功臣田, 별사전別賜田, 사시전寺社田, 수신전受信田 등 일체의 사전이었으며, 그 중 3분의 1이 하삼도인 충청도, 경상도, 전라도에 이급되었다. 이급된 경기도 사전의 옛 땅은 군자전軍資田으로 편입되었다.

하지만 15년 만인 1431년(세종 13)에 하삼도에 있던 사전을 다시 경기도로 옮겼

---

352 『태종실록』 권8, 태종 4년 8월 정유.
353 윤훈표, 앞의 책, 2000, 238~239쪽.

다. 표면상 원상 복구시킨 것처럼 보이겠지만 사실상 사전의 감축이었으며 이로써 토지분급제는 상당히 위축될 수밖에 없었다. 세종 때 경기도로 사전을 환급시킨 뒤 곧바로 신급전법을 실시하여 과전의 총량을 감축했다. 이로 인해 관료로서 규정액의 토지를 다 받지 못하는 사람들과 전혀 받지 못한 사람들의 수효가 더욱 늘었다. 드디어 1402년에 84,100결이던 과전의 총량은 1440년(세종 22)에는 68,000여 결로 대개 20,000결이 감축되었다.

그 뒤에도 사전의 감축이 지속적으로 이루어졌으며 1466년(세조 12)에는 직전법이 실시되었다. 직전법이 실시되면서 산관에게 지급된 과전은 모두 국가로 귀속되었다.[354] 이로써 '수전산관의 거경성위왕실'에 관한 의무는 완전히 사라지게 되었다. 아마도 그 이전에 특히 사전의 외방 이급과 더불어 '수전산관의 거경성위왕실'은 거의 의미를 상실했을 것이다. 외방으로 사전을 이급하고서 경성으로 올라와서 왕실을 위해 숙위하라고 요구하는 것은 사실상 무리였다.

'수전산관의 거경성위왕실'이 급격하게 위축되어 소멸되는 가운데 응양위를 비롯한 다양한 군 조직이 새로 설치되었다. 그런데 새로운 조직에 입속했던 무반과 군사들에게 토지를 분급한다는 것은 매우 곤란했다.[355] 문반의 정직자들에게도 과전 따위를 제대로 지급하기가 극히 어려웠던 상황에서 군 조직에 들어온 다수의 무반에게 준다는 것은 생각하기 힘들다. 그런 상태에서 군 조직에 새로 입속한 무반에게 정직을 제수하는 것은 정말로 심각한 문제를 일으킬 수도 있었다.

만약이라도 정직을 준다면 어쨌든 토지를 지급해야 했다. 하지만 사실상 그것은 문반에게도 힘든 상황이었다. 자연히 무반에게는 정직 대신에 토지 지급이 법적으로 인정되지 않았던 체아직을 제수할 수밖에 없었다. 다른 한편으로 체아직의 제수에 대해 불만이 없지 않겠으나 문반조차도 제대로 받지 못하는 상태에서 정직을 고집한다는 것도 실질적으로 별다른 소득이 없었다. 오히려 매도목마다 교체되는 체아직이 유리

---

354 한영우, 「태종·세종조의 대사전시책」『조선전기사회경제연구』, 을유문화사, 1983.
355 다만 기존에 있던 조직으로 정액을 조정하는 등의 개편 작업이 실시되었던 갑사의 경우에는 상황이 달랐을 가능성이 있었다. 즉 갑사에 대해서는 토지를 분급했다고 주장하는 연구가 있다. 이 문제에 대해서는 김종수, 「조선초기 갑사의 성립과 변질」『전농사론』 2, 2001을 참조할 것.

할 수도 있었다. 당번이 아닌 기간 동안 나름대로 자신의 생업에 충실할 수도 있었기 때문이다. 만약 그 가운데 관직으로 출세를 하고자 하는 생각을 지닌 사람들이 있다면 자신의 능력으로 여러 가지 검증 절차를 거쳐 무반 정직으로 나가면 되었다. 스스로 선택할 수 있는 길이 이미 자체적으로 마련되어 있었기 때문에 함부로 불만을 표현하기 어려울 수도 있었다.

체아직은 당번 중에만 녹을 받는데, 과연 그것으로 직무 수행에 충분한 경제적 자원이 될 수 있는지는 의문이다. 더구나 정직자에게는 어떤 형태로든 토지 지급이 이루어지는 상태에서는 그 문제는 지극히 민감할 수밖에 없었다. 이에 대해 조선의 위정자들은 2가지 측면에서 대책을 강구했다.

첫째로 군 조직의 인원을 뽑을 때부터 경제적인 능력을 갖추고 있는지를 심사하는 것이었다. 초기의 가장 대표적인 군 조직이라고 할 수 있는 갑사의 경우를 보면, 원래 노비 5~6명과 토지 5~6결 이상을 지닌 자에게만 취재의 응시를 허락했다. 그러나 함길도에서는 이에 해당하는 자가 적어서 문제가 되고 있다는 의견에 따라 예외로 하도록 했다.[356] 함길도에 거주하는 사람을 제외하고 갑사의 취재에 응시하고자 하는 자는 반드시 일정 규모의 노비와 토지를 보유하고 있어야 했다. 보유하지 못한 사람은 갑사의 입속을 포기하고 다른 군 조직이나 병종을 찾아야 했다.

한편 갑사와 비슷한 위치에 있었던 조직은 대체로 상황이 비슷했다.

> 정통正統 11년(1446년, 세종 28) 정월의 수교에 이르기를, '금후로 별시위別侍衛는 갑사의 예에 의하여 경중과 경기인은 훈련관 제조가, 외방인은 각각 그 도의 관찰사가 사조四祖를 상고하고 천적賤籍을 진성陳省하되 원래 사족이고, 노비가 10구 이상 있는 자를 시취하는 것을 허락한다.'고 했다.[357]

위에서 별시위도 갑사와 마찬가지로 10구 이상의 노비를 보유하고 있는 사족에게만 입속을 허락했음을 알 수 있다. 일정 정도의 재산을 지니고 있는 사람들에게만 시

---

356 『세종실록』 권59, 세종 15년 2월 경술.
357 『단종실록』 권9, 단종 1년 11월 계유.

취를 허용했던 것은 여러 가지 이유가 있을 것이다. 그 중에 근무하는 동안에 필요로 하는 여러 가지 경제적 지원을 국가에서 지급하는 것에만 의존하지 않도록 사전에 조치했던 것도 포함되었을 가능성이 있다. 다시 말해 이는 자신의 재산을 근무하는데 적극 활용하라는 것이며, 그것이 될 수 있는 사람만 선발하겠다는 의미였다.

따라서 체아직을 제수받는 군 조직에 입속하는 사람들은 자신의 경제력이 근무 생활에 보탬이 될 수 있음을 스스로 입증해야 했다. 그리고 그것이 가능한 사람을 주로 선발해서 설사 국가의 지원이 다소 부족하더라도 자신의 힘으로 매울 수 있게 하고자 했다. 그렇게 된다면 비록 매도목마다 교체되는 체아직을 받더라도 근무에 큰 지장이 없을 것이며, 혹시 생길지도 모르는 불만을 사전에 미리 차단할 수도 있었다. 경제적으로 넉넉한 편이라면 군이 국가의 지원이 적다는 이유로 불평을 적극적으로 제기하지는 않을 것이기 때문이다.

그러나 사족이면서 경제적으로 넉넉한 사람이 갑사나 별시위 등에 얼마나 지원할 것이냐가 또 다른 문젯거리로 등장한다. 과거 합격 등을 통해 정직으로 진출하지 군이 체아직을 선택할 필요가 있을까라는 의문이 제기될 수 있다. 정직의 수가 적기 때문에 경쟁이 심해 어쩔 수 없었다고 치부할 수도 있겠으나 다시 한번 고려해야 할 부분이다.

이에 두번째로 위정자들은 군역의 인적 자원을 최대한 확보하는 것과 더불어 봉족제奉足制를 적극적으로 실시하여 대처하고자 했다. 경제력이 부족하나 실력이 있는 사람들을 군 조직에 입속시키지 않으면 체제가 도저히 유지될 수 없었다. 경제력과 실력을 갖춘 사람들이 갑사나 별시위 등에 들어가 장기간 근무한다는 것은 당시 상황에서는 다소 무리한 요구였다. 그런 점을 인식해서 경제력은 부족하나 실력이 출중한 사람들을 입속시키되 별도로 봉족을 배정하여 근무하는데 지장이 없도록 하는 방도를 마련했다.

의정부에서 아뢰었다. "외방의 민호가 부유하고 강한 자가 조호助戶를 많이 얻고 가난하고 어려운 자는 도리어 조호를 얻지 못하여 유리해 살 곳을 잃어서, 군액이 날로 감축되오니, 원컨대 각도로 하여금 차등에 따라서 상정하게 하소서. 1. 갑사는 2~3결 이하는 봉족 2호를 주고, 4~5결 이하는 1호를 주고, 6~7결 이상은 주지 않도록 한다.……" 했으므로, 그대로 따랐다.[358]

위에서 갑사 중에서 상대적으로 경제력이 약한 사람에게는 봉족을 지급했음을 알수 있다. 그런데 위의 조치는 상당히 초창기 실시했던 것이기 때문에 이후에 많은 변화가 있었다. 그럼에도 불구하고 연산군 때까지 갑사에게 봉족이 지급되었다. 아울러녹봉도 주어졌다.[359]

별시위의 경우에는 세조 초년까지는 소경전과 노비의 보유량에 따라 조정助丁을 지급하고 기준치 이상이 되면 분급하지 않도록 했다. 하지만 1464년(세조 10) 이후에는별시위에 대한 조정 지급이 사라져 버렸다. 그 대신에 번상했을 때 그의 본가에 대해완휼完恤하라는 규정이 마련되어 부역 감면과 같은 경제적 혜택이 주어졌다. 이 규정은 『경국대전』에도 실렸다. 즉 장정 10명을 데리고 있거나 토지가 10결 이하인 내금위와 별시위, 그리고 장정 5명을 데리고 있거나 토지 5결 이하인 제색 군사에게는 모두 복호復戶(요역, 잡역을 면제함)한다고 했다. 이로써 조정, 즉 봉족을 받지 못하게 된별시위, 내금위 소속원 중에서 경제력이 취약한 사람에게는 복호를 허용해서 도움을주도록 했다.[360]

무반이 대체로 정직보다 체아직을 더 많았음에도 불구하고 커다랗게 문제가 제기되지 않았던 것은 그것을 보완하는 여러 가지 장치라든가 제도가 마련되었기 때문이라고 할 수 있다. 물론 문반의 정직에 비해 지위가 낮았으며 그로 인해 국가로부터 홀대를 받았던 것은 확실하다. 하지만 문반 정직은 소수일 수밖에 없었으며 최고의 엘리트 계층에 국한되었기 때문에 스스로 병립하기 어렵다는 점을 자체로 인식했던 것으로 보인다. 다만 체아직을 통해 정직으로 나갈 수 있는 통로가 마련되었기 때문에적극적인 불만을 제기하지 않았던 것으로 보인다. 어렵지만 자신의 능력으로 나갈 수있었기 때문이다.

---

358 『태종실록』 권7, 태종 4년 5월 계해.
359 『연산군일기』 권5, 연산군 1년 5월 계묘.
360 윤훈표, 「조선초기 별시위 연구」 『국사관논총』 43, 1993, 29~33쪽.

결과적으로 무반은 초창기에는 정직에 제수되었다가 점차로 대다수가 체아직으로 전환되었다. 그것은 여러 가지 요인에서 비롯되었지만 전제 개혁으로 인해 직역과 토지 분급제의 연계성이 서서히 약화되다가 소멸되었던 것이 매우 중요했다. 다음으로 군제 개편으로 인해 다수의 군역자원이 파악되는 것과 동시에 새로운 군사 조직이 대거 설치되었다는 사실이다. 그 과정에서 비록 체아직이라고 하더라도 정직에 비해 크게 불리할 것이 없다는 이해가 강해졌다. 오히려 그것을 적극 활용하고자 하는 경향이 강했다. 그러므로 무반의 상당수가 체아직이 되었다고 하더라도 대우 면에서 크게 취약해졌다거나 문반과의 균형성이 심하게 훼손되었다고 보기 어렵다.

2. 무반의 인사체제

1) 정직의 인사체제

무반직은 상대적으로 소수의 정직과 다수의 체아직으로 구성되었다. 물론 그 이외의 관직도 존재하지만 양자가 압도적이었다. 그런데 정직과 체아직은 성격 면에서 차이가 있기 때문에 그에 대한 인사 체제도 달랐다. 일단 등용할 때부터 조금씩 달랐다. 대체로 무과 급제자들이 정직에 발탁되었다면, 각종 군 조직의 취재에 입격한 사람들은 체아직을 수여받는 경우가 많았다. 물론 체아직자에게도 무과에 응시할 기회가 있었기 때문에 능력이 된다면 정직으로 올라갈 수 있었다. 오히려 체아직자들이 대거 무과에 응시해서 출세하는 사례가 많았다. 따라서 비록 구별은 되었지만 옮겨가는 것이 차단되었던 것은 아니었다. 그러므로 그에 대한 문제 제기라든가 불만이 표면상으로는 크게 일어나지 않았다.

먼저 정직에 대한 인사 체제를 보면, 조선에 들어와 활성화되었던 무과의 입격자들이 대거 발탁되었다. 아마도 초창기 무반의 정직은 무과 급제자들로 채워졌을 가능성이 매우 높았다. 1402년(태종 2)에 제정한 무과법에 따르면 1등으로 합격한 자에게는 바로 종7품, 2등은 종8품, 3등은 종9품의 무직武職에 임명하고, 원래 직위가 있는 자는 일등을 올려주도록 했다.[361] 그런데 이 당시에는 무산계에는 9품계가 없었을 뿐만 아니라 5품 이하에도 정품正品은 없고 종품從品만 있었다. 이로 인해 무과 급제자들은 오히려 빠른 진출이 가능했다고 한다. 즉 무과에 급제하자 9품을 거치지 않고 곧 바로 8품에 제수되었기 때문에 진출이 그 만큼 빨랐다는 것이다.[362] 정치적으로 의도했는지의 여부는 확인되지 않았으나 태종 계열에 의해 추진되었던 군제 개편 작업과 관련해서 조속하게 새로운 인물들로 무반직을 채우려고 했던 것 같다.

하지만 무과 급제자들의 조속한 관직 진출은 얼마 지나지 않아 문제가 되었다. 문무반의 균형상에 문제가 생겼다는 것이 표면상의 이유였다. 상대적으로 공부가 어렵지 않으면서 출세도 빠르기 때문에 무과에 지나치게 많은 사람이 몰려들고 있다는 것이다. 이로 인해 실력이 있는 자들이 학문을 버리고 궁시를 잡는 현상이 발생하여 사회 문제가 되고 있다는 것이다.[363] 그럼에도 불구하고 당분간 그러한 기조를 유지했다. 하지만 무반직 자체에 변화가 생기면서 정책을 변경해야 했다. 그것은 세종 초년에 체아직이 서서히 늘어나면서 정직의 수가 줄어들고 있다는 사실이다. 아예 정직 자체가 체아직으로 전환되는 경우가 많았다.

이런 현상이 확산되면서 더 이상 종전처럼 무과 급제자들에게 정직을 제수하기가 곤란해졌다. 정직 자체가 줄어들고 있는 상황에서 급제자라고 해서 줄 수는 없었다. 대책 마련이 시급했다. 이에 1441년(세종 26)에 문과와 마찬가지로 무과 급제자에게도 산관散官을 주는 제도를 수립했다. 즉 무과 2등 합격자에게는 종8품 산관을, 3등에게는 종9품 산관을 제수했다.[364] 1등에게는 바로 실직을 제수했지만 산관을 받은 사람은 발령되는 것을 기다려야 했다. 그 과정에서 빈자리가 생기면 현직 관리의 추천을 받고서 비로소 실직으로 나갈 수 있었다.[365]

현재까지의 연구 성과에 따르면 무과 급제자들의 일반적인 진출 경향은 다음과 같았다. 먼저 관직이 없는 백신白身 상태에서 무과에 급제했을 경우에는 초직初職으로

---

361 『태종실록』 권3, 태종 2년 1월 기축.
362 심승구, 앞의 논문, 1989, 63~64쪽.
363 『태종실록』 권20, 태종 10년 10월 임술.
364 『세종실록』 권106, 세종 26년 11월 정축.
365 심승구, 앞의 논문, 1989, 66~67쪽.

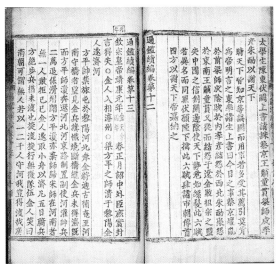

통감속편(경자자, 한국학중앙연구원)
조선전기의 대표적 무반 중 한명인 이천(李蕆)이
주도하여 1420년(세종 2)에 주조된 경자자(庚子字)로
찍은 책이다. 이천은 1419년에는 우군부절제사로
대마도 정벌에 참여했으며, 1437년에는 평안도
도절제사로서 여진족을 토벌하고 4군 설치를
건의했다.

훈련원 참외관訓鍊院參外官·권지權知 또는 별시위를 제수받았다. 원래 관직이 있는 경
우에는 전직의 고하에 따라서 훈련원, 사복시, 군기시 등의 관직에 임명되었다. 그런
데 경관직 가운데 무반의 정직은 그 수가 많지 않았다. 따라서 정직으로 나가고자 하
는 사람들은 외관직을 택해야 했다. 대체로 국방상의 요충지나 변경지대에 무재를 필
요로 하는 지역의 수령이나 변장으로 임명되는 일이 많았다. 이로 인해 현령이나 현
감, 군수, 판관, 관찰사와 같은 문반의 외관직에도 다수 제수되었다. 앞서 군직 체아에
문반직자가 할당되었던 것처럼 문반의 외관직에는 무과 급제자들이 대거 발탁되었다.
그런 식으로 해서 문무반의 균형을 이루었다.

　수령과 더불어 다수 파견되었던 것은 변장이었다. 천호나 만호를 위시하여 첨절제
사, 절도사 등에 제수되었다. 물론 문과 급제자들도 변장에 임명되기도 했지만 매
우 드문 경우였다. 오히려 무과 급제자들이 문반직인 수령으로 나가는 사례가 더 많
았을 것이다. 그런 점이 조선의 양반체제에서 하나의 특징이라고 할만하다.[366]

　일정 기간 외관직을 거치면서 능력을 인정받은 사람들은 중앙직, 즉 내직으로 들어
왔다. 이들은 주로 중추부를 비롯한 무반의 정직에 임명되는 경우가 많았는데 경우에

---

366 심승구, 앞의 논문, 1989, 69~70쪽.

따라서 육조 가운데 병조, 형조, 공조 등에 제수되기도 했다. 심지어 대사헌에 임명되기도 했으며 의정부의 최고위직인 참찬, 찬성, 의정까지 오른 경우도 있었다. 하지만 그 수는 문반에 비할 바가 아니었다.

일단 무과에 급제한 사람들의 일반적인 진출 경향을 보면 사용司勇, 사정司正, 판관判官 등의 정하위직에 머무르는 경우가 많았으며, 최종 관직으로는 첨절제사, 도호부사, 목사 등에서 그쳤다.[367] 이것을 볼 때 무반의 정직은 외관직이 주축을 이루고 있으며 거기에는 다수의 무과 급제자들로 채워졌음을 알 수 있다. 심지어 문반의 외관직마저 무과 급제자들이 차지하고 있는 것이 현실이기도 했다.

무과 급제자들만이 무반의 정직에 진출했던 것은 아니었다. 갑사 등의 취재에 입격해서 근무했던 사람들도 정직에 나갈 수 있었다. 이미 법적으로도 갑사가 체아직으로 있다가 거관되면 실직인 종4품으로 진출할 수 있었다. 그런데 종4품직은 오위에서는 대호군이 될 수 있는 품계이며 외관직으로는 동첨절제사同僉節制使, 만호 등에 진출할 수 있는 위계였다. 실제로 실직으로 거관된 갑사는 대개의 경우 외관직으로 배치되는 것이 일반적인 예라고 한다.[368]

갑사 이외의 군 조직에 대해서도 정직으로 진출할 수 있는 문호를 마련해주었다.

> 의정부에서 병조의 정문에 의거하여 아뢰기를, "내금위·별시위·갑사로서 도목 때에 수두首頭 된 자는 무재가 특이하다 하여, 혹시는 도목정사都目政事가 있기 전에 수령이나 만호를 제수하기도 했었습니다.……"하니, 그대로 따랐다.[369]

위 사료에서 명확히 언급했던 바와 같이 내금위를 위시한 주요 군 조직의 인원들 가운데 우수한 자는 외관직을 나가는 길이 비교적 넓게 마련되었다. 그러므로 체아직에 들어왔다고 해서 반드시 체아직으로 끝났던 것은 아니었으며 정직으로 전환할 수 있는 길은 있었다. 하지만 그것은 주로 외관직으로 그치는 경우가 많았다.

---

367 심승구, 「조선 단종대 무과급제자의 신분과 그 정치적 성격」『진단학보』88, 1999, 173쪽.
368 車文燮, 「鮮初의 甲士」『朝鮮時代軍制研究』, 檀國大學校出版部, 1973, 44~45쪽.
369 『세종실록』권101, 세종 25년 7월 신사.

무반의 경우 상대적으로 소수인 정직은 주로 외관직에 해당되었다. 여기에는 무과 급제자라든가 갑사 등에 소속되었다가 성적이 좋아서 승진했던 사람들이 주로 임명되었다. 그러나 무반의 최고 요직이라고 할 수 있는 경관의 정직에는 무과 출신이 주류를 이루었을 것이다.

2) 체아직의 인사체제

체아직에 제수되는 경로는 매우 다양했다. 그런데 동반의 체아는 그 수도 적으며 서반 체아에서 파생된 문제이기에 서반 체아가 체아직 문제의 근간을 이루며, 그 중에서도 군병의 체아직이 절대적으로 다수를 차지하고 있는 바 군병의 체아 문제를 위주로 해서 다루는 것이 마땅하다고 한다.[370] 다시 말해 전체적으로나 또한 서반에 국한시키더라도 군병의 체아직을 검토함으로써 그 대강의 윤곽을 파악하는 것이라 할 수 있다.

사병 혁파 이후에 군제 개편 작업이 추진되는 과정에서 여러 군 조직들이 새로 설립되었다. 별시위, 내금위, 충의위, 충순위 등이 대표적이었다. 이와 더불어 초기에 가장 근간을 이루었던 갑사의 경우에도 서서히 내용 변화가 이루어졌다. 정액이 증가하는 것과 더불어 번갈아 근무하는 교대제가 도입되었다. 그런 작업은 대체로 세종대 초기에는 어느 정도 단락을 짓게 되었다.

이와 함께 체아직의 수가 늘어나면서 정직正職이 축소되거나 전환되는 경우가 많았다. 그 결과 체아직이 다수를 이루었으며 정직은 상대적으로 소수를 점하게 되었다. 그 실제의 내용은 갑사 등이 지녔던 정직이 점차로 체아직으로 바뀌는 것이었다. 다시 말해 군병이 종전에는 정직으로 받았으나 세종 초년을 기점으로 점차 체아직으로 전환되었다고 할 수 있다.[371]

체아직으로 전환되는 군 조직의 특징을 보면 크게 두 유형으로 나뉜다. 첫째로 별시위, 내금위, 갑사 등을 대표로 하는 취재 시험을 통해 선발되는 사람들로 구성되는

---

370 이재룡, 앞의 논문, 1984, 6쪽.
371 이재룡, 앞의 논문, 1984, 18~19쪽.

최윤덕 초상(장열공 최윤덕 기념사업회)
최윤덕은 음직으로 관직에 올라 1410년 무과에 급제
한 후, 병조판서, 우의정, 영중추원사 등을 역임했다.
1419년(세종 1)에는 삼군도통사로 쓰시마 정벌을 지
휘했으며, 1433년(세종 15)에는 평안도 도절제사가 되
어 여진족 이만주를 토벌하기도 했다.

조직을 들 수 있다. 둘째로는 충의위와 충순
위 등과 같이 공신이라든가 고위층의 자손 등
으로 편성되는 것들이다. 여기에 의무적으로
징발되는 정병이나 수군과 같은 유형을 더할
수 있지만 이들은 체아직의 수여 대상자들이
아니었다. 그런 점에서 이른바 군병의 체아직
은 앞의 두 유형, 즉 취재를 통해 입속한 사람
들이나 당시 신분제에서 최상위를 차지했던
계층의 후손에게 주어졌다. 취재를 통하여 실
력을 검증하는 것, 다른 한편으로 가문 배경
에 힘입어서 등용되는 것은 조선에서 가장 중
요한 유형이기 때문에 그 어느 쪽에 치우쳐서
도 안되었다. 어떻게 해서든지 적절하게 조화
시킬 필요가 있었는데, 군병 체아직의 운영을
통해 그 어려운 과제를 해결하고자 했다.

실력 또는 가문의 배경으로 일단 군 조직에 들어와서 체아직을 받고서 근무하는 사
람들은 승진이나 출세를 하기 위해서는 성적이 중요했다. 즉 체아직 자체로 품계가
올라가기 위해서는 근무에서 좋은 성적을 거두어야 했다. 그 때 사일仕日이라고 해서
실질적인 근무 일수가 매우 중요했다. 근무 일수를 많이 쌓아놓으면 그에 의거해서
승진할 수 있었다.

하지만 단순히 근무 성적만으로 평가하는 것은 곤란했다. 그런 상황이 계속될 경우
에는 얼마 지나지 않아 일상적인 것으로 치부해서 스스로 발전을 도모할 생각을 하지
않을 우려가 컸다. 계속해서 단련해서 앞으로 나아가게 만들어야 했다. 이에 취재를
들어온 군병들에 대해서는 끊임없는 시험과 훈련, 교육 따위를 부과해서 스스로 성취
하거나 자연 도태되도록 했다.

우선 군병들이 무예에 능숙해지도록 권장하기 위해 평소에 단련한 것을 시험하는
연재鍊才를 의무적으로 보도록 했다. 내금위, 별시위, 친군위, 갑사 등이 부과 해당이

었는데, 그 성적에 따라 승진과 파출이 결정되었다.[372] 뿐만 아니라 정기적으로 도시都試를 실시하여 내금위 등의 종3품 이하 사람들에게 무예 시험을 통해 가자加資의 기회를 부여하기도 했다.[373] 그리고 앞서 언급했듯이 내금위, 별시위, 갑사 중에서 성적이 우수한 자에게는 외관직을 수여하기도 했다. 이때의 외관직은 정직을 의미했다.

가문의 배경으로 들어온 충의위, 충순위에 대해서는 연재 등과 같은 평가 시험을 의무적으로 부과하지 않았지만 문무과에 급제할 경우에는 상당한 특혜를 주었다. 다시 말해 가문의 영예를 이어가도록 독려해서 그들 스스로 실력을 쌓아가도록 했다. 체아직에 만족하지 않도록 환경을 조성하고 제도도 마련해서 자기 성취를 유도했다. 물론 능력상 여의치 않은 경우에는 어쩔 수 없지만 그것이 전체의 분위기를 지배하지 않도록 했다.

결국 체아직은 중요한 두 개의 원리, 취재 시험을 통해 실력을 검증받고 들어온 사람과 가문의 배경에 힘입어서 입속한 자들이 공존할 수 있는 터전이 되었다. 이 중요한 두 가지 원리가 정직에서 구현되는 것도 중요했다. 하지만 그에 따른 위험성이 너무 컸다. 만약 어느 하나가 정직을 지배할 경우에는 상당한 갈등과 충돌이 일어날 수밖에 없었다. 그런 점을 우려해서 체아직에 배치했다. 그리고 능력과 성적이 좋은 사람들은 정직으로 출세할 수 있는 방도를 마련해 놓았다. 그런 점에서 무반의 체아직이 지니는 의미가 상당히 컸다고 할 수 있다.

---

372 한우근 등, 『역주경국대전주석편』, 한국정신문화연구원, 1986, 593~594쪽.
373 한우근 등, 앞의 책, 593쪽.

제3장

5위체제의
성립과 중앙군

제1절

5위체제의 성립 과정

1. 중앙군의 확대와 조직의 정비

중앙군은 왕조 국가의 상징이며 권력의 원천이기도 했던 국왕과 수도를 수호하며 통치 체제의 안녕 및 질서를 유지하는 것이 주된 역할이었다. 이러한 목표를 달성하기 위해 중앙군의 각 부대들이 수도의 내외곽을 철통같이 방위하는 형태로 포진하기 마련이었다. 군제와 군의 운용방식은 사회제도의 특성과 변동에 많은 영향을 받지만, 중앙군은 국가체제와 정치적 구조를 수호하는 역할을 하므로 그들에 대한 지휘 체계와 인사, 운영방식은 정치적인 변동과 연계되어 변동했다. 이것이 중앙군이 지닌 중요한 특징이라 할 수 있다.

중앙군은 원래 소수 정예로 구성되는 것이 일반적이었다. 그러나 조선에 들어와서 특히 태종대와 세종대에 이르러 갑자기 전례 없는 규모로 확대되었다. 태종은 일종의 쿠데타와 같은 비상적 방법으로 권력을 장악했으므로 측근의 군사력을 증강시키는 것은 당연하다고 볼 수 있다. 그러나 조선왕조에서 보기 드물게 정치적 안정을 이룩했던 세종대에도 중앙군의 확장을 추진한 것은 의외의 현상이라는 생각이 들기도 한다.

태종~세종대에 중앙군은 꾸준히 증가하다가 1440년(세종 22) 이후부터 크게 증가했다. 그 해 2월에 갑사를 3,000명에서 6,000명으로 늘렸고, 별시위는 1441년(세종 23) 9월에 1,000명에서 1,600명으로 증액했다. 마침내 1448년(세종 30)에 이르러

세종과 세종비 소헌왕후가 합장된 영릉(경기 여주, ⓒ 유수)

대폭적으로 증액되었다. 즉 기존의 갑사 4,600명에 3,000명을 더하고, 별시위 3,000명에 2,000명을 더하고, 방패防牌 4,500명에 3,000명을 더하고, 섭육십攝六十 1,800명에 1,200명을 더하고, 근장近仗 600명에 400명을 더하고, 총통위銃筒衛 2,400명에 1600명을 더했다.[1] 이것을 모두 합산하면 기존의 16,000명에서 11,200명이 증가해서 총 28,000명이었다.[2]

중앙군 확대의 원인에 대해 기존 연구는 우선 태종부터 세종대 중엽에 이르기까지 호적법이 정비되어 은정隱丁을 찾아내기 위한 노력이 대대적으로 진행되었던 것에서 찾고 있다. 즉 국가에서 파악하는 인구가 증가함으로 인해 의무 군역 부과자도 증가했다고 확신했다. 여기에 정치가 안정되면서 과도한 금군으로서의 중앙군은 더 이상 필요하지 않게 되었다. 이에 중앙군을 국방군으로 전환하게 되었다는 점이 지적되었다.[3] 이런 여러 가지 요인으로 말미암아 중앙군의 내용과 성격이 점차로 변모되었던 것으로 짐작된다.

----

1 『세종실록』 권119, 세종 30년 1월 을묘.
2 閔賢九, 『朝鮮初期의 軍事制度와 政治』, 韓國研究院, 1983, 137쪽.
3 閔賢九, 앞의 책, 1983, 138~140쪽.

아무튼 세종 때에 이르면 다양한 성격의 병종이 중앙군에 자리 잡게 되며, 각자에게 부여된 임무를 서로 다른 방식으로 수행하게 되었다. 그로 인해 매우 유사한 업무라고 하더라도 담당하는 병종의 특성에 따라서 형태가 달라지게 되었다. 자연히 이들을 통솔하는 체계도 복잡해졌다.

통솔체제를 복잡하게 만든 데는 중앙군의 통수체제를 한군데로 집중시키는 것이 정치적 위험도를 높인다는 이유도 있었다. 그렇다고 지나치게 분산시키는 것도 곤란했다. 결정적인 사태 발생 시에 제대로 기능하기가 어렵기 때문이다. 따라서 적절하게 조절하는 것이 중요했지만 사실상 제대로 된 체계를 갖춘다는 것이 힘들었다. 너무 집중되지도 않고 그렇다고 섣불리 흩어져서도 안 되었다. 적절하게 통합해서 운용할 수 있는 시스템의 수립이 긴요했다.

실제로 중앙군의 통솔 체계는 짧은 시간에 여러 차례 바뀌었다. 더구나 새로운 병종이 계속 설립되고, 중앙군이 확대되면서 내용이 한층 더 복잡해졌다. 1409년(태종 9) 시위 중심의 10사十司로 개편된 다음에 세종이 즉위하면서 12사十二司로 개편되었다. 그런데 1422년(세종 4)에 상왕上王으로 있으면서 사실상 병권을 관장했던 태종이 세상을 떠나자 십사로 환원되었다. 하지만 그 뒤 여러 병종이 생기고 병력이 늘어나면서 도로 십이사가 되었다.[4]

십사, 십이사 등으로 바뀌는 것뿐만 아니라 그 사이에 성격 차이가 있는 여러 병종들이 새로 추가되었다가 합쳐졌거나 폐지되었다가 복구되는 등 여러 가지로 복잡해졌다. 당시 중앙군의 주력을 이루었던 갑사는 그대로 유지된 채 정액의 증감만 가끔씩 단행되었다. 국왕을 직접 경호하는 핵심부대인 내금위도 병력 변동이 되풀이 되었다. 이 외에 다른 분야에서도 복잡한 변화가 있었다. 그 대표적인 사례가 응양위鷹揚衛이다. 응양위는 태조 때 10위十衛 조직으로 내려왔다가 십사로 개편되면서 없어졌다. 다시 태종 때 별개로 응양위라는 숙위군을 설립했다. 그러나 세종이 즉위하면서 혁파하고 그 부대원들을 다른 병종으로 이속시켰다. 그 후 예종이 즉위하면서 금군의 역할을 담당하는 응양위를 설치했지만 성종 때 다시 내금위로 흡수 통합되었다.[5] 이

---

4 閔賢九, 앞의 책, 1983, 123~124쪽.
5 박홍갑, 「조선초기 금군과 숙위체제」 『조선시대의 과거와 벼슬』, 집문당, 2003, 329~332쪽.

런 사태가 응양위에만 국한되어 일어났던 것은 아니었다.

갑사와 내금위 같은 주력병종은 응양위처럼 치폐가 반복되지는 않았지만, 통솔 체계라든가 구성 및 운용에 어떤 달라진 부분이 있다면 당연히 그에 따른 재정비가 필요했으며 그 사이에 다소 간의 혼선이 일어날 수밖에 없었다. 문제는 이러한 상황이 짧은 기간 내에 자주 일어났다는 사실이다. 앞선 조치들이 미처 완전하게 마무리되지 못한 상태에서 재차 개편이 추진된다면 그에 따른 허술함을 면하기 어렵다.

실제로 10사를 12사로 변경하던 1445년(세종 27) 병조와 의정부는 다음과 같은 보고를 올렸다. 갑사는 번상番上하는 날은 적고 물러나 쉬는 일수가 많은데, 한가하게 지내다 보니 해이해져서 군장과 마필을 버려두고 돌보지 않다가 상번하는 시기가 되면 혹 서로 빌려주거나 하니, 만일 급한 일이 일어나면 사실상 쓸모가 없게 된다. 최신 무기였던 총통銃筒을 취급했던 별군別軍은 사역시키는 경우가 많아 전혀 자신의 업무를 익히지 못하고 있다. 근장近仗, 방패防牌, 섭육십攝六十 등은 직품職品이 서로 비슷하지만 소임이 같지 않아서 한가하고 괴로운 것이 크게 차이가 나는데도 급료를 똑같이 주고 있다.[6]

갑자기 늘어난 다양한 병종의 군인들을 균일하게 통솔하지 못한다면 그 효과는 반감될 수밖에 없었다. 오히려 위 의정부의 계에서 보는 것처럼 전체를 혼란스럽게 만들어 기능을 떨어뜨릴 수도 있었다. 그러므로 중앙군을 증대시키는 것도 긴요했지만 어떻게 효율적으로 통솔할 것인가를 심각하게 고려해야 할 상황이었다.

더욱이 중앙군이 담당하고 있었던 여러 임무들은 성격상 조금이라도 허술한 점이 있어서는 매우 곤란했다. 상부에서 혹독한 감독과 단속을 끊임없이 실시한다고 해도 본연의 업무를 수행하는 자들이 부실하다면 소용이 없었다. 자연히 근본을 이루는 것에 손을 대서 사태를 해결해야 했다. 그 기능에 맞게 통솔하는 것이 중요했으며 그러한 체제를 구축하는 일이 매우 필요했다.

우선 잡다하게 흩어져서 각자의 역할을 하고 있던 병종들을 일단 한군데로 묶어서 통솔할 필요가 있었다. 이와 동시에 각자의 맡은 임무를 수행하는 과정에서 통솔자가

6 『세종실록』 권109, 세종 27년 7월 경인.

확실하게 휘하 인원 등을 장악하여 차질없이 행할 수 있도록 만들어야 했다. 아울러 삼군진무소나 병조 등을 통한 명령 전달 체계도 명확하게 규정해서 차질이 없어야 했을 뿐만 아니라 포상과 징벌에 대한 규칙도 구체적으로 설정해서 엄중한 단속이 실질적으로 이루어지도록 만들어야 했다.

나아가 유사시에도 효율적으로 대처할 수 있게 훈련시킴으로써 만약 위급한 상황이 돌발했을 때에도 즉각 동원해서 대처할 수 있게 해야 했다. 따라서 평상시 및 유사시의 임무 수행과 명령 전달, 감독과 적발, 포상과 징벌, 연습과 훈육 등이 일원적인 조직 체계로 긴밀히 연결되게 해야 했다. 그렇게 되면 규모가 확대되고 여러 다양한 병종들이 어울리게 되었음에도 불구하고 전체적으로 지휘관들이나 군인들이 느슨해지고 싶어도 함부로 그렇게 할 수 없게 될 것이었다.

더구나 중앙군은 여타 부대에 비해 배경이나 신분이 높은 편에 속했다. 자연히 그들의 위상에 걸맞은 대우를 제대로 해주지 않는다면 오히려 불평과 불만을 고조시킬 수도 있었다. 한편 그들에 대한 유지 비용이 만만치 않았다. 따라서 중앙군이 증대함에 따라 비용문제가 더욱 심각해졌다. 그러므로 번상제라고 교대로 근무하는 제도를 도입하여 군인의 숫자와 비용과의 적절한 조화를 꾀했다. 하지만 번상제로 운영되는 병종의 경우에는 임무 수행과 군장 준비 등에 대해 상대적으로 소홀할 수 있으며 그로 말미암아 질적인 수준이 현저하게 떨어질 가능성이 높았다. 이런 현상을 사전에 차단하기 위해서는 번상제의 확대 실시에 따른 통제 시스템의 강화를 추진할 필요가 있었다.

같은 병종의 구성원이라고 하더라도 교대로 근무하는 바람에 사실상 동질감을 느끼기가 어려웠을 것이다. 그 대신 직속 상관들에 대해서는 상당한 친밀감을 느꼈을 가능성이 높아졌다. 같은 병종의 구성원임에도 불구하고 만날 때마다 낯설어 서먹하고 도리어 각자의 직속 상관을 가깝게 느낀다면 이것이야말로 사병적 요소를 싹트게 하는 요소가 될 가능성이 농후했다. 이러한 요소들이 지나치게 발전하는 것을 차단하기 위해 특정 병종은 하나의 조직 체계로서 집중적으로 통솔하되, 동시에 적절하게 나누어 배치해서 어느 정도 분산시키는 효과를 거두어야 했다.

이와 동시에 확실한 명령 전달 체계의 수립도 긴요했다. 누가 어떻게 임금의 명을 받고서 휘하에 어떤 방식으로 전파시켜야 혼선이 일어나지 않고서 제대로 전달할 수 있을지를 고민해야 했다. 드디어 종합적인 재정비가 강하게 요구되었다.

2. 5사제로의 개편

세종 때 세자로 있으면서 특히 후반기에 이르러 정사에 깊숙하게 관여했던 문종은 즉위 직후부터 진법 훈련에 대해 많은 관심을 기울였다. 이는 군조직, 특히 중앙군제의 개편 작업과도 연관되어 있어 매우 주목된다.

먼저 병조와 도진무 등의 추천을 받았던 황수신黃守身에게 연습과 군사를 검찰檢察하는 일을 함께 의논하도록 지시했다.[7] 바로 이어서 의정부와 도진무 등을 불러 진법을 연습하는 절목을 의논하도록 했다. 여기서 주목되는 것은 군사 중에서 글을 읽을 줄 아는 사람은 『진설陣說』[8]을 강講하게 하고 글을 읽지 못하는 사람은 마아馬兒[9]로써

현릉 문종의 릉으로 동구릉에 있다.

---

7 『문종실록』 권3, 문종 즉위년 8월 계미.
8 1433년(세종 15)에 편찬된 『계축진설』을 가리킨다(정해은, 「계축진설」 『한국전통병서의 이해』, 국방부 군사편찬연구소, 2004).
9 본래 '마아'로 표기되는데, 도상에서 진법 연습을 할 때 사용하는 도구라고 한다(韓㳓劤等, 『譯註經國大典註釋篇』, 韓國精神文化研究院, 1986, 633쪽).

시험하되 한 가지를 통하지 못하면 1도到를 삭제하도록 하고, 또 충순위忠順衛로 하여금 진법을 연습하고 『진설』을 강하도록 했다는 점이다.[10]

이때 글을 읽지 못하는 군사까지도 의무적으로 진법서를 강하되 통달하지 못하면 근무 일수를 깎도록 해서 그 강도를 높였다. 아울러 3품 이상의 고위 관리들의 자손들이 배속되었던 충순위까지 연습과 『진설』을 강하게 해서 군사라면 예외 없이 그 누구라도 익혀야 하는 일로 격상시켰다.[11] 아울러 진법 연습의 방식까지 바꾸었다. 황수신의 건의에 따라서 종전에는 다만 유군遊軍과 적敵의 침입을 받는 면面의 군졸만 운동運動시켰으나 앞으로는 전군에 걸쳐 깃발이나 북·징소리에 따라 전진하고 퇴각하는 절차 등을 익히도록 했다.[12]

이렇게 문종이 즉위하자 곧 바로 의욕을 가지고 진법 연습의 강도를 높였던 것에 대해서 『문종실록』에서는 다음과 같이 표현했다. '북로不虜의 성식聲息이 해마다 연달아 그치지 아니하여 임금이 강무에 뜻을 기울여 무릇 무비의 일에 생각이 두루 미치지 아니함이 없었고, 기계가 정교하고 치밀했으며, 또 친히 진법을 검열하니 무사들이 모두 그 재능에 정통했다.'고 했다.[13] 여기서 북로, 즉 북쪽의 오랑캐인 오이라트(몽골의 일파)[14]의 침공위협과 여진족의 연달은 침입으로 말미암아 무비를 확고하게 하는 일에 관심을 가지게 되었다는 것인데, 이는 일종의 구실로 보인다. 왜냐하면 적의 침입이 우려되지 않음에도 불구하고 군비를 확충하고자 했을 때 여러 가지 경로로 문제를 제기하는 것이 조선의 일반적인 실정이었기 때문이다. 그런 점들을 충분히 고려해서 문종은 오이라트의 위협과 여진족의 침입을 내세워 진습 연습의 강도 등을 높였던 것이다.

그런데 이것이 군대의 숙련만을 목표로 삼았던 것은 아니었을 것이다. 기계가 정교

---

10 『문종실록』 권3, 문종 즉위년 8월 갑오.

11 車文燮, 「鮮初의 忠義·忠贊·忠順衛」 『朝鮮時代軍制研究』, 檀國大學校出版部, 1973.

12 『문종실록』 권3, 문종 즉위년 9월 경신.

13 『문종실록』 권5, 문종 1년 1월 병진.

14 오이라트는 몽골족의 일파이다. 에센부카의 영도 아래 급성장한 오이라트는 1449년 토목보에서 명군을 격파하고, 명나라 황제 영종을 포로로 잡았다. 이 사건으로 문종대에 오이라트나 오이라트와 연합한 여진족이 조선을 침공할지 모른다는 소동이 벌어졌다.

정인지 묘(충북 괴산)

하고 치밀했다 등의 지적은 아마도 그 이상을 바라고 있었다는 인상을 주기에 충분했다. 이때 갑자기 경연에서 정인지鄭麟趾가 진법의 설을 극력으로 진술하니 임금이 가상히 여겨 이를 받아들였다는 기록이 나온다. 정인지가 극력으로 진술했던 진법 설의 내용이 무엇인지가 분명하게 밝혀진 것은 아니었다.[15] 다만 세종 때 편찬되어 그 당시까지 표준적인 진법 연습 교재로 사용되었던 『계축진설』에 대해 비판하고 개정할 것을 강력하게 건의했던 것으로 짐작된다. 특히 정인지가 수양대군 등과 함께 『계축진설』을 대체했던 『신진법』[16]의 편찬에 깊숙하게 간여했다는 사실에서 그런 점을 뒷받침해주고 있다.[17]

이와 더불어 문종은 친필 문서를 내려 기존의 군제에 대한 문제점을 다음과 지적했다. 지금 호군은 잡류雜類인데, 방패는 모두 부역에 나아가고 섭육십은 사령이며, 별시위·총통위는 영領에 속하지 않으며, 갑사만 각령各領에 속해 있어서 호군이 전혀

15 『문종실록』 권5, 문종 1년 1월 경신.
16 이것은 일반적으로 『오위진법』이라고 불리고 있다(國防部戰史編纂委員會, 「오위진법(五衛陣法)」 『兵將說·陣法』, 1983).
17 『문종실록』 권8, 문종 1년 6월 병술.

관리하지 못한다. 장수는 항상 군사를 데리고 다니면서 예의를 가르치고 항오를 익히고 절제하기를 익숙하게 해야 하고, 장수가 된 자는 군사 보기를 자제처럼 해야 하고 군사는 장수 보기를 부형처럼 대해야만 위급한 사변이 있을 때 서로 버리지 않고 구할 수 있다.[18]

지금까지 장수와 군사의 사적인 결합을 막아야 한다는 명목으로 호군과 중앙의 주요 병종이 서로 연결되는 것을 차단해 왔다. 그러다 보니 각 영에서 갑사를 통솔해야 하는 호군이 경시되어 잡류에 불과해졌다. 더구나 또 다른 축을 이루었던 별시위·총통위 등은 각령에 속하지조차 못한 실정이었다. 방패는 부역군, 섭육십은 사령으로 활동함으로써 아예 군사로서의 기능이 크게 저하되었다. 장수와 군사의 관계도 전혀 신뢰가 쌓이지 않고 있다. 이에 문종은 장수와 휘하 군사가 훈련과 근무 등을 함께 하면서 상호간의 깊은 신뢰를 쌓아야 할 것으로 생각했다.

이것을 위해 문종은 호군을 설치해서 평상시에는 인솔해서 시위하게 하고 유사시에는 거느려서 진을 만들게 했다. 60명의 호군이 3교대로 근무하는데, 출직出直하는 40명의 호군 가운데 매일 밤 5명의 호군이 순찰하며 지킨다. 군사의 집합과 해산도 호군이 병조의 명을 받아서 실시한다. 또 훈련과 근무에 대한 군사의 평가와 상벌부과를 병조의 감독 아래 호군이 시행하게 했다.[19] 이는 장수가 되는 호군이 휘하의 소속 군사들과 훈련, 평상시의 근무, 긴급시의 출동 등을 함께 수행하여 갑자기 위급할 때를 당하더라도 실질적으로 통솔되게 하려는 것이었다.

하지만 장수의 통솔권과 군사의 유대를 강화하는 것은 사병화의 위험도 따르는 일이었다. 그런 이유로 바로 사간원에서 반대의견을 개진했다.[20] 그러나 문종은 호군 개편을 계속 추진했다. 겸호군兼護軍을 설치해서 군사의 훈련에 관한 일을 전적으로 관장하게 했고, 잡류로서 호군에 제수된 자는 겸호군에 임명하지 못하게 했다. 아울러 호군 30명을 증원했는데, 집안과 신분이 분명하며, 재주와 기예가 정밀하고 능숙한 자로 선발하게 했다. 또 섭육십 100명을 사령으로 주도록 하는 방안을 강구했다.[21]

---

18 『문종실록』 권6, 문종 1년 3월 기미.
19 『문종실록』 권6, 문종 1년 3월 기미.
20 『문종실록』 권6, 문종 1년 3월 기미.

1451년 6월에 5사로 중앙 군제를 개편하고자 했다. 군사의 위령衛領을 개정하는 내용을 문종이 친히 작성해서 의정부에 내려 의논하게 했다. 갑사는 5사로 나누며 사마다 각각 5령領을 둔다. 영마다 갑사 70명을 배치하는데, 30명은 양계의 갑사로 하고 40명은 한양의 갑사로 한다. 당번하는 5사 중에서 2사는 입직하고 3사는 출번하는데, 3사 중에서 날[日]을 나눠 순찰하게 한다. 그리고 당번하는 5사 중에서 2사의 10령이 입직하면 호군의 수가 30명이고 출번하는 3사 가운데 1사의 5령이 순찰하면 호군의 수가 15명이 된다고 했다.

이 방안에 대해 많은 사람들이 조종祖宗의 성헌成憲은 고치기 어렵다고 반대했다. 새로이 진법을 만들었어도 12사를 나누어 예속시키는 것에는 문제가 없다고 주장하고, 5위衛 5부部를 만들어 액수를 정하더라도 군사를 나눌 때에 반드시 서로 옮겨 정하는 폐단이 있을 것이니 당분간 그대로 두었다가 폐단이 생긴 뒤에 점차로 바꾸자고 건의했다.[22]

승정원조차도 12사를 파하여 5사로 만드는 것에 대해 반대하면서 비록 12사라고 해도 새로운 진법을 익히는데 지장이 없으며, 혹 부득이 고쳐야 한다면 내년의 대상大祥을 기다린 뒤에 고치는 것이 마땅하다는 의견을 내놓았다.[23] 현재의 제도에 특별한 하자가 발생하지 않았는데 선왕인 세종의 3년상을 치루기도 전에 고치는 것은 바람직하지 않다는 것이다.

효성이 지극하다고 알려진 문종이지만 이 주장에 동의하지 않았다. 그는 5사 개편안이 자신의 독단이 아니라 대신과 의논해서 정한 것이라며 그대로 추진하자고 주장했다.[24] 이미 세자 시절부터 국정을 실질적으로 주도했던 문종에게 진법의 개정과 5사로의 개편 작업이 최우선 선결과제였다.

마침내 병조에 명하여 우선 갑사를 중군의 의흥義興·충좌忠佐·충무忠武, 좌군의 용양龍驤, 우군右軍의 호분虎賁 등의 5사로 분속시키는 것을 필두로 전면적인 개정 작업

---

21 『문종실록』 권7, 문종 1년 5월 갑자.
22 『문종실록』 권8, 문종 1년 6월 경오.
23 『문종실록』 권8, 문종 1년 6월 임신.
24 『문종실록』 권8, 문종 1년 6월 임신.

을 단행했다. 사마다 각각 5령을 설치하되 갑사는 물론, 별시위·총통위·방패·섭육십 등을 나누어 소속시켰다. 당번 5사 중에서 2사는 입직하고 3사는 출직하되, 3일마다 서로 교대하게 했다. 출직하는 3사 중에서 1사는 순찰을 돌게 했다. 아울러 호군의 수를 60명에서 15명을 더하여 75명으로 만들어 소속 군사들을 실질적으로 통솔하도록 했다.[25]

곧 이어 5사로의 개편에 기초가 되기도 했던 진법 개정도 이루어졌다. 문종이 친히 『신진법』을 지어서 수양대군 및 김종서·정인지 등에게 명하여 함께 교정하게 했는데, 이때에 완성되었다. 『신진법』의 서문에서 밝힌 편제에 의하면 대장은 5위를 보유하며 매 위는 각각 5부를 보유해서 전체적으로 모두 25부가 되도록 했다. 매 부는 각각 4통을 보유했다. 대장은 위장을 호령하고 위장은 부장을, 부장은 통장統將을, 통장은 여수旅帥를, 여수는 대정隊正을, 대정은 오장伍長을, 오장은 졸병을 호령한다.[26] 이렇게 해서 5위 25부로 구성된 진법 체계와 5사 25령으로 조직된 중앙 군제가 서로 상관되게 되었다. 그 기본적인 틀이 구축되자 1451년 7월에 정식으로 12사를 고쳐 5사로 만들고 신설한 호군직을 제수했다.[27]

이것을 계기로 해서 갑사를 비롯한 중앙군의 주요 병종들이 5사에 분속되어 단일적인 부대 편성이 이루어지면서 하나의 기구를 중심으로 그 힘이 결집되었다. 또한 5사가 교대로 입직과 출번 순작을 행했는데, 이는 곧 각사의 등질성이 전제된 것이다. 하지만 이로 인해 5사 그 자체로는 경찰군의 범위를 넘어서지 못했던 것으로 평가되기도 한다. 그러나 번상제에 따라 교대 근무하는 군인들은 짧은 당번 근무 기간 이외에 대부분의 기간은 지방군사 체제 가운데에서 국방군으로도 간주토록 되어 있었으므로 5사가 지향하는 것은 전국방위체제와 연관되는 중앙군의 확립이었다고 파악된다.[28]

군제를 진법과 연관시켜 조직했던 것이 평시의 병력 자체를 그대로 실전 전력화하

---

25 『문종실록』 권8, 문종 1년 6월 갑술.
26 『문종실록』 권8, 문종 1년 6월 병술.
27 『문종실록』 권8, 문종 1년 7월 무술.
28 閔賢九, 앞의 책, 1983, 143~144쪽.

려는 의도에서 취해진 것이라고 했을 때,[29] 5사로의 개편 작업에서도 그 점이 충분히 고려되었을 것으로 판단된다. 5사의 기본 임무인 입직과 출번 순작에서, 그리고 국왕 주변의 갑작스런 변고 등이 발생했을 때 순식간에 실전 병력으로 전환할 수 있는 능력을 갖추기 위함이 아닌가 한다.

경찰군 정도의 진용을 갖추고자 했다면 군이 진법체계와 일체시킬 필요성이 그렇게 크지 않았을 것이다. 입직과 출번 순작, 그리고 변고 등으로 인한 출동에서도 국경 방어의 제일선에서 근무하는 것과 같은 준비 태세를 확립하고자 했던 것이 5사로의 개편 작업이 지닌 의의가 아니었을까 한다. 준비 태세에 있어서 중앙군과 제일선 방어의 외방군이 비슷한 수준을 유지하기 위함이었던 것으로 생각된다.

하지만 5사로의 개편은 그 자체로 또 다른 문제를 낳았다. 5사에 병종들을 분속시킴에 따라 지휘 통솔 체계를 집중시킬 수 있었으나, 그 대신에 각 병종별로 고유의 독자성을 상실하게 될 우려가 발생했다. 갑사나 별시위, 혹은 총통위 등은 설치 당시부터 각자의 역할과 기능이 달랐으나 5사에 똑같이 분속되어 돌아가면서 입직, 순작 등을 행한다면, 즉 임무와 기능, 그리고 통솔 체계가 모두 동일하다면 군이 병종별로 구분되어야 할 이유가 없었다.[30] 이로 인해 조직을 개편할 필요성이 제기되었다.

3. 5위체제의 수립

문종 때 5사로 개편하면서 중앙군의 주요 병종들을 5사에 골고루 분속시켰다. 하지만 이 조치는 병종들의 임무나 역할 따위의 구분을 무의미하게 만들 가능성이 높았기 때문에 어떤 형태로든 정리하는 작업이 필요했다. 1457년(세조 3) 3월에 5사제를 5위제로 바꾸면서 문제 해결을 시도했다. 표면상의 명분은 갑사 등은 이미 5사에 분속시켰으나 그 나머지 병종들이 여전히 분속되지 않음으로써 혼란을 일으킬 염려가 있다는 것이다.

---

29 河且大,「朝鮮初期 軍事政策과 兵法書의 發展」『軍史』 19, 1989, 138쪽.
30 尹薰杓,「朝鮮初期 甲士의 統率體系」『實學思想研究』 17·18, 2000, 55쪽.

이에 여러 종류의 군사를 모두 5위에 분속시켰다. 중위中衛는 의흥위義興衛로 갑사와 근장近仗을 소속시키고, 좌위左衛는 용양위龍驤衛로 별시위와 섭육십을, 우위右衛는 호분위虎賁衛로 충순위와 방패防牌를, 전위前衛는 충좌위忠佐衛로 충의위忠義衛·수전패受田牌·총통위銃筒衛를, 후위後衛는 충무위忠武衛로 충찬위忠贊衛·경시위패京侍衛牌·별군別軍을 소속시키며 매 위마다 각각 5부部로 나누어 모위某衛 모부某部라 일컫게 했다.[31] 매일 각위에서 1부씩 입직하도록 해서 입직하는 병력의 규모는 항상 일정하게 했다.[32]

5사제에서는 갑사와 별시위 등을 각령에 골고루 분속시켰지만, 5위제에서는 특정 위에 소속시켰다. 이로써 각위의 소속 병종들이 서로 달라졌다. 병종들이 특정 위에만 속하게 됨으로써 병종별 독자성을 유지할 수 있는 발판이 마련되었다.

그런데 주목되는 점은 이로 인해 지휘 체계에 변동이 일어났다는 사실이다. 예를 들면 갑사와 근장은 의흥위 산하의 5부에 분속되면서 각부장各部將들이 실질적인 통솔자가 되었다. 5사제 시절에 갑사 등이 25령에 나누어 분속되었던 것과 비교했을 때 5위제의 그것의 범위가 훨씬 축소되었음을 알 수 있다. 그렇기 때문에 좀 더 집중적인 지휘 통솔이 가능하게 되었다. 이는 비단 갑사에만 국한되었던 사정은 아니었으며 5위에 속한 모든 병종에게 해당되었다.

더불어 눈여겨보아야 할 것은 위장衛將과 부장에 대한 인사이다. 먼저 위장은 이조에서 당상관 16명을 선정하여 명단을 제출하면 이름에 점을 찍어 당번을 정한다. 매번 5명이 3일을 번갈아 직숙하며, 위를 나누어 직차職次를 사용하고 어가御駕를 호종扈從할 때도 같은 방식으로 선정하도록 했다.

부장은 매부 1명은 병조에서 명단을 제출하면 이름에 점을 찍어 선정하면 각각 본부에서 직숙한다. 선전관은 15명을 정원으로 하되, 3번으로 나누어 3일마다 교대로 사정전 문 안에서 직숙하게 했다.[33] 5사제에서 각령 호군에게 부여했던 역할을 대체로 위·부장들이 대신하게 한 것이다. 이런 절차를 거쳐 임명된 위·부장들은 5위에 단순

---

31 『세조실록』 권7, 세조 3년 3월 기사.
32 閔賢九, 앞의 책, 1983, 150~151쪽.
33 『세조실록』 권7, 세조 3년 4월 갑오.

히 분속된 상·대호군, 호군, 섭호군攝護軍 등과
그 위상부터 차이가 났다.

한편 5위가 병조의 소속임에도 불구하고 위
장의 선임을 이조에서 맡도록 했다. 반면에 부
장은 병조에서 처리하게 했다. 이렇게 위장과
부장의 임명권을 분리시킨 것은 특정층이 군의
지휘권을 독점하지 못하게 하려는 것이었다. 그
리고 부장과 별도로 선전관을 두어서 그를 통
해 명령을 전달하도록 했던 것은 대체로 국왕
의 통수권 행사와 관계가 깊었다. 분산화되고
세분화된 지휘 통솔 체계를 5위제를 통해 단일
기구로 묶되, 선전관 제도를 통해 국왕의 통수
권이 행사되는 체제를 구축했다.[34]

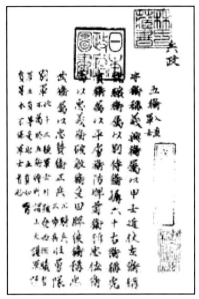

『병정』 「오위〈입직군사〉」 부분

그럼에도 여전히 문제가 남아 있었는데 번상군 가운데 중요한 위치를 차지했던 시
위패가 5위에 분속되지 않았다. 이에 대해 시위패는 번상하지 않는 경우가 있을 뿐만
아니라 번상하더라도 서울에 머무는 날짜가 적었기 때문이라고 한다.[35] 하지만 1459년
(세조 5)에 시위패를 정병正兵으로 개칭하면서 5위에 소속시켰다.[36] 그것은 같은 시기
에 편찬되었다고 알려진 『병정兵政』이라는 병서의 내용을 통해여 밝혀졌다.[37] 즉 『병
정』의 항목 가운데 「오위〈입직군사〉」에 다음과 같은 내용이 있다.

중위는 의흥위라 칭하고 갑사·근장을 속하게 한다.
좌위는 용양위라 칭하고 별시위·섭육십을 속하게 한다.
우위는 호분위라 칭하고 평로위·방패를 속하게 한다.

34 尹薰杓, 앞의 논문, 2000, 56~57쪽.
35 閔賢九, 앞의 책, 1983, 151쪽.
36 『세조실록』 권18, 세조 5년 11월 기묘.
37 정해은, 「병정」 『한국 전통 병서의 이해(Ⅱ)』, 국방부 군사편찬연구소, 2008, 8쪽.

전위는 충좌위라 칭하고 충의위·파적위·수전패를 속하게 한다.

후위는 충무위라 칭하고 충찬위·정병〈정기병·정보병〉·장용대·별군을 속하게 한다.

〈이 13종 군사 외에는 비록 서반직자라도 5위장에 속하지 않는데, 이른바 상·대호군, 호군, 오원 등이 이들인데, 오원과 의원 등은 본래 군사에 관계되지 않는 자들이다.〉[38]

위에서 먼저 '중위는 의흥위라 칭한다'에서 '후위는 충무위라 칭한다'까지는 1457 년에 제색 군사를 모두 5위에 분속시켰던 조치와 일치한다.[39] 하지만 각위별 소속 병 종은 그 때와 달라진 것들이 많다. 우선 정병이 새롭게 충무위에 소속되었다. 다음으 로 호분위에서는 충순위가 나가고 평로위가 들어왔고 충좌위에서 총통위가 빠지고 파적위가 들어왔으며 충무위에서 경시위패가 제외되고 정병과 장용대가 들어왔다.

이렇듯 『병정』의 편찬 단계에서 또 다시 각위의 소속 병종이 바뀌었다. 이는 해당 위와 병종의 내부 사정에서 기인했던 면도 있었을 것이나, 「오위」 다음에 세주 형태 로 〈입직군사〉를 기록한 것을 보면, 위에 열거한 5위의 병종이 입직 군사라는 사실도 크게 작용했을 것으로 추정된다. 1457년에 일단 제색 군사를 5위에 분속시켰는데, 이들이 입직, 행순 등의 임무를 담당했다는 것은 앞에서 지적했다.

하지만 이 당시에는 정병의 전신이었던 시위패 따위가 분속되지 않는 등 미진했던 부분이 적지 않았다. 자연히 입직, 행순 등의 임무 수행과 관련해서 여러 가지 혼란과 혼선이 발생했을 것이다. 드디어 1459년 『병정』을 편찬하던 시점에 시위패의 정병 개칭이 이루어지면서 5위의 병종 분속 문제를 재검토했을 것이다. 그 결과를 『병정』 의 「오위〈입직군사〉」에 반영해서 임무 수행에 차질이 없도록 했을 것이다.[40]

예종의 즉위와 더불어 5위의 병종 분속에 약간의 변화가 일어났다. 1469년(예종 1)

---

38 『병정』「오위〈입직군사〉」, "中衛 稱義興衛 屬以甲士近仗 左衛 稱龍驤衛 屬以別侍衛櫙六十 右衛 稱 虎賁衛 屬以平虜衛防牌 前衛 稱忠佐衛 屬以忠義衛破敵衛受田牌 後衛 稱忠武衛 屬以忠贊衛正兵〈正 騎兵正步兵〉壯勇隊別軍〈此十三種軍士外 雖受西班職者 不屬於五衛將 所謂上大護軍護軍五員等是也 五員如醫員等 本不係軍士者也〉"(許善道,「「兵政」(影印 및 解題)」『한국사논총』4, 1982, 239쪽). 〈 〉안의 것은 『병정』의 원문에서 세주의 형태로 2행으로 되어 있다.

39 『세조실록』권7, 세조 3년 3월 기사.

40 윤훈표, 「조선 세조 때 兵政(병정) 편찬의 의미와 그 활용」 『歷史와 實學』40, 2009, 19~20쪽.

5월에 궐내에 군사들이 머무는 곳이 협소해서 당직하는 군사들이 무더운 여름이나 혹독한 겨울에도 밖에 나와 있는 자가 매우 많으니 성 밖의 군영으로 내 보내자는 건의가 있었다. 예종은 군사가 궐내에 입직하는 것은 오직 시위를 위해서인데, 성 밖의 군영으로 내보낸다면 무슨 소용이 있느냐고 강하게 반문했다.

이 일을 계기로 예종은 영의정 한명회와 병조 당상 등에게 군영의 수리 및 입직시 머무를 임시 가옥의

한명회 신도비(충남 천안)

조성, 나아가 각소에 군사를 균정하는 일들을 함께 의논하여 보고하도록 지시했다. 이에 다음과 같은 조치가 시행되었다. 즉 구례에는 군사를 거주하는 면(소거지면所居地面)으로 나누어 입직하게 함으로써 25부에 소속된 제색 군사의 수가 고르지 못했다. 그러므로 지금부터는 정병의 예에 의거하여 갑사와 대졸은 의흥위에, 별시위·친군위·족친위는 용양위에, 충의위와 파적위는 충좌위에, 충찬위·정병·장용대는 충무위에, 충순위·팽배는 호분위에 소속시켜 균분했다.[41]

종전에 군사를 소거지면에 따라서 분군했다는 것은 병종 결정이 군액이나 특기 따위를 고려해서 결정되었던 것이 아니었음을 의미했다. 이로 인한 문제점을 해소하기 위해 나중에 소속되었던 정병의 예에 의거하여 각위 마다 균형이 이루어지도록 조정했다. 『경국대전』에서 5위제는 다음과 같이 확립되었다.

> 의흥위 중위 ○ 갑사·보충대가 소속된다. ○ 수도의 중부와 개성부 및 경기의 양주·광주廣州·수원·장단 등 진관鎭管의 군사로 중부中部를 이루고, 강원도의 강릉·원주·회

---

41 『예종실록』 권5, 예종 1년 5월 경인.

양 등 진관의 군사로 좌부左部를 이루고, 충청도의 공주·홍주 등 진관의 군사로 우부右部를 이루고, 충주·청주 등 진관의 군사로 전부前部를 이루고, 황해도의 황주·해주 등 진관의 군사로 후부後部를 이룬다.

용양위 좌위 ○ 별시위·대졸이 소속된다. ○ 수도의 동부 및 경상도의 대구 진관의 군사로 중부를 이루고, 경주 진관의 군사로 좌부를 이루며, 진주 진관의 군사로 우부를 이루고, 김해 진관의 군사로 전부를 이루며, 상주·안동 등 진관의 군사로 후부를 이룬다.

호분위 우위 ○ 족친위·친군위·팽배가 소속된다. ○ 수도의 서부 및 평안도 안주 진관의 군사로 중부를 이루고, 의주·구성·삭주 등 진관의 군사와 창성·창주·방산·인산진의 군사로 좌부를 이루며, 성천 진관의 군사로 우부를 이루고, 영변·강계·벽동 등 진관의 군사와 벽단·만포·고산리·위원·이산·영변진의 군사로 전부를 이루고, 평양 진관의 군사로 후부를 이룬다.

충좌위 전위 ○ 충의위·충찬위·파적위가 소속된다. ○ 수도의 남부 및 전라도 전주 진관의 군사로 중부를 이루고, 순천 진관의 군사로 좌부를 이루고, 나주 진관의 군사로 우부를 이루고 ·장흥 ·제주 진관의 군사로 전부를 이루고, 남원 진관의 군사로 후부를 이룬다.

충무위 후위 ○ 충순위·정병·장용위가 소속된다. ○ 수도의 북부 및 영안도 북청 진관의 군사로 중부를 이루고, 갑산 진관의 군사와 삼혜산진의 군사로 좌부를 이루고·온성·경원, 경흥 진관의 군사와 유원·미전·훈융진의 군사로 우부를 이루고, 경성·부령·회령·종성 진관의 군사와 고령·동관진의 군사로 전부를 이루고, 영흥·안변 진관의 군사로 후부를 이룬다.[42]

5위의 명칭이나 내용 등은 1457년(세조 3)에 처음으로 성립되었던 시절의 그것과 큰 차이가 없었다. 다만 소속 병종의 경우에는 변동이 있었다. 마지막으로 바꾸었던 1469년(예종 1)의 그것과도 동일하지 않다. 아마도 계속해서 입직군사를 균일하게 분군시키도록 조정했던 것으로 추정된다.

---

42 『경국대전』 권4, 병전, 오위.

한편 5위에 전국의 진관을 망라한 지방 군사가 부별로 분속되었다. 단 갑사와 같은 병종의 분속과 지방별 분속이 동일한 방식으로 이루어진 것은 아니었다. 대체로 지방 군사별 5위 분속은 대열大閱에 대처하여 전국을 오위진五衛陣으로 편성하는 방식을 뜻하는 것으로 보고 있다. 즉 전국의 군사를 징발하여 대열을 할 때에는 각각 소속 진관별로 구분되도록 했다는 것이다.[43]

이렇게 해서 각위에 분속된 중앙 병종들은 입직과 시위 등의 임무를 수행했고 대열에 대처해서는 전국에 걸쳐 거주지의 진관별로 파악하여 5위에 분속되는 체제가 구축되었다. 한편으로는 부대 조직으로서의 측면을 지니면서도 동시에 진법 훈련 체제로의 면모를 갖추었던 것이 5위 체제라 할 수 있다.[44]

마침내 중앙군의 확대 및 그와 더불어 여러 다양한 병종의 설치 등으로 말미암아 매우 복잡해진 통솔 체계의 정비도 일단락을 짓게 되었다. 중앙군의 통솔 체제가 하나로 집중되는 것은 그 정치적 위험도가 상당히 컸다. 그렇다고 지나치게 분산시키는 것도 곤란했다. 결정적인 위기의 순간에 부딪쳤을 때 제대로 힘을 발휘하기 어렵기 때문이었다. 그러므로 너무 집중되지도 않고 그렇다고 섣불리 흩어져서도 안 되었다. 적절하게 통합해서 운용할 수 있는 시스템의 수립이 긴요했으며 그 결과가 5위 체제였다. 더구나 이는 임무 수행과 진법 훈련 등이 연계되어 있어 갑작스런 변고가 발생했을 때라도 즉각 대응태세로 출동, 편제할 수 있었다.

---

43 閔賢九, 앞의 책, 1983, 153쪽~155쪽.
44 閔賢九, 앞의 책, 1983, 156쪽.

제2절

중앙군의 임무와 기능

1. 궁궐 숙위와 시위

1) 5위체제와 숙위 및 시위 체계의 변화

중앙군의 여러 가지 임무 중에서 국왕을 보위하고 수도의 치안을 확보하는 것이 가장 중요했다. 그것은 곧 숙위와 시위로 표현되었다. 5위 체제의 성립과 관련하여 숙위와 시위에 관한 것이 종전과 비교해 크게 달라질 것은 없었다. 다만 그것을 실현하는 과정에서는 다소의 바뀜이 불가피했다. 새로운 왕조의 초창기에는 비협조적이었거나 타도 대상이었던 구세력의 숙청이라든지 정쟁에 따른 후유증 등으로 인해 어쩔 수 없이 사적인 부분에 의존했던 측면이 없지 않았다. 또한 제도의 정비가 충분하지 못함으로 말미암아 오래 전부터 내려오던 관례나 관습에서 탈피하지 못했던 부분도 있었다.

하지만 시간이 흐르면서 그 동안 지속적으로 추진해왔던 중앙군 조직의 개편 작업이 5위 체제의 성립을 통하여 확실하게 마무리되었던 만큼 과거의 잔재들이 점차 사라지고 새로운 것이 정착되었다. 그런데 숙위 및 시위를 담당하는 부대와 군사를 늘리는 것도 중요하지만 더욱 더 본질적인 것은 어떻게 효율적으로 통솔할 것인지의 문제였다. 부대를 제대로 통솔하지 못한다면 그 존재 의미가 무색해질 것이었다.

더욱이 궁궐의 숙위와 시위는 성격상 조금이라도 허술한 점이 있어서는 곤란했다. 위에서 아무리 혹독하게 감독하고 단속한다고 해도 본연의 임무를 수행하는 자들이 부실하다면 소용이 없었다. 문종은 현재 방패는 모두 역사에 나아가야 하고 섭육십은 사령이며, 별시위·총통위는 영領에 속하지 아니 했고, 다만 갑사는 각 영領에 속했으나 호군護軍이 관여하지 않아 실질적으로 통솔되었던 것이 아니라고 지적했다. 심지어 호군마저 잡류 출신이어서 제대로 휘하를 다스릴 수 없는 형편이었다. 이런 상황에서 제대로 통솔하기란 어려웠을 것이다.

이에 문종은 잡다하게 흩어져서 각자의 역할을 하고 있던 숙위 및 시위

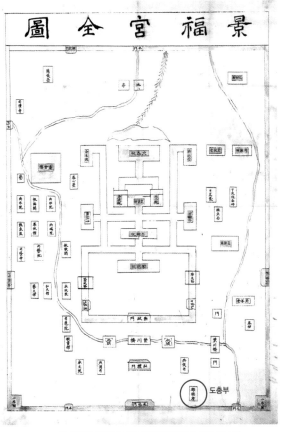

조선전기 경복궁 건물 배치도(서울대 중앙도서관)

병종들을 일단 한군데로 묶고, 호군이 실질적으로 군사를 통솔하여 입직과 순찰을 책임지게 했다. 아울러 병사의 훈련, 상벌도 호군이 관장하게 했다.[45] 호군을 축으로 5사제五司制를 실시했다. 갑사, 별시위, 총통위, 방패를 5사의 25령二十五領에 분속시키되 영마다 호군 3, 대호군大護軍 1, 상호군上護軍 1을 두었다. 그리고 당번하는 5사 중에서 2사는 입직하고, 3사는 출번하되, 3일을 서로 교대하게 했다. 이어서 출직하는 3사 가운데 1사는 행순行巡하되, 초경初更·2경二更에는 호군 4, 3경에는 호군 2, 4경·5경에는 호군 4, 문 밖에는 호군 2, 도성문에는 호군 3으로 정했다. 75영의 영장領將

45『문종실록』권6, 문종 1년 3월 기미.

은 각각의 영 안에 잘못한 자가 있으면 항상 점검하여 곧 바로 병조에 보고했다.[46]

　호군의 역할을 강화하면 사병제가 재현될 수 있다는 우려에도 불구하고 5사제로 개편했던 것은 기존의 연구에서 지적했던 것처럼 숙위와 시위군을 하나의 기구로 묶어 힘을 집중시키려는 것이었다. 아울러 입직과 출직을 교대로 근무하게 해서 등질성을 높이려 했다. 특히 5사 그 자체는 경찰군의 범위를 넘기 어려웠으나 그 구성원들은 짧은 당번 이외의 긴 기간에 걸쳐 지방군사 체제 가운데에서 국방군으로 간주되게 했다는 것이다. 이로써 5사제는 전국 방위 체제와 연관되는 중앙군의 확립을 지향했다고 한다.[47]

　그런데 주목해야 할 점은 숙위와 시위하는 군대의 통솔을 매우 강화했다는 사실이다. 이는 상호 이질적인 요소들을 통합시켜야 하기 때문에 불가피했다. 먼저 최고 정예로 이루어져서 장번으로 근무하는 병종의 정액을 늘리는 것은 집중도를 높인다는 점에서는 바람직했다. 더구나 국왕의 친위 부대 성격이 농후했기 때문에 통솔에 큰 지장이 없어야 했다. 하지만 그들에 대한 대우가 충분치 않으면 불평과 불만을 고조시킬 수도 있었다. 더욱이 유지하는 비용이 만만치 않았다. 그러므로 너무 지나치게

광릉(경기 포천) 세조의 릉이다.

---

46 『문종실록』 권8, 문종 1년 6월 갑술.
47 閔賢九, 앞의 책, 1983, 144쪽.

확장하는 것은 불가능했다.

그 대안으로 번상제에 의거해서 교대로 근무하는 제도를 도입하여 군인의 숫자와 비용의 적절한 조화를 꾀해야 했다. 하지만 문제는 번상제로 운영되는 병종의 경우에는 임무 수행과 군장 준비 등에 대해 상대적으로 소홀할 수 있으며 그로 말미암아 질적인 수준이 현저하게 떨어질 가능성이 높다는 점이다. 이런 현상을 사전에 차단하기 위해서는 번상제의 확대 실시에 따른 통제 시스템의 강화를 정력적으로 추진해야 했다.

5사제에 편성 대상이었던 갑사, 별시위, 총통위, 방패 등이 모두 번상제의 병종인데 반해서 내금위, 겸사복과 같은 장번 군사들은 소속되지 않았다는 것을 상기할 필요가 있다. 따라서 5사제로의 개편은 번상 병종들의 철저한 임무 수행과 질적 수준의 유지를 위해 통솔을 강화하려는 의도가 상당히 강했다.

하지만 사간원에서 우려했던 바대로 지나치게 밀착될 경우에는 호군과 휘하 군사 사이에 사병적인 요소가 증대될 위험성도 없지 않았다. 그러므로 이에 대한 대책이 별도로 마련되어야 했다. 실제로 1453년(단종 1)에 일어났던 계유정난癸酉靖難 때 5사제는 별다른 역할을 하지 못했다. 물론 계유정난과 같이 종친과 최고위층 인사들이 주동하여 일으켰던 정변을 그 어떤 숙위 체제라 해도 쉽게 진압하기는 어려웠을 것이다. 그러나 어쨌든 대비책이 필요했다.

마침내 정난을 계기로 정권을 장악했던 세조 일파에 의해 재정비 작업이 추진되었다.[48] 1457년(세조 3)에 제색 군사를 모두 5위에 분속시킴으로써 5사제에서 5위제로 개편되었다.[49] 그 핵심은 5사제에서는 병종별로 각사·각령에 골고루 분속했는데, 5위제에서는 특정 위에만 속한다는 점에 있었다.

예를 들어 갑사의 경우 5위 중의 하나인 의흥위義興衛의 아래 5부五部에 나뉘어 속하게 되었다. 별시위는 용양위龍驤衛 소속 5부로 들어가게 되었다. 자연히 같은 5위의 하나였던 의흥위와 용양위는 소속 병종이 서로 차이가 나게 되었다. 이 점이 5사 25

---

48 박홍갑, 앞의 논문, 2003, 340쪽.
49 『세조실록』 권7, 세조 3년 3월 기사.

령제와 5위 25부제가 근본적으로 다른 것이다.[50]

5사제에서는 같은 병종의 구성원이라고 하더라도 속하는 사가 각각 다르기 때문에 사실상 동질감을 느끼기가 어려웠을 것이다. 그 대신 영의 직속상관들, 그 중에서도 바로 위에 있어 밀착되었던 호군 등에 대해서는 상당한 친밀감을 느꼈을 것이다. 같은 병종의 구성원임에도 만날 때마다 낯설어 서먹하고 도리어 각자 소속 영의 직속상관을 가까이 느끼면 이것이야말로 사병적 요소를 싹트게 하는 요소가 될 가능성이 농후했다. 이것을 차단하기 위해 특정 병종은 하나의 위에 모두 속하게 해서 집중적으로 통솔하되, 그 아래 부에는 나누어 배치해서 어느 정도 분산시키는 효과도 가져오게 했던 것 같다.

그러므로 매일 각위에서 1부 씩 입직하도록 해서 입직하는 병력의 규모는 항상 일정하게 만들었다고 한다.[51] 구체적으로 5위에 분속된 군사는 중부가 처음 3일 동안 입직하고, 좌부·우부·전부·후부가 차례대로 번갈아 입직하게 했다. 아울러 이들을 통제하는 역할을 맡았던 진무소鎭撫所의 진무 30명 내에서 20명은 감원시키고, 2번으로 나누어 경복궁 내소內所에 2명, 외소外所에 1명, 창덕궁에 입직 2명으로 정했다. 또한 그 동안 입직 군사들을 병조와 진무소에서 바로 낭관郞官을 보내 적발했는데, 앞으로는 선전표신宣傳標信[52]을 반드시 받고서 행하게 했다.[53]

위에서 교대로 입직해야 하는 부에는 새로이 부장部將이 설치되었으며, 그가 통솔하게 되었다.[54] 하지만 그는 특정 병종에 소속된 것이 아니기 때문에 군사들과 평소에 긴밀히 밀착되기란 곤란했다. 다만 입직 등의 임무를 수행할 때에는 확실하게 통솔했을 것이다. 동시에 그들에 대한 감시와 단속을 철저히 하기 위한 조치도 베풀었다. 심지어 적발을 위해 파견하는 낭관도 선전표신을 받게 했는데, 궁궐 숙위와 시위 등과 관련된 사항이라면 반드시 국왕을 거치게 해서 함부로 사칭하는 것을 방지했다.[55]

50 閔賢九, 앞의 책, 1983, 150~151쪽.
51 閔賢九, 앞의 책, 1983, 151쪽.
52 표신 중에서 가장 중요한 것으로 왕명의 전달이나 기타 긴급한 일에 사용되었다(韓㳓劤等, 앞의 책, 1986, 629쪽).
53 『세조실록』 권7, 세조 3년 3월 기사.
54 韓㳓劤等, 앞의 책, 1986, 537~538쪽.

그와 동시에 명령 전달 체계를 철저하게 확립했다. 병조에서 입직할 부장에게 명령할 적에는 표신을 사용하여 불러오고, 부장은 명령을 받아 위장에게 고하고 위장이 계달하면 그 때 가게 했다.[56] 입직 근무 중에는 아무리 상급 부서에서 지시하더라도 반드시 직속상관의 명에 의거해서 움직이게 함으로써 전달 체계에 혼선이 일어나지 않도록 조치했다.

드디어 1457년(세조 3) 4월에 병조의 건의로 숙위 및 시위 체계가 종합적으로 재정리되었다. 안팎을 순작하는 군사의 수는 위장이 마감하여 병조에 보내 시각을 나누고 길을 나누게 하고, 또 안팎의 문을 파직하는 군사의 성명을 기록하여 1건은 진무소에 1건은 병조에 보내면, 병조에서는 다시 위에 아뢰게 하되, 궁성 밖의 군사는 위장이 고찰하지 못하게 했다.[57] 아울러 보완을 위한 행정 조치 등도 정했다.[58] 이를 통해 참여 군대의 수와 근무 장소 및 시간, 그리고 주요 경계 구역의 근무자 명단, 아울러 감시와 단속의 범위에 이르기까지 상세히 규정되었음을 알 수 있다. 그 이후에도 세부 사항들에 대한 정리 작업은 계속되었다. 1459년(세조 5)에는 입직하는 장수와 군사의 숙위 군사로 하여금 행순하게 하는 절차에 관해 상세하게 정했다.[59]

5위제의 성립과 연결되어 추진되었던 궁궐 숙위와 시위 체계에 관한 개편 작업의 성과는 한권의 군령서軍令書에 집약되었다. 1459년 10월에 편찬되었다고 알려진 『병정兵政』이 그것이다. 『병정』은 총 12개 항목으로 구성되었다. 그 중 「입직」「행순」「계성기」「문개폐」 등에는 궁궐 숙위와 시위에 관련된 군령 등이 체계적으로 서술되었다. 이는 편찬 당시까지 이루어진 개편 작업의 성과들이 망라되어 정리되었다고 볼 수 있다. 그 형태가 『경국대전』「병전」의 그것과 매우 비슷하며 내용도 대부분이 그대로 실려 있다. 또한 그것은 편찬 직후부터 모든 군사들에게 읽도록 권장했으며, 각종 무재 시험의 강서 과목으로 활용되었다.[60]

---

55 『세조실록』 권7, 세조 3년 3월 경진.
56 『세조실록』 권7, 세조 3년 3월 정해.
57 『세조실록』 권7, 세조 3년 4월 갑오.
58 『세조실록』 권7, 세조 3년 4월 기유.
59 『세조실록』 권17, 세조 5년 8월 갑자.
60 정해은, 『한국 전통 병서의 이해(Ⅱ)』, 국방부 군사편찬연구소, 2008, 5~18쪽.

여기서 종전의 그것과 비교했을 때 분명한 차이가 있음을 확인할 수 있다. 즉 궁중 숙위와 시위에 관한 모든 사항들, 절차 및 참여 군대의 수, 명령 전달 체계, 감시와 단속, 징벌 등에 관한 규정 따위가 모두 성문 법전과 유사한 형태로 망라되어 정리되었다. 비록 연습이기는 했지만 첩종疊鐘, 즉 왕이 군사들을 대열하고자 궁중에 있던 큰 종을 울렸을 때 백관과 시종하는 신하, 여러 위에 속한 군사들이 하나같이 『병정』에 의거하여 집합했다.[61] 자연히 지휘관이 되고자 하는 사람들은 반드시 사전에 익혀야 했다.[62] 그렇게 해야만 막상 그 자리에 올랐을 때 임무 수행에 차질이 없기 때문이다. 이러한 시스템은 곧 이어 편찬되었던 『경국대전』으로 이어져서 제도로 정립되었다.

2) 『경국대전』과 숙위 및 시위 체계의 정비

5위제는 일단 세조 때 그 근간이 성립되었으나 그 이후에도 조금씩 개편되었다. 숙위와 시위 체계도 그에 맞추어 수정이 이루어졌다. 그 과정에서 주목되는 내용이 상호 보완적인 것과 서로 견제하는 것을 제도적으로 정립하는 문제였다. 이 방안은 주로 양성지梁誠之가 제안했다 1464년(세조 10) 양성지는 국왕의 친병으로 숙위의 핵심이 되는 내금위와 겸사복을 같은 수의 인원을 대칭적으로 배치하자고 건의했다. 예를 들어 한쪽이 대내大內의 동남쪽 모서리에서 숙직하면 다른 쪽은 대내의 서북쪽 모서리에서 직숙하는 방식이다. 이렇게 하면 동쪽과 서쪽이 서로 연관되고, 안팎이 겸비되어 급할 때 서로 의지가 된다고 했다.[63]

경비와 순찰 방식에서도 한 무장이 순찰하는 군사를 모두 통솔하며 어두운 밤에 점열하는 방식이 좋지 않다고 지적했다. 그는 순장으로 문관과 무관의 두 사람을 아울러 차정하여 서로 견제하게 하고, 의금부에 상직上直하는 낭관이 친히 병조의 문안을 주고, 순장을 대하여 점고하여 보내고 그 군목軍目을 순장에게 주면 순장이 군목을

---

61 『세조실록』 권34, 세조 10년 9월 기사 ; 『예종실록』 권6, 예종 1년 6월 갑인.
62 심지어 현직에 있으면서 임무를 수행하는 부장 등에게도 의무적으로 고강시켜 그 성적에 따라 상과 벌을 주어 권장하고 징계하는 바를 분명히 하기도 했다(『세조실록』 권26, 세조 7년 11월 계묘).
63 『세조실록』 권34, 세조 10년 8월 임오.

받아서 검찰하게 할 것을 주장했다.[64] 어느 한 사람이 독단적으로 권한을 행사할 수 없게 하고, 동시에 철저한 감시와 단속이 이루어질 수 있게 하자는 것이다.

양성지 살 던 곳(서울 중구)

양성지의 건의들이 그대로 시행된 것은 아니고 부분적으로 채택되었다.[65] 그러나 5위제 자체의 개편과 더불어 숙위와 시위 체계의 변화에 일정 부분 영향을 주었다. 특히 그가 제시했던 원리적인 측면은 나름대로 중요하게 받아들여졌다.

1469년(예종 1) 5위의 병종이 조정될 때 숙위 체계에도 약간의 변화가 일어났다. 군사를 거주지별로 분군分軍하여 입직시킴으로써 25부에 소속된 제색 군사의 수가 고르지 못한 폐단이 있다며 5위의 소속 병종을 조정해서 균분되게 만들었다. 아울러 사방의 군사 입직처를 새로 조성하고 균등하게 수를 정했다.[66]

한편, 성종이 즉위하면서 2차례에 걸쳐 대대적인 군액 조정 작업이 이루어졌다.[67] 그 과정에서 5위제도 골격은 그대로 둔 채 부분적으로 바뀌었다. 각위에 분속된 병종이 달라진 점 따위가 대표적이라 할 수 있다.[68] 그것은 개찬을 거듭한 끝에 드디어 완성된 『경국대전』에 실렸다. 숙위 및 시위 체계도 마찬가지의 길을 걸었다. 그런데 『경국대전』에 실렸다는 것은 매우 커다란 의미를 지니고 있다. 널리 알려졌듯이 『경국대

---

64 『세조실록』 권37, 세조 11년 11월 기미.

65 중국 명나라의 예에 의거해서 궁성의 4문과 긴요한 여러 문은 내관으로 하여금 지키게 할 것을 건의하기도 했으나 마침내 받아들여지지 않았다(『예종실록』 권6, 예종 1년 6월 신사). 그러나 승전 환관을 보내어 가끔씩 위사를 점고하게 했다(『예종실록』 권6, 예종 1년 7월 경자).

66 『예종실록』 권5, 예종 1년 5월 경인.

67 閔賢九, 앞의 책, 1983, 86쪽.

68 예를 들면, 1469년의 조정 당시에는 갑사와 대졸은 의흥위에 속해 있었고, 별시위·친군위·족친위는 용양위에 있었다. 그런데 『경국대전』에서는 갑사와 보충대가 의흥위에 속해 있었고, 별시위와 대졸이 용양위에 있었다(閔賢九, 앞의 책, 1983, 152쪽).

전』은 통치 체제의 근간을 담은 통일 법전의 의미를 지니고 있다. 더구나 조종 성헌으로 간주되어 후대의 어떤 임금이라도 함부로 훼손할 수 없는 심대한 가치를 지녔다.[69] 따라서 5위제 및 그에 근거해서 수립된 궁궐의 숙위와 시위에 관한 체계가 앞서 『병정』이라는 군령서에 수록되어 시행되었던 것과는 이제 차원이 다르게 되었다.

다시 말해 통일 법전에 수록됨으로 인해 그에 의거해서 실시한다는 것은 그 누구도 절대로 어길 수 없는 것으로 여겨졌다는 점이다. 고의든 아니든 위반 자체가 통치 질서를 어지럽히는 행위로 비춰질 수 있었다. 『경국대전』의 내용을 변경한다는 것은 설사 국왕이라도 가볍게 할 수 있는 것이 아니었다. 그러므로 이를 계기로 해서 궁궐의 숙위와 시위 체계가 이제 확정되어 매우 안정된 형태로 운영됨을 의미했다.

궁궐의 숙위와 시위 체계는 『경국대전』「병전」에 그 핵심적인 내용이 실려 있다.[70] 우선 5위는 각 1부씩 입직하되 전날 저녁에 병조에서 담당 지역과 시간을 분정하여 임금에게 품의하여 지시를 받아 도총부로 관문關文을 보내면, 다시 차례로 아래로 이첩하게 했다.[71] 여기서 5위 소속의 군사가 숙위하되 그들에 대한 실질적 통제는 병조에서 임금의 명령을 받아 도총부를 통하여 이루어지도록 했음을 알 수 있다. 군정과 군령에 대한 조치가 담당 기구를 통해 집행되는데, 그 출발은 숙위에 있음을 알 수 있으며, 동시에 공문의 전달로써 이루어지며 그 최종 결재권자는 국왕이었다.

이러한 원칙은 각 부대의 지휘관에게도 그대로 적용되었다. 입직 5위군의 위장은 임금의 낙점을 받아 군사를 나누어 거느리게 하고 겸사복장兼司僕將, 내금위장內禁衛將, 수문장守門將도 역시 임금의 낙점을 받도록 했다. 이때 수문장은 서반 4품 이상으로써 왕에게 추천하여 임명하도록 했다.[72] 각 부대의 지휘관들도 모두 임금의 낙점을 받도록 해서 혹시 그 안에서 일어날지도 모르는 사태를 철저히 방지했다. 하지만 지나치게 번거로운 폐단이 생기고 그로 인해 때때로 소홀해 질 수도 있었기 때문에 이

---

69 朴秉濠, 「經國大典의 編纂과 頒行」 『한국사 9』, 국사편찬위원회, 1973, 264~267쪽.
70 윤국일, 「≪경국대전≫의 내용과 보충법규」 『≪경국대전≫ 연구』, 과학, 백과사전출판사, 1986, 134~136쪽 ; 정긍식, 「유가 법사상과 『경국대전』의 편찬」 『韓國儒學思想大系Ⅷ - 法思想編』, 한국국학진흥원, 2008, 273쪽.
71 『경국대전』 권4, 병전, 입직.
72 『경국대전』 권4, 병전, 입직.

『경국대전』 병전 시위조

것을 방지하고자 직숙하는 장수와 군사는 3일 만에 교대하게 했다.[73]

위에서 주목되는 것은 위장이 임금의 낙점을 받아 군사를 분령한다는 것이다. 여기서 위장이 항상 거느리는 군사들을 데리고 입직하는 것이 아니라 병조에서 허가받은 병력을 그때그때 인솔한다는 점이다. 따라서 위장과 군사 사이에 특별한 관계가 생길 수 없게 만들었다. 물론 장기간 근무하다 보면 친해질 수 있는 기회가 올 수도 있겠지만, 교대로 번상하는 군대로 이루어졌고 위장 역시 임기제로 되어 있어 그렇게 될 가능성은 희박했다. 더구나 5위에 속한 병종뿐만 아니라 거기에 소속되지 않았던 겸사복과 내금위도 입직하고 있었다.[74] 그들은 각각 낙점을 받은 겸사복장, 내금위장에 의해 통솔되었을 것이다. 이때 사복[75]은 3번으로 나누고 내금위는 5번으로 나눈다는 규정[76]으로 보아 그들 역시 교대로 입직했음을 알 수 있다.

아울러 이 시기 수문장은 5위, 겸사복, 내금위 등과는 전혀 상관이 없는 고위급 무

---

73 『경국대전』 권4, 병전,입직.
74 박홍갑, 앞의 논문, 2003, 340쪽.
75 아마도 겸사복을 가리킨 듯하다고 했다(韓㳓劤等, 앞의 책, 1986, 615쪽).
76 『경국대전』 권4, 병전, 입직.

반 중에서 임명했다.[77] 따라서 입직에 참여하는 부대와 지휘관들은 사적으로는 혹시 알고 지내는 사람들이 들어왔을지 몰라도 공적으로 아무 관련이 없는 사람들로 구성되었다. 그리고 그들에 대한 통제는 병조와 도총부를 통해 개별적으로 이루어졌다. 그러므로 사실상 미리 서로 긴밀하게 연결되어 숙위에 임할 수는 없었다.

한편 지휘부와 지휘소는 다음과 같이 설치되었다. 병조의 당상관 1인과 도총부의 당상관 2인은 중소中所에서 직숙하면서 각각 아문을 설치하도록 했다. 제위의 직숙소 이외에 별도로 중소를 두며 사복과 내금위도 역시 각각 중소 옆에서 직숙하게 했다. 상호군·대호군·호군은 5번으로 나누어 호군청護軍廳에서 입직하게 했다.[78]

병조와 도총부의 당상관이 중소에서 직숙하되 각각 아문을 설치한다는 것은 지휘부와 지휘소의 위상을 공고히 하려는 의도가 담겨 있는 듯하다. 단순히 고관 한 사람이 숙직하고 있다가 돌발 상황을 만나서 임기응변식으로 대처하는 것이 아니라 정상적으로 근무하면서 규정과 지침에 따라 즉각 대응할 수 있게 했다. 더구나 제위의 직숙소와는 별도로 설치했으며, 겸사복과 내금위의 최정예 병력도 바로 옆에 포진하게 했다는 것은 그런 추측을 더욱 강하게 만든다. 아울러 상호군·대호군·호군 등 5위의 최고위급 무관들도 번갈라 호군청에서 입직하게 했다는 것도 유사시에 즉각 동원할 수 있는 체계를 갖추기 위함일 것이다.

최고위급 무관들이 숙위 임무에 직접 나서지는 않았을 것이며, 그렇게 할 필요도 없었다. 그러나 위급한 상황에서 국왕과 지휘부의 명령에 따라 즉각 투입할 수 있는 준비는 갖추고 있어야 했다. 그런 점에서 지휘부와 지휘소는 밤낮을 구별하지 않고 언제든지 기능할 수 있는 만반의 태세를 취하고 있었으며, 나아가 그것을 제대로 수행하기 위해 정예 군사와 최고위 무관들을 주변에 배치시켰다.

직숙을 교대하는 날에는 제장은 숙배하고 대궐 안에서 패를 받고 반납했다. 그리고 병조와 도총부에서는 항상 입직 군사를 단속하거나 범법자를 검거하기 위해 사용하

---

77 조선초기에는 수문장 제도가 확립되지 않았다는 주장이 제기되었다(車文燮, 「군사조직」『한국사 23-조선초기의 정치구조』, 국사편찬위원회, 1994, 226쪽). 하지만 그보다 후기의 그것과 운영 방식이 달랐다고 이해하는 편이 좋을 것 같다.

78 『경국대전』 권4, 병전, 입직.

는 척간패擲奸牌를 받았다.[79] 이처럼 모든 절차는 국왕에 대해 실시했다. 대신과 대리로 하는 것이 있을 수 없었다. 그런 다음에 병조와 도총부에 감시와 단속에 대한 거의 전권을 부여함으로써 그들의 위상을 확연하게 과시하게 했다.

곧 입직하는 장수와 군사에 대해서는 병조와 도총부에서 척간하며 아울러 무기도 점검하게 했다. 그런데 밤에는 먼저 임금에게 보고하고 실시하도록 했다.[80] 야간에는 좀 더 위험할 수가 있어 철저히 대비하고자 했던 것 같다. 장수와 군사에 대한 감시와 단속의 권한을 전적으로 가지게 됨으로써 두 부서의 통제력이 그만큼 높아지게 되었다. 특히 무기도 함께 점검하게 했던 점도 중요하다. 무기가 제대로 마련되지 못한다면 인원이 아무리 많아도 소용이 없기 때문이다. 철저한 점검으로 임무 수행에 소홀함이 없도록 했다.[81]

그런데 궁궐 내에서는 위장과 부장이 군사 10명을 거느리고 야간 시간을 배분하여 순찰한 다음에 무사 여부를 임금에게 직접 보고해야 했다.[82] 이는 제자리를 지키는 군사와 순찰하는 부대를 분명히 구분했던 것이다. 양자를 일치시키는 것도 좋겠지만 분리시켜 특정 군사로 하여금 순찰을 전담하는 것도 효과가 클 수 있었다. 여기서 중요한 것은 그 결과를 반드시 임금에게 직접 보고해야 한다는 점이다. 편제상으로 본다면 병조와 도총부를 거쳐야 함에도 불구하고 직접 보고하게 했다는 것은 신속한 처리를 강조하기 위함이었다.

군사적인 상황은 몹시 위급할 수도 있기 때문에 비상 통로를 강구했던 것이다. 더구나 아무런 일이 없음에도 보고하게 했다는 것은 그 강도를 극도로 높이기 위한 것이다. 비록 하찮은 일이라도 그냥 무시하고 적당히 넘길 수는 없었을 것이다. 나중에 문제가 된다면 그것은 더 큰 화를 부를 수 있기 때문이다. 따라서 순찰하는 장수와 군사들에게 본 것을 하나도 빠짐없이 의무적으로 직접 보고하게 함으로써 철저한 임무 수행을 강조하고자 했을 것이다.

---

79 『경국대전』 권4, 병전, 입직.
80 『경국대전』 권4, 병전, 척간.
81 車文燮, 앞의 논문, 1994, 227쪽.
82 『경국대전』 권4, 병전, 행순.

한편 인원에 대한 점검이 제대로 이루어지기 위해서는 사전에 그 명단이 미리 보고되어야 했다. 이것을 성기省記라고 하는데 항상 세심하게 대조하여 점검함으로써 중간에 혹시 발생할지도 모르는 허위, 조작 등을 방지했다. 명단에 없는 자들이 직숙할 경우에는 처벌했으며, 세조 때 이조와 병조에서 작성하던 것을 병조에서 일괄 처리하게 해서 더욱 엄밀하게 운영하게 했다.[83]

숙위하며 순찰하는 사람 및 각 문의 파수인과 경수소의 직숙인은 병조의 입직 당상관이 초저녁에 군호와 아울러 서명하여 봉하여 올리게 했다. 궐내에서 입직하는 제장과 선전관, 겸사복兼司僕, 상호군, 대호군, 호군, 각사의 관원 및 순장, 순관 이외에는 모두 총수를 기록했다.[84] 명단까지 기록해야 하는 것과 다만 총수[85]만 써서 올리는 것을 분명히 구분했음을 알 수 있다. 대조를 통한 점검을 신속히 하기 위해 어떤 정해진 규식을 사용했을 것으로 생각되며, 이것으로써 사전 조치 및 사후 책임 소재 파악 등을 명확히 할 수 있는 장점이 있었을 것이다.

임금이나 세자의 행차라든가 의식 등에 호위하는 조건 등을 규정했던 시위[86]에 대해 『경국대전』에 명확히 기록되었다. 무릇 대열, 강무, 순행, 타위打圍 및 임금이 직접 지내는 제사를 행할 때 응당 해야 할 시위 조건은 병조에서 임금의 지시를 받아서 공문으로 전달하도록 했다.

왕세자의 거둥시에 응당 시행할 시위 조건도 역시 지시를 받게 되어 있었다. 임금이 직접 지내는 제사에서는 군사를 지휘하는 깃발이나 북 등을 가진 사람은 제단 밖에 머물러야 하고 묘와 능의 제사에서는 문밖에 머물러야 했다. 크고 작은 조하朝賀나 연향宴享에는 위장이 각각 그 군사를 거느리고 궁정에 정렬해야 했고 병조와 도총부 이하의 군무에 관한 관직을 지닌 자 및 사복司僕은 임금 곁에 시립侍立하며 내금위와

---

83 박홍갑, 앞의 논문, 2003, 347쪽.

84 『경국대전』 권4, 병전, 계성기.

85 궁궐에 입직하는 5위군의 수효는 대략 500~800명 안팎인 셈이 된다고 한다(김웅호, 「朝鮮初期 京軍再編과 ‘首都防衛’」 『서울학연구』 23, 2004, 111쪽).

86 韓沽劤等, 앞의 책, 1986, 607쪽. 시위는 시립·배종·의장 등으로 세분할 수 있다. 시립은 상참이나 기타 궁내의 행사 등에서 국왕의 신변을 보호하기 위해 시립하는 것을 말하고, 배종은 어가가 움직일 때 호위하는 것이다. 의장은 시기에 따라 절차가 달랐다고 한다. 그 내용은 『세종실록오례의』에 잘 나타나 있다고 한다(박홍갑, 앞의 논문, 2003, 328~329쪽).

별시위는 섬돌위에 정렬해야 했다. 한편 약식 조회인 상참常參 때에는 단지 입직하는 장수와 군사만 시위하게 했다. 먼저 궁정에 들어가서 각각 그 위치를 차지하게 했다. 예컨대 동소로 들어온 자는 동쪽에 정렬하는 따위를 말하며 임금이 환궁한 후에 물러나왔다.[87]

그런데 시위는 행차라든가 의식의 종류와 내용에 따른 많은 편차가 있기 마련이다. 따라서 『경국대전』에는 대강만 규정되어 있었을 뿐이다. 보다 상세한 것은 그때마다 병조에서 올린 조건 등에 기록되었다. 특히 참여하는 병종도 사전에 명확하게 정해졌던 것은 아니었고 상황에 따라 많이 달랐을 것이다. 그런 점에서는 숙위 체계와 다른 점이 있었다.

궁궐 숙위와 시위에 관련된 상세한 내용이 『경국대전』 「병전」을 중심으로 하는 관련 항목에 실려 있다. 그러므로 이를 통해 그 절차가 사전에 충실히 숙지되어 실제 시행에 혼란이나 장애가 일어나지 않도록 했다. 그런 점에서 커다란 진전이라 할 수 있다. 자연히 제도상으로 본다면 이전의 어떤 시기보다도 체계화되고 조직화되었다고 볼 수 있다.

하지만 그에 따른 문제점도 적지 않았을 것이다. 지극히 규례화되고 일상화됨으로써 실제로 근무하는 자에게는 지루하게 반복되는 요식적 행위에 불과할 수도 있었다. 이로 인해 참여자에 대해 여러 형태의 포상 실시라든가 징벌, 징계 조치 따위가 병행되어야 했다. 그 역시 지극히 방대하게 되었다. 아울러 교육 및 훈련도 매우 중시되어야 했다. 끊임없는 교육과 숙달만이 타성에서 벗어나게 해주었을 것이기 때문이다. 동시에 성적에 따른 출세와 처벌도 마련되어야 했다. 그러므로 계속해서 많은 규정들이 새로 만들어져야 했다. 마침내 포화 상태에 도달함으로써 근무자에게 혼선을 줄 가능성도 있었다.

---

87 『경국대전』 권4, 병전, 시위.

2. 도성의 순찰과 치안 확보

1) 한성의 발전과 치안 체제의 개편

국왕의 거주처이면서 집무 공간이었던 궁궐을 수호하며 수도의 안전과 치안을 확보하는 것이 중앙군에게 부여된 제일의 사명이었다.[88] 전쟁이나 정치적 격변 등으로 인한 비상사태를 맞이해서 전자의 기능과 후자의 역할이 분리되는 경우가 종종 발생했으나 일상적으로는 상호 긴밀히 연계되어 실시되는 것이 원칙이었다. 그런데 당시 처한 정치 상황 등으로 말미암아 양자의 비중에 차이가 나기도 했다. 즉 궁궐을 수호하는 일에 압도적인 비중을 두지 않으면 안되는 시점이 있다거나 수도의 치안 유지에 힘을 더 많이 써야 하는 사정이 일어나는 등 시대에 따라 비중에 차이가 발생했다.

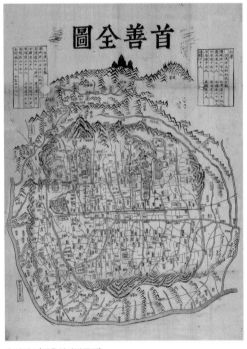

수선전도(서울역사박물관)
'수선(首善)'은 『한서(漢書)』의 "건수선자경사시(建首善自京師始)"에서 유래된 말. 도성의 윤곽을 볼 수 있다.

조선은 개국 직후 수도를 한성으로 옮겼다. 하지만 갑자기 이전했기 때문에 아직 도성으로서의 면모가 확실히 갖추어지지 않았던 상태였으므로 당분간 치안 유지보다는 궁궐을 지키는 일에 주력할 수밖에 없었다. 그러나 시간이 흐르면서 한성이 급속하게 성장했다. 인구도 크게 증가하고 사회문

---

88 이에 반해 궁성 방어와 도성 방어로 파악하는 견해도 있다. 즉 전자는 국왕과 왕실 구성원, 그리고 궐내 각사에서 근무하는 관료들을 보호하기 위한 것이고, 후자는 중앙의 정치권력 전반을 보호하는 것으로 의미의 차이가 있다고 한다(오종록, 「조선 초엽 漢陽 定都 과정과 수도 방위」 『韓國史硏究』 127, 2004, 233쪽).

제도 늘었다.[89]

　종전처럼 궁궐을 수호하는 것만으로는 부족했다. 수도의 안정과 치안 유지가 국가적으로도 매우 중요한 일이 되었다. 치안 유지의 비중이 증가하자 소요되는 병력 요구도 증가했다. 그렇다고 궁궐의 경비를 소홀히 할 수 없는 일이었다. 마침내 양자를 어떻게 조절하면서 효율적으로 임무를 수행할 것인지가 현안으로 대두되었다. 이 시기에는 그 같은 과제를 군제 개편을 통해 해결하고자 했으며 궁극에 가서는 5위 체제에 근거한 입직과 행순 절차 등을 새롭게 마련하게 되었다.

　1398년 왕자의 난 후 정종이 수도를 다시 개경으로 옮겼으나, 1405년에 태종이 한성으로 재천도함으로써 한성 정도가 확고해졌다.[90] 이를 계기로 도성의 안정과 치안 유지 활동이 강화되었다. 드디어 1409년(태종 9)에 조직 개편 작업이 추진되었다. 태조 때 정도전 등이 주도했던 시절에 정해졌던 10사司의 편성 내용을 바꾸었다. 그 때의 명분은 '군정다문軍政多門' 즉 군대의 정사가 여러 곳에서 나오는 폐단을 제거한다는 것이었다. 중·좌·우의 삼군에 모두 시위사侍衛司를 두되 1군마다 1사씩 번갈아 입직하게 했다. 그리고 중군의 일사를 별도로 순위사巡衛司로 삼아 의용순금사義勇巡禁司와 더불어 각각 2번으로 나누어 3일씩 서로 교대하여 순작巡綽하도록 했다.[91] 그 결과 종전의 충무시위사忠武侍衛司를 고쳐 순금사巡禁司를 만들고, 용양龍驤·용기龍騎·용무龍武·호분虎賁·호익虎翼·호용虎勇 등 6개의 순위사가 시위사가 되었다.[92] 이는 종전의 궁중 시위 4, 도성 내 순위 6의 비율이었던 것을 9시위사 1순위사 체제로 바꾸는 것으로 왕궁 내의 시위 임무에 중점을 두기 위함이었다.[93] 이로 인해 궁궐에 대한 시위가 종전에 비해 크게 강화된 것처럼 보인다. 이윽고 그 해 말인 12월에 수전패受田牌를 도성위都城衛로 개편해서 도성 경비가 약화된 것을 일부 보완했다.[94]

---

89 이미 15세기부터 값비싼 물건이 모여드는 서울 근교로 많은 도적들이 집결했다고 한다(한희숙, 「15세기 도적활동의 사회적 조명」『역사와 현실』 5, 1991, 141쪽).

90 元永煥,『朝鮮時代 漢城府 研究』江原大學教出版部, 1990

91 『태종실록』 권18, 태종 9년 10월 을축.

92 『태종실록』 권18, 태종 9년 10월 무진.

93 千寬宇,『近世朝鮮史研究』, 一潮閣, 1979, 67~68쪽 ; 閔賢九, 앞의 책, 1983, 120~123쪽.

94 오종록, 앞의 논문, 2004, 234쪽.

군정이 여러 군데에서 나오는 폐단을 제거한다는 이유로 10사제를 9시위사 1순위사 체제로 바꾸었으나 실제 운용상에서는 문제가 많았을 것이다. 과연 10사 중에서 1사만을 굳이 독립시켜 다른 업무에 종사하게 하는 것이 효율적일지가 의문이었다. 소속이나 출동하는 병력의 성격이 다른 것도 아닌데 하나만을 떼어내어 억지로 다른 일을 맡긴다는 것은 사실상 병력을 분산시켜 위험을 자초하는 일로 생각된다. 더구나 떼어낸 1사가 성격이 다른 의용순금사와 교대로 근무한다는 것은 능률면에서도 효과가 의심되었다. 당시 태종 정권에서도 이러한 사실을 의식했는지 9시위사 1순위사가 아닌 10시위사 체제를 계속 유지했음이 실록의 관련 기사들을 통해 확인된다.[95]

10사제의 개편으로 금오위金吾衛의 후신이었던 신무시위사神武侍衛司는 마땅히 충무순위사나 충무순금사가 되어야 했다.[96] 하지만 1413년(태종 13)까지 그대로 신무시위사로 유지되었다가 이 시점에 비로소 충무시위사忠武侍衛司로 개칭되었다.[97] 그 뒤에도 계속해서 충무시위사는 순위사나 순금사로 바뀌지 않고 그대로 유지되었다.[98] 1457년(세조 3)에 이르러 제위군사를 5위에 분속시키면서 충무위로 변경되었다. 이를 볼 때 9시위사 1순위사의 체제는 제대로 실현되지 않았고 10시위사가 계속 유지되었다.[99]

그리고 시위와 순위 업무, 즉 궁궐 숙위와 도성의 치안 유지 활동은 부대를 분리시켜 실시했던 것이 아니라 입번과 출번의 교대 제도를 이용해서, 즉 입번할 때는 궁궐 숙위를 맡고 출번하면 치안 유지 활동에 나서게 하는 식으로 운용했다고 생각된다.[100] 의용순금사도[101] 독자적으로 순작 업무에 종사했다.[102]

---

95 이 문제를 심층적으로 다루었던 연구 성과로는 박홍갑, 앞의 논문, 2003, 321~323쪽을 들 수 있다.
96 千寬宇, 앞의 책, 1979, 64쪽.
97 『태종실록』권26, 태종 13년 12월 무신. 이와 달리 1409년(태종 9) 이전에 중앙군 조직과는 별도의 충무시위사란 조직이 있었던 것으로 보는 견해도 있다(박홍갑, 앞의 논문, 2003, 323쪽).
98 『단종실록』권13, 단종 3년 1월 경오.
99 박홍갑, 앞의 논문, 2003, 322쪽.
100 태종실록』권24, 태종 12년 7월 무신 ;『태종실록』권31, 태종 16년 3월 임인. 그런데 이유가 분명치 않지만 당시 도성 순위는 오로지 의용순금사에 맡긴 채 10사는 시위병 임무만 진 것으로 보는 견해도 있어 주목된다(박홍갑, 앞의 논문, 2003, 322쪽). 그러나 행순했을 때 스스로 하지 않고 갑사를 대신시켰다가 벌을 받았던 대호군 남궁계의 사례를 보았을 때(『태종실록』권26, 태종 13년 8월 기사), 이 당시 10사의 주축을 이루었던 갑사도 순위에 참가했다고 생각된다.

세종 때 들어와 사회가 안정됨에 따라 도성의 인구가 급속하게 증가했다. 1428년 (세종 10)에 이르면 성중 5부의 호수가 16,921호, 인구는 103,328명이나 되었다.[103] 인구가 늘어나면서 주택이나 시설물 따위도 크게 확충되었을 것이다. 더불어 각종 재해라든가 질병, 사고 및 범죄 등이 속출했고,[104] 실업자와 난민의 발생과 같은 여러 가지 도시의 병리 현상들이 서서히 일어나기 시작했다. 이로 말미암아 종래의 방식만으로는 도성의 안정과 치안을 유지하기가 점점 더 힘들어졌다.

도적이 전보다 증가하자 세종은 순작관巡綽官으로 하여금 구석진 곳과 좁은 골목까지도 두루 돌아다니는 방법을 제시했으나, 당시 병조판서였던 최윤덕은 자신의 경험을 들어 효과가 없다고 대답했다. 이에 황희가 지난 번 화재 때문에 설치했던 적이 있었던 경수소警守所가 쓸모가 있었다며 다시 세울 것을 청했다.[105] 얼마 뒤에 경수소를 다시 설치했고 다른 한편으로 병조로 하여금 때 없이 검찰해서 흐지부지하는 자가 있으면 엄중하게 법으로 다스리게 했다.[106]

1436년(세종 18)에 병조의 건의에 따라 다소 보강된 치안 유지책을 실시했다. 그때 도성의 경수소를 지키는 군사의 수효는 적고 문 밖의 가로는 사방으로 통하여 도적을 잡기 힘들 뿐 아니라 문을 닫은 후에 검찰하기도 어렵기 때문에 더욱 허술해졌다. 따라서 도성의 내외 경수소를 혁파하고 다만 깊숙한 곳에 위치한 13개소만 남긴다고 했다. 이때 매 1소마다 오원五員 2인과 별군別軍 5인을 두되, 시위군이 번상할 때는 시위패侍衛牌 3인을 정하여 파수하게 하고, 순관巡官이 전처럼 검찰하게 했다. 또 경성 안을 두 길로 나누어 행순하는 까닭으로 각각 시간 안에 두루 다니지 못하니, 앞으로 네 길로 나누어 내금위·별시위와 갑사·방패 등을 세 패로 나눠 초경初更 3점點에서 2경까지 한 패가 맡고, 3경까지를 한 패가, 4경과 5경까지를 한 패가 맡아 순찰하고, 각 경의 사변 유무를 그 날의 감순절제사監巡節制使에게 보고하도록 했다. 만

---

101 1414년(태종 14) 의금부로 바뀌었다(『태종실록』 권28, 태종 14년 8월 신유).

102 『태종실록』 권25, 태종 13년 4월 계축 ;『태종실록』 권33, 태종 17년 윤5월 신사.

103 이존희,『조선시대의 한양과 경기』, 혜안, 2001, 105쪽.

104 李正守,「조선초기 도적발생과 국가적 대응」『한국중세사연구』 창간호, 1994, 269~270쪽.

105 『세종실록』 권43, 세종 11년 1월 기미.

106 『세종실록』 권61, 세종 15년 8월 갑신.

약 도적을 잡은 사람이 군사면 근무일수 30을, 군인은 차일년差一年을 가산해 주었다. 경수소를 지키다가 도적을 잡은 별군도 차일년을 주었다. 동문·남문 이외의 순관은 불시에 순찰하게 했다.[107]

위의 방안은 종래 경수소와 같이 고정 지역을 중심으로 소수의 병력으로 지키는 것이 더 이상 효과적이지 않다는 사실을 인식하고서 낸 대책으로 생각된다. 인구도 증가하고 시설물이나 도로망이 전보다 많이 확충되었기 때문에 경수소를 지키는 것만으로는 부족하며 그 대신 순찰을 강화하는 방향으로 나아갔다.

그러나 한성의 인구 집중은 예기치 못한 현상을 초래했다. 여러 이유로 인구가 꾸준하게 유입됨으로 말미암아 주민들의 색채가 다양해졌다. 하지만 원래 정치 도시로 출발했던 관계로 상공업의 성장은 지체되었다. 여기에 농본억말 정책이 가미되면서 새로운 직업군이 창출되지 못했다. 일자리 사정은 갈수록 악화되었으며 많은 사람들이 어렵게 살아가야 했다. 반면에 높은 자리를 차지했던 양반들은 상대적으로 윤택했다. 드디어 빈부의 격차가 커지면서 갈등과 대립이 고조되었다. 이는 신분 차별과 겹치면서 상황을 더욱 악화시켰다. 문제가 점점 심각해지면서 각종 사고와 충돌, 강력범죄 등이 속출하면서 이제 도성의 치안 유지는 중대한 국정 과제가 되었다.[108]

문종 때부터 본격적으로 개편에 착수해서 문제 해결에 적극 나서게 되었다. 먼저 승정원의 건의를 받아들여 행순하는 것만으로는 도적을 잡기가 부족하니 강무 때의 예에 의하여 별도의 조치를 새로 마련했다. 즉 매 5가家에 1경수소를 두고 매 1경수소에 건장한 사람 5, 6인을 뽑아 숙직시키며 윤번으로 좌경坐更[109]하게 했다. 그리고 별순하는 자로 하여금 그 근면함과 태만함을 규찰해서 만일 좌경하는 사람의 수가 맞지 않거나 튼튼하지 못하면, 그 방坊의 관령管領과 그 부部의 관원까지 죄를 부과하도

---

107 『세종실록』 권71, 세종 18년 3월 무진.

108 이존희, 앞의 책, 2001, 74쪽.

109 좌경이란 궁중의 보루각에서 징과 북을 쳐서 시각을 알리되, 그 방법은 밤의 시각을 초경, 2경, 3경, 4경, 5경으로 나누고 경을 또 점으로 구분하여 경에는 북을, 점에는 징을 쳐서 궁중에 시각을 알렸다. 제일 먼저 보루각에서 북과 징을 치면 인접의 재점군이 이 소리를 듣는 즉시 북·징을 다시 울려 차례로 시각을 알리는 것이다. 숙직 교대도 이 신호에 따라 행해졌다(이존희, 앞의 책, 2001, 80쪽).

록 했다.[110]

군대를 정기적으로 동원해서 행순하는 것만으로는 부족했기 때문에 강무하려고 국왕이 행차했을 때 활용했던 제도를 평상시에도 그대로 적용하여 대처하자는 것이다. 강무란 국왕이 군대를 이끌고 사냥을 하면서 농사에 피해를 주는 짐승을 잡으며 실전에 가깝게 훈련을 시키는 것이다.[111] 강무를 실시하면 도성이 텅비게 되므로 주민들을 직접 동원해서 치안을 유지했다. 그 제도를 평상시에도 시행해서 치안을 강화하고자 했다. 그러나 이것은 군대를 직접 동원하지 않고 민간 자율에 맡긴 것이기 때문에 한계가 있었다.

군대의 동원 방식을 개편해서 치안을 강화하는 방도를 마련한 것이 곧 5사제의 실시라 할 수 있다. 일단 당번하는 5사 중에서 2사는 입직하고 3사는 출직하되, 3일로 서로 교체하도록 했다. 그리고 출직하는 3사 중에서 1사는 행순하되, 초경·2경에는 호군 4, 3경에는 호군 2, 4경·5경에는 호군 4, 문 밖에는 호군 2, 도성문은 호군 3으로 정했다.[112] 이에 대해 기존의 연구 성과에서는 중앙군을 하나의 기구로 묶어 힘을 집중시켰으며, 아울러 입직과 출직을 교대로 근무하게 해서 등질성을 높였다고 했다.[113] 그 출직군 가운데 1사가 행순했다는 것은 전체 병력의 1/5이 도성의 치안 유지에 나서게 되었음을 의미했다. 동시에 그것은 입직군의 절반에 해당했다. 특히 5사제 운용의 핵심이었던 호군들의 시간대 및 공간의 배치 인원을 보면 확실히 종전보다 정비되었음을 짐작할 수 있다. 상대적으로 도성의 치안 유지가 그만큼 중요해졌음을 의미하는 것이기도 했다.

하지만 정기적인 순찰만으로는 여전히 미진하다고 여겼다. 불시에 군졸을 동원해서 도성의 안팎을 수색하여 도적을 체포하는 법을 새로이 마련했다. 즉 도적 체포를 위해 별순別巡하는 법을 제정했다.[114] 실제로 불시에 호군 등의 인솔로 갑사 등을 출동시켜 도적 따위를 체포하게 했는데 기병만을 데리고 나가면 좁은 골목길을 이용해서

---

110 『문종실록』 권2, 문종 즉위년 6월 기묘.
111 李鉉秀, 「조선초기 講武 施行事例와 軍事的 기능」『軍史』45, 2002.
112 『문종실록』 권8, 문종 1년 6월 갑술.
113 閔賢九, 앞의 책, 1983, 144쪽.
114 『문종실록』 권9, 문종 1년 8월 정묘.

도주하는 수가 많으므로 보병도 아울러 거느리게 했다. 평상시 순찰할 때에도 총통위銃筒衛의 보병을 대동시켜 효과를 높였다.[115]

그럼에도 불구하고 상황은 쉽게 호전되지 않았다. 더구나 계유정난이나 사육신 사건 등으로 민심이 흉흉해지자 그 틈을 타서 많은 사건과 사고가 일어났다.[116] 세조는 특단의 강경 조치를 발표했다. 도적이 날로 성하여 평민이 해를 많이 받는 것을 차마 볼 수 없다며 관대한 형벌 대신 무겁게 가중 처벌했다.[117] 곧 이어서 1457년(세조 3)에 제색 군사의 5위 분속이 단행되어 5위제가 정식으로 출범했다. 이에 의거하여 군대 통솔이 이루어졌는데, 안팎을 순작하는 군사의 수라든가 시각을 나누고 길을 나누는 것, 또 안팎의 문을 파직하는 군사의 성명 등에 대한 기록 및 보고 절차 따위가 상세히 정해졌다.[118] 1459년에는 입직하는 장수와 군사의 숙위, 군사로 하여금 행순하게 하는 절차에 관해 상세히 정했다.[119] 그에 관한 자세한 내용은 1459년경에 편찬된 『병정』에 상세히 정리되었다. 특히 도성의 순찰과 관련된 것은 「행순」, 「계성기」, 「문개폐」 등의 항목에 규정되었다.

먼저 「행순」의 내용을 간략히 살펴보면 궁궐 내에서는 위장과 부장이 시간을 나누어 왕의 낙점을 받아 순찰한 다음에 직접 보고해야 했다. 도성 안팎의 순찰은 병조에서 출번한 별시위·갑사·평로위·파적위·장용대를 패를 나누어 정해서 다음 날에 순찰하게 했다. 아울러 도성 내외를 순찰하는 군사는 순장이 초저녁에 성명을 대조해서 점고하고 파루 후에도 점고하고 해산시켰다. 다음으로 「계성기」에는 숙위·순찰하는 사람 및 궁성·도성 각문의 파수인, 군영 경수소의 숙직인은 병조의 입직 당상이 초저녁에 군호와 함께 서명하여 올리도록 했다. 「문개폐」에는 인정 때 닫고 파루에 열도록 했는데, 도성문의 경우 호군과 오원五員이 담당했다.[120]

『병정』의 도성 순찰 관련 항목이나 규정이 『경국대전』「병전」의 그것과 매우 비슷

115 『문종실록』 권10, 문종 1년 12월 병오.
116 李正守, 앞의 논문, 1994, 271~275쪽.
117 『세조실록』 권6, 세조 3년 2월 병진.
118 『세조실록』 권7, 세조 3년 4월 갑오.
119 『세조실록』 권17, 세조 5년 8월 갑자.
120 정해은, 앞의 책, 2008, 11~12쪽.

했다. 또한 편찬 직후부터 여러 무재 시험의 강서 과목으로 활용했으며 실제로 이에 의거하여 군대를 동원해서 훈련하기도 했다. 그것은 빨리 익히도록 권장하기 위해서 였다.[121] 비록 성문 법전은 아니었지만 어쨌든 그에 준하는 것의 규정에 의거해서 치안 유지 활동이 이루어진다는 사실은 앞선 시기와 비교했을 때 분명히 차이가 있었다. 곧 이어 편찬되는 『경국대전』으로 이어지면서 하나의 전형적인 체제가 만들어지고 그에 의거하여 실시되었다.

2) 도성 치안 활동 체제의 정비

도성의 순찰과 치안 확보에 관한 규정과 절차 등도 5위제의 개편과 더불어 조금씩 바뀌다가 『경국대전』의 편찬과 함께 일단락되었다. 1464년에 양성지가 순장으로 문관과 무관을 함께 임명하고, 의금부에 상직하는 낭관이 친히 병조의 문안을 주고, 순장을 대면하여 점고하여 보내고 그 군목을 순장에게 주면 순장이 군목을 받아서 검찰하는 방안을 제시했다.[122]

이때 그는 순작의 거점을 증설할 것도 주장했다. 모두 다섯 곳을 설치하되, 창덕궁의 순청을 동소東所로 하고, 운종가雲從街의 순청을 서소, 의금부를 북소, 용양위龍驤衛를 남소, 중추부를 중소로 하며, 동·서·남·북의 4소에서는 각기 군사를 거느리고 순찰하되 중소는 500명으로 정하되 움직이지 않으면서 궁성을 호위하게 하자고 했다. 집합하는 것을 모두 포시晡時로 정하며, 순장도 문관과 무관 두 사람으로 삼아 군사와 장수의 권한을 나누어 갖도록 하자고 했다.[123] 비록 그의 건의는 수용되지 않았으나, 원리적 측면은 의미 있게 받아들였다.[124]

---

121 정해은, 앞의 책, 2008, 16~17쪽.
122 『세조실록』 권37, 세조 11년 11월 기미.
123 『예종실록』 권6, 예종 1년 6월 신사.
124 양성지는 지방의 상비군을 도적을 방비하는데 동원해서 각 지역의 치안업무를 맡기자고 주장했다. 하지만 그의 의견은 수용되지 못했는데, 전문 포도관의 필요성을 다시 한번 제기했다는 점에서 의미가 있다고 한다(車仁培, 「朝鮮前期 成宗~中宗代 '捕盜將'制 고찰」 『史學研究』 72, 2003, 68~69쪽).

도성 성곽 동쪽의 광희문

범죄의 원천 차단을 위해 양성지의 방안처럼 군대를 대규모로 동원하기 보다는 전문적으로 치안 활동을 담당하는 인원을 선발해서 배치하는 것이 효율적이라는 견해가 점차 대두했다. 성종 때에 포도장捕盜將이 설치되어 전문 포도관으로서 기능했다.[125]

반면에 군을 동원해서 치안을 유지하는 활동은 점차 축소되기 시작했다. 먼저 1469년(성종 즉위) 종전에는 밤에 순찰하는 군사는 길을 나누고 그 나뉜 길에 따라 3번을 만들어, 초경·2경에는 1번이, 3경에는 2번, 4경·5경에는 3번이 담당했다. 시간이 다 되면 순청으로 돌아와서 쉬다가 날이 밝기를 기다려 그치도록 했다. 하지만 무자년(1468, 예종 즉위)부터 길은 나누었지만 시간은 나누지 않아 밤새 쉬지 않고 순찰하여 사람과 말이 지치게 되어 극도로 불편해졌다는 것이다. 이제부터는 길도 나누고 시간도 나누어 종전의 예에 따라서 시행하도록 했다.[126] 실제 이에 입각하여 도마다 순관 초경·2경에 1명, 3경에 1명, 4·5경에 1명이 패牌를 받아서 돌아다니게 했다.[127] 겉으로는 부담을 줄여주기 위해 종전의 방식으로 되돌아간 것처럼 보인다. 하지만 내면의 사정은 조금 달랐다. 세조 때 군액의 무리한 확장으로 인한 후유증이 심각했

---

125 車仁培, 앞의 논문, 2003.
126 『성종실록』 권1, 성종 즉위년 12월 정축.
127 『성종실록』 권2, 성종 1년 1월 경진.

기 때문에 줄여야만 했다.[128] 그 사전 정지 작업으로 도성의 순찰을 축소할 필요가 있었다.

그렇지만 전반기 도성 순찰 임무의 핵심은 여전히 중앙군이었다.[129] 그러한 사실은 몇 차례 이루어진 5위제 등의 개편에도 불구하고 변함이 없었다. 도성의 순찰과 치안 유지 등에 관한 것은 주로 『경국대전』「병전」의 항목에 상세하게 기록되었다.

도성 내외의 순찰은 병조에서 출직 군사를 2개소로 나누어 차정하여 실시했다. 이때 동원된 것은 충의위忠義衛, 충찬위忠贊衛, 충순위忠順衛, 족친위族親衛, 내금위 이외의 5위의 각 1부의 군사들이었다.[130] 제외된 병종 가운데 충의위 등은 대체로 공신이나 족친 따위를 우대하기 위해 설치된 것들이다. 자연히 재주보다는 신분과 배경에 의해 입속되었다. 따라서 순찰 임무에 별다른 기대를 할 수 없는 부류였다.[131] 그러나 내금위는 달랐다. 최고 정예로 이루어졌음에도 도성 내외의 순찰에서 제외시켰던 것은 궁궐의 숙위에 전담하기 위한 것으로 생각된다.[132] 하지만 정원이 워낙 소수였던 관계로 도성을 순찰하는 부대의 전력을 크게 약화시킨 것은 아니었다.

도성 내외 순찰 부대의 지휘자와 감독자의 임면 절차는 대체로 궁궐 숙위와 유사했다. 임금의 낙점을 받은 순장巡將 및 감군監軍과 출번하거나 입번하는 장수는 대궐에 들어가서 숙배하고 대내에서 패를 바치거나 받게 했다. 다만 각 운령관運領官이 받아야 할 패는 순장이 모두 받아서 나누어 주게 했다. 너무 번거롭기 때문에 순장이 일괄 처리했던 것 같다. 그리고 순장은 중추부의 지사 이하 첨지 이상을 임금에게 추천하여 임명하고 부족하면 행직行職 당상관을 임금에게 추천하여 임명했다. 각 운령관으로는 상호군·대호군·호군으로써 임명하고 부족하면 별시위 6품 이상인 자를 임명했다. 감군으로는 선전관이나 병조 및 도총부의 당하관을 임금에게 추천하여 임명했

---

128 閔賢九, 앞의 책, 1983, 86쪽.
129 반면에 중앙군 편제에 평상시의 도성 경비를 담당하는 군대를 따로 두지 않았다는 점을 들어 15세기 중반 이후 도성 내의 치안은 군 병력이 아니라 한성부와 사헌부, 형조, 의금부 등의 서반 아전이 중심이 되어 담당했다는 견해가 있다(오종록, 앞의 논문, 2004, 236쪽).
130 『경국대전』 권4, 병전, 행순.
131 車文燮, 앞의 논문, 1994, 227쪽.
132 내금위의 순작 면제는 일찍부터 관례화되었던 것으로 보인다(『성종실록』 권123, 성종 11년 11월 기해).

다.[133] 지휘자인 순장과 감독자인 감군, 그리고 출번과 입번을 망라한 장수들은 모두 임금을 거쳐 임명되었으며 그들이 지녀야 했던 패 역시 정해진 절차에 따라 처리되었다.[134] 이 점은 궁궐 내에서 숙위하는 인사들과 별 차이가 없었다.

다만 순장 아래에서 실질적으로 군사를 거느리고 도성 내외를 순찰했던 것은 운령관이었는데, 상호군·대호군·호군들이 임명되었고 부족하면 별시위 6품 이상에서 차출되기도 했다. 이 점은 궁궐의 경우에 위장과 부장이 맡았던 것과 달랐다. 후자 쪽이 실질적으로 군무를 관장하고 있다는 점에서 그 위상이 높았다.[135] 따라서 순찰에 참여하는 군사 지휘관의 비중이 다소 떨어진다고 해도 과언이 아니었다. 다른 한편 순장과 감군에는 문반 출신들도 임명될 수 있었다. 이것은 일찍이 양성지가 발의했던 순장에 문관과 무관의 두 사람을 아울러 차정하자는 주장이 관철되었음을 알 수 있다. 그것은 상호 보완과 견제의 실현이라는 점에서 의미가 있었다.

다시 궁성의 문 밖에는 별도로 직숙하는 병력을 배치했다. 수문장이 안쪽에서 지켰던 것과 대비해서 이루어졌다. 병조에서는 궁성의 4문 밖 직숙에 각기 상호군·대호군·호군 중에서 1인을 임명했는데 부족하면 행직인行職人으로 채웠다. 아울러 정병 5인을 배정했다. 도성 내외의 여러 경수소에서는 보병 2인이 부근 방리인坊里人 5명을 스스로 무장시킨 채 거느리며 직숙하게 했다. 산골짜기에는 정병 5인을 배치했다.[136]

특별히 취약한 지점에 대해서는 별도의 지휘관과 군사들을 배정해서 지키게 했다. 그 군사의 성격이 문제인데, 대표적인 의무 번상 병종인 정병이 대부분이었고 다소 투박하게 무장했던 부근의 방리인을 함께 동원했다는 점에서 군사적인 능력에 의존하기보다는 단순히 지킨다고 하는 의미가 강했다고 볼 수 있다.

광화문의 호군은 초저녁에 병조에서 탁鐸을 받고 아울러 군호도 받아서 인정 후에

---

133 『경국대전』 권4, 병전, 행순.
134 그날그날 행순의 모든 책임은 사실상 순장이 지게 되어 있는데 이 순장은 고유의 직책이 아니고 왕의 지명에 의하여 책임을 지게 되어 있었다는 것이다(車文燮, 앞의 논문, 1994, 227~228쪽).
135 위장과 부장 사이에 상피를 확실하게 실시했다는 점에서 그들의 위상을 짐작할 수 있다(『성종실록』 권80, 성종 8년 5월 을미).
136 『경국대전』 권4, 병전, 행순.

광화문

정병 2인으로 하여금 탁을 흔들면서 궁성을 순찰하게 하고 4면의 경수소 및 각 문에 차례로 전하여 주게 했으며, 순환을 멈추지 않도록 하다가 파루에 이르면 그치게 했다.[137] 광화문을 기점으로 인정부터 파루까지, 밤중 내내 정병을 시켜 궁성의 담장을 계속해서 돌며 순찰하게 했다. 이것이 제대로 이루어졌는지를 감독하기 위해 운령관인 순관이 매경每更마다 궁성을 돌고 순장도 때 없이 친히 가서 조사하고 살피게 했다.[138] 궁성의 안팎으로 한군데도 빠짐없이 순찰하도록 규정되었다.[139]

점검하는데 만전을 기하기 위해 도성 내외를 순찰하는 군사는 순장이 초저녁에 이름을 대조하면서 점고하고 파루 후에 또 점고한 뒤 해산시켰다. 아울러 순장은 군사의 결석 및 출석과 각 경更의 이상 유무를 병조에 보고하고 병조에서는 이를 임금에게 보고했다.[140] 궁궐의 경우 이상 유무를 임금에게 직달했던 것과 조금 차이가 있지만 어쨌든 병조를 통해 보고하게 했다. 조금이라도 소홀함이 없도록 하기 위한 것으

137 『경국대전』 권4, 병전, 행순.
138 『경국대전』 권4, 병전, 행순.
139 車文燮, 앞의 논문, 1994, 228쪽.
140 『경국대전』 권4, 병전, 행순.

로 이해된다.

제대로 된 점검을 실시하기 위해 사전에 미리 보고하게 하는 것, 이른바 성기省記를 올리는 것은 궁궐 숙위의 그것과 같았다. 숙위하며 순찰하는 사람 및 각 문의 파수인과 경수소의 직숙인은 병조의 입직 당상관이 초저녁에 군호와 아울러 서명하여 봉하여 올리게 했다. 각 문 파수인의 경우 궁성문은 병조가 정병과 갑사를 차출해서 지키게 하고, 또 대졸隊卒 10명을 차출하여 광화문과 종묘문을 지키게 했다. 도성문은 출직하는 보병으로 지키게 하되, 흥인문, 숭례문, 돈의문, 동소문은 호군을 차출하고, 그 밖의 문에는 오원五員을 차출하여 거느리게 했다. 이때 대문마다 30명, 중문 20명, 소문 10명이다. 종묘문 4명, 도성문 8명이었다.[141] 성문을 지키는 일은 기동력을 크게 필요로 하지 않았기 때문에 주로 보병을 동원한 것 같다.

그런데 만약 화재가 발생하면 순관은 달려가 진화에 힘쓰면서 도적을 살펴야 한다고 했다.[142] 상황이 심각할 경우에는 도총부에서 임금에게 보고하고 부장으로 하여금

금군의 도성문 출입 증표인 부험(符驗)
(『국립고궁박물관 전시 안내도록』
(2010), 43쪽)
시간대와 해당 성문(돈의문)이
쓰여 있다.

---

141 『경국대전』 권4, 병전, 계성기.
142 『경국대전』 권4, 병전, 행순.

입직한 보병을 인솔하고 달려가서 불을 끄게 했다.[143] 이와 동시에 도적을 살폈는데 체포할 경우에는 행순 때 받았던 기본근무일수, 즉 원사元仕가 아닌 특별근무일수인 별사別仕 1을 받았다. 도성 밖이라면 1을 더 추가했다.[144] 하지만 허위나 과장을 방지하기 위해 포도단자捕盜單字를 계달할 때 부장과 군사의 이름을 모두 기록하게 하고서 체포한 도적이 죄를 받은 뒤에야 근무일수의 지급을 허용했다.[145]

한편 병조·형조·의금부·한성부·수성금화사·오부의 숙직원이 통행표신通行標信과 군호를 받고 각기 그 관사의 아전과 사령을 거느리고 무시로 순찰했다.[146] 이들은 화재를 방지하는 역할을 했다.[147]

도성의 순찰과 치안 유지 활동은『경국대전』의 관련 조문 등에 따르면 여전히 중앙군을 주축으로 이루어졌다. 하지만 한성의 거듭된 발전과 사회 변동으로 복잡한 병리현상들이 연속적으로 일어나면서 전문 기구와 인력의 분화, 독립을 요구하는 목소리가 커졌다. 이미『경국대전』을 편찬할 때부터 그런 조짐이 있었다. 대표적으로 1481년(성종 12)에 발표했던 포도사목捕盜事目을 들 수 있다. 그것은 도성과 경기 일대를 좌변과 우변으로 나누어 포도장과 졸오卒伍를 파견해서 도적을 잡되 일정 기간 내에 강도 등을 체포하면 포상한다는 것이다.[148]

실제로『경국대전』「형전」에는 절도나 강도, 그리고 소와 말을 도살하는 자를 체포한 사람에게 그 수에 따라 면포를 상으로 지급하는 조문이 수록되어 있다.[149] 이를 보았을 때 전담 기구와 인원의 필요성은 대체로 인식했음을 알 수 있다. 다만 그에 따른 폐단을 일부에서 우려했고 아직 여건이 충분히 성숙되지 못했기 때문에 상설되지 못한 채 임시 기구에 머물고 있었을 뿐이었다.[150]

결과적으로 중앙군 조직이 도성의 치안 유지 활동에서도 중추적인 역할을 수행했

---

143 『경국대전』권4, 병전, 금화.
144 『경국대전』권4, 병전, 군사급사.
145 『대전속록』권5, 형전, 포도.
146 『경국대전』권4, 병전, 행순.
147 『경국대전』권4, 병전, 금화.
148 『성종실록』권127, 성종 12년 3월 무술.
149 『경국대전』권5,「형전」포도.
150 車仁培, 앞의 논문, 2003, 76쪽.

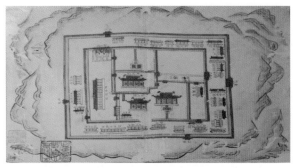

으나, 점차 그 일의 성격상, 그리고 사회 변화 등으로 인해 전문 기구로의 분리 독립은 필연적이었다. 드디어 치안을 전담하는 기구와 인력이 서서히 형성되기 시작했다.

온양별궁 전도
중앙에 행궁의 정전과 온천이 있고, 왼쪽에 영괴대가 있다.

3. 행차시의 호위와 비상대비 훈련

1) 체계의 정비 과정

중앙군의 주요한 임무 중의 하나가 임금이 궁궐 밖으로 행차[151]했을 때 어가를 호위하는 일이었다. 국왕이 궐 밖으로 나가는 경우는 중국 사신의 영접, 종묘와 사직에 대한 의례, 군사 훈련, 능이나 원圖에 제사를 지내려거나 온천에 나들이하기 위한 것 따위가 대표적이다.[152] 행차의 시간과 장소, 이동거리는 행차의 목적에 따라 달랐다. 예를 들면 종묘와 사직에 대한 의례를 위한 것이라면 도성을 벗어나지 않았을 것이며 시간도 비교적 짧았을 것이다. 즉 당일에 곧 바로 돌아올 수도 있고 하루 이틀 머물 수도 있겠으나 아무튼 가까운 장소에서 단기간에 그쳤을 것이다. 반면에 온천에 나들이했다면 먼 곳에서 상대적으로 긴 기간에 걸쳐 숙박해야 했다. 그런 경우 호위하는 방식이 크게 달라질 수밖에 없었다. 자연히 행차의 내용과 성격에 따라 호위 체계도 바뀌게 마련이었다.

국왕이 궁궐과 도성을 벗어나는 것을 왕조 국가에서는 하나의 사건으로 간주하는

---

151 조선시대 임금이 궁궐 밖으로 거둥하는 것을 공식적으로는 행행이라고 했다. 이는 고려시대에 배봉이라고 했던 것을 1419년(세종 1)에 고친 것이다(韓沽劤 等, 앞의 책, 1986, 384쪽).
152 이왕무, 「조선 후기 국왕의 扈衛와 行幸」『藏書閣』 7, 2002, 2쪽.

경향이 강했다.[153] 특히 국왕의 부재를 틈타서 변란을 꾀하는 무리가 있을 수 있었다. 더구나 행차로 인해 호위 군사가 양분될 수도 있었다. 거둥했던 임금을 호위하러 나가는 군대와 그대로 수도에 남아 있으면서 궁궐과 도성을 지켜야 하는 병력이 그것이다. 상황에 따라 호위하러 나가는 군대와 남아 있는 병력 사이의 규모에 별 차이가 없을 수도 있겠으나 지원할 수 있는 부대가 사실상 반으로 축소되기 때문에 위험하기는 마찬가지였다. 따라서 국왕의 행차 그 자체가 일종의 비상사태라 해도 과언이 아니었다. 그렇기 때문에 일상적인 숙위와 시위, 순찰 등과는 여러 측면에서 달랐다. 자연히 이에 대비하는 체계를 별도로 정비해야 했다.

행차시의 호위와 비상대비 훈련 체계는 사병혁파가 단행된 뒤 태종 때에 들어와서 본격적으로 정비되기 시작했다. 행차의 목적과 내용에 따라 호위하는 부대의 병종과 군액이 달라지기 마련이다. 그렇다고 아무렇게나 무질서하게 동원되었던 것은 아니지만 초기에는 이에 대해 제도적으로 명확하게 정해진 바가 없었다. 태종은 정변을 통해 집권에 성공했으므로 이에 대한 관심이 매우 높았다.[154]

비상대비 훈련도 또한 태종 때부터 체계화되기 시작했다. 1409년 위급한 때를 당하면 의흥부에서 친히 왕지王旨를 품하여, 왕부王府에 간직해 있는 직문추우기織紋騶虞旗를 받아 궐문에 세우고, 각角을 불어, 입번총제入番摠制와 각위各衛의 상호군·대호군·호군으로 하여금 계엄하게 하고, 출번出番한 각군총제各軍摠制와 각위의 상호군·대호군·호군이 각성角聲을 듣고 즉시 궐문 밖에 나아와 각각 군사를 거느리고 주둔하여 명령을 기다리게 했다. 그리고 임금이 특별히 장수를 명해 친히 사기事機를 주고 각각의 직문기를 하사하면, 곧 나와서 의흥부의 호령을 듣도록 했다. 각위의 상호군·대호군·호군은 그 군軍의 직문기를 본 연후에 명령에 따르도록 했다. 만일 의흥부에서 추우기 없이 명령을 내린 자나, 각위의 상호군·대호군·호군이 그 군의 직문기를 보지 않고 명령에 따른 자, 병조와 의흥부의 명문明文이 없이 사사로 군사를 모은

---

153 이왕무, 「조선 후기 국왕의 행행시 궁궐의 숙위와 유도군 연구」 『軍史』 62, 2007, 197~198쪽.
154 왕자의 난 등 혼란을 경험하면서 집권한 태종은 면밀한 정권안정책을 강구하고자 했고, 이것이 금군의 강화 및 그 방법으로서의 취각령의 신칙으로 구현되었다고 한다. 만약의 정변을 반격 분쇄하기 위한 비상훈련이 곧 취각령이었다는 것이다(閔賢九, 앞의 책, 1983, 136쪽).

자는 모두 모역謀逆으로 논하게 했다. 만약 영令을 범한 자가 있으면 다른 사람이 신고하는 것을 허락하되 사실로서 확인된 자는 3등을 뛰어 벼슬로 상을 주고, 또 범인의 가산家産과 노비·토지로 상을 주며 무고한 자는 반좌율反坐律에 의거하여 처벌하도록 했다.[155]

직문추우기에 의거한 비상대비 훈련은 그 뒤에 취각령이라는 정식 명칭으로 불리며 확대 개편되었다. 우선 동반에 속한 각사와 인원들도 모두 일정한 체계로 동원되도록 했다.[156] 다시 몇 차례 개정 및 보완이 이루어졌다.[157] 그만큼 태종 정권에서는 이에 대한 관심이 높았음을 반영했다.[158]

태종 때 초석이 놓여진 체계는 세종 때에 들어와서 한층 내용이 풍부해지면서 세부적인 부분까지도 정비되었다. 우선 예를 갖추어 거둥할 때에는 보갑사步甲士는 갑옷을 입고, 행수는 거둥 행렬의 맨 앞에서 보행하도록 했다. 예를 갖추지 않는 보통 거둥 때에는 갑사는 평상복의 차림으로 칼을 차고, 행수는 말을 타고 따르게 했다.[159] 이어 거둥할 때 여러 신하들의 시위하는 순서와 차례를 정했다. 어가 뒤에 제일운창패第一運槍牌, 그 뒤에 병조, 그 다음으로 승정원, 비신상호군備身上護軍·호군·부책 대호군扶策大護軍, 그 다음에 내시 행수內侍行首, 그 다음에 시신侍臣이었다. 제이운창패第二運槍牌의 뒤에는 각사가 차례로 시위했다.[160]

행사의 내용과 성격에 따라 호위 인원의 종류와 액수가 달라졌는데, 그에 관한 상세한 규정도 정해졌다. 다만 종합적으로 정리된 것은 동궁이 대행했을 때의 것만 제시되었다. 이를 통해 어떤 행사에 누가 얼마나 동원되었는지를 짐작할 수 있다. 여기서 그 행사의 명칭만 제시하면, 종묘와 휘덕전輝德殿의 제사를 대행할 때, 문소전文昭殿 별제別祭, 건원릉健元陵·헌릉獻陵·영릉英陵의 별제別祭, 동지冬至·정조正朝의 수하

---

155 『태종실록』 권18, 태종 9년 10월 을축.
156 『태종실록』 권19, 태종 10년 4월 임술.
157 『태종실록』 권22, 태종 11년 12월 신축 ; 『태종실록』 권26, 태종 13년 8월 정묘 ; 『태종실록』 권30, 태종 15년 8월 기사 ; 『태종실록』 권36, 태종 18년 8월 계미.
158 閔賢九, 앞의 책, 1983, 136쪽.
159 『세종실록』 권1, 세종 즉위년 8월 신묘.
160 『세종실록』 권3, 세종 1년 3월 무신.

受賀와 일본국 대내전人內殿의 사인使人, 홀라온忽剌溫 제종 야인諸種野人의 추장을 접견할 때, 조참朝參과 문무과 전시 · 제도 왜객諸島倭客 · 잡종 야인雜種野人의 숙배肅拜를 받을 때, 조칙詔勅을 맞고 사신을 접대할 때, 성균관에 시학할 때, 강무할 때, 때도 없이 문밖에 행차할 때 등이었다.[161] 아마도 그 외에 더 있었을 것이나 기본적인 것은 앞에 언급했던 것들이었다.

다만 온천에 행사했을 때가 문제였다. 세종은 갑사 200명, 별시위 200명, 내금위 20명으로 시위하게 했다. 대간들이 너무 부족하다며 육조 당상으로 시위할 것을 청했으나 받아들여지지 않았다. 거리가 멀거나 가깝거나 날짜가 길거나 짧거나 한 것으로 그 예를 달리 할 수 없다는 것이 그 이유였다.[162] 미리 정해 놓은 것을 함부로 변경해서는 곤란하다는 것이 국왕의 입장이었다.

한편, 문 밖으로 거둥했을 때 임시로 한가한 대신과 같이 가도록 했는데,[163] 4위의 절제사마저 그런 식으로 정한다는 것은 곤란하다는 병조의 건의를 받아들여 매 위마다 절제사 각 1명을 더 두어서 미리 수점受點하여 윤번으로 호종하도록 했다. 만약 각 위의 2명이 동시에 유고하게 되면 병조에서 차정하게 했다.[164]

그리고 복장과 장식 등에 대해서도 정해 놓았다. 궐내에서 시위하거나 혹은 예로서 행차하는 것 이외의 강무할 때나 무시로 거둥할 때 시위 갑사가 갑옷을 착용했을 때 속옷[裏衣]은 푸른색과 여러 가지 빛깔 중에 임의대로 입게 했다.[165] 이어서 성문 밖에 거둥할 때 사위四衛 군사는 강무할 때의 예에 따라 갓[笠] 위에 소표기小標旗를 꽂도록 했다.[166] 표식을 확실히 하기 위해 실시했던 것 같다.

강무로 거둥할 때 호종하는 3품 이하의 군사 및 각인各人에게는 모두 표장標章을 지급해서 착용했다. 평상시에 하던 것과 확실하게 구별하기 위한 조치로 보인다. 사금司禁 · 사복司僕 · 삼군진무 · 내금위 · 충의위 · 속고치 · 응사鷹師 · 향화인向化人 · 수가취

---

161 『세종실록』 권120, 세종 30년 6월 경오.
162 『세종실록』 권95, 세종 24년 2월 갑인.
163 『세종실록』 권25, 세종 6년 8월 계해.
164 『세종실록』 권88, 세종 22년 2월 을해.
165 『세종실록』 권80, 세종 20년 2월 계해.
166 『세종실록』 권80, 세종 20년 3월 기유.

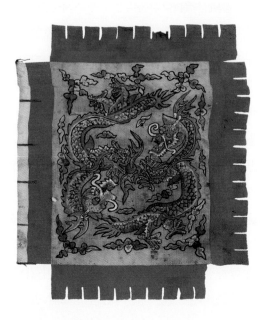

교룡기(蛟龍旗, 왕권을 상징하는 의장기)(『국립고궁박물관 전시 안내도록』(2010), 276쪽)
왕이 탄 어가 앞에 달아 전체 행렬을 왕이 총지휘한다는 의미를 갖는다.

황룡기(黃龍旗)(『국립고궁박물관 전시 안내도록』(2010), 277쪽)
왕이 군대를 친히 이끌 때 각 영에 명령을 전달하는데 사용하였다.

라치[隨駕吹螺赤] 및 첨총제 이상 각 품의 반인伴人은 모두 중군에 예속시켜 붉은 표장을 써서 가슴에 붙이게 했다. 중군에 속한 상·대호군 등에게는 붉은 표장을 등에 붙이게 하고, 좌군에 속한 상·대호군 등은 푸른 표장을 왼쪽 어깨에 붙이게 하며, 우군에 속한 상·대호군 등은 흰 표장을 오른쪽 어깨에 붙이게 했다.[167]

강무 자체가 군사적으로 특별했기 때문인지 호위 부대도 그에 맞게 새롭게 편성했다. 1434년에 우선 착호갑사捉虎甲士 20명은 중축中軸에 배치하고, 10명은 가전駕前에 배치했다.[168] 착호갑사란 1421년(세종 3)에 범을 잡기 위해 별도로 설치한 갑사를 말한다.[169] 강무의 뜻과 의미를 확실하게 보여주고 사냥에서의 수확도 많이 올리기 위해 특별히 배치했던 것으로 짐작된다. 그들만으로 부족하다고 느꼈는지 1436년에 다시 사자위獅子衛를 설치해서 강무할 때마다 용감한 군사 1백 명을 뽑아 어가 앞에서 호위하게 했다. 이는 사나운 짐승과의 충돌을 막기 위해 배치했다. 짐승을 굴복시킨다는 의미로 사자위라는 명칭을 부여했다.[170] 그런데 후대, 특히 세조 때에 이르러서는 행차시 호위 임무뿐만 아니라 궁궐의 숙위까지도 담당하게 되었다.[171]

행차한 뒤에 궁성과 도성을 지키는 일에 대해서도 계속해서 정비 작업이 이루어졌다. 일단 강무로 거둥했을 때 야간의 궁문 개폐는 한결같이 중궁의 명령에 의해 실시하도록 했다.[172] 그러나 온천에 가기 위해 중궁까지 함께 행차했을 때에는 만약을 대비하기 위해 승지 2인과 병조의 당상관 2인을 머물게 했다. 이때 급하게 처리해야 할 일이 있으면 한결같이 수궁守宮하는 대군大君의 처분을 따르도록 했다.[173] 어떠한 경우라도 국왕의 직계 1인이 도성에 남아 있어 급한 문제를 처리하도록 제도화했다.

이때 성문을 열고 닫을 때 사용하는 원목부에 대해서도 약간의 수정을 가했다. 열 개 중에서 갑甲·을乙·병丙·정丁·무戊는 흥인문興仁門에 속하고, 기己·경庚·신辛·

---

167 『세종실록』 권48, 세종 12년 4월 임진.
168 『세종실록』 권63, 세종 16년 2월 갑자.
169 韓祐劤 等, 앞의 책, 1986, 595쪽.
170 『세종실록』 권71, 세종 18년 3월 갑술.
171 박홍갑, 앞의 논문, 2003, 335쪽.
172 『세종실록』 권63, 세종 16년 1월 계사.
173 『세종실록』 권92, 세종 23년 2월 계사.

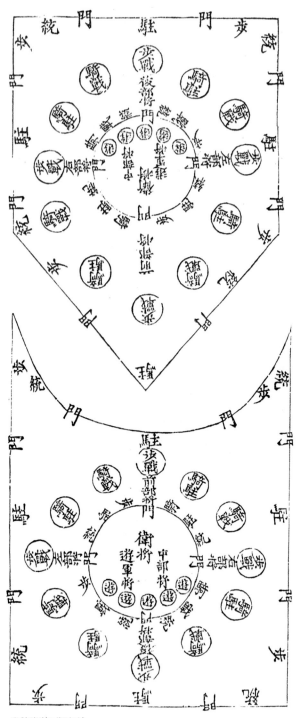

오위진법(五衛陣法)

임壬·계癸는 숭례문崇禮門에 속하는데, 성문 밖에서 숙박하는 행차일 때에는 갑·을·병·정·무는 행재소行在所에 바치고, 기·경·신·임·계는 중궁에 바치게 했다.[174] 원목부에 대한 관리가 한층 엄밀해진 것을 볼 수 있다.

그리고 강무로 인해 도성을 비울 경우 특별히 도둑과 화재가 문제가 되었다. 이에 각방各坊의 가로街路에 한성부로 하여금 적당히 방호소防護所를 설정하게 하고, 금화도감禁火都監으로 하여금 그 규찰을 도맡도록 했다.[175] 이렇게 해서 화재의 예방과 치안 확보에 만전을 기하도록 했다.

또한 비상대비 훈련 체계도 부분적으로 개정했다. 먼저 1423년에 무시로 취각할 때의 사목을 정했다. 도성위都城衛[176]의 패牌를 24자字로 나누고 매 1자마다 절제사 2명을 두었다. 도성의 동·서·남·북에 1면面마다 각각 6자字를 소속시켰다가 각을 불면 절제사의 인솔에 따라 정해진 곳으로 즉각 출동하도록 했다. 아울러 서울에 항상 거주하는 무수전패無受田牌와 별패別牌도 적당하게 패를 만들어 도성위절제사都城衛節制使로부터 점검을 받게 했다. 취각령이 발동되면 역시 정해진 곳으로 집합하게 했다. 취각했을 때 절제사들은 군사들이 제 때에 도착했는지를 병조에 보고했다.[177] 아울러 취각했을 때 중군과 좌·우군의 위치를 명기했던 취각서립도吹角序立圖의 일부 내용도 수정했다.[178] 도성위처럼 그 동안에 빠져 있었던 것을 보충하거나 시행시 문제가 발생했던 것을 부분적으로 수정했다.

이렇게 해서 행차 시 호위 및 비상대비 훈련 체계가 세부적인 부분까지 어느 정도 정비되었다. 하지만 내용이 워낙 잡다하고 여러 갈래로 이루어져 있던 관계로 전체가 원활하게 운영되기에는 아직까지 많은 문제가 있었다. 특히 행차 때의 호위는 그런대로 정리되었으나 도성에 남아 있는 사람들과의 연락 관계라든가 치안 및 감독·관리 등에 대해서는 여전히 부족한 점이 많았다. 그에 대한 보완 작업이 필요했다.

---

174 『세종실록』 권24, 세종 6년 5월 계묘.
175 『세종실록』 권51, 세종 13년 2월 계묘.
176 도성위는 1409년 시위를 담당했던 수전패를 개편했던 것으로 도성의 경비를 맡았다고 한다(오종록, 앞의 논문, 2004, 234쪽).
177 『세종실록』 권19, 세종 5년 1월 신묘.
178 『세종실록』 권64, 세종 16년 6월 계축.

마침내 1450년(문종 즉위) 국왕이 산릉山陵에 머물고 있을 때 도성에서 해야 할 일을 규정했던 유도사목留都事目이 공포되었다. 도성에 머물러 있는 중추원 당상과 각위의 절제사는 윤번제로 순작巡綽하게 할 것 등을 필두로 해서 상세한 규정이 마련되었다.[179] 더불어 같은 해에 비상대비 훈련 체계에 해당하는 취각령을 군사와 관리들이 모두 제대로 익히지 않아 문제가 많다고 했다. 또한 취각령은 다만 대지만 썼을 뿐이며, 군사들의 출입과 차례대로 서는 것은 서립도序立圖에 상세한데 가설된 갑사와 충순위·별시위·총통위總筒衛 등은 기재되어 있지 않다는 것이다. 이것을 시정하는 동시에 군사들로 하여금 도圖와 영令을 강습하도록 했다.[180] 체계의 속성상 임시적으로 형편에 따라 정해지는 것이 원칙이었는데, 최대한으로 재정비해서 어느 정도 제도화하여 규정에 의거해 처리하고자 했다.

하지만 이들이 제도화된 규정에 의거해서 실행되기 시작한 것은 세조 때, 특히 5위 체제의 수립과 관련이 깊었다. 이때에 이르러서도 부분적으로는 끊임없는 개정 및 보완 작업이 이루어졌다. 하지만 이와 동시에 전체를 아우르면서 유기적으로 운영되게 하는 작업도 다각도로 추진했다. 드디어 1457년(세조 3)에 병조에 의해 장수와 군사의 시위에 행해야 할 사건이 종합적으로 정리되어 보고되었다. 특히 여기서 주목되는 점은 5위 조직이 시위에서도 핵심적인 역할을 수행하며, 그것에 근거하여 전체가 운영되었다는 것이다.[181]

나아가 이는 1459년 경 5위 조직의 운용에 핵심적 요소인 군령을 집약해 놓은 『병정』의 편찬을 통해 일정한 체계로 재정리되었다. 특히 『병정』의 「입직」, 「행순」, 「조하연향상참」, 「첩고」, 「첩정」, 「용형」 등의 항목에 행차시의 호위와 비상대비 훈련에 관한 규정 등이 구체적으로 서술되었다. 그리고 이것은 뒤이어 편찬된 『경국대전』의 원형이 되었다.[182] 이로써 전체가 유기적으로 연결되어 운영될 수 있는 제도화의 기반이 마련되었다.

179 『문종실록』 권2, 문종 즉위년 6월 갑술.
180 『문종실록』 권3, 문종 즉위년 9월 을사.
181 『세조실록』 권7, 세조 3년 4월 기유.
182 정해은, 앞의 책, 2008, 10~16쪽.

2) 행차시 호위 및 비상대비 훈련 체계의 유기적 구축

5위 체제의 성립을 계기로 행차시의 호위도 단순히 임금을 경호하는 수준에서 벗어나 그 위엄을 대소 신료들에게 과시하는 광경으로서의 성격을 지니게 되었다. 이것을 위해서는 철저한 제도화가 필수였다. 특히 대열을 형성하는 면에서도 전과 다른 체계를 구축하고자 했는데, 이는 5위 체계의 근간이 되었던 진법을 통해 구현되었다. 1483년(성종 15)에 당시 도총관이었던 권감權瑊과 병조판서였던 손순효孫舜孝는 무릇 거둥할 때는 진법을 위주로 하는데, 교룡기가 앞에 있고 표기標旗는 뒤에 있으되, 표기는 병조와 도총부가 맡고, 제장諸將은 연輦을 끼고 시위한다고 했다. 동시에 이들은 『오례의』에 의거하여 대개의 진용이 갖추어지고 있다는 사실도 언급했다.[183]

주지하듯이 진법이 수록된 『오위진법』에는 형명도形名圖라 하여 각종 형명과 진도陣圖를 그림으로 나타낸 것이 수록되어 있다. 그리고 『오례의』에는 군례를 포함하여 각종 의례 등이 상세히 규정되었다.[184] 상황에 따라 그때그때 마련되었던 것이 아니라 이미 정해진 절차와 규정에 근거해서 행차가 준비되어 실행되어가는 모습을 짐작할 수 있다. 그리고 이것은 성종 때에 편찬된 『경국대전』에 의해 종합적으로 집대성되었다. 그 근간을 이루는 것은 『경국대전』의 해당 항목에 수록된 법규에 의거해서 이루어졌고, 실질적으로 펼쳐지는 행렬 등의 모습은 『오위진법』이나 『오례의』 등에 근거해서 마련되었다. 그런 점에서 이전의 시기와는 다른 체계가 구축되었다.

먼저 행차의 기본에 대한 것은 『경국대전』 「병전」의 시위 항목에 수록되었다. 대 열·강무·순행·타위打圍 및 임금이 직접 지내는 제사에 있어서 응당 행해야 할 시위 조건에 관

백호기
오방기의 하나로 오른쪽에 세워
우영(右營) 우위(右衛)를 지휘하는데 썼다.

---

183 『성종실록』 권171, 성종 15년 10월 병진.
184 이들에 대해서는 정해은, 『한국 전통 병서의 이해』, 국방부 군사편찬연구소, 2004를 참조할 것.

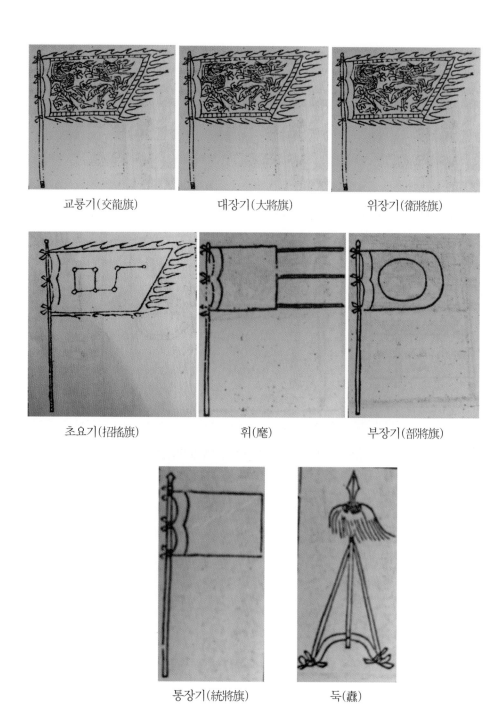

교룡기(交龍旗)　　　　대장기(大將旗)　　　　위장기(衛將旗)

초요기(招搖旗)　　　　휘(麾)　　　　부장기(部將旗)

통장기(統將旗)　　　　독(纛)

「국조오례의서례(國朝五禮儀序例)」「형명도설(形名圖說)」의 각종 군기하여 병조가 임금의 지시를 받아서 공문으로 전달하도록 했다. 아울러 왕세자의 거둥 시에 응당 시행해야 할 시위 조건도 역시 지시를 받도록 했다. 이것은 행차 준비의 대전제가 되었다. 행차라는 성격상 필연적이었다.

그 다음에 호위 군사의 위치에 대해 규정했다. 임금이 직접 지내는 제사에서는 군사를 지휘하는 깃발이나 북 등, 즉 형명을 가진 자는 제단 밖에 머물게 했다. 묘廟와 능陵의 제사에서는 문 밖에 머물게 했다. 그보다 격이 떨어지는 대소의 조하朝賀나 연향宴享에는 위장衛將이 각각 그 군사를 거느리고 뜰에 정렬하여 서고 병조와 도총부 이하의 관직자로서 군무를 띤 자 및 사복司僕은 임금 곁에 모시고 서며 내금위와 별시위는 섬돌 위에 정렬하여 서도록 했다. 상참常參 시에는 단지 입직하는 장사將士로 하여금 시위하게 했다. 먼저 궁궐 뜰에 들어오면 각각 그 위치를 차지하게 되는데 예컨 대 동소東所로 들어온 자는 동쪽에 정렬하는 따위와 같다. 임금이 환궁한 뒤에는 물러 나왔다. 이들은 도성 안에서 이루어지는 가장 중요한 행차에서의 호위에 관한 규정이다.

부득이 도성 밖으로 행차하여 행재소에 머무는 경우에는 내진內陣과 외진外陣을 구성해야 했다. 전자의 경우 도총관 이하의 여러 장수 중에서 병조가 임금에게 아뢰어 낙점을 받은 장수가 군사 5명을 거느리고 수시로 순찰한 후 임금에게 직접 보고하게 했다. 후자의 순찰과 특별 순찰의 경우에는 대장이 위장이나 부장을 정하여 군사 10 명을 거느리고 순찰하도록 했다.[185] 이때 행재소 내진의 군사는 도총관이, 외진의 군사 는 대장이 각각 서명하고 밀봉하여 올려야 했다.[186] 행재소를 내진과 외진으로 구분했 던 것은 도성의 구조와 유사했다. 즉 궁성과 도성으로 나누어 숙위했던 체제와 매우 흡사했음을 알 수 있다.

한편 도성에 남아서 경비해야 하는 부대의 경우에는 유도대장 3명이 세 곳에 나누 어 주둔하되 매일 장소를 바꾸어 지키며, 작은 일은 먼저 행하고 뒤에 임금에게 아뢰 며, 용형用刑은 행재 시의 예에 따라서 실시하도록 했다.[187] 이때 유도留都하는 3대장

---

185 『경국대전』 권4, 병전, 행순.
186 『경국대전』 권4, 병전, 계성기.
187 『경국대전』 권4, 병전, 입직.

의령남씨 집에서 전해오는 서첩의 그림(홍익대 박물관)
태조가 망우령에서 자신이 쓸 능의 터를 살피고 있다.

이 각각 군사 30명을 내어 병조로 보내면, 병조에서는 그 담당 지역을 나누어 정해서 맡기고, 또한 순장巡將과 순관을 뽑아서 맡겼다.[188] 한편 그 군사의 명단이 기록된 성기省記[189]는 도성에 남아 있는 병조 당상관이 승정원에 봉진했다가 임금께서 환궁한 뒤에 보고하게 했다.[190] 비록 임금이 부재 중이었지만, 마치 있는 것처럼, 오히려 보다 철저하게 절차를 지키면서 경계 태세를 유지하도록 했다.

군무를 띤 자에 대해 형을 부과하는 규정도 마련되었다. 도총관 이하 그 직책이 군무를 띤 자는 누구든지 죄를 범하면 병조가 임금에게 보고하고 탄핵하는데, 임금이 행재소에 있을 경우에는 당상관, 의친議親, 공신功臣 및 군사 이외에 장杖 80대 이하는 직단하도록 했다. 한편 도총부의 대장도 또한 그 소관하의 범죄에 대하여 임금에

---

188 『경국대전』 권4, 병전, 행순.
189 성기는 병조의 입직 당상관이 매일 군호와 숙위 행순인과 각문 파수인, 경수소 직숙인의 인원수를 적어 왕에게 보고하는 서면이다(韓沽劤 等, 앞의 책, 1986, 621쪽).
190 『경국대전』 권4, 병전, 계성기.

게 보고하고 탄핵하되, 임금이 행재소에 머물 때에는 도총부의 대장, 대장, 위장, 부장이 각각 소관하는 인원의 범죄에 대하여 태笞 이하는 직단하고 장杖 이상의 죄는 임금에게 보고하도록 했다. 이때 통장統將, 부장部將 및 유군장遊軍將, 영장領將, 위장衛將의 순서를 따라서 대장에게 보고하여 임금에게 아뢰게 했다.[191] 이를 통해 행차했을 때 호위 군사에 대해서는 평상시보다 조금 엄격하게 형을 집행했음을 알 수 있다.

이를 통해 행차시 호위 체계의 대강이 정리되었다. 이때 행차의 내용과 성격에 따른 호위 방식이 세밀한 것은 아니었지만 그 원칙이 정해졌다. 그리고 임금이 도성을 떠나서 숙박했을 때의 행재소에 대한 호위 및 유도하는 군대의 지휘 통솔 체계도 분명하게 마련되었다. 그런 점에서 양자 사이의 균형이 어느 정도 자리잡혔다고 볼 수 있다.

비상대비 훈련 체계는 「첩고」와 「첩종」에 정리되었다.[192] 먼저 「첩고」에 따르면 궐내에서 큰 북이 거듭 울리면 각 문을 파수하는 자를 제외하고 입직한 여러 위衛는 근정전 뜰에 집결해 각각 해당 방위를 차지하여 도열해야 했다. 병조는 동합문東閤門 밖에 서고, 도총부는 그 다음에 서고, 상호군·대호군·호군은 그 다음에 서고, 내금위는 서합문 밖에 서고, 사복은 그 앞에 서도록 했다.[193] 이는 궁성 안의 비상대비 훈련 체계였다.

다시 「첩종」을 보면, 큰 종을 거듭 치면 입직한 여러 위들이 첩고의 예와 같이 집결해야 했다. 만약 왕이 근정전 및 제문諸門에 나오면 그 나오는 곳에 따라서 그 뜰에 모이도록 했다. 5위는 광화문 앞길에서 종루鐘樓·흥인문興仁門까지 늘어서야 했다. 이때 의흥위 이하는 각기 정해진 위치가 있었다. 위장 이하는 명령을 받들고 가서 영솔하고, 백관은 소속 관사에 머무르는 1명 이외에는 갑주를 착용하고 무기를 구비하여 각각 조방朝房에 모여 명령을 기다려야 했다. 궐내의 여러 관사 및 도성 밖의 여러 관사는 각각 본사에서 명령을 기다렸다. 시종하는 신하는 건춘문建春門, 영추문迎秋門

---

191 『경국대전』 권4, 병전, 용형.
192 세조 때 취각령에서 첩고와 첩종으로 변경되었다. 그렇게 바뀐 이유에 대해서는 명확하게 밝혀진 바가 없다. 하지만 내용은 그대로 유지되었다.
193 『경국대전』 권4, 병전, 첩고.

현재의 경복궁 건춘문

밖에 모여 명령을 기다렸다. 출직出直하는 병조 등의 관사와 훈련원, 군기시의 본사에 머무르는 관원 이외에는 모두 광화문 앞에서 명령을 기다렸다.[194] 도성에 있는 모든 관사를 망라해서 비상소집하는 훈련 체계라 할 수 있다.

이렇게 해서 궁성과 도성을 아우르는 비상사태에 대비하는 훈련 체계가 체계화되었다. 그것은 행차시의 호위 체계와도 연결되어야 했다. 왜냐하면 비상 상황이라는 것이 임금이 반드시 궁성이나 도성에 머물 경우에만 발생하는 것은 아니었기 때문이다. 그것이 비록 『경국대전』에 명문화되어 있지 않았지만 운영상에서 그런 점을 염두에 두고 약간씩의 보충이나 보완이 이루어졌다.

성종 때에는 그 보완이나 보충이 행차 시 임금 앞에서 호위하는 부대의 병력을 강화하는 방향으로 집중되었다. 1483년에 거둥할 때에 사금司禁은 마땅히 좌우의 사람을 금해야 하는데, 대가大駕 가까운 곳은 말을 달려서 금할 수 없기 때문에 시위가 엄하지 못하여 의장을 뚫고 나와 상언하는 자가 있어서 불편하다고 했다. 이에 여러 관사의 노예 가운데 장실한 자를 골라 그 복색을 달리하고 붉은 막대기를 가지고 좌우로 나누어서 연輦을 옹호하는 방안을 강구했다. 그러나 관료들이 관사의 노예 수가

---

194 『경국대전』 권4, 병전, 첩종.

부족하다며 팽배影排와 대졸隊卒 가운데서 40명을 골라서 정할 것을 건의해서 허락을 받았다.[195] 이렇게 해서 마침내 청로대淸路隊가 성립되었다.[196]

하지만 성종은 이에 만족하지 않았다. 얼마 뒤에 다시 중금中禁 40명을 더 두었다. 그들의 임무는 4번番으로 나누어 조하朝賀·조참朝參, 동가動駕 때에 엄嚴을 전하는 것과 방방放榜 때에 전창傳唱을 하고, 거둥 때에는 문 안에서는 별감別監 앞에서 수가隨駕하고 문 밖에서나 모화관慕華館에서는 수가하되 열병閱兵 때에는 하지 않도록 했다.[197] 이들은 호위군적인 성격이 짙었던 청로대와 달리 주로 소리를 활용해서 질서를 유지하는 역할을 담당했던 것 같다.

그러나 이에 만족하지 않고 호위 인원에 대한 보강 작업을 계속했다. 거둥할 때에 구경하는 사람이 반드시 골목을 메우고 길을 막을 것인데, 병조와 도총부의 사령들이 구타하기를 일삼으므로, 서로 짓밟으면 반드시 사람이 상할 것이므로 그것을 엄하게 더 금단하도록 했다.[198] 이에 선전관을 더 정하도록 했으며 부장까지도 골라서 정하여 잡인을 금하여 어지러운 데 이르지 않도록 했다.[199] 또 다시 보강을 계속했다. 3품 당상관 두 사람을 뽑아서 각각 기병 5명과 보병 50명을 거느리고 좌우로 나누어 청로대 밖을 시위하게 하고, 이름을 영별군장領別軍將이라고 했다.[200]

이렇게 유별나게 행차 시 호위 군사의 보강 작업이 계속적으로 추진되었던 것은 국왕의 행차가 늘었다는 점과 도성의 인구가 조밀해졌다는 점이 상호 연결되어 일어났던 현상이었다. 하지만 이는 『경국대전』이나 『오위진법』, 『오례의』 등에서 구축해 놓았던 기본적인 운영 체계에서 조금씩 벗어나는 것이었다. 동시에 전체적인 균형을 약간씩 흐트러뜨리는 작용도 했다.

195 『성종실록』 권171, 성종 15년 10월 병진.
196 『성종실록』 권171, 성종 15년 10월 계해.
197 『성종실록』 권172, 성종 15년 11월 병오.
198 『성종실록』 권212, 성종 19년 윤1월 병술.
199 『성종실록』 권224, 성종 20년 1월 계해.
200 『성종실록』 권226, 성종 20년 3월 병술.

4. 변방 전력의 강화를 위한 파견 근무

1) 외방 파견 근무제의 토대 마련

중앙군은 성격상 심각한 내란이나 중대한 외적의 침입을 제외하고는 외방으로 나가는 것 자체가 매우 특별하다고 볼 수 있다. 그럼에도 평상시에 종종 파견되었다. 그것은 비록 소수였지만 정예들로 구성되었던 탓으로 전력을 강화하기 위한 차원에서 이루어졌다. 정기적으로 행해지기도 했으며, 비정기적으로 실시되기도 했다. 전자의 경우는 방비를 확고히 하기 위한 것뿐만 아니라 일선 지휘관으로서의 경험을 충분히 쌓게 하려는 배려의 측면이 상당히 컸다. 후자에 대해서는 여러 다양한 이유가 있었을 것이다. 여기치 못한 사태를 염려하여 사전에 미리 군비를 확충해둔다거나 빠른 출동과 신속한 전개를 위한 연습으로 인한 것 따위를 상정할 수 있다.

그 중에서 보다 주목해야 할 것은 정기적으로 외방에 파견되는 경우라 할 수 있다. 이는 중앙군이라는 명칭과는 사실상 부합되지 않는 면이 있다. 하지만 비교적 이른 시기부터 제도화되었다. 태종은 군제 개편 작업이 어느 정도 성과를 거두었다고 판단했는지 북방 야인과의 관계가 심상치 않음을 이유로 중앙군 즉 갑사의 부방赴防을 전격적으로 단행했다. 초창기에는 국왕조차도 금군의 주축이었던 갑사는 중앙에서의 시위·순작의 임무에 전념해야 한다고 여겼다.[201] 하지만 1406년(태종 6) 명나라에서 건주위建州衛를 설치하여 야인을 초유한 사건을 계기로 조선에서 경원慶源에서 이루어지던 무역을 차단한 것이 발단이 되었다. 이로 인해 양측의 관계가 급속하게 악화되어 야인들이 1410년에 경원을 습격해서 병마사 한흥보韓興寶 등을 살해했다.[202]

이에 조선에서는 개창 후 처음으로 양계 지역에 경원진을 설치하며 맞섰다.[203] 그리고 첨총제 노원식盧原湜을 경원조전병마사慶源助戰兵馬使로 삼아 경원·경성·길주·단주·청주 사람으로 갑사가 된 자 150명을 거느리고 부방하게 했다.[204] 중앙으로 변상

---

201 閔賢九, 앞의 책, 1983, 134쪽.
202 尹薰杓, 「朝鮮前期 北方開拓과 領土意識」 『韓國史研究』 129, 2005, 70쪽.
203 吳宗祿, 『朝鮮初期 兩界의 軍事制度와 國防體制』, 고려대 박사학위논문, 1992, 156쪽.

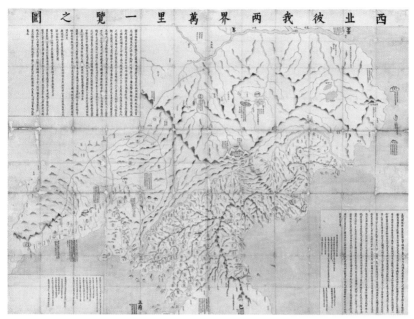

서북피아양계만리일람지도(西北彼我兩界萬里一覽地圖, 18세기, 규장각한국학연구원)
조선후기 두만강과 압록강 일대의 교통망과 군사 요지를 표시하였다.

하는 것 대신에 외방에 나가서 적을 막도록 했다. 부방 대상이 되었던 지역들이 비록 외방이라 하더라도 거주지와 관계가 깊었기 때문에 매우 낯선 곳은 아니었다. 어쨌든 근무지인 한성으로 올라오지 않고 거주지 근처로 부방했다는 것은 외방으로 파견 근무를 나갔다고 볼 수 있다.

하지만 이는 갑사를 정기적으로 파견하고자 했던 것은 아니었고 적의 침공을 우려해서 방어를 조속하게 강화하기 위한 일시적 조처로 이루어진 일이었다. 이 사건을 계기로 점차 변화의 조짐이 보이기 시작했다. 처음에는 동북면에 거주하는 하번 갑사 중에서 자원하는 자에 한했으나[205] 얼마 뒤에는 시위군까지 포함시켜 일방적으로 나가서 지키도록 명했다.[206] 세종 때에 이르면 이런 조처가 더욱 확대되었다. 먼저 함길도의 당번 갑사들과 내금위·내시위 등을 상경시키지 않고 거주 지역에 부방시키도록

---

204 『태종실록』 권19, 태종 10년 4월 기미.
205 『태종실록』 권19, 태종 10년 5월 무자.
206 『태종실록』 권21, 태종 11년 1월 신사.

했다. 이어서 평안도로 확대되었으며, 마침내 이것은 국방임무와 직결되는 별도의 체계를 갖는 양계갑사 성립의 기초가 되었다.[207]

1440년(세종 22) 이후 중앙군의 수가 크게 증가했다. 갑사의 경우에는 3,000명에서 6,000명으로 증가되면서 상번해서는 숙위하는 금위병으로, 하번해서는 적을 방어하는 용사로 활동하게 되었다.[208] 이에 기초해서 아예 중앙으로 올라오지 않고 지방에서 부방하는 갑사가 성립되었다. 그 대상지는 국경 방어의 핵심지인 함경도와 평안도였다. 이 지역 갑사들은 번상하지 않고 방어에 전념했으며, 양계갑사라고 명했다.[209] 다만 양계갑사가 정확하게 언제 성립되었는지는 『조선왕조실록』 기사로 확인되지 않는다. 그런데 1449년(세종 31)에 황보인의 건의를 받아들여 양계갑사로서 거관하는 사람 가운데에 늙고 병들고 용맹성이 없는 자를 제외하고는 모두 그 도의 갑사의 직임을 제수하여 예에 따라 부방하게 하고 30삭朔이 차기를 기다려 가자加資하여 그대로 부방하게 했다.[210] 이것을 보면 이미 양계 출신의 갑사 중에는 번상하는 것 대신에 고정적으로 부방하는 이가 있었음을 알 수 있다.[211] 이로써 중앙군의 외방 근무가 제도적으로 확립되었다.

양계갑사의 구체적인 액수는 1451년(문종 1) 5사제로의 개편 작업을 통해 파악된다. 우선 갑사는 5사司로 나누어 사마다 각각 5영領을 두고 영마다 각각 70명으로 하되 30명은 양계갑사로 하고 40명은 경중갑사로 하도록 했다.[212] 하지만 각령에서 양계갑사를 뽑으면서 액수가 고르지 못하는 문제점이 발생하자 이를 조정하는 작업을 단행했다. 종전의 번상 액수 1,500명에 75명을 더하여 5사로 나누고 사마다 각각 5영을 두어 영마다 각각 63명으로 하되 그 중에서 28명은 양계에 가서 부방하고 나머지 35명은 경중에 머물게 했다.[213] 병력면에서 볼 때 양계갑사의 수가 경중갑사에 비

207 閔賢九, 앞의 책, 1983, 126쪽.
208 閔賢九, 앞의 책, 1983, 138~139쪽.
209 韓㳓劤等, 앞의 책, 1986, 640~641쪽.
210 『세종실록』 권123, 세종 31년 3월 기축.
211 閔賢九, 앞의 책, 1983, 139쪽.
212 『문종실록』 권8, 문종 1년 6월 경오.
213 『문종실록』 권8, 문종 1년 6월 갑술.

하여 크게 떨어지지 않았다. 그만큼 갑사의 임무 가운데 외방, 특히 양계에서 근무하는 것의 비중이 커졌다고 할 수 있다.

갑사에 한정된 것이지만 양계에서의 근무가 경중에서 시위하는 것만큼 중요하게 되었던 것은 상황 변화, 특히 세종 때 4군6진의 개척과 그에 따른 대대적인 사민徙民의 실시와 관계가 깊었다. 이때 무엇보다 그 지방의 방어력을 강화하는 것이 시급했다. 그렇지 않으면 목표 달성이 곤란했으므로 중앙군을 대표하는 시취 병종으로 능력이 검증되었던 갑사를 투입할 필요성이 컸다. 혹시 그로 인해 중앙에서의 숙위를 약화시킬 우려가 있었지만 이것은 액수의 확대를 통해 해결했다.[214]

양계갑사는 갑사 액수의 증액에 따른 번수의 조정 등과 관련하여 부분적으로 바뀐 것이 있으나 경중갑사와 비교해서 그 위상에서는 차이가 없었다. 이는 세조 때 5위제로 개편되면서도 변함이 없었다. 1457년 7월에 갑사가 본래 9,450명이었는데, 지금 7번에서 11번으로 바꾸었다며 경갑사는 5,250명으로 하고 양계갑사가 4,200명으로 해서 구례에 의하여 4개월씩 번갈아 번상하게 했다.[215]

양계가 아닌 지역에도 파견되어 근무하는 경우가 있었다. 이는 정기적으로 행해진 것은 아니었고 대체로 사전에 방비를 확고히 하기 위한 조치로서 단행했다.[216] 대표적으로 쓰시마 정벌을 전후하여 왜구의 도발에 대비하고자 여러 포구의 방어력을 강화하려고 하번 갑사 등을 부방시켰던 조치 등을 들 수 있다.[217] 흉년이 심하거나 기타 여러 형태의 사회 문제들로 인하여 도적들의 수가 점차로 증가하자 이들을 체포하려고 하번 갑사 등을 동원하는 일도 있었다.[218] 마침내 1440년(세종 22)에 황해도 이하의

---

214 갑사 액수의 증가와 그에 따른 경중 및 양계갑사수의 조정에 관한 내용은 車文燮,「鮮初의 甲士」『朝鮮時代軍制研究』, 檀國大學校出版部, 1973, 27쪽에 표로 상세하게 정리되었다.

215 『세조실록』 권8, 세조 3년 7월 기묘.

216 1440년에 경상도관찰사가 하번 갑사들을 각기 살고 있는 영진에서 여섯 달씩 교대로 방수하여 뜻밖의 변에 대비하고 양계에 방어하는 군사의 예에 의하여 도를 주어 장려하게 할 것을 건의했으나 금군은 항상 방수하게 할 수 없다며 만일 큰 변을 만나 방수하게 되면 사연을 갖추어 보고하게 하는 것으로 대체되었다(『세종실록』 권89, 세종 22년 5월 정묘). 갑사의 경우 양계가 아닌 지역에 정기적으로 파견되어 근무하는 제도는 실시되지 않았던 것 같다.

217 『세종실록』 권4, 세종 1년 6월 을해 ; 『세종실록』 권13, 세종 3년 10월 무신.

218 『세종실록』 권40, 세종 10년 윤4월 신해 ; 『세종실록』 권76, 세종 19년 1월 병신.

남부 지방의 갑사를 부근의 첨절제사진僉節制使鎭과 도절제사영都節制使營에 나누어 소속시켜 군부軍簿에 기록해서 1건은 영진營鎭에 비치시키고, 1건은 병조로 송부하게 했다.

그런데 경기도에는 영진이 없으니 갑사를 연해 각 고을에 분속시켜 만약 적변이 있으면 이들을 소집하여 대응하게 했다. 그리고 함길도·평안도의 경우 야인에 대한 방어 조치는 어느 정도 마련되었지만 연해 제읍에 영진을 설치하지 않았기 때문에 혹시 적이 침입하면 대응할 방도가 없었다. 이에 여러 읍의 갑사를 적당히 분속시키도록 했다.

이어서 1454년(단종 2)에 앞으로 하번 별시위·총통위銃筒衛·방패防牌·섭육십攝六十·근장近仗 등을 모두 갑사의 예에 의하여 시행하도록 했다.[219] 이는 세종 말엽부터 추진되었던 군역 파악 방식의 변화와 직접적으로 연결된 조처로서 중앙군이라도 경성이나 궁궐의 시위뿐만 아니라 국방 병력으로 활용하기 위한 방도로 실시되었다.[220] 아무튼 양계 아닌 지역에도 파견해서 그 곳의 전력을 강화하는 장치를 마련했다.

다시 1459년(세조 5)에 병조의 건의에 의해 하삼도의 경우 경상도 영덕盈德 등에 새로이 진을 설치하되 그 지역의 시위패 및 갑사·별시위·충순위·근장·방패·섭육십, 제사諸司의 제원諸員 등은 하번할 때는 거진에 소속되지 않고 각기 그 고을에 소속케 하되 진에 혹시 사변이 발생하면 인근의 좌우진에서 서로 구원하도록 했다.[221] 즉 하번할 때의 소속과 임무를 보다 명확하게 설정해서 만약의 사태가 발생했을 때 신속하게 투입되도록 했다. 더구나 경중에 번상하는 기간은 짧아지고 하번은 늘어나는 추세라 중앙군이라고 해도 실제로는 외방에 머무르는 형편이었다.

이렇게 해서 갑사는 중앙의 시위병으로서는 물론이지만 대외적인 문제가 일어날 때마다 부방·유방留防까지 담당하는 정예병 혹은 기간병으로도 활약하게 되었다.[222] 그 밖의 별시위 등도 갑사처럼 양계에 별도로 편성되었던 것은 아니었으나 서서히 외방에 머무르는 기간이 늘어났다. 그리고 곧 갑사와 마찬가지로 앞서 보았듯이 지역

---

219 『단종실록』 권12, 단종 2년 9월 기사.
220 閔賢九, 앞의 책, 1983, 67~69쪽.
221 『세조실록』 권17, 세조 5년 7월 병신.
222 車文燮, 앞의 책, 1973, 10쪽.

별로 동원되는 제도가 마련되었다.

한편 의무 병종의 대표격이라고 할 수 있는 시위패(정병의 전신)도 중앙으로 번상하는 대신 지방에 머물면서 방어에 종사하는 제도가 마련되었다. 먼저 세종 때 쓰시마 정벌을 단행한 직후에 하번 갑사 등과 함께 왜구를 막기 위해 여러 포구에서 방어하는 임무에 동원되었다.[223] 그리고 경상도의 연해 지역에 흉년이 심하여 제진諸鎭을 지키는 수졸戌卒들이 식량 공급에 어려움을 겪고 있어 구제책이 시급하다며 시위패를 제진에 나누어 소속시켜 방어하는 일을 맡도록 하기도 했다.[224]

이후에도 종종 전라도와 경상도 연해를 중심으로 번상하는 대신에 머물면서 지키는 경우가 있었다.[225] 뿐만 아니라 외방의 도적을 체포하는 일에 나가기도 했다.[226] 아예 시위군의 일부를 지방군인 진군鎭軍으로 개편하기도 했다.[227] 다른 한편으로 강원도의 경우에는 1397년(태조 6)에 삼척과 간성에 진을 설치했으나 유방하는 군대가 없어 유사시에는 시위패로서 충당하는 제도를 마련했다.[228] 하지만 이들은 정기적으로 제도화되었던 것은 아니었다. 그 필요에 응하여 그때마다 실시했던 것이었다.

마침내 세조 때 시위패가 정병으로 개칭되는 것과 더불어 제도화되었다. 우선 1459년(세조 5)에 평안도와 함길도의 정군과 시위패를 합해 정병이라 일컫고 말이 있으면 정기병正騎兵, 없으면 정보병正步兵으로 삼았다. 양계에 남도로부터 부방한 정기병으로 6년을 채운 자와 정보병으로 7년을 채운 자, 다른 도에서 경중에 번상한 정기병으로 7년을 채운 자와 정보병으로 8년을 채운 자, 양계에 소재한 고을에서 부방하는 정기병으로 8년을 채운 자와 정보병으로 9년을 채운 자, 다른 도에 소재한 고을

---

223 『세종실록』 권4, 세종 1년 6월 을해.
224 『세종실록』 권1, 세종 즉위년 9월 임자. 1462년에 병조의 건의에 따라 경상도의 정병은 근래 변방의 경보로 인하여 번상을 면제하고 연변을 부방하게 했으나, 군사 정원이 다른 도에 배나 되므로 본도에서 방어하는 1여 외에 2여를 더 정하여 번상하게 했다(『세조실록』 권27, 세조 8년 2월 경인). 시위패에서 정병으로 바뀐 뒤에도 외방에서 방어 임무에 종사하는 것에는 변함이 없었다.
225 『세종실록』 권13, 세종 3년 8월 갑인 ; 『세종실록』 권13, 세종 3년 9월 을해 ; 『세종실록』 권13, 세종 3년 10월 계사 ; 『세종실록』 권13, 세종 3년 10월 경자 ; 『세조실록』 권5, 세조 2년 12월 기미.
226 『세종실록』 권40, 세종 10년 윤4월 신해 ; 『세종실록』 권52, 세종 13년 4월 갑인 ; 『세조실록』 권39, 세종 12년 8월 을묘.
227 吳宗祿, 「朝鮮初期의 營鎭軍」 『宋甲鎬教授停年退任紀念論文集』, 1993, 698쪽.
228 『세종실록지리지』, 강원도·진.

에서 부방하는 정기병으로 9년을 채운 자와 정보병으로 10년을 채운 자에게는 산관직을 제수했다.[229] 정병으로 개칭하면서 경중에 번상하는 것과 외방에 부방하는 것을 제도적으로 동등하게 만들었다. 물론 그 이전부터 제도화는 진척되었을 것이다. 하지만 원칙상 번상해야 하지만 부방도 동등하다는 것을 제도적으로 명확히 확인시켰다는 점에서 의미가 있었다.

이어서 나머지 부분에 대해서도 조치를 취했다. 영진군營鎭軍 안에서 부득이하게 필요한 자는 종전처럼 그대로 진군이라 칭하고 그 나머지 군사와 수성군은 모두 정병에 속하게 해서 이미 전부터 소속되어 있던 사람과 한데 합쳐서 번을 나누어 영진營鎭과 경중에 차례를 돌려가면서 번상하게 했다.[230] 이로써 시위패는 번상하고 양계에서는 정군, 남도에서는 영진군과 수성군이 부방하는 방식을 근본적으로 개편해서 정병이라는 단일 병종을 만들어 번상과 부방을 교대로 실시하도록 했다. 이에 의거해서 외방의 정병은 10번으로 나누어 2개월에 교대시키고 매번每番에 5품은 5명에게, 6품은 7명에게, 7품은 13명에게, 8품은 15명에게, 9품은 30명에게 사仕를 계산하여 많은 자는 영직影職을 주도록 했다.[231] 이것을 약간 손질해서 여러 고을의 군사는 모든 군사를 3번으로 나누어 5개월 만에 교체하도록 하되, 정병은 7번으로 나누어 2개월 만에 서로 교체하게 했다.[232] 그리고 거제도와 같은 절도絶島의 정병은 번상하여 숙위하지 말고 본현에서 유방하게 했다.[233]

이렇게 해서 의무 병종의 대표격인 시위패도 정병으로 개편되면서 중앙에 번상하는 것과 마찬가지로 외방의 전력 강화를 위해 부방하는 제도가 정착되기에 이르렀다.

2) 외방 파견 근무제의 정비

5위제로의 개편과 관련하여 중앙군의 추축을 이루었던 병종들의 외방 근무 제도가

---

229 『세조실록』 권18, 세조 5년 11월 기묘.
230 『세조실록』 권34, 세조 10년 9월 경오.
231 『세조실록』 권34, 세조 10년 9월 갑술.
232 『세조실록』 권39, 세조 12년 7월 정축.
233 『세조실록』 권42, 세조 13년 6월 기해.

확고하게 제자리를 잡았다. 그 배경이 되었던 것은 세종대 중앙군의 성격 변화라 할 수 있다. 즉 금군 기능 이외에 국방군으로서의 임무 수행과 직결된 체제가 구축되었다는 점이 크게 작용했다. 나아가 4군 6진의 개척 등을 통한 두만강, 압록강 유역으로의 영토 확장도 대단히 중요했다. 이러한 목표를 달성하기 위해서는 무엇보다 외방에 강력한 군사력을 구축해야 했다. 하지만 중앙을 절대로 소홀히 할 수는 없었다. 중앙과 외방의 군사력을 균형을 이루면서도 강력하게 유지하는 체제의 확립이 절실했다.

특히 이러한 체제는 『경국대전』을 편찬하는 과정에서 추진되었던 중앙 군제의 정비 작업과 연결되면서 한층 정교하게 다듬어졌다. 출발은 세조 때 지나치게 팽창시켰던 군액을 큰 폭으로 조정하는 것이었다. 질적인 저하를 방지하는 것과 더불어 국가 재정과 민간의 부담을 경감하기 위한 조치도 포함되었다. 먼저 종전, 즉 1471년(성종 2) 이전에는 경갑사京甲士의 정원이 20,000명[234]이어서 4번으로 나누되 매번 5,000명이었으며 양계갑사에는 정원이 없었고, 그들에게 주어지는 체아직은 합해서 1,000이었다. 이때 경갑사의 경우 매번 번상하는 사람들 가운데 사일이 많은 자에게 직과 녹을 주고 그 나머지 체아직은 양계갑사에게 배당되었다. 양계갑사의 경우 본도의 절도사가 사일을 계산하여 병조에 첩보牒報하고 뒤에 본위本衛에서 다시 마감하여 도목에 올려 관직을 제수했다.

그런데 『대전』, 곧 『경국대전』을 편찬하면서 경갑사의 정원을 10,000명으로 고쳐 정하고 5번으로 나누어 매번 2,000명으로 하며 합친 체아직은 2,000이고, 양계갑사는 정원을 각각 3,400명으로 하되 5번으로 나누어 매번 680명이 되게 했으며 체아직은 각각 200으로 정했다. 이렇게 해서 갑사의 액수와 체아직이 각각 분명하게 구별되도록 했다. 하지만 양계갑사의 경우 사일의 숫자를 절도사가 전과 같이 병조에 첩보해야 하는데, 각도에서 항상 근무하는 자는 먼 길에 양식을 가지고 왕래하는 데 그 폐단이 작지 않으며, 중간에 혹은 간사한 짓으로 속이는 행위가 종종 벌어져 불편하다

---

234 경갑사의 정원이 언제 20,000명이 되었는지는 정확하게 확인되지 않는다. 1457년(세조 3)에는 총 9,450명으로 경갑사는 4,200명, 양계갑사는 5,200명이었다. 그리고 1470년(성종 1)에는 10,000명이었다고 한다(車文燮, 앞의 책, 1973, 27쪽). 그렇다면 1470년부터 1471년 사이에 갑사를 크게 증가시켰다는 이야기가 되는데 성립 불가능한 이야기다. 따라서 갑사 정원의 변화에 대한 검토가 필요하다.

평안도 지도
(『신증동국여지승람』)
서북면은 1413년(태종 13)에
평안도로 개칭되었다.

고 했다. 이에 병조에서는 당시 양계에서 행해지고 있던 토관의 제수 예에 의거해 절
도사로 하여금 사일의 많고 적음을 마감하게 하고 위에 제시된 체아직 가운데 관품에
따라 자리를 채워 보고하며, 뒤에 병조에서 다시 조사해서 제수하게 했다.

또한 영안도에는 남도와 북도가 있는데 남도에는 갑사가 1,000명이고 북도에는
2,400명이며 합해서 체아직이 200이었다. 이로 말미암아 체아직을 협의하여 제수하
기가 어려웠다. 따라서 앞으로는 남도에 체아직 53을 배당하고, 북도에는 147을 주
도록 했다. 이에 덧붙여 양계갑사 가운데 외지에 사는 사람들은 오랫동안 방어해야
하는 곳에 있으므로 근무일수가 배가 될 수밖에 없었다. 자연히 남쪽 지방 사람들은
매 도목마다 밀려서 직을 제수받기 어려웠다. 이에 체아직을 십분十分하여 외지인에
게는 6분을 주고 내지인에게는 4분을 주도록 했다.[235]

갑사의 액수 및 그와 연계된 체아직의 수를 조정하면서 양계 지역에 부방하는 갑사
에 관한 일련의 사항들을 정리했다. 이를 통해 갑사의 상번하는 것과 부방의 비중이
비슷해졌음을 알 수 있다. 그러므로 갑사를 중앙군이라고 규정하는 것조차도 사실상
곤란해졌다. 더구나 녹봉을 종전에는 경갑사, 양계갑사를 막론하고 서울에서 지급하

---

235 『성종실록』 권11, 성종 2년 7월 을해.

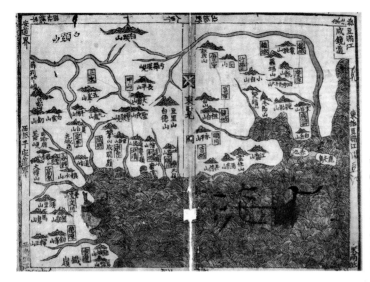

함경도 지도
(『신증동국여지승람』)
태조때 영길도로 개칭된 동북
면은 1416년(태종 16)에는
함길도로, 1470년(세조 16)
에는 영안도로 개칭되었다가
1509년(중종 4년) 함경도로
개칭되었다.

는 것이 원칙이었다.

그런데 양계갑사들은 길이 멀어서 직접 받기가 어려우므로 녹봉을 상인에게 팔아버려서 혜택을 받지 못하는 경우가 많았다. 이에 1472년(성종 3)부터 평안도에서는 면포綿布 2,488필, 포布 3,864필, 면자綿子 12근을, 영안도에서는 면포 6,051필, 포 2,155필, 면주綿紬 191필, 면자縣子 724근, 면화綿花 1,385근을 그 도의 도사都事와 평사評事로 하여금 시세에 따라서 갑사의 녹봉으로 계산하여 지급하게 했다.[236] 하지만 양계에서 생산되는 면포의 수가 부족한지 그 뒤 몇 년 동안 중앙에서 역로를 통해 보내 주었다. 그러나 운송에 따른 수고와 폐단이 적지 않다는 이유로 1478년(성종 9)에 양계 연변의 각 고을에 거주했던 노비들의 신공인 정포를 상납하는 것 대신 군사의 녹봉으로 채우게 했다.

녹봉의 재원마저 중앙이 아닌 그 지방에서 거두는 것으로 충당했다. 어차피 국가의 재정에서 처리하는 것이기 때문에 지역의 다름이 문제 될 것이 없겠으나 상징적인 의미에서 즉 중앙군이라는 입장에서 볼 때에는 심리적인 측면에서 차이가 없지 않았을 것이다.

---

236 『성종실록』 권23, 성종 3년 10월 정축.

그리고 갑자기 결원이 발생했을 때 처리하는 방식에도 변화가 생겼다. 갑사가 번상해야 하는 시점에서 결원이 발생하면 수가 적으면 상관이 없겠으나 많으면 문제가 될 수도 있었다. 즉 숙위가 허술해지는데 따른 위험성이 증대되었다. 따라서 반드시 예비 병력을 마련해 두었다가 부족하거나 취약한 곳이 있으면 즉각 투입해야 했다. 아마도 그것은 국방 체제의 운용에 필수적인 항목이었을 것이다. 그러나 갈수록 중앙군으로서의 역할과 비중이 떨어졌기 때문에 경갑사에 예비 부대를 설치한다는 것은 큰 의미를 두기 어려웠다. 오히려 그것은 금군의 최정예로 일컬어졌던 내금위에 예차預差를 두는 것으로 처리했다.[237] 반면에 갑사는 양계에 부방하는 것이 점점 더 중요했다. 따라서 양계갑사의 예비 부대로서 결원이 생기면 즉각 보충할 수 있는 예차를 설치했다.

양계갑사에 예차가 처음으로 설치되었던 것은 세종 때였다. 하지만 중간에 흐지부지되었던 것으로 보인다.[238] 여러 요인들이 있었을 것이나 예차갑사預差甲士 등이 비록 군공軍功을 세웠다거나 혹은 사만仕滿이 되었다고 하더라도 실차갑사實差甲士가 되는 통로가 없었던 것도 그 하나에 속했을 것이다.[239] 그러나 부방의 비중이 커지면서 결원에 따른 방어력의 취약감이 증대되었기 때문에 예비 병력, 곧 예차의 필요성이 점차 증대되었다. 마침내 1475년에 이르러 어유소魚有沼는 예차갑사의 설치를 정식으로 건의했다.[240] 이어서 1477년에 양계의 예차갑사는 정병의 예에 의하여 4번으로 나누어 한 달마다 서로 교대로 부방하게 하고 만약 실차갑사에 결원이 생기면 즉시 보충하도록 했다.[241]

이렇게 해서 양계에 부방하는 갑사에는 제도적으로 실차갑사와 예차갑사로 나뉘어 있어 설사 갑자기 결원이 발생하더라도 즉각 대처할 수 있게 만들었다. 제도상으로 본다면 양계갑사의 짜임새가 경갑사의 그것에 비해 우월하다고 할만했다. 이것은 고스란히 『경국대전』에 반영되었다. 1475년에 갑사의 액수를 모두 14,800명으로 하되

---

237 車文燮, 「鮮初의 內禁衛」『朝鮮時代軍制研究』, 檀國大學校出版部, 1973, 86쪽.
238 韓沾劤等, 앞의 책, 1986, 601쪽.
239 『예종실록』 권4, 예종 1년 윤2월 기묘.
240 『성종실록』 권56, 성종 6년 6월 임진 ; 『성종실록』 권57, 성종 6년 7월 기사.
241 『성종실록』 권76, 성종 8년 2월 갑오.

양계에 각각 3,400명으로 정했다.[242] 한편 같은 시기에 의무 병종의 대표격인 정병의 경우 번상하는 수는 27,620명인데 유방하는 병력은 44,484명으로 정했으며, 아울러 양계는 모두 그 도에서 부방하게 했다.[243] 결국 갑사와 별다른 바가 없었다.

『경국대전』에서는 갑사는 모두 14,800명인데, 착호갑사 440명과 양계갑사 각각 3,400명도 그 안에 포함되었다. 그리고 양계의 예차갑사는 각각 480명으로 갑사에 결원이 있을 때에 그 중 근무 일수가 많은 자로 보충하도록 했다. 번차番次·도목都目·가계加階는 유방정병留防正兵의 그것과 같게 한다고 했다. 체아직에 대해서는 양계에서는 절도사가 근무일수를 마감하여 임금에게 보고하면 병조에서 다시 확인하여 임명하게 했다. 내지와 외지를 구별해서 십분율로 하여 내지인은 4분, 외지인은 6분의 비율로 임명했다. 종4품 체아직은 영안도에서는 남도에서 일회一回, 북도에서 이회二回, 평안도에서는 내지와 외지에서 각각 일회씩, 윤번으로 임명하도록 했다.[244]

한편 정병의 경우에는 구체적인 액수는 기록하지 않았다. 의무 병종이므로 군적의 개정에 따라 자연히 달라지기 때문이었다. 그 밖의 사항에 대해서는 구체적으로 정리했다. 일단 번상군의 번차는 8번으로 하여 2개월 만에 서로 교대하도록 했다. 반면에 제진의 유방정병은 4번으로 하여 1개월 만에 서로 교대하게 했다. 도목은 유방의 경우 2월 1도목으로 했다. 가계는 일단 유방한다면 245일을 채워야 하고 계속해서 근무하는 자는 135일을 하도록 했으며, 정3품에 그치도록 했다.[245]

『경국대전』의 편찬을 통해 갑사와 정병 등 그 동안 중앙군의 근간을 이루었던 병종의 외방 근무제가 보다 선명하게 정해졌다. 그러나 이 이외에도 상당한 중앙군이 외방에 파견되었다. 금군의 최정예라 할 수 있는 내금위도 예외가 아니었다. 다만 그 형태가 달랐을 뿐이었다. 1475년에 당시 내금위장內禁衛將이었던 구겸具謙이 양계의 군관軍官을 장수들이 임의대로 선발할 수 있기 때문에 내금위 가운데 기량 있는 사람들을 모두 뽑아갔고, 그로 인해 금군에는 재주가 있는 자가 없다고 했다. 앞으로는 양계

---

242 『성종실록』권59, 성종 6년 9월 갑인.
243 『성종실록』권59, 성종 6년 9월 병진.
244 『경국대전』권4, 병전, 번차도목, 갑사.
245 『경국대전』권4, 병전, 번차도목, 정병.

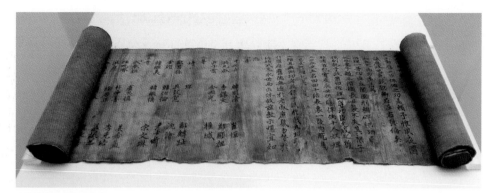

홍윤성 좌리일등공신교서

의 군관을 갑사와 별시위 가운데 활 잘 쏘는 사람을 뽑아서 보낼 것을 건의했다.[246]

이에 대해 임금은 금군을 언제부터 군관으로 임명했는지를 물었다. 홍윤성洪允成은 세조 때 북방에 변란이 있어 특별히 내금위 100명을 자신을 따라 가게 했다고 답했다. 하지만 지금은 북방에 대한 염려가 없으므로 금병을 쓰게 할 필요는 없다고 했다. 도리어 구겸은 양계에서 군사들을 통솔하려면 반드시 군관을 장將으로 삼아야 한다고 주장했다. 무략武略이 없는 자들에게는 군사들이 심복心服하지 않기 때문이라고 했다. 그러므로 그 수를 제한할 수는 있어도 내금위로서 군관이 된 자를 모두 그만두게 할 수는 없다는 것이다. 그리고 현재 내금위로서 군관이 되어 양계에 있는 자가 모두 30여 명 가량이라고 했다.[247]

양계의 군관은 병사가 스스로 천거하여 구전에 의해 임명받은 뒤 솔행하는 까닭에 구전군관口傳軍官, 계청군관啓請軍官 또는 솔행군관率行軍官으로 불렸으며, 병사 밑에서 군사를 지휘하는 까닭에 비장裨將이라고 불리기도 했다. 그러나 이들은 양계 이외의 병사나 수사, 유군거진有軍巨鎭 및 제진諸鎭의 진장鎭將도 거느릴 수 있었으나 특히 양계에 그 수가 많았다.[248] 앞서 언급했듯이 내금위를 대거 선발함으로써 문제가 되었다.

---

246 『성종실록』 권54, 성종 6년 4월 경인.
247 『성종실록』 권54, 성종 6년 4월 경인.
248 吳宗祿, 「朝鮮初期 兵馬節度使의 成立과 運用(上)」 『震檀學報』 59, 1985, 111~112쪽.

이에 『경국대전』에서는 다음과 같이 제한하도록 했다. 즉 무과 출신자와 하번 중인 별시위와 갑사를 진장이 각기 추천하고 병조에서 이를 조사 확인하여 임금에게 보고해서 임명하도록 하며 1년이 지나면 교체했다. 하지만 양계에는 비록 당번중인 자라도 군관에 임명하게 했다. 양계 절도사의 경우에는 내금위라도 뽑을 수 있게 하되 그 수에 대해서는 그 때마다 왕의 명령을 받도록 했다. 다만 양계 및 제주도는 본도 사람은 선발하지 않도록 했다.[249] 이렇게 중앙군의 중추를 이루었던 내금위 등이 비록 조직 자체를 유지했던 것은 아니라고 하더라도 지방군의 하급 지휘관격인 군관에 임명되어 출동했던 것은 외방의 전력을 강화하기 위한 또 다른 형태의 파견 근무제라 할 수 있다.

중앙군의 외방 파견제도가 다양해질 수밖에 없었던 것은 구성 병종의 특성상 불가피했다. 병종의 내용과 구성이 상당히 복잡했기 때문에 그에 맞추어 파견함으로 인해 여러 가지 형태가 될 수밖에 없었다. 한편 외방에서의 필요성에 따라 그 종류가 많아졌던 것도 다양함을 유발시킨 요인으로 작용했다. 즉 조직 및 그 구성 병력 전부를 고스란히 유지시켜서 투입하는 방식이 효율적일 수도 있으며, 군관과 같은 하급 지휘관에 탁월한 능력을 지닌 자들을 배치시키는 것이 매우 유용한 측면이 있을 수 있었다. 또한 세종 때 4군6진의 개척 당시에 큰 활약을 했던 화약병기를 전문적으로 다루는 부대의 투입도 대단히 필요했다. 이와 더불어 화기를 조작하는 방법을 가르치는 교관을 파견하는 사례도 빈번했다.[250]

중앙군의 외방 파견 근무가 활발해지면서 양계가 아닌 지역에도 보내서 그 곳의 전력을 강화시켜야 한다는 주장이 몇 차례 제기되었다. 물론 정병이 부방했지만 아마도 그들만으로는 부족하다고 판단했던 것 같다. 왜적의 침입에 대한 우려가 고조되는 가운데 당시 수군이 피폐하여 쓸모가 없다며 갑사를 파견해서 지켜야 한다는 1485년

---

249 『경국대전』 권4, 병전, 군관.
250 세종 때와 달리 세조 때에는 화약무기의 발전에 많은 노력을 경주하지 않았다. 그런데 이시애의 난을 계기로 상황이 변했다. 난을 진압하는데 화약무기가 큰 활약을 했기 때문이었다. 하지만 이후 잠잠하다가 성종 때 다시 활기를 띠기 시작했다. 야인과의 충돌에 따른 원정에서 화약무기의 사용이 절실했기 때문이었다. 이에 화약무기 및 전문 부대와 제조 기술자, 그리고 교관 등을 파견하는 일이 빈번했다(許善道, 『朝鮮時代 火藥兵器史研究』, 一潮閣, 1994, 131~142쪽).

(성종 16) 윤양로尹陽老의 건의가 대표적이었다. 그에 따르면 여러 도의 포구에 있는 요해처에 그 도의 갑사를 골라서 파견하되 배의 대·중·소에 따라 액수에 차등을 두도록 했다. 그리고 양계의 예에 의하여 번상을 없애고 부방하게 하자고 했다. 만약 시위하는 번상 군사는 액수를 줄일 수 없다고 한다면 갑사는 번이 드물고 또 녹봉이 있으니 하번할 때를 당하여 한 달씩 서로 바꾸어서 번갈아가며 부방하게 하고 별사를 계산해 주면, 방수하는 것을 좋아하게 되어 변경의 경비가 자연히 튼튼해질 것이라고 했다.[251]

윤양로의 건의는 끝내 채택되지 않았다. 그렇게 된 것은 여러 가지 요인이 작용했을 것이나 윤양로의 건의에서 언급했던 바와 같이 경중에서 시위하는 번상 군사의 수가 급격하게 줄었던 것도 하나의 원인으로 작용하지 않았는가 한다. 그런 현상이 오로지 외방의 파견 근무로 인해 빚어진 것은 결코 아니었다. 하지만 외방의 파견 근무를 확대했던 정책이 끼쳤던 영향도 적지 않았다. 심지어 1491년(성종 22)에는 경중에서 근무하는 갑사와 별시위가 125명 불과하다는 충격적인 일이 발생하기도 했다.

경중에 번상하여 시위하는 군사의 수가 적어지자 이에 위협을 느낀 위정자들은 새로운 병종을 창설하고서 재주가 뛰어난 사람들을 선발하여 채웠다. 그리고 이들은 가까운 거리에서 호위하게 하되 충성심을 고취하기 위해 각종 특혜를 베풀었다. 그 대표적인 예로 1484년(성종 16) 국왕이 행차할 때 호위하는 부대로 창설했던 청로대淸路隊, 1492년(성종 23) 서얼 출신으로 무재가 뛰어난 자들을 뽑아서 구성했던 우림위羽林衛, 중종 때 정병精兵 위주로 선발하여 설립한 정로위定虜衛 따위를 들 수 있다. 그 이외에 내금위를 확대했던 것도 이런 추세에 따른 것으로 짐작된다.[252]

하지만 이런 방식의 조치는 곧 여러 가지 문제점을 낳게 된다. 그 중에서도 특히 기존의 조직 및 병종들을 동요시키게 만드는 요인으로 작용한다. 무재가 뛰어난 자들은 새롭게 창설되어 국가로부터 우대받았던 병종으로 어떻게 해서든지 이동하고자 노력했을 것이기 때문이다. 이러한 혼란을 방지하고자 설사 기존의 병종에 소속되었던 자

---

251 『성종실록』 권174, 성종 16년 1월 기해. 하지만 수군의 피폐가 널리 확산되고 왜적의 위협은 계속해서 줄어들지 않았기 때문에 갑사와 별시위, 정병 등을 동원해서 저지해야 한다는 주장은 이후에도 끊임없이 이어졌다(『연산군일기』 권23, 연산군 3년 경오).
252 육군사관학교 한국군사연구실, 『한국군제사 – 근세조선전기편』, 육군본부, 1968, 254~279쪽 참조.

들이 이동하지 못하도록 차단할지라도 상황은 호전되기 어려웠다. 새로이 들어오려고 하는 자들이 모두 신설 병종으로 가기를 바랄 것이기 때문이다. 만약 신설 병종에 들어가지 못하면 낙담하며 다른 방도를 모색할 것이다. 희망이 없는 기존의 병종에 들어가는 것은 사실상 별다른 의미가 없기 때문이다. 결국 기존의 조직 및 병종들은 갈수록 피폐해졌을 것이다. 이로 인해 신설 병종들로 하여금 기존 조직의 역할을 대신할 수밖에 없으며, 그것은 곧 혼란의 악순환을 초래하게 될 것이다.

5위제로의 개편 이후에 경중의 시위와 외방의 파견 근무를 서로 균형을 이루면서 병행하고자 했던 체제는 시간이 흐를수록 동요하게 되었다. 제한된 인적 자원을 바탕으로 하여 경중과 외방의 전력을 상호 균등하게 강화하려는 계획은 더 이상 추진이 곤란했다. 어느 한쪽에 문제가 발생했을 때 그 여파가 다른 쪽으로 곧 바로 옮겨가게 되어 상황이 더욱 심각했다. 더구나 정치적 안정이 이루어짐과 더불어 사회경제적인 변화가 일어나면서 인적 자원을 다른 곳으로 움직이게 만들었기 때문에 군역으로 파악할 수 있는 수가 축소되었다. 이로 인해 경중과 외방 모두에 심각한 전력 약화가 초래되었다.

제3절

중앙군의 편성과 운영방식

1. 중앙군의 종류와 특성

1) 시취(試取) 병종

중앙군은 크게 2종류로 나뉜다. 하나는 시험에 의해 선발되는 병종에 속한 자들이고 다른 하나는 특전 혹은 의무 병역에 의해서 입속되었던 자들이다. 전자에 속하는 병종으로는 별시위, 친군위, 갑사, 파적위, 장용위, 팽배, 대졸 등에다가 여기에 이른바 금군으로 불리는 내금위, 겸사복 등을 더할 수 있다.[253] 후자에는 족친위, 충의위, 충찬위, 충순위, 보충대, 정병 등이 속해 있다. 후자에 속하는 병종의 특징은 모두 인원수의 규정이 없을 뿐더러 선발 시험에 관한 준칙 따위가 없다는 점이다.[254]

한편, 『경국대전』「병전」'번차도목'에는 위에 열거된 병종 이외에도 선전관宣傳官을 필두로 공신적장功臣嫡長, 습독관習讀官, 의원醫員, 취라치吹螺赤, 태평소太平簫, 상의원尙衣院·군기시軍器寺의 궁인弓人·시인矢人, 제원諸員, 제주자제濟州子弟, 관령管領,

---

[253] 일반적으로 별시위에서 대졸까지의 5위에 소속되는 시취 병종과 금군으로 분류되는 내금위, 겸사복 등과는 서로 구분하는 경우가 많다. 하지만 실제의 기능과 역할면에서는 많은 차이가 난다고 보기 어렵다. 그러므로 함께 묶어서 살펴보고자 한다.
[254] 千寬宇, 앞의 책, 1979, 89쪽.

반당伴倘, 동몽훈도童蒙訓導, 나장羅將·조예皁隷, 파진군破陣軍,[255] 수군水軍, 조졸漕卒 등이 있었다. 그러나 이들은 대체로 군사적인 기능을 지니고 있지 않거나 설사 있더라도 성격상 중앙군으로 분류되기 어려운 존재들이었다. 그러므로 여기에서는 언급하지 않도록 하겠다.

먼저 시험으로 선발하는 병종 가운데 5위에 소속된 병종과 그렇지 않은 것들 사이의 차이가 정확하게 무엇인지에 관해서는 아직까지 명확하게 정리된 것이 없다. 다만 후자의 경우에 금군의 성격이 강했던 병종이었던 만큼 별도의 지휘 체계에 의해 통솔되었던 것으로 추측할 뿐이다. 그런 정도의 수준에서 5위 소속 병종과 속하지 않았던 병종들로 구분하여 서술하고자 한다.

그런데 시험을 통해 선발되고 인원 수의 규정이 있다고 해서 그에 속한 병종이 별다른 준칙이 없는 것들에 비해 결코 좋은 대우를 받았다거나 훨씬 나은 조건에서 근무했던 것은 아니었다. 즉 군사적인 기능에서보다도 그에 속하는 신분층의 우열 관계에서 문제가 되는 것이다.[256] 하지만 그 기능상의 차이도 무시할 수 없기 때문에 복잡한 양상을 띠게 되며 그것이 곧 중앙군으로 분류되는 병종들이 지녔던 특징이라 할 수 있다.

이에 시험으로 선발하는 것의 유무에 중점을 두고 정리했던 연구 성과가 있는가 하면[257] 신분에 비중을 두되 기능도 아울러 고려해서 분류하는 견해도 있다. 특히 후자의 경우에는 신분과 기능을 연결시켜 상류 계층 출신으로 실질적으로 군사적인 능력을 갖추었던 병종과 기능은 있지만 신분이 상대적으로 떨어지는 병종, 다시 또 의

---

255 파진군은 화약장으로서 변방의 사변이 있으면 화포를 갖고 가서 선봉과 전후 등을 맡았던 병종이었다. 하지만 이들의 성격이 군인인지 또는 장인인지에 대해서는 명확하게 판가름이 나지 않고 있다. 이에 대해 정식 용어가 파진군이었던 만큼 약장 자신들이나 정식 문서에서는 파진군이라고 했지만 일상 논의시에는 계속해서 약장이라고 불렀다거나 혹은 당시에는 파진군이라 기록했던 것을 후일 실록 등을 편찬할 때 약장이라고 익숙한 대로 고쳐 썼다는 경우가 있다고 보고 있다. 다른 하나는 처음부터 약장이 변방에 나가 전투 등에 참가한 경우에만 파진군이라는 칭호를 부여했고 군기시에서 본래의 업무에 종사하는 경우에는 약장이란 칭호를 그대로 두었다고 파악하는 견해도 있다(許善道, 앞의 책, 1994, 153~157쪽). 그 어느 쪽도 분명하게 규명되지 않았던 관계로 여기서는 이들이 중앙군으로 분류되는 것을 일단 유보하고자 한다.

256 千寬宇, 앞의 책, 1979, 117쪽 ; 閔賢九, 앞의 책, 1983, 156쪽.

257 千寬宇, 「朝鮮初期 五衛의 兵種」『近世朝鮮史研究』, 一潮閣, 1979.

무 병역이나 특전으로 편입되었으나 그 나름의 군사적인 구실을 약간 갖추었다고 판단되는 병종, 제대별로 지니지 못했다고 여겨지는 병종 등으로 구분했다. 구체적으로 맨 앞의 것에는 갑사·별시위·친군위, 그 다음에 파적위·장용위·대졸·팽배, 그 다음에는 정병·충순위, 마지막에는 족친위·충의위·충찬위·보충대 등으로 서술했다.[258] 여기서는 후자의 견해를 중심으로 서술하고자 한다.

먼저 시험에 의해 선발하되 주로 상층 출신들이 들어왔던 갑사·별시위·친군위 순으로 언급하고, 이어서 역시 시험을 거쳤으나 상대적으로 신분이 낮았던 사람들이 입속했던 파적위·장용위·팽배·대졸 등을 정리하고자 한다. 끝으로 5위 소속이 아닌 내금위, 겸사복에 대해 언급하고자 한다.

갑사는 왕조 성립 초기부터『경국대전』의 5위에 이르는 시기의 중앙군 조직의 핵심을 이룬 병종이다.[259] 초창기 갑사는 친군위親軍衛에 소속한 군사를 일컬었다. 홍철릭을 입고 오른손에는 환도를, 허리에는 활과 패도를 차고 있다. 당시의 친군위는 일률적인 지휘 체계를 갖추지 못한 관계로 각 책임자의 독자적인 권한이 막강하게 작용했다. 자연히 갑사도 친군위의 각 책임자들에게 장악되었으며, 각도에서 번상했던 시위패보다도 사병으로서의 성격이 훨씬 강했다. 그로 인해 왕자의 난과 같은 정변에 깊숙하게 개입되었고

『삼강행실도』의「찬덕촉괴」(세종대편찬)
신라의 찬덕고사를 묘사한 그림. 조선 초기 무장한 병사들의 모습을 이 그림으로 유추할 수 있다.

258 閔賢九,「五衛의 兵種과 兵力」『朝鮮初期의 軍事制度와 政治』, 韓國硏究院, 1983.
259 閔賢九, 앞의 책, 1983, 156쪽.

그 여파로 태종의 직위 이후에는 성격에 큰 변화가 일어나게 되었다.[260]

병종으로서의 갑사가 성립하게 된 계기는 1400년(태종 즉위년) 12월에 복립시킨 조치였다. 이를 계기로 갑사가 여러 위직衛職에 충당되면서 삼군부에 의해 통솔되었으며 사병적인 요소가 제거되었다. 1409년(태종 9)에는 10사의 호군과 대장 사이의 무반직으로 고정되었다. 이듬해에는 3,000명으로 정원을 늘리되 1년 교대로 근무하게 했다. 그 중 2,000명은 상번으로 숙위하고, 1,000명은 하번으로 해서 귀농하게 했다. 상번자에게는 사직부터 부사정에 이르는 무반직을 제수하고 그에 따라 녹봉을 지급했다.

초창기에는 병조와 각군 총제가 때때로 점고해서 부실한 자를 파출시키고, 아울러 거주擧主(천거자)도 연좌로 처벌했다. 그리고 경외의 무재가 특이한 사람을 뽑아서 보충하는 형태로 운영했다. 하지만 그 기준과 내용에 분명치 않은 점이 있었기 때문에 보완이 필요했다. 1426년(세종 8)에 보사步射에서는 후侯를 쳐놓고 좌우로 각기 5보 지점에 표를 세우되 3개의 화살을 가지고 표 안에 1개가 지난 자와, 두 차례의 기사騎射에서 3발 1중 이상으로서 마수馬手가 모두 쾌快해서 두 가지 전부 합격한 자를 선발할 것을 건의하여 통과시켰다. 기사와 보사에 모두 정교한 솜씨를 지닌 사람을 선발하도록 했다. 하지만 이후에도 시험 과목 및 성적 평가 방식은 계속해서 조금씩 변동되었다.

금위병으로서 비중이 높아졌던 것과 함께 액수가 크게 증가했다. 1440년(세종 22)에 6,000명으로 늘렸으며 다시 1448년(세종 30) 7,500명으로 확장했다. 이로 인해 경중갑사와 양계갑사가 따로 분류되었다. 그 결과 금위병에서 국방군으로 그 성격이 점차 바뀌었다. 문종 때 5사제로 개편되었을 때에는 각사에 분속되었다가 세조 때 5위제로 되면서 의흥위에 소속되었다. 그것은 『경국대전』에서도 마찬가지였으며, 계속해서 시위와 행순에서 중추적인 역할을 수행하도록 되었다.

갑사의 규모는 14,800명으로 호랑이를 잡는 착호갑사 440명과 양계갑사 각 3,400명도 그 정원 안에 있었다. 양계에서 예비로 임명하는 예차갑사預差甲士 각480명은

---

260 柳昌圭,「朝鮮初 親軍衛의 甲士」『歷史學報』106, 1985.

갑사에 결원이 있을 때에 그 중 근무 일수가 많은 자로 보충하여 임용하도록 했다. 그런데 5교대로 6개월씩 근무하므로 실제로 근무하는 인원은 2,960명이었다. 선발은 목전木箭 180보, 130보, 기사, 기창 등의 시험에서 5발 이상을 맞춘 자들을 뽑도록 했다. 다만 180보에서는 반드시 1발 이상을 명중시켜야 했다. 당번 군사들에게 무예의 능숙함을 권장하기 위하여 평소에 단련한 것을 시험하는 연재鍊才[261]에서는 3발 이상을 맞추어야 했다. 이렇게 해서 무재가 있는 자들이 계속해서 근무할 수 있도록 했다.[262]

별시위는 고려 후기부터 있었던 사순司楯·사의司衣를 1400년(태종 즉위년) 12월에 혁파하고 그 대신 설치한 병종이었다. 사순과 사의는 고려말 중요한 군사조직체였던 성중애마의 한 부류였기 때문에 그것의 혁파와 별시위의 신설은 조선 초기에 단행된 군제 개편 작업과 긴밀하게 연결되었다. 각기 다른 연유로 시기를 달리해서 설치되었던 성중애마들은 그 구성이나 지휘 계통이 다양했다. 이 때문에 국가로부터 대우를 달리 받는 등 자체 내의 모순도 심했다. 그러므로 일원화된 통솔 체계를 구축하기 위해서는 성중애마에 속했던 인원들에 대한 개편 작업이 필요했다.

사순과 사의는 공민왕 이후로 궁중 숙위를 주로 담당했다. 하지만 그 때 만연되었던 사병제의 운영 원리에 영향을 받아 국가 기구를 통한 통제보다 국왕 및 몇몇 실력자들과 사적인 관계를 가지고 움직였다. 태종은 즉위하자 곧 바로 1300명에 달하는 사순과 사의를 혁파하고 비교적 소수의 정액을 가졌을 것으로 추정되는 별시위를 설치했으며 이어서 삼군부에 소속시켰던 것으로 생각된다. 이는 시위군은 반드시 국가 기구를 통해 지휘가 이루어져야 한다는 집권적 군사 체제의 운영방식을 확립하고자 했던 것이다.

---

261 韓沽劤等, 앞의 책, 1986, 593~594쪽.

262 車文燮, 「鮮初의 甲士」『朝鮮時代軍制研究』, 檀國大學校出版部, 1973 ; 関賢九, 「十衛·十司·十二司와 甲士」『朝鮮初期의 軍事制度와 政治』, 韓國研究院, 1983 ; 李喜寬, 「高麗末·朝鮮初 前銜官·添設官에 대한 土地分給과 軍役賦課」『高麗末·朝鮮初 土地制度史의 諸問題』, 西江大學校人文科學研究所, 1987 ; 金鍾洙, 「16세기 甲士의 消滅과 正兵立役의 변화」『國史館論叢』32, 1992 ; 金鍾洙, 「조선초기 甲士의 성립과 변질」『典農史論』2, 1996 ; 尹薰杓, 「朝鮮初期 甲士의 統率體系」『實學思想研究』17·18, 2000.

설치 당시의 별시위 정액은 분명하지 않았다. 다만 별시위와 성격에 비슷한 점이 있었던 내시위가 당시 3번에 각번 40명씩, 총 120인이었으며, 1419년(세종 1) 12월에 별시위의 수가 4번에 각 50명씩 총 200명이었던 점으로 미루어 보아 대체로 설치 초기에는 200명이었을 것으로 추정된다. 그런데 세종대 말기에 이르게 되면 번상하는 시위군의 액수가 급격하게 증가했다. 별시위의 경우 1432년(세종 14)에 640명, 1441년 1,600명, 1445년 3,000명, 1448년(세종 30)에는 무려 5,000명으로 확장되었으며, 이것은 세조대에 이르기까지 이 수준을 유지했다. 그러나 별시위 액수의 급작스런 증가는 많은 문제점을 노출시켰다. 갑자기 5,000명으로 늘려 선발하는 바람에 응시자가 부족해서 충당이 어려웠다. 이에 갑사에 입격했으나 아직 직을 받지 못한 자 및 외방 갑사로 도목장都目狀에 오른 자 가운데 자원하는 사람에 대해 가풍과 족계를 조사하여 별시위로 옮겨가게 했다. 하지만 여전히 부족하자 다시 갑사 취재 때 이재二才에 합격한 자 가운데 자원에 따라 가풍과 족계를 살펴 옮겨가게 했다. 이로 인해 무재가 없는 자나 경제적으로 취약한 자들이 입속하여 별시위를 약화시켰다. 그것은 다시 번상 숙위를 허술하게 만드는 요인이 되었다.

이를 보완하기 위해 1453년(단종 1) 11월 별시위에게도 조정助丁을 지급했다. 그러나 충분한 군정이 마련되지 못한 관계로 갑자기 힘없고 경제력이 취약한 사람을 조정으로 만들어 별시위에게 지급함으로써 실질적으로 별다른 도움을 주지 못했다. 조정으로부터 충분한 뒷받침을 받지 못하고 경제력이 약한 별시위는 결국 번상을 포기했다. 설사 번상했더라도 견디지 못해 포기하는 자도 많았을 것이다. 드디어 세조 사후에 정책이 변경되면서 별시위의 군액이 5,000명에서 2,400명으로, 다시 1,500명으로 축소되었으며, 이것은 『경국대전』으로 이어졌다.

별시위는 『경국대전』에서는 용양위로 소속되었으며 정액 1,500명이었다. 5교대로 하며 6개월씩 근무했다. 선발은 240보, 목전木箭 180보, 130보, 기사, 기창 등의 시험을 실시해서 6발 이상을 맞춘 자들이 뽑히도록 되었다. 240보에서는 반드시 1발 이상을 맞추어야 했다. 초시는 서울에서는 훈련원이 그 거주하는 부部의 공문서를 살펴보고 시험 보아 뽑으며, 지방에서는 병마절도사가 매년 봄 가을에 응시자들을 거진에 모아서 시험 보아 뽑았다. 여기에서 합격된 자는 그 신장과 용모 및 득점 화살 수를 기록하여 병조에 보고하고 그것을 참고하여 다시 시험 보였다. 초시를 치른 후 1년이 지난 사람은 갱시에 응시할 수 없었다. 다시 시험한 뒤에 1년이 지나도 배속되지 못한 사람은 처음부터 다시 시험 보아야 한다. 당번 군사들에게 실시하는 연재에서는 4발 이상을 맞추어야 했는데 240보는 면제하고 180보를 시험 보았다.[263]

친군위는 태조의 고향인 영안도의 주민들을 우대하기 위해 설치했다. 태종이 즉위한 뒤 시위 군사에 본도의 자제를 다수 소속시켜 친군위라 칭하여 녹을 주었다. 세종 이후 북방 개척에 주력하게 되자 이들을 본도로 보내 그 지역 방위를 맡게 했다. 1468년(세조 14)에 이르러 다시 정비하여 서울에서 시위하는 병종으로 만들었다. 정원 100명으로 하되 3교대로 근무하게 했다. 『경국대전』에서는 5위 가운데 호분위에 소속되었으며 정원은 40명으로 모두 영안도 사람이며 남도와 북도에서 각각 20명씩 2번으로 1년씩 서로 교대하게 했다. 근무자 전원에게는 종4품에서 종9품의 체아직을 주었으며, 56일을 근무하면 품계를 올려주었는데 종3품에 이르면 거관去官되었다.

친군위는 결원이 있을 때마다 절도사가 시험 보여 뽑고 인적 사항을 기록하여 임금에게 보고한 후 병조에서 재가를 받아 임명하게 했다. 240보 등의 시험 과목이 설정되어 있으나 한꺼번에 정원에 해당하는 인원을 뽑는 것이 아니었기 때문에 특별한 규정은 보이지 않는다. 그리고 이들에 의해 '민간의 이해가 곧 모두 문달聞達되었다'라는 『문종실록』의 기사에 근거하여 왕실의 정보 기관으로서의 기능도 있지 않았는가 추측되기도 한다.[264]

파적위는 보병의 확충을 위하여 중앙과 외방의 한량인閑良人이나 외방의 정수定數 밖의 서원書員 등을 대상으로 1459년(세조 5)에 달리기와 활쏘기 등을 시험하여 선발했던 병종이었다. 처음에는 6번으로 나누어 매 번마다 500명이 근무하되 입번入番한 지 3개월 만에 교체시키며 체아遞兒는 산관散官 종6품 5명, 정7품 10명, 종7품 15명, 정8품 20명, 종8품 30명, 정9품 50명, 종9품 70명으로 하여 시위한 지 7개월이 차서

263 鄭淸柱,「朝鮮初期의 別侍衛」, 全南大碩士學位論文, 1983 ; 尹薰杓,「朝鮮初期別侍衛硏究」『國史館論叢』43, 1993.

264 千寬宇,「朝鮮初期 五衛의 兵種」『近世朝鮮史硏究』, 一潮閣, 1979 ; 閔賢九,「五衛體制의 確立」『朝鮮初期의 軍事制度와 政治』, 韓國硏究院, 1983.

그 중에 사仕가 많은 사람을 도목정都目政에 올려 차차로 승진하여 종6품이 되면 거관하도록 했다. 그 중에 무재가 있어서 갑사에 소속되기를 원하는 사람은 거관의 전후를 논할 것 없이 오고 삼상五考三上의 예에 의거하여 기사騎射와 보사步射를 시험 보아서 화살 10개를 다 맞히는 사람은 갑사에 이속시켜서 품계에 따라 도목정에 올리도록 했다. 무재가 뛰어난 사람에 대해서는 갑사로 올라갈 수 있는 통로를 열어주겠다는 것이었다.

『경국대전』에서는 충좌위의 소속으로 정원은 2,500명으로서 5교대에 의하여 500명이 4개월씩 복무하게 했다. 하지만 체아직은 주워지지 않았으며 그 대신 급보給保했는데 일보一保를 지급했다. 근무 일수가 108일이 차면 관계를 올려주었으며 거관 후에 종5품 영직(실 근무지는 없고 명칭만 제수하는 명예직)을 제수했다. 거관할 자가 계속 근무하기를 원하는 경우에는 58일까지 더하게 하되 정3품에서 그치도록 했다. 두 가지 재주에 합격한 사람을 뽑았는데 먼저 활쏘기에서는 표적이 240보이면 1발 이상을 득점해야 하고 180보에는 2발 이상을 득점해야 한다. 달리기에서는 구리로 만든 물병[銅壺]에서 물이 모두 흘러 나올 동안 달려서 270보에 이르면 1주走라 하고 260보에 이르면 2주, 250步에 이르면 3주라고 하는데 1주 이상이 되어야 했다. 양손에 각각 50근씩 갖고 능히 160보를 가면 1력力, 130보를 가면 2력, 100보를 가면 3력이라고 하는데 일력 이상이 되어야 했다.

3월, 6월, 9월, 12월에는 병조와 도총부, 군기시 등이 교외에서 실시하는 화포 쏘기 연습에 장용위 등과 함께 20명씩 참가해야 했다. 또한 서울에 사는 하번자들은 대졸, 정병 중에서 별도로 뽑인 사람들과 함께 산직山直에 종사해야 했다. 원패園牌를 받고서 산을 돌아보면서 불법으로 나무를 벌채하는 자를 체포하거나 고발하도록 했다. 이를 통해 볼 때 의무 병종의 대표격인 정병과 비슷한 대우를 받았음을 알 수 있다. 그러므로 설치 당시의 의도와 달리 대개 하층 양인들이 입속했을 것으로 추정되고 있다.[265]

장용위는 1459년(세조 5) 설치한 장용대壯勇隊를 1475년(성종 6)에 개칭한 병종이

---

265 千寬宇,「朝鮮初期 五衛의 兵種」『近世朝鮮史研究』, 一潮閣, 1979 ; 閔賢九,「五衛體制의 確立」『朝鮮初期의 軍事制度와 政治』, 韓國研究院, 1983.

다. 처음에는 공사 천구公私賤口 중에서 100근 무게의 활을 당기고 유기로 만든 병[鍮
壺]의 물이 마를 동안에 270보를 달린다든지 혹은 100근 무게의 활을 당기고 보사의
200보에서 화살 3개 중에 1개를 맞힌 자들을 선발했다. 1려旅를 뽑아 충무위의 5부
에 분속시키고, 각 1대씩 윤번으로 입직하게 했다. 체아는 상림원직上林園職에 임용하
여 1년 4도목으로 하되 그 중에 사仕가 많은 자들은 차차 도목정에 올려서 제수하게
했다. 거관한 뒤에 공천인 경우에는 면역하고 사천은 공천으로 나이가 비슷한 사람을
본주의 자원에 따라 바꾸어 주기로 했다. 또 이전에 시위하던 공사 천구 등은 다시 시
험해서 뽑지 말고 품계에 따라 도목정에 올리도록 했다. 표면상으로는 공사천 가운데
무재가 있는 자를 선발하여 군사로 삼고자 했던 것으로 보인다. 하지만 실제로는 파
적위와 함께 보병을 확충할 생각으로 설치했고 병력도 1려 즉 125명에 불과했기 때
문에 매우 정치적인 의도가 강하게 작용했다고 한다. 결국 세조의 정난靖難이라는 특
수한 사건과 이를 통해 공을 세운 특수한 천인들에 대한 배려와 보상이라는 정치적
배경이 크게 작용했다. 그러므로 신분 해방과는 거리가 있었다.

드디어 세조 사후에 정책이 바뀌면서 장용대의 성격도 변했다. 특히, 장용위로 개
칭되면서 천인뿐만 아니라 양인도 입속시켰다. 『경국대전』에서는 정원 600명으로 5
교대로 6개월간 복무하도록 했으며 근무 일수가 62일이 차면 관계를 올려 주었으며
거관하면 종6품의 실직을 제수하도록 되었다. 거관할 자가 계속 근무하기를 원할 경
우에는 72일까지 더하게 하되 정3품에서 그치도록 했다. 종6품 이하의 체아직 15자
리가 있었다. 아울러 급보 1보를 주었다. 세 가지 재주에 합격한 사람을 뽑는데, 활쏘
기는 240보에서 1발 이상을 득점해야 했다. 달리기에서는 일주, 일력 이상이 되어야
했다. 장용위와 함께 3월, 6월, 9월, 12월에는 병조와 도총부, 군기시 등이 교외에서
실시하는 화포 쏘기 연습에 20명씩 참가해야 했다.[266]

팽배는 1415년(태종 15)에 만들어진 방패防牌[267]가 개칭된 병종이다. 방패는 백병전

---

266 千寬宇, 「朝鮮初期 五衛의 兵種」『近世朝鮮史研究』, 一潮閣, 1979 ; 閔賢九, 「五衛體制의 確立」
『朝鮮初期의 軍事制度와 政治』, 韓國研究院, 1983 ; 정다함, 「조선 초기 壯勇隊 설치 배경과 운영
실태」『韓國史學報』 24, 2006.
267 '旁牌'라고도 표기된다.

258 한국군사사 -조선전기 I

을할 때 최선봉에서 사용하는 가장 강력한 방어용 무기 중의 하나였다. 자연히 그것을 전용했던 방패도 중요한 병종으로 간주되어 상당히 우대되었다. 녹도 받았으며 하번일 때에는 잡역도 면제받았다. 1438년(세종 20)까지는 일반 서인 중에서 선발했다.

그러나 세조대 팽배로 바뀌면서 대졸 등과 더불어 사역에 종사하게 되었다. 이로 인해 하층 양인이나 신량역천身良役賤 등이 주로 입속하는 병종이 되었다. 1469년(예종 1) 5월에 5위의 각위 소속 병종을 개편하면서 호분위에 속하게 되었다. 이것은『경국대전』에서도 그대로 이어졌다. 정원은 5,000명이었으며 5교대로 4개월마다 교체되었다. 체아직이 제수되었는데 종8품 20명, 잡직 정9품 80명, 종9품 920명이 배당되었다. 급보의 대상으로 1보가 주어졌다. 1,080일을 근무하면 품계를 올려주었는데 다른 병종에 비하면 상당히 긴 편에 속했다. 거관하는 자에게는 종8품 실직이 제수되었다. 계속해서 근무하기를 원하는 자는 290일을 더하게 하되 종6품에서 그치게 했다. 시험에 통과되어야 선발되었는데 3주와 3력 이상이 되어야 뽑힐 수 있었다.[268] 대졸은 그 성립 경위나 직능이 분명치 않은 병종이다. 다만 1415년(태종 15)에 제도화된 섭육십攝六十의 후신으로 추정될 뿐이다. 대체로 팽배와 함께 거론되며 입속하는 사람들의 신분이나 선발 시험, 승진 따위가 매우 유사한 것으로 보아 하층 양인이나 신량역천 등이 주로 들어왔다

『세종실록』「오례」중의
장방패(상), 원방패(하)

---

268 千寬宇,「朝鮮初期 五衛의 兵種」『近世朝鮮史研究』, 一潮閣, 1979 ; 閔賢九,「五衛體制의 確立」
   『朝鮮初期의 軍事制度와 政治』, 韓國研究院, 1983.

고 생각된다. 특히 1464년(세조 10) 당시에 섭육십이 사령군使令軍으로 설명되고 있는데 대졸도 비슷한 성격을 지녔던 것이 아닌가 한다.

『경국대전』에 따르면 대졸은 용양위에 소속되었다. 총원은 3,000명으로 5교대로 4개월씩 근무했다. 체아직을 받았는데 종8품 11명, 잡직 정9품 46인명, 종9품 554이었다. 팽배와 똑같이 급보의 대상으로 1보가 주어졌다. 역시 1,080일을 근무하면 품계를 올려주었으며 거관하는 자에게는 종8품 실직이 제수되었다. 계속해서 근무하기를 원하는 자는 290일을 더하게 하되 종6품에서 그치게 했다. 시험도 3주와 3력 이상이 되어야 선발되었다.

대졸은 팽배와 달리 10명이 차출되어 광화문과 종묘문을 지켰다. 따라서 단순히 사령군으로만 기능했던 것은 아니었으며 입직과 경비 업무에도 종사했다. 더불어 서울에 사는 파적위 하번자 등과 함께 산직으로 활동하기도 했다. 원패를 받고서 산을 돌아다니면서 불법으로 나무를 벌채하는 자를 체포하거나 고발하도록 했다.[269]

지금까지 5위에 소속된 13개 병종 가운데 갑사로부터 대졸에 이르기까지 시험에 의해 선발되었던 것들을 살펴보았다. 그 가운데 갑사·별시위·친군위는 기존 연구에서 상세히 검토했듯이 군액과 기능이 일치되지 않았지만 대체로 양반 또는 양인의 상층부가 시험을 거쳐 들어왔으며 군사적인 능력이 갖추어져 있다는 공통점이 있다. 자연히 궁중 시위와 도성의 순찰 등에서 중심적인 역할을 수행함으로써 중앙 군사력의 중추라고 할 수 있다. 뿐만 아니라 양계갑사라든가 하번시의 활동 따위로 인해 국방군으로서의 면모도 지지고 있었다.[270]

파적위·장용위·팽배·대졸 등은 대개 양인, 신량역천, 심지어 천인까지 입속하는 병종이었다. 시험에 의해 선발되었지만 갑사 등과는 신분면에서 뚜렷하게 구분되었다. 기능면에서도 마찬가지였다. 갑사 등이 기병이 위주였다면 이들은 보병의 근간이 되었다. 입직에도 종사했으며 도성의 순찰 따위에도 참여했다. 그렇지만 파적위나 대졸 등이 의무 병종이었던 정병 등과 함께 산직의 활동에 동원되었다는 것은 그들의

---

269 千寬宇, 「朝鮮初期 五衛의 兵種」 『近世朝鮮史研究』, 一潮閣, 1979 ; 閔賢九, 「五衛體制의 確立」 『朝鮮初期의 軍事制度와 政治』, 韓國研究院, 1983.
270 閔賢九, 앞의 책, 1983, 157쪽.

위치를 짐작하게 해준다. 그렇지만 보병의 중요성 때문에 전반기에서는 국가로부터 어느 정도의 대우를 받았던 것은 분명했다.

끝으로 5위에 소속되지 않고 이른바 금군으로 분류되었던 병종 가운데 가장 대표적이었던 것이 내금위였다. 이는 1407년(태종 7)에 궁중에서 입직·숙위의 임무를 띠었던 내상직內上直을 개편하여 설치한 것인데, 가장 좋은 대우를 받아 서반의 집현전으로 비유되기도 했다. 1409년에 별도로 내시위를 만들었다가 1424년(세종 6) 내금위에 합쳤다. 초창기에는 삼군부의 중군에 속하여 3명의 절제사에 의해 통솔되었으나, 세조 때 절제사를 종2품인 내금위장으로 개칭하면서 독립된 아문으로 승격시켰다. 이로 말미암아 5위에 소속되지 않았다.

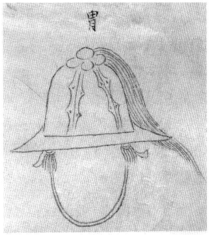

『세종실록』「오례」중의
갑옷(甲)(상)과 투구(冑)(하)

대우 및 임무의 중요성 때문에 선발하는 데도 신중을 기했다. 세종 때부터 5품 이하의 의관자제衣冠子弟 중에서 무재와 지략이 뛰어나고 용모가 단려端麗하며 키가 큰 자를 뽑아 조직했다. 간혹 여진족이나 특출한 무예를 지닌 자는 신분을 불문하고 입속시킨 경우도 있었으나 일반적으로는 동서반 3품 이하의 관리 자제 중에서 무재가 탁월한 자들을 뽑았다. 병력은 성종 때까지는 60~200명 사이에서 변동이 심했다.

『경국대전』에서는 정원을 190명으로 장번으로 근무하게 했다. 양도목으로 체아직을 제수했는데 정3품 1명, 종3품 4명, 종4품 7명, 종5품 18명, 종6품 28명, 종7품 49명, 종8품 39명, 종9품 44명이었다. 근무 일수가 108일이 차면 품계를 올려 주는데 정3품에 이르면 거관하게 했다.

선발은 병조에서 도총부와 훈련원의 당상관 각 1명과 함께 시험 보아서 뽑았다. 시험에서 득점한 화살 수가 10시 이상이 되어야 뽑으며, 창의 경우에 하나가 명중된 것은 득점 화살 수의 하나로 친다. 빈자리가 생길 때마다 시험을 보아서 충원했다. 부모의 상중을 당하여 상기를 마친 자와 시정자侍丁者[271]에 대해서는 득점해야 할 화살 수하나를 감하여 주고 다시 시험 보였다. 표적의 거리가 240보인 시험에서 반드시 1발 이상을 득점해야 했다. 표적의 거리 80보인 것에서도 1발 이상을 득점해야 했다. 180보, 130보, 기사, 기창 시험도 실시했다.

내금위에게도 무예를 권장하기 위하여 평소에 훈련한 것을 시험하는 연재를 실시했다. 봄·가을의 연재에서는 11발 이상을 득점해야 하며 기사와 기창도 각각 두 차례씩 시험 보았다. 성적이 나빠서 파직해야 할 자에게 재시험을 허락하되 득점 화살 수가 비록 많더라도 근무일수를 모두 삭감하여 본래의 소속으로 되돌려 보냈다. 부방자에게는 연재를 실시하지 않았다. 16발을 득점하면 특별 근무 일수 10으로 쳐주고 1발을 더 득점할 때마다 5씩을 가산하게 했다. 그 대신 14발를 득점하면 10을 삭감하되 1발이 감소될 때마다 5씩을 삭감하며 10발 이하를 득점하면 파직했다.

복호의 특전도 부여했다. 내금위로서 솔정率丁[272] 10명 이하이거나 전지田地가 10결 이하인 자에게는 모두 복호를 허용했다. 그런데 복호는 단지 원거주 호에게만 호역을 면제하여 주었다. 또 다른 특혜는 취재取才 없이 만호로 임명될 수 있다는 것인데, 실질적으로 만호직이 고역이라 기피하는 경우도 많았다.

양계에 군관으로 파견하는 경우도 있는데, 이때는 일일이 왕의 허락을 받아야 했다. 성종대 이후 양계 파견이 증가하여 예차내금위 제도를 만들었는데, 이로써 병력이 증가하여 연산군 때는 500명으로 늘었다. 이후 약 400명 정도의 규모를 유지했다. 1505년(연산군 11)에 형철위衡鐵衛, 예차내금위는 소적위掃敵衛로 개칭했다가 중종 때 환원되었다.[273]

---

271 군역을 면제받고 부모나 조부모를 봉양하는 장정을 말한다. 부모가 독질·폐질이거나 70세 이상인 경우에는 1자, 90세 이상의 경우에는 제자가 시정이 된다. 이러한 경우 아들이 없을 때에는 손자 중에서 1명, 친손자가 없을 때에는 외손자 중 1인이 시정이 된다(韓㳓劤 等, 앞의 책, 1986, 594쪽).

272 한 가호에 속해있는 인정을 말하며 보솔을 의미하지는 않는다(韓㳓劤 等, 앞의 책, 1986, 646쪽). 특히 내금위와 별시위 등 급보의 대상이 아닌 자에게는 솔정 10명 이하이거나 전지 10결 이하인 경우에 요역을 면제해 주었다(『경국대전주해』 前集, 병전).

273 車文燮, 「鮮初의 內禁衛」『朝鮮時代軍制研究』, 檀國大學校出版部, 1973 ; 千寬宇, 「五衛와 朝鮮初

내금위와 더불어 5위에 속하지 않고 금군으로 분류되었던 것이 겸사복이었다. 이는 고려의 상승승지尚乘承旨에 기원을 둔 내사복사內司僕寺 제도에서 비롯되어 1409년(태종 9)에 처음 성립되고 1464년(세조 10)에 정비된 조직을 갖추었으며, 주로 임금의 호위 및 친병의 양성 등을 담당했다. 선발 요건은 무재·용모·학식·신장 등이었으며 양반으로부터 천민에 이르기까지 두루 선발했다.

『경국대전』에 따르면 겸사복의 정원은 50명이었다. 그 중 10명은 영안도와 평안도의 자제로 하는데, 영안남도 2명, 영안북도 6명, 평안도 2명이었다. 절도사가 재주가 있고 행실이 바른 자를 골라서 임금에게 보고하면 병조에서는 내금위를 시취하는 방식에 따라 다시 시험 보여 8발 이상 득점한 자를 임금의 재가를 받아서 임용하도록 했다. 장번으로 근무해야 하며 1월과 7월의 양도목으로 체아직이 제수되는데 정3품 1명, 종3품 2명, 종4품 5명, 종5품 6명, 종6품 9명, 종7품 6명, 종8품 9명, 종9품 14명이었다. 근무 일수가 180일이 차면 품계를 올려주되 정3품에 이르면 거관해야 한다. 겸사복은 신분상의 제한이 비교적 엄격하지 않아서 서얼 등도 임용되었지만 내승內乘은 청반淸班인 근시지직近侍之職이므로 양반으로 임명해야 한다는 대간들의 주장과 비록 신분이 낮아도 능력만 있으면 상관없다는 임금의 입장 사이에 충돌이 발생하기도 했다.[274]

2) 의무 병종과 특수 신분층의 편입 병종

군사적인 능력을 시험해서 선발했던 것이 아니라 의무 병역이나 특전으로 편입되었던 것으로 여겨지는 병종으로는 정병·충순위·족친위·충의위·충찬위·보충대 등이 있었다.

먼저 정병은 건국 초기 이래로 양인들이 의무적으로 번상했던 병종인 시위패를

期의 國防體制」『近世朝鮮史研究』, 一潮閣, 1979 ; 閔賢九, 「禁軍機能의 强化」『朝鮮初期의 軍事制度와 政治』, 韓國研究院, 1983.

274 南都泳, 「朝鮮初期의 兼司僕에 대하여」, 『金載元博士回甲紀念論叢』, 1979 ; 千寬宇, 「五衛와 朝鮮初期의 國防體制」『近世朝鮮史研究』, 一潮閣, 1979 ; 閔賢九, 「禁軍機能의 强化」『朝鮮初期의 軍事制度와 政治』, 韓國研究院, 1983.

1459년(세조 5년)에 개칭한 것이다. 1463년(세조 9)에는 양계의 익군과 시위군을 묶어 정병으로 합칭한데 이어서 1464년 각 지방의 영진속군 즉 영진군과 수성군, 방패, 총통군 등도 정병에 합속됨으로써 드디어 그 편성이 완결되었다. 이로써 양인의 의무 군역이 여러 명칭으로 불리던 모순과 불편이 제거되었는데, 이것은 15세기 중엽부터 중앙군을 먼저 대폭 확충한 데 이어 지방군도 크게 늘렸던 조치와 관련이 깊었다. 아울러 전국적으로 진관 체제가 확립됨에 따라 지방군 제도가 통일성을 갖추었던 것도 크게 작용했다.

정병은 우선 서울에 번상하는 번상정병과 거주지 도내에서 유방留防하거나 부방하는 유방정병으로 구분되었다. 그리고 기병인 기정병騎正兵과 일반 보병인 보정병步正兵으로 나누어졌다. 최대 규모의 병종으로서 1475년(성종 6)의 기록에 따르면 호수戶首(정군)는 72,109명이었고 그 봉족奉足까지 합하면 20만 명에 달했다. 그 중에서 개성부의 600명은 토병土兵으로 모두 본부本府에서 순작하도록 했으며 평안도의 12,947명과 영안도 5,737명도 모두 토병으로 각각 그 도에서 부방하도록 했다.

『경국대전』에 의하면 정병은 5위 가운데 충무위에 속했다. 정원은 규정되어 있지 않았으나 앞서 서술했듯이 최대의 인원이 편제되었다. 8번으로 하여 2개월씩 근무하도록 했다. 제진諸鎭의 유방군은 4번으로 하여 1개월마다 교대되도록 했다. 번상군은 6도목이며 유방군은 1도목이었다. 의무 병종이므로 체아직은 지급되지 않았으며 그 대신 급보의 대상이었는데 기정병은 1보1정一保一丁, 보정병은 1보가 주워졌다. 번상군은 근무 일수가 64일이 차면 품계를 올려주었으며 거관할 자가 계속해서 근무할 경우에는 35일을 근무하게 했다. 유방군은 245일이 차면 품계를 올려주었으며 거관하지 않고 계속해서 근무하는 자는 135일을 근무하게 했다. 거관하면 종5품 영직을 제수했다. 계속해서 근무하는 자는 모두 정3품에서 그치게 했다.

비록 의무 병종이라도 지휘자인 여수旅師[275]나 대정隊正[276]이 되기 위해서는 시험을 보

---

275 조선 세조 때 편찬된 『오위진법』에 따르면 1려의 기준 병력은 125명이었고, 그 여의 지휘자가 여수였다(韓㳂劤 等, 앞의 책, 1986, 596쪽).

276 조선 세조 때 편찬된 『오위진법』에 따르면 대는 5명으로 구성된 오가 다섯 개 합쳐져 이루는 25명 단위의 부대이며 그 지휘자가 대정이었다(韓㳂劤 等, 앞의 책, 1986, 597쪽).

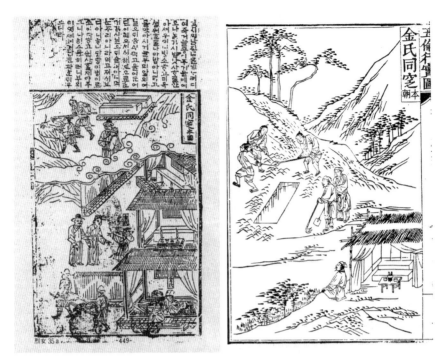

조선 세종때의 『삼강행실도』의 「김씨동폄」(좌)과 후기 정조때 편찬된 『오륜행실도』(우)의 같은 제목 그림
시신을 옮기거나 무덤을 파는 사람들의 모습이 전기에는 군인을 방불케하나
후기에는 순수한 농부모습으로, 전기의 병농일치를 읽을 수 있다.

아야 했다. 서울에서는 병조, 지방에서는 병마절도사가 시험 보여 뽑았다. 한 가지 재주에 합격한 자로서 아울러 진법을 강론시켜서 조和 이상의 성적을 받은 자를 임금에게 보고하여 임명하도록 했다. 30개월이 차면 모두 근무 성적 평점을 살펴 품계를 올려 주거나 체직시켰다. 제주도의 세 고을에서는 절제사가 시험 보여 뽑아서 임금에게 보고하도록 했다. 시험 과목은 활쏘기의 경우 180보에 반드시 1발 이상을 맞춰야 하며 130보도 실시했다. 기사의 경우에는 반드시 2번 이상 명중해야 하며 기창은 반드시 1번 이상 맞춰야 했다. 또한 당번 정병을 대상으로 연재도 실시했는데 훈련원에서 담당했다. 40분分 이상을 1등으로 하고, 25분 이상을 2등으로 하며, 15분 이상을 3등으로 삼았다. 지방에서는 각각 그 진장鎭將이 시험을 보였다. 시험 과목으로는 활쏘기의 경우 180보에는 1발 이상을 맞추어야 되고 목전인 120보에도 1발 이상을 적중시켜야 했다. 기사에도 1번 이상을 적중해야 했다. 이들은 최소 한도의 군사력을 유지하기 위한 장치라고 할 수 있다.

번상한 정병은 궁성의 4문 밖에서 직숙하는 등의 임무를 수행했다. 궁성문 상호군 등과 함께 5명을 지정해서 담당했으며, 도성 내외의 여러 경수소에서는 보병 2인이 부근 방리인坊里人 5명을 거느리고 숙직하도록 했다. 산곡의 경수소에는 5명이 배정되었다. 인정人定 후에 정병 2명으로 하여금 방울을 흔들면서 궁성을 순찰하도록 하여 4면의 경수소 및 각 문에 차례로 전수하는 등으로 돌기를 계속하되 파루罷漏에 이르면 그치게 했다. 또한 더불어 서울에 사는 파적위 하번자 등과 함께 산직으로 활동하기도 했다. 원패를 받고서 산을 돌아다니면서 불법으로 나무를 벌채하는 자를 체포하거나 고발하도록 했다.[277]

충순위는 1445년(세종 27)에 3품 이상의 고위 관료들의 자손을 위하여 설치된 병종이었다. 처음 설치되었을 때에는 임금이나 선왕의 이성 시마복異姓緦麻服에 해당하는 친족, 외6촌 이상의 친족과 왕비나 선후의 시마복 친족, 외5촌 이상의 친족 및 동반 6품 이상, 서반 4품 이상 실직의 현관을 지낸 자의 자손, 문무과 출신 및 생원·진사, 유음有蔭의 자손이나 사위·동생·조카 등을 대상으로 선발했다. 시험을 거쳐 600명을 선발하여 4번으로 나누어 50명씩 교대로 입직하게 했다. 1451년(문종 1)에 충순위 출신도 충의위와 동일한 기준으로 수령직 진출을 허용하는 특전을 부여했다. 그러나 군액 확장의 추진했던 정책의 일환으로 1459년(세조 5) 8월에 혁파했다. 하지만 양반 관료들을 일반 양인과 구별하지 않고 군역을 지게 한다는 비판이 제기되자 1469년(예종 1) 1월에 여정위勵精衛를 설치하여 동반 6품 이상, 서반 4품 이상의 아들, 문무과 출신자, 생원·진사, 유음자손 등으로 충당했으며, 다음 달 충순위로 명칭을 바꾸었다. 그 뒤에 입속 범위가 더욱 확대되었다.

『경국대전』에 따르면 충순위는 5위 중 충무위에 소속되었다. 정원은 없으며 7번으로 나누어 2개월마다 교대하게 했다. 임금·선왕과 성이 다른 시마복의 친족과 외6

---

277 千寬宇,「朝鮮初期 五衛의 兵種」『近世朝鮮史研究』, 一潮閣, 1979 ; 李載礱,「朝鮮前期 良人農民 의 軍役과 土地所有」『東洋學』9, 1979 ; 金光哲,「朝鮮前期 良人農民의 軍役 - 正兵을 중심하 여」『釜山史學』3, 1980 ; 閔賢九,「五衛體制의 確立」『朝鮮初期의 軍事制度와 政治』, 韓國研究院, 1983 ; 오종록,「조선 초기 正兵의 軍役」『韓國史學報』1, 1996.

촌 이상의 친족, 왕비·선후의 시마복인 친족과 외5촌 이상의 친족이 입속 대상이었다. 여기에 동반 6품 이상, 서반 4품 이상 실직의 현관을 지낸 자와 문무과 출신자, 생원·진사, 유음자의 자손·사위·동생·조카 등이 속할 수 있었다. 체아직을 받지 못했고, 급보의 대상도 아니었다. 근무 일수가 75일이 차면 품계를 올려주고, 종5품 영직으로 거관하게 했다. 만약 계속해서 근무할 것을 원하는 경우에는 41일을 근무하여 정3품에 이르러 그치게 했다.

정병이 대체로 일반 양인 계층이 군역의 의무를 수행하기 위하여 입속하는 것이라면, 그보다 고위신분층에 있는 자로 충의위나 충찬위에 소속될 자격이 없는 자가 충순위에 소속되어 군역을 의무를 수행했다는 점이 매우 중요한 의미를 지닌다고 한다.[278]

족친위는 왕실의 먼 친족들이 입속할 수 있는 병종이었다. 세종 때 왕실의 친족을 위한 별도의 위를 설치하고자 하는 논의가 시작되었으나 결실은 맺지 못했다. 군제가 5위로 개편되어 정비되는 시기인 1464년(세조 10)부터 족친위라는 직접적인 언급이 나타난 1468년(세조 14) 사이에 설치되었을 것으로 추정되고 있다.

『경국대전』에 의하면 족친위는 5위 가운데 호분위에 속해 있으며 임금·선왕의 종성宗姓 단면袒免 이상 친족과 이성異姓 시마緦麻 이상 친족, 그리고 왕후·선후의 시마 이상 친족 및 세자빈의 기년期年 이상의 친족 등으로 구성되었다. 종성은 종부시에서 이성은 돈령부에서 정리하여 임금에게 보고한 후 병조에서 임금의 재가를 받아 소속시킨다고 했다. 아울러 첩자손의 입속도 허락한다고 했다. 정원은 없으며 장번으로 근무하되 4도목으로 종5품 이하의 체아직을 받았다. 근무 일수가 144일이 차면 품계를 올려주었으며 종4품에 이르러 거관하게 했다. 거관할 자가 계속 근무하기를 원할 경우에는 180일까지 근무하되 정3품에서 그치도록 했다. 족친위의 특징은 첩자손도 들어오는 것을 허용했다는 점이다. 이것은 왕실의 친족을 특별하게 우대하기 위한 조치였다.[279]

278 車文燮,「鮮初의 忠義·忠贊·忠順衛」『朝鮮時代軍制研究』, 檀國大學校出版部, 1973 ; 千寬宇,「朝鮮初期 五衛의 兵種」『近世朝鮮史研究』, 一潮閣, 1979 ; 閔賢九,「五衛體制의 確立」『朝鮮初期의 軍事制度와 政治』, 韓國研究院, 1983.

279 千寬宇,「朝鮮初期 五衛의 兵種」『近世朝鮮史研究』, 一潮閣, 1979 ; 閔賢九,「五衛體制의 確立」『朝鮮初期의 軍事制度와 政治』, 韓國研究院, 1983 ; 박진,「族親衛의 설치와 성격」『史叢』65,

충의위는 1418년(세종 즉위년) 개국開國·정사定社·좌명佐命 3공신의 자손들을 입속시키기 위해 설치된 병종이었다. 처음에는 만18세 이상인 공신의 적자나 적손만 해당되었으나 나중에는 적자, 적손 이외의 아들, 손자에게도 입속이 허용되었다. 1430년(세종 12)에는 적실의 아들이 없을 경우에는 양첩자良妾子, 양첩자도 없을 경우에는 천첩자승중자賤妾子承重者도 들어갈 수 있게 했다. 이들은 주로 국왕의 측근에서 시위·호종하는 업무에 종사했으며, 훈련 등은 면제시켰다. 가장 큰 특혜는 과거와 입사로에 있었다. 성균관의 생원·진사 들은 원점原點(출석점수)[280] 300점을 받아야 문과에 응시할 수 있었으나 충의위에 소속된 자들은 100~150점만 따면 가능했다. 1438년에는 수령 취재守令取才의 응시가 허용됨에 따라 성적이 좋으면 바로 나갈 수 있게 되었다.

『경국대전』에 의하면 충의위는 5위 가운데 충좌위에 속했으며, 장번으로 근무했다. 체아직은 종4품부터 설치되어 있었다. 근무 일수가 144일이 차면 품계를 올려주며 종3품에 이르면 거관하게 했다. 거관할 자가 계속 근무하기를 원할 경우에는 180일까지 근무하되 정3품에서 그치도록 했다. 충의위는 공신 자손의 군역 복무를 위해서 설치했던 것으로 사실상 관료로의 진출도 겸하게 했던 것이 특징이었다.[281]

충찬위는 원종공신의 자손들이 소속되었던 병종이다. 1456년(세조 2)에 처음으로 설치되었다. 충의위 등과 마찬가지로 공신 자손의 군역 복무와 관료로의 진출을 위해 마련한 병종이다. 적실에 자손이 없을 경우에는 첩자승중자妾子承重者도 입속할 수 있었는데, 천첩자승중자賤妾子承重者도 포함되었다.

『경국대전』에 따르면 충찬위는 5위의 충좌위에 소속되었으며 원종공신 및 그 자손들을 입속시켰다. 여기에 천첩자승중자까지도 허용했다. 역시 정원은 없었으며 5번으로 하며 4개월 만에 교대하게 했다. 3도목으로 종6품 이하의 체아직이 주어졌다. 근무 일수가 39일 차면 품계를 올려주며 종5품에 이르면 거관하게 했다. 거관할 자

2007.
280 원점은 출석점수인데, 기숙사 생활을 하는 성균관에서 식당에서 식사를 한 횟수로 원점을 매겼다.
281 車文燮,「鮮初의 忠義·忠贊·忠順衛」『朝鮮時代軍制硏究』, 檀國大學校出版部, 1973 ; 千寬宇,「朝鮮初期 五衛의 兵種」『近世朝鮮史硏究』, 一潮閣, 1979 ; 閔賢九,「五衛體制의 確立」『朝鮮初期의 軍事制度와 政治』, 韓國硏究院, 1983.

가 계속 근무하기를 원할 경우에는 21일까지 근무하여 정3품에서 그치도록 했다. 원종공신의 자손들이 입속했기 때문에 충의위에 비하여 대우가 낮았을 뿐 큰 차이가 없었다.[282]

보충대는 1415년(태종 15)에 설치된 보충군을 1469년(예종 1)에 개칭한 병종이다. 고려말에 확대된 토지겸병과 인구집중 현상을 제거하기 위해 설치된 노비변정도감을 1415년에 폐지하고 그 대신 보충군을 설치했다. 이를 통해 전국의 이른바 칭간칭척자稱干稱尺者들과 각품 관원의 천첩소생賤妾所生으로서 속신贖身할 자를 소속시켜서 입역한 후에 종량從良시키고자 했다. 일단 정군 3,000명과 봉족 6,000명으로 정하여 정군 1명에 봉족 2명을 주도록 했다. 4개월마다 교대하되 근무 일수가 많은 자에게는 대부隊副를 제수하여 거관하게 했다. 그러나 보충군을 거쳐 종량하는 사람들이 늘어나자 신분제에 문제가 생길 수도 있다는 의견에 따라 1464년(세조 10)에 폐지했다. 하지만 다시 부활시켜야 한다는 주장이 대두되면서 1468년에 다시 생겼고 이듬해 보충대로 개칭되었다. 더불어 입속 범위도 양반을 아버지로 하고 공사천을 어머니로 하는 천첩자손으로 한정되었다.

『경국대전』에 의하면 보충대는 5위 가운데 의흥위에 소속되었다. 정원은 없었으며 4번으로 4개월마다 교대하게 했다. 양도목으로 근무 일수가 1,000일이 차면 품계를 올려주되 2품 이상의 자손은 330일만 채우면 올리게 했다. 원종공신의 천처첩자가 승중承重할 경우에는 근무 일수를 반으로 감해 주었다. 종9품 잡직에 이르면 거관하게 했다. 그런데 보충대로서 나이가 60세가 된 자와 거관하기 전에 죽은 자의 근무 일수는 모두 자손이 그 역을 계승하는데 통산通算하게 했다. 이로써 보충군은 군사적 기능 수행보다는 신분 관계에서 주목되는 병종이라고 할 수 있다.[283]

지금까지 살펴보았던 바와 같이 양인의 의무 병종인 정병을 제외한 나머지 것들은

282 車文燮,「鮮初의 忠義·忠贊·忠順衛」『朝鮮時代軍制硏究』, 檀國大學校出版部, 1973 ; 千寬宇,「朝鮮初期 五衛의 兵種」『近世朝鮮史硏究』, 一潮閣, 1979 ; 閔賢九,「五衛體制의 確立」『朝鮮初期의 軍事制度와 政治』, 韓國硏究院, 1983.

283 千寬宇,「朝鮮初期 五衛의 兵種」『近世朝鮮史硏究』, 一潮閣, 1979 ; 閔賢九,「五衛體制의 確立」『朝鮮初期의 軍事制度와 政治』, 韓國硏究院, 1983 ; 李弘斗,「補充隊를 통한 賤人의 身分變動」『朝鮮時代身分變動硏究』, 혜안, 1999.

모두 특정한 신분층을 입속 대상으로 삼았음을 알 수 있다. 자연히 정병을 제외하고는 군사적 기능보다는 그 신분이 중요시되기도 했다. 이들로 인하여 병종이 곧 신분을 표시한다는 주장에 상당한 공감이 가기도 한다.

2. 부대편성과 지휘체계

1) 부대 편성

5위로 대변되는 중앙군에는 오늘날의 개념과 같은 계급 체계는 존재하지 않았다. 병종 자체가 그 소속 인원의 사회적 신분 계급을 나타냈던 것인 만큼 모든 병종에 공통된 계급 제도는 존재하지 않았다. 다만 『경국대전』에서는 아래와 같은 5위의 인원수에 대한 규정이 나오는데 이것은 체아직를 받는 사람의 수를 의미하는 것이라고 한다. 이는 다음 〈표 3-1〉과 같다.

그런데 위에서 품계와 5위의 각급 직명職名, 인원수가 아울러 규정되어 있어 계급과 비슷한 것처럼 여겨진다고 한다. 하지만 5위 소속의 병종뿐만 아니라 그에 소속되지 않았던 내금위·겸사복 등에게도 제수되었으며 심지어 군사관계 이외의 요원들에게도 주워졌기 때문에 사실상의 군계급과는 틀리다.[284]

그렇다면 『경국대전』에서 나열한 5위의 직함과 그 인원수에 대한 규정이 지니는 의미가 문제가 될 것이다. 태조가 왕조 개창 직후에 서반 관제를 처음으로 제정하면서 의흥친군좌위 등을 비롯한 10위에 정3품 상장군 각 1명씩, 종3품 대장군 각 2명씩, 정4품 도호팔위장군都護八衛將軍 2명을 두었으며, 1위마다 각기 중령을 필두로 5령을 설치하고, 1영마다 종4품 장군 1명, 종5품 중랑장 3명, 6품 낭장 6명, 7품 별장 6명, 8품 산원8명, 정9품 위尉 20명, 종9품 정正 40명을 두었다.[285] 이것은 고려의 제도를 그대로 답습했던 것으로 정도전에 따르면 고려의 전성기에는 부병 외에 군호軍

---

284 閔賢九, 앞의 책, 1983, 165~167쪽.
285 『태조실록』 권1, 태조 1년 7월 정미.

<표 3-1> 『경국대전』의 5위 품계와 인원수

품계	직명	인원
정3품	당하 상호군(上護軍)	9명
종3품	대호군(大護軍)	14명
정4품	호군(護軍)	12명
종4품	부호군(副護軍)	54명
정5품	사직(司直)	14명
종5품	부사직(副司直)	123명
정6품	사과(司果)	15명
종6품	부사과(副司果)	176명
정7품	사정(司正)	5명
종7품	부사정(副司正)	309명
정8품	사맹(司猛)	16명
종8품	부사맹(副司猛)	483명
정9품	사용(司勇)	42명
종9품	부사용(副司勇)	1,939명

號가 없었으며 만약 외침 따위를 당하여 파병해야 할 때 그 규모가 적으면 중랑장 이하를 보내고 크면 상장군이나 장군을 보내 막게 하되, 부득이한 경우에는 군현의 군사까지 징발했다고 한다.[286]

정도전의 주장을 액면 그대로 받아들인다면 고려에서는 비교적 군사 조직이 단순했기 때문에 계급 관계도 간단해서 지위와 보직을 함께 하나로 표시한다고 해도 큰 무리가 생기지 않았을 것이다.[287] 또한 평상시의 조직 체계가 갑자기 사변을 당한다고 하더라도 크게 바뀌지 않았을 가능성이 높았다. 자연히 지위와 보직에서도 크게 달라지지 않았을 것이다. 그런 체제는 조선 국초였던 태조 때의 제도에도 그대로 반영되었다.

하지만 사병혁파 이후에 전개되었던 군제 개편 작업으로 조직상에 많은 변화가 일

---

286 『태조실록』 권5, 태조 3년 2월 기해.
287 윤훈표, 「조선초기 階級法 運用에 관한 試論的 考察」 『歷史와 實學』 37, 2008, 21쪽.

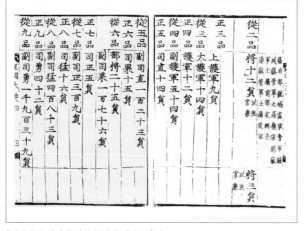

『경국대전』에 수록된 오위의 품계와 인원수

어났다. 언뜻 보아도 태조 초창기의 10위 50령 체계와 5위 체제의 5위 25부제는 상당한 차이가 있었다. 10위 50령 체계는 형태상으로는 모두 균일해서 같은 임무를 수행하기 위해 일률적으로 구성된 조직처럼 보인다. 물론 내부적으로 충분하다고 보기 어려운 면도 있었다.[288]

그에 반해 5위 25부제에는 앞서 언급했듯이 여러 가지 다양한 성격을 지닌 병종들이 속해 있었다. 그러므로 지위와 보직 등에 있어서 통일된 체계를 구축하기가 대단히 어려웠다. 더구나 조직 원리에 신분 문제가 깊숙하게 개입되었기 때문에 일률적으로 처리한다는 것 자체가 불가능했다.

그럼에도 5위 25부제라고 하는 커다란 틀은 어떤 형태로든 흔들림 없이 유지되어야 했다. 즉 커다란 틀에 있어서는 통일성을 견지해야 했으며 궁궐의 숙위와 도성의 치안 유지 등과 같은 조직체의 근본 목적에 부응하도록 운영되어야 했다. 동시에 5위 25부에 소속된 여러 병종들은 각자의 성격을 그대로 간직해야 했다. 그 자체가 각각의 기능과 역할, 그리고 소속원의 신분에 따른 위상을 지니고 있었기 때문이다. 이로써 나름의 정체성은 지니면서 5위 25부제의 테두리 안에서 기능해야 했다.

이런 고민이 『경국대전』에서 5위의 직함과 그 인원수에 대한 규정으로 표현되었던 것이 아닌가 한다. 『경국대전』의 그것이 체아직의 제수와 연결되어 있으므로 대우가 우선이 되면서 그와 더불어 지위도 표현되었던 것으로 볼 수 있다. 반면에 현대적 의미의 계급 체계는 전체에서의 지위를 먼저 표시하고 그에 따라 보직과 대우를 나타내는 식으로 운영되었다고 이해된다. 하지만 5위에 소속된 각 병종 사이의 성격 차이가

---

288 尹薰杓, 『麗末鮮初 軍制改革硏究』, 혜안, 2000, 187쪽.

뚜렷했기 때문에 그렇게 해서는 곤란했고 일단 대우를 우선 표시해서 그것으로써 지위가 드러나는 형태로 관리할 필요가 있었다.

아무튼 5위 체제에서는 정도전이 언급했던 바 고려의 전성기 시절의 방식을 도입한다는 것은 극히 어려웠다. 우선 궁궐의 숙위와 도성의 치안 유지를 위한 행순 등의 매우 일상적이면서도 가장 기본적인 임무의 수행에 있어서는 5위 25부제에 입각하되 서로 교대하는 식으로 운용했다. 하지만 이것으로는 만약에 일어날지도 모르는 긴급한 사태에 대비하는 것에는 충분치 못했다. 특히나 강력한 군사적인 조치가 필요할 경우에는 더욱 곤란했다. 군사적으로 효율적으로 대응할 수 있는 방도가 마련되어야 했다. 그것을 위해 종전 단계보다 진일보시켰다고 평가되는 진법 훈련 체계, 즉 5위라는 진법체제를 바탕으로 하는 부대 편성을 실시하기에 이르렀다.

5위 체제의 근간이 되었던 『오위진법』에서는 5인이 오伍가 되고, 25인이 대隊가 되며, 125인이 여旅가 된다고 했다.[289] 이것으로 최하단의 단위 조직인 오는 군사 5인으로 구성되었으며 이윽고 5진법에 의거해서 25인의 대를 거쳐 125인으로 짜여진 여에 이르게 된다. 그 각각의 지휘관은 오장伍長, 대정隊正, 여수旅帥로 불렸다. 이러한 편성 원칙은 중앙의 5위뿐만 아니라 지방의 군사 조직인 유방 체제에서도 그대로 통용되었다.[290]

가장 하단이면서도 실질적으로 기본적인 부대 편성 단위인 오-대-여의 상급 부대 단위는 위-부-통DML 순으로 짜여졌다. 이 역시 『오위진법』에 바탕을 둔 것이었다. 즉 대장은 5위를 보유하며 매위는 각각 5부를 보유하고 매부는 각각 4통을 보유한다고 했다.[291] 이렇게 되면 전체적으로 5위 25부 100통으로 편성되는 것이 된다. 이는 병력의 다과와 상관없이 일정하게 유지되는 것인데 통의 인원수가 얼마나 되느냐에 따라 전체의 군액이 결정되도록 했다. 대가 만일 통을 이루게 되면 5위의 병력은 2,500인이 되며 여가 통을 이루면 12,500명에 이르게 되는 식이다.[292]

---

289 『문종실록』 권8, 문종 1년 6월 병술.
290 閔賢九, 앞의 책, 1983, 167쪽.
291 『문종실록』 권8, 문종 1년 6월 병술.
292 閔賢九, 앞의 책, 1983, 167쪽.

이 체제가 지닌 특징은 정도전이 언급했던 바 고려의 전성기 시절의 방식과 비교해 보면 곧 바로 알 수 있다. 즉 고려에서는 부병 외에 군호가 없었으며 외침을 당해 파병할 때 그 규모에 따라 적으면 중랑장 이하, 크면 상장군이나 장군을 보내되 부득이한 경우에는 군현의 군사까지 징발했다.[293] 그러나 5위 체제에서는 적의 규모가 얼마냐에 따라서 통을 대로 편성할 것인가 또는 여로 편성할 것인가를 결정하면 되었다. 이러한 경우를 대비하여 『오위진법』에서는 명확하게 규정해 놓았다. 즉 병력의 수가 적어서 1통의 인원이 비록 대에 차지 않더라도 4통이라는 명칭은 궐闕할 수 없으며 병력의 수가 많아서 비록 1통의 인원이 대·여에 넘는다고 하더라도 4통이라는 명칭은 더할 수 없다는 것이다.[294] 그러므로 어떠한 상황을 맞이한다고 하더라도 이미 사전에 마련해 두었던 바에 따라 5위 25부 100통의 조직 체계가 반드시 구성되어야 했다. 거기에 4통으로 이루어진 부에는 기병과 보병이 각각 2통씩 구성되도록 했다.

그런데 부라는 단위 부대는 기병과 보병의 병과가 합속되는 제병과연합諸兵科聯合의 의미를 지니게 되었다.[295] 거기에 더하여 보병 2통 안에는 궁수, 총수, 창수, 검수劍手, 팽배수彭排手가 균등하게 배치되어야 했다.[296] 병과 연합뿐만 아니라 각각의 안에서도 균형이 이루어지게 했다. 그런데 만일 출전하게 되었을 경우에는 5위 진법 체계에 따라 작전을 전개하도록 했다. 자연히 5위에 소속된 병종들은 사전에 마련된 지침에 따라서 각자의 위치에 편성되도록 했다.

5위 체제의 부대 편성은 그 바탕을 이루는 5위 진법 체제에 의거하여 이루어지는 것을 원칙으로 삼았다. 궁궐의 숙위와 도성의 치안 유지를 위한 행순 등의 일상적이면서도 기본적인 임무의 수행에 있어서는 5위 25부제에 입각하되 서로 교대하는 식으로 운용했다. 하지만 강력한 군사적인 조치가 필요할 경우에는 하부의 기본적인 부대 편성 단위인 오-대-여와 그 위의 상급 부대 단위인 위-부-통의 순으로 구성하되 전체적으로 5위 25부 100통의 조직 체계를 갖추도록 했다. 이때 통이 하부의 편성

---

293 『태조실록』 권5, 태조 3년 2월 기해.
294 『문종실록』 권8, 문종 1년 6월 병술.
295 閔賢九, 앞의 책, 1983, 167~168쪽.
296 河且大, 「朝鮮初期 軍事政策과 兵法書의 發展」 『軍史』 19, 1989, 147쪽.

단위인 오-대-여 가운데 어떤 것으로 구성되느냐에 따라 전체의 병력 규모가 결정되도록 했다. 그것은 곧 군사적 조치를 위한 출동의 내용이 무엇인가에 달려 있었다.

2) 지휘 체계

중앙군의 지휘 체계는 일상적인 수준의 그것과 갑작스러운 비상 사태를 맞았을 경우의 것으로 크게 대별할 수 있을 것이다. 먼저 일상적인 수준에서는 강력한 군령 기관이었던 병조와 오위도총부의 지휘 아래 5위 소속의 인원들이 통솔되었다. 병조는 비록 군정 기관이었지만 5위를 속아문으로 거느리며 오위도총부와 협조 관계를 이루면서 사실상 전체를 통솔했다고 볼 수 있다.[297]

그 실례로 궁궐의 입직에서 5위는 각 1부씩 입직하되 그 전날 저녁에 병조에서 담당 지역과 시간을 나누어 정하여 임금의 허락을 받아 오위도총부로 공문을 보내면 도총부에서는 차례로 아래로 공문을 이첩하도록 했다. 이때 위장은 임금의 낙점을 받아 군사를 나누어 거느리며 겸사복장·내금위장·수문장도 역시 임금의 낙점을 받았다.[298] 여기서 병조가 입직에 관한 주요 사항을 국왕의 명을 받아서 처리했던 것임을 알 수 있다. 오위도총부에서는 병조로부터 공문을 받아서 아래로 전파하게 했다. 물론 병조가 직접 처리할 수도 있겠지만 제도상으로는 오위도총부를 거치도록 했다.

고제에 따르면 발명자發命者와 발병자發兵者, 그리고 장병자掌兵者 사이에 차이가 있어야 한다는 것이다. 구체적으로 발명자인 재상은 임금의 명령을 품稟한 것이 아니면 발명할 수 없었고 발병자인 총제摠制는 재상의 명이 있지 않으면 발병하지 못했으며 장병자는 총제의 명이 없으면 행할 수가 없었다는 것이다.[299] 이러한 원칙에 따라 발명의 위치에 있었던 병조는 임금의 허락을 받아서 오위도총부에 입직에 관련된 가장 중요한 공문을 보내는 것이 그 기본적인 역할이었다. 발병자의 역할은 오위도총부에서 담당했던 것으로 보이는데 병조로부터 받은 공문을 차례로 아래로 공문을 이첩

---

297 閔賢九, 앞의 책, 1983, 287~288쪽.
298 『경국대전』 권4, 병전 입직.
299 『정종실록』 권4, 정종 2년 4월.

했다. 이때 이첩의 대상이 대체로 장병자에 해당되는 존재들이었을 것이다. 그 가운데 특히 군사를 나누어 거느리는 위장이 중요했을 것이다.[300] 그가 곧 장병자였기 때문이다. 장병자는 위장만이 아니라 겸사복장·내금위장·수문장 등도 있었지만 5위 체제에 속했던 것은 아니었으므로 별도의 과정을 거쳐야 했다.

아무튼 5위 체제에서는 발명, 발병, 장병의 과정이 입직 제도상으로는 병조, 오위도총부, 위장 등으로 연결되는 체계로 구현되었다고 볼 수 있다. 그 과정에서 월권은 용납되지 않았으며 반드시 정해진 절차에 따라 시행되어야 했다. 심지어 위장이라고 해도 자기가 거느리는 위의 전 병력을 관장했던 것은 아니었다. 위에 속한 5부 가운데 1부만 거느리고 입직해야 했다. 그것도 자신이 선택했던 것은 아니었다. 왜냐하면 선택을 받았던 것은 위장 자신이었기 때문이다. 우연히 선택된 위장이 명령을 받고 들어왔을 때에는 이미 정해놓은 절차에 따라 입직 근무를 해야 하는 부가 선정되어 있었다. 그들을 거느리고 위장은 근무할 뿐이었다.

오히려 처음부터 실질적으로 병력을 거느렸던 것은 차례가 돌아와서 근무해야 했던 부의 부장이었다. 그의 품계는 종6품이었다.[301] 이 역시 고전적인 원칙, 곧 군사를 거느린 사람은 직위가 낮아야 윗사람의 명령에 순종하게 되어 역사役使하기가 쉬우며 그 본분을 기꺼이 지킨다는 것을 충실하게 관철했던 것이라 할 수 있다.[302]

아울러 위장과 부장 사이에서는 철저하게 상하 관계가 관철되도록 했다. 일찍이 병조에서 입직하는 부장에게 명령할 적에는 모름지기 표신標信을 사용하여 불러서 오게 해야 했는데, 명령을 받은 부장은 위장에게 보고하게 하며 이를 전해 들은 위장이 계달啓達해야만 비로소 보내도록 되었다.[303] 아무리 최상위 기관이라고 하더라도 부장을 직접 불러 명령을 내리고자 할 때에는 반드시 그 상관인 위장의 허락을 받아 계달에

---

300 비록 오위도총부의 전신이었던 삼군진무소 시설의 조치이기는 했지만 다음의 기록은 그 점을 분명하게 보여주고 있다. 즉 '평상시에 영을 내릴 때는 본조, 즉 병조에서 진무소에 이문하고, 진무소에서 위장에게 이문하게 하며, 만약 긴급한 일을 아뢸 때에는 구례에 의거하여 발패하여 진무를 불러 면촉하게 했다'라고 했던 것이 그것이다(『세조실록』 권7, 세조 3년 4월 갑오).

301 『경국대전』 권4, 병전, 오위.

302 『태조실록』 권5, 태조 3년 2월 기해.

303 『세조실록』 권7, 세조 3년 3월 정해.

의해 움직이도록 조치했다. 이렇게 해서 부장이 여러 가지 핑계를 대고 함부로 월권하는 것을 방지하도록 했다. 그것은 곧 장병자 상호간의 견제 장치를 구축해서 지휘체계를 확고히 하기 위한 방안이었다.

일상적인 수준에서의 지휘 체계는 발명자와 발병자, 그리고 장병자 사이에 차이가 있어야 한다는 고전적인 원칙이 제대로 구현되도록 제도화했다. 그것에 따라 대개 병조, 오위도총부, 위장과 부장 그 아래에 제군사 등의 순서로 이루되 상호 견제를 통해 월권하거나 독단하는 일이 벌어지지 않도록 했다.

한편, 갑작스러운 비상사태를 맞았을 경우에는 지휘 체계의 변화가 불가피했다. 그런 경우에는 일상적인 수준에서의 지휘 체계에서는 보이지 않던 대장이 특수하게 임명되는 일이 주목된다. 그의 임명 과정이 긴급한 사변의 발생을 대비하여 왕실의 보위와 사태의 진압을 위해 서울에 있는 군사와 관원들을 대상으로 실시했던 비상소집 훈련인 취각령에 잘 나타나 있다.[304]

『세종실록오례』「군례」'취각령'에는 발령하면서 장수가 될만한 3인을 불러 삼군의 직문기織文旗를 주고서 지휘하게 하는 사실이 구체적으로 서술되어 있다. 그것이 세조 때에 이르러 첩고와 첩종으로 개편되었을 것으로 추정된다.[305] 그런 상황에서 임명되는 장수는 아마도 전권을 위임받는 존재로서 일상적인 근무 시절의 그것과 성격이 달랐다. 곧 대장으로서 휘하의 군대를 철저하게 장악할 수 있었다.

그러한 대장의 면모는 5위 진법 체계 속에 구현되어 있다. 즉 대장은 5위를 보유하고 매위는 각각 5부를 보유하며 매부는 각각 4통을 보유한다는 대전제 아래 대장은 위장을 호령하고 위장은 부장을 호령하고 부장은 통장을 호령하고 통장은 여수를 호령하고 여수는 대정을 호령하고 대정은 오장을 호령하고 오장은 그 졸병을 호령한다고 했다.

이때 호령한다는 의미를 5위 진법에서는 다음과 같이 풀이했다. 오졸伍卒의 이목耳目은 오장에게 귀속하고 오장의 이목은 대정에게 귀속하고 대정의 이목은 여수에게 귀속하고 여수의 이목은 통장에게 귀속하고 통장의 이목은 부장에게 귀속하고 부장

---

304 李在勳, 「太宗代 節制使·牌頭와 중앙군의 지휘」『韓國史學報』39, 2010, 85~91쪽.
305 윤훈표, 「조선 세조 때 병정 편찬의 의미와 그 활용」『歷史와 實學』40, 2009, 10쪽.

『세종실록』의 취각령 기사(『세종실록』 권133, 「오례」, 군례, 취각령)

의 이목은 위장에게 귀속하고 위장의 이목은 대장에게 귀속하니 이런 까닭에 백만의 군사가 되어도 거느리는 바는 5계급에 지나지 않고 듣는 바는 하나에 지나지 않는다는 것이다.[306] 이는 최말단의 오졸에서 최고의 대장에 이르기까지 철저하게 상하 관계로 질서화된 지휘 체계가 수립되어야 함을 의미하는 것이었다.

이렇게 철저하게 상하 관계로 질서화된 지휘 체계의 정점에 서 있는 대장이 일상적인 근무 시절에서는 좀처럼 임명되기 어려웠을 것이다. 그것은 어디까지나 비상사태가 발생했을 경우에 특별한 절차를 따라서 지명되었을 것으로 사료된다. 그런 경우에는 발명자와 발병자, 그리고 장병자 사이에 차이를 두는 고전적인 원칙에 입각했던 체계가 아니라 마치 전시를 방불케 하는 전결권을 행사하면서 휘하의 군관과 군사들을 철저하게 장악하는 존재로 기능했을 것이다.

만약의 사태가 일어났을 때라도 지휘 체계가 제대로 작동되도록 위정자들은 끊임

---

306 『문종실록』 권8, 문종 1년 6월 병술.

없이 5위 진법 체계의 훈련을 강조했다. 국왕의 보위와 사태의 적절한 진압을 위해서는 그 무엇보다 필수적이었기 때문이다. 훈련과 반복된 숙달만이 갑작스러운 비상 상황에서도 지휘 체계를 보존할 수 있다고 여겼다.

3. 전시편성과 전술체계

1) 전시 편성의 특징

5위 체제의 전시 편성은 그 근간이 되었던 『오위진법』에 비교적 상세하게 기록되었다. 앞서 언급했듯이 그 대강은 대장은 5위를 보유하고 매 위는 각각 5부를 보유하며 매 부는 각각 4통을 보유한다는 것이다. 그리고 대장은 위장을 호령하고 위장은 부장을 호령하고 부장은 통장을 호령하고 통장은 여수를 호령하고 여수는 대정을 호령하고 대정은 오장을 호령하고 오장은 그 졸병을 호령한다고 했다.

이어서 하부의 기본적인 부대 편성 단위인 오-대-여와 그 위의 상급 부대 단위인 위-부-통의 순으로 구성하되 전체적으로 5위 25부 100통의 조직 체계를 갖추도록 했다. 이때 적의 침입 강도와 규모에 따라 적절한 병력이 출동해야 하는데 그 문제는 통의 구성으로 되도록 했다. 즉 하부의 편성 단위인 오-대-여 가운데 어떤 것을 통으로 선택하느냐에 의해 전체가 결정되도록 했다.[307]

그러나 『오위진법』에 의거한 전시 편성은 원칙적인 것이었을 뿐 실전에서도 반드시 그것에 의거했던 것은 아니었다. 가장 대표적인 사례로 1467년(세조 13) 5월에 일어난 이시애李施愛의 난을 진압하기 위해 출동했던 군대의 편성을 들 수 있다. 널리 알려졌듯이 함길도 지방의 유지들이 주축이 되서 정부의 불만을 품고 일으켰던 이시애의 난은 성격상 중앙군이 대거 출동할 수밖에 없었다. 물론 그 때에도 지방군, 특히 평안도군과 황해도군 등이 주력을 이루었던 것이 사실이다. 하지만 몇 차례 단행되었

---

307 『문종실록』 권8, 문종 1년 6월 병술.

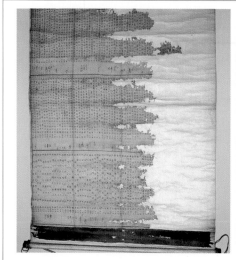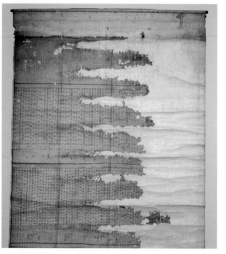

적개공신회맹록(문화재청) 세조와 이시애 난 평정에 공을 세운 적개공신(敵愾功臣)들이 모여 맹세하고 그 사실과 공신들의 명단을 기록한 문서. 적개공신 1등 10명, 2등 23명, 3등 12명의 군호, 관작, 성명이 적혀 있다. 특히 조선왕조실록에는 수록되지 않은 3등 이하 공로자들이 포함되어 있다.

던 야인 정벌과는 다소 차이가 있었기 때문에 상대적으로 난을 진압하기 위해 출동했던 군대 가운데 중앙군이 차지하는 비율이 상대적으로 높을 수밖에 없었다.

난이 일어났다는 소식을 들은 세조는 곧 바로 귀성군龜城君 이준李浚을 함길·평안·강원·황해 사도병마도총사咸吉平安江原黃海四道兵馬都摠使로 그리고 의정부좌찬성이었던 조석문曺錫文을 부사로 삼아서 진압군을 편성하여 파견했다.[308] 이에 이준 등은 종사관從事官 사인舍人 이서장李恕長, 정랑正郞 김순명金順命·김관金瓘, 군관軍官 구겸具謙·황사장黃事長·박식朴埴·양종항梁從恒·조윤문曺允文·오자치吳自治·양종생梁從生·유포柳晡·이귀존李貴存·이계림李桂林·유욱柳郁·김효조金孝祖·김봉증金奉曾·문처경文處敬·홍윤청洪允淸·매보남梅輔男·차운혁車云革·박맹손朴孟孫·서초徐超·오서吳溆·조종趙琮·조형손曺亨孫·노경손盧敬孫·황사윤黃斯允·김백겸金伯謙·지달한池達漢·한숙후韓叔厚·남이南怡·경유공慶由恭·정숭로鄭崇魯 등을 거느리고 출동했다.[309]

이때 구겸 이하 30명에 달하는 군관들은 대개 중앙군 소속이었을 것이다. 하지만

---

308 『세조실록』 권42, 세조 13년 5월 신사.
309 『세조실록』 권42, 세조 13년 5월 임오.

회양准陽에 도착해 반군의 위세에 눌려 더 이상 진격하지 못하자 재차 도총관都摠管 강순康純을 진북장군으로 삼아 평안도 군사 3,000명을 영솔하여 영흥을 넘어 들어가게 하고 병조참판 박중선朴仲善을 평로장군으로 삼아 황해도 군사 500명을 영솔하고 문천을 넘어 들어가

소형 총통(동아대박물관) 기병이 마상에서 사용했다.

게 하며 또 경중의 정예병 1,000명을 조발해서 어유소魚有沼에게 주어, 직접 이준이 있는 곳으로 가게 했다. 아울러 선전관 김이정金利貞을 충청도에 보내고 민신달閔信達과 경임慶紐을 경기좌우도로 보내 각각 군사 1,000명을 징발하되 경기도 군사는 민신달과 경임으로 하여금 영솔하여 이준에게 가게 하고 김이정의 충청도군은 서울로 오게 했다.[310] 여기서 중앙군의 상당한 병력이 출동했다는 사실이 확인된다.[311]

그리고 또 다시 어유소를 통해 이준에게 궁현弓弦, 장전長箭, 통전筒箭, 사전총통四箭銃筒, 삼총통三銃筒, 중신기전中神機箭, 소신기전과 약장藥匠 등을 보냈다.[312] 그 뒤에도 계속해서 화전火箭과 화약을 건네주었다.[313] 심지어 완구나 화차까지도 다수 보냈다.[314] 한편 이종李徖으로 하여금 민발閔發·정종鄭種·우공禹貢·유흥무柳興茂·정준鄭俊 등의 5장 수를 거느리고 총통군 1,350명을 영솔하고 가게 하면서 이준에게 이들 5장에게 팽배군彭排軍 각각 25명씩을 배당할 것을 명했다. 아울러 진을 파하거나 움직이게 하는 데 총통이 최고이니 만약 적진이 혼란에 빠지면 여러 군사들이 급하게 이때를 노리게 할 것을 지시했다.[315]

---

310 『세조실록』 권42, 세조 13년 5월 정해.
311 군관과 정병의 파견은 그 뒤에도 이어졌다. 먼저 민효간 등 군관 37명을 보냈다(『세조실록』 권42, 세조 13년 6월 무신). 그 뒤에 정병도 파견되었는데 이들은 중앙군이었던 것으로 판단된다(『세조실록』 권43, 세조 13년 7월 갑자).
312 『세조실록』 권42, 세조 13년 5월 무자.
313 『세조실록』 권42, 세조 13년 5월 신묘.
314 『세조실록』 권42, 세조 13년 6월 계축.
315 『세조실록』 권43, 세조 13년 7월 을축.

이렇게 해서 어느 정도 준비가 갖추어졌다고 판단했던 이준은 군사를 나누어 3진으로 만들었다. 강순은 3,000명을 거느리고, 김교는 628명, 박사형이 200명, 남이가 100명, 정준·우공이 총통군 600명을 거느리고 1진을 만들었다. 다시 어유소가 640명을 거느리고, 허종이 2,280명, 김승해가 1,200명, 민효원이 600명을, 정종·유흥무가 총통군 600명을 거느리고 1진을 만들었다. 또 다시 선형·오자경·한계미가 각각 1,000명을 거느리고, 이종·민발이 총통군 600명을 거느리고 1진을 만들었다. 또한 이준은 거느리고 있던 군사를 가지고 3상三廂으로 만들었는데, 한계미를 중상中廂으로 삼고, 선형을 좌상左廂으로 삼고, 오자경을 우상右廂으로 삼았다.

또 맹패猛牌를 나누어 9장九將으로 만들었는데, 정숭로鄭崇魯에게 좌사대左射隊를 거느리게 하고, 서초徐超에게 우사대右射隊를 거느리게 하고, 노윤필盧允弼에게 전사대前射隊를 거느리게 하고, 홍윤청洪允淸에게 후사대後射隊를 거느리게 하고, 손효윤孫孝胤에게 좌사자위左獅子衛를 거느리게 하고, 경정慶禎에게 우사자위右獅子衛를 거느리게 하고, 김효조金孝祖에게 좌해청위左海靑衛를 거느리게 하고, 김효선金孝先에게 우해청위右海靑衛를 거느리게 하고, 경유공慶由恭에게 맹호위猛虎衛를 거느리게 하고, 오자치吳子治에게 팽배를 거느리게 하고, 유자광柳子光에게 파적위破敵衛를 거느리게 했다.[316]

위에서 언급된 3진은 『오위진법』의 그것과는 달랐다. 또한 이준은 중군을 거느렸던 것으로 보이는데, 그것을 다시 3상으로 나누어 편성했다. 즉 3진법을 기준으로 편성했음을 알 수 있다. 그것은 다시 지원 내지 보충군의 역할을 했을 것으로 추정되는 맹패의 경우에도 9장으로 나누었던 사실을 통해서 보강된다고 할 수 있다.

그렇게 된 것은 결국 전투의 주무대가 되었던 함길도 일대의 지형상 특징, 그리고 반란군의 편제 등을 종합적으로 고려한 결과『오위진법』에 입각한 편성 방식보다도 3진·3상의 체계가 진압에 효율적이라고 판단했기 때문이라고 생각된다. 그러므로 5위 체제의 근간을 이루었던 『오위진법』의 전시 편성은 하나의 표준적인 원칙을 제시한 것이지 반드시 그에 입각해야 했던 것은 아니었다. 어디까지나 전시에서는 최고

316 『세조실록』 권43, 세조 13년 7월 경진.

지휘자들의 판단이 우선시되었다.

2) 전술 체계

전술 체계도 전시 편성과 마찬가지로 5위 체제의 근간을 이루는『오위진법』에 비교적 상세하게 서술되었다. 기존의 연구 성과에 따르면『오위진법』의 편제에 있어서의 완벽성과 부대 편성규모를 융통성 있게 한 점, 지휘 및 통신에 사용되는 형명도形名圖에 대한 종합적인 체계를 명시한 점, 그리고 연진連陣, 합진合陣, 개진開陣을 통하여 때에 따라 적절한 전술을 구사할 수 있도록 한 점 등은 지금까지 소규모의 임무 부대의 운영에 적합하게 꾸며진 진법의 성격을 대규모 부대 전술교범으로 정착시키기 위한 의도의 표현이었다는 것이다.[317]

그리고『오위진법』에는 그간 열의를 가지고 추구해왔던 화약무기의 발전 성과가 반영되었는데 그 중에는 총통수라는 독립된 전투 서열의 발달도 포함되었다고 한다. 신기전의 활용도 도입되었다. 하지만 수성전에서 사용되는 특수화기나 신포信砲의 활용에 대한 언급이 전혀 없고, 보병 및 기병의 인적 전력 요소를 대상으로 한 주력전의 기동 및 배치에 대해서만 기록하고 있기 때문에 그것이 수성전의 전술이 아니라 평야전의 훈련교범이며 실전에서의 지침서라기보다는 하나의 원칙으로서 병사들의 조련을 위한 것임을 알 수 있다는 것이다.[318]

일찍이 태종 때 영의정까지 지냈던 성석린은 갑병甲兵이 견고하고 날카로우며 항진行陣이 정제되었으며 분수가 밝고 호령이 엄하며 상벌이 적당하고 양식이 풍족하며 모책을 좋아하여 반간反間을 쓰고 시일을 오래 끌며 여러 길로 아울러 나가서 승리를 취하는 것은 화인華人, 즉 중국 사람의 장기라고 했다. 말이 튼튼하고 활이 강하며 양식을 가볍게 싸 가지고 날을 어울려 행하며, 천시를 타고 지리를 헤아려서 갑자기 돌격하여 힘껏 싸워 승리를 취하는 것은 호인胡人의 장기라고 했다. 견고한 것을 의지하고 험한 것을 믿어 병법에 의하지 않고 깊고 험한 곳을 택하여 산성을 쌓아 늙은

---

317 河且大, 앞의 논문, 1989, 142쪽.
318 河且大, 앞의 논문, 1989, 147~148쪽.

이와 어린이를 안치하고 곡식을 거두어들이고 봉화를 들어 서로 응하며 샛길로 가만히 통하여 불의에 출격하여 승리를 취하는 것은 동방, 즉 우리나라 사람의 장기라고 했다.[319]

그런데 조선에 들어와서 꾸준하게 병학을 연구하고 나아가 병법을 숙달하며 화약을 비롯한 최신의 무기들을 개발하면서 과거에 주로 사용했던 청야전술에서 탈피해서 능동적으로 대응하는 형태로 바뀌기 시작했다. 그것은 곧 『오위진법』과 같은 표준 훈련교범에서도 나타났으며 실전에 있어서도 구현되기 시작했다. 그런 점에서 실전에서의 전술 체계에서도 상당한 변화가 일어났음을 알 수 있다.[320]

---

319 『태종실록』 권13, 태종 7년 1월 갑술.
320 구체적인 사실에 대해서는 장학근, 『조선시대 군사전략』, 국방부군사편찬연구소, 2006이 참조된다.

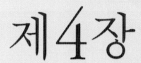

제4장

진관체제의 확립과 지방군

제1절

남방 6도 지방군제의 정비와 운영

1. 병마절도사 체제의 성립

1) 고려말 도순문사의 발전

조선시대에는 도를 단위로 병마절도사를 두어서 도별로 군사 업무를 총괄하도록 했다. 그러나 좀 더 정확히 말한다면 각도 군사책임자의 명칭은 1466(세조 12년)을 경계로 전후 시기가 조금 달랐다. 세조 12년 이전에는 병마도절제사兵馬都節制使라 했고, 그 이후에야 앞서 언급한 병마절도사로 불렸다. 하지만 시기별로 이러한 명칭의 차이가 있었다 하더라도, 이들이 도내 육군의 최고 지휘관으로서 중앙과 지방의 군사 체계를 연결하는 중요한 존재였다는 본질에는 차이가 없었다.

조선시대 도별 군사 총책임자로서의 병마절도사는 고려 말의 도순문사都巡問使에서 기원했다. 고려 후기 대몽항쟁을 거치면서 남방 각도를 단위로 군사 관계의 업무에 종사하는 별도의 관리가 파견되었다. 도순문사와 순문사는 이때에 파견된 사신들 중에서 가장 주목되는 존재였다. 그러나 40년에 걸친 고려의 대몽항쟁이 결국 몽골과의 강화로 마무리되고 고려가 원나라의 부마국이 되면서, 적극적으로 군사를 운용하기는 어려운 형편에 놓이게 되었다. 그러면서 도순문사도 제도화된 도 단위의 군사 운용을 하는 존재로 발전하기는 어려웠다.[1]

도순문사는 1350년(충정왕 2)에 그동안 산발적으로 진행되던 왜구의 침입이 본격화되었던 것을 계기로 더욱 적극적으로 파견되었다. 이해 2월 왜구가 고성·죽림·거제에 침입했다. 이를 시작으로 왜구는 본격적으로 쳐 들어왔다.[2] 도순문사는 이러한 당시 상황에서 왜구에 대처하기 위해 적극적으로 활약했다.[3]

임시 사행으로서의 도순문사가 각도의 국방 책임자로 기능하게 되었던 것은 공민왕 이후였다. 이 시기를 거치면서 하삼도의 도순문사는 왜구 방어를 담당하는 상설 사신으로 변모했다.[4] 그러다가 도순문사가 제반 군사 업무를 전담하면서 도 단위의 군사운용을 효율적으로 하게 되었던 것은 우왕 즉위 후였다. 1376년(우왕 2) 7월 '군대를 일으킬 때마다'라는 조건 아래 도순문사가 원수를 겸직하도록 공식적으로 규정했다.[5]

우왕대에 도순문사로 하여금 원수를 겸직하게 한 것은 이 시기에 홍건적이나 거란족 등의 북방으로부터 위협이 감소한 반면 왜구의 침입이 심각한 국면으로 전개되고 있었기 때문이었다. 조정에서는 남방에서의 국방태세를 강화하기 위해 해당 도의 원수로 있는 사람을 도순문사로 임명하고 원수가 아닌 사람이 도순문사로 임명되면 해당 도의 원수를 겸하도록 했다.

이러한 과정에서 각도 원수는 관할 농민시위군을 장기간 관장하게 되었고, 그러면서 패기牌記라 일컬어지는 시위군의 군적까지 장악하게 되었다.[6] 그러면서 각도의 원수를 겸하는 군사적인 성격의 도순문사는 남방의 행정을 관장하는 안렴사와 대비될 정도의 중요한 직책으로 인식되고 권위도 커져갔다.[7] 그 결과 우왕 즉위 직후에 도평의사사에서는 민사는 안렴사가, 군사는 도순문사가 담당하게 했다.[8]

---

1 오종록, 「高麗末의 都巡問使; 下三道의 都巡問使를 中心으로」『진단학보』62, 1986, 3~8쪽.

2 『고려사』 권37, 세가37, 충정왕 2년 2월.

3 이때 지방에 파견한 사신의 명칭은 매우 다양하다. 처음에는 도원수, 상원수, 원수, 부원수 등의 직명을 띄고 경관이 파견되었다. 그러다가 수령의 출척, 원나라 사신의 위무, 여러 도의 병사 검찰 등의 임무를 띠고 도지휘사, 도순찰사, 체찰사 등이 등장했다(오종록, 앞의 논문 1986, 20쪽).

4 오종록, 앞의 논문, 1986, 8~17쪽.

5 『고려사』 권81, 지35, 병1, 병제, 오군, 신우 2년 7월.

6 閔賢九, 「고려후기의 軍制」『高麗軍制史』, 육군본부, 1983, 339쪽.

7 오종록, 앞의 논문, 1986, 17~27쪽.

고려 고종에서 우왕에 이르는 이러한 도순문사의 발전상은 하삼도에서 도를 단위로 하는 지방 군사제도가 성숙해가는 과정을 보여주는 것이었다. 군사를 전담하는 하삼도의 도순문사는 창왕昌王이 즉위한 후 지방군제가 도를 단위로 기능하게 되면서 도절제사로 개칭되었다. 이어서 상설 사행이 아닌 전임관으로 변한 뒤 조선왕조로 계승되었다.

조선시대 병마절도사의 전신으로서 고려말 하삼도에서의 도순문사의 발전과정이 이러했던 반면, 북방 양계지역의 양상은 이와는 달랐다. 조선의 평안도·함경도 지역

방한복을 입은 무인상(경기 여주, 임원준 묘)
북방에 근무하는 무인의 모습.

에 해당하는 고려의 양계는 공민왕대 이후 동계와 북계 대신 동북면과 서북면으로 명칭이 변경되었다.[9] 양계의 경계도 변화되었다. 서북면은 전기의 북계와 큰 차이가 없었지만, 동북면은 일반적으로 철령鐵嶺 이북을 지칭했다.

그리고 이 시기 양계에는 방어사防禦使나 진장鎭將이 파견되지 않았다. 고려말 양계의 주진군州鎭軍 조직이 무너지면서, 기존의 주에는 수령들이 파견되었고, 진의 일부는 현으로 개편되었으며, 나머지는 대부분 속현과 같은 위치로 떨어져 있었다. 이는 양계조직에서 군사적 특징이 소멸되어간다는 것을 의미했다. 양계와 남방 5도와의 행정 조직의 차이가 크게 줄어 들어들었던 것이다.[10] 하지만 이러한

---

8 『고려사』 권84, 지38, 형법1, 직제.
9 하지만, 양계의 명칭은 조선시대에도 여전히 통용되었다. 조선의 북방 2도인 평안도와 함길도를 일컬어 양계라고 부르는 사례는 『조선왕조실록』을 통해서도 빈번하게 나타난다.
10 오종록, 『朝鮮初期 兩界의 軍事制度와 國防體制』, 고려대학교 박사학위논문, 1992, 81~83쪽.

변화가 고려말 양계의 군사적 중요성이 줄어들었다는 의미는 아니었다. 이 시기 양계에는 익군翼軍과 그 조직의 중심체인 만호부萬戶府가 설치 운영되었다.[11]

고려말 양계 조직의 변화와 아울러 양계 도순문사의 성격도 변화되었다. 남방에서 도순문사는 도별 군사책임자로 고정되어 갔다. 반면 공민왕대 이후 양계의 도순문사는 처음부터 군사 지휘보다는 도내의 군사 행정을 총괄했다.[12] 그러다가 공민왕 20년 이후에는 군사뿐 아니라 도내 일반 행정까지 총괄했다. 남방의 경우, 민사를 담당하는 안렴사와 군사를 담당하는 도순문사가 분리되었던 반면, 양계의 도순문사는 행정과 군사를 총괄하게 되었다. 양계 도순문사의 공식직함은 도순문찰리사都巡問察理使였다. 이는 도순문진변사都巡問鎭邊使였던 남방 3도의 도순문사와는 달리 글자 그대로 '찰리察理' 즉 관찰하고 다스리는 임무를 담당했음을 반영했다.[13]

2) 조선 건국초 도절제사의 설치와 정비

조선시대 지방군의 최고 책임자로서의 병마절도사는 도순문사에서 비롯되어 도절제사를 거쳐 비로소 확립되었다.[14] 병마절도사로 확립되기 전에 있었던 도절제사가 도순문사를 대체하여 설치된 것은 고려의 마지막 왕인 공양왕대였다. 1389년(공양왕원)에 이르러 도순문사를 도절제사로, 원수를 절제사로 개칭했다. 그리고 중앙관으로서 구전口傳하여 임명했던 관행을 제수除授의 방식으로 바꾸었다. 또한 도절제사의 하부기구로 경력經歷과 도사都事를 설치했다.[15]

이후 1390년(공양왕 2) 12월에는 양계의 순문사를 도관찰출척사겸병마도절제사都觀察黜陟使兼兵馬都節制使로 개편했다.[16] 이 조치는 남방의 안렴사를 도관찰출척사로 개

---

11 이기백, 「고려 말기의 익군」『이홍직박사회갑기념 한국사학논총』, 1969.
12 오종록, 앞의 논문, 1986, 28~31쪽.
13 오종록, 「高麗後期의 軍事指揮體系」『國史館論叢』24, 1991, 225쪽.
14 오종록, 「조선초기 兵馬節度使制의 成立과 運用(상)」『진단학보』59, 1985.
15 『고려사』 권77, 지31, 백관2, 외직, 절제사, "恭讓王元年 改都巡問使爲都節制使 元帥爲節制使 或帶 州府之任 先是 巡問元帥 皆以京官口傳 至是 始用除授 以專其任 置經歷都事."
16 변태섭, 「고려 양계의 지배조직」『고려정치제도사연구』, 일조각, 1991. 234~235쪽.

편한 것과 같이 양계의 도순문사를 도관찰출척사로 개편한 것으로서, 도관찰출척사가 병마도절제사를 겸직하게 한 것이었다.[17]

도절제사의 실무 기관은 이미 우왕대부터 존재하고 있었다. 우왕대에 각도의 도순문사나 원수가 도내 군사를 동원하여 지휘하기 위해 항상적이고 공식적인 체제를 갖추었던 적이 있었기 때문이다. 당시 이러한 임무를 담당했던 것은 도진무都鎭撫였다. 도진무는 도내의 군사 지휘관 예컨대 목牧·도호부都護府 등에 임명되는 원수·병마사·지병마사 등이나 혹은 도순문사의 군령을 군사들에게 전달하는 일을 맡았다.[18] 또한 실무를 담당했던 인원으로 장무녹사掌務錄事도 있었다. 이들은 도순문사에 딸린 군사행정을 처리했다.[19]

우왕대를 이어 공양왕대 설치된 실무기관으로는 경력經歷과 도사가 있었다. 이들은 전임의 도절제사 경력사經歷司의 수령관首領官이었다. 이들은 군사 업무의 처결에 참여하고 문서 사무를 처리했다. 이때 경력은 4품 이상이었고, 도사는 5품 이하였다. 이 수령관은 1392년(공양왕 4)에 혁파되어 앞서 우왕대의 장무녹사로 다시 대체되기도 했다.[20]

조선 건국초에 전임의 도절제사는 경상·전라·양광·경기와 동북면·서북면 등의 전국적인 도道 단위로 파견되었다.[21] 반면 절제사는 진주·안동 등 거읍巨邑별로 파견되었다. 전자가 도 단위로 파견되고, 후자가 거읍별로 파견되어 도절제사와 절제사의 사이에는 분명한 상하관계가 수립되었다. 절제사는 도절제사의 지휘를 받도록 되었다.[22] 전임의 도절제사가 파견됨으로써 도는 군사구역으로서의 성격이 강고해졌다.[23] 고려 말의 군사구역으로서의 도는 경기좌도, 경기우도, 양광도, 경상도, 전라도, 서해

---

17 오종록, 앞의 논문, 1991, 79~80쪽.
18 오종록, 앞의 논문, 1985, 80~91쪽.
19 『고려사』 권77, 지31, 백관2, 외직, 절제사.
20 『고려사』 권77, 지31, 백관2, 외직, 절제사.
21 오종록, 앞의 논문, 1985, 85~88쪽.
22 오종록, 앞의 논문, 1985, 89~91쪽.
23 오종록은 도를 단위로 하는 전임 도절제사가 임명되어 절제사 등의 하급 장수를 지휘하게 되었다는 것은 지방군이 조직화됨으로써 실질적인 군사력이 강화되었음은 물론 중앙정부의 지방 통제력도 강화되어 갔음을 의미한다고 보았다(오종록, 앞의 논문, 1985, 81쪽).

도, 교주도, 강릉도의 8도였다.

이러한 도 체제는 조선왕조가 개창된 이후에도 그대로 계속되었다. 이때의 도는 군사행정과 군사 활동에 있어서 하나의 단위를 이루는 것이었다. 다만 동북면과 서북면 만은 이때까지도 여전히 군사체제를 이루고 있었다. 때문에 이들 지역을 남방의 도와 같은 성격을 가진 것으로 일률적으로 파악하지는 못하고 있었다.[24]

고려 말부터 이어진 이러한 도절제사 체제는 조선이 건국된 후 1397년(태조 6)에 잠시 혁파되었다.[25] 그러다가 1398년(태조 7) 9월에 정종이 즉위하면서 도절제사가 다시 파견되었다. 도절제사병영의 체제가 구체적으로 규정된 것도 바로 이 때였다. 태조 7년의 규정과 앞선 태조 3년의 규정을 비교하면 다음 〈표 4-1〉과 같다.

〈표 4-1〉 태조3년-태조7년 병영 규정 변화

태조3년	태조7년
병마사 1인	군관반당15인(종인 15인 대소마 각 15필)
지병마사1인	유영군관 50인(종인 50인, 대소마 각50필)
판관3인	군기타조공장 37인
반당3인	
총 9인	총102인

---

24 민현구는 『태조실록』 권3, 태조 2년 5월 경오조에 나타난 군적의 작성보고를 통해 동서북면이 남방과 아직 균등한 형세를 이루지 못했음을 지적했다. 그는 "各道上軍籍 先是 遣南闇朴葳陳乙瑞等 八節制使 以備倭寇 寇退 乃命南闇于慶尙道 朴葳于楊廣道 陳乙瑞于全羅道 點軍成籍 其餘諸道 令按 廉使點之 至是 成籍以上 京畿左右楊廣慶尙全羅西海交州江陵凡八道馬步兵及騎船軍摠二十萬八百餘 人 子弟及鄕驛吏 諸有役者十萬五百餘人"이라는 기록을 통해 먼저 태조 2년(1393) 당시의 도제는 실제로는 유동적인 상태로 놓여 있었고, 둘째, 경상도, 전라도, 양광도의 절제사는 군적 작성의 임무를 맡았던 반면, 나머지 도에서는 안렴사가 그 임무를 맡았던 상황에 주목해 전자 삼도의 경우에는 도절제사가 재임명되었지만, 나머지의 5도는 안렴사가 도절제사의 임무를 겸임했으며, 셋째, 동북면 및 서북면이 제외되고 있는 것은 해당 지역의 특수성에 비추어 아직 남방지역과 균등한 형세를 이루지 못했음을 시사하고 있다고 하고 있다(민현구, 앞의 책, 1983, 228쪽).

25 『태조실록』 권11, 태조 6년 5월 임자.

〈표 4-1〉를 통해 알 수 있듯이 1394년(태조 3) 3월에 도절제사가 거느리고 가는 군관은 병마사兵馬使와 병마부사兵馬副使를 포함해 총 9인이었다.[26] 그러다가 태조 7년의 규정을 보면 군관반당軍官伴黨과 유영군관留營軍官, 군기타조공장軍器打造工匠을 포함해 총 102인으로 대폭 늘어났다.[27] 여기에서 군관반당은 거느리고 가는 군관이고 유영군관은 곧 영군營軍이었다. 유영군관은 도절제사영을 경비했다. 그리고 군기타조공장은 도절제사의 책임 아래 군기를 제작하는 임무를 맡았다.[28]

태조 7년에 도절제사가 다시 설치됨으로써, 도절제사는 비로소 고정된 영을 이루게 되었다. 그리고 도절제사는 그 영에 소속된 직할병력을 가지게 되었다. 이것은 고려 말에 설치된 전임의 도절제사제가 실질적 내용을 갖게 되었음을 의미했다. 실질적인 도절제사영이 이때에 이루어지면서, 영군의 설치도 이때부터 시작되었다.[29]

그리고 위의 표에서 살핀 바, 도절제사의 체제 속에 유영군관이 포함되어 있다. 이는 도절제사가 이때에 이르러 한편으로는 각 진의 첨절제사를 통해 진군鎭軍을 지휘하고, 다른 한편으로는 자신에게 소속된 영군을 직접 지휘하게 되었음을 의미한다. 다시 말하면 도절제사 체제가 영진군營鎭軍 체제를 기반으로 하게 되었던 것이다.[30]

하지만 실제로는 영진군체제를 기반으로 한 도절제사가 각도의 모든 곳에 파견되었던 것은 아니었다. 중요도에 따라 파견되는 곳도 있었고, 파견되지 않는 곳도 있었다. 전략적으로 덜 중요시되거나 사회경제적 구조가 특수한 지역에는 원칙적으로 도절제사가 파견되지 않았다. 이 경우에는 도절제사 대신 제조병마提調兵馬의 직함을 가진 관찰사가 군사를 관장했다. 1393년(태조 2) 당시에 도절제사가 파견된 도는 고려 말과 변화 없이 경기좌도, 경기우도, 양광도, 경상도, 전라도, 서해도, 교주도, 강릉도의 8도였다.

이중 경기는 1394년(태조 3)에 좌우로 나누어졌고,[31] 1395년(태조 4)에는 양광도를

---

26 『태조실록』 권5, 태조 3년 3월 을사.
27 『태조실록』 권15, 태조 7년 9월 무술.
28 민현구, 『朝鮮初期의 軍事制度와 政治』, 한국연구원, 1983, 183쪽.
29 민현구, 앞의 책, 1983, 181~183쪽.
30 오종록, 앞의 논문, 1985, 85쪽.
31 『태조실록』 권6, 태조 3년 6월 신묘.

충청도로, 서해도를 풍해도로 이름을 바꾸었다. 아울러 강릉도와 교주도를 합해 강원도라고 변경했다.[32] 그리고 1408년(태종 8) 7월에는 전국 각도에 일제히 도절제사, 관찰사, 도순문사를 임명했다. 이때에 이전에 도절제사가 파견되지 않았던 황해나 강원 혹은 경기 등에는 관찰사로 하여금 도절제사를 겸하게 했다(겸목兼牧).[33] 이때의 조치는 양계 이외의 지역에 도절제사로 하여금 처음 겸목하게 한 것이었다.[34]

이러한 도절제사 도는 1409년(태종 9) 10월에 11도로 정비되었다. 상주진주도, 계림안동도, 전라도, 충청도, 경기좌도, 경기우도, 풍해도, 강원도, 동북면, 평양도, 안주도가 그것이었다.[35] 그리고 1413년(태종 13)에 이르러 서북면이 평안도로, 동북면이 영길도로 바뀌었다.[36] 이후 1417년(태종 17)에는 경기좌우도를 다시 경기도로 통합하고, 영길도는 함길도로 고쳤다.[37] 특히 이때에 동서북면에서 군민사를 총괄했던 도순문사가 남도와 같은 관찰사로 교체되었다.[38] 그리고 풍해도는 황해도로 최종적으로 이름을 바꾸었다.[39] 이를 통해 조선은 고려의 5도 양계라는 남북방의 차별성을 비로소 극복했다. 경기, 충청도, 전라도, 경상도, 강원도, 풍해도와 더불어 평안도와 함길도 등 지방행정구역으로서의 8도의 구분이 뚜렷해지면서 병마도도 이것을 기본으로 하여 정비되었던 것이다.[40]

도절제사의 정비는 각도마다 양상을 달리했다. 먼저 경상·전라·충청의 하삼도에는 왜구의 방어가 중요시된 곳이어서 도절제사가 계속 파견되었다. 특히, 경상도는 좌·

---

32 『태조실록』 권7, 태조 4년 6월 을해.
33 『태종실록』 권16, 태종 8년 7월 계해.
34 오종록, 앞의 논문, 1985, 87~88쪽.
35 『태종실록』 권18, 태종 9년 10월 을축. 이 기록에는 11도의 명칭과 그 도절제사 및 보좌자로서의 절제사, 첨절제사의 명칭이 나타나고 있다. 이 조치는 당시의 대외정세(동 10월 경술조 참조)에 따른 대응조치의 하나로 취하여졌음엔 틀림없지만 역시 군사도의 정비과정에서 한 단계를 뜻하는 것임도 부정할 수 없다.
36 『태종실록』 권26, 태종 13년 10월 신유.
37 『태종실록』 권32, 태종 16년 9월 정유.
38 북방지역이 확정적으로 남방제도와 마찬가지의 행정상, 군사상 장관을 갖게 되는 것은 태종 17년 (1417) 10월 이후의 일이다(『태종실록』 권34, 태종 17년 10월 정유).
39 『태종실록』 권34, 태종 17년 12월 갑신.
40 오종록, 앞의 논문, 1985, 89쪽.

강진 전라병사영지(전남 강진)

우로 분리되어 각각 도절제사가 설치되었고, 병영도 2곳이었다. 그리고 황해도와 강원도에는 평시에는 관찰사가 도절제사를 겸임하다가 유사시에만 따로 도절제사를 파견했다. 또 경기에는 태종대 초엽까지는 도절제사가 두어졌지만 1403년(태종 3) 이후로는 관찰사가 겸하는 도절제사도 두지 않았다. 그러다가 1458년(세조 4) 이후로 겸도절제사가 두어졌다. 양계는 태종 초반까지 전임·겸임의 도절제사가 계속 두어져 오다가 1407년(태종 7) 8월에 도순문사가 다시 도절제사를 겸하게 되었다. 그러다가 1410년(태종 10)에 다시 전임의 도절제사를 파견했다가, 1413년(태종 13) 7월에 도안무사가 도절제사를 겸하게 했다. 이 안무사가 1417년(태종 17) 10월 도절제사로 개칭되었다.[41] 이때에 비로소 양계에 전임의 도절제사가 파견되기 시작했던 것이다.

다시 말하면 전임의 도절제사가 육군의 지휘권을 행사한 도는 하삼도와 평안, 함길도였고, 관찰사가 겸도절제사로서 지휘권을 가지게 된 도는 경기와 강원, 황해도였다. 특히 국방상 중요했던 경상도와 평안, 함길도에는 2명의 전임 도절제사가 설치되었다. 전임의 도절제사가 설치된 도는 병영과 감영을 분리해서 설치했고,[42] 이 경우 그곳의 수령은 도절제사가 겸하기도 했다.[43] 도절제사도는 이러한 도절제사의 변화와 정

---

41 『태종실록』 권43, 태종 17년 10월 정유.
42 도절제사가 별도로 파견되는 도의 병영은 약간의 변화를 겪지만 그 일면을 살피면 다음과 같다.
　　전라도: 나주, 충청도: 홍주, 경상도: 창원(『태종실록』 권24, 태종 10년 10월 임술).
　　전라도: 도강, 경상좌도: 울산(이전)(『태종실록』 권33, 태종 17년 정월 정미 ; 『태종실록』 권33, 태종 17년 정월 무신).
43 도절제사만이 아니라 관찰사도 영이 설치되는 읍의 수령을 겸하는 사례가 있어 兼牧之法이라 일컬었다. 그러나 여러 가지 논의가 있어서 개폐를 거듭했다.

비의 과정을 거쳐 군사 단위로서의 지위가 굳어졌다. 또한 그 자체로서 직할병력을 갖는 군단의 성격을 띠게 되었다. 조선시대 지방군의 최고 통수권자로서의 병마절도사제는 이러한 도절제사제의 정비과정을 거쳐 확립되었던 것이다.

3) 병마절도사제의 확립

조선시대 지방의 최고 군사지휘관으로서의 병마절도사제가 확립되었던 것은 세조대에 들어서였다. 이때에 병마절도사가 확립된 것은 태종대 이후 세종대에 이르기까지의 도절제사의 설치와 정비 과정을 거친 결과였다. 1408년(태종 8)부터 남북방에 걸쳐 도절제사 또는 겸도절제사가 설치되는 도가 정착되어 가면서 하삼도에서는 도절제사가, 경기에서는 '제조병마'의 직함을 띤 관찰사가, 강원·황해도에는 관찰사가 겸도절제사로서 각도 육군의 지휘권을 가지게 되었다. 평안도와 함길도에는 1417년(태종 17)부터 전임의 도절제사가 육군을 지휘하게 되었다. 특히 1420년(세종 2)에 하삼도수군도절제사가 수군도안무처치사로 직함이 바뀐 뒤 도절제사가 처치사를 겸하는 일이 없게 되었다. 그러면서 도내 육군과 수군의 지휘권이 분리되어 도절제사는 수군의 지휘권과는 무관하게 되었다.[44]

이후 도내 육군의 최고 지휘관으로서 병마도절도사가 성립된 것은 세조대 진관체제로 개편된 이후였다. 1455년(세조 1) 9월에 북방 2도의 군익도 체제를 전국적으로 확대했다. 이 체제 아래서는 각도마다 거읍 또는 진이 중심이 되는 군익도와 단독으로 진을 이루는 독진獨鎭으로 편성하는 군익도가 있었다. 군익도체제는 1458년(세조 3) 10월에 진관체제로 개편되었다. 이것은 각도마다 몇 개의 거진巨鎭이 휘하의 제읍을 제진諸鎭으로 통령하는 방식이었다. 이 체제 아래서는 도절제사가 거진장巨鎭將이 되어 제진장諸鎭將을 통해 각종 병종으로 편성된 도내 지방민 전체를 파악하는 것으로 되었다. 그런데 거진과 제읍의 수령은 각각 그 지위에 상응하는 병마직함을 겸대했다. 그러므로 결국 도절제사가 수령을 직접 지휘할 수 있게 된 셈이었다. 게다가

---

44 오종록, 「조선초기 병마절도사제의 성립과 운용(상)」 『진단학보』 59, 1985, 91쪽.

1466년(세조 12)에 병마도절제사가 병마절도사로 직함이 바뀌면서, 종래 관찰사가 가지고 있던 '제조병마'의 직함이 삭제되었다. 결국 지방군에 대한 지휘 계통은 병마절도사만이 오로지 장악할 수 있게 되었다. 이로서 병마절도사는 이전의 병마도절제사보다 크게 증강된 권력을 장악할 수 있게 되었다.[45]

병마절도사는 1470년(성종 1)에는 수령의 군사 업무에 대한 포폄에 참여하게 되었다. 병사가 수령의 포폄에 참여하게 된 것은 진관체제 하에서는 당연한 일이었다. 이어서 1473년(성종 3)에는 각도 관찰사가 병사를 예겸例兼하는 것으로 되었다. 이로써 조선시대 지방군 최고 지휘관으로써의 병마절도사제가 최종 확립되었다.[46]

『경국대전』에 따르면 전국의 병마절도사 정원은 총 15원員이었다. 단병사單兵使가 있는 도에는 병영이 설치되어 하부기구와 유방군이 두어졌다. 단병사는 경상도와 영안도에 각각 2원, 충청·전라·평안도에 각각 1원이 두어졌다. 관찰사가 겸하는 겸병사兼兵使만 있는 황해, 강원도에는 병영과 하부 기구의 일부는 두어졌지만 유방군은 두어지지 않았다.[47]

『경국대전』에 의하면 병마절도사는 관찰사와 마찬가지로 의정부와 육조의 당상관 및 대간의 천거를 받도록 되어 있다. 천거되는 대상자는 현직, 전직의 문무 관료였다. 병마절도사에는 2품 이상이 임명되었다. 그러다가 1476년(성종 7) 12월에 관찰사의 예에 따라 양계 이외의 지역에는 3품 당상관도 천망할 수 있도록 했다. 병사는 우선 무재武才가 있어야 했다. 병사에 따라 작게는 전투의 성패가, 크게는 국가의 안위가 달려 있었기 때문이었다. 아울러 덕망德望을 갖출 것도 요구되었다. 왜냐하면 밖으로 외적을 방비하는 일 외에 안으로 치안을 유지하고 내란을 방지하는 것도 병사의 임무이기 때문이었다. 때문에 무재 있는 문신이 임명되었다. 병사는 도내 육군의 병권을 장악하고 군사를 전제專制하므로 휘하 지휘관계에 놓이는 관서와 관직에 대해 반드시 상피相避되었다. 따라서 병조는 물론이고 병사의 휘하인 우후와 평사, 도내 제읍의 수령, 제진의 진장과 만호, 지휘관계에 있지는 않았지만 감사나 수사, 그리고 도체찰

---

45 오종록, 앞의 논문, 985, 92쪽.
46 오종록, 앞의 논문, 985, 94쪽.
47 『경국대전』 병전, 외관직.

사나 도순찰사와도 상피되었다. 병마절도사는 경직京職으로 겸차되는 경우가 많았다. 이는 국가 재정이 풍족하지 못해 녹봉과 기타 비용을 줄이려는 의도에서였다. 병마절도사의 임기는 2년이었다. 그런데 북방 2도의 경우에는 2년 이상 구임되는 경우도 많았다. 겸목하는 평안병사와 영안 남병사는 가족을 데리고 갈 수 있었다. 하지만 영안 북병사는 겸목했지만 솔권 부임하지 않았다. 야인과 가까운 경성에 병영이 있었기 때문이었다.[48]

병마절도사영은 보통 내상內廂이라고 불렸다. 병영에는 아장亞將이라 불리우면서 병사를 도와 여러 군사 업무를 수행하는 병마 우후虞侯와 병사의 유일한 직속 문신 부하인 종 6품 이상의 평사評事가 있었다. 특히 평사는 북방 2도에만 두어졌다. 이 외에 병사가 천거하여 병사의 밑에서 군사를 지휘하는 솔행 군관, 구전 군관이 있었다. 군관은 비장裨將으로도 불리웠다. 이 외 진무鎭撫도 있었다. 군관軍官과 진무는 진·

〈표 4-2〉『경국대전』 상의 병마절도사제

도 명	병 마 절 도 사	우 후	평 사	구전군관	병영소재지	병영유방군수
경 기	겸 병 사 1원					
황해도	겸 병 사 1원			5원	해 주	
강원도	겸 병 사 1원			5원	강 릉	
경상도	겸 병 사 1원 좌도병사 1원 우도병사 1원	1원 1원		5원 5원	울 산 창 원	4려 (500명) 4려 (500명)
충청도	겸 병 사 1원 단 병 사 1원	1원		5원	해 미	3려 (375명)
전라도	겸 병 사 1원 단 병 사 1원	1원		5원	강 진	3려 (375명)
평안도	겸 병 사 1원 단 병 사 1원	1원	1원	10원	영변(겸목)	갑사 · 정병 유 방 본 도
영안도	겸 병 사 1원 북도병사 1원 남도병사 1원	1원	1원	10원 10원	경성(겸목) 북청(겸목)	상 동

---

48 장병인, 「조선초기의 병마절도사」 『한국학보』 34, 1984.

보·구자 등에 배치되어서 군사를 지휘하면서 국방을 담당했다. 이 외에도 병영에는 잡일과 관원의 배종에 종사하는 나장羅將(혹은 螺匠), 영문을 지키고 영내의 질서를 유지하는 임무의 차비군差備軍, 지인知印·영사令史 등 문서 사무를 맡아 본 아전衙前 들도 있었다. 그리고 병사가 관할하는 각읍의 향리가 입역하여 그 직무를 담당했던 영리營吏도 있었다. 또한 군기류를 제작 수선했던 공장工匠과 노비 등도 있었다.[49]

2. 첨절제사의 설치와 남방의 변진 증설

첨절제사僉節制使는 첨사僉使라고 불렸는데, 변진邊鎭에서[50] 실제로 국방 임무를 담당하는 병마·수군 첨절제사의 약칭이었다. 이때의 첨사는 후에 진관 체제 하에서 일반 수령이 겸대한 병마직함으로서의 병마첨절제사와는 그 성격이 달랐다.

당초 첨사는 조선 건국 후 남방에 진을 설치하면서 그 의미가 증대되었다. 조선 건국 후 첨사가 처음 설치된 것은 1397년(태조 6)이었다. 이해 5월에 공양왕대를 지나 일부 골격이 형성된 도절제사가 양계를 제외하고 잠시 혁파되었다. 그리고 대신 남방 5도의 연변에 진이 설치되었다. 그리고 진에는 첨절제사가 두어졌다. 또한 지방군의 일부가 진군으로 편성되었다.[51]

그런데 이때에 진이 설치되었다고 하지만, 실상 그와 비슷한 조치는 이미 고려 우왕대(1374~1388)부터 시도되었다. 당시 왜구가 한창 치열해지자, 고려정부는 그로 인해 인구가 유리되는 것을 막기 위해 읍성과 산성을 축조 또는 수축했다.[52] 이때에 읍성이 수축된 곳은 하삼도의 해안지역이었다. 이 과정에서 축성을 하거나 왜구를 물리칠 군사력을 배치하는 등의 일이 수반되어야 했다. 그래서 그를 위해 만호나 병마

---

49 오종록, 앞의 논문, 1985, 109~114쪽.
50 변진이라는 용어를 처음 사용한 것은 이태진이다. 씨는 내륙의 진과 구별하는 변방의 진이라는 의미로 이 용어를 사용했다(이태진, 「중앙 및 지방군제의 변화」『한국군제사-근세조선전기편』, 육군본부, 1969).
51 『태조실록』 권11, 태조 6년 5월 임자.
52 오종록, 「고려말의 도순문사-하삼도의 도순문사를 중심으로」『진단학보』 62, 1986, 28~29쪽.

사 등의 무장武將을 요충지에 위치한 군현에
파견했다. 그러나 당시의 수소戍所는 요새로서
설비를 갖추지 못했다. 때문에 국방상 별다른
효과를 기대하기는 어려웠다. 이에 다시 변진
邊鎭을 설치해야 할 필요성이 대두되었다.[53]

당시 연해의 요충지에 파견된 만호의 존재
는 도내의 큰 고을에 배치되었던 전문직 군사
지휘관으로서의 병마사나 원수와는 대비되
었다. 만호의 임무는 침입해 오는 왜구를 제
일선에서 방어하는 것이었다. 이러한 만호萬
戶는 감무監務를 겸했다. 지방관을 겸하는 만
호가 고려에서 본격적으로 파견되었던 시기는
1390년(공양왕 2)이었다. 이해 1월에 고려정부
는 기존의 해도海島 만호와 함께 하삼도에 연
해처 만호를 설치했다.[54]

남도석성 만호비(전남 진도)
수군만호를 기념하는 비이다.

이 만호가 1389년(공양왕 원)에 첨절제사로 바뀌었다. 이 해에 도순문사가 도절제
사로 개칭되어 전임관이 되었다. 또한 각도의 계수관界首官에 파견되던 원수는 절제
사로 개칭되었다.[55] 이후 절제사는 양계에만 파견되었다. 그리고 종래 만호가 파견되
던 영해·동래·순제·남포 등 남방의 여러 연해 요충지에는 진이 설치되었다. 그 진
에는 첨절제사가 파견되었다. 하지만 내륙에는 큰 고을이라도 절제사가 파견되지 않
았다.[56]

이처럼 첨절제사는 이미 고려 말부터 등장했었다. 그러다가 조선이 건국된 후 태조
6년에 다시 첨절제사가 파견되었던 것이다. 태조 6년의 첨절제사는 국방을 담당하는

53 오종록, 「조선초기의 변진방위와 병마첨사·만호」 『역사학보』 123, 1989, 93쪽.
54 『고려사』, 권45, 세가45, 공양왕 2년 1월 정해.
55 『고려사』 권77, 지31, 백관2, 외직, 절제사.
56 오종록, 앞의 논문, 1989, 94쪽.

낙안읍성
조선초기에 축조되었다.

전문 무관이었다.[57] 그리고 고려 말의 만호와 마찬가지로 모두 진 소재지나 부근 읍의 도호부사都護府使 · 현령縣令 · 현감縣監 등의 수령직을 겸했다. 그러나 이때의 첨사는 종전의 만호보다는 한 단계 격상되었다. 또한 요새화된 진에도 파견되었다.[58]

진은 도보다 작은 소단위 군사구역의 중심 거점이었다. 진에는 진군이 소속 군사력으로 배치되어 있었다. 진군은 병영에 소속된 영군과 함께 대체로 마병馬兵이었다. 이들은 진 부근에 외적이 침입하면 기동력을 발휘하여 대응할 수 있었다. 따라서 연해지역의 방어망은 고려 말보다는 훨씬 더 강화되어 있었다. 즉, 진을 설치하고 그곳에 무장의 첨절제사를 두고 진군을 편성함으로써 영-진을 위주로 하는 방위체제가 구축되었던 것이다. 조선이 수소戍所가 요새화되지 못한 고려 말의 한계를 극복하고 영진을 위주로 하는 방위체제를 구축할 수 있었던 데에는 몇 가지를 배경으로 들 수 있다. 그 하나는 무엇보다 왜구의 침입이었다. 왜구는 고려 1350년(충정왕 2) 이후 본격적으로 쳐들어 왔다. 이들은 거주하기 곤란할 정도로 남방 해안의 인민들에게 큰 피해를 입혔다. 고려는 남북방 전역에 걸쳐 이에 대처해야 했다.

그리하여 남방에는 1356년(공민왕 5)부터 경상 · 전라 · 양광도의 해안 지역을 중심으로 도순문사-수소로 연결되는 도 단위의 국방체제를 갖추어 나갔다. 양계에는

---

57 첨절제사도 도절제사와 마찬가지로 진무소를 갖추고 있었다. 이에 따라 첨절제사는 휘하의 구전군관으로 구성되는 진무소를 통해 진군 외에도 유사시에는 하번 경군사까지 지휘하여서 국방에 임하게 되었다(오종록, 앞의 논문, 1989, 101쪽).

58 오종록, 앞의 논문, 1989, 95쪽.

1358년(공민왕 7)부터 익군 조직으로 편성된 만호부를 설치했다. 그럼에도 왜구의 침입은 계속되었고, 이러한 상황은 조선이 건국된 후에도 마찬가지였다. 왜구는 1396년(태조 5) 12월 이후에 조선에 대규모로 침입했다. 당시 조선에서는 1389년(공양왕 1)에 도순문사-수소 체제가 전임의 도절제사 체제로 바뀐 상황이 지속되고 있었다. 그러나 이 체제 아래서도 왜구에 대해 군사적으로 적절히 대처할 수 없었다. 그래서 태조 6년에 각도의 도절제사가 폐지되고 첨절제사가 파견되었던 것이다.

그러나 이러한 변화의 배경에는 왜구의 침입보다 더 근본적인 이유가 있었다. 그것은 지방 군사권의 통제와 관련해서였다. 당시 중앙군 절제사는 지방군 시위패와 사적인 영속領屬 관계에 있었다. 정도전은 이를 단절하기 위해 진법 훈련을 실시했다. 이러한 정도전의 활동에 2품 이상 고위 직책의 무신인 도절제사가 반대했다. 그러자 정도전은 왜구를 격퇴하기 위해 해안에 요새화된 진을 설치한 후 도절제사를 잠시 혁파하고, 대신 각 진에 첨절제사를 두었다. 이는 궁극적으로 중앙에서 지방의 군사권까지 통제하고자 했던 의도에서 이루어진 조치였다. 이때에 도절제사가 혁파된 후, 과거 도절제사가 관할하던 도내 각 읍의 군사는 각 진에 분속되었다. 각 진에 분속된 군사는 첨절제사가 관할했다. 그리고 이때의 진은 기존의 수소에서 발전하여 요새화되었다. 거기에 진군이 두어졌다. 바로 이 진과 진군이 연변 방어망의 중심이 되었다.[59]

〈표 4-3〉 태조 6년 설치 진

도	각 진	진의 수
경 상 도	합포 강주 영해 동래	4
전 라 도	목포 조양 옥구 흥덕	4
충 청 도	전성 염포 이산	3
흥 해 도	풍주 옹진	2
강 원 도	삼척 간성	2
경 기	설치되지 않음	0
계		15

---

59 민현구, 앞의 책, 1983, 178~180쪽.

앞의 〈표 4-3〉를 통해 확인할 수 있듯이 진의 수는 경상도 4, 전라도 4, 충청도 3, 흥해도 2, 강원도 2로 총 15곳이었다. 경기에는 설치되지 않았다. 이때에 설치된 각 진의 첨절제사는 모두 진의 소재지나 부·군·읍의 수령을 겸했다. 이때의 각진은 이후 도절제사가 다시 설치된 뒤에도 그대로 유지되거나 이전되었다. 각 진은 이후 여타의 진이 증설되면서 도절제사 휘하의 국방상 중요한 거점으로서의 역할을 담당했다.

태조 6년에 변진이 설치되어 그곳에 첨절제사를 파견하는 이러한 조치는 조선의 지방군 체제에서 갖는 의미가 상당하다. 이때에 방어기지로써의 진鎭이 설치되고 그곳의 군사력으로 진군이 두어지면서 지방군이 국방군으로서의 확고한 위치를 갖게 되었던 것이다.[60]

태조 6년의 첨절제사는 진관체제가 편성되기 전까지 큰 변화 없이 내실을 채워나 갔다. 다만 직함은 바뀌었다. 첨절제사는 태종대 이후 병마사로 불렸는데, 1423년(세종 5) 5월에 3품의 병마사로 적당한 인사가 없으면 4품으로 임명하되 이 경우에는 병마부사로 부르도록 했다.[61] 그리고 그해 11월에 진장의 직함을 각 품에 따라 구별하여 3품은 첨절제사, 4품은 동첨절제사로 개정했다.[62] 이후 남방의 변진은 하삼도 연해 지역을 중심으로 증설되어 갔다.[63] 1432년(세종 14)년의 사정을 반영하는 『세종실록지리지』에는 변진의 수가 이전보다 2곳이 증가한 17개소로 나타난다.

『세종실록지리지』의 변진의 수는 태조 6년보다 2개소가 늘어났다. 이중 경상도의 울산진은 1415년(태종 15) 10월에 진병마사 겸 지울산군사鎭兵馬使兼知蔚山郡事를 설치했다가 12월에 만호 겸 지울산군사로 강등했다가 진을 폐지했다. 그러다가 2년 뒤인 1417년(태종 17) 1월에 경상좌병영을 울산으로 이설했다가 1426년(세종 8) 11월에 폐지하고, 진첨절제사 겸 지울산군사를 설치했다. 사천진泗川鎭은 1415년(태종

---

60 오종록, 앞의 논문, 1989, 92쪽.
61 『세종실록』 권20, 세종 5년 5월 을사.
62 『세종실록』 권22, 세종 5년 11월 기해.
63 세종대 이후 첨절제사가 제도적으로 정비되어 간 것은 황폐해졌던 연해지역에 점차 인구가 늘고 농업생산이 크게 증가하면서, 육군과 수군의 양면으로 국방을 강화한데 따른 결과였고, 동시에 그에 따라 연해지역에 대한 국방 강화의 필요성이 높아졌기 때문에 나타난 효과라는 주장이 있다(오종록, 앞의 논문, 1989, 95쪽).

무장현 관아(전북 고창)

15) 10월에 진병마사 겸 판사천현사鎭兵馬使兼判泗川縣事를 설치했다. 영일진迎日鎭은 1417년(태종 17)에 진병마사 겸 판영일현사鎭兵馬使兼判迎日縣事를 설치했다. 전라도의 무장진茂長鎭은 1407년(태종 7)에 진병마사 겸 판무장현사鎭兵馬使兼判茂長縣事를 설치했다. 부안진扶安鎭은 태종 17년에 진병마사 겸 판부안현사鎭兵馬使兼判扶安縣事를 설치했다. 황해도의 장연진長淵鎭은 1413년(태종 13)에 진병마사 겸 판장연현사鎭兵馬使兼判長淵縣事를 설치했다. 강령진康翎鎭은 1428년(세종 10)에 진첨절제사 겸 판강우현사鎭兵馬使兼判康翎縣事를 설치했다.

태조 6년에는 진이었다가 『세종실록지리지』에는 빠져 있는 충청도의 이산진伊山鎭은 본래 병영內營이었다. 1398년(태조 7)에 병마도절제사가 다시 설치된 뒤 충청도 병영은 이산에서 해미海美로 이설되었다. 경상도의 병영은 두 곳이었다. 경상도는 1436년(세종 18) 이후 계속 좌우도로 나뉘어 각각 병마도절제사가 설치되었는데, 울산과 창원(1408년 합포에서 창원부로 승격)이 병영이었다. 이 밖에 황해도의 해주진과 강원도의 강릉·삼척·간성진이 오래 지속되지 못했다. 태조 6년에 설치되었던 삼척진과 간성진은 강원도에 병마도절제사가 처음 설치된 1408년(태종 8) 7월 이후 일시 폐지되었다. 황해도와 강원도에 병영이 유지됨에 따라 1420년(세종 2) 12월에 병영 소재지인 해주와 강릉에 진이 설치되었다. 그러나 군사력이 한곳에 몰려 있고 같은 지역을 지키는 군사력에 대한 지휘계통이 둘로 나뉘어져 있다는 점이 지적되면서 1425년(세종 7)에 해주진은 폐지되었다. 강릉진은 그 이듬해인 1426년(세종 8)에 혁파되었다.[64] 이와 같이 조선이 건국된 후 태조 6년에 설치되었던 남방의 변진은 1413년(태종 13)~1417년(태종 17) 사이에 집중적으로 증설되었다.

진의 증설과 관련해 고려해야 할 것은 군사력의 확보 문제였다. 이미 각 병영에 중병重兵을 배치한 뒤인 태조 6년에 각 진의 진군을 편성한 바 있거니와, 이를 위해 1413년(태종 13)에는 그동안 중앙에만 번상하던 시위군을 진속군鎭屬軍과 합속하여 하번일 때는 진에 부방토록 했다.[65] 하지만 이 조치는 2년 만에 원래대로 환원되었다.[66] 그리고 1410년(태종 10)과 1426년(세종 8) 사이에 특히 진이 새로 편성된 지역인 전라도와 경상도의 시위군이 감소했는데,[67] 이 동안에 시위군의 일부가 진군으로 개편되었다.[68] 또한 1421년(세종 3)에는 해주진에서 진군 300명을 무수전패無受田牌에서 뽑아 편성하면서, 이 원칙을 다른 도에도 적용하도록 했다.[69]

그리고 진에 버금가는 요충지에는 수호군守護軍 또는 수성군守城軍을 배치했다. 이는 변진과 병영으로 연결되는 국방선의 보완을 위해서였다. 1432년(세종 14) 이전까지 수성군과 수호군이 배치된 곳은 경상도의 거제·남해와 충청도의 비인, 전라도의 순천 등이었다. 이곳에는 군사를 지휘하기 위한 무관은 파견되지 않았고, 방어시설로 목책 정도만 있었다. 이곳에 수성군과 수호군이 배치된 것은 진군이 도착할 때까지 임시로 적을 막기 위함이었다.[70]

1442년(세종 24)에 각도 연변의 수령과 각 진의 첨절제사 및 만호는 무재가 있는 자로 임명한다는 규정이 정해졌다.[71] 그리고 이를 적용하기 위해 1447년(세종 29)에

---

64 오종록, 앞의 논문, 1989, 97쪽.
65 『태종실록』 권25, 태종 13년 3월 임오.
66 『태종실록』 권29, 태종 19년 6월 경인.
67 감소된 상황은 충청도 1,539명→1,400명, 전라도 1,378명→700명, 경상도 4,238명→2,100명이었다(민현구, 앞의 책, 238쪽).
68 오종록, 앞의 논문, 1989, 98쪽.
69 『세종실록』 권11, 세종 3년 2월 병진.
70 오종록, 앞의 논문, 1989, 99쪽.

전국의 해안 및 압록강과 두만강 연변에 위치한 변진과 군현의 국방상의 중요성을 상
중하로 분류했다. 그 내용을 정리하면 다음과 같다.[72]

경상도　진鎭　영해 동래 연일 사천
　　상긴上緊 거제 남해
　　중긴中緊 창원 김해 울산 고성 진해 하동 장기 기장
　　하긴下緊 흥해 양산 곤양 영덕 청하 경주판관

전라도　진 순천 부안 옥구 무장 흥양
　　상긴 진도
　　중긴 영안 강진 해남
　　하긴 나주판관 장흥 보성 영광 낙안 광양 함평 무안

충청도　진 태안 염포
　　상긴 비인
　　중긴 서천
　　하긴 서산 결성 보령 해미 당진

강원도　진 삼척 간성
황해도　진 풍천 옹진 장연 강령

　이중 경상도의 중긴에 해당하는 울산은 1436년(세종 18)에 경상좌도병마도절제사
가 다시 설치됨으로써 병영소재지가 되었다. 전라도의 순천에는 수성군이 배치되었는
데, 1437년(세종 19)에 진이 설치되어 첨절제사가 순천부사를 겸하게 되었다. 전라도
의 5개진 중 4개진은 모두 서해안에 위치해 있었다. 흥양진만 제외되었다. 경상도의

71 『세종실록』 권97, 세종 24년 8월 정유.
72 『세종실록』 권117, 세종 29년 9월 계사.

창원과 울산, 전라도의 강진, 충청도의 해미 등이 중긴 또는 하긴으로 분류되어 있는 것은 병마도절제사가 파견되는 지역이기 때문이었다. 상긴으로 분류된 지역은 수성군 이나 수호군이 파견되는 지역이었다.[73]

진이 증설되어 가면서 진에 소속된 군사력도 꾸준히 강화되었다. 1439년(세종 21) 에는 한역인閑役人을 색출해 포함시킴으로써 시위군, 영군과 함께 진군을 강화토 록 했다.[74] 또 그 이듬해인 1440년(세종 22)에는 정예 중앙군인 갑사甲士를 증원하면 서 이들의 이름을 거주지의 군적에 올려 위급할 때 동원할 수 있도록 했다.[75] 그리고 1444년(세종 26)에는 갑사와 같이 별시위와 방패·근장 등도 하번일 때는 영진에 소 속하게 했다.[76]

남방에 변진이 증설되는 추세에서 1451년(문종 1)에 주요한 변화가 있었다. 이때 에 황해도 황주에는 극성진棘城鎭을 설치하고, 수안에는 방원진防垣鎭을 설치했다. 방 원진과 극성진은 내륙의 관방시설 구축과 연결되어 설치되었던 것이었다. 이곳은 황 해도 북부 내륙의 곡산·수안·서흥·봉산·황주지역에 설치된 행성行城과 소보小堡로 연결되었다. 방원진에는 진군은 설치 되지 않았고 지수안군사知遂安郡事가 첨절제사를 겸하여 수안 이북의 방 위를 담당했다. 극성진에는 300명의 진군을 두어 황주목사가 절제사를 겸 해 서흥 이남의 방위를 관할했다.[77]

이처럼 태조 6년에 진을 설치하고 그곳에 첨절제사를 파견했던 추세는 태종 13년에서 태종 17년 사이의 변 진의 증설로 이어졌고, 문종대에 오

전라병영성(전남 강진)

73 오종록, 앞의 논문, 1989, 100쪽.
74 『세종실록』 권86, 세종 21년 12월 무인.
75 『세종실록』 권87, 세종 22년 2월 기묘.
76 『세종실록』 권105, 세종 26년 9월 정해.
77 『문종실록』 권5, 문종 1년 1월 계해.

면 남방 해안의 군사 요충지만이 아니라 내륙에도 진을 설치하기까지 이르렀다. 그리하여 진관체제가 편성될 무렵에는 경기를 제외한 남방 5도에 총 19개의 진이 편성되었고, 18인의 첨절제사와 1인의 절제사가 파견되었던 상황이었다.

3. 하번 중앙군의 지방군화

1) 시위패의 지방군 이속

시위패侍衛牌는 고려 말부터 조선 건국초에 걸쳐 중요한 군사력을 이루었다. 고려 말의 시위패는 수도인 개경과 가까운 교동 등처에 왜구가 침입해 오자, 그를 물리쳐야 하는 현실적 필요성에 따라 새로운 체제를 갖추게 되었다. 그러다가 조선 건국 후 1400년(정종 2) 4월에 사병 혁파가 단행된 이후 중앙에서의 시위패의 중요성은 줄어들게 되었다. 이 무렵이 되면 이전 왕조처럼 수도가 외적으로부터 위협을 당하지도 않았고, 또한 사병이 혁파됨으로써 병권의 체계가 일원화되어 종래 유력자들에게 지방별로 병권을 맡겼던 상황을 타개할 수 있었다. 따라서 각 지방으로부터 번상 시위하는 의무병으로서의 시위패는 정치적으로 안정되면서 그 병종의 중요성이 줄어들게 되었다.[78]

시위패의 중요성이 줄어들게 되자 구태어 그들로 하여금 중앙에 번상시킬 필요가 없게 되었다. 그래서 1400년(정종 2) 9월 원종공신의 시위패를 모두 혁파하고,[79] 시위패의 번상도 정지시켰다. 시위패의 번상을 정지시키자는 청은 1397년(태조 6)에 처음 나타나지만[80] 그와 관련해 실질적으로 중요성을 가지는 것은 1402년(태종 2) 2월의 사간원의 상소를 통해서였다. 이때 사간원에서는 시위패가 번상하기 위해 왕래할 때에 사람과 말이 피곤할 뿐만 아니라, 농사달에 입번하게 되는 자는 농사를 짓지 못해

---

78 사병혁파와 그에 따르는 일련의 변화에 대해서는 민현구, 앞의 책, 112~116쪽 참조.
79 『정종실록』권5, 정종 2년 9월 기사.
80 『태조실록』권 11, 태조 6년 4월 정미.

원망을 한다면서 각도의 숙위군을 돌려보내 오로지 농업에 힘쓰게 하라고 했다.[81] 실지 로그 이후 시위패의 번상은 정지되었다. 1405년(태종 5) 4월에는 경기 좌·우도와 동북면의 시위 번상군을 방환했고,[82] 5월에는 기근을 이유로 풍해도 시위패의 번상을 정지했다.[83] 이러한 조치가 이루어진 것은 그만큼 중앙에서의 시위패의 중요성이 줄어들었기 때문이었다. 이후 시위패의 번상을 면제시키는 조치는 계속 이루어졌고, 세종대에 이르기까지 더욱 빈번하게 일어났다.[84]

시위패의 중요성이 감소하면서 나타난 또 다른 현상은 시위패에 속하는 군인이 다른 병종으로 이속되는 것이었다. 1412년(태종 12)에 각도의 시위군을 선군船軍으로 돌려 교대로 근무하게 했다.[85] 1413년(태종 13)에 충청도 도관찰사 이안우가 시무에 관한 몇 개 조를 올렸는데, 이를 통해 실제로 시위패를 선군에 충당했음을 확인할 수 있다.[86]

시위패를 다른 병종으로 이속하는 것 외에 시위패의 중요성이 감소됨에 따라 나타나는 변화의 또 다른 양상은 시위패를 영진군에 흡수시키는 것이었다. 당시 영진군은 지방군의 주력 병종이었다. 영진군이 확장되면서 상당수의 시위패 병력이 거기에 흡수되었다. 1413년(태종 13)에 시위패와 진속군을 합속시킨 조치는 이러한 사정을 반영했다.[87] 물론 이 조치는 2년 뒤에 시위군이 중앙으로 번상하는 데다가, 하번하면 진에도 근무해야 하므로 그 고통이 심하다고 하여 환원되지만[88] 이러한 조치가 취해졌다는 것만으로도 중앙으로 번상하는 시위패의 군사적 중요성이 감소했다는 사실을 알려준다. 시위패의 중요성이 감소되었음은 시위패가 전군全軍에서 차지하는 양적 비중이 줄어들었던 것으로도 나타났다. 아래의 표는 1410년(태종 10)과 1426년(세종 8), 그리고 『세종실록지리지』의 시위패 수를 비교한 것이다.[89]

---

81 『태종실록』 권 3, 태종 2년 2월 신미.
82 『태종실록』 권9, 태종 5년 4월 병인.
83 『태종실록』 권5, 태종 5년 5월 정사.
84 민현구, 앞의 책, 1983, 236쪽.
85 『태종실록』 권23, 태종 12년 정월 경술.
86 『태종실록』 권26, 태종 13년 9월 정축.
87 『태종실록』 권25, 태종 13년 3월 임오.
88 『태종실록』 권29, 태종 15년 6월 경인.
89 이 표는 민현구, 앞의 책, 1983, 238쪽에서 전재한 것이다. 민현구는 이 통계를 『태종실록』 권19,

〈표 4-4〉 시위군(패)액 변천표

시기	충청	경상	전라	황해	강원	평안
태종 10년 2월(1410)	1,539	4,238	1,378		1,248	
세종 8년 1월 (1426)	1,400	2,100	700	2,250		
『세종실록지리지』 (세종 14년, 1432)		2,631	1,167	2,294	2,276	2,878

위 〈표 4-4〉를 따르면 1410년(태종 10)과 1426년(세종 8)의 16년 동안 경상도·전라도에서 시위패 수가 확연히 감소했음을 확인할 수 있다. 두 도 외에 다른 지역에서도 역시 시위패의 수는 줄어들고 있다. 하지만 『세종실록지리지』의 통계는[90] 앞의 결과와 달리 시위패 수의 증가를 보여 준다. 이는 세종 중엽에 군액軍額이 전반적으로 크게 확장한 데 따른 상대적 증가이다.[91] 그러므로 전군에서 차지하는 시위패의 비중이 커진 것을 의미하지는 않는다.[92]

시위패의 중앙에서의 중요성이 감소되면서 그에 상응해 중앙에서 금군禁軍은 확장되었다. 시위패의 변화와 맞물려 갑사, 별시위, 내금위 등 중앙군의 여러 병종들이 증설 강화되었다. 아울러 지방의 영진군과 기선군도 확장되었다. 이는 시위패가 선군이나 영진군으로 이속, 흡수되었던 결과였다.[93] 여기에 지방의 요충지에 설치되었던 영·진이 확장되었던 것도 영진군이 강화되는데 영향을 미쳤다. 결국 시위패의 변화는 지방 군사력의 점진적 강화로 이어졌던 것이다.

태종 10년 2월 신축, 『세종실록』 권31, 세종 8년 정월 기해 및 『세종실록지리지』의 각도별 통계에 근거해 작성했다고 했다.

90 『세종실록지리지』의 통계는 세종 14년의 상황을 반영한다.

91 이때의 군액 확장은 태종대로부터 세종대에 걸친 호적법의 정비를 통대로 이루어졌다. 그 결과 태종 6년(1406) 10월 당시 370,365명이었던 인정수가 『세종실록지리지』에서는 692,475명으로 나타난다.

92 민현구, 앞의 책, 1983, 238쪽.

93 민현구, 앞의 책, 1983, 127~129쪽.

2) 하번 중앙군의 지방별 파악

조선 초기의 중앙군은 대개 번차에 따라 번상하여 교대로 근무했다. 중앙군의 상위 병종에 해당하는 갑사, 별시위 등도 일정 기간을 교대로 근무했다. 이점에서 교대 없이 장번으로 근무하는 내금위, 겸사복 등과는 구별되었다. 조선 초에 번상이 갖는 의미는 전국의 군사가 형식적으로 중앙과 직접 연결되어 있다는 것이었다.

앞서 언급했다시피 정종 2년에 사병이 혁파된 후 국민 의무병으로서의 시위패는 그 중요성이 감소되었다. 또한 중앙군은 갑사가 중심이 되었다. 갑사는 시험을 보아 뽑았다. 그런데 갑사 등에도 여전히 번상의 원리는 적용되었다. 따라서 번차에 의해 정해진 인원과 실지로 근무하는 병력이 조정되어야 했다. 중앙군을 이루는 여러 병종의 군인은 대개 농촌에 거주하는 농민이 대부분이었다. 이들 중 당번인 자는 번상하여 중앙군으로 복무해야 했고, 그 이외의 하번군사는 대부분 지방에 거주했다. 따라서 중앙군으로서 하번인 농민을 장악하는 것이 큰 문제였다.[94] 1410년(태종 10)에 갑사숙위하번지법甲士宿衛下番之法이 만들어진 것도 바로 이 때문이었다. 그런데 이때에 하번 갑사를 장악한 것은 중앙의 의흥부義興府였다.[95]

지방에 거주하는 하번 군사를 중앙에서 장악하는 문제는 실제의 지방 군사력과 충돌이 야기될 가능성이 컸다. 1403년(태종 3)에 경상도 관찰사 남재가 「장용지사壯勇之士」가 모두 서울에서 시위하기 때문에 경상도 내의 방어가 허소해진다고 주장했던 것도 이러한 이유에서였다. 이에 조정에서는 시위군 500명을 줄여 주었다.[96] 그런데 하번의 지방 군사까지 중앙에서 장악하는 등, 중앙으로 병력이 집중되는 일은 상대적으로 지방 군사력의 약화를 초래할 가능성이 있었다.

한편, 세종 말부터는 중앙군이 크게 확장되었다. 먼저 1440년(세종 22)에 갑사를 3,000명으로부터 6,000명으로 늘렸다. 이때 번차는 3번에서 6번으로 늘어났다.[97] 종

---

94 민현구, 앞의 책, 1983, 239쪽.
95 『태종실록』 권19, 태종 10년 5월 무인.
96 『태종실록』 권6, 태종 3년 10월 갑술.
97 『세종실록』 권88, 세종 22년 2월 기묘.

래 3,000명이 3교대로 1,000명씩 번상하다가 이때에 이르러 6,000명이 6교대로 역시 1,000명이 번상하게 된 것이었다. 이것은 1,000명씩 번상하는 것은 같지만, 지방에서 번상하는 인정人丁은 두 배로 증가했음을 의미한다. 그 후 1348년(세종 30)에 갑사·별시위·방패·섭육십 등 중앙군을 이루는 여러 병종의 군액이 거의 두 배로 증가했다. 당시 중앙군의 군액은 갑사 7,500명, 별시위 5,000명, 방패 7,500명, 섭육십 3,000명, 근장 1,000명, 총통위 4,000명의 총 28,000명이었다. 이때 번차는 5번으로 되어 이들은 각 병종에 따라 4개월을 근무하고는 약 1년 반을 거주지에서 쉬도록 되었다.[98] 이 조치가 이루어진 뒤 1451년(문종 1) 9월에 다시 세종 22년처럼 갑사의 번차는 5번에서 6번으로 늘었다.[99] 그 뒤 단종 2년(1454)에는 7번으로 늘었고,[100] 그 뒤인 1457년(세조 3)에 이르면 갑사의 번차는 또 11번으로 늘어 1년에 평균 1개월씩만 번상하여 근무하면 되었다.[101]

이와 같이 중앙군이 확장되어 중앙군의 번차가 증가되었다는 것은 중앙군에 소속되는 자로서 각 지방의 거주지에 머무는 하번 군사의 수가 많아진다는 의미였다. 그러므로 세종대 말 중앙군이 확장되었다는 것은 중앙군의 실질적인 강화를 뜻하는 것이 아니었다. 오히려 이들 하번군사가 잠재적인 지방 군사력이 될 수 있다는 점에서 지방 군사력이 강화되었다고 말할 수 있었다.[102]

앞서 1440년(세종 22)에 갑사를 6,000명으로 증원하고 종래의 3번에서 6번으로 번차 수가 증가되었다고 했는데, 이 조치와 더불어 이때에 이르러 특히 하번 갑사를 각 지방별로 파악하도록 했다. 그리하여 갑사는 6개월간 상경하여 근무한 후 다음 번 근무 때까지 30개월간을 지방의 자신의 집에 있게 되는데, 이 동안에는 거주지 근처 영진의 군적에 이름을 올리고 마음대로 그 지역을 떠날 수 없도록 했다.[103] 그후 1451년(문종 1)에 이르러 하번갑사는 중앙에서가 아닌 도절제사의 점열을 받았

98 『세종실록』 권119, 세종 30년 정월 을묘.
99 『문종실록』 권9, 문종 원년 9월 을사.
100 『단종실록』 권10, 단종 2년 정월 무오.
101 『세조실록』 권8, 세조 3년 7월 기묘.
102 민현구, 앞의 책, 1983, 241쪽.
103 『세종실록』 권88, 세종 22년 2월 기묘.

고,[104] 별시위, 총통위, 근장, 방패, 섭육십 등도 거주지의 수령이 고찰했다.[105] 그리고 최종적으로 1454년(단종 2) 9월에는 하번의 별시위·총통위·방패·섭육십·근장도 세종 22년의 갑사의 예에 따라 거주지 부근 영진의 군적에 등재하도록 했고, 그 군적은 해당 영진과 병조에 비치하도록 했다.[106]

이러한 일련의 과정을 통해 중앙군의 번차 수가 증가하면서 중앙군의 파악방식도 변화되었다. 그런데 중앙군 번차 수의 증가는 갑사 지위의 하락으로 이어졌다. 종래 직업 군인으로서 준관리적 성격을 지니던 갑사가 일반 농민과 다름없이 된 것이다. 또한 이들은 실질적으로는 지방 군사력에 충당된 것이나 마찬가지였다.

이리하여 당초 지방에 거주하는 하번의 중앙군까지 중앙에서 파악했던 종래의 방식에서 이때에 이르면 그들을 지방에서 모두 파악하는 것으로 방식이 바뀌었다. 이러한 변화는 단순히 파악 방식이 바뀐 것이 아니라 군사 체제 전반의 문제였다. 갑사나 별시위 등 중앙군을 이루는 유력한 병종이 각 거주지별로 파악되고, 그들이 소관의 절제사에 의해 장악된다는 것은 시위군이나 영진군과 같은 지방군과의 차이가 소멸된다는 것을 뜻했다. 결국 이러한 변화는 지방 군사력의 증강으로 이어져 국방력을 강화시켰다.

4. 남방 지방군의 종류와 운영

1) 지방군의 종류

(1) 영진군

영진군營鎭軍은 지방의 각 영과 진에 배치된 육군이었다. 조선 건국 초의 지방 육군으로 존재했던 것은 육수군陸守軍이었다. 육수군은 고려 말의 상황과 밀접한 관

---

104 『문종실록』 권5, 문종 원년 정월 갑진.
105 『문종실록』 권5, 문종 원년 정월 계해.
106 『단종실록』 권12, 단종 2년 9월 기사.

원보습래회사(元寶襲來繪寫)

련 하에 설치되었다. 고려 고종대(1213~1259) 이후 왜구의 침입이 시작되면서 남
방의 연해 지역도 국방과 무관할 수는 없었다. 게다가 고려는 원元이 단행한 2차례
의 일본정벌에 참여했다. 이때에 동정군東征軍의 출발기지가 합포(지금의 마산)에 있
었다. 여기에 만호부가 설립되면서 남방 연해 지역의 국방상 중요성은 더해갔다. 특
히 제2차 일본 원정이 단행된 직후에 합포만호부, 전라만호부 및 탐라만호부가 남방
의 주요 연해지역에 거듭 설치되면서[107] 이 지역을 중심으로 새로운 국방선이 그어지
게 되었다. 이런 상황에서 남방 연해지역의 국방상 중요성이 더해진 것은 충정왕대
(1349~1351) 이후 왜구의 침입이 격심해지면서였다. 특히 공민왕대(1351~1374) · 우

---

107 합포, 전라의 양만호부는 충렬왕 7년(1281) 10월에 설치되었다. 탐라만호부는 충렬왕 27년(1301)
7월에 설치되었다. 만호부에 관해서는 내등휴보, 「고려병제관견 하」 『청구학총』 16, 1934 ; 『조
선사연구』, 1961, 214~226쪽 및 고병익, 「여대정동행성의 연구 하」 『역사학보』 19, 1962 ; 『동
아교섭사의 연구』, 1970, 222~223쪽 참조.

왕대(1374~1388) 들어서면 왜구가 국가의 가장 큰 문젯거리가 되었다. 이때에 국방선은 전국의 연해지대로 확장되었다.

육수군이 나타난 것은 이러한 상황에서였다. 고려 말에 왜구의 침입이 격화되는 가운데 일단 수군인 기선군이 강화되었고, 더불어 많은 군인들이 수소와 만호부가 설치된 군사거점지에 집결하면서 지방군으로서의 진수군이 증설되었다. 진수군은 일정한 체계에 의해 동원된 하나의 병종이 아니었다. 이들은 전쟁상태 하에서 필요에 따라 동원된 하나의 전투원 부류였다.[108]

진수군은 일부의 양반과 일부의 군인으로 이루어졌다. 양반이었던 진수군은 진변별초鎭邊別抄로 지칭되었는데, 이들은 전함산직前銜散職과 재경 양반이 교대로 부방한 군사였다.[109] 반면 진수 군인鎭戍軍人은 합포 등처를 지키도록 정해진 군인으로써 각 주현별로 배당되어 있었다. 진수군인은 연해 지역을 지키는 대신 요역을 면제받았다. 반대로 내륙지역의 주민은 부방하는 대신 요역을 부담하도록 했다.[110]

고려 말의 진수군이 진군鎭軍 또는 진속군鎭屬軍으로 불리는 하나의 병종으로 탄생한 것은 조선이 건국된 후 태조대에 영과 진을 설치하면서였다. 1397년(태조 6) 5월에 도절제사를 폐지하면서 각 진에 첨절제사를 두어 소속되는 부근 주州의 군사를 통할하도록 했다.[111] 이것은 진을 중심으로 그 주변 지역의 인정人丁 가운데 일부를 진군으로 분속시키고자 했던 조치였다. 이후 1398년(태조 7) 10월에 영을 설치했다. 결국 영과 진이 설치되면서 진군, 영군이라는 병종이 확립되었다. 이때에 비로소 육수병은 영군과 진군으로 분화되었다. 진군은 첨절제사를 지휘관으로 하는 진을 지키는 군사였고, 영군은 병마도절제사가 있는 영을 본거지로 해서 방위태세를 갖추고 있는 군사였다. 이들은 영진군으로 합칭되었다. 영진군은 각도의 영과 진에서만 복무했다.[112]

영진군은 일정한 교대의 규식(대체로 4교대)에 의해 각 영·진에 부방해 복무했다.[113]

---

108 민현구, 앞의 책, 1983, 171~173쪽.
109 『고려사』 권82, 지36, 병2, 진수, 충숙왕 5년 4월.
110 『고려사』 권82, 지36, 병2, 진수, 공민왕 5년 6월.
111 『태조실록』 권11, 태조 6년 5월 임신.
112 민현구, 앞의 책, 1983, 187~189쪽.
113 『세종실록』 권31, 세종 8년 정월 기해 ; 『세종실록』 권86, 세종 21년 9월 정미.

그래서 영진군은 영진 유방군으로도 지칭되었다. 영진군은 마병馬兵이었다.[114] 이들은 같은 마병인 시위패보다는 좀 뒤떨어지는 군인이었지만 당당한 마군으로서 어떤 경우 군관으로 지칭되기도 했다.[115] 영진군에게 주어지는 봉족은 3결 이하의 토지를 소유한 경우 1호가 주어졌다.[116] 영진군은 당번 기간 중에는 잡역을 면제받았다.[117]

각도 영진군의 군사력은 다음과 같다.

<표 4-5> 각도 영진의 군사력: 충청도

충청도			내상	전성진	염포진
구분					
부방군	영진군	군관	500		
		정군			
		유방군		61	63
		진속군			300
		패속군		300	
	수성군	수성군	207	50	51
		신백정	148	58	39
		방패군			
	기타	조역군			
		장인			
계		영진별	855	469	453
		도별	1,777		

---

114 영진군이 마병이었다는 증거는 여러 기록 가운데에 나타난다(『세종실록』 권87, 세종 21년 12월 무인 ;『세종실록』 권127, 세종 32년 정월 신묘).
115 『세종실록』 권28, 세종 7년 4월 경신.
116 『태종실록』 권7, 태종 4년 5월 계해.
117 『세종실록』 권36, 세종 9년 6월 을축.

<表 4-6> 각도 영진의 군사력: 경상도

경상도			내상	울산진	영일진	동래진	영해진	사천진
구분								
부방군	영진군	군관	500	399	301	300	300	300
		정군						
		유방군		61	63			
		진속군			300			
		패속군		300				
	수성군	수성군	438	40	80	80	80	49
		신백정						
		방패군						
	기타	조역군						
		장인						
계		영진별	938	439	381	380	380	349
		도별	2,875					

<표 4-7> 각도 영진의 군사력: 전라도

전라도			내상	옥구진	부안진	무장진	도양진
구분							
부방군	영진군	군관					
		정군	498	300	300	300	300
		유방군					
		진속군					
		패속군					
	수성군	수성군	51				
		신백정					
		방패군					
	기타	조역군	163				
		장인	141				
계		영진별	853	300	300	300	300
		도별	2,053				

<표 4-8> 각도 영진의 군사력: 황해도

황해도								
구분			내상	풍천진	장연진	옹진진	강령진
부방군	영진군	군관					
		정군					
		유방군		300	300	362	400
		진속군					
		패속군					
	수성군	수성군		80	80	80	80
		신백정					
		방패군		60	48	60	60
	기타	조역군					
		장인					
계		영진별		440	428	502	540
		도별	1,910				

<표 4-9> 각도 영진의 군사력: 강원도

황해도			
구분			
부방군	영진군	군관	진에는 유방군이 없다. 유사시에는 시위패를 기다려 충당한다.
		정군	
		유방군	
		진속군	
		패속군	
	수성군	수성군	
		신백정	
		방패군	
	기타	조역군	
		장인	
계		영진별	
		도별	

(2) 수성군, 수호군

수성군守城軍도 영진군과 더불어 지방의 육수군을 이루고 있었다. 수성군 역시 태조 6년(1397)에 진을 설치했던 조치가 이루어진 이후 독자적인 명칭을 갖는 병종이 되었다. 수성군은 지방의 보병이었다. 수성군은 마병이었던 영진군과 달리 봉족을 분급 받는데 있어서 열악한 조건에 놓여 있었다. 1404년(태종 4)의 봉족 분급조치 때에 수성군은 봉족을 지급받지 못했다. 대신 수성군은 토지가 있는 자로서 소유지가 3,4 결 이하인 자로 선정하도록 했다.[118]

수성군은 진군과 더불어 진에도 배치되었지만, 진이 설치될 정도는 아니라도 방어 상으로 어느 정도 중요성이 있는 곳에 배치되었다. 특히 수성군이 배치된 곳은 연안이 아닌 내륙의 요새였다. 수성군도 교대제로 복무했다. 수성군은 농민이었으므로 그들은 1년 가운데 3개월을 수성군으로 복무하면서 군역을 치렀다.[119] 수성군은 독립된 병종을 이루고 있었지만 영진군에 비해 규모도 작았고, 국방상 중요성도 크지 않았다.[120]

지방 육수군으로 영진군, 수성군 외에 수호군守護軍이 있었다. 수호군은 수성군과 비슷했다. 수호군은 능陵을 비롯한 특수지대를 지키기 위하여 마련되었다.[121] 수호군은 엄밀한 의미에서는 수성군과 구분되지만 때에 따라서 혼용되기도 했다.[122]

조선 초기 지방군으로 영진군이 확장되었던 것은 태종이 집권한 후에 갑사가 복립되고 사병이 혁파되는 등 중앙군의 변화를 겪으면서였다. 이때에 갑사와 같은 직업 군인이 중앙군의 주력을 이루게 되면서 시위패의 수가 감소하는 대신 지방의 영진군과 기선군이 증강되었다. 영진군의 정비는 1415년(태종 15) 경에 이르러 일단 이루어 졌으며,[123] 이것이『세종실록지리지』에 기재되었다.[124] 영진군과 수성군이 두어진 곳은

118『태종실록』권7, 태종 4년 5월 계해, "命各道各官 分其民戶貧富强弱 以給助戶……一守城軍及日守 兩班止用三四結以下者 不許用 五六結以上者 亦不給奉足."
119『세종실록』권31, 세종 8년 정월 기유.
120 민현구, 앞의 책, 1983, 189~191쪽.
121『태조실록』권15, 태조 7년 12월 무진.
122『세종실록』권1, 세종 즉위년 8월 병신.
123『태종실록』권19, 태종 10년 2월 경자.
124 민현구, 앞의 책, 1983, 192쪽.

해안지대를 중심으로 설치된 진이나 도절제사가 있는 내상內廂이었다. 결국 조선 초기 영진군과 수성군은 시위패나 기선군과 더불어 국방의 가장 중요한 실제를 담당했다.

(3) 잡색군

잡색군雜色軍은 영진군과 수성군이 배치되지 않은 내륙지역에 설치하거나 혹은 정규군 이외에 외침에 대비하기 위해 따로 조직된 병종이었다. 잡색군은 정규의 군역 부과자를 제외한 각층 인정人丁을 망라하여 조직되었다. 잡색군은 시위패와 영진군에 대한 정비가 이루어진 후인 1410년(태종 10)경부터 조직되었다.[125] 잡색군은 고려말 이래의 연호군煙戶軍을 재정비하면서 조직되었다. 고려 말의 연호군은 적침을 당하고 있는 상황에서 긴급히 대처하기 위해 일정한 원칙에 의거하지 않고 각 자연호에서 무차별로 징발된 군인이었다.

잡색군이 하나의 병종으로 파악된 것은 세종 초에 이르러서였다. 1425년(세종 7)의 『경상도지리지』에는 도내의 병종을 나누어 각각 수를 제시하고 있는데 그 가운데에는 별패, 시위(패), 영진속(군), 수성군, 기선군과 더불어 잡색군이 포함되어 있다. 잡색군이 재정비된 것은 1439년(세종 21)이었다. 이때에 잡색군을 재편성하여 영진군이 설치되지 않은 곳의 방비에 활용하고자 했다.[126] 이후 1441년(세종 23)에 잡색군의 정비가 완료되었다. 징병 대상, 편성방식 등에 대한 논의를 거듭한 결과였다.[127]

잡색군으로 징발되는 대상은 군역 외의 국역을 지는 향리와 목자牧子, 그리고 국역에서 면제되는 향교생도를 비롯해 역이 없는 백성과 관아나 개인의 노복으로 천역을 지는 공사천公私賤으로 망라될 수 있었다. 즉, 정규의 군인이나 그 봉족이 되지 않는 자들 가운데 현직 관리와 전직 3품 이상자를 제외하고는 모두 잡색군으로 파악되었다. 영진군과는 달리 잡색군을 징발하고 지휘하는 권한은 수령에게 주어졌다. 영진군은 수령에 의해 초정抄定되어 군적에 기록되지만, 그들을 군사적으로 지휘하는 일은 각도의 도절제사와 각 진의 첨절제사였다.

---

125 『태종실록』 권19, 태종 10년 2월 경자.
126 『세종실록』 권86, 세종 21년 7월 병인.
127 『세종실록』 권93, 세종 23년 6월 계유.

나주 향교(전남 나주) 향교의 생도들이 기숙하던 곳이다.

반면 잡색군은 수령에게 전권이 맡겨져 있었다. 또한 잡색군은 자원에 따라 마군이나 보군으로 편입되었고, 10인 단위엔 소패小牌, 50인 단위엔 총패摠牌라는 지휘관이딸렸다. 잡색군은 보병步兵이 대다수였다. 그들은 활과 창을 3대5의 비율로 갖추어야했다. 잡색군은 영진군에 비해 중요성이 떨어졌고, 군사적 기능을 기대할 수는 없었다. 그들은 평시에 훈련에도 참가하지 않았다.[128]

2) 지방군의 관리와 통제

(1) 군적의 작성

조선 초기 지방군은 군적軍籍을 통해 관리했다. 조선시대에 16~60세의 양인良人 남자는 모두 군역을 지는 것이 원칙이었다. 다만 관직에 오르거나 향리·노비 등 신분에따른 역을 지는 경우에는 제외되었다.[129] 군역은 국역軍役의 근간이었기 때문에 국가가

---

128 민현구, 앞의 책, 1983, 211~214쪽.
129 천관우, 「오위와 조선초기의 국방체제」『근세조선사연구』, 1979, 142~143쪽.

국민을 지배하는 데 매우 중요한 위치를 차지했다.[130] 조선시대 군역을 지는 사람은 모두 군적에 실려야 했다. 군적은 국민을 파악하여 유사시에는 군사활동에 동원하고 평시에는 국역을 부과하기 위한 기초 자료가 되었다.[131]

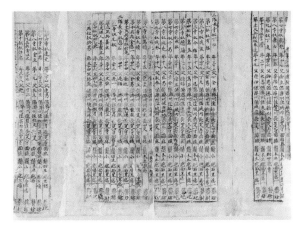

17세기, 탐라 속오군적부(제주박물관)

한 도의 군적은 병마절도사가 관리했다. 상황이 발생하면 병마절도사는 군적에 오른 군사들을 동원해 적에게 대응했다. 병마절도사가 처음부터 각도의 군적 작성의 임무를 관장했던 것은 아니었다. 조선 초기에 지방별로 군적이 처음 작성된 것은 1393년(태조 2)이었다. 당시에 군적 작성을 관장했던 것은 도절제사(병마절도사의 전신)가 아니라, 각읍의 수령과 관찰사였다. 이런 상황은 태종 초엽까지 계속되었다. 그러다가 태종 중엽 이후 도절제사가 군적 작성을 직무로 하게 되면서[132] 세종 초기에 이르러 본격적으로 도절제사가 군적 작성을 담당하게 되었다.[133]

세종대까지 지방의 군적에는 그 지방의 군액으로 시위군, 영진군, 수군 등의 군정과 봉족이 모두 파악되어 등재되었다. 하지만 이때의 군적에는 중앙군으로 종사하는 군정과 그 봉족은 제외되었다. 그러다가 1440년(세종 22)에 변화가 일어났다. 이때에 갑사를 거주지의 영·진별로 군적에 수록했다.[134] 그리고 1451년(문종 1)에 하번 지

---

130 김석형, 「이조초기 국역편성의 기저」『진단학보』 14, 1941, 3쪽.
131 오종록, 앞의 논문, 1989, 112쪽.
132 그러나 이후에도 군적작성을 위해 별도의 관리가 파견되는 경우도 있었다. 한 예로 세조 11년의 군적작성에는 군적사 등이 파견되었는데(『세조실록』 권36, 세조 11년 1월 무진), 이는 군정작보 규정을 개정하여 전국의 군적을 개수하고자 한 까닭에 그 사업이 방대했기 때문이었다(오종록, 앞의 논문, 1989, 113쪽).
133 오종록, 앞의 논문, 1989, 113쪽.
134 민현구, 앞의 책, 1983, 67~68쪽.

충청도 속오군적(토지주택 박물관)
숙종 때 충청도 지역의 속오군병 5천여 명의 신상 명세를 기록한
병적기록부로 현존 최고 분량이다.

방군을 지방별로 거주지의 군적에 모두 수록했다. 그 결과 지방에 거주하는 중앙군과 지방군 모두를 일원적으로 파악할 수 있게 되었다.[135] 그 후 1455년(세조 1)에 전국을 군익체제軍翼體制로 편성하면서 사용司饔·사복司僕·충호위忠扈衛·상의원尚衣院·응사鷹師 등 잡직에 종사하는 사람들과 효용향리驍勇鄕吏·잡

색군까지 모두 각 익에 소속시켰다. 그리고 그 군적을 중익中翼, 병영, 병조에 비치했다. 이를 통해 중익-병영-병조의 계통을 밟아 번상이 이루어지도록 체계화했다.[136] 이러한 체제는 진관체제가 편성된 뒤에도 그대로 유지되었다. 다만 중익이 거진으로 대체되어 제진-거진-병영-병조의 계통이 되었다. 이로써 세조대에는 모든 군사와 지방민이 군적에 의해 파악되었다. 다만 여기에 겸사복, 내금위 등 장번의 경군사는 제외되었다.[137]

군적은 6년마다 1번씩 개수되었다. 병마절제사는 이를 위해 매년 봄·가을로 도내의 각 읍별, 병종별 군사수를 조사하여 병조를 통해 계문했다.[138] 군적은 군안軍案이라고도 불렸는데, 처음에는 호적과 마찬가지로 3년마다 1번씩 수정되었다. 그러다가 1428년(세종 10)부터 6년마다 1번씩 개정하게 되었다. 그 이유는 서리 등의 농간 때문이었다. 군적은 수령-도절제사-병조의 절차로 수정되었다. 수령은 나이 60이 되거나 질병 또는 사고를 당해 면역되는 등의 이유로 군정에 궐원이 생기면 그 사실을 파악하여 즉시 빠진 자리를 충당하고 그 사실을 도절제사에게 보고했다. 도절제사는 수

---

135 『문종실록』 권5, 문종 1년 12월 을축.
136 『세조실록』 권2, 세조 1년 9월 계미.
137 오종록, 앞의 논문, 1989, 112쪽.
138 『문종실록』 권5, 문종 1년 12월 을축.

령의 보고에 따라 빠진 군정을 군적의 정안正案에 표기했다. 동시에 바뀐 군정의 내용을 초안으로 기록해 두었다. 그러다가 6년마다 그 사실을 군안에 게재했다.[139] 이렇게 6년마다 수정된 각도의 군적은 병조로 올려졌다. 그럼 병조에서는 그것을 초안으로 삼아 정리하여 전국의 군적을 작성했다. 이러한 과정을 거쳐 최종적으로 군적의 개수가 끝났다.[140]

『경국대전』의 규정도 이와 같다. 군적은 6년마다 작성하도록 규정되어 있다. 서울은 오부가, 지방은 각도의 병·수사가, 제주는 제주절제사(목사)가 작성하여 병조에 보내도록 하고, 작성된 군적은 병조와 감영 및 병·수영, 거진, 제진에 각 1건씩 보관하도록 했다. 각 읍 군적의 작성 책임자는 수령이었다. 실무자는 향리였다. 또 병영의 군적 작성 실무자는 영진무營鎭撫였다. 병사는 각 목장의 목자도 3년마다 군적에 올렸다.[141]

(2) 지방군의 징발

지방군은 군적을 통해 전시나 대열, 진법 훈련 때에 동원되었다. 도내의 군사력인 지방군을 파악하여 징발하는 책임자도 병마절도사였다. 그러나 병마절도사도 함부로 지방 군사를 징발할 수 없었다. 병사가 군사를 징발할 때에는 반드시 병부兵符와 군부軍符, 밀부密符 등을 써야 했다.

호부虎符는 발병호부發兵虎符라고 했다. 도내 지방군을 도절제사와 감사를 통해 징발할 수 있도록 처음 체제가 마련된 것은 1403년(태종 3)이었다. 호부는 가운데에 호랑이를 새기고 좌·우에 양陽·음陰 두자를 새겨 육갑六甲으로 번호를 매긴 모양이었다. 그중 양부(좌부)는 왕부에 보관하고 음부(우부)는 각도의 감사와 병마·수군도절제사에게 주었다.[142] 왕부에 보관되어 있던 호부의 왼쪽을 출납하는 권한은 처음에는 상서사에 있었다. 이후 세종 즉위년부터 그 권한이 병조로 이전되었다.[143] 그리고 상서사

---

139 『세종실록』 권40, 세종 10년 윤4월 기축.
140 『연산군일기』 권5, 연산군 1년 5월 정미.
141 『경국대전』 권4, 병전, 성적.
142 『태종실록』 권6, 3년 7월 정유.
143 『세종실록』 권 1, 즉위년 9월 계축.

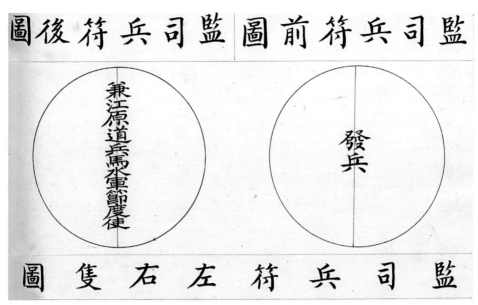

『보인부신총수(寶印符信總數)』(규장각한국학연구원) 고종때 감사 발병부 좌우를 나누고 합쳤다.

에서는 그것을 보관만 했다.[144]

병부는 진법이 개편되는 1451년(문종 1)부터 사용되었다. 발병부는 도내 군사를 징발할 경우 감사와 병·수사에게 모두 주어졌다. 발병부는 병사에게 주어졌고, 수사에게는 발수군부發水軍符 및 수군부水軍符를 사용했다. 발병부는 표면에 '발병發兵'이라는 글자를 새기고 이면에는 각도 관찰사, 병·수사 또는 진의 명칭을 표시했다. 또한 호부와 마찬가지로 좌부(양부)와 우부로 나누어서 좌부는 궁중에 소장하고 우부는 해당 장소에 내려 보냈다. 중앙에서 군사를 징발할 때에는 궁중에 보관해 두었던 좌부를 교서와 함께 내려 보냈다.[145] 병부도 병조에서 출납했다.

병부의 우부는 처음에는 도절제사와 감사에게만 발급했다.[146] 그러다가 진관체제가 편성된 직후인 1457년(세조 3) 12월에 유사시에 신속히 발병할 수 있도록 제읍에도 모두 우부를 발급했다. 이어 1458년(세조 4) 6월에는 도절제사와 감사에게도 제읍 병

---

144 오종록, 앞의 논문, 1989, 114쪽.
145 『경국대전』 권4, 병전, 부신.
146 『세조실록』 권10, 세조 3년 12월 경자.

부의 양부를 주었다. 이는 습진할 때 독자적으로 각 읍 군사를 징발할 수 있도록 하기 위함이었다. 이전까지는 도절제사가 습진할 때는 각읍에 문서를 발송하여 발병했었다. 그런데 이 조치 이후 도절제사는 먼저 거진과 제읍 병부의 좌부를 군관에게 주어 거진으로 보냈다. 그러면 거진의 장이 가지고 있던 우부와 도절제사가 보낸 병부의 좌부를 맞추어 보았다. 그 다음에 거진장은 다시 제읍 병부의 좌부를 제읍에 보냈다. 이어 각읍 수령은 거진장이 보낸 병부를 맞추어 본 후 다시 거진으로 보냈다. 그런 후 거진장은 다시 군관에게 그것을 주어서 도절제사에게 보냈다. 이런 절차를 거쳐 도절제사는 군사를 징발했다.[147] 『경국대전』에 "진법 훈련 시 병부를 기다리지 않고 군사를 징발할 수 있다"는 것은[148] 중앙에서 보내는 병부의 좌부 없이도 병사가 발병한다는 말일 뿐 실상은 위와 같이 복잡한 절차를 거쳐야 했다.[149]

원래 병부는 영진의 군사를 징발할 때 사용했고, 감사·도절제사·처치사를 통해 도내 군사를 징발할 때에는 호부를 사용했다.[150] 그러다가 1462년(세조 8)에 호부는 모두 거두어들이고 병부만 사용하는 것으로 했다. 감사와 도절제사, 처치사가 제진·포 병부의 좌부를 갖게 되었기 때문이었다.[151]

수군의 병부는 1458년(세조 4) 8월에 처음 발급되었다. 이것은 육군의 병부와 구분하여 군부軍符로 호칭되었다. 발수군부는 상번 수군을 징발하기 위한 것이었다. 발수군부의 표면에는 '발수군發水軍' 3자, 이면에 포浦의 이름을 새겼다. 군부의 양부는 감사와 처치사, 음부는 각 포의 만호, 첨절제사가 지녔다. 수군부는 하번 수군 곧 제읍에 거주하는 수군을 징발하기 위한 것이었다. 발병부에 '수군水軍' 두자를 새겨 사용했다. 수군부의 양부는 감사와 도절제사·처치사, 음부는 제 읍의 수령이 지녔다.[152] 병사가 수군부의 양부를 갖게 된 것은 수군이 하번일 때에는 거주하는 곳에서

---

147 『세조실록』 권13, 세조 4년 6월 계유.
148 『경국대전』 권4, 병전, 부신.
149 오종록, 앞의 논문, 1989, 115쪽.
150 호부와 병부가 함께 사용되던 때에는 중앙에서 보낸 호부 좌부를 감사와 도절제사, 처치사가 받으면 가지고 있던 제진·포의 병부 좌부를 제진·포에 보내서 발병했다(『병정』 부험).
151 『세조실록』 권29, 세조 8년 10월 임신.
152 『세조실록』 권13, 세조 4년 8월 기묘.

병사가 주관하는 습진에 참여해야 했기 때문이었다. 이것이 발수군부와 수군부가 나뉘어졌던 주요 이유였다.[153]

병부를 가지고 있던 병·수사 및 감사, 진장 등이 출사하거나 유고 시에 병부를 처리하는 절차에 대해서는 1458년(세조 4) 8월에 규정되었다. 이 규정은 거의 그대로 『병정兵政』과 『경국대전』에 수록되었다.[154] 내용은 다음과 같다.[155]

제 진장은 출사할 때 항상 병부를 차고 가며, 만약 공무로 출사하는 일정이 3일을 넘거나 상을 당하거나 휴가를 얻거나 사망하였을 때에는 판관判官(판관이 없으면 교관)이나 구전군관口傳軍官에게 주어서 거진에 교부하며, 거진은 그것을 받아서 절도사에게 교부하며 (절도사 유고 시에는 우후虞侯에게, 우후도 유고시에는 구전군관에게, 평사가 있는 도에서는 평사에게 교부한다), 절도사는 사유를 갖추어 계문하고, 제 진장에게 환부한 뒤에도 역시 계문한다.

절도사가 유고시에는 우후가 받아서 수장하고 계문하며(우후도 유고 시에는 부근 수령이나 구전군관이 수장하고, 평사가 있는 도에서는 평사가 수장한 뒤 병조에 보고하여 계문한다), 절도사가 환수한 뒤 역시 스스로 계문한다.

병·수사나 감사가 교대할 때에 호부 및 병부를 주고받는 규정도 까다로웠다. 호부를 주고 받는 법은 1411년(태종 11)에 정했다. 새로 부임하는 감사와 병마·수군도절제사는 반드시 의정부에서 왕명을 받아 이문한 뒤에 호부를 전수받도록 하고, 그 자호(육갑명)와 전해 받은 곳, 날짜를 갖추어 보고하도록 했다.[156] 병부의 수수도 호부의 수수법에 따라 시행했다. 제 읍의 수령, 제 진·포의 첨절제사, 만호 등도 병부를 수수한 뒤 병·수사나 관찰사를 통하여 그 사실을 보고해야 했다.[157]

---

153 오종록, 앞의 논문, 1989, 115쪽.
154 『경국대전』 권4, 병전, 부신.
155 『경국대전』에는 감사가 유고시의 병부처리에 대한 규정이 없다. 『병정』 등에 의하면 수령관(도사)이 전수하여 수장한 뒤 계문하고, 환수한 뒤 감사가 역시 스스로 계문하며, 수령관도 유고일 때에는 부근 수령이 수장토록 되어 있다(오종록, 앞의 글 116쪽).
156 『태종실록』 권22, 태종 11년 11월 을해.

밀부密符는 1466년(세조 12)에 처음 교부되었다.[158] 밀부가 만들어진 것은 정변 등으로 왕권을 위협하는 만약의 사태가 일어났을 때 병사 등을 통해서 지방군을 동원하기 위함이었다. 때문에 국왕이 바뀌면 밀부를 개조해 새로 발급했다.[159] 밀부는 병·수사에게만 발급하다가 1469년(예종 1) 9월부터 감사에게도 주었다.[160] 이로써 관찰사도 군사 징발권을 갖는 것으로 되었다. 앞서 1466년(세조 12)부터 관찰사가 병마직함을 겸대하지 못한 까닭에 병사가 도내 군사를 오로지 관장했었다. 그래서 감사는 군사징발권이 없었다. 하지만 감사에게 군사징발권이 주어졌다 해도 실제로 군사를 징발하는 경우는 거의 없었다. 1472년(성종 3)에 겸병사제兼兵使制가 실시된 뒤로도 군사를 징발하는 것은 병사였다.[161]

---

157 『세조실록』 권38, 세조 12년 1월 병인.

158 이에 대해 오종록은 호부가 폐지됨에 따라 그 대신 마련된 것으로 하고 있다(『세조실록』 권38, 세조 12년 1월 병인).

159 오종록, 앞의 논문, 1989, 117쪽.

160 『예종실록』 권7, 예종 1년 9월 신사.

161 오종록, 앞의 논문, 1989, 118쪽.

제2절

양계의 국방체제와 익군

1. 양계의 익군과 군익도 체제

1) 군익도별 중·좌·우익 분속체제의 성립

(1) 조선 건국초 익군조직의 정비

익군翼軍은 고려 양계에 있었던 병농일치의 군사조직이자 행정조직이었다. 익군 체제가 형성된 것은 고려 공민왕대였다. 1356년(공민왕 5)에 반원개혁이 추진되면서 쌍성총관부가 수복되었고, 이후 북방지역이 국방상의 요새로서 다시 중시되면서 익군이라는 군대 조직이 나타나게 되었던 것이다.[162]

익군은 각 만호부가 지휘하는 각군을 우익右翼이라는 부르던 데서 유래되었다. 익군 조직은 일정한 지역에 몇 개의 익군을 두어 이것을 합쳐 하나의 군사단위로 삼았다. 즉, 익군은 10명을 통할하는 통주統主, 100명을 통할하는 백호百戶, 1,000명을 통할하는 천호千戶가 획일적인 지휘계통을 이루도록 조직되었다. 익군제 하에서는 그 지역 안의 모든 인정人丁이 군인으로 편성되어 항상 점검의 대상이 되었다. 이들은 일이 없을 때는 농사를 지었다가 군사적인 변고가 발생하면 출정했다.[163] 공민왕대에 이

---

162 민현구, 「鎭管體制의 確立과 朝鮮初期 地方軍制의 成立」 『朝鮮初期의 軍事制度와 정치』, 한국연구원, 1983, 45~46쪽 참조.

러한 독특한 군사조직이 서북면의 국방의 임무를 감당했던 것이다.[164]

당시 서북면의 모든 인정은 군사적 업무에만 전심했다. 대신 그 밖의 공부貢賦는 일체 면제받았다. 또한 전조田租도 모두 군수에 충당되었다. 결국 내용상으로는 완전히 일치하지는 않는다 하더라도 고려 초기 양계의 주진군 조직의 특수성이 고려말 서북면의 익군조직으로 계승되고 있는 셈이었다.[165] 서북면의 익군조직은 1378년(우왕 4)에 잠시 전국에 확대되었다가 반년 만에 그만 둔 적이 있었다.[166]

양계의 익군 조직은 조선 건국 후 그대로 계승되었다. 특히 서북면의 경우는 고려 말의 익군 조직이 그대로 이어졌다. 1392년(태조 1) 9월에 당시의 서북면에는 고려 말에 설치된 5개 군익도 총 32익 가운데 평양의 10익, 안주의 10익, 의주의 4익의 총 24익만 기능하고 있었다. 그리고 국경지역에 위치한 이성(창성)만호부의 4군, 강계만호부의 4군은 조직이 와해되어 나타나지 않았다. 그 이유는 5개 만호부 가운데 이성도와 강계도는 군현 조직을 바탕으로 편성된 것이 아니라 단지 국방을 위한 군사 기지로서 만호부를 설치하고, 그 주변 지역 주민을 익군으로 편성했던 때문이었다. 이후 강계는 1401년(태종 1)에 주변의 여러 이언伊彦을 합쳐 석주石州로 설치되었다가 그 2년 뒤에 강계부로 개편되었다. 또한 이성은 1402년(태종 2)에 창주에 합속되어 창성군의 일부가 되었다. 그리고 삭주도가 이성에서 개편되었고, 강계도 소속 군현이 새로이 신설되었다.[167]

조선 건국 초창기의 서북면 익군의 중심부는 평양도, 안주도, 의주도였다. 이곳은 고려 말에 서경만호부, 안주만호부, 의주만호부로 나타나던 지역이었다. 이를 통해 고려 말의 만호부가 조선 건국 후에 도로 바뀌었음을 알 수 있다. 당시의 각 익에는 천호 1인이 있어 지휘관의 임무를 수행하고 있었다.[168]

조선 건국 후 동북면은 서북면의 익군조직이 고려 말과 근본적인 변화 없이 이어졌

---

163 이기백, 「고려말기의 익군」『이홍직박사회갑기념한국사학논총』, 1969.
164 민현구, 앞의 책, 1983, 226쪽.
165 민현구, 앞의 책, 1983, 227쪽.
166 『고려사』 권81, 지35, 병1, 병제, 우왕 4년 12월 ;『고려사』 권81, 지35, 병1, 병제, 우왕 5년 윤5월.
167 『세종실록지리지』 평안도
168 『태조실록』 권2, 태조 원년 9월 기해.

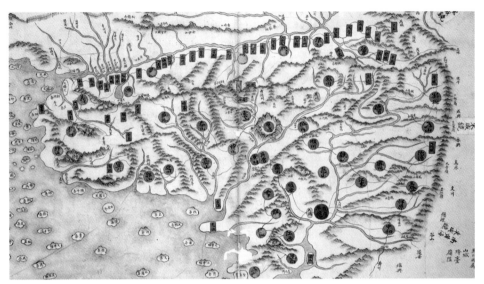

『해동지도』 평안도(18세기 중반, 초기의 서북면, 규장각한국학연구원)

던 상황과는 달랐다.[169] 동북면은 서북면이 요새화되어 주요 지역을 중심으로 익군조직이 이루어지고 있었던 것과는 달리 강역疆域조차 확실히 구분되어 있지 못한 형편이었다.[170] 뿐만 아니라 익군 조직 자체도 상당히 붕괴되어 있었다. 당시 두만강 하류 유역이 조선의 영토로 새로 편입되면서 길주 이북 지역에 군현을 신설했고, 이에 동북면의 익군도 새로 조직해야 했다.[171]

이런 이유로 조선 건국 초에 익군 조직을 확장하고 개편하는 작업은 동북면에서 먼저 추진되었다.[172] 여기에 주도적인 역할을 담당했던 이는 정도전이었다. 정도전은

---

169 물론 당시 동서북면 모두 인정이 제대로 파악되지 못했던 형편이었다. 이는 태조 2년(1393) 9월에 전국의 군적이 작성할 때 동북면과 서북면의 것이 누락되었던 사실로도 짐작 할 수 있다(『태조실록』 권3, 태조 2년 5월 경오).

170 민현구, 앞의 책, 1983, 228쪽.

171 오종록, 『조선초기 양계의 군사제도와 국방체제』, 고려대학교 박사학위논문, 1993, 94쪽.

172 이 시기 조선의 행정조직 개편의 방향은 일반 수령이 파견되는 주·부·군·현으로 바뀌어 있었다. 양계의 경우에도 도제의 실시, 계수관의 설치 등에서 나타나듯이 남도화를 지향하며 정비되었다. 이는 고려 전기의 주진군 조직과 긴밀히 연결되어 있던 주-진으로 이어지는 체제를 극복한 것이었다. 이 시기 양계에 군현이 신설되거나 개편된 지역은 주로 압록강·두만강 연변이었다. 이곳은 국경지역이었다. 결국 조선 초기 양계의 행정조직을 개편한 목적은 영토를 확장하고 국경지역의 국방을 강화하기 위함이었다(오종록, 앞의 논문, 1993, 94쪽).

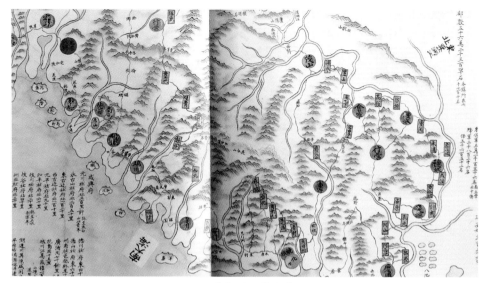

『해동지도』 함경도(18세기 중반, 초기의 동북면, 규장각한국학연구원)

1397년(태조 6) 12월 도선무순찰사로 동북면에 파견되었다. 이때의 정도전의 파견은 조선이 이 지역에 대한 관심을 높이고 이 지역을 파악하는 데에 박차를 가하려 했던 최초의 적극적인 움직임이었다.[173] 당시 정도전이 맡았던 임무는 이성계 조상이 묻혀 있던 제릉을 봉안하고 해당 지역의 성보를 보수하고 수축하며 주민을 편안케 하고 참호站戶를 설치하며 주부州府의 경계를 구획하고 군민의 명칭을 제정하며 각관의 등급을 결정하는 것이다. 이외에도 단주와 공주간의 호구수와 군관의 능력을 파악하는 등 다양한 데에 걸쳐 있었다.[174]

그 결과 동북면의 군익도가 정비되어 기존에 틀이 잡혀져 있는 남부 지역을 영흥도로 하고 단주에서 공주에 이르는 북부지역을 길주도로 했다. 그리고 길주도 소속 각 고을의 익군 조직을 새로이 갖추었다.[175] 이때 각 고을의 익군은 좌·우익으로 나뉘었다. 물론 각 익은 천호千戶와 백호百戶, 통주統主로 연결되는 조직체계를 통해 파악되었다. 이를 표로 정리하면 다음 〈표 4-10〉과 같다.[176]

---

173 민현구, 앞의 책, 1983, 229쪽.
174 『태조실록』 권12, 태조 6년 12월 경자.
175 『태조실록』 권13, 태조 7년 2월 경진.

<표 4-10> 태조 7년 동북면 각관 좌·우익편성표

군현	천호	백호	통주
길주목	각 1	각 6	각 12
단주	1	4	8
경성군	1	4	8
경원부	1	4	8
청주군	1	4	8
갑주	1	4	8

<표 4-10>에 따르면 첫째 각 읍 단위의 각 관에는 좌익과 우익이 있고, 거기에는 천호 이하 백호, 통주가 배치되고 있다. 둘째, 천호, 백호, 통주의 수적 관계를 따지자면 2명의 통주가 1명의 백호에 딸려 있으며 천호와 백호의 관계는 1대6 또는 1대4의 비율을 보여주고 있다.[177]

아울러 조선 건국 초창기에 동서북면의 군현 정비도 집중적으로 이루어졌다. 먼저 서북면은 1396년(태조5)에 집중적으로 군현이 정비되었다. 이 때에 삭주朔州·영녕永寧 등은 소속 지역은 확대하고, 증산甑山·순안順安·희천熙川 등은 속현屬縣 또는 향鄕 등의 위치에서 정규 군현으로 재편했다. 또한 고려전기에 설치되어 이때까지 진의 명칭을 유지했던 지역들을 2개 혹은 4개로 묶어 양덕현陽德縣과 정녕현定寧縣으로 새로이 설치했다. 태조대 정비된 군현은 철산·증산·순안·영녕 등의 서해안 지역의 것과 삭주·양덕·정녕·희천 등 내륙지역의 것으로 구분되어 편재되었는데, 이는 이 시기 서북면의 군현 편성이 해안과 내륙으로 확산되어 가고 있음을 시사하는 것이었다.[178]

태조대 동북면의 군현 정비는 1398년(태조7)에 정도전의 주도에 의해 이루어졌다. 그 내용은 길주吉州·단주端州·경성군鏡城郡·경원도호부慶源都護府·청주靑州·갑주甲州 등 6개 고을의 수령 등급을 개정하고 아전의 수를 정하는 것이었다.[179] 특히 이 때

---

176 이 표는 민현구, 앞의 책, 1983, 239쪽에서 전재함 것임.
177 민현구, 앞의 책, 1983, 231쪽.
178 오종록, 앞의 논문, 1992, 88쪽.
179 『태조실록』 권13, 태조 7년 2월 경진.

에 단주에서 공주에 이르는 동북면 북부지역을 길주도吉州道로 정해 앞의 6개 고을을 소속시키고, 기존의 틀이 잡혀 있는 동북면 남부 지역을 영흥도永興道로 정했다. 그러면서 고려 때 설치되었던 동북면의 진은 모두 내지에 위치하게 되었다.[180]

태종대에 이르러 대대적으로 이루어졌다. 1413년(태종 13) 10월에 서북면은 평안도平安道로, 동북면은 영길도永吉道로 개칭되었다.[181] 영길도는 다시 1416년(태종 16) 9월에 함길도咸吉道로 개칭되었다.[182] 특히 태종에는 평안도의 군현이 집중적으로 정비되었다. 먼저 이때에 여러 군현이 신설되었다. 강계江界·창성昌城·이산理山·벽동碧潼·여연閭延 등이 이 때에 신설된 군현들이었다. 이곳은 모두 압록강 중류에 위치한 평안도의 최북방이었다. 다음으로 군현의 병합, 분리 또는 군현 영역의 확장이 이루어졌다. 맹산孟山과 은산殷山은 태종 초엽에 다른 군현에 병합되었다가 1415년(태종 15) 복설되었다. 용주·의주·철산은 영역이 확대되었다. 그리고 군현의 명칭이 변화되었다. 이미 목牧이 된 의주·안주와 1413년(태종 13)에 도호부가 된 삭주를 제외하고 고려 전기 이래로의 '주州'들이 모두 '천川' 또는 '산山'을 붙인 새지명으로 불리워졌다. 이는 고려의 방어주防禦州 유제遺制가 조선의 군현제 질서에 맞추어 새로이 정리된 것이다. 결국 고려 전기의 주진 중심의 행정조직은 이때에 이루러 모두 정비된 셈이었다.[183]

서북면이 고려의 유제를 극복해 가는 쪽으로 군현이 정비되었다면, 이 시기 동북면은 이와 양상이 달랐다. 먼저 태종대에 동북면에는 새로 군현이 신설되지 못했다. 오히려 최북방의 경원이 여진족의 침입을 받아 남하해서 경성군에 통합되었다.[184] 경원군이 다시 복설된 것은 1417년(태종 17)인데, 이때에 경성군 북부 지역을 떼어 복설했다. 그런데 특기할 점은 태종대 후반에 이 경원과 경성이 진鎭으로 기능하게 되었던 것이었다. 그런데 이 때의 진은 고려 양계의 진과 달랐다. 태종대 후반의 이 2진의 진장은 남방과 같이 수령이 겸직했다. 이는 행정 조직의 남도화南道化를 이룬 위에 수

---

180 오종록, 앞의 논문, 1992, 89쪽.
181 『태종실록』, 권26, 태종 13년 10월 신유.
182 『태종실록』, 권32, 태종 16년 9월 정유.
183 오종록, 앞의 논문, 1992, 92쪽.
184 『태종실록』, 권21, 태종 11년 3월 경인.

령이 겸직하는 새로운 형태였다. 이 새로운 형태의 진은 관할 고을의 여러 요충지에 대한 방위를 지휘한 본부로서 기능했다. 그래서 거진巨鎭으로도 불렸다. 이후 세종대에 설치된 4군과 6진이 이러한 거진의 대표적인 것이었다. 그러므로 태종대의 경성과 경원은 이러한 진의 효시로 주목할 만했다.[185]

이처럼 조선 건국 초창기에는 고려의 익군을 계승한 위에 동서북면의 익군 조직이 정비되었다. 그런데 동서북면의 정비 양상은 달랐다. 서북면에는 군현이 분산적으로 신설되면서 익군 조직이 확대 정비되었다. 반면 동북면에서는 단주 이북지역에 집중적으로 군현이 신설되면서 익군 조직이 정비되었다. 서북면에는 군익도 소속 군사의 수에 따라 4~10개의 익이 설치되었다. 동북면에는 각 고을마다 좌·우익의 2익을 두었다. 결국 서북면과 동북면의 익군체제는 조선 건국초창기에 통일되어 있지 않았다. 또한 이 시기에는 여전히 양계의 군익도가 체계적으로 조직을 갖추어 군사단위로 기능하기에도 미흡했다. 이 지역의 군익도에 모든 소속 고을을 중·좌·우 3익으로 나누어 소속시키는 체제로 통일되었던 것은 이후 세종대에 들어서였다.

결국, 조선이 건국된 후 양계의 지방 행정 조직은 종래에 가지고 있던 남과 구별되는 특수성을 해소하는 방향으로 정비되어 갔다. 특히 태종 연간의 정비 과정을 통해서 고려의 주와 진이 목·도호부와 군현으로 정비되고, 동서북면이 함길·평안도로 개편되었다. 또한 양계의 진과는 다른 면모의 거진이 이 시기에 새로이 등장했다. 결국 고려 전기의 주진州鎭 중심의 체제는 이때에 이르러 정리되고 조선의 독자적인 특징을 갖게 되는 쪽으로 변화되었던 것이다.

(2) 중·좌·우 익군의 군익도별 분속

세종대 초반에 이르러 모든 고을을 중·좌·우 3익으로 나누어 양계의 군익도에 소속시키는 체제로 통일되었다. 이를 위해서는 해당 지역의 군사적·정치적 상황을 꾸준히 파악하여야 했다. 그리하여 먼저 1403년(태종 3)에 동서북면의 인정을 파악하는 작업이 이루어졌다. 이 지역의 인정은 앞서 태조 2년에 군적을 작성할 때에 누락되었

---

185 오종록, 앞의 논문, 1992, 93쪽.

었다. 그러다가 이때에 북방을 포함해 전국적인 인정의 파악이 이루어졌다.[186] 그리고 1407년(태종 7)에는 동서북면의 군사를 시위군과 익군으로 구분했다. 이는 남방의 각 도에 시위군 이외에 별도의 영진군營鎭軍을 설치한 것과 대비되는 일이었다.[187]

남방영진군이 영·진별로 분속되어 임무를 수행했던 것에 반해 익군은 각 익에 소속되어 군사 활동을 했다. 익군은 그들의 거주지가 곧 복무처였고, 따로 징발되지 않더라도 그들은 항상 군인이었다.[188] 이후 1417년(태종 17)에는 동서북면의 도순문사를 도관찰사와 도절제사로 개편했다.[189] 결국 동서북면 군사 행정 조직의 개편은 이지역의 특수성을 인정하면서 남방의 여러 도와 균일한 방향으로 이루어졌던 것이다.

건국 초창기의 익군 조직은 태종대 동서북면에 대한 파악이 이루어지면서 변화되었다. 먼저 서북면의 여러 군현이 압록강 중류 유역에 집중적으로 신설되었다. 1402년(태종 2)에 창성군·석주군·이주군理州郡이 설치되었는데, 이 신설군들은 이성도의 우익, 강계도의 중익과 우익에 소속되었다. 당시 군현이 신설된 것은 국방을 강화하기 위함이었다. 그래서 신설 3군을 평안도의 국경지대에 편성된 군익도인 이성도와 강계도에 소속시킴으로써 익군 조직을 확대하고자 했다.[190]

이후 1404년(태종 4)에 호구를 파악한 것을 토대로 1407년(태종 7) 9월에 도내 군정을 파악하여, 익군 14익의 호수와 봉족 23,012명 등 54,837명이 확인되었다.[191] 그런데 이때 서북면의 경우은 5개 군익도를 중·좌·우의 3익으로 조직했다면 총 15익이 되어야 했으나, 1익이 모자라는 14익으로 편제되어 있었다. 이것은 5개 군익도 가운데 3익을 다 채우지 못한 곳이 있었음을 의미했다. 이 이유는 서북면 안의 모든 군현이 각 군익도에 소속되지 못했던 때문이었다.[192]

예를 들면, 신설된 순안·희주(희천)·정녕 등 3현은 1396년(태조 5)에는 삭주 소속

---

186 『태종실록』 권5, 태종 3년 5월 병오.
187 『태종실록』 권14, 태종 7년 10월 무자.
188 민현구, 앞의 책, 1983, 232쪽.
189 『태종실록』 권34, 태종 17년 10월 정유.
190 오종록, 앞의 논문, 1993, 98쪽
191 『태종실록』 권14, 태종 7년 9월 임자.
192 오종록, 앞의 논문, 1993, 98쪽.

이었다.[193] 이 중 정녕은 1424년(세종 6)에야 3익에 분속되었다. 이 밖에 삭주·강계·맹산·양덕 등 태조·태종 연간에 신설된 고을의 일부와 안주·의주·삼화·강동 등 고려 말부터 존속된 고을의 일부도 세종 6년에 이르기까지 여전히 군익도에 나뉘어 분속되지 못한 상태로 있었다.[194] 결국 태종 7년 무렵에는 군익도에 소속되어 있지 않은 고을이 더 많았다.[195]

또한 태종대에는 서북면의 평양을 제외한 안주, 의주, 삭주, 강계 등 각 군익도의 중심 고을 즉, 각 군익도의 이름을 결정하는 군사 중심지가 익에 소속되지 않았다. 앞서 1402년(태종 2)에 평양을 포함한 안주, 의주, 삭주, 강계 등 5개 지역은 서북면의 군사 중심지임을 분명히 한 바 있었다.[196] 그런데 이성은 창성에 흡수되었다 해도 나머지 안주와 의주, 강계는 군익도 중심지의 위치에서 벗어난 일이 없었다. 그럼에도 이곳은 3익 안에 편성되지 않았다. 이는 1421년(세종 3)에 최윤덕에 의해 제기된 거진 중심의 국방론이 일시적으로 국방체제에 반영된 결과였다.[197]

최윤덕의 거진 중심 국방론이란 의주, 강계 등을 거진으로 설정해 군익도와 별도로 국방 중심지로 삼아 자체 방위에 치중토록 하는 것이었다. 그러나 이에 따르면, 안주에 주둔하고 있는 평안도 병마도절제사가 의주도와 강계도 소속 군현의 방어를 담당해야 했다. 그러면 본진이 위험해질 우려가 있었다. 이러한 문제점의 노출로 결국 1422년(세종 4)에 본래대로 시정되었다.[198]

건국 초창기의 서북면 군익도 체제가 태종대 초반부터 변화가 있었다면 동북면에서는 태조대 말의 체제가 태종대 중반까지 계속되었다. 1398년(태조 7) 2월의 고을마다 좌·우익을 두는 체제는 1410년(태종 10)에 이르러 경원진을 설치할 때까지도 유지되었다.[199] 이후 1413년(태종 13)에 동북면의 익마다 5품인 상천호와 6품인 부천호

---

193 『태조실록』 권10, 태조 5년 8월 임오.
194 『세종실록』 권24, 세종 6년 6월 병진.
195 가령 이성은 태종 2년 창성군을 설치하여 이성도 우익에 소속시켰을 때 창성의 일부로 흡수된 바 있었다. 이성도는 태종 15년 1월에야 삭주도로 개편되었다. 따라서 그동안에는 이성도에 중익이 없었을 것이다(오종록, 앞의 논문, 1993, 98쪽).
196 『태종실록』 권3, 태종 2년 6월 계축.
197 『세종실록』 권13, 세종 3년 8월 갑인.
198 『세종실록』 권18, 세종 4년 12월 경자.

1명씩 2명을 두도록 규정했는데,[200] 이는 종래 익마다 천호 2명씩을 두는 것과 마찬가지의 조치였다. 그런데도 태조 7년 이후 15년 만에 다시 이 규정이 나타난 이유는 이 때에 군익도 별로 중·좌·우 3익으로 분속했기 때문이었다.[201] 태종 13년은 동북면 군익도에 3익을 각각 분속시켰던 동시에 길주가 병마도절제사영의 소재지로 정착된 때였다.[202] 또한 태종 13년 10월 이후 동·서북면의 명칭이 모두 함길·평안도로 바뀌어져 있었다.[203]

세종대에 이르러 태종대의 군익도 체제는 비로소 통일적으로 정비되었다. 먼저 1421년(세종 3)에 평안도의 마병·보병·수군의 호수 즉 정군의 총수가 27,207명으로 파악되었다.[204] 이후 3년 뒤인 1424년(세종 6)에 평안도의 5개 군익도가 개편되었다. 이 5개도는 평양도, 안주도, 의주도, 삭주도, 강계도였다. 그리고 이전까지 전혀 익에 분속된 적이 없는 지역까지도 망라해 재편성했다.[205] 함길도는 평안도 재편이 이루어진 1년 뒤인 1425년(세종 7)에 함흥도·길주도·화주도의 3개 군익도로 편제되었다. 이때에 도내 전 지역이 망라되었다. 3개의 각 군익도는 중·좌·우의 3익으로 편성되었다. 이때에 함길도 내의 모든 지역이 3개 군익도 9개익 가운데 하나에 들어가도록 편성되었다.[206] 이때의 군익도 재편을 통해 평안, 함길도의 도내 모든 고을은 각 군익도의 중·좌·우익 3익에 분속되었다. 또한 평안도의 경우 군익도의 중익으로 거진인 의주·삭주·강계 등과 병영 및 감영 소재지인 안주·평양을 확정함으로써 군익도가 국방의 기본 단위임을 분명히 했다.[207]

세종 6년과 7년의 조치로 평안도와 함길도의 익군은 각 군익도의 중·좌·우 3익에

---

199 『태종실록』 권19, 태종 10년 2월 정미.
200 『태종실록』 권26, 태종 13년 7월 무술, "定東北面各翼千戶百戶之數 上千戶一 五品 副千戶一 六品 每一領上百戶一 七品 副百戶一 八品."
201 이때의 동북면의 규정은 서북면의 중·좌·우 3익에 천호·부천호 1명씩 2명을 둔 것과 동일한 내용이었다(오종록, 앞의 논문, 1993, 100쪽).
202 『태종실록』 권26, 태종 13년 7월 병신.
203 『태종실록』 권26, 태종 13년 10월 신유.
204 『세종실록』 권12, 세종 3년 7월 을축.
205 『세종실록』 권24, 세종 6년 6월 병진.
206 『세종실록』 권27, 세종 7년 2월 경신.
207 오종록, 앞의 논문, 1993, 99쪽.

군현 단위로 나뉘어 소속되었다. 각 익에 소속된 고을의 수나 군사 수의 차이가 존재했음에도 불구하고, 평안도와 함길도 모두 군익도마다 3익을 두는 통일적인 체제로 편제했던 것은 실전에 대비하기 위함이었다. 즉, 외적과의 전투 시에 3개 단위부대를 편성하던 종래의 전통을 따라 각 군익도를 3익으로 편제한 것이었다.[208]

　이러한체제는 더욱 정비되고 조정되어 『세종실록지리지』에 기재되었다. 내용은 다음 표와 같다.[209]

〈표 4-11〉 평안도의 군익도 편성

도별	익별	익속관	익군수
평양도	중익	평양부	1,580
	좌익	중화군 삭원군 삼등현 순안현 증산현	
	우익	함종현 삼화현 강서현 용망현	
의주도	중익	의주목 인산군 용천군 철산군 안녕현	1,768
	좌익	정주목 곽산군 수천군 선천군	
	우익	가산군	
영변도	중익	안주목 순천군 영변대도호부 박천군	3,337
	좌익	성천도호부 맹산현 은산현 양덕현	
	우익	강동현 숙천도호부 자산군 수유현	
삭주도	중익	삭주도호부 태천군	1,535
	좌익	개산군 상성군 운산군	
	우익	벽동	
강계도	중익	강계도호부 여연군 자성군 무창군 우예군	1,741
	좌익	덕천군 희천군	
	우익	이산군 위원군	

---

208 오종록은 이에 대해 군익도가 단순히 군사를 파악하여 징발하는 지역 단위로서만 기능하지 않았다며 군익도는 국방의 기본 단위로서 국방을 위한 실질적인 전투편제였다고 하고 있다(오종록, 앞의 논문, 1993, 96쪽).
209 이 표는 『세종실록 지리지』에서 검출하여 작성하였다. 익군수는 평안도의 경우에는 도의 모두에 나타나지만 함길도의 경우엔 각관별로 합산함으로써 알 수 있을 뿐이다. 함길도의 일부지역에 나타나는 정군은 곧 익군을 뜻한다. 한편 함길도에는 경원이 두 군데 나타나는데 상호관계는 불명하다.

도별	익별	익속관	익군수
함흥도	중익	함흥부	1,580
	좌익	정평도호부 예원군	
	우익	북청도호부 삼수군	
영흥도	중익	영흥대도호부	1,250
	좌익	안변도호부 선천군	
	우익	문천군 고원군 용진군	
길주도	중익	길주목	1,684
	좌익	단천군 갑산군 경성군	
	우익	경원도호부	
경원도	중익	경원도호부 부령도호부	3,298
	좌익	온성도호부 경흥도호부	
	우익	회령도호부 종성도호부	

2) 군익도의 군사지휘체계

(가) 병마절제직과 병마단련직

세종 6년과 7년에 평안도와 함길도의 익군 조직이 개편되었다. 이에 따라 군사를 지휘하고 군익도와 관련된 군사 업무를 처리하는 여러 직책도 개편되었다. 그중 대표적인 것이 병마절제직兵馬節制職과 병마단련직兵馬團練職이었다.

병마절제직과 병마단련직은 형식상으로는 모든 수령이 겸임하도록 되었다. 양계의 수령은 직품職品에 따라 군익도 중·좌·우 각 익의 병마절제사와 병마단련사·부사·판관을 겸했다.[210] 병마절제직은 병마사·도병마사로 소급할 수 있는데, 주 임무가 군사 지휘였다. 반면 병마단련직은 본래 수령의 겸임직이었다.[211] 병마단련직은 1395년(태조 4)에 규정되었다. 이때에 3품 수령은 병마단련사, 4품은 병마단련부사, 5, 6품

---

210 『세종실록지리지』 함길도, 정평도호부.
211 오종록, 앞의 논문, 1993, 101쪽.

은 병마단련판관兵馬團鍊判官을 겸하도록 했다.[212] 수령의 병마단련직 겸대는 평안도와 함길도에서만 시행되었다.[213]

북방 2도에서 병마절제직과 병마단련직의 차이는 적변이 없는 평상시의 업무에서 구별되었다. 평시에 수령으로서 근무하는지, 아니면 군사를 지휘하여 국방을 담당하는지가 그 차이였다. 병마절제직은 군사를 지휘하는 직책으로서 병마도절제사의 지휘를 받았다. 반면 병마단련직은 여러 군사 업무를 관할하지만 직접 군사 지휘를 담당하지는 않았고, 관찰사의 지휘 아래 있었다.[214] 따라서 북방 2도에서 병마단련사 등이 군사를 지휘하여 적침을 막은 기록은 찾을 수 없다.

반면 병마절제사·첨절제사 등이 국방에 종사한 기록은 발견할 수 있다. 때문에 국경 지역 군익도의 중심 고을 수령은 반드시 병마절제를 겸하는 직함을 띠었다. 또한 육진六鎭이나 사군四郡 등 진으로 설정된 곳의 진장 역시 병마절제의 직함을 띠었다.[215] 이후 1455년(세조 1)에 전국적으로 군익도가 설치되었을 때는 중익의 주장主將으로 하여금 병마절제사·첨절제사를 띠게 했고 그 나머지와 좌·우익의 수령은 병마단련 직함을 띠게 했다.[216] 그리고 1455년(세조 3) 진관체제로 개편되었을 때까지도 이 원칙은 유지되어 각 진관의 주진장主鎭將은 병마절제 직함을 띠도록 했다.[217]

병마절제직은 각도의 군사 책임자 직책인 병마도절제사를 필두로 병마절제사(2품)·첨절제사(3품)·동첨절제사(4품) 등으로 이어지는 직책이었다. 먼저 북방 2도에

---

212 『태조실록』 권7, 태조 4년 4월 경인.
213 이에 관해서 세종 21년(1439) 당시 경상도에서도 수령이 병마단련직을 겸대했음이 확인된다. 그러므로 남방의 여러 도에서도 상당 기간 동안 이것이 시행되었을 것이다. 그러나 『세종실록』 지리지에서는 양계 지역 외에는 이 제도가 시행된 자취를 발견하기 어렵다. 따라서 『세종실록』을 편찬한 단종 2년(1454)에 이르는 동안 남부의 수령의 병마단련직 겸대는 폐지되었다고 생각된다(오종록, 앞의 논문, 1993, 101쪽).
214 이는 세종 21년(1439)에 경상좌도 병마도절제사 이징옥이 올린 비변책에서도 확인할 수 있다. 당시 이징옥은 국방이 긴요한 경상도 연해 지역에 병마단련직을 겸대하고 있는 수령들이 관찰사의 명령을 수행하느라 군무를 처리할 수 없다면서 연해수령을 '첨절제사·동첨절제사·절제판관 등을 칭해 방어에 전념토록 하자'고 했다(『세종실록』 권2, 세종 21년 11월 을축).
215 오종록, 앞의 논문, 1993, 102쪽.
216 『세조실록』 권2, 세조 1년 9월 계미.
217 『세조실록』 권11, 세조 4년 1월 임술.

는 주로 병마절제사가 파견되었다. 절제사는 1388년(창왕 원)에 원수로부터 개편되었다.[218] 그러나 북방 2도의 병마절제사는 원수에서 직접 변화한 것이 아니었다. 고려 우왕 때 서북면 5개 군익도에는 원수와 만호가 파견되었으나, 조선 건국 후에는 원칙적으로 도병마사가 파견되어 지휘했다. 병마절제사는 이 도병마사가 1415년(태종 15)에 다시 바뀐 것이다.[219]

병마절제사가 도병마사의 후신이라는 것은 1394년(태조 3) 2월에 당시 판의흥삼군부사 정도전이 올린 중앙과 지방의 군제개혁안을 통해 나타난다. 당시 정도전은 지방 주군의 군사는 병마사가 관할하고 이를 절제사가 통할하도록 했다.[220] 여기서의 병마사는 도병마사와 병마사의 총칭이었고,[221] 절제사는 각도의 도절제사였다.[222] 이에 따라 서북면 익군의 편성 중심지인 의주·강계·이성과 정주 등에 처음으로 도병마사가 파견되었다.[223] 이후 1408년(태종 8) 7월에 지방에 파견되는 각도 도절제사 이하 군사 지휘관들로 하여금 수령을 겸하도록 하고[224] 이들이 거느리는 군관의 수를 정하는 제도적 정비가 이루어졌다.[225] 이어 1409년(태종 9) 이후 도병마사는 강계 또는 강계도로 분명히 규정되어 파견되었다. 이리하여 서북면 군익도의 관할 책임자가 도병마사로 정착되었다. 다만 5개 군익도 가운데 당시 도순문사가 평양부윤을 겸하고 있던 평양도는 여기에서 제외되었다. 그리고 안주에는 도병마사 파견이 중지되었다. 왜냐하면 1413년(태종 13) 7월에 양계의 병마도절제사가 전임관으로 정착해 서북면에는 안주에 동북면에는 길주에 병영을 두었기 때문이었다. 이로부터 안주와 평양에는 따로 군사 책임자가 두어지지 않고 안주도는 병마도절제사, 평양도는 도순문사나 이로부터 개칭된 도관찰출척사가 관할했다.

---

218 『고려사』 권77, 지31,백관2, 외직, 절제사.
219 『태종실록』 권29 태종 15년 1월 을축.
220 『태조실록』 권5, 태조 3년 2월 기해.
221 도병마사와 병마사는 2품관과 3품관으로서의 구별이 있었다. 때로 도병마사가 병마사 또는 절제사와 혼용되기도 했다.
222 오종록, 앞의 논문, 1993, 103쪽
223 『태조실록』 권5, 태조 3년 3월 병인.
224 『태종실록』 권16, 태종 8년 7월 갑인.
225 『태종실록』 권16, 태종 8년 7월 계해.

1415년(태종 15)에 도병마사는 병마절제사로 개칭되었다. 이때 이성도는 삭주도로 개정되었다. 그리하여 평안도의 5개 군익도 가운데 국경지역에 위치한 의주, 강계, 삭주 등 3개 군익도 중심지에는 병마절제사가 각각 파견되어 관할했다. 그리고 병마도절제사는 도내 국방 중심부인 안주도를 관할하면서 국경지역 3개 군익도의 병마절제사를 지휘했다. 반면 관찰사는 가장 남쪽에 위치한 평양도를 관할하면서 배후에서 병마도절제사의 군사 지휘를 감독했다.[226]

함길도에는 1396년(태조 7)에 길주도와 영흥도의 2개 군익도가 자리잡는 동시에 길주에는 찰리사紊理使가 두어졌다.[227] 길주 찰리사는 길주 목사가 겸직했다.[228] 함길도에는 길주도 도안무찰리사가 지속적으로 파견되었다.[229] 길주도 도안무찰리사는 1413년(태종 13)에 길주가 동북면 병마도절제사영으로 정착되기까지 계속 파견되었다.[230]

그러나 평안도와 달리 함길도의 국경지역이 길주도 1개 군익도에 포괄되었다 해도 도안무찰리사 혼자서 함길도의 국방을 담당할 수는 없었다. 그래서 함길도에는 도병마사·병마사 등이 진에 파견되었다. 이들은 태종 즉위 후 여진과의 관계가 악화되어 국방을 강화할 필요성이 높아지자, 경성, 경원, 청주(북청) 등에 파견되었다. 특히 경원과 경성 두 곳은 태종대에 진으로 개편되어 국방 거점으로 기능했다. 그러다가 1408년(태종 8) 7월에 경성 대신 청주에 병마사를 파견했다.[231] 그 후 1410년(태종 10) 6월 이후 다시 경성에 병마사를 파견했다. 그리고 1411년(태종 11) 1월 이후 청주에는 더 이상 병마사를 파견하지 않았다. 태종 13년까지 경원, 경성 두 곳의 병마사 등을 지휘하여 국방을 담당했던 것은 길주도 도안무찰리사였다.

그러나 이런 상황은 세종대에 이르러 바뀌었다. 세종 즉위 후 경원과 경성 두 진에 파견되는 장수는 병마절제사와 첨절제사의 직함을 띠었다. 이들은 모두 진에서 군사

---

226 오종록, 앞의 논문, 1993, 105쪽.
227 『태조실록』 권13, 태조 7년 2월 경진.
228 『태종실록』 권19, 태종 10년 6월 병신.
229 길주도 도안무찰리사는 품계가 낮은 장수를 파견하였을 경우 찰리사라고도 했다. 윤자당이 태종 11년 8월 찰리사로 파견되어 이듬해 12월 도안무찰리사로 승진한 것이 그 사례이다(『태종실록』 권22, 태종 11년 8월 신묘 ; 『태종실록』 권24, 태종 12년 12월 계해).
230 오종록, 앞의 논문, 1993, 107쪽.
231 『태종실록』 권16, 태종 8년 7월 계해.

를 지휘하는 직책이었다. 그런데 길주에 병영이 설치되자 경원, 경성의 두 진은 길주도에 소속되었다. 이때의 경원과 경성은 병마도절제사가 직접 관할했다.[232]

함길도 국경지대인 길주도와는 달리 남부 배후지역에 위치한 영흥도에는 태종 13년 이전까지 영흥부윤이나 도순문사가 병마도절제사를 겸했다.[233] 그런데 1416년(태종 16)에 함흥이 함길도 관찰사영의 소재지가 되자,[234] 이에 따라 군익도의 명칭이 영흥도에서 함흥도로 개칭되었다. 영흥도는 세종 7년 군익도 개편 때에 영흥대도호부에서 개칭되었다. 이는 당시 화주도가 함주도에서 분리 신설되고, 화주목이 다시 영흥대도호부로 개편된 데 따른 것이었다.[235]

각도 군사책입자인 병마도절제사는 평안도와 함길도 모두 도내 군사 전체를 지휘하는 직책이었다. 때문에 당연히 관할 군익도를 지휘했다. 도병마사와 병마절제사는 2품 장수로서 도호부사나 목사보다 높았다. 이들은 대개 중앙 관직이나 군익도 중심 고을의 수령이 겸직했다. 아울러 이들은 대개 다른 중앙 관직을 겸임했으며, 때로는 삼군부의 총제직을 겸임했다. 이들이 중앙관직을 겸임했던 것은 가족들을 이끌고 부임할 수 없었기 때문에 중앙에서 녹봉을 받을 수 있도록 배려해 준 조치였다.[236]

다음으로 병마단련직은 1395년(태조 4)에 모든 수령이 그 직품에 따라 겸대하도록 한 군사 직함이었다. 단련사가 먼저 설치 운영된 것은 서북면이었다. 1407년(태종 7)에 동서북면의 여러 일에 대해 왕명을 내리면서 서북면의 토관천호-익천호翼千戶는 군사를 단련사는 민사를 맡도록 하면서 양자 사이의 업무 분담을 규정했다. 이때에 단련사는 3익을 단위로 1명을 차출하여 익과 관계된 군사 업무를 관할하도록 했다. 반면 익천호는 군사 징발 등을 지휘했다. 이로써 각 군익도의 책임자인 병마절제사는 군익도 소속 3익을 관할하는 단련사와 부사 등을 통해 익천호를 지휘하게 되었다.[237]

함길도에 병마단련직이 운영된 것은 서북면보다 늦은 1425년(세종 7)에 군익도의

---

232 오종록, 앞의 논문, 1993, 107쪽.
233 『태종실록』 권14, 태종 7년 8월 정유.
234 『세종실록지리지』 함길도, 함흥부.
235 『세종실록지리지』 함길도, 영흥대도호부.
236 오종록, 앞의 논문, 1993, 108쪽.
237 『태종실록』 권14, 태종 7년 9월 임자.

조직을 정비하면서였다. 이때에 각익 수령은 모두 병마단련 직함을 겸대해야 했다.[238] 그런데 평안도와 함길도 수령이 병마단련직을 겸대하게 된 시기에 적어도 18년 이상 차이가 났던 것은 두 도의 국방 상황이 달랐던 때문이었다. 평안도에서는 도절제사가 3명의 군익도 병마절제사를 통해 익군을 지휘해 방어를 담당했다. 반면 함길도에서는 길주도 도안무찰리사나 병마도절제사가 최전방에 위치한 길주도 소속 경원과 경성 두 진의 진장을 지휘해 국방에 임했다. 또한 태종연간까지 여진족은 동북면-함길도에 국한해 침입했고, 서북면-평안도에서는 세종 즉위년 9월까지 거의 그 사례가 없었다.[239] 게다가 함길도는 국경선이 비교적 짧았고, 경원과 경성 두 진의 도병마사나 병마절제사 등이 도내 거의 전 지역에서 부방하는 익군을 지휘하여 국방을 담당했다. 때문에 수령이 군사의 직함을 겸대할 필요성이 거의 없었다.[240]

반면 평안도는 몽골 등 서북방으로부터의 외적의 침입에 대비해야 했다. 이를 위해서는 평상시에 동원 가능한 도내 군인을 조직적으로 파악하고, 국방을 맡는 국경지역 군익도의 도병마사나 병마절제사 휘하에서 익천호를 관할 지휘할 직책을 설치해야 할 필요성이 컸다. 또한 유사시에는 수령이 익군을 지휘하여 국방을 담당할 수 있는 제도적 장치도 필요했다. 때문에 평안도에서는 각 익 수령의 병마단련직 겸대가 함길도보다 일찍 그리고 비교적 잘 시행되었다.[241]

그러나 1432년(세종 14) 이후 노략질을 목적으로 소규모로 침입해오는 여진족을 막기 위한 노력이 강화됨으로써 군익도를 단위로 하는 국방체제와 밀접히 연결된 북방 2도의 단련사제도의 의미는 점차 퇴색되었다. 여진족의 격퇴를 위해 국경지역에 진과 구자口子가 많이 설치되고 이를 중심으로 하는 국방체제가 갖추어졌기 때문이다.[242] 육진과 사군의 진장鎭將이 병마단련직을 겸하지 않았던 것은 이 점을 시사해 준다. 그래서 부령진을 제외한 오진五鎭에서는 판관이 병마단련직을 겸대했다. 부령진만은 판관이 설치되지 않았기 때문에 진의 절제사가 해당 익의 병마단련 직함을 겸대

---

238 이재룡, 앞의 논문, 161~164쪽.
239 『세종실록』 권1, 세종 즉위년 9월 갑인.
240 오종록, 앞의 논문, 1993, 108쪽.
241 오종록, 앞의 논문, 1993, 109쪽.
242 오종록, 앞의 논문, 1993, 110쪽.

했다. 보통의 경우 진의 절제사는 대개 도호부사 등을 겸했다.[243]

15세기 중엽에 이르러서는 병마절제사, 첨절제사의 수가 크게 증가했다. 이 시기의 이들은 군익도 안의 군사 업무를 관할하면서 군익도의 익군 전체를 지휘한 것이 아니었다. 이들은 국방 요새로서 설치된 진을 중심으로 그에 부방하는 군인을 지휘하여 국방에 종사했다. 아울러 병마단련직을 겸하지 않은 수령의 수가 많아졌다.[244]

(2) 각익, 각관의 천호, 백호, 통주

북방 2도 익군의 상급 지휘관 직책이 병마절제직과 병마단련직이었다면, 각익, 각관의 천호, 백호, 통주는 중하급 지휘관의 직책으로 마련된 것이었다. 이 직책에는 토착 세력자들이 임명되었다. 이 외에 진무, 패두와 총패, 소패 등도 중하급 지휘관이었다.

먼저 천호千戶는 양계 만호부의 만호가 소멸되면서 익군을 지휘하는 토착 조직체계의 정점을 이루었다. 만호부와 만호는 태종대의 군익도 정비가 이루어지기 전까지 국방과 군사행정에서 중요한 몫을 담당했었다. 특히 서북면의 이성, 강계만호부와 1398년(태조 7)에 설치된 동북면 경원의 만호부 등은 순수한 군사기지로서 1408년(태종 8)에 도병마사가 파견되기 전까지도 국방이 유지되었다. 이 외에 고려 말 서북면의 의주, 동북면의 갑주(갑산)에 설치된 만호부도 조선 건국 초까지 명맥을 유지하고 있었다.[245]

조선 건국 후 서북면 만호부는 모두 국경지대의 군익도 중심지가 되었다. 서북면 만호부에는 토호 출신 만호가 있었다.[246]

한편으로는 중앙 관원으로 파견된 만호도 있었다.[247] 이곳에는 뒤에 병마절제사가 파견되었다. 서북면과 달리 동북면 만호부는 군익도 중심지로는 연결되지 못했다. 다

---

243 『세종실록지리지』 함길도.
244 오종록, 앞의 논문, 1993, 110쪽.
245 오종록, 앞의 논문, 1993, 111쪽.
246 가령, 의주의 경우 토호 출신으로는 張思吉이 있었는데, 이 사람은 부친인 張侶의 만호직을 세습하여 정종 2년(1400) 당시까지 그 지위를 유지했다(『고려사』 권137, 열전50, 신우).
247 『태종실록』 권5, 태종 3년 1월 갑오.

만 최전방의 기지일 뿐이었다. 경원만호부는 1400년(정종 2) 이후 기록에 나타나지 않고[248] 갑주만호부는 1415년(태종 15)에 이르러 갑산지군사甲山知郡事로 개편되었다.[249] 그러다가 서북면과 동북면 만호부의 만호는 이 지역의 군익도를 중, 좌, 우 3익 체제로 개편된 이후에는 파견되지 않았다.[250]

양계 만호부의 만호가 소멸되면서 천호가 익군을 지휘하게 되었다. 천호는 토착 세력자가 맡을 수 있는 익군의 최고 군사직함이었다. 그리하여 각 고을별로 천호-백호-통주로 연결되는 틀로 익군을 파악하여 지휘하는 체계가 조직되었다.[251] 그리고 군익도마다 3익을 두는 체제로 개편되면서 익군을 지휘하는 장교의 직책은 익천호와 익백호 등이 담당하게 되었다. 1407년(태종 7)에 서북면에는 익마다 3명씩 익천호를 두도록 규정했다.[252] 2년 뒤에는 익의 아래에 설치된 중·좌·우 소所마다 모두 부천호 副千戶를 1인씩 두도록 했다.[253] 이로써 익군의 지휘체제는 각 익마다 중·좌·우의 천호소가 설치되고, 천호소마다 천호·부천호 각 1명씩이 두어졌다. 1개 익에는 천호, 부천호 각 3명, 1개 군익도 안에는 3익-9천호소의 천호 9명, 부천호 9명이 있었다. 이러한 조직구성을 통해 3익 편제의 군익도도 전투 조직으로 기능할 수 있고, 각 익도 3소 편제를 갖추어 익 단위의 전투편제로서 기능할 수 있었다.[254]

동북면에서는 1413년(태종 13)에 익마다 상, 부천호를 두고, 익의 하급 단위를 영

---

248 『정종실록』 권4, 정종 2년 5월 신사.

249 『태종실록』 권30, 태종 15년 12월 경오.

250 서북면은 태종 2년에 강계와 이성이 정규 주군으로 개편되면서 더 이상 만호가 파견되지 않았고, 동북면은 태종 15년 갑산지군사로 개편된 이후 파견되지 않았다(오종록, 앞의 논문, 1993, 112쪽).

251 이는 태조 7년 길주도 각 고을의 익군 편성으로 알 수 있다. 당시 길주도 익군은 각 고을의 백호는 통주 2명씩을, 천호는 백호 4~6명을 관할하도록 조직되었다. 길주도 소속 천호는 총 12명, 백호는 26명, 통주는 104명이었다(오종록, 앞의 논문, 1993, 112쪽).

252 『태종실록』 권14, 태종 7년 9월 임자.

253 『태종실록』 권17, 태종 9년 1월 신유.

254 그러나 1개 군익도 및 익에 소속된 고을과 익군의 수는 지역에 따라 편차가 있었다. 그리고 각 고을에서 배출되는 익천호의 수나 익천호 1명이 지휘하는 익군의 수에도 차이가 있었다. 「세종실록지리지」에 따르면 평양도 우익에는 6개 고을이, 강계도는 좌, 우익에 각각 1개 고을이 소속되었다. 또한 평양도 중익의 익군은 13,434명이었고, 강계도 좌, 우익은 각각 1,060명과 1,686명이었다(오종록, 앞의 논문, 1993, 113쪽).

領으로 이름 짓고, 영마다 상, 부백호를 두도록 했다.[255] 각 익은 3소로 나누어 소마다 상, 부천호가 관할했다.[256] 동북면의 익군 편제도 서북면과 같았다.[257]

각 고을 소속의 천호·백호百戶는 군익도 소속의 당번 익군을 지휘하는 천호·백호와 구별되었다. 군익도 소속 당번 익군을 지휘하는 천호는 익천호였다. 익백호는 당번 익군을 지휘했다. 그러나 익천호와 각관천호가 근본적으로 구분되는 것은 아니었다. 익천호, 백호는 처음에는 산관직散官職이었다. 상천호는 5품, 부천호는 6품, 상백호는 7품, 부백호는 8품이었다.[258] 상천호와 상백호는 익군을 직접 지휘하여 국방을 담당하는 직책이었던 까닭에 해당 품계에 맞는 경관직으로 진출할 수 있었다. 그러나 중앙 관료들이 이에 반대했다. 그래서 익천호가 경직京職에 제수될 때에는 토관과 마찬가지로 자급을 내려 받도록 되었다.[259] 이에 따라 익천호를 토관천호로도 불렀다.[260]

북방 2도에의 천호와 백호는 임기를 마친 뒤에 봉족을 지급받았다. 백호는 4명을 지급받았다.[261] 1435년(세종 17) 이전까지 익천호는 근무할 때 나장螺匠 2명을 거느렸다. 익백호는 체임한 뒤에도 차첩差帖을 회수하지 않았다. 그러다가 세종 17년에 익천호의 나장 영솔은 금지되고, 익백호는 체임 즉시 차첩을 회수했다.[262]

익천호의 임명은 군익도 병마절제사가 도의 도절제사에 천거한 뒤 도절제사가 시험을 거치는 과정을 거쳐 이루어졌다.[263] 익천호는 관찰사의 평가를 받았다. 관찰사는 봄, 가을로 이들을 포폄했다. 이때 다섯 번 중 4번이 중中이거나 1번이 하下에 해당하면 직책을 박탈당했다.[264]

천호, 백호 외에 진무鎭撫, 패두牌頭, 총패摠牌, 소패小牌 등도 군익도의 각 익에 소

---

255 『태종실록』 권26, 태종 13년 7월 무술.
256 『세종실록』 권41, 세종 10년 8월 계사.
257 함길도에 소의 하부 단위로 領이 설치되어 백호가 관할했던 것처럼 평안도 또한 마찬가지였으리라 여겨진다(오종록, 앞의 논문, 1993, 114쪽).
258 『태종실록』 권26, 태종 13년 7월 무술.
259 『세종실록』 권54, 세종 13년 12월 정유.
260 『세종실록』 권62, 세종 15년 11월 경자.
261 『세종실록』 권38, 세종 9년 11월 갑오.
262 『세종실록』 권69, 세종 17년 7월 병신.
263 『세종실록』 권57, 세종 14년 8월 병오.
264 『세종실록』 권50, 세종 12년 10월 임진.

속되어 익군 등을 지휘했다. 진무는 병마절제사 영營과 국경지역의 군익도에 설치되었다. 진무는 토관직에 진출할 수 있었다. 이들은 정찰과 방어를 담당했다.[265] 진무로 임명된 사람들은 토착 세력자의 자제 가운데 문자를 알고 계산도 할 줄 아는 아들이었다.[266] 따라서 이들은 국경 지역 주군州郡의 수령이나 지휘관 밑에서 문서를 관할하고 군자 출납 등을 관장하는 막료로 기능할 수 있었다.[267] 패두도 진무와 마찬가지로 군사를 지휘하면서 국방을 담당했다.[268] 총패와 소패는 본래 익군 지휘관의 직책으로 설치되지는 않다. 총패, 소패는 시위군의 하급 장교 직책이었다. 그런데 양계의 시위군 역시 패를 기본 단위로 했다. 그래서 시위군의 하급 장교인 총패, 소패가 익군을 지휘하는 장교 직책이 된 것이다.[269]

〈표 4-13〉 양계 익군의 지휘체계(군익도별 3익으로 분속)

도	군익도	익	소	영
병마도절제사	병마절제사	병마단련사·부사·판관	(상)천호 상백호	부천호 부백호

양계 익군의 지휘체계는 도-군익도-익에 이르는 상층부와 익에 소속된 소-영에 이르는 하층부의 이원적인 구성이었다. 상층부의 병마도절제사, 절제사 등은 중앙에서 파견되었다. 하층부의 천호, 백호와 진무 등은 현지의 유력자로 임명되었다. 병마단련의 직함을 띠는 양계의 수령은 유사시를 대비해 무재가 있는 자로 임명되었다.[270] 그러나 수령은 평시에 행정을 담당하면서 익천호를 감독했다.[271] 실제로 국방의 책임

---

265 『세종실록』 권40, 세종 10년 5월 신사.

266 『세종실록』 권11, 세종 3년 2월 병신.

267 오종록, 「조선초기 병마절도사제의 성립과 운용」(상), 『진단학보』 59, 1989, 112쪽.

268 『태종실록』 권19, 태종 10년 6월 갑인.

269 세종 14년 함길도 남부 지역의 정군은 50명을 단위로 패를 이루어 윤번부방토록 했다. 이 패의 지휘관이 총패였다. 소패는 패의 하급단위로서 25명을 단위로 하는 소부대의 지휘관이었다. 당시의 정군은 시위군과 익군을 합하여 불렀다. 양군이 함께 부방한 지 오래되었기 때문이다. 결국 총패와 소패는 시위군의 지휘관이자 익군의 지휘관이기도 했다(오종록, 앞의 논문, 1993, 116쪽).

270 『태종실록』 권19, 태종 10년 1월 갑신.

271 『태종실록』 권14, 태종 7년 9월 임자.

을 졌던 것은 각 익의 익천호였다. 이들은 장기간 국방을 담당하는 고역을 지고 있었다.[272] 익천호는 군사 100명을, 백호는 50명을 지휘하는 직책으로 바뀌면서 익천호 1명이 익백호 2명을 지휘하게 되었다.[273]

그러면서 각관의 천호·백호·통주는 유명무실해졌다. 각관천호가 관할 고을에 거주하는 군인을 파악하는 기능만을 담당했기 때문이었다.[274] 당초 각관의 천호-백호-통주로 연결되는 조직은 거주하는 익군에 대한 파악체계인 동시에 지휘체계였다. 그러다가 군익도별로 중·좌·우익을 두어 당번 익군을 지휘하는 조직체계로 갖추어지면서 이들의 지휘 기능은 실전이 아니라 유사시의 대비용이 되었다. 이것이 이들이 이름만 남게 되는 이유였다. 대신 수령을 정점으로 하는 행정조직이 그 기능을 대신했다.[275]

2. 익군과 토관제도

토관土官은 고려말기부터 양계에 설치되어 지방행정의 한 부분을 담당했었다. 조선 건국 후 토관은 평안도의 평양과 함길도의 영흥 또는 함흥 등에만 설치되어 있었다. 설치된 곳은 적었지만 두 지역의 토관의 규모는 적지 않았다. 태종 초엽까지 평양부는 600여명, 영흥부는 576명에 이르렀다.[276] 576명에 달하던 영흥부의 토관은 1401년(태종 원) 7월에 196명으로 감축되었다.[277] 1407년(태종 7)에는 다시 114명으로 줄어 들었다.[278] 그리고 1414년(태종 14)에 이르러 또 절반이 감축되었다.[279] 결국 영흥

---

272 『태종실록』 권34, 태종 17년 8월 계묘.
273 『세종실록』 권86, 세종 21년 7월 무오.
274 오종록은 이에 대해 함길도 국경지역에는 각관 천호-백호-통주로 이어지는 체제는 완전히 소멸되었거나 당초부터 설치되지 않았던 것으로 보고 있다. 그 근거는 세종 9년 8월에 박초 등이 천호, 백호, 통주를 설치해서 '관령기민'토록 하자고 건의했던 사실이나(『세종실록』 권37, 세종 9년 9월 갑인) 세종 20년에 함길도에 신설된 4읍에 인보법을 실시하여 총패(100호)-두목(50호)-통주(10호)로 이어지는 조직을 갖추자고 한 사실(『세종실록』 권81, 세종 20년 4월 병인)이다 (오종록, 앞의 논문, 1993, 118쪽).
275 오종록, 앞의 논문, 1993, 119쪽.
276 이재룡, 「조선초기의 토관에 대하여」, 『진단학보』 29·30, 1966, 47~48쪽.
277 『태종실록』 권2, 태종 원년 7월 경술.

부의 토관은 처음의 규모에 비해 1/10 정도만이 남게 되었다. 600명이 넘던 평양부의 토관도 줄어들기는 마찬가지였다. 이미 250명으로 감축되어 있었던 1414년(태종 14)에 이를 다시 반감해 동반 94명, 서반 36명 등 130명을 정원으로 했다. 이 또한 처음에 비해 1/4~1/5에 지나지 않는 규모이다.[280]

태종대를 거치면서 이처럼 토관이 감축된 이유는 지역 규모에 비해 토관의 수가 많다거나 먼 곳의 군인이 토관으로 임명된다거나, 군자곡을 비축하기 위해서 등 여러 가지였다.[281] 먼저 토관 감축의 주요한 이유가 되었던 것은 군자곡의 비축과 관련해서였다. 이미 고려 말 1391년(공양왕 3)에 평양부의 토관을 감축하면서 품계에 따라 3~10결의 지록地祿(녹봉)을 지급했는데, 1407년(태종 7)에 영흥부 토관의 지록은 1결 50두~6결로서 앞서의 시기보다 그 양이 줄어들었다. 지급되는 양이 줄어들었음에도 불구하고 이 시기에 토관에게 들어가는 비용은 114명의 토관 지록 415결에 이르렀다.[282] 그러므로 토관 수의 감축은 실제 군자곡의 비축에 상당한 도움이 되었다.

하지만 그보다도 토관이 감축된 근본적 이유는 토관 조직을 유지해야 할 필요성이 줄어들었기 때문이었다. 이 시기에 군현제를 비롯한 행정조직이 정비되면서 중앙의 통제력이 강화되었다.[283] 그러면서 토착세력을 대우하기 위한 토관조직은 그 필요성이 줄어들었다. 이에 토관이 감축되었다. 특히 태종 연간은 양계의 익군체제가 군익도별로 3익을 두는 체제로 개편된 시기였다. 이 체제하에서는 해당 군익도 안의 익군을 동원하여 국방을 수행하도록 되었다. 그러므로 군사지휘관으로 임용되는 토착세력자를 특별히 대우해야 할 필요성이 크지 않았다.

이 외에 태종 연간에 토관이 줄어 들었던 또 다른 이유로는 천호·백호·지인·영사 등이 토관과 별도로 임용 거관되었던 사실과 관련이 있다. 물론 평양부와 영흥·

---

278 『태종실록』 권13, 태종 7년 3월 계유.
279 『태종실록』 권28, 태종 14년 8월 신유.
280 『태종실록』 권28, 태종 14년 9월 병술.
281 『태종실록』 권2, 태종 원년 7월 경술 ; 『태종실록』 권28, 태종 14년 8월 신유.
282 이재룡, 앞의 책, 61쪽.
283 실제로 조선 건국 초창기 토관이 설치되었던 곳은 양계의 도순문사영-관찰사영이 있던 곳이었다.

함흥부, 평안도와 영흥·함흥도의 범위에서는 토관이 운영되었지만 그 외의 군익도에서는 토착세력을 바탕으로 군사조직을 편성하여 토관과 별도로 천호 등을 설치해 군사 행정 운영에 관여하도록 했다.[284] 이러한 여러 이유로 토관이 감축되자 1416년(태종 16)에 이조판서 황희는 "평양과 함흥마저도 다른 부와 목의 예와 같이 토관을 혁파하고 향리를 설치하는 것이 편하다"고 하면서 양계 토관을 아예 혁파하자고까지 주장했다.[285]

태종대의 이러한 토관 감축의 양상은 세종이 즉위한 뒤로는 달라졌다. 이 시기에는 북방 2도의 토관이 차츰 증설되는 한편 토관이 설치 운영되는 지역도 확대되어 갔다. 이 시기에 토관이 늘어난 것은 진무鎭撫들이 중앙 관직에 임명되지 못했기 때문이었다. 함길도의 경원·북청·갑산 등의 진무들은 경관직을 얻지 못하고 국경지역 고을에서 국방에 종사했다. 그러자 조정에서는 이들을 해마다 1명씩 함흥 토관에 임명했다.[286] 1428년(세종 10)에는 최전방인 경원진에 부방하는 군졸에게도 토관이 될 기회가 주어졌다. 이에 함흥부 서반 토관인 진북위鎭北衛의 각 직책을 증설했다.[287] 경성, 길주 등의 진무도 해마다 1명씩 함흥 토관에 임명되었다.[288] 이런 상황은 평안도도 마찬가지였다. 평안도의 각 군익도 유영진무留營鎭撫나 주요 국방 거점인 여연閭延의 유영진무 등도 평양부 토관에 임명되도록 했다.[289]

세종대 들어 평양과 함흥의 토관제도는 종래의 익군체제 운영 원칙을 벗어나 새로 설치된 국경지역 군익도의 직책에 임용되는 진무나 다른 군익도에 부방하는 군졸들을 대우하기 위한 방편으로 운영되었다. 이로써 태종대와는 달리 토관은 증설되어 갔다.[290]

이러한 추세 속에서 1429년(세종 11)부터는 평양과 함흥 외에 새로운 지역에도 토

284 오종록, 앞의 논문, 121쪽.
285 『태종실록』 권32, 태종 16년 10월 무진.
286 『세종실록』 권11, 세종 3년 2월 병신.
287 『세종실록』 권40, 세종 10년 2월 을축.
288 『세종실록』 권40, 세종 10년 5월 신사.
289 『세종실록』 권37, 세종 9년 8월 계미.
290 오종록, 앞의 논문, 1993, 122쪽.

관이 설치되었다. 이때는 압록강과 두만강 유역의 국방을 강화해 가던 때였다. 이 시기에 토관은 북방 2도의 병마도절제사도, 평안도의 의주·강계·삭천(삭주), 함길도의 6진에 각각 신설되었다. 토관제도는 1434년(세종 16)에 다시 정비되었다.[291]

세종 16년의 토관은 북방 2도의 감영과 병영이 위치한 4개 지역, 그리고 의주, 경원부, 영북진 등지로 확산 설치되었다.[292] 평안도에도 영변에 토관이 설치됨에 따라 토관의 수가 늘었다. 아울러 도내 각 군익도의 진무 외에 백호·지인·영사 등도 토관에 임명되도록 했다.[293] 이들은 소속 군익도에 따라 평양·영변도에서는 평양부의 토관에, 의주·삭주·강계도와 여연에서는 영변부의 토관에 임명되도록 했다. 1433년(세종 15) 5월에는 함길도의 길주목에도 토관이 설치되었다. 길주는 함길도 병영이 위치한 곳이었다.[294]

평안도와 함길도의 병영이 있는 영변과 길주에 토관이 설치되었다는 사실은 병마도절제사가 양계의 토착세력에 대한 영향력을 강화할 수 있다는 의미였다. 이전에는 감영이 있는 평양부와 함흥부에 토관이 설치되었다. 그래서 토관 임명에 전권을 행사한 것은 양도의 관찰사였다. 그러나 이로부터 양도의 병마도절제사가 관할 토관의 임명권을 행사할 수 있게 되었다.[295]

감영과 병영이 위치한 곳 이외에 의주와 경원, 영북진에 토관이 설치된 것은 여러 진과 구자가 설치되고 남부지역의 익군이 부방하는 사정 속에서 이루어진 일이었다. 평안도에는 의주에 이어 강계 및 삭주에 토관이 설치되었다. 이곳은 진과 구자를 지휘하는 국방중심지였기 때문이었다. 함길도에는 6진에 모두 토관이 설치되었다. 6진에는 처음부터 동, 서반 토관이 함께 설치되었다.[296] 그 이유는 육진 지역이 사민徙民

---

291 『세종실록』 권64, 세종 16년 4월 무진.
292 영변부 토관의 경우 서반이 토관에서 차지하는 비중은 대단히 크다. 안주에서 영변으로 평안도 병영이 이전되면서 세종 11년 3월에 진변위의 이름으로 117명 정원의 서반토관이 설치되었다 (『세종실록』 권43, 11년 3월 임신).
293 『세종실록』 권48, 세종 12년 5월 갑자.
294 『세종실록』 권55, 세종 14년 2월 신묘.
295 당시 영변과 길주에 설치된 토관은 서반에 국한되었다. 병마도절제사의 토착세력에 대한 영향력은 실상 국경지역에서의 군사 지휘와 관련되는 토착세력에 국한되어 있었다(오종록, 앞의 논문, 1993, 124쪽).

을 통해 군사조직과 아울러 행정 조직도 새로 갖추어졌기 때문이었다.[297]

이처럼 세종 중반에 토관이 증설된 것은 군익도 단위의 국방체제가 무너져가고 진과 구자 중심의 국방체제로 전환되어간 데 따른 변화였다. 이 시기에 토관은 부방하는 익군이 시재試才나 군공을 통해 얻을 수 있는 관직이 되었다. 또한 전사자에 대해 추증하는 관직으로도 사용했다.[298] 이것이 토관이 늘어난 가장 큰 이유였다. 또한 이 시기의 토관은 각 진과 구자에 부방해야 하는 방패·화포군·보충군 등에게도 제수되었다.[299] 이들은 주로 서반 종9품직인 대장隊長과 품외品外인 대부隊副 등에 임명되었다. 이들을 승진시키기 위해 정9품직이 없는 서반 토관에 정9품직인 사용司勇을 설치하기도 했다.[300]

토관은 4군과 6진의 개척이 완료되는 세종말엽에 이르면 평안도의 평양·영변·의주·강계·삭천 등 5개 지역과 함길도의 함흥·경성·경원·회령·종성·온성·경흥·부령 등지에 설치되어 있었다. 결국 평안도는 5개 군익도 중심지에 각각 토관이 설치된 것이고, 함길도는 경흥을 제외한 3개 군익도 중심지와 6진에 모두 설치된 것이다.

세종 16년에 대대적으로 정비되었던 토관제도는 1462년(세조 8)에 다시 크게 정비되었다. 이때는 토관의 확산과정이 끝나고 진관체제로 개편된 뒤였다.[301] 이때에는 일부가 감축된 뒤 다시 대폭적으로 감축되어 『경국대전』에 수록되었다.[302] 경원부 토관의 경우 1434년(세종 16)의 동반 20명, 서반 70명에서 세조 8년에는 동반 17명, 서반 57명으로 감축되었고, 『경국대전』에서는 동반 10명, 서반 18명으로 규정되었다. 토관은 익군체제가 진관체제로 개편되면서 15세기 말엽부터는 중앙의 관심 대상에서 벗어났다. 토관의 정치적 군사적 기능이 크게 약화되었기 때문이었다.[303]

---

296 그럼에도 그 중심은 서반에 있어서, 9품직 정원이 매우 많았다(오종록, 앞의 논문, 1993, 125쪽).
297 오종록, 앞의 논문, 1993, 124쪽.
298 이재룡, 앞의 책, 59쪽.
299 이재룡, 앞의 책, 59쪽.
300 『세종실록』 권85, 세종 21년 4월 무자.
301 『세조실록』 권28, 세조 8년 7월 정미.
302 『경국대전』 권1, 이전, 토관직 ; 『경국대전』 권4, 병전, 토관직.
303 토관 서반이 대폭 감축된 것은, 익군이 정병으로 개편되면서 더 이상 토관이 장기간의 부방에 대한 보상으로 주어지지 않아도 되었던 사정과 관련 있다 할 것이다(오종록, 앞의 논문, 1993, 126쪽).

3. 변진 증설과 군익도 체제의 변화

세종 6년과 7년에 군익도를 단위로 하는 익군체제의 틀이 정착되었으나 세종 말엽에 이르러 다시 변화되었다. 이때에 종래의 군익도의 기능이 바뀌게 된 것이다. 군익도의 기능이 변화한 데에는 국경 지역을 중심으로 변진邊鎭이 증설되었기 때문이었다. 변진이 증설된 것은 세종 중반 영토의 확장이 본격적으로 추진되었던 것과 관련이 있었다.

조선은 건국 초창기 이래 영토의 확장을 꾸준히 추진해 왔다. 영토를 확장하기 위해서는 기존의 군익도 군사조직에만 의존할 수는 없었다. 왜냐하면 영토를 확장하고 그 지역에 백성들을 옮기기 위해서는 국방의 거점이 확보되어야 했기 때문이다. 그래서 국경지역을 중심으로 구자를 포함한 여러 변진이 설치되어 그것을 중심으로 하는 국방체제가 짜여지게 되었다. 이것이 군익도 중심의 익군체제가 변화하게 된 배경이었다.

물론 변진이 처음 설치되었던 것은 세종대 이전이었다. 이미 1397년(태조 6)에 남방 5도에 변진이 설치되어 첨절제사가 파견되었거니와, 양계에도 태종 연간에 변진이 설치되었다. 양계 변진은 여진족의 침입과 관련하여 설치되었다. 양계에 처음 설치된 변진은 경원진이었다. 1410년(태종 10) 2월에 우디캐와 오랑캐 등이 소다로蘇多老에 이전해 있던 경원에 침입한 것을 계기로 경원진이 설치되었던 것이다.[304] 그리고 2개월 뒤에 경원·경성·길주·단주·청주의 갑사 150명을 경원진에 부방토록 하여 진의 틀을 갖추어 갔다.[305]

그 후 1411년(태종 11) 3월에 경원진은 폐지되었다.[306] 경원진이 폐지된 후 경성에 진을 설치해 길주 이남의 군사로 하여금 부방하도록 했다. 이들은 서울로 번상, 숙위하던 군사들이었다. 따라서 이들로 하여금 경성에 부방토록 하는 일은 소속 군사로 하여금 국방에 종사하도록 하는 군익도의 원칙에 어긋났다. 이 문제는 1414년(태종

---

304 『태종실록』 권19, 태종 10년 2월 정미.
305 『태종실록』 권19, 태종 10년 4월 기미.
306 『태종실록』 권21, 태종 11년 3월 경인.

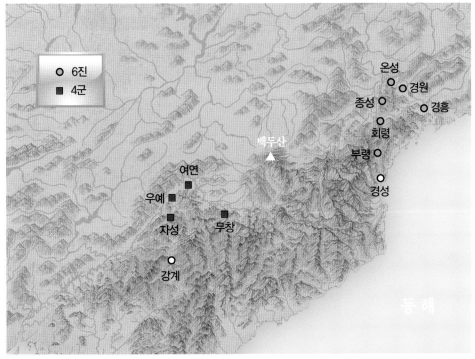

4군 6진의 위치

14) 8월에 경성의 소속 지역을 확대함으로써 자체병력으로 방어하는 것으로 정리되었다.[307]

처음 한 곳에만 설치되었던 함길도의 변진은 이후 점차 증설되었다. 1417년(태종 17)에 경원진이 다시 설치되었다. 당시의 경원은 앞서의 위치보다 남하해서 부거참富居站에 있었는데, 이를 도호부로 승격해 진을 설치한 것이었다.[308] 그리고 이 무렵 갑주도 갑산군으로 승격해 첨절제사가 파견되었다.[309]

함길도의 변진이 증설되는 한편 세종대 들어 평안도에도 압록강 연변에 거진을 설치해야 한다는 주장이 제기되었다. 이 역시 여진족의 침입과 관련이 있었다. 태종대

307 『태종실록』 권28, 태종 14년 8월 계축.
308 『태종실록』 권34, 태종 17년 8월 을사.
309 『태종실록』 권34, 태종 17년 8월 병신.

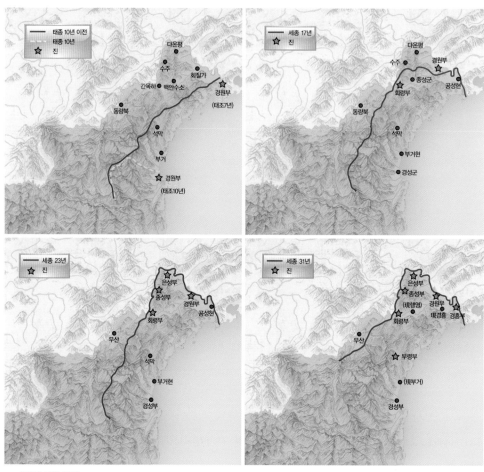

6진의 개척 과정

까지 함길도 경원을 중심으로 침입하던 여진족이 세종 즉위 이후 평안도에도 자주 침입했다.[310] 그러자 1421년(세종 3)에 평안도 군익도 중심지 이외의 압록강 연변에도 거진을 설치하자는 주장이 제기되었다.[311] 이후 평안도 변진 증설의 결정적 계기가 되었던 것은 1432년(세종 14) 12월에 여진족 400여기가 여연을 침략해 약탈하는 일이 발생하고 이에 대응해 1433년(세종 15) 4월에 파저강의 건주위 여진에 대한 정벌을

---

310 송병기, 「세종조의 양계 행성축조와 대하여」『사학연구』18, 1964, 192~193쪽.
311 『세종실록』권13, 세종 3년 9월 갑인.

단행한 것이었다.[312] 여진 정벌이 단행된 이후 평안도 국경에는 이른바 4군이 신설되었다. 4군 중에서 여연은 이미 1416년(태종 16)에 갑산에 소속된 촌에서 독립해 군으로 설치되어 있었는데,[313] 1435년(세종 17)에 도호부로 승격시키고 진를 설치했다.[314] 이후 여연진을 중심으로 무창茂昌·우예虞芮·위원渭原·자성慈城 등의 군郡이 신설되었다.[315]

함길도에는 이른바 6진이 설치되었다. 6진 중에서 경원은 이미 설치되어 있었거니와 회령會寧·경흥慶興·종성鍾城·온성穩城·부령富寧 등 6진 개척이 진행되는 한편 삼수군三水郡이 새로 설치되었다.[316]

세종대 중후반에 평안도와 함길도에 신설된 군은 모두 진으로 기능했다. 그리고 각진의 주변 요충지에는 구자가 다수 설치되어 만호로 하여금 국방을 담당하게 했다. 그리하여 1449년(세종 31)에 부령진이 마지막으로 설치되었을 때, 함길도에는 총 9개 진과 수령이나 절제사나 첨절제사를 겸하는 군·도호부, 그리고 19개 구자가 국방거점으로 기능했고, 평안도에는 12개의 진과 수령이나 절제사나 첨절제사를 겸하는 군·도호부, 그리고 25개 구자가 역시 국방 거점으로 기능했다.[317]

이와 같이 진과 구자 중심의 국방체제가 편성되자, 군익도 중심의 익군체제와는 다른 중요한 변화가 나타났다. 그 하나는 중앙에서 파견된 무장과 장교들이 북방 2도의 익군을 지휘하게 되었던 것이었다. 변진의 진장으로는 남방에서처럼 첨절제사가 파견되기도 했지만 대개 2품의 장수인 절제사를 임명했다.[318] 이들이 군관을 솔행하여 소속 고을과 구자의 만호와 천호 등을 지휘하여 국방의 임무를 수행했다.[319]

당시 구자에서 직접 국방을 맡는 만호·천호는 관군管軍만호·관군천호로 호칭되었

---

312 오종록, 앞의 논문, 1993, 140쪽.
313 『태종실록』 권32, 태종 16년 7월 갑인.
314 『세종실록』 권69, 세종 17년 8월 신축.
315 오종록, 앞의 논문, 1993, 157~158쪽.
316 오종록, 앞의 논문, 1993, 158쪽.
317 오종록, 앞의 논문, 1993, 183쪽.
318 『세종실록』 권87, 세종 22년 9월 임인.
319 6진과 같이 중요한 진은 도호부로 높혀 판관을 설치했는데 이들도 군관을 솔행했다(오종록, 앞의 논문, 1993, 142쪽).

다. 이들은 본래 경군사京軍士만으로 임명되었는데, 이미 많은 구자가 설치된 뒤인 세종 25년(1443)부터는 6품 이상의 본도인本道人도 여기에 임명될 수 있었다.[320] 관군만호와 천호는 정규 관직체계에 포함되는 직책이었다. 이들은 토착적 세력기반을 가진 인물로 임용되는 것이 아니었다. 이러한 점에서 관군만호와 천호는 익천호와는 근본적으로 구별되었다.[321]

이와 아울러 진과 구자 중심의 국방체제가 편성됨으로써 나타났던 변화 중의 또 하나는 국방에 종사할 병력의 수가 진과 구자에서 급증했다는 것이다. 이 때문에 남부지역 군익도를 포함한 평안도와 함길도의 도내 익군 전체가 부방해야 했다. 이 앞서 태종 연간부터 함길도에서는 평상시의 국방은 길주도 내의 같은 익 소속 군사로 유지하다가, 적의 침입이 우려되면 같은 군익도 소속의 남부지역 군사가 소속 익이 다른 진에도 부방할 수 있도록 했다.[322]

그러나 1426년(세종 8)에 용성을 중요한 새 국방 거점으로 삼게 되면서 소속 군익도에서 국방에 종사하는 원칙을 지키지 못하게 되었다. 당시 경성과 경원 두 거진도 이미 병력의 부족을 겪고 있던 형편이었는데, 이 두 진 사이에 용성진이 새로이 설치되면서 문제가 야기되었다.

결국 길주 이남 각 고을의 정군인 시위군과 익군 2,984명과 별패 468명 등 총 3,452명으로 경원과 용성 두 곳에 분번하여 부방토록 하고, 각 익군이 부족한 경우 긴요치 않은 각 포의 선군을 혁파해 부족한 수를 채우도록 했다.[323] 이러한 조치는 함길도 북부지역 병력이 부족할 경우, 도내 남부지역 익군이 소속 익은 물론 소속 군익도에서도 벗어나 국방에 종사하도록 한 것으로써, 종래 군익도 중심의 익군체제의 원칙을 벗어나는 것이었다.[324]

이러한 가운데 1433년(세종 15) 4월의 여진 정벌을 전후하여 평안도에서도 익군의 부방이 시행되었다. 정벌이 단행되기 전인 이해 1월에 평안도 희천 이남지역의 군사

---

320 『세종실록』 권99, 세종 25년 1월 경신.
321 오종록, 앞의 논문, 1993, 142쪽.
322 『태종실록』 권30, 태종 15년 11월 갑진.
323 『세종실록』 권31, 세종 8년 1월 기미.
324 오종록, 앞의 논문, 1993, 143쪽.

가 강계, 여연으로 부방했고,[325] 정벌이 단행된 이후인 이해 8월에 겨울철에 한해 영변 도 자산 이남 군인과 평양도 군인들이 여연에서 의주에 이르는 각 고을 및 각 구자의 요해처에 부방하도록 했다.[326] 이때에 부방하는 군인에는 익군 뿐만 아니라 시위군·갑사·선군 등이 망라되었고, 부방하는 구체적 내용은 군익도별로 달리 규정되었다.[327] 그리하여 종전에는 각 군익도 소속의 여러 병종의 군사가 군익도 단위로 파악 동원되 었으나, 이때에 이르러 군사들은 자기 거주지에서 군역 의무를 지는 것이 아니라 도 내의 국경지역에 부방하게 되었던 것이다.

이러한 상황은 여진과의 긴장이 지속됨에 따라 이후에도 계속되었다. 이미 언급했 다시피 세종 말엽까지 평안도에는 12개의 진과 25개의 구자가 설치되었는데, 이는 주로 의주도·삭주도·강계도에 소속되었고 특히 4군이 설치된 강계도에 집중되어 있 었다. 함길도에는 9개 진과 19개 구자가 설치되었는데 이는 경원도와 길주도에 소속 되었고 대부분이 육진이 설치된 경원도에 집중되어 있었다. 때문에 각 진과 구자에 필요한 병력을 자체 군익도 소속 군사만으로 충당하기는 불가능했다. 이에 평안도에 서는 군익도를 조정하여 강계도와 삭주도를 확대했다.[328] 그러나 사정이 크게 나아지 지는 못했다. 그리하여 황해도 군사까지 부방할 것을 요청한 일도 있었다.[329]

국경지역에 진과 구자가 증설됨에 따라 해당 지역 주민의 입보入堡는 확대 실시되 었다. 입보는 청야책淸野策을 전제로 1423년(세종 5)에 경원 고량기高郎歧에서부터 시 작되었다.[330] 1433년(세종 15)의 규정에는 대적이 침입할 때에는 군익도나 익 단위로 읍성이나 산성에 입보하도록 되어 있었다. 그러나 입보가 실질적인 의미를 가졌던 경 우는 소규모 병력으로 침입하여 약탈하고 돌아가는 여진족에 대해서였다.[331] 따라서 적침이 우려되는 겨울철이 되면 국경지역 주민들은 수확물과 가축 등을 모두 거두

---

325 『세종실록』권59, 세종 15년 1월 경오

326 『세종실록』권61, 세종 15년 8월 갑오 ; 『세종실록』권61, 세종 15년 8월 정유.

327 『세종실록』권66, 세종 16년 10월 계축.

328 『세종실록』권68, 세종 17년 6월 을축.

329 『세종실록』권84, 세종 21년 2월 기미

330 『세종실록』권21, 세종 5년 9월 계묘.

331 오종록, 앞의 논문, 1993, 147쪽.

어 진성鎭城이나 구자에 입보해야 했다. 그 과정에서 애써 사민한 많은 주민이 도망을 했다.

이 같은 폐단 때문에 국방의 중요성이 적어진 지역의 입보를 해제할 것이 논의되기도 했다.[332] 그러나 이것도 문제를 근본적으로 해결해 주지는 못했다. 이에 해결책으로 제시된 것이 진은 물론 구자에도 성을 쌓는 것이었다. 입보하는 주민들이 멀리 진까지 갈 필요가 없도록 구자에도 석성이나 석축을 쌓아 입보할 수 있도록 함으로써 국방을 강화하도록 한 것이다.[333] 1440년(세종 22) 이후 국경 지역의 축성은 진성과 구자성을 연결하는 행성의 축조로 발전했다.[334]

또한 국경지역의 진과 구자가 증설됨에 따라 막대한 군자軍資가 필요하게 되었다. 그리하여 국경지역의 진성에 군량을 저장하게 되었다. 조정에서는 국경 지역의 진과 구자에 군량을 비축하기 위해 그 운송 방안을 여러 각도로 강구했다. 그리하여 1440년(세종 22)부터 회환제回換制가 실시되었다. 회환제는 양계지역 곡물주에게 변방 고을에 곡물을 들이게 하고 그 대가를 서울의 창고나 하삼도의 곡물로 지급하는 제도였다.[335] 그 결과 문종 원년에 이르면 국경지역의 고을에는 모두 읍성을 갖추었고, 각각의 읍성에는 군자곡을 비축했다.[336] 이러한 사정은 함길도도 마찬가지였다.[337]

이처럼 국경지역에 진과 구자가 증설되면서 북방 2도의 국방선이 정해졌다. 당시의 국방선은 영변과 경성에 설치된 도절제사영을 배경으로 해서, 평안도는 의주·삭주·강계 등 군익도 중심지와 자성 등의 사군을 중심으로 형성되었고, 함길도는 경원 등의 육진과 삼수·갑산을 중심으로 형성되었다. 그러자 병영의 위치가 다시 중요한 문제로 부각되었다. 왜냐하면 도절제사영에서 진장에게 명령을 내렸기 때문에 국방상 가장 중요한 곳으로 대두된 4군과 6진이 병영과 멀리 떨어져 있는 것이 문제였기 때문이다. 이에 양도의 병마도절제사는 국방이 긴요한 철마다 4군과 6진의 배후지역인

---

332 『세종실록』 권62, 세종 15년 11월 경인.
333 『세종실록』 권80, 세종 20년 1월 경자.
334 송병기, 앞의 논문, 195~197쪽.
335 박평식, 「조선전기의 '회환제'와 유통경제」, 연세대사학과 석사학위논문, 1991.
336 『문종실록』 권8, 문종 원년 7월 병진.
337 오종록, 앞의 논문, 1993, 149쪽.

강계와 옛 종성에 와서 주둔했다. 심지어 환원되기는 했지만 양계의 병영이 강계와 옛 종성으로 이전되기까지도 했다.[338]

　이처럼 세종대 중반 이후 압록강 중상류 유역과 두만강 하류 유역까지 영토를 포괄하게 되면서 국경지역에 진과 구자가 증설되었다. 그러면서 군익도 중심의 국방체제는 변진 중심의 체제로 바뀌게 되었다. 국방 지역의 진과 구자가 중심이 되면서 군익도는 거진과 구자에 국방 기능을 넘기고 일반 행정과 군사 행정을 주로 담당하게 되었다. 그러면서 도절제사는 군익도를 중심으로 국방을 지휘하기보다는 사실상 직접 진과 구자를 지휘하게 되었다.[339]

---

338 『세종실록』 권120, 세종 29년 10월 정해.
339 이에 대해 오종록은 세종 말엽에 이르러 양계에서의 군익도는 사실상 군사적 측면보다는 행정적 기능이 훨씬 더 중요하게 되었다면서 이는 군익도가 국방을 위한 전투 편제로써 의미를 잃어가고 있었음을 의미한다고 했다(오종록, 앞의 논문, 1993, 149쪽).

제3절

진관체제의 확립과 운용

1. 진관체제의 성립

1) 군익도 체제의 확장

조선의 지방군 체제는 1455년(세조 1)에 일대 혁신을 이루었다. 이때에 평안도와 함길도에 설치된 군익도 체제가 전국으로 확장되었다. 이전에 남방의 연해지역에만 진을 설치했던 것을 이때에 확대해 내륙지방에도 거진巨鎭을 설치하고 주변의 여러 고을을 분속分屬시켰다. 이러한 조치가 이루어졌던 것은 외적이 침입하여 연해지역의 진이 무너진다면 그 후방은 무인지경이 된다는 점을 고려했기 때문이었다.[340]

이러한 개편이 이루어지기 전에 평안도와 함길도의 국방체제도 변화의 선상에 있었다. 이미 언급한 바 있지만 세종대 중엽 이후 압록강 중상류와 두만강 하류까지 조선의 영역이 확대되면서 국경지역을 중심으로 여러 진과 구자가 설치되었다. 이후 조선의 국방체제는 종래의 군익도 중심에서 진과 구자 중심으로 바뀌게 되었다. 이 과정에서 종래의 군익도는 전투편제로서의 의미를 잃고 군사 행정적 기능이 강화되어 있었다. 진과 구자 중심의 체제는 좋은 점도 있었지만 또 폐단을 야기하기도 했다. 먼

---

340 『세조실록』권2, 세조 원년 9월 계미.

저 진과 구자를 방어하기 위해 이전보다 많은 수의 군사를 충당해야 했는데, 그 때문에 군익도 단위를 넘어서 부방하는 일이 생겼다. 그 과정에서 백성들은 흩어져 버렸고, 이를 막기 위해 축성築城이 추진되었다. 세종 22년부터 추진된 행성 및 구자성의 축조로 국경지역 주민들은 멀리에 있는 진까지 가지 않더라도 구자에서 입보할 있었다.[341] 그러나 여전히 상당한 지역의 주민들이 멀리 왕래하며 입보하는 폐단이 있었고, 입보가 해제되었다가도 여진족의 침입이 우려되면 다시 입보하여야 했다. 또한 북방 2도의 남부지역에서는 각 병종의 군인들이 국경지역에 부방하자 그 봉족들이 이들을 뒷바라지 하는 고통을 겪어야 했다. 또한 북방 2도의 주민 전체가 진성鎭城과 구자성口子城, 그리고 행성의 축조 및 수축에 동원됨으로써 크나큰 부담을 지고 있었다.[342]

더욱이 이러한 국방체제는 외적의 침입에 대처하는 전술을 구사할 때도 한계가 있었다. 진과 구자에 병력이 분산되어 있었기 때문에 소규모 침입에는 효율적이었지만 대적이 침입했을 때는 방어하기 어려운 문제가 있었다. 이 점은 국경선이 길어 진과 구자가 많았던 평안도가 함길도보다 더 심각했다.[343] 이에 따라 1448년(세종 30) 이후 평안도의 진과 구자를 병합해야 한다는 주장이 제기되거나[344] 내륙의 국방을 강화하기 위해 내륙의 요충지에 성을 쌓거나[345] 남부지역 군사의 부방을 일시적으로 중지시키는 등의 조치가 취해졌다.[346]

그러다가 세종 사후 기존에 설치한 진과 구자를 폐지하기 시작했다. 먼저 1450년(문종 즉위) 7월에 평안도의 태일과 만포구자가 폐지되었고,[347] 9월에 여연의 훈두보薰豆堡와 벽동의 소파아小波兒 구자가 폐지되었다.[348] 이후 수양(뒤의 세조)이 집권하면서 이 추세는 더욱 본격화되었다.[349] 먼저 계유정란 후인 1454년(단종 2) 10월에 거진이

---

341 『문종실록』 권9, 문종 원년 8월 갑술.
342 『세종실록』 권117, 세종 29년 7월 무술.
343 오종록, 앞의 논문, 1993, 170~171쪽.
344 『세종실록』 권121, 세종 30년 8월 정묘.
345 『문종실록』 권3, 문종 즉위년 8월 을해.
346 『문종실록』 권4, 문종 즉위년 11월 무신.
347 『문종실록』권2, 문종 즉위년 7월 무오.
348 『문종실록』 권3, 문종 즉위년 9월 임자.
349 특히 세조의 집권 후 진과 구자의 폐지가 본격화된 데에는 계유정란이라는 왕위찬탈과정을 통해

부평도호부(인천 부평) 전국 44개 도호부 중 하나였다.

었던 함길도 삼수는 외곽의 보에 거주하는 주민이 단지 7, 8호에 불과하다고 하여 군
을 폐지하고 만호를 파견하도록 했다.[350] 그리고 1455년(단종 3) 4월에 여연·무창·우
예가 폐지되었다.[351]

국경지역에 증설되었던 진과 구자가 병합 혹은 폐지되는 추세 속에서 북방 2도의
군익도체제를 전국으로 확산시키는 개편이 이루어졌다. 이 개편이 이루어진 데에는
이미 이 지역 군익도의 기능이 변화되고 있었거니와 그 지휘체계도 변화함으로써 새
로운 국방체제를 모색해야 할 필요성이 있었기 때문이었다.[352]

세조 1년의 개편으로 북방 2도와 남방의 군익도 편성이 종전과 약간 달라졌다. 먼
저 평안도에서는 고려말 이래 5개 군익도였던 것이 7개로 늘어났다. 이때에 새 군익
도로 편성된 것은 안주도安州道와 개천도价川道였다. 이때의 2개의 군익도는 내륙의

　　파생된 민심의 소요를 진정시키고자 하는 정치적 의도가 내포되어 있었기 때문이라는 견해가 있
　　다(오종록, 앞의 논문, 1993, 174쪽).
350 『단종실록』 권12, 단종 2년 10월 정미.
351 『단종실록』 권14, 단종 3년 4월 무자.
352 오종록, 앞의 논문, 1993, 178쪽.

국방을 강화하기 위해서 편성되었다. 함길도는 문종대의 내용과 대강은 같았지만 갑산과 경성의 2개의 독진獨鎭이 설치되었다.[353] 남방의 경우 각도는 다시 몇 개의 군익도로 나누어지고, 각 군익도는 중·좌·우의 3익으로 편성되었다.

경기도를 예를 들면 다음의 표와 같다.

〈표 4-14〉 세조 1년의 경기도 군익도 편성

거진	구분	지역
광주도	중익	광주·이천·양군·양지
	좌익	여흥·천녕·지평·음죽
	우익	안성·진성·양성·용인·죽산
양주도	중익	양주·원평·포천·적성·가평
	좌익	삭녕·마전·영평·연천
	우익	풍덕·장단·임진·임강
부평도	우익	부평·인천·양천·금천·고양
	중익	수언·남양·안산·과천
	좌익	김포·교하·통진
	독진	교동·강화·개성부

위의 표에 따르면 세조 1년의 경기도는 광주도·양주도·부평도의 3개의 거진과 교동·강화·개성부의 3개의 독진으로 이루어졌다. 이때 거진은 그 부근의 여러 고을을 중·좌·우익으로 편입해 하나의 군사 단위를 이루었다.[354]

이때에 몇 가지 규정도 마련되었다. 먼저 각익의 지휘관은 수령이 겸대했다. 이때 중익 수령의 직함은 모도 모진 중익병마절제사某道某鎭中翼兵馬節制使였는데, 수령이 당상관이 아니면 첨절제사라고 했다. 그 나머지 좌·우익수령의 직함은 모도 모진 좌우익병마단련사·부사·판관某道某鎭左右翼兵馬團練使·副使·判官으로 지칭되었다.[355] 이때에 모도某道는 남방의 6도에서 유방군留防軍이 배치되지 않았던 군익도이고, 모진某

---

353 오종록, 앞의 논문, 1993, 176쪽.
354 『세조실록』 권 2, 세조 원년 9월 계미.
355 『세조실록』 권2, 세조 원년 9월 계미.

鎭은 유방군이 배치되어 있던 변진이 중심이 된 군익도였다. 이러한 구별은 북방 2도에서는 없었다.[356]

이 규정을 경기도에 적용하면, 경기도 광주도의 광주목사는 경기도 광주진 중익병마절제사가 되었다. 다음으로 모든 군사는 익에 속했다. 여기에는 갑사, 별시위, 총통위, 근장, 섭육십, 방패, 별시위, 제영·제진·제포군사가 모두 포함되었다. 이들의 번상·습진·취재는 중익을 중심으로 각 익에서 관할했다. 군적은 중익, 도절제사영, 병조에 비치되었다. 군령은 도절제사 → 중익절제사 → 익의 계통으로 전달되었다. 이때에 이르러 북방의 군익도 체제를 전국으로 확대할 수 있었던 것은 세종대 말부터 중앙군을 지방의 군사력에 충당할 수 있게 되면서 각 지방의 군사력을 확보했기 때문이었다. 게다가 왜구의 문제가 여전히 남아 있었기 때문에 남방의 국방력을 증강시켜야 할 필요도 있었다. 이에 지방군화 된 중앙군의 군사력을 바탕으로 내륙의 국방력을 강화하기 위해 북방의 익군체제를 도입했던 것이다.[357]

이때에 지방군제 개편은 여러 의미를 지녔다. 첫째, 이 조치를 통해 전국의 모든 지역이 군사조직으로 편제됨으로써 조선의 모든 지역이 군사지대가 되었다. 이는 이때까지 처음 시도된 일이었다. 물론 태조대에 모든 지방의 수령으로 하여금 그 직품에 따라 병마직을 겸하게 한 일이 있기는 했었다.[358] 하지만 이 조치는 실제로 북방에나 적용했을 뿐 남방의 경우에는 군사조직이 이루어지지 않았다. 다만 남방에도 연안지역의 진은 군사적 의의를 가졌다. 그래서 1397년(태조 6)에 나타나는 전국의 진은 모두가 연안지대에 위치하고 있었다.[359]

이때에 내륙에서도 군사가 차출되고 그 가운데에는 지방군의 군인도 있었지만, 이들은 거주지와 떨어져 연안의 진을 중심으로 한 요새지에서 근무하거나 기선군으로 근무했다. 따라서 세조 1년의 조치 이전까지는 내륙지역에 그 지역의 자체 방어를 위한 군사조직은 짜여져 있지 않았다. 이러한 상황은 이때에 이르러 바뀌었다. 북방의

---

356 오종록, 앞의 논문, 1993, 177쪽.
357 민현구, 앞의 책, 1983, 243~245쪽.
358 『태조실록』 권7, 태조 4년 4월 경인.
359 『태조실록』 권11, 태조 6년 5월 임신.

군익도 체제를 전국으로 확대하면서 연안지역뿐 아니라 내륙지역까지 포함하여 전국을 군사조직으로 편성했다. 이를 통해 전 지역의 방어체제를 구축할 수 있게 된 것이다. 따라서 이때의 개편은 국방 태세의 전국적 확대라는 점에서 특히 주목할 만한 조치였다.[360]

다음으로 군익도를 전국으로 확대하는 내용의 지방군제 개편이 갖는 의의는 이 조치를 통해 전국의 지방군 조직이 처음으로 획일성을 띠게 되었다는 점이다. 주지하다시피 고려조 이래로 평안·함경의 북방은 남방과는 다른 특수한 군사조직이 있었다. 그런데 북방의 군익도 체제를 남방까지 포함해 전국으로 확대함으로써 남방과 북방의 군사조직상 차이는 제도적으로 소멸된 셈이었다. 물론 군사들의 번상이라든가, 군수 등 여전히 북방과 남방은 많은 차이점이 남아 있지만 군사조직 자체나 방위 태세 등으로 볼 때에는 북방의 여러 지역과 남방의 요해처가 거의 동일한 군사조직으로 편제된 셈이었다.[361]

2) 진관체제로의 개편

(1) 진관체제하의 남방

조선의 지방군 체제가 군익도 체제에서 진관체제鎭管體制로 바뀌게 된 것은 1457년(세조 3) 10월이었다. 이때는 1455년(세조 1) 북방의 군익도 체제를 전국으로 확대하는 조치가 이루어진지 2년이 지난 시점이었다. 이때에 전국의 주요 지역을 중심으로 중·좌·우익의 편성을 갖던 종래의 군익도 체제는 폐지되었다. 대신 전국 각지의 요충지를 거진으로 해서, 거진의 군사기지로서의 거점적 성격을 분명히 하고 나머지 주변 지역의 진들이 거진에 소속되도록 하는 체제로 바뀌었다.[362]

앞서 세조 1년의 조치가 이루어진 후의 경기도를 살펴본 바 있거니와 진관체제가 확립된 후의 경기를 들어 살피면 그 차이를 분명히 알 수 있다.

---

360 민현구, 앞의 책, 1983, 246쪽.
361 민현구, 앞의 책, 1983, 246쪽.
362 『세조실록』 권9, 세조 3년 10월 경술.

<표 4-15> 세조 3년의 경기도 진관 편성

수원진	부평·인천·금천·안산·남양·진위·안성·양성
광주진	양근·지평·천녕·여흥·음죽·죽산·이천·양지·용인
양주진	연천·마전·적성·원평·교하·고양·영평·포천·가평
강화진	김포·양천·통진·교동
개성진	삭녕·임진·풍덕

〈표 4-15〉를 보면 먼저 세조 3년의 조치로 군익도의 도를 진으로 바꾸었다(예 : 수원도→수원진). 본래 도란 명칭은 여러 의미가 있지만, 고려조 이래 도는 지방군의 파악 단위로 사용되었다. 이때에 이르러 지방군 단위로의 도가 진으로 개편되었다. 여기에는 8도라고 할 때처럼 행정구역상의 도와 혼동되는 복잡성을 피한다는 이유도 있었지만, 그보다는 종래에 지방 군사상의 요새지였던 진의 계열과 연결시켰던 측면이 컸다. 본래 진은 요새지나 군사기지로서의 거점적 성격이 분명했다. 따라서 이때에 진으로 개편함으로서 그러한 특징을 보다 분명히 반영했다고 할 수 있다. 가령 수원도라고 할 때보다 수원진이라고 할 때 군사거점으로서의 특성이 더욱 부각되는 효과가 있다는 의미이다.[363]

이처럼 진관체제는 형식상으로 보면 중·좌·우익의 구분을 없애고 각관을 모두 진으로 편제하여 거진을 소속시킨 것이었다. 그러나 내용상으로 보면 남방에서의 거진은 내륙을 중심으로 편성되었고, 제진은 종래 군익도 체제에서 거진이나 독진으로 편제되었던 연해 지역의 진으로 편성되었다. 때문에 군익도 체제에서 거진이었던 곳은 그 지위가 하락했다. 진관체제 편성 후 남방에서 계속 거진의 지위를 유지한 것은 충청도의 태안진, 전라도의 부안진과 순천진 등에 불과했다.[364]

세조 3년에 진관체제가 확립된 이후 그 밖의 진관의 운용과 기능에 관한 내용이 재조정되었다.[365] 그리고 1458년(세조 4) 1월에는 각 고을 수령의 병마직함이 규정되었

---

363 민현구, 앞의 책, 1983, 247쪽.
364 『세조실록』권9, 세조 3년 10월 경술.
365 『세조실록』 권11, 세조 4년 2월 을묘.

다. 이때에 주진 당상관主鎭堂上官 수령은 모주진병마절제사某州鎭兵馬節制使라 불렀고, 3품 수령은 첨절제사僉節制使, 4품 수령은 동첨절제사同僉節制使라 불렀다.[366] 그리고 제진의 수령은 모주도병마단련사某州道兵馬團鍊使·부사副使·판관判官이라고 불렀다. 이때의 직함의 규정으로 보면 남방에는 더 이상 전문 무관인 첨사가 파견되지 않았다. 진관체제 편성 후에 종래의 연해지역의 진이 제진으로 격하되지 않고 거진으로 남았다 하더라도 거기에는 전문무관이 파견되지 않고, 해당 수령이 병마단련 혹은 병마절제의 직함을 겸대했다. 진관체제하에서 남방의 거진은 변진이 아니라 일반 거진이나 제진과 마찬가지로 군현으로 바뀌었던 것이다.[367] 이후 병마단련의 직함은 1466년(세조 12)의 관제 개혁에서 병마절제로 통합되었다. 그리고 3품 당하관 수령은 모두 병마첨절제사를 겸하게 되었다.[368] 따라서 남방의 병마첨절제사는 수령이 겸하는 직함으로만 존재하게 되었다.

그런데 진관체제하의 이러한 변화는 종래 남방 연해지역의 국방을 강화해 오던 추세와는 상반되는 것이었다. 그렇다고 해서 진관체제 편성의 목적이었던 내륙의 국방이 강화되었던 것도 아니었다. 그 이유는 첫째, 남방 각도의 병력에서는 수군이 비중이 높았고, 둘째 중앙에 번상하는 정병正兵과 해안 지역에 설치된 진에 머무르면서 방어에 종사하는 정병을 빼면, 내륙의 국방을 강화하기 위해 그 곳에 설치된 진에 상주시킬 병력이 거의 없었기 때문이었다. 그러다가 1467년(세조 13)에 내륙의 국방은 대폭 강화되었다. 이것이 가능했던 것은 보법保法의 실시를 통해 병력이 확대되었기 때문이었다. 이때에 첨절제사진의 계통을 잇는 거진 및 제진에 진군이 배치되었다. 진군이 배치된 내륙의 진을 유군사거진有軍士巨鎭·유군사제진有軍士諸鎭 혹은 유군거진有軍巨鎭 또는 유군제진有軍諸鎭으로 호칭했다. 이것은 진관체제 아래서의 일반 진과 구분되었다.

이때에 전라도의 전주와 나주, 경상도의 진주와 안동, 상주 등을 유군거진有軍巨鎭으로 삼아 진군을 배정했다. 특히 전주와 안동, 상주에는 절도부사節度副使를 두었

---

366 『세조실록』권11, 세조 4년 1월 임술.
367 오종록, 앞의 논문, 1989, 114쪽.
368 『세조실록』권38, 세조 12년 1월 무오.

전주 객사(풍패지관)

다.[369] 이와 함께 이전에 독진獨鎭이었던 거제와 남해, 진도에도 유방군이 배치되었다.[370] 절도부사는 그 후 1469년(예종 1)에 폐지되었고, 자연히 유군거진도 폐지되었다.[371] 이 무렵 다른 진에 합속되었던 유군제진이 다시 설치되어 『경국대전』에 수용되는 과정에서 남방에서는 순천부만이 유군거진으로 남게 되었다. 유군거진에 배치되는 유방군의 수는 전반적으로 1462년(세조 8)의 진군보다 축소되었다.[372]

이처럼 진관체제가 편성되어 내륙의 방위체제가 갖추어 짐으로써 종래 남방의 해안 요충지에 설치되었던 변진은 그 중요도가 떨어졌다. 더구나 남방에서는 수군이 주력인 상태에서 왜구의 침입도 거의 발생하지 않음으로써 그 추세는 지속되었다. 그러나 진관체제가 편성된 후 1466년(세조 12)에 이르도록 내륙의 국방을 강화한다는 의도는 충족되지 못했던 것이 실상이었다.

---

369 『세조실록』 권41, 세조 13년 3월 경오, "慶尙道體察使曹錫文等啓曰 臣等觀本道諸鎭置軍便否 若於晉州鎭 合泗川鎭軍 置二旅; 安東 尙州兩鎭 設節度副使 置二旅 迎日鎭 合寧海鎭 置二旅 東萊 熊川兩鎭 各置三旅 巨濟 南海兩鎭 各置二旅 左右道節度使營 各置四旅 則庶幾應援得宜 兵勢益壯 實爲長策 但南海鎭 環海絶島 四面受敵 而常以縣南城峴爲賊路要衝 悉軍以禦 官府糧餉兵器 則皆在城中 而無一人守之 殊失措置 請自今謹烽燧遠斥候 令軍士盡守城中."

370 『세조실록』 권42, 세조 13년 6월 기해.

371 오종록, 앞의 논문, 1989, 115~116쪽.

372 오종록, 앞의 논문, 1989, 116쪽.

(2) 진관체제하의 북방 2도

1457년(세조 3)의 개편은 내륙의 국방을 강화하기 위해 이루어진 것이었다. 그래서 이후 평안도는 내륙의 국방을 강화하는 쪽으로, 함길도는 국경지역의 국방을 강화하면서도 내륙의 국방을 배제하지 않은 쪽으로 진관이 편성되었다. 대체로 평안도는 명과 조선으로 이어지는 2개 교통로를 따라 내륙에 거진을 편성했다. 의주진관-정주진관-안주진관-용강진관과 삭주진관-구성진관-영변진관-평양진관의 두 축으로 진관이 편성되었는데, 후자에 더 중점이 두어졌다. 이에 따라 국경지역에는 의주·삭주·강계 등 3개 지역에만 진관이 설치되었다. 이처럼 내륙의 국방을 강화함에 따라 평안도 국경지역의 만호구자들이 추가로 혁파되었고, 이곳에 부방하는 군인의 수도 더욱 줄어들게 되었다. 그 결과 압록강 중상류에 설치된 4군 중에서 이때까지 남아 있던 자성이 1459년(세조 5)에 폐지됨으로써 4군은 모두 혁파되었다.[373]

진관체제 편성 후 함길도에는 부령을 제외한 5진과 갑산을 더해 총 6개의 독진이 설치되었다. 독진 중에서 5진의 진장은 대개 2품의 장수가 병마절제사로 파견되었다. 또한 5진에 소속된 군인도 700명 이상이었다. 이러한 형편이었던 5진은 본래 경원도에 속해 있었는데, 이때에 이르러 독진으로 분립되었다. 결국 함길도는 국경의 방비를 강화한 셈이었다. 하지만 국경과 맞닿아 있지 않는 안변과 영흥에도 진관을 설치했던 바, 이러한 조치는 평안도의 경우처럼 내륙의 국방을 강화한다는 목적과도 부합되는 것이었다.[374]

내륙을 국방을 강화한다는 진관체제 편성의 원칙에 따라 평안도와 함길도의 국경지역 진과 구자를 폐지하는 추세는 세조 5년에 이르러 주춤해졌다. 이때까지 북방 2도의 국경지역에 5개진과 20개의 만호구자가 폐지되었다. 그러나 1460년(세조 6)에 들어 그동안 별다른 움직임을 보이지 않던 여진족이 다시 국경을 침입하자 이러한 국방 태세를 새삼 점검하지 않을 수 없었다. 그리하여 그 해 1월에 여진족 700여명이

---

373 『세조실록』 권15, 세조 5년 1월 무술.
374 오종록, 앞의 논문, 1993, 181쪽.

회령에 침입한 이후[375] 연달아 인축을 노략질하는 일이 계속되자 함길도에 비해 국경 방비가 허술해져 있던 평안도의 국방을 강화하는 노력이 이루어졌다. 먼저 세조 6년 2월 평안도 남부지역 군인들로 하여금 국경지역에 다시 부방토록 했다.[376] 그리고 벽동·창성·이산의 3곳을 독진으로 설치했다.[377]

진관체제가 편성된 뒤에 내륙 중심의 국방 체제를 구축함으로써 주춤했던 평안도의 국경을 강화하려는 노력으로써 특히 주목할 것은 세조대에 만포구자를 첨절제사 또는 동첨절제사를 파견하는 진으로 개편한 것이었다.[378] 만포滿浦는 4군이 폐지된 이후 강계에서 자성으로 통하는 도로 중에 가장 북방에 위치했기 때문에 북방 방어의 최일선 지역이었고, 여진과의 교통문호였다.[379] 이곳에 진을 설치하고 첨절제사를 파견한 것은 수군의 첨절제사가 수령을 겸하지 않고 국방에만 종사해 온 체제를 본 따 신설한 조치였다. 만포는 다른 고을을 제진으로 거느리지 않고, 만호·권관구자도 제진으로 거느리지 않는 새로운 형태의 독진이었다. 만포첨사는 수령을 겸직하지 않는 만포의 전임 첨절제사였다. 이때의 만포는 행정구역 내의 요충지가 진으로 편성된 예였다.[380]

이후 만포진과 같은 형태의 진이 북방 2도에 여럿 신설되었다. 1477년(성종 8)에 설치된 의주의 방산진, 창성의 창주진, 벽단의 벽동진이 여기에 해당되었고[381] 의주의 인산진, 강계의 고산리진 등도 만포와 성격이 같은 독진이었다.[382]

함길도에도 만포와 같은 독진이 설치되었다. 1461년(세조 7) 삼수군 내의 혜산진부터 시작해 온성의 유원·미전진, 종성의 동관진, 경원의 훈융진, 회령의 고령진 등이 모두 첨사진으로 승격되었다.[383]

375 『세조실록』권19, 세조 6년 1월 병오.
376 『세조실록』권19, 세조 6년 2월 경오.
377 『세조실록』권19, 세조 6년 2월 을축.
378 『세조실록』권19, 세조 6년 2월 임자.
379 송병기, 앞의 책, 1981.
380 오종록, 앞의 논문, 1992, 184~185쪽.
381 『성종실록』권86, 성종 8년 11월 무자.
382 『경국대전』권4, 병전, 외관직, 평안도.
383 『경국대전』권4, 병전, 외관직, 영안도.

이처럼 세조 3년 진관체제로 개편된 이후 북방에서는 함길도 6진에 적용하던 독진 체제를 평안도 국경지역에 확대 실시하고, 평안도 만포진에 비롯된 첨사진 설치를 함 길도 국경지역에도 적용하면서 국경지역의 국방을 강화하고자 했다. 하지만 그렇다고 해서 진관체제 본래의 목적인 내륙의 국방 강화를 도외시한 것은 아니었다. 이를 위 해 평안도와 함길도에 도진무都鎭撫를 두었고, 평안도의 경우 이산·벽동·창성 등 독 진의 진군鎭軍을 내륙 제읍의 군역을 지지 않은 양인들을 추쇄해서 충당했으며,[384] 구 성군을 도호부로 승격하고 박천군을 다시 세워 600여 호를 사민시켰다. 이 모든 조치 들이 의주·삭주로부터 이어지는 교통로의 국방을 강화하기 위한 조치였다.[385]

2. 진관체제의 운용

1) 『경국대전』상의 진관체제

조선전기 지방군 체제로서 진관체제는 1457년(세조 3)에 확정된 내용이 약간의 수 정을 거쳐 그대로 『경국대전』에 기재되었다. 다만 1466년(세조 12)의 대규모 관제개 혁에서 병마단련사兵馬團鍊使를 모도병마절제사某道兵馬節制使로 하고, 병마단련부사 兵馬團鍊副使를 모도병마동첨절제사某道兵馬同僉節制使로 하고, 병마단련판관兵馬團鍊 判官을 모도병마절제도위某道兵馬節制都尉로 했다. 그리고 병마도절제사兵馬都節制使를 고쳐서 병마절도사兵馬節度使로 하고, 수군도안무처치사水軍都安撫處置使를 수군절도 사水軍節度使로 하고, 병마도절제사도진무兵馬都節制使都鎭撫를 병마우후兵馬虞候로 하 고, 수군도안무처치사도진무水軍都安撫處置使都鎭撫를 수군우후水軍虞候로 하고, 수군 도만호水軍都萬戶를 수군첨절제사水軍僉節制使로 했다.[386]

이때에 거진 소속 각 고을의 수령이 겸하던 병마단련직이 병마절제직으로 모두 바

---

384 이 경우 내륙지역 정병이 추가로 국경에 배치되는 것은 억제할 수 있었다.
385 오종록, 앞의 논문, 1993, 188쪽.
386 『세조실록』 권38, 세조 12년 정월 무오.

꿰었다. 그러나 각관의 수령이 절제사 이하를 겸임한다는 원칙에는 변함이 없었다. 그리고 각도에는 병마절도사(종2품)가 있어 도내의 육군에 대한 지휘권을 갖고 있었다. 병마절도사의 소재지는 주진이었다. 그 아래에는 일반적으로 목사(정3품)가 겸임하는 첨절제사(부윤은 절제사)가 거진을 단위로 하는 진관의 군사권을 장악하고 있었다. 말단의 진들은 군수(종4품) 이하가 동첨절제사 이하의 직함을 갖고 있었다.

병마절도사는 경기 강원도의 경우 관찰사가(종2품)가 겸임했지만 충청·전라·황해·평안도의 경우 전임의 병사 이외에 관찰사가 겸하는 겸병사가 있었다. 경상·영안(함길)도는 국방상의 중요성에 비추어 관찰사가 예겸하는 겸병사 이외에 전임의 병마절도사가 각각 2인씩 있었다. 관찰사는 1도의 행정책임자였기 때문에 군사 행정 역시 장악한다는 점에서 병사를 겸했다. 실질적인 군사의 지휘관계는 주진의 각도 절도사(경상은 좌·우도, 함길은 남·북도)로부터 거진의 첨절제사로 또 그로부터 제진의 동첨절제사로 연결되는 일원적 계통이 확립되어 있었다. 그러나 행정권을 전장하는 관찰사는 각진의 병마관을 겸하는 수령의 상관이었기 때문에 군사면에서도 강력한 권한을 가질 수 있었다.[387]

수군(선군)도 육군의 진관 편성에 따라 조직을 갖추었다.『경국대전』의 수군의 진관조직은『세종실록지리지』의 것을 그대로 따랐다. 각도의 수군은 2명의 첨절제사 또는 도만호의 지휘 아래 각포의 만호가 딸리도록 되어 있었다. 각도의 수군 최고 지휘관은 수군절도사(정3품)였다. 수군절도사는 강원도, 황해도, 평안도, 영안도에는 관찰사나 병사가 예겸하는 1인~3인이 있었다. 경기와 충청도에는 1인의 전임 수사와 관찰사가 예겸하는 1인의 겸수사가 있었다. 경상도와 전라도에는 각각 2인의 전임수사와 1인의 겸수사가 있었다.[388]

『경국대전』상의 육·수군 진관체제의 편성내용은 다음 표와 같다.[389]

---

387 민현구, 앞의 책, 1983, 251쪽.
388 민현구, 앞의 책, 1983, 252쪽.
389 민현구, 앞의 책, 1983, 252~258쪽의 것을 그대로 참용.

<표 4-16> 진관편성표 : 경기
병사 1(관찰사) — 수사 2(관찰사·경기수사)

관찰사	(병사·수사겸) 감영＝한성부 서문외	
(첨절제사)	(동첨절제사)	(절제도위)
(광주진관) 광주목사	여주목사·이천목사·양근군수	광주판관·여주판관·지평현감· 음죽현감·양지현감·죽산현감· 과천현감
(수원진관) 수원부사	부평부사·남양부사·인천부사· 안산군수·안성군수	수원판관·진위현령·양천현령· 용인현령·금천현령·양성현감· 통진현감
(양주진관) 양주목사	파주목사·고양군수	영평현령·포천현감·적성현감· 교하현감·가평현감
(장단진관) 장단부사	강화부사·풍덕군수·삭녕군수· 마전군수	제천현감·교동현감
수사	수영＝암양 화량만	
(첨절제사)	(만호)	
(월곶진관) 월곶(강화)첨사	영종포(인천)만호·초지량(강화)만호·제물량(강화)만호· 정포(교동)만호·교동량(교도예만호(＝교동현감겸)	

<표 4-17> 진관편성표 : 충청도
병사 2(관찰사 · 충청병사) — 수사 2(관찰사·충청수사)

관찰사	(병사 · 수사겸) 감영＝한성부 서문외	
(첨절제사)	(동첨절제사)	(절제도위)
(충주진관) 충주목사	청풍군수·단양군수·괴산군수	충주판관·연풍현감·음성현감· 영춘현감·제천현감
(청주진관) 청주목사	천안군수·옥구군수	청주판관·직산현감·목천현감· 문의현령·회인현감·청안현감· 진천현감 · 보은현감·영동현감· 횡간현감·청산현감
(공주진관) 공주목사	임천군수·한산군수	공주판관·전의현감·정산현감· 은진현감·회덕현감·진잠현감· 연산현감·니산현감·부여현감· 석성현감·연기현감

(홍주진관) 홍주목사	사천군수·서산군수·태안군수· 온양군수	홍주판관·평택현감·홍산현감· 덕산현감·청양현감·대흥현감· 비인현감·결성현감·염포현감· 보령현감·아산현감·신창현감· 예산현감·해미현감·당진현감
수사	**수영＝보령**	
(첨절제사)	**(만호)**	
(포근포진관) 포근포(태안)첨사	당진포(당진)만호·파지도(서산)만호	
(마량진관) 마량(비인)첨사	사천포(사천)만호	

〈표 4-18〉 진관편성표 : 경상도
병사 3(관찰사 · 경상좌병사 · 경상우병사) – 수사 3(관찰사 · 경상좌수사 · 경상우수사)

관찰사	(병사 · 수사겸) 감영＝한성부 서문외	
좌병사·우후	**좌병영＝울산**	
(첨절제사)	**(동첨절제사)**	**(절제도위)**
(경주진관) 경주부윤 (병마절제사)	울산군수·양산군수·영천군수· 흥해군수	경주판관·청하현감·영일현감· 장기현감·기장현감·동래현감· 언양현감
(안동진관) 안동대도호부사	영해부사·청송부사·예천군수· 영천군수·풍기군수	안동판관·의성현령·봉화현감· 진보현감·군위현감·비안현감· 예안현감·영덕현령·용궁현감
(대구진관) 대구부사	밀양부사·청도군수	경산현령·하양련감·인동현감· 현풍현감·의흥현감·신흥현감· 영산현감·창녕현감
우병사·우후	**우병영＝창원**	
(상주진관) 상주목사	성주목사·선산부사·금산군수	상주판관·성주판관·개녕현감· 지례현감·고령현감·문경현감· 함창현감
(진주진관) 진주목사	합천군수·초계군수·함양군수· 곤양군수	진주판관·거창현감·사천현감· 남해현령·삼가현령·의령현감· 하동현감·산음현감·안음현감· 단성현감

(김해진관) 김해부사	창원부사·함안군수	거제현령·칠원현감·진해현감· 고성현령·웅천현감
좌수사·우후	**수영＝동래**	
(첨절제사)	**(만호)**	
(부산포진관) 부산포(동래) 첨사	두모포(동래)만호·평산포(남해)만호·해운포(동래)만호· 칠포(흥해)만호·포이포(동래)만호·조포(영덕)민호·서생포(울산)만호· 다대포(동래)만호·영포(울산)만호·축산포(영해)만호	
우수사·우후	**수영＝거제가배량**	
(제포진관) 제포(웅천)첨사 (경직겸)	옥포(거제)만호·평산포(남해)만호·지세포(거제)만호· 영등포(거제)만호·사량(고성)만호·당포(고성)만호· 조라포(거제)만호·작량(진주)만호·안골포(웅천)만호	

〈표 4-19〉 진관편성표 : 황해도
병사 1(관찰사) － 수사 1(관찰사)

관찰사	(병사 · 수사겸) 감영＝해주	
좌병사·우후	**좌병영＝울산**	
(첨절제사)	**(동첨절제사)**	**(절제도위)**
(황주진관) 황주목사	평산부사·사흥부사·봉산군수· 안악군수·재령군수·축안군수· 곡산군수·신천군수	황주판관·신계현령·토산현감· 우봉현령·문화현령·장연현감
(해주진관) 해주목사	연안부사·백천군수 · 풍산부사	해주판관·송화현감·은율현감· 강음현감·강령현감·온진현령· 장연현감
(첨절제사)	**(만호)**	
(소강진관) 소강(옹진)첨사	광암량(은율)만호·아량포(장연)만호·오차포(장연)만호· 허사포(풍천)만호·가을포(강령)만호·용매량(해주)만호	

〈표 4-20〉 진관편성표 : 전라도

병사 2(관찰사 · 전라병사) - 수사 3(관찰사 · 전라좌수사 · 전라우수사)

관찰사	(병사 · 수사겸) 감영＝전주		
병사·우후	좌병영＝강진		
(첨절제사)	(동첨절제사)		(절제도위)
(전주진관) 전주부윤 (병마절제사)	익산군수 · 김제군수 · 고부군수 · 금산군수 · 진산군수 · 여산군수		전주판관 · 정읍현감 · 흥덕현감 · 부안현감 · 만경현령 · 옥구현감 · 임피현령 · 금구현령 · 요안현삼 · 함열현감 · 고선현감 · 태인현감
(나주진관) 나주목사	광주목사 · 영암군수 · 영광군수		나주판관 · 광주판관 · 함평현감 · 고창현감 · 장성현감 · 진원현감 · 무장현감 · 남평현감 · 무안현감
(남원진관) 남원부사	담양부사 · 순창군수		남원판관 · 임실현감 · 무주현감 · 곡성현감 · 진안현감 · 용담현령 · 옥과현감 · 운봉현감 · 창평현령 · 장수현감
(장흥진관) 장흥부사	진도군수		강진현감 · 해남현감
(순천진관) 순천부사	낙안군수 · 보성군수		광양현감 · 구례현감 · 흥양현감 · 능성현령 · 동복현감 · 화순현감
좌수사·우후	좌수영＝순천 오동포(현 여수)		
(첨절제사)	(만호)		
(사도진관) 사도(흥양)첨사	회령포(장흥)만호·달량(영광)만호·여도(흥양)만호·마도(강진)만호· 록도(흥양)만호·발포(흥양)만호·돌산포(순천)만호		
우수사·우후	우수영＝해남		
(임치도진관) 임치도(함평)첨사 (경직겸)	금모포(부안)만호·법성포(영광)만호·다경포(영광)만호· 목포(무안)만호·어란포(영암)만호·군산포(옥구)만호· 남조도(진도)만호·금갑도(진도)만호		
(첨절제사)	(동첨절제사)		(절제도위)
(제주진관) 제주목사			제주판관 · 대정현감 · 정의현감

<표 4-21> 진관편성표 : 강원도
병사 1(관찰사) – 수사 1(관찰사)

관찰사	(병사 · 수사겸) 감영＝해주		
좌병사·우후	좌병영＝울산		
(첨절제사)	(동첨절제사)		(절제도위)
(강릉진관) 강릉대도호부사	삼척부사 · 양양부사 · 평해군수 · 간성군수 · 고성군수 · 통천군수		강릉판관 · 울진현령 · 삼곡현령
(원주진관) 원주목사	춘천부사 · 전선군수 · 영월군수 · 평창군수		원주판관 · 인제현감 · 횡성현감 · 홍천현감
(회양진관) 회양부사	철원부사		양구현감 · 낭천현감 · 근성현령 · 이천현감 · 평강현감 · 금화현감 · 안협현감
(첨절제사)	(만호)		
(삼척포진관) 삼척포(삼척) 첨사	안인포(강릉)만호 · 고성포(고성)만호 · 울진포(울진)만호 · 월송포(강릉)만호		

<표 4-22> 진관편성표 : 영안도
병사 3(관찰사 · 영안남병사 · 영안북병사)
– 수사 3(관찰사 · 영안남수사 · 영안북수사)

관찰사	(병사 · 수사겸 · 영흥부윤겸) 감영＝영흥	
(첨절제사)	(동첨절제사)	(절제도위)
(영흥진관) 영흥부윤	정평부사·함흥군수·고원군수	영흥판관
관찰사	(수사 · 북청부사겸) 병영＝북청	
(첨절제사)	(동첨절제사 · 만호)	(절제도위)
(북청진관) 북청부사	단천군수	북청판관·이성현감·홍원현감
(갑산진관) 갑산부사	운룡(갑산)만호	
(삼수진관) 삼수군수		

(혜산진관) 혜산(갑사)첨사		
(첨절제사)	**(만호)**	
낭성포(안변) · 도안포(정평)만호		
북병사·우후·평사	**(수사 · 경성부사겸) 병영＝경성**	
(첨절제사)	**(동첨절제사 · 만호)**	**(절제도위)**
(경성진관) 경성부사	서북(길주)만호·사개동(명천)만호 ·사하북(길주)만호·주을온(경성) 만호·어유간(경성)만호	경성판관·길성현감·명천현감
(경원진관) 경원부사	아산(경원)만호·아오지(경흥)만호	경원판관
(회령진관) 회령부사	풍산(회령)만호	회령판관
(종성진관) 종성부사	방훤(종성)만호	종성판관
(온성진관) 온성부사	영건(온성)만호	온성판관
(경흥진관) 경흥부사	무이(경흥)만호	목포(무안)만호·어란포(영암)만호 ·군산포(옥구)만호·
(부령진관) 부령부사	무산(?)만호 · 옥련(?)만호	
(흥융진관) 훈융(경원)첨사		
(당관진관) 당관(종성)첨사		
(고령진관) 고령(회령)첨사		
(유원진관) 유원(온성)첨사		
(미전진관) 미전(온성)첨사		
(첨절제사)	**(만호)**	
조산포(경흥)만호		

<표 4-23> 진관편성표 : 평안도

병사 2(관찰사 · 평안병사) - 수사 2(관찰사 · 평안수사)

관찰사	(병사 · 수사겸 · 평안부윤겸)	
(첨절제사)	(동첨절제사 · 만호)	(절제도위)
(평양진관) 평양부윤	평양서윤 · 중화군수	평양판관 · 용강현령 · 삼화현령 · 함종현령 · 증산현령 · 순안현령 · 강서현령
병사 · 우후 · 평사	**(수사 · 영변대도호부사겸) 병영＝영변**	
(영변진관) 영변대도호부사	운산군수 · 희천군수 · 박천군수	영변판관 · 태천현감
(안주진관) 안주목사	정주목사 · 숙천목사 · 가산군수	정주판관 · 영유현령
(성천진관) 성천목사	덕천군수 · 개천군수 · 자산군수 · 순천군수 · 상원군수	양덕현감 · 맹산현감 · 삼등현령 · 강동현감 · 은산현감
(의주진관) 의주목사	철산군수 · 용천군수	의주판관
(강계진관) 강계목사	추파(강계)만호 · 상토(강계)만호	강계판관
(구성진관) 구성목사	선천군수 · 곽산군수	
(삭주진관) 삭주목사	구녕(삭주)만호	
(창성진관) 창성목사		
(벽동진관) 벽동군수	아이(이산)만호	
(위원진관) 위원군수		
(이산진관) 이산군수		
(영원진관) 영원군수		
(만포진관) 만포(강계)첨사		

(인산진관) 인산(의주)첨사		
(방산진관) 방산(의주)첨사		
(벽단진관) 벽단(벽동)첨사		
(창주진관) 창주(창성)첨사		
(고산리진관) 고산리(강계)첨사		
(첨절제사)	**(만호)**	
(선사포진관) 선사포(서산)첨사		
(노강진관) 노강(안주)첨사		
(광량진관) 광량(삼화)첨사		

　『경국대전』 단계에서 북방의 병마첨사진은 평안도 6개, 영안도 6개이고, 만호구자
는 평안도 4개, 영안도 13개였다. 또한 국경 지역 거진의 수는 평안도의 거진 총수
19개 가운데 14개였고, 영안도는 총 18개 가운데 15개였다. 국경지역 거진의 수가
많았던 것은 국경지역 고을을 대부분 독진으로 편성한 것과 관련이 있었다. 또 내륙
의 진관들은 다수의 고을에 편성되었는데, 이는 진관의 지리적 위치에 따라 그 기능
을 달리했기 때문이었다. 그래서 평시에는 국경지역 진관 중심으로 국방이 이루어지
고, 유사시에는 내지의 거진을 국방거점으로 삼도록 기능을 구분해 진관을 편성했던
것이다. 하지만 진관체제의 편성 당시 대적이 침입해 올 가능성은 많지 않았다. 따라
서 북방의 경우 진관체제가 실효를 거두는 것은 소규모의 여진족 침입에 대비해서
였다.

2) 진관체제 하의 지방군

(1) 시위패와 영진군의 합속

세조 3년에 군익도에서 진관체제로 개편하는 데에는 시위패와 영진군이 합속되었던 것이 밑바탕이 되었다. 시위패는 주로 남방의 제도에서 중요했다. 건국 초창기부터 북방의 시위패는 번상하지 않았다. 본래 북방의 시위패도 중앙에 번상하도록 조직된 것이었지만, 해당 지역 자체를 방위하기 위해 번상이 면제된 것이었다. 그러다가 문종대를 지나 세조초에 이르는 동안 북방의 시위패는 익군과 통합되었다. 따라서 북방에서는 시위패와 익군과 구분해 파악할 필요가 없었다. 문종대의 익속정군翼屬正軍이 바로 이것이었다.[390]

북방의 익속정군은 남방의 영진군과도 대비되었고, 시위패와도 대비되었다. 그러다가 1459년(세조 5)에 북방의 익속정군과 남방의 시위패가 합속되어 정병正兵이 되었다.[391] 남방의 시위패까지 북방과 마찬가지로 정병으로 변경한 것은 단순한 명칭의 변경에 불과하다 해도, 그 의미는 컸다. 그것은 전국적으로 남북방의 군사제도를 일원화시킨다는 것이었다. 즉, 북방의 군익도체제가 남방으로 확대되면서 전국이 군사지대가 되었고, 이를 바탕으로 북방의 정군과 남방의 시위패를 정병으로 병칭하게 되었던 것이다. 이리하여 남방에는 중앙에 번상하는 정병과 진관 편성 하에서 지방의 요새지에 부방하는 영진군이 있었고, 북방에는 번상하지 않고 관내의 거주지를 중심으로 부방하는 정병이 있게 되었다.[392]

이 조치 이후 1464년(세조 10)에는 남방의 영진군까지 정병에 합속했다.[393] 이 정

---

390 『문종실록』 권9, 문종 원년 8월 경오, "兵曹啓 夏節角弓點火時 侍衛及入直軍士 皆令佩鹿角弓 若未得備此弓……已曾立法 自今……其三軍甲士別侍衛忠順衛忠義衛則鹿角弓 限三年自備 各道侍衛牌與營鎭屬 翼屬正軍 限六年自備……從之."

391 『세조실록』 권18, 세조 5년 11월 기묘, "兵曹啓 諸道軍士 平安咸吉道稱正軍 自餘諸道 稱侍衛牌 而正軍所統人則稱百戶千戶 侍衛牌所統人則稱總牌 名號各異 且正軍計赴防年限 授散官職 侍衛牌 雖多年番上侍衛 不得除職 請正軍侍衛牌 並稱正兵 有馬者 稱正騎兵 無馬者 稱正步兵."

392 민현구, 앞의 책, 1983, 250쪽.

393 『세조실록』 권34, 세조 10년 9월 경오, "兵曹啓……諸道營鎭軍內 不得已差備者 仍舊稱鎭軍 其餘軍及守城軍皆屬正兵 與在前正兵和會分番 營鎭及京中輪次番上 其營鎭軍數則並依前數分定 從之."

병에는 일반 양인농민이 모두 속했다. 다만 선군으로 충차되는 경우에는 제외되었다. 정병은 번상과 부방을 번갈아 하면서 국방의 주축을 이루었다. 수성군이라는 병종도 이때 소멸되었다. 정병은 남방·북방을 통털어 진관체제하에서 육군으로서 국방의 주력이 되었다. 남방에서 정병은 평시에는 거주하는 지역의 방위력을 이루다가 번차에 따라 상경했다. 그러나 요새지에는 상주하는 유방정병을 배당했다. 요컨대 정병과 영진군을 합속시키는 세조대의 조치로 국방 병력은 일원화될 수 있었다.[394]

(2) 정병

정병正兵은 양인의 군역으로 충당되는 단일화된 육군 병종이었다. 정병은 당하관 이하의 전직 관료에서 고공雇工에 이르는 다양한 계층이 군역으로 졌다. 정병은 세조대에 이르러 시위군, 영진군, 익군 등이 단일 병종으로 묶여져 성립되었다. 정병은 세조대에 실시한 보법이라는 군호 편제를 바탕으로 군역이 부과된 것이었다. 세조는 보법의 실시를 통해 군액을 확장하고자 했는데, 이때 확보된 정병의 수가 10만 가까이로 증액되었고, 정병의 정군 또는 보인으로 최상층의 양인과 최하층의 양인이 함께 충당되었다. 정병이 성립한 초기에는 기정병騎正兵과 보정병步正兵의 구분만이 존재했다. 그러나 이 구분은 세조가 사망한 이후 신분에 따라 다시 구분되었다. 기정병은 전직 관료 등 상층 양인층 중심의 부대로 되었고, 보정병은 중하층 양인으로 구성되는 부대가 되었다. 이후 기정병은 시위 및 국방 병력의 주축을 이루었고, 보정병은 노역 부대로 정착되었다. 정병은 1470년대(성종대) 초반에 군액을 감축하고 보법을 개정하는 과정에서 번상정병과 유방정병으로 구분되었다. 이때 번상정병은 시위, 유방정병은 국방에 종사했다. 15세기 후반 동안 번상정병의 일부가 유방정병으로 바뀌면서, 유방정병의 비중이 더 커지게 되었다.[395]

유방정병은 영진군의 후신이었다. 이들은 번상정병보다 약간 뒤지는 존재였지만 1보를 지급받는 양인군사였다. 유방정병은 전국이 진으로 편성되고, 이것은 진관체제에 의해 파악되는 체계적 국방조직이 짜여진 후 전략상의 특수지대에 설정되었다. 진

---

394 민현구, 앞의 책, 1983, 249~250쪽.
395 오종록, 「조선초기 正兵의 軍役-15세기 후반을 중심으로」『한국사학보』1, 1996, 122~123쪽.

관체제 아래서는 모든 지역에 무장한 군사가 상주하는 것은 아니었다. 전 지역에 군정이 있었지만 그들은 평시에는 중앙에 번상하거나 또는 특수지대에 부방했다. 따라서 평시의 전 지역에는 해당 진관에 소속되는 각종 군사가 비번인 상태로 생업에 종사하고 있어서 사실상의 잠재 군사력을 이루고 있었을 뿐이었다. 그런데 전국에는 전략상의 특수지대가 설정되어 있었고, 이곳에는 항상 군사가 체류했다. 이것이 유방정병, 곧 유방군이었다. 『경국대전』에 기재된 전국의 유방군 배치 장소와 그 병력 규모는 다음의 〈표 4-24〉과 같다.[396]

〈표 4-24〉 전국유방일람표

도	유방사려	유방삼려	유방이려	유방일려	유방합계
충청도		주진	비인·염포·태안		9려(1,125명)
경상도	주진	동래·웅천	영해·김해 사산·영일	남해·거제	24려(3,000명)
전라도		주진	옥구·무장 부안·순천	흥양·진도	13려(1,625명)
황해도			강우·장단	황주·옹안 풍천·옹진	8려(1,000명)
강원도				강릉·삼척	2려(250명)
개성부	정병유본부 순작				
평안도	양계갑사·정병 병유방본읍並留防本邑				
영안도					

이 표에 의하면 북방의 양도와 개성부를 제외한 전국 각도의 국방상 요새지역에는 4려로부터 1려의 군사가 상주했다. 유방정병이 배치된 지역은 대체로 『세종실록지리지』에 나타나는 영진과 거의 일치한다. 이들 지역에는 각도의 정병 가운데 유방을 주임무로 하는 유방정병이 4교대로 부방 복무했다. 특히 개성부에는 관내의 정병이 국방이 아니라 순작을 통해 치안 유지에 종사했다. 모든 지역이 요새지였던 북방 2도에는 정병과 갑사(양계갑사)가 모두 중앙에 번상하지 않고 자기의 거주지를 지켰다.[397]

---

396 민현구, 앞의 책, 1983, 259쪽의 표.
397 민현구, 앞의 책, 1983, 258~259쪽.

이 유방군의 배치가 진관체제하의 사실상의 국방태세를 반영했다. 진관체제에 의해 전국의 국방체제는 제도상 일원화 되었다. 하지만 내용상으로 차이가 있었다. 유방과 번상의 측면에서 그러했다. 그런데 유방군의 존재를 통해 진관체제의 실제를 확인할 수 있다.

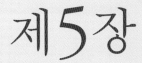

제5장

해상방어체제의
정비와 수군

제1절

수군의 체제 정비와 제도적 발전

1. 조선 건국 초기의 왜구와 수군 정비

고려 우왕 14년(1388) 5월, 요동정벌을 위해 출정한 좌군도통사 이성계는 위화도에서 회군하여 최영 일파를 제거한 뒤, 우왕을 폐위시키고 창왕을 옹립하면서 정권을 장악했다. 이 후 이성계는 북방에서 철수시킨 군사력을 왜구 토벌에 집중했다. 그 과정에서 관음포 해전의 영웅 정지를 양광전라경상도 도지휘사로 삼아 왜구를 토벌하도록 했으나 결과는 그리 신통치 않았다. 이 때문에 보다 근본적인 대책으로 왜구의 근거지인 쓰시마 정벌을 계획하게 되었다.

1392년 7월, 새 왕조 조선의 태조로 등극한 이성계는 고려의 정치와 군사 체제를 유지하여 민심을 안정시키는 동시에 국왕을 정점으로 하는 강력한 중앙집권국가 건설을 통해 새로운 왕조 체제의 수립을 꾀했다. 이런 상황 때문에 태조대에는 정치적·군사적으로 해결해 나가야 할 난제가 산적해 있고, 그 중에 왜구문제도 시급하게 해결해야 할 과제였다.

결론부터 말하자면 태조대는 수군의 체계적이고 조직적인 발전은 기대할 수 없는 사회적 분위기였다. 태조의 재위 기간도 6년여에 불과해 정책을 추진하고 결과를 보기에는 부족했다. 그는 고려말기 이후 지속된 왜구 문제를 해결하기 위해 임기응변의 대책을 세우는 데 치중했으나 괄목할 만한 성과를 거두지는 못했다.[1]

14세기 말, 태조 재위 기간의 대 왜구 대책은 강온 양면책의 적절한 조화를 추구하면서 결국에는 수군의 강화를 통한 왜구 금압을 목표로 했다. 조선은 건국 초기부터 '사대교린'의 외교정책을 고수했다. 태조 이성계는 즉위년에 승려 각퇴[覺鎚]를 통신사로 파견하여 교린 정책의 시초를 열었다. 이에 대해 일본도 적극적인 태도로 교섭에 임했다. 태조의 재위 기간에 아시카가[足利]막부 차원의 사절은 파견되지 않았지만, 지방의 다이묘[大名]와 쓰시마 도주 등은 활발한 교섭을 가졌다. 특히 왜구에 영향력을 행사할 수 있는 규슈[九州] 지역과 긴밀한 협조 관계를 맺었는데, 그 예로 구주절도사 미나모토 료순[源了俊]과 구주탐제[九州探題] 오우치 요시히로[大內義弘](?~1399) 등은 포로를 돌려보내거나 왜구를 토벌하고 그 사실을 조선에 보고하기도 했다.[2]

조선 조정은 다른 한편으로 적극적인 왜구 토벌 정책을 추진했다. 고려 말기, 왜구로 인한 폐해를 경험했던 태조 이성계 자신이 왜구 토벌에 전공을 세워 출세한 뒤 새 왕조를 개창했기 때문에, 개국초기부터 왜구 토벌은 반드시 해결해야할 급선무이었다. 이 때문에 이성계는 왜구에 대해 '국가에서 근심하는 것이 왜적보다 심한 것이 없다'고 언급하면서 연해의 방비를 더욱 튼튼히 하도록 조처했다.[3]

이러한 상황에서 태조는 임시방편으로 왜구가 침입한 각 지방에 수군도절제사를 파견하여 해당 지역을 방어하도록 조처했다. 조선왕조실록에는 왜구 침입 기사와 함께 도절제사를 임명하고 파견하는 기록이 다수 있다. 이때 주목할 만한 것은 태조가 각 지방의 도절제사 등에게 '신상필벌[信賞必罰]'을 철저하게 적용했다는 사실이다.

자신이 무장 출신이었던 태조는 왜구 토벌을 위해 출정하는 장수들을 인견하면서 '경들이 진실로 능히 승전하여 포로를 바치지 못한다면 나를 볼 수 없을 것이다'라고 명령할 정도로 전투적인 분위기를 만들었다.[4] 그리고 왜구와의 전투에서 승전하여 전과를 보고한 경우 이에 대해 궁시나, 술, 혹은 비단 등 물품으로 시상했다.[5]

---

1 국방부 전사편찬연구소, 1987, 『왜구토벌사』, 178~181쪽.
2 『태조실록』 권6, 태조 3년 10월 정축 ; 『태조실록』 권12, 태조 6년 12월 계묘.
3 『태조실록』 권3, 태조 2년 5월 신해.
4 『태조실록』 권3, 태조 2년 3월 계해.
5 『태조실록』 권5, 태조 3년 2월 경인 ; 『태조실록』 권5, 3년 3월 병진 ; 『태조실록』 권8, 4년 7월 기해 ; 『태조실록』 권12, 6년 9월 계축.

『**왜구도권**』 명나라에 왜구가 상륙하는 장면이다.

반면에 왜구와의 전투에서 패했거나 군율을 위반하여 폐단을 일으킨 경우 엄혹하게 처벌했다. 예를 들어 왜구와의 전투에서 패해 군선 3척을 잃은 고만량만호高灣梁萬戶 신용무申用茂는 참형으로 논죄되었으나 참찬문하부사 정희계鄭熙啓의 구원 요청으로 좌도수군도절제사 박자안朴子安과 왜구 토벌에 동참하는 것으로 겨우 목숨을 구한 바 있다.[6]

태조대에는 왜구가 빈번하게 침입한 결과 시상보다는 처벌 기사가 상대적으로 많다. 왜구와 대결에서 패한 경우 법률에 따라 처형부터 유배하거나 수군에 충군하는 등 다양한 처벌이 가해졌다. 태조대의 대표적인 수군 장수들인 최운해崔雲海, 김영렬金英烈, 김빈길金贇吉 등이 단체로 패전의 책임을 추궁 당해 평안도 안변安邊 등지에 유배되었다가, 다시 죄를 더해 장 1백에 청해도 수군으로 편입시키는 중징계를 내린 것을 비롯해서 처벌 관련 기사가 다수 있다.[7] 요컨대 태조대에는 국왕부터 상무적인 분위기를 조성하여 왜구 토벌에 적극적으로 임했고, 방어나 공략 결과에 따라 신상필벌이 이루어졌다.

이상과 같이 왜구의 침입은 조선 개국 이후 연안 지역을 중심으로 한동안 계속되었

---

6 『태조실록』 권3, 태조 2년 3월 경신 ; 『태조실록』 권3, 태조 2년 3월 갑자.
7 『태조실록』 권11, 태조 6년 2월 신축 ; 『태조실록』 권11, 태조 6년 6월 정유.

다. 태조 2년과 3년에는 각각 8회와 6회에 걸쳐 침입했으나 방어 태세를 갖춘 조선
수군에 패퇴당하는 경우가 많았다.[8] 그러던 중 태조 5년(1396) 8월에는 120여 척의
대규모 선단을 이룬 왜구가 경상도에 침입했다. 120척은 조선 개국 이후 가장 큰 규
모였고, 처음에 남해안의 동래, 기장 등지를 공략했던 왜구는 서해와 동해로 각각 진
출하여 통진현通津縣(지금의 경기도 김포)과 영해성(경북 영덕)을 약탈했다. 이어 10월
에도 왜구가 침입하여 동래성을 공격하고, 퇴각하면서 군선 21척을 불사르고 만호 윤
형과 임식 등을 전사시키는 피해를 입혔다.[9]

왜구 침입이 확대되고 장기화되자 조선은 더욱 강경하고 근본적인 대책을 강구하
여, 고려말에 이어 두 번째로 쓰시마 정벌을 단행하기로 결정했다. 같은 해(1396) 12
월 3일, 문하우정승 김사형金士衡을 오도병마도통처치사五道兵馬都統處置使로 삼고, 도
병마사에 남재南在, 병마사에 신극공辛克恭, 도체찰사에 이무李茂를 각각 임명하여 5
도의 군선을 징발하여 이끼도[一岐島]와 쓰시마를 공격하는 정벌군을 편성하고 국왕
이 남대문 밖까지 전송했다.[10] 그러나 이 정벌은 이듬해인 태조 6년(1397) 1월말에 김
사형이 한양에 돌아오면서 실행되지 않았다.

계획한 쓰시마 정벌이 취소된 이유는 분명하지 않지만, 상황 변화에 따른 것으로
추정된다. 즉, 조선이 다시 한
번 쓰시마 정벌을 결정한 것이
알려지자 왜구 집단이 스스로
항복해 오는 사태가 벌어졌다.
쓰시마 정벌군의 출정 직후 영
해군의 축산도丑山島에 정박 중
이던 구육口六 등 수괴 5명이 거
느린 60여 척의 왜구가 집단으
로 투항해 왔다.

김사형 묘(경남 양평)

8 국방부 전사편찬연구소, 앞의 책, 1987, 307~308쪽 연표 참조.
9 『태조실록』 권10, 태조 5년 8월 갑오 ; 『태조실록』 권10, 태조 5년 10월 신해.
10 『태조실록』 권10, 태조 5년 12월 정해.

이들은 경상도 도절제사 최운해 등의 공격을 물리칠 정도로 상당한 세력이었는데 자신들의 안전을 도모하기 위해 자진 투항을 택한 것이다.[11] 조선에서는 태조가 직접 이들을 불러보기까지 하며 왜구의 투항을 흔쾌히 허락했다. 구육의 투항에 이어 그 다음해에 나가온羅可溫이 거느린 24척 등 소규모 투항이 이어졌다.[12] 한편 이와는 달리 연해 지역에 침입하는 왜구도 있었기 때문에 조선 조정은 적극적인 토벌 작전도 계속했다.

태조대는 수군의 체계적이고 조직적인 발전은 기대하기 힘든 분위기였으나, 나름대로 수군을 강화하고 발전시키려 노력한 것은 분명한 사실이다. 그의 수군 강화를 위한 몇 가지 노력을 정리하면 다음과 같다.

먼저 태조는 수군의 병력 모집과 유지를 위해 노력했다. 이 시기는 전시 상태가 지속되었다고 할 만큼 수군의 징집이 많았다. 일례로 태조 즉위 초에 도당에서 올린 폐단을 바로잡는 건의서에는 다음과 같은 내용이 있다.

> 선군이 혹은 도망 중에 있거나 자신이 사고가 난 사람은 만호 · 천호가 수령에게 공문을 보내어 즉시 그 수효를 충당하게 하고, 도관찰사와 도절제사는 정한 때가 없이 수시로 점고하여, 수령이 만약 선군 세우는 것을 빠뜨리는 사람이 있으면 1명에 태笞 10대를 집행하고, 매 1명마다 1등을 가하여 죄를 장杖 90대까지 이르게 하되 환임시키고, 10명 이상이 되면 장 100대를 집행하고 관직을 파면할 것이며……[13]

이와 같이 수군에 결원이 생길 경우 만호가 수령에게 공문을 보내면 수령이 충당을 책임져야 했고, 못할 때에는 엄한 처벌이 있었다. 다른 기록에도 이와 비슷한 상황이 언급되고 있는데 '수군이 노역을 감당하지 못하고 도망하는 자가 많아 그 정원이 날로 줄어들어, 각 주군으로 하여금 기일에 맞춰 수효를 채우게 하여, 온갖 방법으로 침해하고 소요를 일으켜 주군이 떠들썩하니 대책을 세워야 한다.'는 것이었다.[14]

11 『태조실록』 권10, 태조 5년 12월 계사 ; 『태조실록』 권10, 태조 5년 12월 을사.
12 『태조실록』 권11, 태조 6년 4월 계미.
13 『태조실록』 권4, 태조 2년 11월 기사.

이미 태조 때부터 수군의 부담이 가혹해서 도망하는 자가 발생했고, 수군에 소속된 부강한 백성은 만호·천호 등에게 뇌물을 써서 다른 사람을 대신 채우는 등의 회피 사례도 확인된다.[15] 그러나 국가적인 차원에서 준전시상태로 수군 병력을 모집하고 유지하려는 노력은 지속되고 있었다.

신남서원 경보당(경남 밀양, 문화재청)
박위를 기리기 위해 세운 서원이다.

둘째로 태조는 수군 강화를 위한 기본 요건인 군선 건조를 위해 노력했다.[16] 그는 직접 용산강에 나아가 사수감司水監에서 새로 만든 배의 시험 운용을 관람하는 등 군선 건조에 관심을 기울였다.[17] 이보다 앞서 쓰시마 정벌의 주역 박위를 양광도에 보내 군선을 건조하도록 명령한 기록도 있다.[18] 또한 정종 즉위 초에 충청도 감사 이지李至의 건의에 따라 충청도에서 건조하기로 한 군선 20척을 경감해 주었다.[19] 이러한 사실을 통해 태조대에 각 지역별로 나누어 군선 건조를 추진한 것을 알 수 있다. 그러나 태조대에 어느 정도 규모로 군선을 건조했으며 결과적으로 몇 척을 보유했는지는 정확히 알 수 없다. 다만, 이러한 군선 건조 노력은 태종과 세종이 발전적으로 계승했다.

또한 태조는 비록 임시적인 조처 수준이었지만 수군의 조직 정비와 관련된 일련의 노력을 기울여 나갔다. 즉, 고려말 각 지방별로 '수군도안무처치사'를 파견했던 것에 비해 태조대에는 그 명칭이 수군도절제사水軍都節制使로 바뀌었다. 이 명칭은 태조 2

---

14 『태조실록』 권14, 태조 7년 5월 병술.
15 『태조실록』 권13, 태조 7년 2월 계사.
16 조선 초기에는 병선이란 용어를 주로 사용했고, 때에 따라 전선, 전함 등의 용어도 보인다. 조선후기에 이들 용어가 모두 수군 선박의 종류로 사용되기 때문에 편의상 '군선'으로 통칭하기로 한다.
17 『태조실록』 권12, 태조 6년 8월 정해 ; 『태조실록』 권12, 태조 6년 12월 계사.
18 『태조실록』 권4, 태조 2년 7월 무신.
19 『정종실록』 권1, 정종 1년 1월 경진.

년(1393) 박자안과 김을귀를 각각 좌·우도 수군도절제사로 삼아 왜구를 토벌하게 한 기록을 통해 확인된다.[20] 여기서 좌도와 우도가 어느 곳인지 불분명하고 모든 지방에 동일하게 설치했는지 알 수 없지만, 이후 수군첨절제사와 수군절제사 등의 명칭이 지속적으로 사용되었다.

그리고 태조 7년에는 만호·천호·백호 등 수군의 관직과 품계를 정했는데, 이때 만호는 3품 이상, 천호는 4품 이상, 그리고 백호는 6품 이상으로 임명하는 것으로 정해졌다. 이것은 배를 타는 군관들이 해상에서 생명을 걸고 종신토록 고생하는 것에 대한 배려 차원에서 정해진 것이었다.[21] 이후 관직과 품계가 모두 변화하지만, 태조대부터 수군을 조직화하려는 노력이 있었음을 알려주는 실례이다.

수군과 직접 관련된 것은 아니지만, 태조는 즉위 초부터 전동지밀직사사前同知密直司事 왕강王康 등을 등용하여 왜구로 인해 막혔던 조운을 다시 통하도록 조처했다.[22] 그리고 한양으로 도읍을 정할 때의 논의에서는 다른 조건보다 조운이 통할 수 있는 곳이라는 이점도 크게 작용한 것을 들 수 있다. 실제로 태조 4년 5월과 8월에 각각 조운선이 파선되어 피해를 입은 사실 등을 통해 볼 때, 개국 초기부터 조운이 정상화되었던 것으로 추정된다.[23]

2. 수군의 확장과 제도 발전

1) 수군의 확장

15세기 전반에 재위한 태종과 세종은 태조의 유지를 받들어 상무적인 분위기를 유지하며 수군의 확장과 제도 발전을 위해 많은 노력을 기울였다. 조선 초기에 지속된

---

20 『태조실록』 권3, 태조 2년 3월 갑자.
21 『태조실록』 권14, 태조 7년 5월 신묘.
22 『태조실록』 권4, 태조 2년 8월 계미.
23 『태조실록』 권7, 태조 4년 5월 기유 ; 『태조실록』 권8, 4년 8월 무진.

국가적인 차원의 수군 강화 정책은 크게 몇 가지 부분, 즉 수군 병력의 확보와 군선의 건조, 그리고 화기 등 무기체계 발전 등으로 나누어 살펴볼 수 있다. 이 시기 수군의 확장은 조선 초기 국방체제를 이해하는 데 중요한 하나의 축이 될 것이다.

(1) 수군 병력의 확보

태조대의 수군 병력 규모는 자세하지 않다. 다만, 태조 2년 전국의 군적을 만들었을 때 마·보병 및 기선군騎船軍이 총 20만 8백여 명이었다.[24] 이때까지 '수군'이라는 용어가 확정되지는 않았지만 마·보병과는 별도로 수군을 파악했음을 알 수 있다.

조선 초기의 수군 발전은 지방군 정비 차원에서, 특히 태종대에 제도 정비와 아울러 수군 병력의 증강이 이루어졌다. 이때 각 지방에서 번상숙위하는 병력인 시위패를 영진군이나 기선군에 편입시켰는데, 그 절반 이상을 기선군에 이속해 수군의 병력을 대폭 증강했다.[25] 이러한 조처의 배경은 조선 초기에 왜구 침입이 종식되지 않았던 점과 이에 대한 방어 대책으로 수군을 강화하는 정책이 지속된 것을 들 수 있다.

태종대와 세종대의 수군 병력 확장 결과는 『세종실록 지리지』의 자료를 통해 확인해 볼 수 있다. 먼저 각 도별·병종별 병력 현황을 통해 본 수군의 규모는 다음 〈표 5-1〉과 같다.

다음의 표에서는 전체 군 병력이 96,259명이고 그중 수군이 49,337명으로 절반을 넘는다. 수군은 시위군, 영진군, 익군 등 다른 병종에 비해 월등히 규모가 컸고, 전체 군 병력 중에서도 비중이 가장 높았음을 알 수 있다.

좀 더 나아가 같은 자료에 나오는 각 지방 수군 진영별 병력을 정리하면 위 표와는 약간 다른 결과가 나온다. 두 자료를 비교하기 쉽게 표로 정리하면 다음과 같다.

위의 표에서 볼 수 있는 각 도별 병력 차이는 수군의 출신 지역과 근무 지역의 차이로 이해할 수 있다. 둘째로 총 병력의 차이는 도별 병력 합계에 장번 수군, 선직船直, 초공梢工(뱃사공) 등의 병력 8백여 명이 빠졌기 때문이고, 그래도 2~3백 명 가량 진영별 병력이 도별 병력 합계보다 많다. 이점은 수군 병력의 수요가 실제 병력보다

---

24 『태조실록』 권3, 태조 2년 5월 경오.
25 방상현, 『조선초기 수군제도』, 민족문화사, 1991, 19~20쪽.

많았음을 의미한다고 추정해 볼 수 있다.

〈표 5-1〉 세종실록 지리지의 도별/병종별 병력 현황

구 분	호(戶)	구(口)	병종별 병력 수치							
			마군	보군	시위군	선군	영진군	수성군	진속방패	익군
한성부	17,015									
개성부	5,663	10,393	68	5	1,000	20				
경기도	20,882	50,352			1,713	3,892				
충청도	24,170	100,790			1,974	7,858	1,766	248		
경상도	42,227	173,759			2,631	15,934	3,876			
전라도	24,073	94,248			1,167	11,793	2,424			
황해도	23,511	71,897			2,294	3,997	2,736			
강원도	11,084	29,009			2,276	1,384			11	25	
평안도	41,167	105,444			2,878	3,490		789		14,053
함길도	14,739	66,978				969		516		4,472
계	224,531	702,870	68	5	15,933	49,337	10,802	1,564	25	18,525

※ 출처 : 『세종실록지리지』 및 이재룡, 「조선전기의 수군」 『한국사연구』 5, 1970, 116쪽의 표 참조.

〈표 5-2〉 조선 초기 수군 병력 규모

구분	경기도	충청도	경상도	전라도	황해도	강원도	평안도	함길도	계
도별 병력 합계	3,876	7,858	15,934	11,793	3,997	1,384	3,490	969	49,337
진영별 병력 합계	5,792	8,414	16,622	10,600	3,239	1,103	3,490	1,069	50,442

※ 출처 : 『세종실록지리지』 및 이재룡, 앞의 논문, 1970 위의 표.

이후 『경국대전』이 편찬되는 성종 대에는 총병력이 15만에 약간 못 미치는 수준으로 증가했는데, 그 중 수군은 48,800명으로 기존보다 약간 줄어들었다.[26] 한편, 성종 대에는 조운을 전담하는 조졸漕卒 5,960명이 별도로 편성하여 수군과는 별개로 운영했다.

---

26 『성종실록』 권59, 성종 6년 9월 갑인 ; 『경국대전』 권4, 병전, 수군.

결론적으로 조선 초기 수군은 크게 확장되어 세종대에 5만 명 수준이었고, 그 이후에도 비슷한 규모를 유지했다. 이 병력 규모는 오늘날과 비교해도 결코 적지 않은 규모이고, 당시의 인구 수준에서 이 정도의 수군 병력을 유지하는 것은 쉽지 않은 일이었을 것이다.

(2) 군선의 건조

전술했던 바와 같이 이미 태조 때부터 각 지방별로 군선軍船 건조를 분담시켜 수군력 확장을 꾀했다. 그 결과로 군선의 척수가 얼마였는지는 분명하지 않지만, 태종 8년에 처음으로 각 도별 군선 척수를 확인할 수 있는데 이를 표로 정리하면 다음과 같다.

〈표 5-3〉 태종대의 군선 척수와 건조계획

구분	경기도	전라도	경상도	풍해도	강원도	충청도	평안도	함길도	합계
보유 척수	51	81	137	26	16	47	40	30	428
증가분	26	30	50	20	10	30	15	5	185
보유 목표	77	111	187	46	26	77	55	35	613

※ 출처 : 『세종실록지리지』 및 이재룡, 앞의 논문, 1970 위의 표.

이를 통해 태종 8년 당시 보유한 군선 척수가 428척이고 여기에 185척을 추가 건조하여 613척을 보유 목표로 설정했음을 알 수 있다.

태종은 수군 강화를 위한 정책의 하나로 군선의 성능을 높이기 위한 관심과 노력을 아끼지 않았다. 기록에 의하면 이순신이 조선-일본 전쟁 때 건조한 거북선과 어떤 관계가 있는지 불명확하지만, 이미 태종대에 거북선을 만들고 이를 한강에서 시험 운행한 기록이 있다.[27] 그는 군선의 성능 개선을 위해 일본과 중국 배의 장단점을 비교 분석하여 새로운 군선 건조 기술을 개발하려는 노력도 기울였다.[28] 실록에는 태종이 새로 개발된 군선의 성능 시험을 위해 수시로 한강에 친림하여 시운전과 수군 훈련을 관람한 기록이 자주 나온다.

---

27 『태종실록』 권25, 태종 13년 2월 갑인.
28 『태종실록』 권25, 태종 13년 1월 갑오 ; 『태종실록』 권30, 15년 11월 임자.

이어서 즉위한 세종은 군선 건조 면에서 태종이 다진 기틀을 바탕으로 더욱 발전시
켰다. 세종 역시 중국, 일본, 유구琉球 등의 조선 기술자를 초빙하여 각국 병선을 제작
하고 우리 군선과의 장단점을 비교하여 성능 개선을 추진했다.[29] 그 결과 세종대에 만
들어진 군선은 대선大船, 맹선猛船, 무군선無軍船, 별선別船, 중대선中大船, 중선中船, 추
왜별선追倭別船, 추왜별맹선追倭別猛船, 쾌선快船 등 10여 종류였고, 척수도 기존보다
훨씬 증가한 829척에 이르렀는데 이 수치는 조선 전 기간 중 가장 많은 척수에 해당
한다. 그 내용을 표로 정리하면 다음과 같다.

〈표 5-4〉 세종대 군선 통계

구분	경기도	충청도	경상도	전라도	황해도	강원도	평안도	함길도	계
대선				8					8
맹선	4	18		14					36
무군선	47	10							57
별선		4		40					44
병선	4	92	285		41	17	41	41	521
중대선	11	6							17
중선				103					103
추왜별선	1	2							3
추왜별맹선	30	4							34
쾌선		6							6
계	97	142	285	165	41	17	41	41	829

※『세종실록지리지』의 군선 종류와 보유 척수.

2) 수군의 제도적 발전

(1) 관직체계

고려말기에 왜구 대응책으로 정비되기 시작한 수군의 관직체계는 당시의 긴박한

---

29 『세종실록』 권63, 세종 16년 3월 을미 ; 『세종실록』 권65, 세종 16년 9월 을미.

상황으로 인해 임시적인 성격을 띨 수밖에 없었다. '안무사 겸 왜인추포만호按撫使兼倭人追捕萬戶', '추포사追捕使', '추포만호追捕萬戶' 등은 상황에 따라 왜구가 침입한 현지에 파견되어 병력을 모집하고 토벌에 임했기 때문에 수군의 정규 관직체계로 보기에는 한계가 있었다.

우왕禑王 때에 이르러 비로소 '해도원수海島元帥'와 '해도만호海島萬戶' 등의 명칭으로 바뀌면서 수군 고유의 관직체계가 성립되기 시작했다. 이후 해도원수는 다시 '수군도만호水軍都萬戶'로 변경되고, 수군도만호 휘하에 '수군만호水軍萬戶', '천호千戶', '영선두목領船頭目' 등의 지휘체계가 만들어졌다. 그리고 이러한 수군의 관직체계는 조선 개국 초기까지 유지되었다.

조선초기의 수군 관직체계는 『경국대전』에 반영된 15세기 후반의 진관체제에 이르기까지 시기별로 약간씩 변화했다. 그 내용을 정리해 보면 다음과 같다.

우선 태조 재위기는 고려말기 이래의 임시적인 명칭, 즉 '수군도절제사' '수군절제사' '수군첨절제사' 등의 명칭이 한동안 혼용되었다.[30] 태종대에는 육군의 병마도절제사에 비견되는 '수군도절제사'라는 명칭이 주로 사용되었고, 수군도만호나 수군첨절제사 등의 명칭도 혼용되었다. 수군도절제사 이외에 수군만호와 수군천호 등의 명칭이 보이지만 지휘권 관계 등 자세한 내용은 알 수 없다. 그리고 전술한 바와 같이 만호부터 부천호까지의 품계를 3품에서 6품까지 조정하는 조처가 있었다.

다만, 태종대에는 수군 제도와 관련해서 몇 가지 조처가 있었다. 먼저 각 도의 수군절제사와 만호, 천호 등 각 관에 일종의 날씨 기록부인 '축일부逐日簿'를 작성하도록 제도화했다.[31] 이는 각 지역 수군 지휘관들이 날씨를 핑계로 왜구 토벌에 적극적으로 임하지 않는 것을 방지하기 위한 조처였다.

둘째는 각 포구의 병선을 점검하고 평소의 수군 준비상황을 살피는 제도를 마련한 것이다.[32] 이때 마련된 '병선점검과죄법兵船點檢科罪法'은 단순히 군선의 상태만 점검

---

30 『태조실록』권3, 태조 2년 3월 갑자 ; 『태조실록』권5, 태조 3년 4월 을유 ; 『태조실록』권6, 태조 3년 6월 기사.
31 『태종실록』권6, 태종 3년 9월 갑진.
32 『태종실록』권6, 태종 3년 12월 무자.

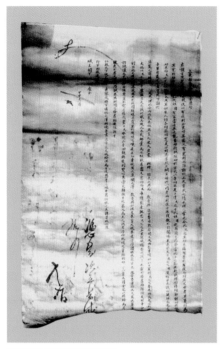

부산포진 해유문서(문화재청)
1887년에 부산포진첨절제사이던 박기우가 이임하면서
작성한 해유문서.

하는 것이 아니고, 군선에 배치된 군기와
화약의 부실 여부 및 수군의 충원과 노약자
숫자까지 파악하여 폐단을 방지하는 한편,
각처 수군의 준비가 부실할 경우 도관찰사
와 절제사 등에게 책임을 묻도록 했다. ·

셋째로 수군 지휘관 교대를 위한 인수인
계서라 할 수 있는 '해유식解由式'이 제도화
되었다. 각 포의 만호와 천호 등은 병선과
군기 등의 수효와 목록을 절제사에게 보고
하고, 이를 대조한 뒤 병조兵曹와 이조吏曹
까지 통보하는 것을 원칙으로 삼았다.[33]

이어서 세종은 재위 초기에 수군도절제
사를 고쳐 '수군도안무처치사水軍都按撫處置
使'라는 명칭을 사용했다. 그러나 이 명칭으
로 통일된 것은 아니었고, '전라도 수군처
치사' '경기도 수군첨절제사'등 기존의 명
칭도 여전히 사용되었다.[34]

이러한 관직체계는 세조 때에 다시 한 번 정비되었는데, 그 내용을 살펴보면, 세조
12년(1466)에 대대적인 관제개혁을 단행하는 과정에서 기존의 수군도안무처치사는
'수군절도사'로, 수군도안무처치사도진무는 '수군우후水軍虞侯'로, '수군도만호'는 '수
군첨절제사'로 각각 변경되었다. 이때에 이르러『경국대전』에 반영된 '수군절도사' -
'수군첨절제사' - '수군만호'의 일원적인 지휘체계가 완성되었다.[35]

조선 개국 초기의 육군과 수군 군사조직은 지역별 자전자수自戰自守를 원칙으로 북
방의 '익군체제'와 수군의 '영진군체제'가 유지되었다. 북방의 익군체제는 일정한 지

---

33 『태종실록』 권28, 태종 14년 12월 기묘.
34 『세종실록』 권10, 세종 2년 10월 임술.
35 『세종실록』 권12, 세종 3년 7월 을축 ;『세종실록』 권13, 세종 3년 10월 기해.

역에 몇 개의 군익을 두고 이것을 합쳐서 하나의 군사단위로 삼는 것으로 북방의 지역적 특성에 따라 중요한 거점을 중심으로 몇 개의 군익도를 구성했다.[36] 수군의 영진군은 타 지역 수군이 군역을 위해 이동해 오는 차이는 있었지만, 단위 지역을 방어하는 체제는 비슷했다.

수군의 영진군체제는 세종대에 이르러 각 도에 '수군도안무처치사'를 두고, '수군첨절제사'나 '수군도만호'로 하여금 각 지역의 '수군만호'를 거느리게 하는 체제를 이루며 시작되었다. 이때 왜구의 침입 규모에 따라 15척 이하는 해당지역 만호가 응전하면서 주변에 경보를 알리고, 15척 이상 25척 이하일 때에는 수군첨절제사가 휘하 만호들의 병력을 동원하여 응전하고, 25척 이상 대거 입구했을 때에는 수군도안무처치사가 도 단위의 모든 병선을 동원하여 응전한다는 책임 지역 방어체제를 수립했다.[37]

이러한 지방 군사조직은 세조 3년(1457)에 이르러 육·수군 모두 '진관체제'로 통일되었는데, 기존의 수군 조직도 지역 방어를 중심으로 했기 때문에 그다지 혁신적인 변화는 아니었다. 진관체제를 통해 오히려 기존의 지역 방어체제가 더욱 공고해지고 육군과 수군이 모두 '절도사-첨절제사-만호' 체제로 통일된 지휘체계를 갖추게 되었다.

수군의 예를 들면, 경상도와 전라도에는 전임 수군절도사 2명이 휘하에 수군첨절제사 1명씩을 거느리고, 수군첨절제사는 휘하에 7~10명의 만호를 거느리는 조직체제가 성립되었다. 그 외에 경기도와 충청도에도 전임 수군절도사가 있었고, 나머지 4개 도는 관찰사가 수군절도사를 겸했다.[38]

『경국대전』에 반영된 진관체제와 수군절도사(정3품)-수군첨절제사(종3품)-수군만호(종4품)의 통일된 조직체계는 조선 전기 지방 군제의 완성뿐 아니라 도道 단위 수군 조직의 일원적 지휘체계 확립이라는 중요한 의미를 갖는다.

---

36 차문섭, 「군사제도」『한국사론』3, 국사편찬위원회, 1975, 37쪽.
37 『세종실록』 권89, 세종 22년 3월 계축.
38 『경국대전』 권4, 병전, 외관직.

(2) 수군 진영의 확대와 변화

고려말 왜구로 인해 영·호남의 연해안 군현縣과 백성이 내륙으로 이동한 예는 여러 곳에서 볼 수 있다. 그러나 여말선초에 단행된 두 차례의 쓰시마 정벌을 비롯한 강력한 왜구 대책이 실효를 거두면서, 15세기 부터는 이런 이동 상황이 원상복구되었을 뿐 아니라 적극적인 연해 지역 진출과 개척이 이루어졌다.

이와 관련해서 조선이 건국 초기부터 섬에 주민이 살지 못하게 하는 공도정책空島 政策을 위주로 소극적인 해양정책을 펼쳤다는 설이 통설로 제기되고 있다. 최근의 연구에 의하면 공도정책은 조선 초기 몇몇 도서에 한정된 일부 사례를 일본 학자들이 조선 조정의 국가정책으로 지나치게 확대해석한 결과였음이 밝혀졌다.[39] 이들 연구에서도 지적한 바와 같이 고려 말부터 시작된 수군 강화 정책과 적극적인 왜구 토벌 노력은 조선 전기에 큰 효과를 거두었다. 즉, 왜구 침입은 현저히 줄었고, 조선은 적극적인 해양개척 정책을 추진했다.

이로 인해 15세기 전반에는 왜구 때문에 내륙으로 이주했던 백성들이 고향으로 돌아와 점차 연안지역이 충실해지고, 군선과 화기로 무장한 수군이 자리를 잡으면서 막혔던 조운이 정상화되었다. 오히려 이전 시기보다 더 해안과 바다로 진출하게 되었는데, 이는 수군력의 강화와 수군 진영의 확대 과정과 밀접한 연관이 있다.

결과적으로 조선의 적극적인 해양개척 정책으로 연해의 인구

오천 수영성문(충남 보령)

---

39 김호동, 「조선초기 울릉도 독도에 대한 공도정책 재검토」 『민족문화논총』32, 2005 ; 신명호, 「조선초기 해양개척과 어장개방」 『조선전기 해양개척과 대마도』, 한국해양사연구총서1, 국학자료원, 2007.

증가 등 개발이 이루어졌고, 확대된 연해 지역을 방어하기 위해 수군 진영이 증설되거나 이동했을 것은 쉽게 예측해 볼 수 있는 사실이다. 여기서는 수군 진영의 확대 과정에 대해『세종실록지리지』와『경국대전』의 자료를 비교 검토하여 15세기 전반과 후반의 변화를 살펴보고자 한다.

위에서 본 두 사료의 시차가 불과 30여 년밖에 나지 않기 때문에 대동소이하다고 볼 수 있으나 자세히 보면 각각의 특징과 뚜렷한 변화를 감지할 수 있다. 먼저『세종실록지리지』의 수군 진영의 특성을 간략히 살펴보면 다음과 같다.

〈표 5-5〉 조선전기 수군 진영 변화

구 분	『세종실록지리지』의 수군 진영		『경국대전』의 수군진영		비 고
경기도	좌도수군첨절제사 영종포만호 초지량만호 제물량만호 우도수군첨절제사 정포만호	남양부 화지량 남양부 서쪽 안산서 남사곶 인천군 성창포 교동현 응암량 강화부 서쪽	수군절도사 월곶첨절제사 영종포만호 초지량만호 제물량만호 정포만호 교동량만호	남양 화량만 강화 월곶 인천 강화 인천 강화 교동현감 겸	+1, 한강하구 주변 이동
충정도	도안무처치사 좌도도만호 우도도만호 서천포만호 고만량만호 파지도만호 당진만호 대진만호	보령현 회이포 태안군 후근이포 남포현 구정 장암포 보령현 송도포 서산군 대산포 당진현 박지포 신평현 대진	수군절도사 소근포첨절제사 당진포만호 파지도만호 마량첨절제사 서천포만호	보령 태안 비인현	-2, 도만호, 만호 각1 감소
경상도	좌도수군도안무처사 염포도만호 서생포만호 축산포만호 오포만호 통양포만호 포이포만호 감포만호 개운포만호 두모포만호	동래 부산포 울산 염포 울산 영해 영덕 흥해 장기 경주 울산 기장	좌도수군절도사 부산포첨사 두모포만호 감포만호 해운포만호 칠포만호 포이포만호 오포만호 서생포만호 다대포만호 염포만호	동래	

도					비고
경상도	해운포만호	동래	축산포만호		+2,
	다대포만호	동래	우도수군절도사	거제 가배량	
	우도수군도안무처치사	거제 오아포	제포첨사	웅천	좌도 동일 위치 변동
	가배량도만호	고성	옥포만호	거제 동	
	제포만호	김해	평산포만호	남해	우도 +2 거제도 설진
	영등포만호	거제	지세포만호	거제	
	견내량만호	고성	영등포만호	거제	
	번계만호	고성	사량만호	고성	
	구량량만호	진주	당포만호	고성	
	적량만호	진주	조라포만호	거제	
	노량만호	진주	적량만호	진주	
			안골포만호	웅천	
전라도	수군처치사	무안현 대굴포	좌도수군절도사	순천 오동포	+3
	좌도도만호	보성군 여도량	사도첨사	흥양현	우도 6→
	내례만호	순천부 남어포	회령포만호		10으로
	돌산만호	순천부 용문포	달량만호		증가
	축두만호	고흥현 고흥포	여도만호		
	녹도만호	장흥부 녹도량	마도만호		
	회령포만호	장흥부 주포	녹도만호		
	마도만호	강진현 원포	발포만호		
	달량만호	영암군	돌산만호		
	어란만호	해진군 삼정포	우도수군절도사	해남	
	우도도만호	함평현 원곶	임치도첨사	함평	
	목포만호	무안현	검모포만호	부안	
	다경포만호	무안현	법성포만호		
	법성포만호	영광군	다경포만호	\	
	검모포만호	부안현	목포만호		
	군산만호	옥구현	어란만호		
			군산포만호		
			남도포만호		
			금갑도만호		
황해도	수군첨절제사	옹진현 관량	소강첨절제사	옹진	동일
	용매량만호	해주 파곶	광암량만호		
	순위량만호	강령현 무지곶	아랑포마호		
	대곶량만호	장연현	오차포만호	장연	
	아랑포만호	장연현	허사포마호	풍천	
	풍천량만호	풍천군	가을포만호	강령	
	광암량만호	은율현	용매량만호		

강원도	송월포만호 동초포만호 강포구만호 삼척포만호 수산포만호 연곡포만호	평해 양양 고성 삼척 울진 연곡현	삼척포첨절제사 안인포만호 고성포만호 울진포만호 월송포만호	삼척 강릉 고성 울진 강릉	-1
평안도	평양도수군첨절제사 안주도수군첨절제사 의주도수군첨절제사	삼화 범도포 안주 노근강 선천 선사포	광량첨절제사 노강첨절제사 선사포첨절제사	삼화 안주 선천	동일
함길도	낭성포등처수군만호 도안등처수군만호	안변부 낭성포 용진현 조지포 영평부 임성포 예원군 도안포 북청부 장자지	아랑포만호 도안포만호 조산포만호	안변부 정평 경흥	+1
계	전국 69개 처(만호 이상)		전국 73개처(수사 6, 첨사 12, 만호55)		

첫째 세종 재위 기간 중 전국 69개 처에 수군 진영의 배치가 완료되었다. 수군 진영의 위치도 기존에 내륙 깊숙이 자리하던 것과 달리 대부분 연해안 지역으로 확산된 특징이 있다.

둘째로 전체 69개 처 중에 경상도 21, 전라도 16등 남해안 수군 진영이 37개로 약 54%에 해당된다. 즉 영·호남 연해안의 요해처를 중심으로 대다수 진이 설치된 사실을 확인할 수 있다.

요컨대 이미 세종대에 이르면 강한 수군력 건설 정책의 결과로 전국 대부분의 연해안 요해처에 수군 진영이 설치되었다. 그리고 이러한 수군 진영의 설치는 백성의 이주와 경제활동 등 연안 지역의 개척과 동시에 진행된 것으로 볼 수 있다.

다음으로 『경국대전』의 수군 진영 배치 상황을 살펴보면 다음과 같다. 첫째 전체 수군 진영이 4곳 증가한 가운데 영·호남의 남해 연안이 42개 처로 전체의 58%로 증가했다. 오히려 이전 시기보다 더 남해안을 중심으로 수군 설진이 추가된 것을 알 수 있다.

둘째 수도권 주변의 수군 진영은 경기도가 1개 증가하고 충청도는 2개 감소했는데, 이는 왜구 침입의 감소로 인해 방어 필요성이 변경되고, 한편으로 한강을 중심으로 경기도 수군 진영이 재편된 결과라 할 수 있다.

셋째 경상도의 경우, 우도를 중심으로 수군 진영의 배치가 크게 달라졌다. 즉, 기존에 고성과 진주 주변에 고루 분포했던 것에서 거제도를 중심으로 수군 진영이 전진 배치되었다. 고대부터 일본과의 교통이 편리한 곳이었던 거제도는 2개에서 5개의 진영으로 배 이상 증가했을 뿐 아니라 대부분 거제도 동편 해안에 조밀하게 배치된 특징이 있다. 또한 고성의 가배량이 사량蛇梁으로 전진 배치되고, 제포첨사진 주변에 안골포만호가 추가되는데, 이 역시 왜구의 이동로와 통교通交 지역 주변에 대한 대비 차원이었다.

넷째 전라도의 수군 진영도 좌도와 우도 공히 수군절도사 진영을 비롯해 연해안 지역으로 전진 배치되었다. 특히 우도의 경우 좌도에서 소속이 바뀐 어란포 외에 해남 우수영과 진도의 금갑도와 남도포가 추가되었다. 해남과 진도 주변 역시 왜구의 주요 교통로에 포함되기 때문에 크게 볼 때 수군 진영이 연해안 지역으로 전진배치된 기조와 합치한다. 그리고 황해도를 비롯한 네 개의 도는 강원도에서 하나 줄고, 함길도가 하나 증가한 정도 외에 큰 변화는 없었다.

요컨대 조선전기, 진관체제가 완성되는 단계의 수군 진영은 이전보다 더욱 연해안 지역으로 전진배치 되었는데, 특히 왜구의 이동로, 일본과의 통교 지역, 그리고 일본인의 어로와 관계된 거제도, 사량도, 진도 등 도서 지역까지 수군 진영이 설치되었다. 다만 조선 전기의 국방 전략인 진관체제 자체가 최대 도 단위를 넘지 않는 지역방어 중심의 전략이었기 때문에 수군의 경우 지나치게 많은 요해처에 전력이 분산 배치되고 있었다. 그리고 이것은 소규모 왜구에 대한 방어에는 적절했겠지만, 국가 차원의 대규모 침략 전쟁에 대비하기에는 한계로 작용될 소지가 다분히 있었다.

제2절

수군의 복무방식과 병력확보책

1. 수군의 복무방식

　조선은 개국 이후 계속해서 국가적인 정책으로 수군을 강화하여 왜구 침입에 적극적으로 대응했다. 당초 각 지역에 수군을 설치한 것은 유사시를 대비해 선상에서 대기하다가 바다에서 왜구를 퇴치하기 위함이었다.[40] 수군의 복무방식은 다른 병종과 달리 선상생활을 해야 하는 것이 문제였는데, 이것은 육군과 비교될 수 없는 근본적인 차이점이었다.

　수군의 첫 번째 어려움은 선상이라는 근무 환경에서 비롯된다. 대개 선상생활의 어려움은 바닷가의 습기로 인한 질병이 대표적인 예이다.[41] 그리고 또 다른 어려움은 군선의 절대공간이 일상생활에 부적절하게 좁은 것이었다. 조선 전기 맹선의 정확한 크기는 알 수 없지만 대맹선 80명, 중맹선 60명, 소맹선 30명을 정원으로 했을 때, 결코 넉넉하지 않은 공간이었을 것은 쉽게 유추해 볼 수 있다. 또한 좁은 공간에서의 공동생활은 전염병에 상당히 취약한 문제도 있었다.

　둘째는 군선이 더위와 추위에 노출되어 있는 문제였다. 좁은 공간 속에서 뜨거운

---

40 『성종실록』 권178, 성종 17년 2월 병술, "國初初設水軍 欲其常在船上 以防海寇也."
41 『태조실록』 권13, 태조 7년 2월 계사, "기선군이 여러 달 계속 배를 타서 남기와 장기의 독으로 인하여, 혹은 기한에 쪼들림으로 인하여 몸이 지치고 힘이 다하여……."

태양열과 체열이 더해진 더위도 견디기 힘든 것이었지만, 더 심각한 것은 추위였다. 선상에서의 추위는 가능한 난방 조처를 하더라도 견디기 힘들었는데, 이순신의 『난중일기』의 기록을 통해 다음과 같은 실례를 볼 수 있다.

> ○ 추위가 살을 도려내는 듯하여 여러 배에서 옷 없는 사람들이 거북이처럼 웅크리고 추위에 떠는 소리는 차마 듣지를 못하겠다.[42]
> ○ 오후 두 시에 비는 개었으나 된바람이 몹시 불었다. 뱃사람들은 추위에 괴로워하며, 나는 선실에서 웅크리고 앉아 있으니, 마음이 무척 불편했다.[43]

셋째는 수군의 주 임무인 해상 방위를 위한 해상 출동과 전투의 위험성이다. 조선 초기 기록에 의하면 수군이 훈련이나 작전을 위해 바다로 나갔다가 파선 등 사고를 당한 기록이 일일이 예를 들 수 없을 정도로 상당히 많다.[44] 바다에서의 사고는 곧 사망사고였고, 이러한 사고가 있을 때마다 국가 차원의 부의賻儀와 복호復戶 등 지원 조처가 뒤따랐다.

그리고 바다에서의 파선 등 사고뿐 아니라 왜구와의 전투로 인한 전사나 포로로 끌려가는 등의 사례도 많았다. 수군이 위험한 해전에서 벗어날 수 있는 방법은 도망과 전사 이외에는 없었다. 여말선초의 왜구 침입이 횟수나 규모에서 현저히 줄어든 것은 사실이지만, 실록에서 볼 수 있는 바와 같이 세종 초기까지 거의 매년 수차례씩 전국의 해안을 노략질 했고, 그때마다 수군이 출전하여 전투를 벌였다.

이러한 어려움 때문에 처음부터 국가적인 차원에서 수군 병력을 유지하기 위해 각종 혜택을 주었다. 고려 공양왕 3년(1391)에 처음으로 연해민을 모집하여 3정丁을 1호戶로 삼아 수군 1명을 차출하도록 하는 제도를 마련했을 때부터 수군의 가족을 부양하기 위해 해변의 전지田地에 대해서는 조세를 감면해 주는 조처를 취한 바 있다.[45]

---

42 『난중일기』 갑오년(1594) 1월 20일.
43 『난중일기』 정유년(1597) 11월 초1일.
44 『태종실록』 권14, 태종 7년 7월 신사 ; 『세종실록』 권53, 세종 13년 7월 신사.
45 『고려사』 권83, 지37, 병3, 군선, 공양왕 3년.

이후에도 조선 조정은 수군 강화정책을 견지하면서 수군의 생활 안정과 병력 확보를 위해 각 시기별로 여러 가지 수군 우대 조처를 취했다. 이점은 뒤에서 수군이 고역화되어가는 과정을 정리하면서 함께 살펴보기로 한다.[46]

한편, 수군은 『경국대전』 단계에 이르러 '이번일삭상체二番 一朔相遞' 즉, 상하 양번으로 나눠 한 달씩 교대로 근무하는 방식으로 규정화되었다. 때문에 1년을 기준으로 6개월을 근무해야 하는 부담을 졌는데, 지금까지의 연구에서는 대부분 이러한 복무방식이 조선 초기이래로 계속된 것으로 보고 있다. 그러나 조선초기에는 이와 같은 복무방식이 아니었던 것으로 보인다.

> 선군 삼정三丁을 일호一戶로 삼아 1년에 번상하는 것이 두 달에 불과한데, 오직 진무와 영선두목과 지인知印 등 문자를 해독하는 자는 각각 맡은 바가 있어 예에 따라 교대하지 못하여 1년에 번상하는 것이 6개월에 이릅니다. 근무기간은 다른 선군과 같이 2개월만 인정하고 있으니 원컨대 번상한 달수만큼 모두 인정해 주는 것이 좋겠습니다.[47]

세종 17년(1435)까지는 수군의 근무 기간이 1년에 불과 두 달뿐이었음을 알려주는 것으로 조선 개국 초부터 1년에 2교대로 6개월을 근무한 것은 아니었다. 언제부터 수군의 근무방식이 2교대로 1년에 6개월이 되었는지는 명확하지 않다. 다만 『경국대전』이 편찬되는 성종 6년(1475) 이전의 어느 시기부터인가 그렇게 되었을 것으로 추정되며, 향후 좀 더 진전된 연구 성과가 필요한 부분이다.

수군의 '이번일삭상체' 복무방식이 확정된 이후 지나치게 무거운 수군 군역 때문에 많은 개선 논의와 노력이 있었다. 특히 성종 8년(1477) 윤2월에는 전임 정승, 의정부, 6조, 경상감사 등 당상관이 모여 그 대책을 논의했는데 그 요지를 간추려보면 다음과 같다.

---

46 이하의 서술은 이재룡, 「조선전기의 수군」『한국사연구』5, 고려대학교, 1970과 방상현, 『조선초기 수군제도』, 민족문화사, 1991 등의 관련 내용을 재정리한 것으로 별도의 재인용 표시 없이 전거까지 함께 참조하고 표기했음을 밝혀둔다.
47 『세종실록』 권68, 세종 17년 6월 무신.

1. 여정餘丁은 다른 역에 배정하지 말 것. 비록 3정이 넘더라도 다른 역에 배정하지 말 것.
1. 요역徭役(노역)은 견면蠲免-덜어내어 없앰-할 것.
1. 호수戶首와 보인에게 해령직海領職을 주어 수군을 강화할 것.
1. 호수의 유고시에는 수령의 책임 하에 보인으로 대립代立하게 할 것.
1. 보인 중에 강장한 자 1인을 가려 원패圓牌를 주어 정군과 더불어 교대로 입번하게 할 것.
1. 수군의 입번을 4령(교대)으로 할 것.[48]
1. 진무와 영선두목을 제외하고 보인의 대립을 허가할 것.

이상에서 보듯이 여러 가지 대책을 통해 수군의 부담을 덜어주기 위해 노력한 것을 알 수 있다. 특히 요역을 면제해 주고, 호수와 보인에게 해령직의 혜택을 주고, 수군도 육군과 마찬가지로 4교대 체제로 변경하는 등 복무방식을 개선하려는 구체적인 방안이 제기되었다. 그러나 그 후에도 수군의 역에 대해 이와 비슷한 논의가 계속된 것으로 보아 특별히 해결된 것은 없었던 것으로 추정된다.

그리고 조선 전기 수군은 입번 중의 식량과 군기를 스스로 준비하고 입번하여야 했다. 개국 초기부터 수군의 군량 마련을 위한 국가적인 배려가 없었던 것은 아니었다. 즉, 태조는 기선군에게 부역 면제 등의 조처와 함께 어염의 이익을 주도록 했다.[49] 바로 어염의 이익은 수군의 군량 마련을 위한 것이었다. 그러나 태조 6년의 기록에 의하면 절제사나 만호 등이 어염의 이익으로 수군의 군량을 마련한다는 명목으로 수군을 혹사시키고 있음을 지적하고 있다.[50]

또한 태종대에도 선군의 군량을 위해 '호급둔전戶給屯田'이라 하여 각 진의 둔전을 혁파하여 주변 백성으로 하여금 농사를 짓고 그 중 일부를 수군의 군량으로 내도록 하는 조처를 취했는데, 역시 민원과 폐단 때문에 곧바로 폐지되었다. 결국 수군은

---

48 『성종실록』 권77, 성종 8년 윤2월 기유.
49 『태조실록』 권1, 태조 원년 7월 을사.
50 『태조실록』 권11, 태조 6년 4월 정미.

자신의 복무를 위해 군량과 군기를 스스로 부담하는 상황이 계속되었던 것으로 추정된다.

2. 수군역의 변질

수군의 군역은 선상생활의 어려움과 식량 및 각종 군기를 스스로 준비하는 것, 그리고 군선과 기물 등을 수리하거나 정비해야하는 것만으로도 입번하는 자체가 큰 고역이었다. 그러나 그 외에 수군에게는 여러 가지 부담이 추가되었는데, 그 내용은 정리하면 다음과 같다.

첫째 '어염과 둔전의 노역'을 들 수 있다. 전술한 바와 같이 처음에 어염과 둔전은 수군의 군량을 마련하기 위한 조처에서 비롯되었지만, 차츰 수군에게 어염의 역과 둔전의 경작을 위한 노역으로 부담이 되었다. 실례를 들면 다음과 같다.

> 황해도 수군의 노고는 타도에 비해 갑절입니다. 이에 앞서 해마다 소금을 구워서 군량을 보태는 것을 예로 정했는데, 이제 수량을 더해 평안도의 군량을 보태게 했습니다.[51]

태종대 이후 왜구의 침입이 점차 줄어들어 안정기에 접어들자,『속육전續六典』에는 '각 포의 수군은 무사할 때에 소금을 굽고, 둔전을 경영하고, 해산물을 채취하는 것을 편의에 따라 행할 수 있다'라고 규정했다.

둘째 부담은 '공물과 진상품'을 마련하는 것이었다. 이러한 부담에 대한 기록은 태종대부터 산견되는데 그 실례를 들면 다음과 같다.

> ① 각 포의 만호 천호 영선두목이 해상방어를 여사로 삼고 군선을 거느리고 군기감에 납품할 관갑피貫甲皮 등을 마련한다고 하여 수렵을 일삼는다.[52]

51『문종실록』권7, 문종 1년 5월 계축.
52『태종실록』권15, 태종 8년 5월 기미.

② 여러 도 수군이 공부貢賦 마련에 수고로워 병선의 기계를 갖출 틈마저 없다.[53]

③ 각 사에 내야하는 공물 중 감할 수 있는 것은 영원히 삭감하고 부득이한 공물은 육지 각관으로 옮겨 정하되……수군을 역사시키지 못하도록 조처할 것.[54]

①은 태종 8년 전라도 해도찰방 한옹韓雍이 각 포구의 상황에 대해 보고한 내용으로 수군이 해상방어보다 공물을 준비하는데 동원되고 있는 실정이었음을 알려준다. 한편, ②와 ③은 둘째와 셋째 인용문은 모두 세종대의 기록으로 수군이 여러 가지 공물 마련에 시달리는 상황과 그에 대한 대책으로 수군에게 부담된 공물의 일부를 감하고 다른 지역에 부담시키도록 하는 조처를 건의한 내용이다. 이러한 건의의 시행 여부는 뒤에도 비슷한 논의가 계속된 것으로 보아 역시 이루어지지 않은 것으로 보인다.

세 번째로 수군은 조운에 동원되었다. 수군은 원래 해상방어가 임무였고, 조운은 조졸에 의해 행해지는 것이었으나 조선 전기에 수군의 조운 동원은 예사로 행해졌다.[55] 조선 개국 초기부터 조운이 다시 시행되면서 조운할 때에 수군이 조운선을 호송하는 임무가 있었고, 이후 어느 시기부터인가 조운에도 수군이 동원되었다.

세조 11년(1465)에 병조선兵漕船이 마련되면서 병선과 조선의 구분이 없어졌다. 그러나 이후에도 여전히 조운이 수군의 중대한 부담이었음을 알려주는 다음과 같은 예가 있다.

지사 이극배李克培가 아뢰기를 "신이 일찍이 충청도 순찰사가 되어 수군이 그 노고를 견디지 못하는 것을 보고 그 이유를 물으니 답하기를 '조운 때문에 곤란하고, 조금만 부족한 것이 있으면 문득 징납徵納과 독책督責이 있으니 이 때문에 가산을 탕진했다.' 했습니다.[56]

---

53 『세종실록』 권13, 세종 3년 8월 갑인.
54 『세종실록』 권82, 세종 20년 8월 신유.
55 『정종실록』 권1, 정종 원년 정월 무인 ; 『태종실록』 권2 태종 원년 8월 무오 ; 『태종실록』 권27, 태종 14년 5월 계묘 ; 『단종실록』 권13, 단종 3년 정월 을축 등.
56 『성종실록』 권88, 성종 9년 정월 임오.

위의 내용 뒤에 대부분의 병선이 조운에 사용된 것과 따라서 수군이 조운에 동원되고 있음을 지적하면서 나라가 평안한 때일지라도 수군에게 부과하는 잡역을 면제하고 조운에도 사선을 이용하자고 건의했다. 한편, 『경국대전』 단계에 이르러 수군 48,800명 이외에 조졸이 별도로 5,960명 편성되었는데, 위의 인용문과 비슷한 시기에 이루어진 조처였기 때문에 실제로 조운이 어떻게 운영되었는지에 대한 연구가 필요하다고 생각된다.

넷째로 수군은 토목공사를 비롯한 각종 잡역에 동원되었다. 세종 17년(1435)에 호조에서 아뢴 바에 따르면 '근래에 토목공사에 항상 수군을 동원하여 다만 빈 배만 정박하고 있으니 병사를 양성하는 뜻에 어긋난다.'고 지적했다.[57] 다음과 같은 또 다른 기록을 통해서도 수군이 항상 잡역에 동원되고 있었음을 확인해 볼 수 있다.

> 경기도 각 포의 정해진 진상물건 및 각사各司에 납부해야 할 물건 외에는 서울 이외의 대소 공역工役 즉 축성築城 및 수리, 목장, 목책, 장빙藏氷 등의 일은 평민에게 맡기고 수군은 사역시키지 말 것이며, 경기·강원·충청도에서도 수군 대신에 연호군烟戶軍으로 사역케 하라.[58]
>
> 근래에 승평한 날이 길어 수군과 관련된 제반 사항 및 영내에서 소금을 굽는 것 외에 무릇 백성이 천하게 여기고 싫어하는 사역은 모두 수군에게 맡겨 수군은 그 무거운 역에 이기지 못하여 다방으로 도피할 것을 모색한다.[59]

인용문에서 보는 바와 같이 세종대의 수군은 축성을 비롯한 각종 잡역에 수시로 동원되어 본업인 해상방어가 소홀해질 우려가 있었다. 이와 같은 과중한 수군역에 대한 대책 논의는 있었지만 뚜렷한 대책이나 개선책은 없었다.

또한 수군은 군역 외에 요역에도 동원되었다. 개국 초기부터 수군은 원칙적으로 요역이 면제되어 있었다. 실례로 태종 11년(1411) 충청감사 한옹의 상소 중에는 '갑사,

---

57 『세종실록』 권67, 세종 17년 2월 임신.
58 『세종실록』 권82, 세종 20년 8월 신유.
59 『세종실록』 권86, 세종 21년 7월 병인.

수군 및 그 조호助戶는 다른 역에 동원되어서는 안 되는 금령이 있다'고 밝힌 바 있다.[60] 그러나 실제 상황은 그렇지 못했다. 아래의 예는 그러한 실상을 잘 보여준다.

> 축성·영선 등의 공역에 감사가 주현마다 몇 명씩 차정하면 수령은 부득이 수군호에까지 그 차정을 명하여, 아들은 배를 타고 있는데 아버지는 다른 역에 붙이고, 아우는 당번인데 형은 다른 역에 부역하는 일이 종종 있다.[61]
> 수군의 역이 곤고한 탓으로 국가에서는 수군호를 후휼厚恤하여 요역에 동원하지 않도록 배려했는데도, 임시조처였던 것으로 폐지되고 부역은 가중되어 호수戶首는 항상 수군에 방수하는데 처자는 항상 요역에 곤고하여 수군이 유리하게 된다.[62]

이상과 같이 세종대와 문종대까지 수군은 각종 부담 외에 요역에도 동원되었다. 그후 『경국대전』에서도 '제읍의 군사로 딸린 장정이 5구이거나, 혹은 밭이 5결 이하일 경우 모두 부역을 면제한다.'고 규정하고 있다. 그러나 이러한 법 조항이 실제 수군에게 적용되지는 않았던 것으로 추정된다.

이와 같이 수군의 역은 입번 자체가 고역인데다가 각종 부역과 요역 등 추가되는 부담으로 인해 점차 기피 대상이 되었다. 사실 이런 경향은 개국 초기부터 시작되었다고 볼 수 있다. 때문에 이미 태조 때부터 부강한 수군이 만호나 천호에게 뇌물을 써서 수군역에서 벗어나려 하는 상황이 벌어졌던 것이다.[63]

수군역의 기피 방법으로 가장 근본적인 처방은 뇌물을 써서 수군 군적에서 빠지는 것이었고, 다음은 본인 대신 입번할 장정을 구해 군역처에 보내는 대립代立의 방법이 있었다. 실제로 수군은 개국 초기부터 정군과 봉족으로 구분되어 정군은 입번하고 봉족은 정군에게 경제적 뒷바라지를 하는 것이 원칙이었다.

그러나 이미 태종 7년(1407)에 의정부영사 성석린成石璘이 올린 시무 20조에는 '수

---

60 『태종실록』 권22, 태종 11년 12월 정사.
61 『세종실록』 권64, 세종 16년 4월 무진.
62 『문종실록』 권4, 문종 즉위년 10월 경진.
63 『태조실록』 권13, 태조 7년 2월 계사.

414 한국군사사 -조선전기 I

군에서 정군이 배를 타지 않고 봉족으로 하여금 배에 익숙한 여부를 가리지 않고 대립하게 하는 까닭에 매양 전투에 패하여 전사하는 자는 모두 대립한 자들이다.'라고 지적하면서 해전에 익숙하지 못한 봉족의 대립을 금하자는 의견을 제시한 바 있다.[64]

그러나 수군의 입번은 정군으로만 한정되지 않고 봉족의 대립이 계속 허용되었다. 때문에 허약한 노약자로 수군이 채워지는 문제가 발생했고, 이에 대한 대책을 논의한 결과 세종 29년(1447)에는 수군 중 곁꾼[格軍]만 정군과 봉족이 서로 교대하여 입번하는 것을 허락하고, 정군에게는 '선군' 두 글자를 새겨 넣은 검은 색 둥근 목패를 만들어 패용하도록 하면서 대립에 대한 엄격한 처벌 규정을 마련했다.[65] 또한 세조 3년(1457) 군정을 개혁할 때 '수령의 근무 성적 평가에 반드시 본읍 수군의 장약批弱 및 번상에 빠짐이 없는 것을 참조'하도록 조처하기도 했다. 따라서 조선전기 수군의 전력에 차질이 있을 정도로 대립代立이 광범위하게 행해지고 있었음을 알 수 있다.

조선전기 수군의 대립은 방군수포放軍收布의 폐단과 연계되어 더욱 일반화되었다. 수군이 고역이었기 때문에 다른 병종에 비해 대립과 방군수포가 더 일찍 발생했다. 전술한 바와 같이 이미 개국 초부터 수군역에 익숙하지 못한 봉족의 입번이 문제가 되어 왔는데, 세종 21년(1439)의 기록에 의하면 '부유한 수군은 스스로 입번하지 않고 가난한 자들을 돈으로 사서 대신 입번토록 하고 있다.'는 실정이었다.[66] 이러한 대립은 정병인 시위군이나 영진군의 대립이 일반화되기 이전에 수군에서부터 시작되었고, 양반가에서도 시류를 본받아 한 달의 대립가가 면포 3필이었다고 할 정도로 일반적인 상황이었다.[67]

이와 같이 수군의 대립이 문제가 되자 전술한 바와 같이 격군 외에 대립을 금지하면서 정군에게 흑색 원형의 목패를 패용하도록 조처하기도 했다. 그러나 문종대에 이르러 수군의 방군수포는 '수군에서는 만호가 월령月令이라는 명목으로 매월마다 1필의 면포와 쌀 아홉 말을 거두어들이고 있다.'는 의정부의 보고가 있을 만큼 일반화 되

---

64 『태종실록』 권13, 태종 7년 정월 갑술.
65 『세종실록』 권116, 세종 29년 4월 임인.
66 『세종실록』 권86, 세종 21년 7월 병술.
67 『세종실록』 권87, 세종 21년 11월 을묘.

었다.[68]

특히, 왜구의 침입이 현저히 줄어들고 안정기에 접어든 15세기 중반 이후에는 수군을 현지에서 통솔하는 만호에 의한 방군수포가 감독 소홀을 틈타 임의로 자행되는 상황이었다. 그리고 이와 같이 대립과 방군수포가 보편화되면서 부강한 수군은 자신의 근무지가 어디인지도 모르며 평생 대립을 통해 수군역에 나가지 않은 경우도 있었다.[69]

3. 수군역의 세습화

조선 초기 수군은 양인이 부담하는 대표적인 군역의 하나였다. 그러나 앞에서 살펴본 바와 같이 점차 수군역이 고역화 되고 시간이 흐름에 따라 몇 가지 원인이 더해져 그 지위가 하락하면서 천역화되었다. 그 이유는 조선 초기부터 수군이 신양역천身良役賤이 아니었음에도 불구하고 천민이었던 염간鹽干의 수군 편입, 양천의 신분이 불명확한 자와 범죄자의 수군 편입 등 수군의 신분을 하락시키는 일련의 조처들이 계속되었다. 그 실례를 들면 다음과 같다.

염간의 수군 편입은 세종 23년(1441)에 있었던 일로 수군의 선상 생활에 익숙한 병력을 얻기 위한 임시적인 조처였으나,[70] 염간의 신분이 천민이었기 때문에 수군의 신분을 저하시키는 상징적인 사건이었다.

여말선초의 사회적 혼란기로 인해 신분질서에도 혼란이 생겨 자신의 신분이 양인인지 천민인지 불명확한 자들이 많이 발생했다. 조선은 개국 초기부터 국가에 대한 세금과 군역 등을 담당해야할 양인을 확보하는 것이 중요한 문제였기 때문에 이와 같은 양천이 불명확한 자에 대한 판정에 정책적인 배려가 있었다. 양천의 신분이 불명확한 자들에 대한 신분 판정에 대해 언급한 예를 들면 다음과 같다.

---

68 『문종실록』권4, 문종 즉위년 10월 경진.
69 『성종실록』권3, 성종 원년 2월 신미.
70 『세종실록』권93, 세종 23년 6월 정축.

○ 우리 국조國祖에 이르러 태조가 여러 사람의 자기 비첩의 소산을 신양역천으로 삼아 사재감수군司宰監水軍으로 붙이었으나,……정축년(1397) 이후에 양인인지 천인인지 서류가 분명하지 않아 수군에 충당된 여손女孫 외에 자기 비첩 소생을 사재감에 붙인 자의 여손은 길이 수군에 충당하게 하라.[71]

○ 좌의정 박은이 헌의하기를 "가만히 생각하건대, 국가에서 백성이 천한 사람은 많고, 양인이 적다하여 보충군의 제도를 마련하여 종량從良하는 길을 넓혔습니다. 그 종류가 다섯 가지가 있으니, 양인의 신분으로 수군이 된 자는 양천 관계를 분변할 때에 양과 천의 호적이 모두 분명하지 못하여 양천을 따지기 어려우므로 수군에다 소속시킨 것이니 그 법이 지극히 공평한 것입니다.[72]

요컨대 사회적 혼란기에 양산된 양천의 신분 불명자들에 대해 신분은 양인으로 인정하면서 수군에 소속시키는 것이 일반적인 사례였다고 볼 수 있다. 그러나 이처럼 양인과 천인의 구별이 불명확한 자들이 수군에 소속된 것은 양인의 군역이었던 수군의 천역화에 큰 영향을 끼치는 사례였음이 분명하다.

둘째로는 범죄를 저지른 자에 대한 처벌로 수군에 충정充丁하는 것을 들 수 있다. 이러한 예는 상당히 많은데 대표적인 몇 가지만 예로 들면 다음과 같다.

○ 순군관巡軍官을 보내 최운해에게 장 1백에 청해도 수군으로 옮겨 편입하고, 김빈길은 90대에 흑림 수군으로 옮겨 편입하고, 이귀철은 90에 안주 수군으로, 김영렬은 90에 옹진 수군으로 옮겨 보충하고 모두 직첩을 거두게 했다.[73]

○ 형조에서 아뢰기를, "소나 말을 매매하여 도살한 자는 장 1백에 가산家産은 관에서 몰수하고, 몸은 수군에 충정하고, 소나 말을 훔쳐서 도살한 자도……"[74]

○ 병조에서 아뢰기를 "군사의 부모가 병이 있을 때에……만일 허위이면 본인은 직첩

71 『태종실록』 권27, 태종 14년 정월 기묘.
72 『세종실록』 권9, 세종 2년 9월 병인.
73 『태조실록』 권11, 태조 6년 6월 정유.
74 『세종실록』 권23, 세종 6년 3월 경인.

을 빼앗고 수군에 충당시키고, 색리는 율문에 의하여 죄를 논하도록 하소서."[75]

○ 형조에서 아뢰기를 "이에 앞서 돈을 녹여 구리로 부어 만든 자는 사사로이 돈을 주
조한 죄로 다스리고, 새로이 쇠를 부어 기명을 만드는 자는 장 1백에 몸은 수군에
충정했습니다……"[76]

인용문 중 첫 번째 사례는 조선 개국 초기 수군의 대표적인 장수들인 최운해, 김빈
길, 김영렬 등이 항왜降倭 나가온羅加溫이 지울주사 이은을 납치해서 도주한 사건에
대해 조치를 잘못한 데 대한 처벌 내용이다. 태조와 태종 때에는 왜구의 침입에 패하
거나 잘못을 저지른 수군 장수들에 대한 처벌 기록이 다수 있고 대부분 수군으로 복
무하게 하는 것이 상례였다.

둘째부터 넷째 인용문은 모두 범죄자에 대한 처벌 예이다. 소나 말을 불법으로 도
살한 경우 장 1백에 수군 충정, 사사로이 동전을 녹이거나 그릇을 부어 만든 자도 장
1백에 수군 충정, 그리고 수군의 휴가를 감독하지 못한 수령守令도 수군에 충정하는
등의 처벌에 관한 내용이다. 이와 같이 조선 전기에 수군에 복무하게 하는 것은 각종
범죄자에 대한 처벌의 하나가 되었다. 그리고 결과적으로 범죄자의 수군 충정은 수군
역의 천역화에 일조했다.

한편, 조선 조정은 개국 초기부터 수군의 병력 확보를 위한 노력을 기울였다. 그 하
나는 태조때부터 시작된 것으로 관직을 후하게 수여하는 것이었다. 태조 6년(1397)에
는 수군에게 정3품 절충장군부터 9품 대장隊長까지 임명하고 40개월 근무한 자는 전
직의 고하에 따라 한 계급 승진하는 등 최고 가선대부嘉善大夫(종2품)까지 승진할 수
있도록 규정했다.[77] 이어 정종 원년(1399)에는 그동안 수직에서 제외되었던 결꾼(格
軍)도 사격연습의 결과에 따라 상직賞職을 주도록 조처되었다.[78]

이와 같은 수군에 대한 수직은 태종대와 세종대에 개정을 거듭하며 수군을 장려하

---

75 『세종실록』 권27, 세종 7년 2월 신유.
76 『세종실록』 권58, 세종 14년 11월 을축.
77 『세종실록』 권40, 세종 10년 6월 무신.
78 『정종실록』 권1, 정종 원년 정월 경인.

는 방안으로 자리 잡았다. 특히, 수군으로 근무한 기간과 습사 결과 등 기준을 정해 품계를 올려주거나 상직을 주는 것을 제도화했다. 그러나 수군에 대한 이러한 조처에도 불구하고 수군은 점차 고역화 되어 결국 부강한 선군은 타역으로 바꾸기를 도모하고, 잔약한 수군은 도망하거나 천민으로 전락해 피역하려는 경향은 계속되었다.

셋째로 보법의 폐단을 들 수 있다. 세조 때 시행된 보법에 따라 군액이 크게 확장되면서 1가호내의 모든 여정이 정정正丁으로 파악되고 다른 호와 섞여 별도의 보에 충정되는 것이 예사였다. 이러한 조처는 이전 시기에 비해 정호正戶의 경우 여정의 손실로 인해 군역을 뒷받침하는 경제적 기반의 상실을 가져왔고, 기존에 계속되어온 부자형제 완취규정의 취지도 사라진 결과가 되었다. 물론 이후 이러한 폐단을 시정하기 위한 논의가 거듭되었지만 보법 시행 이후 수군의 피역은 더욱 해결하기 힘든 문제가 되었다.[79]

또 다른 한 가지 원인으로 각 지역 수군의 책임자였던 첨절제사와 만호에 의한 방군수포放軍收布 등 수군에 대한 침탈과 영리행위를 들 수 있다. 사실 만호 등이 뇌물을 받고 부강한 수군을 군역에서 제외해 주는 비리는 이미 태조 때부터 시작되었다. 점차 시대가 내려올수록 첨사와 만호 등에 의한 폐해가 심각해졌는데, 여기에는 기본적으로 이들이 대개 무예 때문에 등용되었고 그들에게 급료의 지급이 없었기 때문이었다. 이와 같이 첨사나 만호의 수군 침탈이 심해지고 대립과 방군수포의 폐해가 만연하자, 만호 직책 자체가 '무예잡류武藝雜類'로 지목되어 비난의 대상이 되기도 했다.

결국 수군역의 천역화는 이와 같은 여러 원인에 의해 조금만 여력이 있는 자라도 '수군역'을 회피했기 때문에 결국은 가난하고 재주 없는 이들만 남게 된 결과라고 볼 수 있다. 이러한 경향은 보법의 시행으로 군액의 확장 등 양인층의 군역에 큰 변동이 발생했을 때에 더욱 상황이 악화되어 부실한 자들은 모두 수군에서 벗어나고 최하층의 부류만 남게 되는 결과로 이어졌다.

개국 초기부터 조선 조정은 바다에 익숙한 수군의 안정적인 확보를 위해 노력을 기울였다. 그 한 방편이 부자와 형제를 좌·우령으로 나누어 편성하여 교대로 입번하도

---

79 방상현, 앞의 책, 1991, 94~101쪽 참조.

록 하는 것이었다. 이를 일러 부자형제 완취完聚 규정이라 했는데, 바다에 익숙하고 부실한 수군을 확보하기 위한 방책이었다. 이럴 경우 왜구와의 전투나 풍랑 등에 의해 부자형제가 연이어 사망하는 등의 폐해가 있을 수 있으므로 이를 감안하여 부자형제 중 1명은 타역에 붙이도록 건의되기도 했으나 수륙군은 개적改籍할 수 없다는 명분으로 허락되지 않았고,[80] 다만 전사나 익사의 경우에만 다른 사람으로 개정할 수 있도록 조처했다.[81]

오히려 선군의 수직 제도에서 부자가 정군과 봉족이 되었을 경우 개월 수를 합해서 계산하도록 하거나, 부자가 대를 이었을 경우 아버지의 근무 기간을 아들이 합산해서 관직에 등용될 수 있도록 조처했다.[82] 이것은 전술한 바와 같이 선상 생활에 익숙한 수군을 확보하는 차원에서 수군의 부자형제 완취와 세습을 배려하는 정책이었다.

그러나 보법 시행의 결과 군액이 크게 확장되면서 오히려 부유하고 건실한 수군은 수군에서 이탈할 수 있는 좋은 기회를 맞았다. 군액이 크게 증가하면서 두 가지 현상이 일어났는데 하나는 기존의 군역보다 더 큰 부담이 발생하자 이를 견디지 못한 부류들은 실업 유망하는 자가 속출하게 되었고, 다른 하나는 수군 정군에 대한 보인의 배당이 제대로 시행되지 못하는 상황이 발생한 것이었다. 이러한 혼란을 이용해서 성종 17년(1486) 이극배가 아래에 언급한 바와 같이 여외정병旅外正兵 제도를 통해 수군의 피역 사례가 빈번했다.

> 여외정병은 한 때의 임시방편인데, 지금 정법이 되어 수군의 역을 피하려고 하는 자가 다 여외정병에 투속되어 있다.[83]

요컨대 보법의 개편으로 시작된 군액의 확장 과정과 이 틈을 타서 부실한 수군들이 오히려 여외정병 등 타역 편입을 노리면서 수군에는 피역하지 못한 용렬하고 잔약한

80 『태종실록』권8, 태종 4년 9월 정사.
81 『태종실록』권13, 태종 7년 6월 계미.
82 『세종실록』권40, 세종 10년 6월 을미.
83 『성종실록』권191, 성종 17년 5월 신유.

백성들만 남게 되었고, 정예 수군 병력은
더욱 확보하기 어려운 상황이 되었다.

상황이 이렇게 되자 성종 5년(1474)
수군의 '부자세전父子世傳'이 왕명으로 규
제화되고 이것이 『경국대전』에 '수군은
그 직임을 대를 이어 계속하고, 다른 역
에 붙이지 말 것'이라고 법제화되기에 이
른다.[84] 이처럼 수군세전이 법제화된 것은
수군의 확보책으로 수군의 이탈을 방지해
야 할 당시의 사정 때문이었다. 즉, 수군
이 고역화, 천역화 됨에 따라 이 역을 벗어
나려는 다양한 시도가 이어졌고, 이를 근
본적으로 차단하기 위해 수군세전이 법제
화 되었던 것이다.

이극배 신도비(서울 강동)

수군의 병력 확보를 위해 수군세전이
법제화된 이후에도 수군의 병력 확보는 어려운 상황이었다. 이 때문에 수군세전의 법
제화와 동시에 수군 병력 충원을 위한 별도의 제도 보완 노력이 이어졌다.

다음으로 수군세전 법제화 이후의 수군 실태를 살펴보면 다음과 같다. 첫째 수군의
부자형제완취가 잘 준행되지 않았다. 실례를 들어 성종 8년에는 기존의 제도대로 수
군의 여정餘丁을 다른 역에 부치지 말아 부자형제를 완취하도록 조처했으나, 실제로
는 시정 조치가 잘 이루어지지 않았다.

둘째로 수군은 제반 요역의 동원에서 벗어나지 못했다. 성종대에 이르러 도성의 토
목영선에 동원된 군사 중에서도 경기 수군의 동원이 번상정병보다 더 많았으며, 심지
어 하번의 수군에게도 소위 '인번引番'이라 하여 당겨서 동원되는 폐단까지 발생했다.
이와 같이 수군의 동원이 자자해지자 수군의 유방자는 겨우 10에 1·2에 불과했다고

---

84 『성종실록』 권280, 성종 24년 7월 무술, "兵曹又啓曰……蓋世傳之法 甲午(成宗五年) 七月十一日
申明受敎 而添錄乙巳大典 則當以甲午 七月十一日爲限 安得以乙巳年乎."

한다.[85]

셋째로 성종대의 군역 변질화에는 군정의 역졸화와 더불어 대립과 방군수포의 일반화가 이루어졌다. 방군수포가 일반화됨에 따라 조정에서 수군의 대립가를 공정하여 그 부담을 줄여주려 했으나 정병에 비해 갑절의 과중한 부담으로 변모했다. 또한 수군의 첨사와 만호 등이 마음대로 번가를 거두어 그 폐단이 매우 심각한 상황이었다.

이와 같이 수군의 부담이 무거워지자 수군의 피역은 정병보다 배나 발생했다. 그리하여 수군 중에는 역의 부담이 무거운 양인을 버리고 천인이 되는 자, 농장을 가진 토호에게 투탁하는 자, 승도가 되어 피역하는 자, 유리도산하는 자 등이 속출했다. 이에 대한 대책으로 중종과 명종 대에 수군의 회복책으로 분령체제의 시정을 모색했으나, 이미 수군은 회복 불가 수준으로 조잔한 상태에 이르렀다.

---

85 『성종실록』 권280, 성종 24년 7월 경술.

제3절

군선과 화기의 발전

1. 군선 체제의 발전

앞에서 살펴본 바와 같이 조선 초기의 군선 건조 노력은 뒤를 이은 세조와 성종 때까지 계속되었다. 그 결과 조선 전기 통치체계의 완성 단계에 나온 『경국대전』에 나온 군선 종류와 척수를 정리하면 다음과 같다.

〈표 5-6〉 성종대의 군선 통계

종류 도별	경기도	충청도	경상도	전라도	강원도	황해도	평안도	영안도	계
대맹선(大猛船)	16	11	20	22		7	4		80
중맹선(中猛船)	20	34	66	43		12	15	2	192
소맹선(小猛船)	14	24	105	33	14	10	4	12	216
무군(無軍) 대맹선							1		1
무군(無軍) 중맹선							3		3
무군(無軍) 소맹선	7	40	75	88	2	10	16	9	247
합 계	57	109	266	186	16	39	43	23	739

※ 출처 : 『경국대전』 권4, 병전.

신숙주 묘 무인석(경기 의정부)
대개 문인들의 묘 앞에는 문인석이 주로 있으나.
신숙주 묘 앞에는 문인석과 함께 무인석도 있다.
이는 신숙주가 무관과 관련된 역할을 많이 해서
그런 듯하다.

앞 시대인 세종대와의 차이를 비교하면 다음과 같다. 세종 대에는 전선의 종류가 10여 종이었던 것이 이때에는 맹선 중심으로 크기에 따라 대·중·소맹선으로 구분했으며 평소에 병력이 상시 배치되지 않는 무군선無軍船도 동일하게 대·중·소맹선으로 구성하고 있었다. 또 다른 특징은 상시 운영되는 대·중·소맹선 중에 대맹선은 천체 맹선 수의 16%(80척)에 불과하며 중·소맹선이 84%(408척)를 차지하고 있는 점이다. 이는 대맹선보다 속도가 빠른 중·소맹선 중심으로 운영했음을 의미하며, 그 이유는 왜선을 추격하기 위해 속도가 빠른 군선을 선호했기 때문이라고 판단된다.

군선 건조와는 별개로 태종 2년에 조운선 251척을 건조한 바 있다.[86] 이후에도 군선과 조운선은 별도로 운용된 것으로 추정된다. 그 후 세조 11년(1465)에 전함사典艦司 책임자로 있던 신숙주申叔舟의 건의로 병선과 조선을 겸하는 병조선兵漕船이 만들어졌다.[87] 그러나 병조선의 등장 이후에도 병선의 개발은 계속되었다. 신숙주는 병조선에 이어 왜선보다 빠른 새로운 양식의 병선을 제작하고, 여러 도에 같은 병선을 건조하도록 했다.[88] 요컨대 조선 초기에는 다양한 군선이 건조되었고, 그 중 맹선이 전투함의 주종을 이루었다. 그리고 병조선이 출현한 뒤에도 조운선과 다른 전투함인 병선이 계속 건조되었다.

전술한 바와 같이 15세기 조선 수군의 주력 군선은 대·중·소맹선으로 구성된 맹선이었다. 그러던 것이 16세기 초부터 이러한 군선 체제에 변화가 발생하는데, 먼저 중

---

86 『태종실록』 권3, 태종 2년 6월 계축.
87 『만기요람』 군정편4, 주사.
88 『성종실록』 권71, 성종 6년 9월 정미.

종 16년(1521) 5월에는 참찬관 서후徐厚가 대선 건조의 필요성을 조강朝講 자리에서 다음과 같이 제기했다.

> 남방의 전함은 옛날부터 두어 오는 것인데, 지금은 대맹선을 쓸데없다 하여 다 버리고 소선小船만 쓰고 있습니다. 소선이 다른 배를 쫓기에는 빠르지만 육박하여 싸우는 데 는 적합하지 않으며, 또 전사를 많이 태우지 못하고 적군이 기어오르기도 쉽습니다. 만 일 적이 칼을 빼어들고 돌입하면 맹사猛士가 많더라도 당해낼 수 없습니다. 대함은 높 고 가팔라서 기어오르기 어렵게 되고 내려다보며 제어하기에는 편리합니다.[89]

그 이후 중종 39년(1544) 4월에 발생한 사량진왜변蛇梁鎭倭變은 중·소맹선 중심으 로 운영되던 군선체제에 대한 일대 변혁을 요구한 사건이었다. 이때부터 왜구의 선박 이 고대해지고 화기의 사용 등 새로운 해전 전술이 나타나자, 이에 대응할 수 있는 새 로운 개념의 군선 개발이 필요했던 것이다.

같은 해 9월 판중추부사 송흠宋欽은 중국과 왜인을 경계하기를 청하는 상소를 올리 면서 널빤지로 사방을 가린 대선을 건조해야 한다고 본격적으로 주장했다. 그 내용은 앞선 서후의 주장을 더욱 구체화한 것이었다.

> 또 듣건대 그(중국인의) 배는 단단하기가 여느 것과 달라서 사면에 다 널빤지로 집을 만들고 또 가운데가 넓어서 1백여 인을 포용할 만하며 그 밖의 기계도 정비되지 않은 것이 하나도 없으므로, 가는 데마다 대적할 자가 없고 싸우면 반드시 이긴다 합니다. ……배를 만들 때에는 반드시 널빤지로 장벽을 만들어 모두 당인唐人의 배와 같이 해 야 합니다. 전함이 갖추어지고 나면, 군졸이 다 믿는 것이 있어서 편안하게 여길 것입 니다. 또 화포 궁전 창검 따위 물건도 해마다 단련하고 또 달마다 단련한다면, 적선을 만나더라도 우리가 어찌하여 저들을 두려워하겠습니까? 이른바 유비무환이라는 것이 이것입니다.[90]

---

89 『중종실록』 권42, 중종 16년 5월 무오.
90 『중종실록』 권104, 중종 39년 9월 갑진.

중종을 뒤이어 왕위에 오른 명종은 을묘왜변이 있던 명종 10년(1555)에 드디어 신예 함선을 개발하여 한강에서 사열식을 가졌다. 비록 판옥선이라는 명칭이 아닌 전선으로 표기되고 있지만 앞뒤의 정황을 미루어 보았을 때 판옥선인 것이 확실시 된다. 판옥선이라는 명칭은 명종 12년 4월 21일의 실록 기록에 처음 보인다.

> 강원도 감사 심수경이 장계를 올리기를 "대포권관 유경순의 첩보에 '판옥선을 다 만들어 바다에 진수시켰다가 서풍이 마구불어 50여 명이 승선한 채 표류되어 동쪽 큰 바다로 향했는데 간곳을 알 수 없다'고 했습니다."했다.[91]

이런 과정을 거쳐 1555년에 판옥선이 처음 등장한 이래, 조선 수군은 맹선 중심의 군선체제를 포기하고 판옥선 중심의 군선체제로 일대 전환기를 맞았음을 알 수 있다. 최신예 함선인 판옥선은 이후 10여 년 동안 대대적으로 건조되었는데 그 규모는 기존의 대맹선 숫자를 상회할 정도였다. 명종 21년(1566)에 이르러 조정에서는 『경국대전』에 명시된 맹선의 숫자를 기준으로 판옥선을 만들어 운영하도록 했다.

다음은 이 시기에 비변사에서 대신들이 판옥선 운영에 대해 의논한 내용이다.

> 각처 진·포의 판옥선은 처음 설치할 때 그 수효가 많았는데 그 뒤에 점차 줄여 지금은 맹선을 약제하고 판옥선으로 『경국대전』에 기재된 맹선의 수효를 채우고 있습니다. 또한 옛날에는 적왜賊倭가 다 평선平船을 타고 왔으므로 우리나라에서도 평선을 사용하여 이길 수 있었습니다. 그런데 지금은 적왜賊倭가 다 판옥선을 이용하고 있으니 부득이 판옥선을 사용해야 서로 맞설 수 있으므로 더할 수도 줄일 수도 없는 실정입니다. 다만 『경국대전』에 기재되지 않은 각처의 판옥선은 민력이 많이 소요되고 폐단 또한 적지 않아서 그 중에 신·구의 것을 분별하고 다시 수효를 줄였는데, 지금 줄인 각처 선척의 수효를 서계하겠습니다.[92]

---

91 『명종실록』 권20, 명종 12년 4월 갑진.
92 『명종실록』 권32, 명종 21년 3월 갑진.

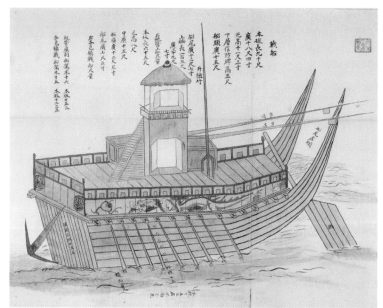

『각선도본』의 판옥선도
(규장각한국학연구원)

　이렇게 볼 때 1566년에 이르면 이미 전국 각 수군진영의 주력 군선은 모두 판옥선으로 교체되었으며 그 규모는 『경국대전』에 나와 있는 대맹선의 척수가 기준이었으니 대략 80여척 이상이었다고 볼 수 있다. 이것은 조선-일본 전쟁 발발 26년 전의 상황이니 조선-일본 전쟁 때 조선 수군의 주력함인 판옥선의 규모를 유추해 볼 수 있는 중요한 자료가 아닐 수 없다.

　평저선형으로 된 판옥선은 120여 명이 승선했고, 2층의 겯꾼과 3층의 전투원을 구분하는 구조와 선체가 높아서 적이 쉽게 오를 수 없는 특징을 가진 조선-일본 전쟁 시기의 주력 군선이다. 명종 10년 이후 등장한 판옥선은 이후 10여 년 동안 대대적으로 건조되어 기존의 맹선을 대체하는 신형 군선으로 자리 잡았다.[93]

　역설적이지만, 16세기 왜구의 선박 규모가 커진 것에 대비하는 차원에서 조선-일본 전쟁 시기의 주력선인 판옥선이 개발되고, 이러한 신형 군선의 탄생은 초기부터 계속된 조선술 개발 노력의 흐름과 전통이 밑거름으로 작용했다고 볼 수 있다.

---

93 『명종실록』 권32, 명종 21년 3월 갑진.

2. 군선 탑재 화기의 발전

고려 말에 개발된 화약 무기는 조선 왕조에 그대로 계승되었다. 특히 태종은 즉위와 함께 화기 개발을 위한 노력을 본격화했다. 최무선의 아들 최해산崔海山은 아버지로부터 화약과 병기에 대한 기술을 전수받아 조선 초기 화기발전 분야에서 일익을 담당했다. 이 시기 화기의 발사체는 고려 말과 마찬가지로 전시류箭矢類가 주류를 이루었으며, 이것은 목표물을 깨뜨리기보다는 불태우는 데 효력이 있었다.

태종대의 화기 발전을 요약하면, 화기의 성능과 보유 규모가 배가된 시기였다고 볼 수 있다. 우선 재위 기간 중에 화차를 만들었고 화통군火㷁軍도 수백 명 수준에서 1만 명으로 늘렸다. 태종 즉위 초에 화약 6근斤 4량兩, 화통火㷁 200여 자루[柄] 수준이던 것이 화약 6,980여 근, 화통 13,000여 자루로 획기적으로 증가했다.[94]

그리고 재위 말에는 군기감 내에 화약감조청火藥監造廳을 새로 설립하고, 선상 이외에 각처의 육상 방어시설, 특히 서북변경 지역까지 화기를 보급했다. 당시에 사용된 화기 종류로는 화통火㷁, 화차, 화포, 완구碗口, 질려포蒺藜砲, 지자포地字砲, 현자포玄字砲 등을 들 수 있다. 또한 화기의 발사체로 철령전鐵翎箭과 석탄자石彈子 등 탄환류의 출현을 짐작할 수 있고, 사정거리는 2~3백보에서 5백보 정도였다.[95]

대완구(전쟁기념관)
완구는 태종때 최해산이 만들었다고 한다.

그의 화기 정책은 세종이 계승, 발전시켰다. 세종대의 주목되는 발전은 염초 생산이 확대되고 화기의 성능이 향상된 것이다. 이 시기에 염초는 중앙과 지방에서 동시에 생산되었는데, 지방의 염초 생산은 기술의 외부 유출을 염려하여 중앙 관원을 파견해서 직접 생산을 감독했다고 한다. 세종대에는 왜와 여진에게만 보였던 화희火戲를 명나라

---

94 『신증동국여지승람』 권2, 경도 하, 「화약고기」.
95 許善道, 『朝鮮時代 火藥兵器史 硏究』, 일조각, 1994, 32쪽.

사신에게도 보일 수 있을 정도로 화기의 성능에 자신감을 갖게 되었다.[96]

세종대에는 완구의 개량, 발화發火의 출현, 신포信砲의 사용, 소화포의 출현 등 화기의 개량 및 발명이 이어졌다.[97] 이와 같은 개량과 진보를 통해 세종 재위 중반에는 화포가 군문의 가장 중요한 무기가 되었고, 그 보급도 확대되어 해상뿐 아니라 육상에서 여진족을 방어하는 무기로 사용되었다.[98] 이처럼 세종대의 화기는 서북 변경 개척 과정에서 적극 활용되고, 실전에서의 사용을 통해 그 성능이 더욱 개량되었다.

이런 과정을 거쳐 세종 27년(1445)에 이르면 화기 발달이 절정기에 도달했다. 세종대에 처음 시도된 일발사전포一發四箭砲의 사정거리가 1,000여 보步로 종전보다 배가되었고, 화약 소모량과 불발을 크게 줄이는 등 발전을 이루었다. 이에 따라 당시 약 20,000 자루 이상이던 전국의 모든 화포를 새로 개조했는데, 이 사업은 대체로 문종대까지 계속된 것으로 추정된다. 이 시기에 세종은 사포국司礮局과 총통위銃筒衛를 신설했다. 사포국은 염초 생산의 비밀 유지와 생산량 증가를 위해 궐내에 설치한 기관이고, 총통위는 별군·총통군 외에 화기 방사군을 증강하기 위해 설치한 특수부대였다.[99]

문종은 세종 말년의 대리청정 기간과 2년 여의 재위 기간 동안 부왕의 업적을 계승 발전시켰다. 그는 군비 강화를 위해 특히 화기의 제조와 염초의 생산 증대에 힘썼다. 사실 화기에 있어 화포보다 화약이 근본 문제이고, 화약 제조는 염초의 생산이 그 핵심이었다. 문종은 즉위 초부터 염초 생산 기술을 지방에 보급하고, 이를 바탕으로 군현 단위의 정액 공납을 실시하게 했다.

요컨대, 조선 초기의 화기는 고려 말에 이어 왜구 격퇴를 위해 국가적으로 중시되었고, 특히 세종대에는 획기적으로 발전하여 수군에서 뿐만 아니라 서북 변경의 개척 과정에도 활용되었다.

한편, 앞에서 살펴본 바와 같이 15세기에 획기적인 발전이 있었던 화기 분야는 16

---

96 『세종실록』 권54, 세종 13년 12월 을묘.
97 許善道, 앞의 책, 1994, 41~45쪽.
98 『세종실록』 권18, 세종 4년 12월 경자 ; 『세종실록』 권33, 세종 8년 7월 계사.
99 許善道, 앞의 책, 1994, 86~90쪽.

세기 중반까지 답보 상태에 빠졌으나, 판옥선의 등장과 비슷한 시기에 한 차례 큰 변화가 있었다. 전술한 바와 같이 왜구의 선박이 커진 것과 함께, 그 일부가 화기를 사용하는 경우가 발생하자 명종대 초기부터 다시 한 번 총통에 대한 관심이 제고되었다.

실제 인종과 명종대에는 왜인 중에 화포를 바치겠다고 청한 예가 있었고,[100] 을묘왜변 직후 영의정 심연원沈連源은 "지금의 왜인은 그 배가 견고하고 화기를 사용함으로써 전날의 그들과 비교할 바가 아니다."라고 지적한 예 등, 왜구의 무기체계 변화에 대한 대응책 마련에 부심했음을 알 수 있다.

이 과정에서 조선-일본 전쟁 당시 해전에서 사용했던 천자총통天字銃筒과 그 발사체인 대장군전大將軍箭에 대한 논의가 있었다. 즉, 을묘왜변 시기에 전라도 관찰사 김주는 '왜구의 배를 깨뜨리는 기구로 대장군전보다 나은 것이 없으나 총통을 주조할 놋쇠가 없어서, 이준경李浚慶이 여러 사찰의 종鐘을 모아 총통을 주조하려 한다.'고 보고한 바 있다.[101] 이때부터 왜구 선박과 해전을 치르면서 총통과 대장군전은 해전의 주력 무기로 자리 잡기 시작했고, 그 유용성은 '적을 막는 계책은 총통보다 더 좋은 것이 없다'고 할 정도로 널리 인식되었다.

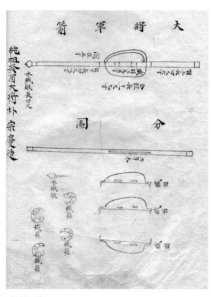

대장군 전

이후 조선 조정은 명종 18년(1563)까지 총통 건조에 박차를 가하여 10만 근 이상의 동과 철을 소비한 것으로 추정된다.[102] 특히 명종 12년부터는 해전에서 사용할 천자·지자·현자·황자총통 등의 대형 화포를 제작했다. 이때 만든 총통류는 조선-일본 전쟁 당시 조선 수군의 주력 화기로 사용되었으며 현존

---

100 『인종실록』 권1, 인종 1년 3월 갑신 ; 『명종실록』 권20, 명종 10년 5월 갑인.
101 명종실록』 권20, 명종 10년 7월 갑인.
102 許善道, 앞의 책, 1994, 199~210쪽.

하는 최고의 총통 유물로 남아 있다.[103]

천자총통(진주박물관)

이렇게 볼 때 조선-일본 전쟁에서 조선 수군이 주력으로 사용한 판옥선과 대형 총통 등 무기체계는 명종 10년부터 20년까지 약 10여 년 동안 집중적으로 준비된 것임을 알 수 있다. 임란 초기 조선 수군이 일본 수군에 압도적인 승리를 거둔 역사적 배경은 역설적이게도 16세기 왜구가 대형 선박과 화기로 무장한 데 대한 대비책에서 출발했던 것이다.

---

103 이민웅, 『임진왜란 해전사』, 청어람미디어, 2004, 38~55쪽.

제6장

군역제도와 신분제

제1절

국역과 군역의 편성원리

1. 국역의 종류와 특성

조선의 조세제도는 당나라에서 기원한 조·용·조租庸調의 원리에 입각하고 있다. 조용조의 조는 전세, 용은 역(노동력), 조는 공물을 말한다. 땅이 있으면 전세를 내고, 몸이 있으면 노동력을 징발하고, 호에는 공물을 부과하는 조세원리이다.[1]

용에 해당하는 역을 모두 총칭해서 국역이라고 했으며, 군역도 국역의 일부였다. 군역의 부과 기준과 특성을 이해하기 위해서는 조선의 국역 체제를 먼저 이해해야 한다. 조선은 16세에서 60세까지의 모든 남성에게 국역을 부과했다. 다만 신체장애나 정신장애, 질병이 있는 사람은 면제였으며, 70세 이상 된 부모를 모시고 있는 사람은 여러 아들 중 1명을 부모를 봉양하라는 의미도 시정侍丁이라고 해서 역을 면제해 주었다. 부모가 90세 이상이면 모든 아들의 역을 면제했다.[2]

역의 부과기준은 이렇지만 실제로 국역은 단순한 노동력의 징발이 아닌 다양한 내역으로 구성되어 있었고, 또 모두가 부세적인 성격은 아니었다. 일반적으로 국역은

---

1 정도전,『조선경국전』, 부전, 부세. 그러나 이것은 원론적인 기준으로서 국가가 수취하는 조세의 대표적인 3형태를 정의했다는데 의의가 있다. 현실에서는 조세제도가 그처럼 간단명료한 기준으로 정의될 수도 운영될 수도 없었다.
2 『경국대전』권4, 병전, 면제. 시정은 아들이 없으면 손자나 외손을 임명할 수도 있었다. 그러나 군사, 충순위, 정병은 외아들인 경우에만 시정이 될 수 있었다.

직역職役, 신역身役, 요역徭役, 군역軍役으로 분류된다. 다만 이들의 경계선이 명확하지는 않다. 같은 직역이나 신역이라도 신분에 따라 역의 내용과 성격이 크게 달랐고, 성격이 서로 중복되거나 모호한 경우도 있다. 예를 들어 양반관료의 직역은 사실상 관직으로서 부세라기보다는 지배층의 특권이었다. 양반관료의 군역도 무관으로 복무한다면 양반의 직역이면서 군역이었다. 문관직을 받아 근무하면 군역을 면제하기 때문에 문반의 직역은 군역의 관점에서 보면 군역 면제의 특권이 되기도 한다. 반면 하위 관리나 향리, 사역인의 직역은 직역이면서 신역이기도 했다.

군역도 원칙적으로는 국방의 의무이지만, 상위병종의 역은 관직이면서 사환권으로도 기능했고, 하위병종에게는 국방의무이면서 부세의 성격을 지니기도 했다. 이처럼 국역은 종류에 따라 내용과 성격이 다양했으며, 신분제와도 복잡한 관련을 맺고 있었다. 따라서 어떤 역이든 명확하게 정의하거나 분류하기는 어렵다. 이런 한계가 있다는 전제 하에 대체적으로 주요 국역의 내용과 특성을 신분별로 살펴보면 다음과 같다.

양반관료와 사족은 문무 관료로 종사하는 것으로 국역을 대신했다. 이를 직역이라고 했다. 성균관의 학생, 향교의 교생들과 같이 과거를 준비하는 관료예비군들도 일종의 직역으로 간주했다. 그러나 이들이 완전히 군역을 면제받는 것은 아니다. 원칙적으로는 일정한 직무에 종사하는 동안 국역을 대신하는 것이다. 그리고 근무가 끝나면 다시 군역의 부과대상이 되었다. 하지만 실제로 직역은 신분을 보장하고 확증하는 수단으로도 활용되었다. 그 결과 직역의 특혜가 현직에 있을 때만이 아니라 현직을 벗어난 후에도 면역이 보장되었으며, 실제 관직에 근무한 경력이 없고, 산관직이나 명예직을 받아 관품만 보유해도 일반적인 국역 편성에서 벗어나는 특혜를 누리기 시작했다.

관직, 관품에 의한 역의 면제는 본인에게만 한정되는 것이었지만, 고위관료는 음서, 가자加資, 대가代加(자신이 받을 가자의 혜택을 다른 사람에게 주는 것) 등의 방법을 통해 자손과 일가친척에게까지 특권을 확대할 수 있었다. 나중에는 4대조 안에 또는 일가친척 중에 현관顯官을 역임한 인물이 있었다는 자체가 양반신분을 결정했고, 국역 운영에서 신분적 특혜를 부과하는 기준으로 관습적으로 사용되기 시작했다.[3]

향교의 교생은 관료는 아니지만 군역의 면제 대상이 되었다. 나중에는 학생의 개념

교동 향교(인천 강화) 고려 인종 5년(1127) 중국에서 현유(賢儒) 초상화를 가져오던 배가 이곳에 도착하여 향교를 세우고,
충렬왕 12년(1286) 안향이 원나라에서 공자상을 들여와 이곳에 모셨다고 한다.
원래 화개산 북쪽에 있던 것으로 조선 영조17년에 현 지점으로 옮겼다.

이 광범위하게 확산되었는데, 지방의 사족 자제들이 군역을 피하기 위한 적절한 수단
이었기 때문이다. 특히 지방사회에서 사족의 입지가 확고해 지면서 이들은 지역사회
에서의 권력과 인맥을 통해 자손과 일가친척까지 면역의 특권을 누리는 경우가 많았
다. 하지만 원칙적으로 현직 관료나 현직을 역임한 관료, 현직 교생이 아닌 이상 군역
을 면제받는 것은 불법이었으므로 국가 비상시나 정부의 사찰이 개시되면 이런 사람
들은 언제든지 군역에 충당될 수도 있었다.

---

3 양반의 범주와 신분제적 성격에 대해서는 양반층을 양인층 위에 군림하는 지배신분층으로 보는 견
해와 조선의 신분제를 양천제로 이해하고, 양반도 양인층에 포함시켜야 한다는 견해가 대립하고 있
다.(한영우, 「조선초기의 사회계층과 사회이동에 관한 시론」, 『조선전기 사회경제연구』, 을유문화
사, 1983; 이성무, 「양반과 양천제」, 『조선초기 양반연구』, 일조각, 1980, 유승원, 『조선초기 신분
제연구』, 을유문화사, 1987). 이 논쟁의 핵심은 양반관료의 직역과 직역에 따르는 특권을 어떻게
해석하느냐는 것이다. 양반은 혈통으로 전수되는 세습적 지위가 아니라 관직을 매개로 획득하는 지
위여서 귀족적(신분제적) 요소가 부족하다는 점은 모두 인정하고 있다. 그러나 관직을 매개로 한다
고 하더라도 양반의 특권에는 외교관의 면책기능처럼 직분에 따른 특권이라고는 보기 어려운 신분
제적 차별을 지닌 요소도 분명히 많았다. 군역을 지는 경우에도 관직으로서의 군직과 일반 역으로

흔히 중인으로 분류되기도 하는 역관, 의관, 율사, 산원, 관상감원 등의 기술관은 직역 종사자이면서 양반관료와는 조금 성격이 달랐다. 이들은 보통 세습적으로 지위를 유지했지만 다른 신역이나 천역처럼 무조건적인 즉 직업에 묶여있는 세습은 아니었다.[4] 이들 중에는 관직 진출에 제한이 있는 서얼, 하급양반 출신들이 많아서 일반 양반관료보다는 낮은 존재로 인식되었고, 이들에게 가해진 신분제적 제한으로 인해 이들이 종사하는 직역 자체도 신역적인 성격을 띠게 되었다.

신역은 신분제적 특성이 제일 두드러지는 경우로 특수한 신분층이 특정한 임무를 세습적으로 수행하는 역을 말한다. 이들 역시 신역부담을 이유로 다른 국역 편성에서는 제외되었다. 대표적인 신역으로는 지방의 향리층이 담당하는 향역이 있다. 일수[日守], 역리, 목자 등도 향역의 일종이라고 할 수 있다.

천인층이 부담하는 천역도 전형적인 신분역이다. 천인에는 국가나 관청에 소속된 공노비와 개인에게 소속된 사노비가 있다. 상인, 장인은 그 직업이 종사하는 사람이 곧 천인은 아니었지만, 조선초기에 노비들이 이에 종사하는 사람들이 많아 양인이라 해도 사회적으로 차별적인 대우를 받았다. 백정, 재인 등도 천인에 속했다.

그 외에 신량역천이 있었다. 신량역천은 신분은 양인이지만 천한 역(직업)을 지닌 사람을 말한다. 보통 ○간, ○척 등의 명칭이 붙은 직업[稱干稱尺者], 신분을 증명할 문서가 없거나, 양인인지 천인인지 신분을 판단할 수 없는 사람, 천인 남자와 양인 여자의 자녀, 양반의 천첩이 낳은 자녀들처럼 신분이 혼용되어 판정이 애매한 사람을 신량역천이라고 했다. 이것이 신량역천의 신분법적 판정이다. 그런데 이들이 담당하는 직업과 사회적 기능, 특히 '간'이나 '척'의 명칭을 지닌 사람은 대개가 사회 운영에 필요한 특수한 임무(직업)을 세습적으로 담당하는 계층이다.

서의 군역은 성격과 대우가 확연히 구분되었다. 조선후기에는 발생한 신분제의 변동에서는 군역(군역세)의 면제가 양반과 상민을 구분하는 결정적인 기준이 되었다. 이런 관점에서 보면 양반관료층 또는 사족층의 명확한 범주와 법제적 개념에 모호한 점이 있기는 하지만, 현실적으로 상민과는 구분되는 신분계층이었다는 점은 인정해야 한다고 생각된다.

4 중인은 원래는 중간계층이라는 의미가 아니다. 중인의 어원은 기술관들이 주로 서울 중부에서 살던 데서 기인했다. 중간계층이라는 의미에서 볼 때 넓은 의미의 중인으로 향리, 서얼, 군교, 아전 등도 포함해서 분류하기도 한다.

대표적인 사례로 나장, 조예, 무당, 수부水夫, 진척津尺, 목자, 염간鹽干, 화척禾尺(양수척), 재인才人 등이 있다. 조선후기에는 수군도 칠반천역의 하나로 간주되었다.[5] 이것은 수군역이 고되고, 16세기부터 수군 세습제가 시행되면서 신역적인 성격을 띠게 된 영향이라고 생각된다. 그러나 엄밀히 말하면 수군은 군역으로 천인역은 아니었으며, 조선전기까지는 천인역으로 간주되지는 않았다. 다만 일부 신량역천이 수군으로 편제되었다. 조선전기에 대표적인 신량역천 계층인 양반관리가 천인 첩에게서 낳은 소생과 양천불명자를 보충군으로 편재하여 사재감 수군에 소속시켰던 사례가 있다.[6] 그러나 사재감 수군은 왕실에 필요한 공물을 운반하는 특수한 직종으로 전체 수군과는 별개의 집단이었다.

양반관료층의 직역이 지배층으로서의 권위와 특권을 제공하는 반면, 이들의 역은 사회적 대우와 보수도 낮고, 일반인들이 기피하는 직역, 또는 국가에서 의도적으로 제한하거나 억제하는 직업이었다는 데에 결정적인 차이가 있다. 따라서 이러한 기피 직종을 수행할 사람들을 세습역으로 고정시켰던 것이다. 반대로 이 같은 직업이나 신역을 부담한다는 자체가 신분을 규정하는 가능도 했다.

신량역천 계층이 발생하는 이유가 이들의 역이 모두 고되거나 사회경제적 위치가 열악하기 때문만은 아니었다. 대표적인 경우가 장인이다. 수익성 좋은 상품을 제작하는 장인들은 일반 농민보다도 높은 수익을 보장받았고, 이 때문에 신분적 약점에도 불구하고 농민들이 장인이 되려고 하거나 장인 집단으로 도망하는 경우도 많았다. 장인과 같은 전형적인 직업인을 세습하는 특수 신분으로 고정시킨 이유는 전형적인 농본정책에 입각한 것으로, 농민들이 이윤을 따라 장인이나 상인으로 지나치게 전업하는 일을 막기 위해서였다. 같은 이유로 조선은 사회운영에 필요한 여러 직업을 자유직업으로 풀어주는 대신 신역으로 고정시켜 놓았다. 그리고 이들은 국가운영에 필요한 최소한의 인원만 책정하고 군역과 부세는 농민을 통해 운영한다는 것이 조선의 사

---

5 조선후기에는 칠반천역이라고 해서 대표적인 천역으로 나장, 조예, 일수, 조군, 수군, 봉군, 역졸을 꼽았다. 천역이나 신량역천은 법제적으로 정해진 것이 아니라 관습적으로 인식하는 것이기 때문에 군역, 신역, 직역 등이 모두 포함된 것이다.

6 有井智德, 「李朝補充軍考」『朝鮮學報』21, 22, 1961 ; 김춘화, 「조선초기 보충군의 설치와 재편」 『한국중세사연구』4, 1997.

회관이었다.

요역은 국가나 지방관청에서 필요한 사업을 위해 노동력을 징발하는 것이다.[7] 요역으로 해결하는 사업은 오늘날로 치면 국가나 지방 재정을 사용해서 고용노동으로 해결할 사업들이다. 그러나 조선은 농본사회였으므로 세금을 걷어 재정을 활용하기 보다는 세금을 최소화하고, 노동력을 직접 동원해서 해결하는 방법을 채택했다.

이런 이유로 요역은 신분적 성격이 강한 직역이나 신역과 달리 부세적인 성격이 가장 강한 역이었다. 요역의 종류와 징수방식은 아주 다양했다. 읍성을 수축하거나 도로 보수 등과 같은 공공사업의 성격도 있고, 전세를 창고로 운반하고, 사신의 화물을 수송하거나, 공물을 조달하고 운송하는 역도 있었다.[8] 공물 조달도 공물의 종류에 따라 내용과 방법이 천태만상이었고, 내용상 신역과 겹치기도 했다. 이 외에 지방사회에서 수시로 필요로 하는 온갖 잡역이 있었다.

요역의 징발기준은 호의 인정을 기준으로 하는 계정법計丁法과 호가 소유하고 있는 토지의 많고 적음을 기준으로 하는 계전법計田法, 양자를 절충하는 방법이 있었다. 정종 원년에 절충법이 시행되었으나 세종 2년 경작하는 토지의 다과를 기준으로 하는 계전법을 시행했다. 세종 17년에는 소유 토지면적을 기준으로 대호(50결 이상), 중호(30결 이상), 소호(10결 이상), 잔호(6결 이상), 잔잔호(5결 이하)의 5등호로 나누어 장정을 내게 하는 5등호제를 시행했다.[9]

그러나 이 기준대로 나누면 호별 토지 소유량이 너무 높아져 개별 가호를 기준으로 한 것으로 보기는 곤란하다. 아마 일정한 토지를 기준으로 그 토지를 경작하는 호를 묶어서 5등으로 구분하고, 그 집단에 속한 가호들이 공동으로 인력을 차출하는 형식이었을 것이다. 세종 12년에는 요역에 동원하는 기간도 정했다. 평년은 20일, 풍년에는 30일, 흉년에는 10일로 규정하고, 봄에는 사역하지 못하게 했다.[10]

——————

7 아리이 토모노리(有井智德)는 요역을 경작지를 기준으로 하는 소경요역과 잡역으로 구분하고 소경
  요역은 중앙에서 국가적으로 부여하는 역, 잡역은 지방에서 부과하는 역으로 구분했다(有井智德,
  「朝鮮初期の徭役」『朝鮮學報』30·31, 1963 ;『高麗李朝史の研究』, 國書刊行會, 1985). 그러나 이
  런 구분은 근래에는 부정되고 있다(윤용출, 「15, 16세기 요역제」『부대사학』10, 1986).
8 有井智德, 앞의 책, 1985, 120~122쪽.
9 『세종실록』권67, 세종 17년 3월 무인.

『경국대전』에서는 8결작부제八結作夫制 라고 해서 8결마다 1명을 낸다는 좀 더 구체적인 규정으로 바뀌었다. 사역 기간도 1사람 당 6일로 제한되었다. 그러나 이런 규정은 대강적인 기준에 불과했다. 요역을 이용하는 사업이 워낙 다양했으므로 요역 수행을 위해 필요로 하는 징발 대상, 징발 기준, 인원수, 사역기간과 주체도 다양할 수밖에 없었다. 따라서 법의 남용을 막기 위해 요역이 필요하면 도의 관찰사가 사업의 규모를 보아 인원수를 책정하고, 도내의 군현에 배정했다. 군현의 수령은 다시 군현에 배정한 수를 지역 또는 호에 배정했다. 때로는 지역별로 순환제로 할당하기도 했다.[11]

기준과 징발방식이 이러했기 때문에 요역의 배정과 운영과정에서 모리와 부정이 발생하기 쉬웠다. 부정이 없다고 해도 거주지와의 거리, 할당액, 순번 등이 공정하게 운영되기는 쉽지 않았다.

더 큰 문제는 요역의 징발 기준이 다른 부세나 역과의 경계가 모호한 경우가 많다는 것이다. 예를 들면 축성사업은 군인 동원, 즉 군역체제를 이용해서 조달하는 경우도 있었고, 공물 중에서도 노루 사냥이나 해산물 채집, 꿀 채취처럼 대규모 사냥이나 사역을 통해서 해결할 수 있는 것은 포수, 어부, 양봉업자와 같이 특정 직업인을 통해 조달, 관리하는 경우도 있었다. 후자의 경우는 요역의 범주에 들지만 내용적으로 보면 신역, 직업에 가까웠다.

군역을 수행하는 개인과 호에 대해서는 요역을 면제해 주는 것이 관례였다. 그러나 군역은 개인을 단위로, 요역은 호를 기준으로 징발했고, 그 호도 개별 가호가 아니라 일정 넓이의 토지나 지역 행정단위로 총괄적으로 부여되었기 때문에 서로 중복되는 경우가 발생하는 것이 불가피했다. 이것은 나중에 군역제의 운영에서 커다란 폐단이 되었다.

군역은 국역 중에서도 가장 규모가 크고, 대상도 넓었다. 그래서 군역 내에서도 병종에 따라 여러 가지 성격을 지니고 있었으며, 다른 국역과의 관계, 신분제와의 관계

---

10 『세종실록』권50, 세종 12년 11월 임자.
11 이재룡, 『조선전기 경제구조연구』, 숭실대학교 출판부, 1999, 185~186쪽, 임용한, 「조선전기 수령제와 지방통치」, 혜안, 2002, 304~305쪽.

도 그 영향력과 의미가 다른 국역과는 규모가 달랐다. 그러므로 군역에 대해서는 절을 달리해서 살펴보도록 하겠다.

2. 군역 편성과 신분제

1) 군역과 신분제의 관계

군역은 국방에 필요한 의무를 부담하는 것이었다. 원칙적으로 모든 사람의 의무였다. 따라서 전면전이 발발하면 양반, 노비를 가리지 않고 모두 군제에 편입되었다. 이렇게 모든 신분과 직종을 포괄하는 군대를 잡색군이라고 했다. 그러나 이것은 비상시의 체제이고 실제로 잡색군이 동원된 적은 없었다.

실제 군복무는 관직이나 직역으로 군에 복무하는 경우와 부세나 신역과 같은 의무로서의 군역을 지는 두 형태가 있었다. 양반 특수군, 내금위, 겸사복, 우림위와 같은 금군은 군역보다는 관직에 가까운 것이었고, 제한적이기는 했지만, 사환권, 체아직, 녹봉이 군복무의 대가로 주어졌다. 별시위, 갑사와 같은 경군은 시험을 통해 선발하고, 상위병종일수록 대우도 좋았다. 16세기 이후로 사환권은 거의 유명무실해지기는 하지만 초기의 경군은 사환권도 어느 정도 보장되었다. 심지어 가장 천대받는 수군까지도 왕조 초기에는 해령직과 같은 관직을 보장해 주려는 시도도 했다.[12]

그러나 일반 양인들의 군역은 조세의 의무와 같은 의무로서 국가에서 제공하는 반대급부가 거의 없었다. 일반 군역은 군으로 복무하는 경우와 군사의 봉족(보인)이 되어 군복무를 하는 병사를 경제적으로 지원하는 두 형태가 있었다. 군사로 복무하는 경우는 국가에서 관직을 주었다. 하지만 이들에게 주는 관직은 거의가 이름뿐인 영직이나 노인직으로, 사환권이나 신분상으로는 거의 의미가 없었다.[13]

---

12 노영구, 「조선초기 수군과 해령직의 변화」, 『한국사론』 33, 서울대학교, 1995, 이것은 정도전, 조준 등 개혁파 사류의 방안으로 『경제육전』 원전에 수록되었다. 그러나 정도전 파가 몰락한 후 수군에게 실직을 수여하는 방식은 제대로 시행되지 않게 되었다.

또, 같은 양인의 병종이라고 해도 군역의 형태에 따라 군복무의 형태나 사회적 지위, 역의 부하에는 차이가 있었다. 예를 들면 가장 보편적인 병종이었던 정병도 기병인 기정병과 보정병에 차이가 있었고, 보정병들의 대우가 먼저 열악해졌다.[14] 하위의 병종으로 일반 평민으로 구성된 방패, 대졸 등은 금세 사역병으로 변했다. 근무가 가장 고되고 위험했던 수군은 16세기 이후로는 신량역천의 대표적인 병종이 되었다.

천인들은 일반적으로 군역을 지지 않았다. 그들의 신분 자체가 공노비는 국가가 관에 신역을 제공하고, 사노비는 주인에게 역을 제공한다는 개념으로 설정된 것이기 때문이었다. 그러나 노비들도 전시체제 아래서 잡색군, 속오군에는 소속되었으며, 드물지만 장용대와 같이 노비들로 편성하는 부대가 있기도 했다.[15]

군역과 신분제의 이러한 상관관계를 제일 먼저 지적하고 규명하려고 했던 사람은 김석형이었다. 김석형은 국가의 기능을 계급지배적인 관점에서 파악하여, 군역이 신분제의 기초 위에 서 있고, 역으로 국가의 군역편제가 신분제를 규정하고 유지하는 역할을 한다는 사실을 규명하려고 했다.[16]

조선 군제의 병종은 군사적 기능보다는 신분관계에 의해 구분되었다는 그의 견해는 이후의 군제사 연구에 커다란 영향을 끼쳤다. 하지만 이 원칙을 병종 즉 군역 내부의 편성원리에까지 일괄적으로 적용하려고 했던 그의 입론에는 무리가 있었다. 그리고 병종의 편성원리에서 신분제적 요소에 주목하다 보니 병종의 군사적 기능은 상대적으로 소홀히 하거나 간과하는 경향이 발생했다.

고위관료의 자제로 구성하는 충의위, 노비로 구성하는 장용대의 존재가 말해주듯

---

13 이 책 3장 1절 참조.
14 김종수, 「16세기 갑사의 소멸과 정병입역의 변화」, 『국사관논총』, 1992 ; 국방군사연구소, 『한국군사사논문선집 4, 조선전기편』, 1999.
15 이한승, 「조선초기 천민출신 병종고-장용대를 중심으로-」, 경북대학교 대학원 사학과 석사학위논문, 1981 ; 정다함, 「조선초기 장용대 설치 배경과 운영실태」 『한국사학보』 24, 2006.
16 이 점에 대해서 김석형은 이렇게 말했다. "당시에 있어서 병종을 구분하는 것은 신분이었고, 또한 반대로 군역의 부담에 있어서 다시 그의 신분은 세분화되었으니 예하면 신량역천의 신분이었기에 방패는 활과 칼 대신에 괭이와 삽을 드는 병역이 아닌 역군이라는 병역을 졌으며, 또한 그가 역군인 방패라는 병역을 지는 데에서 그의 신분은 신량역천 중의 세분된 방패라는 신분이 되었던 것이다." (김석형, 「이조초기 국역편성의 기저」 『진단학보』 14, 1941 ; 『한국군사사논문선집-조선전기편』, 361쪽).

이 군의 병종을 나누고 운영하는 데 사족과 평민이 섞일 수 없다는 신분제적 논리가 작용했던 것은 엄명한 사실이다. 사족과 평민이 같은 병종에서 복무하면 존비와 귀천의 구분이 없어진다는 것이 당시 사족들의 생각이었다.[17] 실제로 병종의 대우와 역할을 정할 때도 신분이 중요한 기준이 되었다. 예를 들어 15세기 후반 이후로 정병들이 역졸화하는 것이 큰 문제가 되지만 사족들이 입속하는 별시위, 갑사 등 상위병종들은 사역에는 동원하는 것을 가능한 자제하려고 했다. 1473년 대사헌 서거정 등은 갑사는 무반직이고 의관자제들이 입대하는 곳이므로 천인 출신으로 면천해서 양인이 된 자가 갑사가 되는 것을 허락하지 말자고 건의하고 있다.[18] 이러한 사례들은 신분에 의한 병종 편성이라는 원칙이 반영된 것이었다.

그러나 병종의 구분에는 군사적 기능성이 함께 배려되었다는 사실도 간과해서는 안된다. 사실 전근대 사회에서 신분제의 원리는 군역만이 아니라 법제, 경제, 사회 모든 제도와 관계를 맺고 있었다. 하나의 법제를 운영함에 있어서 기능적 요소와 신분제라는 두 가지 요소를 함께 고려하는 방식은 전근대 사회의 보편적인 특징이었다. 그러므로 군역 연구에 있어서도 어느 한 가지 원리만을 적용해서는 이해가 곤란해진다. 병종과 신분제의 관계 역시, 전체적으로는 신분제적 구성을 이루고 있지만, 기능적 요소 역시 고려했으므로 모든 병종에 신분제적 원리가 기계적으로 관철되지는 않았다.

조선전기 병종과 신분적 관계를 일람하면 다음의 〈표 6-1〉과 같다. 그러나 이 표는 어디까지나 대략적인 구성이다. 신분편성이 이 표와 정확하게 일치하는 것은 아니다. 사족과 양인의 경계도 불확실한 부분이 있으며, 같은 병종에서도 차이가 있을 수 있다. 예를 들어 세조 때에 잠시 충순위를 혁파하면서 이들을 정병에 편입한 사례가 있고,[19] 정병 내에도 기병과 보병이 있는데, 기병의 지위가 상대적으로 높았다.

특히 갑사, 정병, 팽배, 수군과 같이 양인들이 많이 입대하는 병종은 신분적 구성이 그렇게 엄밀하지 않았다. 이들 병종들은 구체적인 편성원리나 운영방식에서는 다양한

---

17 『예종실록』 권2, 예종 즉위년 12월 병신.
18 『성종실록』 권33, 성종 4년 8월 계해.
19 이성무, 앞의 책, 1980, 211쪽.

〈표 6-1〉 조선초기 병종의 신분적 구성

신분	병종			비고
공신 3품 이상관	특수군(충의, 충찬, 충순)			
사족	금군(내금위, 겸사복, 우림위)			우림위는 서얼
	별시위			
사족, 향리, 서얼, 양인	갑사		봉족 보인	
	시위패	기정병 보정병		
양인	수군(기선군), 방패, 섭육십			
신량역천	보충대			
노비	장용위			

기준과 서로 다른 범주, 서로 다른 결합방식을 보여준다. 그러나 이것이 국역(군역)과 신분제의 관계를 부정하는 것은 아니다. 오히려 이 같은 다양성과 모호성이 국역편제와 신분제를 연결한다는 원칙을 현실에서 구현하고, 유지하는 비결이었다고 보아야 할 것이다. 과거의 오류는 원리와 현상(방법, 제도)을 일원적으로 연결하려고 했던 데에 있다.

그러나 신분제의 원리를 제도로 구현하는 과정에서 이런 다양성과 모호함이 없었다면 조선의 국역편제는 보다 빨리 신분제적 갈등을 유발했을 것이다. 앞으로 국역편성과 신분제와의 관계를 규명하는 데에는 이런 부분에 더욱 초점을 맞추어야 한다고 생각된다.

2) 병종별 군역의 특성

군사적 기능에서 중요한 역할을 담당하는 병종은 내금위, 별시위, 갑사와 같은 상위병종이었다. 상위병종이라고 해도 극소수에게 잠깐 주어지는 녹봉 외에는 별다른 경제적 지원이 따르지 않았기 때문에 이에 속하기 위해서는 뛰어난 무술실력만이 아

『세종실록』「오례」의 경번갑(鏡幡甲:쇠비늘과 쇠고리를 엮은 것)과 쇄자갑(鎖子甲:철사로 만든 작은 고리를 꿴 것)
우수한 병종의 군사들이 사용했다.

니라 말과 활·갑옷과 같은 장비를 스스로 갖출 수 있고, 서울에서 복무하는 동안 자신과 종자의 생활비를 조달할 수 있는 경제력이 요구되었다(갑사의 경우 보통 3,4인의 종자를 거느렸다). 그렇기 때문에 상위병종에 입속할 수 있는 사람은 거의가 경제력을 보유한 사족이거나 부유한 양인이어야 했다. 장비와 생활비용이 아니라도 상위병종에 속할 수 있을 만큼 무술과 기마술, 궁술을 연마하려면, 예외가 있기는 했지만 충분한 경제력과 시간적 여유가 있는 유한 계층이 아니면 거의 불가능했다. 상대적으로 가난하고 사회적 지위가 낮은 평민들로 구성된 방패(팽배), 대졸들은 사역에 동원될 뿐 아니라 전술적 기능도 비교적 쉽고 단순했는데, 그것은 신분적 차별 때문만이 아니라 아주 특별한 경우를 제외하고 이들은 수련의 시간과 여유가 부족해서 군사적 역량 역시 떨어졌기 때문이다.

상위 병종은 군사적 중요성도 높고, 경제적 부담도 큰 대신에 군 복무의 성격이나 반대급부에서도 사환권으로서의 의미가 더 중시되었다. 다만 상위병종에서도 내금위, 겸사복, 우림위와 같은 금군은 거의 관직에 준하는 지위를 부여받은 반면, 별시위, 갑사 등은 건국 초와 15세기 중반 이후의 성격이 확연히 달라진다. 초기에는 갑사에 시위패까지도 사환권으로서의 의미, 혹은 상경군사로서의 우월적인 지위가 보장되었던 반면, 시간이 갈수록 사환권은 퇴색하고 국방의 의무로서의 군역적인 성격이 강해지는 경향을 보인다.

반면 같은 상위병종이면서도 충의위, 충찬위, 충순위와 같은 양반특수군도 있었다. 이들은 군사적 기능보다 공신과 고급관료의 자제들에게 군역적인 군역 복무를 면제해 주려는 신분제적 목적과 공신과 현직 관료의 자제들에게 과거 급제와 관직 진출에 있어서 지방의 사족보다 우선하는, 차별적인 특혜를 부여하기 위해 만든 병종이었다. 이들은 다른 병종과 달리 선발시험도 없었고, 일반적인 군사업무보다는 국왕 호종이나 왕실 숙위 등의 업무에 종사했다.[20]

그러나 그렇다고 해서 군사적 기능성을 전혀 배제한 것은 아니었다. 전근대 사회에서 전업적인 무반, 무사층은 상위계층에서 배출될 수밖에 없는 특수성이 있었다. 명문가의 자제라고 다 과거공부를 하거나 문관이 되는 것도 아니었고, 그들 중 상당수는 무반직으로도 진출했다. 따라서 충의위 등은 오직 신분적 특권을 위해 군사적 기능성을 무시한 병종이라기보다 상위계층에서 고급 무사를 조달하는 대원칙 하에서 중앙 특권층, 지배층의 집단적 이해가 반영된 병종이었다고 이해하는 것이 정당할 것이다.

군의 기간이며, 병력상으로도 핵심적인 비중을 차지하는 병종은 갑사와 정병이었다. 이들도 시험을 통해 선발했고, 상당수는 기병이어서 경제적 부담이 적지 않았다. 그래서 갑사의 경우는 특히 비교적 상층의 양인이 입속하는 병종으로 간주되었으며, 사역에 동원되지도 않았다. 그러나 상층의 양인이란 단지 경제력을 기준으로 하는 것으로, 복무자의 성분이나 사역동원이라는 것이 신분적 구별이나 사회적 지위의 차이를 나타내는 것까지로 확대될 수 있는 것은 아니었다.

반면 정병은 군사적 기능도 중요했지만, 평화가 지속되면서 점차 사역에 동원되기 시작했다. 갑사 16세기 정병 이후 정병은 전투력을 빠르게 상실하고 사역군화 했다. 최하위의 병종으로 간주되었던 수군은 정병보다도 더 심하게 사역에 동원되었고, 복무의 고통도 가장 심했다. 그러나 그럼에도 불구하고, 전투부대로서의 기능을 거의

---

20 차문섭, 「선초의 충의 충찬 충순위」 『조선시대군제사연구』, 단대출판부, 1973.

상실한 정병과 달리 수군은 선박운용이란 특수한 기능과 기술 덕분에 조선-일본 전쟁 때까지도 선박의 운용과 해전을 감당할 수 있는 기능성과 전투력을 보유했다.

제2절

군역의 수행방식

1. 봉족제의 도입과 시행

조선시대 군제는 병농일치의 부병제를 표방했다. 부병제의 기원은 중국의 북위이며, 수·당 시대에 제도로 정착했다. 이것은 균전제를 통한 토지지급을 전제로 하는데,[21] 국가가 군인에게 토지를 지급하고, 토지를 받은 사람은 그 대가로 군역을 부담하는 것이다. 그러나 조선은 군인에 대한 토지지급이 없었다. 유일한 예외 사례로 과전법의 군전 지급이 있기는 했다. 하지만 이 군전은 전체 군인을 대상으로 한 것이 아니라 지방의 한량품관에게 상경숙위를 조건으로 지급한 것이고, 건국 초기의 정치적 상황과 관련이 깊다.[22] 1409년에 군전은 혁파되었고,[23] 이후로 군전 지급 제도는 사실

---

21 부병제를 균전제에 기초한 병농일치의 제도로 파악하는 것은 『당서』를 편찬한 송대 학자들의 견해이다. 현재까지도 이것이 고전적인 견해가 되어 있지만, 최근에는 부병제를 균전제에 기초한 병농일치 제도로 보는데 대해 비판적인 견해도 제시되어 있다.(김선민, 「당 개원·천보기 서북지역의 병역제도의 변화」, 『역사학보』 151, 1996) 부병 자체가 전국적으로 고르게 분포하지 않고, 특정한 지역, 대개는 장안-낙양 부근에 집중적으로 배치되었으며, 이 지역 주민의 이주가 철저히 금지되었다.(김의민, 「당대 부병역의 성격에 관하여」, 『위진수당사연구』 2, 1994, 64쪽)는 인식에 기반을 둔 것이다. 그리고 이런 사실에 기초해서 부병제를 특수한 군사집단으로 이해하는 견해도 있다. 그런 점에서 이상적인 병농일치제는 유목사회에서나 가능한 것으로 부병제는 5대 10국의 혼란기에 군으로 흡수한 유목민족의 부락편제를 유지하거나 이를 모방해서 만든 제도라는 견해도 제시되었다(今仲逸, 『府兵制度硏究』, 上海人民出版社, 1957).
22 군전지급과 수전패의 창설 목적에 대해서는 여러 가지 해석이 있다. 군인전을 받는 경군과 일반

상 사라지게 되었다.

군전이 없으므로 군인은 자신이 소유한 경제력을 사용해서 군역을 부담해야 했다. 이에 조선은 여러 호, 또는 여러 인정을 묶어 그 중 한명이 군역을 부담하고, 나머지 사람은 군역 담당자를 지원하는 방식을 창안했다. 이 제도를 초기에는 봉족제, 보법 시행 후에는 급보제라고 불렀다.[24]

군역부담자는 국초에는 고려시대의 관행을 따라 호 단위로 묶었으나 점차 개인(인정人丁) 단위로 바뀌게 되었다.[25] 이때 군역을 수행하는 사람을 호수戶首, 호수의 군 복무를 돕는 장정을 봉족,[26] 조정助丁, 보인이라고 했다.

========

농민군인 주현군으로 이루어져 있던 고려시대의 유제(육군본부, 『한국군제사-근세조선전기편』, 1969, 30쪽), 중앙집권화를 위해 지방 유력층을 서울로 불러 오기 위한 수단(천관우, 「여말선초의 한량」, 『이병도박사화갑기념논총』, 1956 ; 『근세조선사연구』, 일조각, 1979, 52쪽), 과전법을 개혁을 통해 사전을 몰수한 데 대한 임시적 보상책(이성무, 앞의 책, 1980, 221~222쪽), 새 왕조의 불응세력에 대한 회유책(한영우, 「여말선초 한량과 그 지위」, 256~273쪽), 이 제도를 이용하여 재지사족층을 지속적으로 유입하여 관료군의 순환을 활성화하여 중앙의 문벌귀족 중심의 정치운영 체제를 개혁하려는 시도(임용한, 『조선전기 관리등용제도연구』, 혜안, 2008, 262~264쪽) 등이 있다.

23 『태종실록』 권18, 태종 9년 7월 기축.

24 이재룡, 「봉족에 대하여」 『역사학연구』 2, 1964 ; 이지우, 「조선초기 봉족제의 추이와 실태」 『경남사학』 2, 1989.

25 봉족제의 기원을 고려시대의 양호제에서 찾는 견해도 있다. 이와 관련하여 양호제의 실상에 대해서는 여러 견해가 있다. 군호에 군인 1인과 양호 2인을 임명해서 군인은 군역을 수행하고, 양호 2인은 군인을 지원하는 제도로 보는 견해가 있고, 3가 1호로 구성된 군역수행단위로 이해하는 견해도 있다. 한편으로 양호제를 군인전 지급을 대신하는 조선의 봉족제와 같은 제도로 이해하고(강진철, 「고려초기의 군인전」 『숙명여자대학교논문집』 3, 1963 ; 『고려토지제도사연구』). 군역 부담자의 징발을 호 단위에서 인정 단위로 변화하는 것을 고려시대와 조선시대를 구분하는 중요한 변화로 파악하기도 한다(이재룡, 「조선초기의 봉족제」 『조선초기 사회구조연구』, 일조각, 1984, 93~94쪽). 그러나 양호를 군인전 지급과 함께 시행된 제도로 보는 견해도 있다(이기백, 「고려군인고」 『고려병제사연구』, 일조각, 1960). 따라서 군전 지급에서 급보 방식으로의 전환에서 고려~조선시대 군제 변화의 의의를 찾아야 한다는 견해도 있다. 즉 고려의 전시과 체제에서는 군역의 대가로 족정(17결)을 지급했으나 전시과 체제가 붕괴한 뒤에 조선에서는 토지지급 대신 일정 규모의 가호나 인정을 엮어서 군역부과의 단위로 삼는 방식을 취하게 되었다는 것이다(김태영, 서정상, 「조선초기 군역편제의 추이와 개혁방향」 『경희사학』 19, 1995). 한편 이재룡은 봉족제가 호 단위로서 3정1호를 기준으로 했지만 토지소유도 고려했다고 보았다. 따라서 조선의 평균적인 토지소유로 볼 때 3정 1호는 대략 5,6결의 토지를 구성한다고 파악했다(이재룡, 「조선전기 양인농민의 군역과 토지소유」 『동양학』 9, 1979).

26 『세종실록』 권7, 세종 2년 정월 을사.

1397년(태조 6)에 병종별로 봉족수를 제정했다. 품관 마병에게는 봉족 4명, 무직 마병에게는 3명, 보병에게는 2명이었다. 봉족은 동거, 비동거를 막론하고, 반드시 아들, 사위, 조카, 동생 등 친척으로 임명하게 하고 친척이 없고 군역 대상자가 한 명뿐이라면, 똑같은 처지에 있는 사람을 봉족으로 묶어 주도록 했다. 또한 군 복무의 지원 외에 다른 사역에서 봉족을 부리는 것을 금지시켰고, 노자奴子가 많은 사람은 봉족을 주지 않도록 했다.[27]

일가친척으로 봉족을 삼는 규정은 호수와 봉족관의 상호지원관계를 원활히 한다는 장점도 있다. 그러나 봉족의 본래 임무가 호수의 군복무를 경제적으로 지원하는 것이라는 관점에서 보면 문제가 있었다. 경제적 지원이 실질적 의미를 지니려면 경제적 능력을 지닌 여러 호에서 군역을 부담하는 호를 지원하는 형태가 되어야 했다. 그러나 실제로는 같은 일가 안에서 호수-봉족을 설정하므로 실제로는 한 일가에 군역 대상자가 여러 명일 경우에도 그 가운데 단 한 명만 복무를 하고 다른 가족은 면제한다는 방식이 되어 버렸기 때문이다. 이런 원리에 따라 같은 호 안에 있어도 일가친척이 아닌 누호는 별도의 역을 부과하도록 했다. 결국 봉족제는 호수에 대한 적극적 지원책이 누락되어 군역 부담자의 경제적 부담이 커질 수밖에 없었다.

봉족제의 또 하나의 특징은 신분별 차등이다. 같은 마병이라도 품관과 무직자에 따라 차등을 두었다는 것이다. 보병은 차등을 두지 않는데, 한량, 품관들은 대부분 마병이 되었기 때문이라고 생각된다.

1404년(태종 4)에 봉족법이 개정되었다. 이 개정안은 태종조에 편찬한『속집상절』에 수록되었다.[28] 이 규정의 특징은 다음과 같다.

① 봉족 지급 대상을 군인에서 향리, 역리, 구종 등 국역자 전반으로 확대.
② 신분만이 아니라 소유토지의 양을 고려해서 봉족을 지급.
③ 봉족은 호를 단위로 지급하며 봉족호는 2, 3결 이하의 토지소유자에게만 지급한다.

27『태조실록』권11, 태조 6년 2월 갑오.
28『세종실록』권18, 세종 4년 12월 을유.

④ 향리, 역리, 수첩간, 구종, 원주, 진척 등의 봉족은 동일 신분층에서 임명한다.[29]

<표 6-2> 1404년 봉족 지급규정

병종		봉족수	비고
갑사	2,3결 이하	2호(戶)	
	4,5결 이상	1호	
	6,7결 이상	없음	
시위군 완산자제패	1,2결 이하	2호	
	3,4결 이하	1호	
	5,6결 이상	없음	
기선군	2,3결 이하	2호	
	4,5결 이하	1호	
	7,8결 이상	1령설립	
	15결 이상	2령 설립	선군-봉족 1팀 추가
진속군, 취련군, 철소간	1,2결 이하	1호	
	3,4결 이상	없음	
수성군 일수양반	3,4결 이하자만 허용		
각사이전, 대장 대부 정리 조예 도부외 수공 군기 감별군 속모치 취라치	1,2결 이하	1호	
	3,4결 이상	없음	
향리	1,2결 이하	1호	동일 신분호로 지급
	3,4결 이상	없음	
역리 수첩간 공아구종 원주 진척	1,2결 이하	1호	
	3,4결 이상	없음	

한편, 1412년경에는 각사노비에게도 봉족이 지급되었고, 1415년 11월에는 봉족 지급규정을 개정해서 갑사, 별패, 시위패, 기선군의 봉족수를 토지의 많고 적음뿐 아니라 그 호가 거느린 인정 수까지 참작해서 정하도록 했다. 예를 들면 갑사, 시위패, 기선군은 전Ⅲ 3,4결 또는 인정 2,3명 이상을 보유한 자는 봉족 2호, 전 5,6결, 인정

---

29 이재룡, 「조선초기의 봉족제」, 97쪽.

4,5명 이상자는 봉족 1호를 지급하고, 전 10여결, 인정 7, 8명 이상자는 봉족을 지급하지 않으며, 전 30,40결, 인정 10명 이상자는 다른 역을 가정하게 했다.[30]

『속집상절』의 규정은 봉족제의 대상을 확대하고 토지가 적은 사람에 한해 동거가족이 아닌 군인호를 지원하는 봉족호를 설치했다.

하지만 봉족제 운영에는 여러 가지 애로사항이 있었다. 호수와 봉족을 호 단위로 정했지만, 호마다 일가친척의 수, 그들이 거느린 솔정, 노자가 일정하지 않아서 공평한 징발이 불가능했다. 1호에 1명의 장정만 소속된 경우도 있고, 수십 명을 모아야 1호를 구성하는 경우도 있었다.[31] 1415년 개정안에서 30, 40결 이상 소유자와 10명 이상의 인정을 보유한 사람은 1개 이상의 역을 지도록 했지만, 30, 40결의 토지는 30, 40호 이상의 노동력이 필요한 토지였기 때문에 토지 규모에 비하면 부과된 역은 관대한 가벼운 조치였다. 그리고 토지 소유량은 군현단위로 파악된 것으로 보이는데, 이 정도로 많은 토지를 소유한 사람은 군현에 몇 명 되지 않았을 것이다. 게다가 당시에 호적에 파악되지 않는 숨겨진 인정이 많았고, 부유하고 권력이 있는 사람일수록 가족 외에 불법적인 노비, 비부, 고공, 협호 등을 많이 보유하고 있었다. 이런 사정을 감안하면 위의 군역부과 규정은 대단히 느슨한 규정이었다. 따라서 현실적으로는 부유한 가호들에게 1명 이상의 군역을 추가하기는 쉽지 않았을 것이다.[32]

신분(관직)과 토지, 가호 내의 인정수라는 기준이 유동적이라는 것도 문제였다. 신분이 높으면 봉족을 많이 지급하는 반면 토지와 인정이 많으면 적게 지급하게 했는데, 신분이 높으면 전지와 인정도 많고, 부유한 사람이 일가친척도 많은 것이 상례였다. 이런 모순으로 토지와 인정이 많은 유력자가 봉족을 많이 점유하는 부조리가 발생했다.

봉족을 일가친척과 동일 신분층에서 정하도록 하는 규정도 지켜지기 어려웠다.[33] 가족 이외의 사람을 봉족으로 임명하게 되면서 호수와 봉족 간에 사회적 차별과 주종

---

30 『태종실록』 권30, 태종 15년 11월 갑진.
31 『성종실록』 권40, 성종 5년 3월 계묘.
32 이성무, 앞의 책, 1980, 198쪽.
33 『세종실록』 권27, 세종 7년 정월 경인.

관계가 발생하게 되었고, 호수가 봉족을 노자처럼 부리는 상황도 발생했다.[34]

이러한 문제는 어느 제도에서도 발생할 수 있는 운영상의 문제라고 볼 수도 있다. 그러나 봉족제는 두 가지 점에서 심각한 상황을 야기했다. 첫째는 군역 대상자가 아닌 다른 사람이 대신 군역을 지게 하는 대립제였다. 봉족제는 일가친척을 호수와 봉족으로 묶어 두므로 자연스럽게 대립이 발생할 소지가 높았다. 호수의 신상에 문제가 있거나 그렇지 않은 경우라도 고통분담 차원에서 일가친척이 상호합의 하에 돌아가며 군복무를 하는 경향이 발생했다. 일가친척이 아니라도 봉족은 사회적, 경제적 약자였기 때문에 기선군처럼 군복무의 반대급부가 적고, 군역이 고된 병종일수록 봉족에게 군복무를 전가하기가 쉬웠다. 본인을 대신해서 복무를 하는 사람은 훈련과 자질이 부족해서 군사력에 심각한 타격을 주었다. 태종조에 왜구와의 전투에서 전사한 수군은 모두 대립자들이었다는 보고가 있을 정도였다.[35]

두 번째는 보다 근본적인 문제로 봉족 수준의 경제적 보장으로는 군역을 감당하기가 어렵다는 것이었다.

> 서북면 도순문사 이귀철李龜鐵이 도내의 사안을 건의했다. …… 시위군이 40패牌인데, 호주戶主와 봉족이 모두 9천 2백 63명이고, 익군翼軍이 14익인데, 호수戶首와 봉족이 모두 2만 3천 12명입니다. 시위군과 익군이 역을 담당하는 형편을 보건대, 시위군은 봉족 3, 4명씩을 정해주고, 40패 가운데 매달 2패씩을 2년에 1번씩 서울에 올려 보내어 한 달 동안 시위하도록 합니다. 각 익은 14익으로써 중국의 사신과 매달 왕래하는 본조의 사신을 요동까지 호송하고 영접케 하여 교대로 왕래하므로 사람과 말이 함께 지쳐서 실농失農하게 됩니다.[36]

이귀철이 보고한 요지는 시위패는 비교적 군역을 감당할 수 있으나 익군은 시위패에 비해 봉족도 적고 임무도 과다해서 실농자가 늘고 있고, 불만도 크다는 것이었다.

34 『세조실록』권28, 세종 8년 5월 계묘.
35 『태종실록』권14, 세종 7년 9월 임자.
36 『태종실록』권14, 세종 7년 9월 임자.

시위패와 익군 간에 이런 차별이 발생하는 이유는 근본적으로 익군에게까지 충분한 병력과 봉족을 할당해 줄 사회적 여력이 없었기 때문이었다. 군역 부담은 개개인의 경제력에 의존하는 비중이 높았는데, 하위의 병종일수록 봉족 지급수도 적고, 개인의 경제력이나 가족, 노비의 수도 적었다. 그 결과 하위계층일수록 군역의 부담이 가중되었다. 이러한 모순은 하위계층의 불만을 키우고, 계층 간의 갈등을 야기할 소지가 있었다.

2. 보법

세종조까지 봉족제는 토지와 인정이라는 이원적 기준을 사용했고, 호를 단위로 정군과 봉족을 임명했다. 이 방법은 가족, 친족공동체 단위로 군역을 부담하므로, 친족공동체 간의 불균형을 해소할 수 없었다. 가족이 많거나 호 안에 은닉한 인정이 많은 상류층과 부호에게 유리한 제도여서 병력의 부족과 군역부담이 불공평해지는 원인이 되었다.

세종 때부터 군액이 증가하면서 병력 부족문제가 더 심각해졌다. 세종 때에 7만까지 늘었던 병력은 15세기 중반인 문종 때는 거의 2배로 증액되어 13만 여명이 되었

각종 호패

다. 세조대에는 이 병력을 토대로 진관체제를 구축했다.[37] 군 정원이 최고조에 달했던 세조~성종대에 군호의 수는 대략 15만~17만호 정도였다.

늘어난 병력 수요를 감당하기 위해서 정부는 호구파악을 철저히 하여 그동안 호적에 기입되지

---

37 오종록, 「조선초기 정병의 군역: 15세기 후반을 중심으로」 『한국사학보』 창간호, 1996, 116~117쪽.

않은 인정, 특히 양반, 지주가에 숨어 있는 은정隱丁을 색출하는 것을 최우선 과제로 삼았다. 호구 색출 작업의 첫 단계로서 1459년(세조 5) 호패법을 시행했다. 1461년에는 호패법의 성과를 기초로 호적과 군적을 새로 작성했다. 마침내 1464년에는 기존의 봉족제를 대체하는 보법을 시행했다.[38]

보법의 주요 내용은 다음과 같다.[39]

① 2정을 1보로 한다.

② 전 5결은 1정으로 간주한다.

③ 노자도 봉족수에 준한다.

④ 장정을 5명 이상 누락시킨 수령은 파출하고 부정을 저지른 향리는 전가 사변한다.

⑤ 군사의 가족 외에 고공(머슴)은 군적에 넣지 않는다.

〈표 6-3〉 보법의 봉족 지급 규정

병종	보인수	병종	보인수
갑사	4보(8인)	평로위 파적위 근장, 별군, 보정병 대평소, 기선군	2보
기정병, 취라치	3보	봉수군 방패 섭육십	1보

보법은 조세원리상으로 보면 사실상 가호 단위로 부과되던 군역자원의 파악과 관리를 개인별로 파악하는 방식으로 전환하려는 것이었다. 따라서 군사에게 지급하는 봉족도 호가 아닌 인정단위로 바뀌었다. 새로 제정한 지급액수는 다음과 같다.

이 규정은 성종대에 약간 개정되었다. 『경국대전』에서는 수록한 보법의 요지는 다음과 같다.[40]

38 이태진, 「조선전기 군역의 포납화과정」, 서울대학교 석사학위논문, 1969 ; 宮原兎一, 「李朝의 軍役制度 '保'의 成立」『朝鮮學報』 28, 1963 ; 이성무, 「양반과 군역편제」『조선초기 양반연구』, 일조각, 1980 ; 김광철, 「조선전기 양인농민의 군역-정병을 중심으로」『부산사학』 3, 1980 ; 이지우, 「조선초기 보법의 추이와 실태」『경남사학』 3, 1990.

39 『세조실록』 권34, 세조 12년 1월 임술.

① 2정을 1보로 한다.

② 노자는 반정으로 한다.

③ 보인이 시험에 합격하면 군사로 전환하는 것을 허용한다.

④ 정군의 호는 2정에 한해 솔정을 인정한다.

⑤ 병종별 보인 지급수를 감축한다.

인정단위로 지급하는 보법을 시행함으로써 호 안에 남은 인정도 정확하게 계산해서 다른 사람의 보인으로 차출할 수 있게 되었다. 보법을 시행하자 약간의 과장이 있는 듯도 하지만 충청도가 2만 호에서 11만 호로 경상도는 4만 호가 30만 호로 늘어났다.[41] 이런 증액분을 바탕으로 개별 병종에게 지급하는 보인도 전보다 늘어났다.

보법은 정확성과 형평성이라는 관점에서 보면 이상적이고 바람직한 형태라고 할 수 있다. 그러나 생산력이 낮고, 개인의 경제적 독립성과 경제활동능력이 충분치 않던 당시 사회에서 개인 단위로 군역대상을 파악하고, 군역을 부과하기에는 어려운 점이 많았다. 예를 들어 조선시대에 표준호는 3정 1호제였다. 그런데 1호에 3정이 있다고 할 때 봉족제 하에서는 3정을 1호로 간주했기 때문에 1호 전체가 봉족호로 인정을 받을 수 있었다. 그러나 2정 1보의 보법으로 전환하면 3정을 지닌 호에서 남는 1정은 다른 가호의 인정과 결합해서 1보를 형성하여 군역을 져야 했다.

결국 3정 1호의 표준 가호에 2개의 군역을 부과하는 결과가 되었다. 게다가 수치상으로는 이전의 1.5배의 군역을 부과하는 것이지만 같은 호에 사는 사람이 가족의 군역을 지원하는 것과 다른 호의 사람과 결합해서 다른 사람의 군역을 지원하는 것은 질적으로 달랐다. 다른 세대의 구성원에 대해서는 추가적이고 실질적인 경제부담을 제공해야 하기 때문이다. 따라서 사실은 전국의 표준가호의 군역이 2배 혹은 그 이상으로 증액된 셈이었다.

세조의 핵심참모였던 양성지마저도 최소한 3정 1보는 되어야 한다고 주장했을 정도였다. 군역을 담당하는 1명, 농사를 지으며 군 복무자의 가계에 경제적 보조를 하는

40『경국대전』권4, 병전, 급보.

41『세조실록』권34, 세조 10년 8월 임오, 양성지의 상소 ; 이성무, 앞의 책, 1980, 204쪽.

1명, 평시에는 군역 수행 중에 발생하는 여러 가지 노역을 제공하며, 전시에는 식량과 장비를 수송해 주는 역할을 담당할 여정餘 丁 1명은 있어야 한다는 것이었다.[42]

서구나 중국에서 시행한 유사한 군역제도를 보더라도 1명의 군사를 지원하기 위해서는 최소한 2~5가구가 필요했다. 이런 사례를 보면 양성지의 3정 1보도 최소한의 수준에 가까운 것이었다. 결과적으로 세조조에 시행한 보법은 너무 각박했다는 비판을 면하기 어렵다.

이런 어려움 때문에 처음 보법을 시행할 때는 완전한 개인별 파악으로의 전환을 시

세조 어필(『열성어필』 첩)

도하지는 않았던 것 같다. 세조 스스로도 교서를 내려 호패법과 보법을 시행하는 취지는 일반 농민호에 군역을 증액하기 위해서가 아니라 지주가에 숨어 있는 인정을 찾아내어 군역을 부과하기 위해서라고 강조했다. 실제로 시행안에서도 개인 단위에 집착해서 한 가구 안에 남는 인원을 무리하게 타인의 보인으로 지급하지 않게 했다. 일반 농민 가구에서 가구 안에 남는 장정이 있으면 솔정率丁이라고 해서 가족의 군역 수행을 지원하게 했다. 그리고도 편성에서 빠지는 인원은 여외정병이라고 해서 일종의 예비자원으로 배치했다.

보법의 적용대상은 지방의 세력가들이 울타리를 넓게 치고, 여러 가구가 모여 살면서 조세상으로는 하나의 가호로 인정받는 소위 장리호長籬戶에 숨겨져 있는 세대를 분리해 내는 것이었다. 전 5결을 1정으로 간주하는 계전법을 병행한 것도 이런 취지[43]의 연장선상에 있다. 국가가 전결을 기준으로 그 전결을 경작하는 여러 가호에 대해 군역 징발자의 인원만을 부과하고, 군역 복무자의 선정과 개인별, 가호별 분담은

---

42 『세조실록』 권37, 세조 11년 11월 을미 ; 육군본부, 앞의 책, 1969, 205쪽.
43 육군본부, 앞의 책, 1969, 204쪽.

내부에 위임하는 방식이다.

이런 방식을 사용한 이유는 지주가에 숨은 인정을 국가에서 찾아내는데 한도가 있기 때문이기도 했지만, 더욱 본질적인 이유는 이렇게 숨어 있는 인정은 대부분 경제력이 빈약해서 개별적으로 찾아내서 군역을 지정해 봤자 몰락하거나 도망할 것이 뻔했기 때문이다. 그러므로 인정과 가호를 많이 거느리고 넓은 토지를 경작하는 지주가에서는 토지 소유량에 비례해서 일정한 군정을 제공하고, 그 울타리 내에서 스스로 도와가며 군역을 감당하라는 의도였다.

그러나 이러한 발상은 이상론에 불과했다. 보법의 취지가 세력가와 장리호를 대상으로 했다고 해도 보법이 지주가의 은정을 색출할 수 있는 길도 열어준 반면 자연가호 단위의 군역부과 방식을 해체하고, 일반 농민가의 군역도 2배로 증강시킬 수 있는 방법을 마련해 준 것도 엄명한 사실이었다. 그런데 보법을 사회의 약자인 일반농민에게는 유리하게 적용하고, 지방의 세력가인 양반, 토호, 지주가에 대해 불리하게 적용한다는 것이 과연 현실적으로 가능하느냐는 의문도 남는다.

더욱이 보법은 인정을 단위로 하는 보인지급 규정을 시행하면서 가호단위(솔정, 여외정병), 계전법 등 예외조건을 만들었다. 결국 봉족제와 마찬가지로 인정 단위와 호 단위, 전결 단위가 혼합되게 되었고, 과다한 예외조건이 생성되었다. 이 역시 일반 농민가를 보호하기 위해서였다고 하지만 현장에서는 전혀 다른 결과를 가져왔다.

한마디로 보법은 법의 기본적인 원리와 속성을 무시한 법이었다는 비판을 피하기 어렵다. 보법이 시행되자 우려하던 결과가 현실이 되었다. 정부의 기대와 달리 보법의 칼날은 일반농민에게로 향했다. 서민에게는 법을 기준대로 적용하고, 부호에게는 유리한 방법을 적용해서, 늘어난 군액을 서민, 빈민가에서 뽑아내는 방법으로 사용되는 경우가 더 많았다.[44]

2정 1보의 기준에 의거해서 동거하는 가족이 서로 다른 역에 차정되는 사례도 우려했던 대로 나타났다.[45] 아무리 그것이 법의 본의가 아니라고 해도 할당된 군역 자원을 뽑아내야 하는 상황에서 법규를 지키기는 힘들었다. 현실적으로 불합리한 기준과

---

44 『성종실록』 권44, 성종 5년 윤6월 무신, 경자.
45 『성종실록』 권15, 성종 3년 2월 무진.

과도한 예외조건은 향리들이 자의적인 적용과 부정부패를 양산하는 단서가 되었다. 이러한 현상은 뇌물을 받고 양반부호를 군역에서 빼주는 등 부패한 향리들에 의해 자행되기도 했겠지만,[46] 보법이 지니고 있는 본질적인 모순이 근본적인 원인이었다고 보아야 한다. 지방에는 권세가의 농장도 많았고, 사족, 토호나 향리들의 세력도 이들과 결탁해서 발휘되는 경우도 많았는데, 이들과 결탁한 향리들이 수령을 능욕해도 수령이 감히 대항하지 못하고, 부세를 부과하거나 부역을 징발할 때는 권세가의 노비나 관련자는 빼주고 그들의 부담액을 일반 농민에게 전가한다는 상황이었다.[47]

　결과적으로 보법은 일반 농민의 부담을 크게 증강시켰다. 일반 농민의 부담이 증가하자 농민이 권세가의 보호 밑으로 도망하거나 양인 신분마저 버리고 권세가의 노비로 투탁하는 경우가 크게 늘어났다. 이런 현상은 이미 호패법을 시행할 때부터 발생해서 "호패법은 권세가를 위해 양인을 노비로 몰아가기 위해 만든 법"이라는 말까지 생겼다.[48] 폭증한 불만은 1467년(세조 13)에 이시애의 난으로 폭발했다.

　세조가 사망하자마자 수렴청정을 맡았던 정희왕후는 보법의 전면검토와 병력 감축을 논의하고, 군적을 재작성하라는 명령을 내렸다.[49] 이후 지나치게 늘어난 병력을 감축하고, 군역의 부과기준을 간결하게 하는 조치가 시행되었다. 병력 감축은 성종 2년, 3년, 6년 3차례에 걸쳐 진행되었다.[50] 성종 이전의 병력은 최고 17만 명 정도였는데,[51] 성종 6년의 병종별 병력수는 148,449명이어서 2~3만 명의 수가 감축되었다고 볼 수 있다. 그런데 성종 8년의 각도 정병의 총수는 134,970명으로,[52] 성종 6년의 정병수 72,109명보다 오히려 크게 증가했다. 다른 병종의 병력통계가 없어서 정확히 확인할 수는 없지만, 정병의 수로만 보면 오히려 병력이 증가한 셈이다.

---

46 『성종실록』 권44, 성종 5년 윤6월 경자. 이러한 향리의 부정이 보법의 실패를 가져온 중요한 요인이었다고 하는 견해도 있다(육군본부, 앞의 책, 1969, 205쪽).

47 『세조실록』 권46, 세조 14년 6월 임인, 성균진사 송희헌의 상소.

48 『예종실록』 권2, 예종 즉위년 12월 병신. ; 이성무, 앞의 책, 1980, 205쪽.

49 『성종실록』 권1, 성종 즉위년 12월 계축, 갑인.

50 이 감축 과정에 대해서는 육군본부, 앞의 책, 1969, 208~209쪽에 자세히 설명되어 있다.

51 이성무, 앞의 책, 1980, 207쪽.

52 『성종실록』 권81, 성종 8년 6월 기묘.

〈표 6-4〉 성종 6년 병종별 병력수[53]

병종	병력수	병종	병력수
갑사	14,800	대평소	600
별시위	1,500	친군위	40
파적위	2,500	정병	72,109
팽배	5,000	수군	48,800
대졸	3,000	계	148,449
취라치	640		

〈표 6-5〉 성종 8년 각도 정병, 봉족수[54]

도별	정군	봉족	도별	정군	봉족
한성	2,824	2,920	개성	696	1,521
황해도	9,817	27,471	경상도	35,517	94,810
평안도	19,336	52,231	전라도	34,044	80,947
경기도	8,956	12,180	충청도	23,780	51,664
			계	134,970	323,744

이 시기의 병력 수요는 진관체제의 편성에 의해 산출된 필요 병력이었기 때문에 진관체제를 유지하는 한 획기적인 병력감축은 불가능했다. 또한 군사제도의 원리로 보면 현역으로 복무하는 병력을 필요이상으로 늘일 필요도 없었다. 그러므로 정부는 호패법과 보법을 통해 군역부과대상자를 발굴해도 이들에게 현역 복무를 확장시킬 필요는 없었다. 오히려 정부는 늘어난 자원을 군사로 징발하기보다는 보인이나 솔정으로 편제해서 기존 군사들의 경제적 지원을 든든하게 하기를 기대했을 것이다. 이것이 여러 차례의 병력 감축에도 불과하고 병력수가 변하지 않았던 이유였다고 생각된다.

한편 세조 보법의 이원적 징발 규정의 모순도 깨닫고 토지 5결을 1정으로 산정하는 규정도 폐지했다. 그런데 이처럼 완전한 인정 단위로 전환하는 것이 보법의 문제를 오히려 악화시킬 소지가 있었다. 문제의 근원이 되는 2정 1보라는 기준은 요지부

---

53 『성종실록』 권59, 성종 6년 9월 갑인.
54 『성종실록』 권81, 성종 8년 6월 기묘.

광릉(경기 남양주) 세조비인 정희왕후의 릉이다

동이었기 때문이다. 정부는 2정 1보라는 기준을 폐지하는 대신에 가내 솔정의 인정한 도를 1정에서 2정으로 완화시켜 주었고, 이 규정이 『대전속록』에 수록되었다.[55]

하지만 군액의 정원은 줄어들지 않고, 지방 유력자를 제압할 방법도 마땅치 않은 상황에서 솔정을 1정에서 2정으로 늘려주어 보았자, 그 혜택이 누구에게로 돌아갈 것인지는 뻔 한 것이었다. 성종 24년 병조가 군액이 절대 부족하므로 차라리 솔정을 인정하지 말든가 예전처럼 1정만을 인정해야 한다고 주장했던 것[56]은 이러한 고민을 말해주고 있다. 결국 군액은 감축되지 않고, 보인을 늘릴 방법도 없었으므로 이 제도를 유지하려면 보인 지급액을 줄일 수밖에 없었다. 그 결과 『경국대전』에서는 병종별 보인 지급수가 보법 시행 때보다 거의 반으로 줄었다.

보법은 군역자원의 증강과 군역부담의 공평성이라는 목표를 달성하기에는 역부족이었다. 어떻든 군역자원의 증강이라는 목표는 달성할 수 있었지만, 그것은 군역부담의 공평성이라는 목적을 희생하고, 서민의 희생을 발판으로 시행되었다. 표면적으로 보면 어떻든 한 가지 목적이라도 달성한 셈이지만 실제로는 그 반대였다. 군역 자

---

55 『대전속록』 권4, 병전, 급보.
56 『성종실록』 권285, 성종 24년 12월 병인.

<表 6-6> 경국대전의 병종별 보인수

병종	보인수
갑사	2보(양계는 1정 추가)
기정병 취라치 대평소 수군	1보 1정
보정병 장용위 파적위 대졸 팽배 파진군 조졸 봉수군 차비군 잡색군	1보

원의 증강이 필요했던 보다 근본적인 이유는 군사력의 증강과 군사제도의 안정, 전국적인 국방체제의 확립이었다. 그러나 보법의 가혹성은 농민의 군역 수행을 어렵게 했고, 결과적으로 군역제와 군사제도를 동요시켰다.

3. 군적의 작성과 병력 파악

조선시대에 군역 대상자를 파악하고 관리하는 기초는 군적이었다. 군적은 병종별로 군역의 대상자의 명부를 기록한 문서이다. 군적에는 군사만이 아니라 국역을 면제받는 사족의 자제, 향리, 역리 등 국역자도 기재되었다. 국초에는 정착생활을 하지 않는 재인, 화척은 군적에 올리지 않았으나 1422년부터 이들도 군적에 올려 정착하게 했다.[57] 그런데 군적을 이해하기 위해서는 먼저 호적을 이해해야 한다. 군적은 호적을 토대로 작성되기 때문이다. 호적은 삼국시대부터 작성된 것으로 추정된다. 1933년 일본 나라의 도다이지[東大寺] 쇼소인[正倉院]에서 발견된 신라장적은 주민들의 인명과 가족관계가 기입되어 있지 않아서 순수한 호적은 아니지만, 호구, 토지, 가축 등 다양한 내용이 기재되어 있고, 3년마다 정기적으로 작성되었음을 말해주고 있다.

호적 작성을 명확하게 파악할 수 있는 시기는 고려시대부터이다. 『경주부윤선생안』에는 986년(고려 성종 5) 내외의 호구를 시행했다고 기록되어 있으며, 『고려사』에는 1135년(인종 13)의 호구자료부터 인용하고 있다.[58] 또 고려시대 호적의 일부가 고

---

57 『세종실록』 권18, 세종 4년 11월 정축.
58 손병규, 『호적』, 휴머니스트, 2007, 30~31쪽.

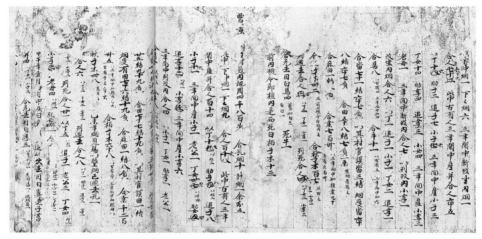

신라장적(신라촌락문서)

문서의 형태로 발견되고 있다.[59] 고려시대에도 3년 1회 작성이 원칙이었던 것 같다.

　조선시대에는 호적을 3년마다 작성하도록 했다. 호적은 군현별로 작성해서 호조, 본읍, 본도에 비치했다. 호적에는 소재지, 호주의 직업과 성명, 호주와 처의 나이, 본관, 사조四祖(부, 조부, 증조부, 외조부), 가족, 노비, 고공을 기재했다. 사조를 기입한 이유는 신분을 확인하기 위해서였다. 남아 있는 약간의 고문서를 통해 보면 고려시대에는 번잡할 정도로 선조를 길게 기입했는데, 조선시대에는 사조로 통일했다. 후기에는 사조도 빼고 성명만 기재하게 했지만, 사조를 기입하는 관행은 잘 사라지지 않았다. 가문의 격과 신분을 중시했기 때문이다.[60]

　군적은 호적에서 군역 대상자를 별도로 추려서 작성했다. 군적은 서울은 오부에서, 지방에서는 절도사가 작성해서 병조로 보냈다. 진관체제 성립 이전에는 군적을 군사들의 복무지에 배치해서 복무자의 번상을 확인, 관리하게 했다. 그래서 관찰사, 주진, 거진, 제진에 각각 1본씩 배치했다. 따라서 중앙군과 지방군이 같은 지역에 거주한다고 해도 군적은 복무지 기준으로 작성되었으므로 별도로 관리되었다.

---

59 고려시대 호적자료는 완전한 형태는 아니고, 호적관련 문서의 일부가 고문서 형태로 발견되고 있다. 대표적인 문서로 1237년에 작성한 이교의 호구자료, 1322년에 작성한 이광시 준호구, 1390년경에 작성된 태조 이성계의 호적(화령부 호적의 일부)가 있다.
60 손병규, 위의 책, 2007, 471쪽.

이성계 호적(국립중앙박물관)

진관체제가 시행되면서 중앙군과 지방군의 군적이 합쳐지고, 각 군현에서 군역자원을 통합해서 관리하게 되었다. 이때부터 군적은 병역자원의 관리만이 아니라 각종 부역과 사역에도 이용되게 되었다.

군적은 초기에는 3년마다 작성했으나 15세기 후반부터는 6년마다 작성했다.[61] 군적을 작성할 때는 관찰사-수령으로 이어지는 지방 행정망을 사용하기도 하고, 별도로 경차관을 파견하기도 했다. 감사-수령의 행정망을 사용하지 않는 이유는 이들이 결국은 향리에게 위임하고 향리들은 누락한 군정을 보호하기 위해 시간만 끄는 사례가 많았기 때문이다.[62] 경차관을 이용할 때는 재상급 책임자를 군적경차관으로 임명해서 도별로 파견하고, 그 휘하에 관직이 낮은 인물을 군현 단위로 파견했다. 군현에 파견된 경차관은 향리를 배제하고, 지방의 유력자를 감고, 위관으로 임명해서 실무를 담당하게 했다. 감고로 임명되는 사람은 전직 수령, 첨사, 만호, 생원, 진사나 지방 유력자의 자손이었다. 감고가 부정을 저지르면 전가사변의 형에 처했다.[63]

조선 최초의 군적은 태조 2년에 작성되었다.[64] 양계 지방은 제외한 6도 지역에서만 작성되었다. 군적에 수록한 병력은 마병과 보병, 기선군이 20,800명, 양반 자제와 향리, 역리 등 여타 국역자가 10,500명이었다. 그러나 호적이 법대로 작성되지 않고, 작성된 호적도 부실했다. 그러니 군적도 법대로 작성되지 않았고[65] 군사의 사망, 유고, 도망, 신입 등의 상황을 제 때 반영할 수가 없었다. 16세기가 되면 군적을 먼저 작성할지 호적을 먼저 작성할지를 두고 고민을 할 정도가 되었다.[66]

---

61 『성종실록』 권275, 성종 24년 3월 임진.
62 『명종실록』 권13, 명종 7년 7월 경자, 사헌부의 계문.
63 『중종실록』 권15, 중종 7년 5월 기미.
64 『태조실록』 권3, 태조 2년 5월 경오.
65 『세조실록』 권17, 세조 5년 7월 을유.
66 『중종실록』 권9, 중종 4년 8월 병술, 9월 계사.

1523년(중종 18)의 논의에 의하면 1509년에 군적을 작성한 뒤 15년 동안 개정하지 않았다고 한다.[67] 군적 작성 사업을 의욕적으로 시작했다가도 흉년, 농번기, 그 외 각종 이유로 중도에 중단되는 경우가 많았다. 새로 작성하는 경우도 이전 군적을 그대로 베껴 쓰는 경우가 많았다. 향리의 농간을 방지하기 위해 경차관을 파견해도 결국은 아전과 향리의 손에 맡겨져 부자는 뇌물을 바쳐 모면하고, 가난한 사람은 과도한 군역을 부담하는 폐단이 그치지 않았다.[68]

　1509년 군적 작성 때는 군적 작성 사업을 시작하기도 전에 원래 있는 정수를 늘리거나 감하지 말라는 지시를 내리기도 했다. 원래의 총액은 변화를 주지 말고 사람만 바꿔서 채워 넣게 한 것이다. 그런데 당시 함경도 관찰사였던 고형산의 보고에 의하면 함경도 길주 이북 9고을의 경우에만 갑사, 기병, 보병의 군사와 보인의 원액이 23,870명인데, 실제 있는 것은 8,313명으로 감손분이 15,550여인이라고 했다. 또 중종 7년 경주부윤 이계복의 보고에 의하면 군적에 있는 경상도 군사는 정군과 보인을 합쳐 10여만이지만 실제는 2만여 인 밖에 되지 않는다고 했다.[69] 그럼에도 불구하고 이 해에 완성된 군적을 보면 정군이 177,322명, 잡군 123,958명이라고 해서 이전의 군액과 별로 달라진 바가 없다.[70] 그러니 이 군적이 과연 제대로 작성된 것인지 의문이다.

　이처럼 군적과 현실이 차이가 나므로 군역을 공정하게 부과하거나 운영할 수가 없었다.

　　○ 3년마다 한 번씩 군적을 개편하여도 옛날 숫자에 의하여 고쳐 쓰는데 불과하고, 만일 그 호구의 모자라는 숫자도 관청에서 충당하지 못하여, 흔히 동거하는 부자·형제가 각기 다른 역사를 맡게 되고, 선군이 교대할 때에도 충원하지 못하면 흔히 관노로 대충시켜서 계속하여 도망가게 되니, 잔약한 고을의 고통이 이보다 더 심한 것

67 『중종실록』 권46, 중종 18년 1월 갑자.
68 『세조실록』 권33, 세조 10년 5월 경신.
69 『중종실록』 권15, 중종 7년 2월 무술.
70 『중종실록』 권10, 중종 4년 12월 정사.

이 없습니다.[71]

○ 특진관 윤원형(병조 판서였다)이 아뢰었다. 병조의 뜰에 가득하게 와서 호소하는 사람들은 모두 군적에 관한 것이었습니다. 군적을 틀리게 한 사람은 조종조에서는 죄가 무거웠기 때문에 사람들이 모두 법을 두려워하여 외람한 짓을 하는 폐단이 없었는데, 처음에는 두려워하고 조심하는 생각이 있는 듯 하다가 법이 해이해지자, 지금은 색리色吏들이 사람들에게 뇌물을 많이 받고서 두둔할 자는 산 것을 죽은 것으로 해놓기도 하고 미워하는 자는 죽은 것을 산 것으로 해놓기도 하며 한 사람을 두 가지 군역에 매겨 놓기도 합니다. 심지어 부자 완취법父子完聚法같은 것은 영갑(법전)에 실려 있는데도 거행하지 않으니, 이는 곧 인심이 사나와져서 국법을 두려워하지 않기 때문에 그런 것입니다.[72]

이처럼 군적이 군적변동 상황을 신속하게 반영하지 못하므로 남은 사람, 가족에게 군역이 전가되었고, 각종 부조리의 원인이 되었다. 수령, 향리들이 군사를 징발해서 보낼 때도 결원된 인물이 군적에 그대로 남아 있으므로 대립을 해서라도 억지로 군적의 정원을 채워야 했다. 그 외 한사람에게 두 가지 군역을 매긴다거나 군역을 질 수 없는 장애인에게도 군역을 지우기도 했다.[73] 이런 현상들은 군역 부담을 가중시켰고, 대립제가 성행하는 주요한 원인이 되었다.

71 『세종실록』권20, 세종 5년 5월 정미.
72 『명종실록』권17, 명종 9년 7월 을축.
73 『명종실록』권17, 명종 9년 11월 임술.

제3절

군역제의 동요

1. 16세기 사회경제적 변동과 군역제의 변화

15세기에 성립한 조선의 군사제도와 군역제는 군제로서의 기능성만이 아니라 신분제, 부세, 토지제도와도 밀접한 관련을 지니고 형성되었다. 원칙적으로는 노비를 제외하고, 사족을 포함한 양인층은 모두 군역을 져야 했다. 그런데 군역은 병종에 따라 군사적 기능의 숙련도, 신분적 위상과 대우, 군역을 수행하는데 필요한 경제적 부담의 정도가 각각 달랐다. 내금위, 별시위, 갑사와 같은 상위병종들은 개개인의 무술실력도 뛰어나야 했고, 군역을 감당할 경제력도 필요했다.

이들은 서울이나 지방의 근무처에서 복무하는 동안 필요한 생활비를 자체 조달해야 했으며, 갑옷, 무기, 말을 자비로 마련해야 했다. 보통은 살림과 말을 돌보기 위해서 종자들도 거느려야 했기 때문에 생활비의 부담은 더욱 컸다. 이 부담액은 병종과 지역에 따라 차이가 있겠지만, 1583년(선조 16) 평안도에 1년에 1차례씩 파견되는 황해도 정병인 경우 복무 기간이 75일에 왕래 기간이 36일로 1년에 111일을 소모하며, 생활비, 왕래 비용, 장비 등으로 쌀 6.25석이 필요하다는 연구결과도 있다.

다음 연구 결과에 의거하면 황해도 정병은 군사 1명, 말 1필, 종자 1명으로 구성되었으며, 1결의 소출이 20석(300두)이었으므로 보인이 1결을 경작하는 자작농이라고 하면 1년 생산액의 1/3, 1결을 경작하는 소작농이라고 하면 1년 소출의 60%에 해당

〈표 6-7〉 황해도 부방군의 1회 부방비용[74]

구분	기간	용도	비용	환산 근거
왕래비용	36일	식비	쌀 19.8말	1인 1일 쌀2되 말 1필 콩3되 쌀1=콩2
생활비	75일	방세	면포3필(쌀 18말)	쌀6말=면포1필
		식비	면포5~6필(쌀33말)	
군복·장비	75일	상납	면포1필, 쌀1말, 소금3되 종이1권, 활재료 약간	
		벌금	면포1필(군장) 면포2필(기한)	
		잡역비용	면포6필(대역가)	
		군마사용		
합	111일		쌀 125말, 소금 3되 종이1권 활재료 약간, 군마 사용비	

하는 분량이다. 여기에 100일이 넘는 기간 동안 생산 활동을 대신해 줄 노동력까지 포함하면 보인이 아무리 적어도 3~4인 이상은 있어야 한다는 결론이 나온다.

그런데 이것도 보인들이 평균 1결 정도의 토지는 소유하거나 경작하고 있다고 가정할 때의 인원수이다. 16세기 이전의 토지경작 규모는 잘 알 수 없지만, 조선후기나 한말의 토지대장을 보면 자작농의 최소 여건이라고 할 수 있는 1결 이상 혹은 면적으로 0.5정보 이상의 토지를 소유한 사람이 30% 정도 밖에 되지 않았다.[75] 15~16세기에는 자영농의 비율이 높았다고 해도 40%를 넘기 힘들었을 것이다. 그러니 보인들만으로 군역을 지원하기에는 애초에 무리가 있었다.

따라서 조선이 군사제도와 군역제도를 유지하기 위해서는 어느 정도 토지를 소유하고 경제력이 있는 양인농민, 특히 자영농을 충분히 확보하는 것이 관건이었다. 그러나 16세기에 들어서 이와 같은 국역 편성의 기저를 흔드는 사회경제적 변화가 발

---

74 김성우, 「임진왜란 시기 상인층의 동향과 사족층의 대응」『조선중기 국가와 사족』, 역사비평사, 2001, 316쪽, 표 6-1.

75 신영우 편, 『광무양안과 충주의 사회경제구조』, 혜안, 2010, 274쪽.

생하기 시작했다.

군역제 동요의 원인은 자연적인 요인과 사회적, 제도적인 요인이 지적되고 있다. 자연적인 요인으로서 최근에 16세기 전후부터 18세기까지 조선사회가 소빙기의 영향을 크게 받았다는 연구가 제시되었다. 태조에서 철종까지 조선왕조실록에 기재된 천변과 재이에 관한 기록을 분석하면 전체 25,670건 중에 80%인 20,473건이 이 시기에 집중되어 있다. 더욱이 이 시기 재이의 기사 중에서 우박, 서리, 때 아닌 눈과 같은 기온강하의 징후를 보여주는 현상들 역시 전체 시기 중에서 이 시기에 80%가 집중되어 있다.[76]

문제는 이 소빙기의 기간에 조선-일본 전쟁과 조선-청 전쟁과 같은 조선시대 최대의 전란들이 집중되어 있다는 것이다. 동아시아의 주변국들도 냉해로 인한 농업생산량의 감소는 빈민층을 양산하고, 이것은 왜구와 같은 약탈행위를 증가시키는 반면 주변국과의 교류와 무역을 확대하려는 경향을 촉진했다. 이러한 경향은 평화적인 태도를 취할 수도 있지만, 무력 침공을 통한 영토와 경제교역권의 확대라는 방식으로 표출될 수도 있는 것이었다.

이와 같은 위기의 시기에 조선은 소빙기로 인한 경작지 감소, 농업생산량의 감소, 기근과 전염병으로 시달리게 되었다. 소빙기의 피해는 조선에 국한된 것은 아니지만 상대적으로 상업과 무역이 발달한 나라는 경제적 피해가 줄어들 수 있었고, 오히려 농업의 부진이 상공업의 발달을 촉진하는 경향도 있다. 반면에 농본사회를 고수하던 조선은 그 타격이 심대할 수밖에 없었다. 기근과 빈농이 증가하고, 많은 농민이 몰락하면서 지주제가 확대되었다. 그 피해는 바로 부병제에 기초한 군역제를 운영하는 조선의 군사제도에 크고 중요한 영향을 미쳤다.

사회경제적 요인은 지주제의 급속한 성장과 상업, 무역의 발달을 들 수 있다. 이 두 현상 역시 부분적으로는 자연재해와도 관련이 있는 것이지만, 16세기 들어 수조권적 토지지배가 완전히 사라지면서 소유권에 기초한 토지 소유와 집적이 자유롭게 성장할 수 있는 경제적 환경이 조성되었다. 조선 건국 당시부터 정부는 자영농을 보호, 유

---

76 이태진, 「장기적인 자연재해와 전란의 피해」 『한국사30』, 국사편찬위원회, 2003. 이하 소빙기에 대한 기술은 이 글에 의지했다.

지하기 위해 과부나 고아와 같이 노동력이 없거나 병이나 사고로 경작이 불가능한 가구를 제외하고는 병작반수제를 금지하였다.[77] 그러나 1406년(태종 6)에는 3, 4결 이하의 토지를 소유한 사람에게는 병작반수를 허용하게 되었다.[78] 이것은 사실상 병작반수를 허용하는 조치나 마찬가지였다. 이후로 세조대가 되면 병작반수는 민간에서 일상적으로 시행되고 있다고 할 정도가 되었으며,[79] 원래 의미의 병작반수제에서 사실상 지주-전호제로의 전환이 시작되었다.

공물제도에서는 대납과 방납이 성행했다. 공물은 지방의 특산물을 왕실과 정부, 각 기관에 현물로 납입하는 제도였다. 그러나 산물의 수집, 운송, 납입을 일반 가구가 담당하기에는 무리하고 불편한 점이 많았다. 그래서 15세기부터 대리인이 물품을 수합하여 관청에 납부하고, 민호로부터 대가를 징수하는 방납제가 발생했다. 16세기가 되면 방납제는 15세기와는 비교할 수 없을 정도로 크게 발달한다. 15세기만 해도 공물의 청부 상납은 공물을 받는 관사의 서리나 노奴가 직권을 이용해서 뇌물을 받고 강제로 공물 대납권을 받아 지방관청에서 대가를 징수해서 추가 이익을 챙기는 정도였다.

여기서 발생하는 이익이 커지자 공납제는 거대한 청부산업으로 변했다. 특히 세조대에 훈구파가 집권하면서 공납제가 크게 변하기 시작했다. 세조 5년 공물 대납을 공인했다. 이때부터는 수령이 직접 민호로부터 청부의 대가를 징수해서 공납상인에게 지불하는 제도가 정착되었다. 수령은 관가 창고에서 보관 중인 곡식으로 상인에게 값을 지불하고, 백성에서 거두기도 하고, 상인과 결탁하여 뇌물을 받거나 권문세가의 요청을 받아 민호가 직접 부담할 수 있는 공물까지도 강제로 대납하도록 하기도 했다.[80] 이에 공납청부업에는 왕실, 공신, 관료, 중앙과 지방의 관청, 사족, 향리가 직접 참여했다. 이들은 자신이 직접 공물 영업에 뛰어들 수 없으므로 일가, 하수인, 승려,

---

77 『태조실록』 권5, 태조 3년 4월 경진, 도평의사사의 계문. 이 건의는 『경제육전』에 수록되었다(『세종실록』 권101, 세종 2년 11월 신미 ; 임용한, 『조선전기 수령제와 지방통치』, 혜안, 2002, 254~260쪽).
78 『태종실록』 권12, 태종 6년 11월 기묘.
79 『세조실록』 권11, 세조 4년 정월 병자, 평산도호부사 정차공의 상소.
80 『성종실록』 권251, 성종 22년 3월 경자.

상인, 노복을 내세워 업무를 대행시켰다.[81] 공물대납 제도가 더욱 발달하면서 지방에서 공물 수합과 운송, 상납을 전담하는 공리貢吏와 사주인과 각사주인이라는 새로운 계층까지 생겨났다. 사주인은 공리들이 도착하여 숙박하는 서강, 용산 등지에서 숙소를 제공하고 물품 보관, 판매 등을 도와주는 숙박업자였다. 각사주인은 각 관사에서 받을 공물을 수합하고, 품질을 검사하는 사람이었다. 그러나 이들은 점차 세습적인 중간상, 전문 공물대납업자로 변신했다. 조선중기 이후에 등장하는 객주, 여각은 이들의 후신이다.

15세기 후반부터는 공부의 포납화도 진행되었다. 포납화란 지방 관청에서 사주인과 같은 청부업자에게 특산물을 현물로 수송하는 대신 화폐의 대용인 면포로 값을 지불하는 방식이었다. 청부업자들은 이 면포로 상납할 물자를 구입하여 해당 관청에 납품했다. 대납제도가 포납화로까지 발전했다는 것은 전국적인 상권과 유통망이 조성되었다는 것을 의미하는 것이다.

이러한 공물대납제로 이익을 챙기는 계층은 왕실부터 노비까지 다양했지만 최대의 이익을 보는 계층은 왕실과 권세가였다. 세조대부터 중앙 정부에서는 외척을 중심으로 하는 훈구세력이 크게 발달하게 된다. 이들은 권력과 자금을 보유하고, 몇 개의 관청의 장을 겸임하고, 인사권을 장악하며 여러 지방의 경재소 당상을 역임했다. 특히 16세기가 되면 중앙에 훈구세력이 강력하게 형성되면서 지방의 수령으로 파견되는 사람은 권세가의 자손, 친인척이거나 부하, 관련 인물이 아닌 사람이 없다고 할 정도로 수령의 자질이 하락하고, 권세가에 대한 예속성이 강화되었다. 이런 배경을 이용해서 왕실과 권세가들은 수령, 지방의 향소, 향리에 이르기까지 다양한 인맥을 구성하고, 공물 대납제를 통해 막대한 이익을 올렸다.

이렇게 획득한 자금을 토지겸병과 개간사업에 투자했다. 이 시기 토지획득 방식은 매입과 개간이 대표적인 수단이었다. 개간은 기존의 경작지가 소유주의 경작 포기, 이주, 도망 등으로 인해 황무지가 된 전답을 개간하는 진전 개간과 경작지로 사용되지 않던 땅을 개발하는 황지 개간이 있었다.[82]

---

81 이재룡,「공물」『한국사24』, 국사편찬위원회, 2003, 460~463쪽.
82 조선시대에는 농민의 경제력이 미약하고, 농업생산력이 불안정해서 기후, 병충해, 질병, 징세 등

이 중에서 매입과 진전 개간은 여기저기 흩어져 있는 땅을 조금씩 획득하게 된다는 단점이 있었다. 이렇게 토지가 분산되어 있으면 경작과 관리가 힘들고 경영 효율도 떨어졌다. 경작자를 장악하고 관리하기도 어렵고 관청의 수탈이나 역역 동원에서 보호하기도 힘들었다.

대토지를 소유하는 사람들은 농장을 선호했다. 농장을 경영하는 주체는 왕실, 내수사, 권세가, 사족, 향리, 향촌의 부호 등으로 다양했다. 농장은 한 지역에 토지를 집적하고 농사를 짓고, 경영 책임자를 파견하여 노비를 모아 경작하는 방식을 말한다. 농장의 경작인으로는 노비를 선호했는데, 노비라고는 하지만 실제 경영방식은 지주-전호제에 가까웠다. 다만 이들은 신분적으로 노비였으므로 군역과 지방에서 부과하는 각종 요역에서 빠져 나가기가 쉬웠다. 농장의 경작인으로 노비를 선호한 또 하나의 이유는 이 시기 재산증식 방식으로는 지주경영보다 노비의 수익성이 더 좋았기 때문이다.

농장을 설치하기에 제일 유리한 방법이 개간이었다. 개간은 대규모 토지를 단숨에 획득할 수 있기 때문이다. 이런 개간에는 황무지, 저습지, 해택海澤개간(간척)이 있었다. 그러나 개간에는 엄청난 자금과 노동력이 소요되었다. 대규모 개간과 해택 개간은 권력과 재력을 겸비한 왕실이나 훈구세력이 아니면 사실상 불가능했다. 이렇게 획득한 토지는 농장을 설치하기가 훨씬 쉬웠다. 15~16세기 국가의 전세 수입이 30~60만석 수준이었는데, 16세기에는 전라도 순천의 한 거부의 1년 수입이 5,6천석에서 1만석이나 된다는 기록도 보인다.[83] 지방의 부호가 이정도이면 왕실과 훈구세력의 부는 어느 정도일지 상상하기 어렵다.

여러 가지 이유로 경작을 포기하는 경우가 많았다. 이처럼 경작 가능한 토지가 진황전이 되면 주인이 있더라도 다른 사람이 대신 경작하게 하는 강제 경작규정이 있었다. 『경국대전』에서는 이런 진황전이 발생하면 수령이 빈민 중에서 경작자를 임명하도록 했다. 새 경작자는 대신 군역을 지고 세금을 낼 의무가 있었다. 전 주인이 5년 동안 돌아오지 않으면 소유권을 경작자에게 이전했다.(『경국대전』 권2, 호전, 전택) 이 제도는 국가 재정과 국역 부담자의 총액 유지, 권력가나 향리의 진전 탈취 방지, 무전민과 빈민 구제, 지방 재정의 확보 등의 목적이 있었다. 16세기 이후로 수령의 자질이 하락하면서 이런 토지들이 많이 탈점되어 권력가의 수중으로 들어갔다. 그러나 이런 토지는 지방재정의 주요 재원이었으므로 조선후기까지도 일정하게 기능을 발휘하며 유지되었다.
83 『중종실록』 권33, 중종 13년 5월 을축.

이처럼 지방민 중에도 만만찮은 부를 축적한 사람들이 나오면서 지방 사족, 향리, 양인에 의한 개간도 활발했다. 권세가의 농장보다는 규모가 작지만 이들도 농장을 설치해서 운영하기도 했다. 그런데 이 같은 토지겸병과 농장, 지주-전호제의 발달은 필연적으로 자영농의 몰락과 감소를 낳았다. 위에 인용한 전라도 순천의 경우 1읍에 2,3인이 토지 전부를 소유하고 있다고 했으며, 중종 13년 사섬시 주부였던 박수량은 강릉에도 수백 결을 소유한 자가 있으며, 5,6년 안에 1읍의 토지가 5~6인의 소유로 모두 넘어갈 것이라고 우려하기도 했다.[84]

지주제의 횡포나 급격한 상업발달 같은 요인이 없다고 해도 소농 경영은 근본적으로 생산력과 경제적 안정성이 불안정해서 자연재해, 고리대 등을 통해 끊임없이 몰락하는 속성이 있다. 몰락한 농민은 토지를 팔고 소작인으로 전락하거나 노비가 되기도 했다. 그렇기 때문에 조선은 군역제와 지방행정망, 의창 제도 등을 이용해 자영농과 토지를 보호하고, 국가 수세지와 군역 자원을 인위적으로라도 확보하려고 노력했다. 하지만 이러한 노력으로 자영농을 보호하기에는 한계가 있었다. 특히, 지방사회에 왕실과 훈구세력의 농장과 노비, 전호가 침투하면서 합법, 불법적인 토지 획득과 전호, 노비의 확장이 이루어졌는데, 지방 수령의 힘으로는 이를 제어할 수가 없었다.

상황이 심각해지자 중종대에 사림세력을 중심으로 유향소 복립 운동이 발생하고, 균전, 한전론[85]과 노비증식을 억제하기 위한 종모법이 논의되기도 했다. 이 모든 노력은 향촌 사회에 침투하여 향촌사회의 운영을 위협하는 훈구파의 세력에 대응하고, 지주제의 확장을 저지하여 자영농과 국가 수세지, 군역자원을 보호하기 위한 것이었다. 그러나 양민과 군역자원의 감소는 심각한 수준으로 진행되었다. 전세 수납액은 세종 때의 60만석, 성종 1년의 44만석, 중종 20년의 27만 석으로 심각할 정도로 감소했다.[86] 명종 즉위년에도 국가의 1년 지출이 31만 석인데, 전세 수입이 26만석에 불과

---

84 『중종실록』 권33, 중종 13년 5월 을축 ; 김성우, 앞의 책, 2001, 168쪽.
85 『중종실록』 권36, 중종 14년 7월 계사. 이때 균전, 한전론을 제시한 사람들은 조광조 파가 주도한 현량과에 의해 천거된 인물들이었다. 이들 중 몇 명이 중종을 면대한 자리에서 균전, 한전론을 건의했다. 이 시기 토지개력논의에 대해서는 이경식, 「조선전기의 토지개혁론」『한국사연구』 61·62 합집, 1988 ; 김태영, 「조선전기의 균전·한전론」『국사관논총』 5, 1989 참조.
86 이재룡, 「16세기 양전과 진전수세」『손보기박사화갑기념정년논총』, 지식산업사, 1988, 317쪽.

하다고 할 정도였다.[87]

그런데 이 시기의 토지면적을 보면 그리 감소하지 않았다. 세종대의 결수가 161만 결이었는데, 중종대의 토지는 151만결이다. 토지감소분에 비해 전세 감소분이 큰 폭으로 저하한데는 공법이 유명무실해 지면서 전세 수입액이 공법에서의 최저액인 하하년 수준(1결=4말)으로 고정된 탓도 크다. 하지만 근본적 원인은 전세를 내지 않는 토지가 증가하고, 개간으로 획득된 권세가의 토지와 농장이 제대로 세금을 내지 않았기 때문이다. 이처럼 수세지가 감소했다는 것은 그 토지를 경작하는 군역 대상자 역시 감소하고 있다는 것을 의미한다.

전세수입이 부족하고 성종대 이후로 만성적인 재정적자가 지속되자 부족한 국가수입을 만회하기 위해 공물을 가정加定하는 등 부세가 증가하고 각종 수탈이 증가했다. 여기에는 훈척 세력의 고착에 따른 중앙 관료층의 부패, 수령직의 매관매직과 뇌물수수, 수령의 자질 하락 등 국가통치체제의 이완도 주요한 요인이 되었다. 농장과 지주제의 발달, 수탈의 증가로 인해 16세기부터 양인농민의 몰락과 감소가 급속히 진행되었다.

2. 피역과 군역자원의 감소

1) 양인의 감소와 천민의 증가

불법적으로 군역을 벗어나는 것을 피역이라고 한다. 피역의 여러 양상은 언제나 있었고, 일부는 고려시대부터 존재했다. 따라서 피역현상이 발생한다고 해서 군역제가 문란해 졌다고 단정할 수는 없다. 그러나 15세기 말부터 양인층이 감소하고, 군역의 부담이 커지자, 피역은 군사제도의 근간을 흔들 정도로 심각하게 진행되었다.

---

87 『명종실록』권2, 명종 즉위년 11월 경신 ; 이재룡, 앞의 논문, 1988, 317쪽.

(1) 투탁(投託)

투탁은 군역을 모면하기 위해 양인이 노자가 되거나 노자로 위장하는 방법을 말한다. 고려시대, 또는 그 이전부터 사용된 고전적이고 대표적인 방법이다. 투탁을 하는 방법은 농장에 들어가 노자로 위장하는 방법, 아들이나 딸을 노비와 결혼시켜 비부婢夫, 노처奴妻로 삼는 방법 등이 있었다. 농장 대신 장인호匠人戶로 투탁하는 경우도 있었다.[88]

농장주들은 적극적으로 몰락양인을 유혹하여 자신의 농장으로 흡수했다. 농장주들은 피역민을 농장에 받아들이는 조건으로 노비가 될 것을 강요하기도 했다. 이를 압량위천壓良爲賤이라고 했다. 정부는 양민을 압량위천한 것이 적발되면 사형 다음의 강력한 처벌인 전가사변형에 처하는 강경한 대책을 시행했지만,[89] 양민의 노비화 추세를 막을 수는 없었다. 16세기가 되면 이 처벌규정도 잘 지켜지지 않았다.[90] 양민이나 비부를 고공으로 사칭하여 부호가나 농장에 배치하고 부려먹는 방법도 있었고,[91] 자신의 노비를 강제로 양인과 결혼시켜 노비수를 늘리기도 했다.[92] 부모 중 한명만 노비여도 자녀의 신분이 노비가 된다[一賤則賤]는 조선의 신분법을 악용한 방법이었다.

장인호는 수공업자들의 호로 군역을 면제받는 대신 일정한 생산물을 제공하거나 생산역에 종사했다. 장인들의 신분은 양인보다 낮았지만 군역을 면제받았고, 수공업에 종사하므로 경제적 수입이 괜찮은 경우도 있었다. 장인의 증가는 조선의 농본정책과도 맞지 않고, 양인들의 투탁으로 인한 군역자원의 감소를 방지하기 위해『경국대전』에서는 장인호의 규모를 대야大冶 20~25인, 중야中冶 15인~19인, 소야小冶는 14인 이하로 규정하는 조치를 취했지만, 잘 지켜지지 않았다.[93]

이 결과 16세기에는 양인이 감소하고, 노비가 급증했다. 이 시기 실록에는 "천인이

---

88 육군본부, 앞의 책, 1969, 217쪽.
89 『경국대전』 권5, 형전, 추단.
90 『중종실록』 권74, 중종 28년 3월 기사.
91 『중종실록』 권9, 중종 4년 윤9월 정축.
92 『중종실록』 권81, 중종 31년 1월 계해 ; 김성우, 앞의 책, 2001, 152~153쪽.
93 『경국대전』 권6, 공전, 경공장.

양인보다 많아졌다", "천인이 많아지고 양인이 날로 줄고 있다", "앞으로 양인은 모두 천인이 되어 하나도 남지 않게 될 것이다"[94] 라는 진술이 여러 번 등장한다. 15세기와 16세기 노비의 수를 비교해 주는 통계가 남아 있지 않고, 이런 표현들은 상투적으로 과장이 들어간다는 점을 감안하더라도 이 시기에 양인의 노비화 현상이 급속히 진행되었다는 사실은 분명하다.

1514년 한성부는 양인이 감소하고 노비가 급증하는 현상을 심각하게 지적하면서 경주의 경우 군사와 보인의 수는 9천여 호인데, 공천은 17만 5천 명이고, 사천은 이보다 많을 것이라고 했다.[95] 이 기록만으로 양인과 천인의 비율을 판정하기는 어렵다. 만약 사천을 2만 명으로 산정하고, 1호의 가족구성원수를 6~7명이라고 잡으면 양인은 5만 4천 명에서 6만, 천인은 4~5만이 된다.[96] 그러나 1가구의 평균 가족수를 4~5명으로 환산하면 양인은 3만 6천에서 4만 5천으로 양인보다 천인이 더 많다는 결과가 나온다. 이 두 추정을 어름하면 양인과 천인의 수가 거의 반반이었다고 볼 수 있을 것 같다.

그런데 이처럼 천인의 수가 급증하는 데는 조선시대 신분법에도 커다란 책임이 있다. 고려시대부터 우리나라의 신분법은 부모 중 한 명만 천인이면 자식은 천인이 된다는 "일천즉천"의 원칙을 고수했다. 이것이 노비수를 증가시키는 커다란 요인이 되었다. 『경국대전』에서는 오직 왕과 왕족, 문무관리가 천첩을 통해 낳은 자식의 경우만 보충군에 속하게 하는 방식으로 "일천즉천"의 예외를 인정하였다.[97] 그러나 양인의 수가 심각하게 감소하자 정부에서도 이 원칙의 수정을 심각하게 고려하기 시작했다. 이 논의는 1491년에 왕명으로 『경국대전』 보충군 조문의 대소인원 다음에 "급양민及良民" 3자를 첨가한 수정조문을 당시 편찬 중이던 『대전속록』에 삽입하게 하면서부터 시작되었다.[98] 이는 양민과 천인이 결혼하여 낳은 자녀도 보충대로 복무하면 양인이 될 수 있는 길을 열어준다는 것으로 신분법사에 획기적인 규정이었다. 하지만

94 『중종실록』 권64, 중종 23년 11월 신축, 대사간 김류.
95 『중종실록』 권21, 중종 9년 10월 임인.
96 김성우, 앞의 책, 2001, 129쪽.
97 『경국대전』 권5, 형전, 천처첩자녀.
98 『성종실록』 권259, 성종 22년 11월 신사 ; 『성종실록』 권268, 성종 23년 8월 갑진.

반대론이 만만치 않아서 오랫동안 삽입과 삭제를 반복하다가[99] 1543년에야 확정되어[100] 『대전후속록』에 수록했다.[101]

「대전후속록」의 천첩자녀 급양민 부분

고려와 조선의 지배층이 오랫동안 고수해온 신분제의 규정마저 개혁했다는 것은 이 시기 양인의 감소와 군사제도의 파탄이 얼마나 심각해져 있는 가를 단적으로 보여준다. 그러나 그럼에도 불구하고 이 법은 제대로 시행되지 못하고 사문화하고 말았다.[102] 이는 조선 지배층의 완고함과 군역에 대한 일반 백성의 부담감이 얼마나 강했는가도 함께 보여주는 것이라고 하겠다.

투탁의 일종으로 권세가의 반당伴倘(반인伴人이라고도 한다)이 되는 방법도 있었다. 반당은 『경국대전』에는 경아전으로 분류되어 있는데, 왕족과 고관에게 지급하는 일종의 호종원 겸 경호원이었다. 반당의 남설과 이로 인한 양인자원의 감소를 막기 위해 법전에서는 이들의 정원을 품계별로 지정해 두었다. 개인별 정원으로 보면 그리 많아 보이지 않지만, 세종대 이후로 당상관이 크게 증가했고, 세조의 반정 이후로는 공신도 급증했기 때문에 양자를 합치면 반당은 법제적 정원만으로도 적지 않았다.

반당을 투탁의 수단으로 이용하는 수법 역시 15세기부터 시작했다. 하지만 15세기 후반부터 사태가 심각해졌다. 재상이 10명에서 수십 명의 반당을 소유한다고 할 정

---

99 『성종실록』 권270, 성종 23년 10월 계묘 ; 『중종실록』 권21, 중종 10년 2월 계묘 ; 『중종실록』 권22, 중종 10년 6월 신유 ; 『중종실록』 권91, 중종 34년 9월 신해.
100 『중종실록』 권101, 중종 38년 7월 정사.
101 『대전후속록』 권5, 형전, 천첩자녀.
102 『명종실록』 권8, 명종 3년 12월 신미 ; 『명종실록』 권12, 명종 6년 9월 계축 ; 육군본부, 앞의 책, 1969, 219쪽.

<표 6-8> 반당의 법정 정원

대상	반당 정원	
	경국대전	대전후속록
대군	15	5
왕자군	12	4
종친, 문무관 1품	9	3
2품	6	2
3품 당상관	3	1
1등공신	10	3
2등공신	8	2
3등공신	6	1
4등		

도로 권세가들은 정원 외로 반당을 소유했다.[103] 이 반당들은 재상을 호종하는 임무를 수행하지도 않고, 지방에 거주하면서 권세가의 반당임을 구실로 삼아 군역만이 아니라 각종 부역에서도 빠져나갔다.

정부는 공신에게 내리는 구종과 반당은 경기민으로 한정하기도 하고,[104] 반당들의 부역 면제를 불법으로 규정하고, 이들에게 부역을 부과하도록 독촉하기도 했다. 그러나 이런 명령은 제대로 시행되지 않았다. 이미 세종조에 반당은 전국적으로 확대되었다.[105] 정부는 고공과 같은 투탁인이나 불법 출가자와 마찬가지로 불법적인 반당도 주기적으로 적발해서 군역에 충당했다.[106] 이런 방법은 일시적인 효과는 있었지만, 근본적인 대책은 되지 못했고, 적발을 해도 이미 비어버린 궐원을 채우기에는 태부족이었다.[107] 어차피 군역을 감당할 수 없는 빈민이 다시 도망하거나 몰락하는 것도 방지할

---

103 『성종실록』 권32, 성종 4년 7월 기미 ; 『연산군일기』 권48, 연산군 9년 1월 임신 ; 『연산군일기』 권55, 연산군 10년 9월 정사.
104 『세종실록』 권33, 세종 8년 8월 계해, 함길도 도절제사의 보고.
105 『세종실록』 권14, 세종 3년 11월 정해.
106 『중종실록』 권88, 중종 33년 9월 경자.
107 『중종실록』 권88, 중종 33년 9월 경자.

수도 없었고, 수령들은 권세가의 세력에 눌려 어찌하지 못하는 경우도 많았다.[108] 오히려 수령들이 군역자원을 재상가의 반당으로 빼돌리기도 하고,[109] 관찰사나 절도사로 재임하는 동안 자신의 반인을 늘리는 경우도 있었다.[110]

원칙적으로 반당은 공신과 재상만이 거느릴 수 있었지만, 세종조 이후로 당상관과 고관이 크게 늘어난 것도 반당이 증가하는 원인이 되었다. 게다가 반당을 거느릴 수 없는 관품 미달자, 지방의 품관, 토호, 유생까지도 반당이라는 명목으로 양인을 점거했다.[111]

노비로 투탁하는 인물들과 달리 반당으로 투탁하는 자들은 부유한 양인들이 많았다. 성종대에는 지금 조정의 관료 중에서 재상이 반이고, 군현의 주민 중에서 의식이 있는 자는 모두 재상의 반인이라는 비판이 나올 정도였다.[112] 『대전후속록』에서 반당의 정원을 1/3 이하로 축소했으나[113] 사정은 달라지지 않았다. 16세기가 되면 불법적으로 점유한 반당만 찾아내도 군액이 1만호는 증가할 것이라고 말할 정도였다.[114]

(2) 관속, 천인역의 증가

왕족과 고위관료들이 반당을 사점하는 방식과 유사하게 관청에서도 조예, 나장, 구사와 같은 직할의 사역인을 사점하는 현상이 증가했다. 조예와 나장은 경아전의 일종으로 관청의 심부름, 관원의 갈도喝道(관원이 행차할 때 앞에서 호령하는 사람), 시종, 죄인 문초, 압송 등의 일을 맡았다. 이들은 경기인 중에서 정하는 것이 관례였다. 보상으로는 족친 중 1명을 보인을 지급했다. 원래 조예와 나장은 7반 천역의 하나로 꼽힐 정도로 고된 역종으로서 오히려 차정을 꺼리고, 피역하는 대상이었다. 그래서 관청의 서리와 사령이 불법을 저지르면 서리는 다른 관청의 조예로 충당하고 사령은 외방의

108 『중종실록』 권96, 중종 3년 11월 신해.
109 『성종실록』 권66, 성종 7년 4월 계미.
110 『연산군일기』 권55, 연산군 10년 9월 정사.
111 『세종실록』 권63, 세종 16년 3월 정해, 함길도 감사 김종서의 보고 ; 『중종실록』 권90, 중종 34년 5월 을해, 홍문관 부제학 최보한 등의 상소.
112 『성종실록』 권32, 성종 4년 7월 기미.
113 『대전후속록』 권4, 병전, 반당.
114 『중종실록』 권7, 중종 3년 10월 계미, 지평 신상의 계.

군사로 파견하는 처벌관행도 있었다.[115]

따라서 관속의 증가는 일반적인 투탁과는 다른 양상으로 진행되었다. 이들은 역이 고되었기 때문에 대립도 일찍 발생했다. 대립이 성행하자 조예나 나장을 지급받는 관청과 관원들은 이들이 좋은 수입원이 된다는 사실을 발견했다. 그래서 관청들이 정원 외로 조예, 나장을 정하고 대립가를 받는 관행이 시작되었다.[116] 『대전후속록』에 제정된 조예, 나장의 대립가는 2필 반이었다.[117]

그러나 정군의 예에서 보듯이 실제 대립가는 훨씬 높았다. 이들은 1년에 4번 입역하는데, 대립가가 거의 20필이 되었다.[118] 많은 곳은 정원 외 조예가 100명이나 되는 곳도 있었다고 하니까[119] 100명에게서 20필씩 거두었다면 적지 않은 수입이었다. 역이 고되고 높은 대립가를 강요하니 조예와 나장 중에 도망하는 자가 늘었다. 그들이 도망하면 이웃과 친족에게 대립가를 징수했다. 그러자 관청에서는 일반 군역 자원을 조예와 나장으로 강제로 차출했고, 이 악순환이 반복되면서 군역 자원이 감소, 몰락하는 요인이 되었다.[120]

구사도 관원과 관청에서 부리는 종이었다. 16세기에는 관청들이 구사도 많이 점거했는데, 군사를 구사로 바꾸어 관청에서 나누어 점거하기도 했다.[121] 조예, 나장과 비슷한 사례로 악생, 악공,[122] 양계의 아전, 일수, 관군館軍 등이 있었는데, 이들의 대체적인 양상도 서리나 조예, 나장과 비슷했다.

---

115 『성종실록』권4, 성종 1년 3월 무술.
116 『중종실록』권6, 중종 3년 6월 기축.
117 『대전후속록』권4, 병전, 조예 나장.
118 『중종실록』권18, 중종 8년 9월 계미.
119 『중종실록』권20, 중종 9년 8월 갑진.
120 대동법 시행 후 조예와 나장은 폐지되어 보병으로 편입되었다. 조예와 나장의 임무는 임금을 주고, 사령을 고용하여 해결하도록 했다(『대전회통』, 병전, 조예 나장 ; 육군본부, 앞의 책, 1969, 230쪽).
121 『중종실록』권8, 중종 4년 4월 임오.
122 육군본부, 앞의 책, 1969, 227~234쪽.

(3) 출가

출가해서 승려가 되는 방법도 군역을 피하는 고전적인 방법이었다.[123] 불법적인 출가를 단속하려는 노력은 고려시대부터 시작되었다. 대표적인 방법이 출가하려면 국가의 시험을 통과해서 허가증(도첩)을을 받아야 하는 도첩제였다. 이 법은 고려 공민왕 때 제정되어 『경제육전』에도 수록되었다.[124]

『경국대전』에서는 승도가 되려는 사람은 3개월 안에 선종 또는 교종에 신고하고, 불경의 암송시험을 받은 다음 예조에 보고해서 합격하면 일정한 금액(정포 30필)을 바치고 도첩을 받도록 규정했다.[125]

14~15세기까지만 해도 이 법은 어느 정도 효과를 발휘하고 있었다. 그러나 진관체제와 보법이 시행되자 군역을 피하기 위해 불법으로 출가하는 사람이 급증했다. 1476년 호패법을 시행할 당시 승도가 14만 3천 명이었는데, 10년 만에 50~60만 명으로 늘어났다.[126] 게다가 『경국대전』에서는 승도의 증가를 방지하기 위해 승도가 간통해서 낳은 자식은 천인으로 한다는 규정을 두었는데, 이것이 역효과를 낳아서 피역 승도가 증가하자 천인도 급증하는 사태가 초래되었다.

불법 출가자를 색출하려는 노력은 국초부터 지속적으로 계속되었다. 억불론이 강하게 등장할 때는 사원까지 모두 철폐해서 사원의 소유지를 몰수하자는 강경론이 등장하기도 했다. 사원철폐는 거부되었지만, 불법 출가자를 색출해서 강제로 환속시켜 군역에 충당하려는 정책은 곧잘 시도되었다.[127] 이런 정책은 항상 일정한 효과는 거두었지만, 장기적인 안정책은 되지 못했다. 이미 몰락해서 승도가 된 사람에게 아무런 경제적 보장도 해주지 못하는 상황에서 강제로 환속시켜 보았자 군역을 감당할 수 있

---

123 정도전은 『조선경국전』에서 출가로 인한 군역 자원의 감소를 크게 부각하며, 승려들을 환속시키는 것이 군제를 바로잡기 위한 일차적인 과제라고 강조하기도 했다. 이러한 주장은 정도전이 강력한 '억불론'을 추구했던 것과 무관하지 않다고 보이지만, 불법적인 출가로 인한 군역자원의 감소가 적지 않은 문제였다는 사실을 보여준다.
124 연세대학교 국학연구원 편, 『경제육전집록』, 다은, 1993, 153쪽.
125 『경국대전』 권3, 예전, 승도.
126 『성종실록』 권68, 성종 7년 6월 병자.
127 『중종실록』 권20, 중종 9년 3월 병인. 예조에 내린 전교.

을 리가 만무했다.[128] 정부는 뾰쪽한 대책이 없었다. 결국 강온 양책을 혼용하게 된다. 『대전속록』에서는 "군액이 불어날 때까지 도첩제의 시행을 중지한다"는 규정을 세워 도첩 시행 자체를 폐지해 보기도 했다.

반대로 불법 피역자를 막을 수 없는 상황을 인정하고 국가의 역이나 사변 시에 승도를 동원하고, 그 대가로 도첩(중종대부터는 호패)을 지급하는 양성화 정책을 사용하기도 했다. 1515년에는 승도의 자식을 천인으로 한다는 규정을 수정하여 이들도 양인으로 하고 역에 배정하도록 했다. 이처럼 정책이 왔다 갔다 하자 도첩제의 권위만 이완시켜 불법 출가자를 증가시키고, 군역제의 붕괴를 촉진하게 되었다.[129]

문정왕후의 섭정기에는 문정왕후와 보우가 불교 진흥정책을 펴게 되자 승도의 수가 더욱 급증했다. 문정왕후는 승도의 통령제와 선교양종을 복원했다. 승도의 출가를 방지하기보다는 조직화하여 관리하자는 것이었다. 그래서 사찰의 승려가 자체적으로 보인과 봉족을 갖추는 상황까지 발전했다.[130]

태릉(서울 노원) 문정왕후 릉이다. 중종의 계비로 명종의 어머니이다. 어린 명종이 즉위하자 수렴청정을 하였다.

---

128 육군본부, 앞의 책, 1969, 223쪽.
129 『성종실록』 권157, 성종 14년 8월, 갑술.
130 『명종실록』 권26, 명종 15년 2월 무오.

하지만 이런 방법은 국가의 군사체제 밖에서 잠재적인 군사력을 양성하는 방법이었고, 주체가 불교였다는 점에서 관료와 사족층이 납득할 수 있는 방안은 아니었다. 따라서 이 방법은 문종왕후의 사후에 폐지되게 되지만 이 기간 동안 승도가 급속히 증가하게 되었다. 하지만 이러한 불법출가자의 증가는 조선-일본 전쟁 때 승병들이 활약할 수 있었던 요인이 되었다.

2) 사족의 군역 기피와 면역 계층화

원래 조선의 법은 사족이라고 해서 군역을 면제해 주지는 않았다. 2품 이하의 관원은 현직 관료가 아닌 이상 자제는 군역을 져야했다. 그러나 16세기가 되면 전직 관리들은 서서히 군역을 면제 받게 되었다.

지방에서 양반으로 행세하는 계층 중에는 본인이 직접 관직을 역임하지 않은 사람도 많았다. 이들은 군역을 면제받기가 더욱 어려웠다. 오히려 이들은 군 전투력의 핵심이었다. 고려시대의 향리층은 지방의 실질적인 지배자이면서 경군 무사의 공급원이었고, 주현군의 장교층을 형성했다. 조선시대에 들어서면서 고려의 향리층은 사족(품관층)과 향리층으로 분화했다. 그러나 이 분화는 생각처럼 급격하게 이루어진 것은 아니었다. 사족의 개념이 법제적인 개념은 아니었고, 사족과 상층향리, 상층 양인의 경계는 모호한 부분도 있었다.

어쨌든 고려의 전통을 이어받아 조선에서도 이들은 가장 강력한 무사 공급원이었다. 별시위, 갑사, 기병과 같은 주력 전투부대가 되기 위해서는 말과 장비, 구사를 갖출 수 있는 경제력과 무술을 연마할 여유가 필수적이었다. 따라서 이러한 병종들은 지방의 사족과 상층양인들을 대상으로 했다.

이들은 어느 정도 경제력을 갖춘 계층이므로 군에 복무시키기 위해서는 보인과 같은 경제적 보상보다는 관직과 같은 사환권이나 신분적 특혜가 중요했다. 그러나 고려시대와 달리 이들에게는 군전도 지급되지 않았을 뿐더러, 15세기 후반부터 상위병종도 관직으로서의 의미는 거의 상실했다. 조선은 수령을 통한 중앙집권적 지배체제가 강화되고, 향리직이 향역화함에 따라 군사로 복무하는 것이 고려시대의 향리직, 주현군의 장교직처럼 지방사회에서의 신분적 특권을 보장해 주지도 않게 되었다. 이에 조선시대에는 사족층과 상층양인들이 대거 군역에서 이탈하는 사태가 빚어졌다.

관직이 없는 품관, 사족층은 자신들의 특권적 지위와 향리층과의 결탁을 통해 불법적으로 군역을 회피했다. 하지만 이런 방법은 불안전했고, 군적 작성이나 주기적으로 행해지는 불법 피역자 색출에서도 안전하지 못했다. 군역을 면제받는 확실한 방법은 관직을 얻는 것이다. 그러나 관직을 획득하기란 쉽지 않았다. 그래서 애용한 직책이 녹사와 같은 성중관직과 경아전인 서리였다.

(1) 녹사, 서리

15세기 후반부터 성중관출신이나 녹사들이 임기를 마친 후 관료로 승진하기가 어려워지자 차라리 낙향해서 군역 면제자로 살아가는 것에 만족하기 시작했다. 이들의 군역 면제도 불법이었지만, 관료로 승진하는 것 말고는 장기 근속자에 대한 보상이 전혀 없었기 때문에 관직 수혜가 사실상 불가능해지자 정부에서도 군역 면제를 묵인하게 된 것 같다. 그러나 이들의 군역 면제가 관례화하자 아예 군역 면제를 목적으로 녹사에 투속한 뒤에 근무는 하지 않고 바로 낙향해 버리는 경우도 발생했다.[131]

서리의 경우도 비슷했다.[132] 복무기간이 만료된 서리들이 군역에 차정되는 것을 피하기 위해 정원 외 서리, 또는 잉사서리라고 해서 근무기간이 만료된 후에도 계속 근무하는 서리가 늘어났다. 잉사서리 제도는 승진로가 막힌 이들을 서리로 계속 근무하게 해서 경력을 활용하고, 녹봉이라도 얻게 하려는 목적에서 시작한 것이지만 군역 면제의 수단으로 활용되었다. 녹사와 마찬가지로 서리 근무의 대가로 불법적인 군역 면제를 주고 암묵적으로 묵인하게 된 것이다.

---

131 『중종실록』 권4, 중종 2년 10월 무술. 유순정의 발언.
132 서리는 중앙의 각 관청에서 속한 아전이다. 관청별로 이들의 정원이 규정되어 있었지만(『경국대전』 권1, 이전, 경아전) 이 역시 잘 지켜지지 않았다. 서리는 보통 향교생 중에서 나이가 많아질 때까지 과거에 급제하지 못한 사람 중에서 선발했다. 선발인원은 매 3년마다 도호부 이상은 2인, 군현은 1명이었다. 이들은 3,600일을 근무하면 종7품이나 종8품의 관계를 얻어 역승이나 도승이 되거나 서리로 계속 근무할 수도 있었다. 이들은 군역이 면제되었으며, 일반 군역과 마찬가지로 동거 족친 중 2명을 보인으로 정해주었다.

전직 관료와 마찬가지로 전직 녹사라는 자격만으로도 군역 면제의 대우를 받는 녹사와 달리 서리는 잉사서리라는 명분이 필요했는데, 이것은 서리가 경아전으로서 녹사보다는 격이 낮았기 때문인 듯하다. 면역에서도 관직의 고하와 신분제적 관행이 반영되고 있다는 사실이 흥미롭다. 서리 역시 조금 후에는 전직 서리라는 명분만으로도 군역을 면제받게 되었다.

그리고 전직 녹사와 서리에게 군역을 면제해 주는 것이 관행이 되자 향리와 결탁하여 전직 서리로 위장해서 군역을 면제받는 사람도 늘었다. 이들의 수는 정확히 알수 없지만 16세기 초반인 중종대에 전국의 서리가 정원의 10배나 된다는 기록도 있다.[133] 정부는 잉사서리의 정원을 정하고, 『경국대전』의 규정에 따라 정기적으로 불법 피역자를 적발했지만,[134] 근절되지는 않았다.

(2)교생, 훈도, 업유

전직 관원, 녹사, 서리라는 명분으로 군역을 면제받게 되었지만, 이 방법은 자기 당대에 한한다는 단점이 있다. 그들의 자제들의 경우는 면역 대상이 되지 않았다. 이에 사족, 품관 자제들이 주로 애용하는 피역방법이 학교의 생도가 되는 것이었다. 업유業儒라고 자칭하는 경우도 있었는데, 이들은 대체로 교생 신분을 이용한 경우였던 것으로 보인다.[135] 이 역시 고려시대부터 성행한 고전적인 피역법이었다. 조선 건국 후 정도전과 조준은 지방의 사립학교를 모두 철폐하고 전국의 학교를 향교로 일원화하는 정책을 추진했는데, 이 정책의 주요한 논거가 사립학교가 피역의 수단으로 남설되고 있다는 것이었다.[136]

---

133 『중종실록』 권20, 중종 9년 5월 무자 ; 『중종실록』 권20, 중종 9년 10월 병진.
134 『중종실록』 권23, 중종 10년 9월 계축.
135 『중종실록』 권26, 중종 11년 8월 병자.
136 조준의 상서에 의하면 고려 말의 사립학교는 실제 학교를 설립하여 운영한 것도 아니었다. 보통 5,6월에 여름학기[夏課]라는 명칭으로 지방의 선비들이 학생들을 모아 당송대의 절구를 50일 동안 공부하고 해산하는 관행이 유행했다고 한다. 나름대로 집중 교육효과도 있었겠지만, 이 모임의 주요 목적은 피역이었다(『고려사』 권118, 열전31, 조준 ; 『고려사』 권74, 지28, 선거2, 학교, 공양왕 원년 12월 조준 상서). 이 상소에 의거해서 사숙을 철폐하는 법이 『경제육전』에 수록되었으나 정도전의 몰락 후 폐지, 개정되었다(임용한, 「과거제와 문음제」, 「조선전기 관리등용제도연구」).

소수서원 강당(백운동서원, 경북 영주)

최초의 서원인 백운동 서원이 창설된 때가 1542년(중종 37)여서 16세기에는 서원의 남설은 이루어지지 않았다. 따라서 16세기까지 피역 수단으로 이용된 학교는 서울의 4부학당과 지방의 향교였다. 학당은 정원 외 학생을 두는 방식으로 피역을 도왔다. 1511년에 정부에서 정원 외 학생을 색출해서 군역을 지웠는데, 이때 적발한 인원이 108명이었다.[137] 하지만 학당은 서울에만 있어 액외 정원이 그리 많지는 않았고, 고위 관료의 자제들은 충순위에 소속되는 방법이 있어서 서울에서 생도를 통한 피역은 그리 큰 문제가 되지 않았던 것 같다.

지방에서도 교생 피역자의 수가 조선후기 서원 남설 후의 상황보다는 덜했다고 보인다. 하지만 교생으로 빠져나가는 자원이 군의 주력이자 상위병종, 군관층을 구성하는 지방의 사족과 실력자의 자제, 한량 계층이었으므로 질적인 의미는 무시할 수 없었다. 정부는 주기적으로 수령이나 파견원을 통해 교생에게 고강 시험을 보아 가짜 교생을 적발하고, 낙방한 자나 40세가 넘도록 향교에 적을 두고 놀고 있는 자를 적발

---

137 『중종실록』 권13, 중종 6년 1월 갑자.

장수향교 대성전(大成殿)
장수향교는 1407년(태종 7) 건립되었으며 조선–일본 전쟁 때에도 잘 보존되어 조선전기 향교의 형태를 잘 보여준다.
대성전은 공자를 비롯한 여러 성현에게 제사지내는 공간이다.

해 군역에 충당하고자 했다.[138]

그런데 16세기부터 사족의 피역에 주목할 만한 현상이 발생했다. 1507년 정광필은 자신이 지방에 유배되었을 때 직접 목격한 것이라고 하면서, 훈도, 교수로 사칭하면서 군역을 면하는 자가 한 군에 100여 명에 달하니 이를 해결할 대책이 필요하다고 건의했다. 그런데 충격적인 사실은 이들이 양반도 아니고 모두 기병, 수군, 조예, 나장의 자제들이며, 글도 알지 못하는 자들이라는 것이다. 그러나 이들은 이조에 자신의 선조가 생원, 진사, 현감, 군수라고 주장하는 가짜 문서를 바치고 훈도직을 받고 있다는 것이다.[139]

이 사례는 군역제에서 아주 중요한 사례와 변화를 말해 준다. 정광필의 증언에 의하면 이 훈도들은 훈도를 사칭하는 사람들이 아니라 훈도직을 받은 사람들이다. 이들이 정식으로 훈도로 근무하는 관원들이라면 훈도직을 받은 사람이 한 군에 훈도가

---

138 『세조실록』 권25, 세조 7년 7월 을축.
139 『중종실록』 권4, 중종 2년 10월 무술.

100명씩이나 있을 수가 없다. 게다가 이들은 글을 모르는 무식한 사람들로서 훈도가 될 수 있는 최소한의 자격요건도 갖추지 못했다는 것이다. 『경국대전』에서 훈도는 종9품직으로 40세가 넘도록 과거에 급제하지 못한 성균관의 생원, 진사 중에서 선발하도록 되어 있었다. 그런데 이 시기에는 글도 모르는 자들이 오직 선조 중에 생원, 진사, 혹은 지방관을 역임한 인물이 있다는 이유로 훈도직을 받고 있다는 것이다. 이것은 이조에서 훈도로 활용하기 위해 훈도직을 제수하는 것이 아니라 사조 안에 생원, 진사 이상의 직책을 가진 사람이 있다고 신고하는 사람에게 훈도직을 제수하고 있다는 사실을 말해준다. 이런 현상을 매관매직과 연결시켜 이해할 수도 있겠지만, 보다 근본적인 이유는 사족의 후손들을 군역에서 빼주기 위한 것이었다.

이 사실은 벌써 16세기 초반이 되면 정부에서 품관, 사족 심지어 생원, 진사의 후손들도 군역을 면제받는 것을 당연시하기 시작했다는 사실을 말해준다. 다만 아직까지는 법제적으로 사족이라는 신분만으로 군역을 면제할 수는 없으므로 훈도라는 직책을 주어 면역을 시켜주고 있는 것이다. 이런 조치를 말단기관도 아닌 이조에서 주도적으로 행하고 있다는 사실은 충격적이다. 이러한 관행이 지속되면서 마침내는 사족은 당연히 군역을 지지 않는 것이 되고 조선후기에는 군역 면제가 사족의 특권이자 사족과 양인을 구분하는 신분적 표상으로 자리 잡게 되었던 것이다.

(3)헐역과 군사의 보인화

헐역이란 좀 더 쉬운 역으로 옮겨가는 방법이다. 군사의 보인화란 군사가 보인이 되거나 군사와 보인이 서로 역할을 바꾸는 경우이다. 엄밀히 말하면 이 방법은 피역은 아니다. 그러나 헐역과 군사의 보인화는 피역과 마찬가지로 군사력의 해체에 중요한 역할을 했다. 이것은 모든 병종에서 발생한 현상이지만, 사족이나 상층 양인의 보인화는 군사제도 상에서 더욱 심각한 문제를 야기했다.

군역에서 병종별로 부담이 차이가 있지만, 보인의 경우도 차이가 있었다. 보인이 되는 사람은 기왕이면 보다 쉬운 역, 상급병종의 보인이 되는 것을 선호했다. 상급병종일수록 보인 확보에 유리하고, 보인이 많고 보인들이 부유할수록 개인의 부담이 줄어들기 때문이었다. 보인이 부족한 상태에서 보인이 상위병종에 편중되면서 하급병종, 상대적으로 신분도 낮고 열악한 군사나 그들의 보인들의 군역 부담은 더욱 커졌다. 같은 갑사나 정병 중에서도 상대적으로 부유한 기병 갑사나 정병보다 가난한 보병 갑사와 정병이나 이들의 보인이 빠르게 몰락했다.[140]

보인이 부족하거나 유명무실해지자 수령과 향리의 주도 아래 보인을 돌려주거나 주기적으로 교체해 주는 방법을 임기응변적으로 사용하기도 했다.

> 영사 정광필이 아뢰었다. 신이 전에 아뢰었지만 외방 양인은 군역이 매우 고됩니다. 정월에 어느 사람이 봉족으로 이미 입역했는데도 7,8월쯤 되면 또 다른 사람의 봉족이 되니 이것은 한 해에 두 번 입역하는 것과 같은 것입니다.[141]

이런 방법으로 지방에서는 군사제도의 외형은 그럭저럭 유지할 수 있었다. 그러나 이런 구조 하에서 군역의 부담은 가중되고, 군사력이 부실해 지는 것은 막을 수 없었다.

그런데 15세기 후반부터 군사복무가 관직으로서의 의미를 지니지 못하고 경제적 부담이 가중되자 사족, 한량, 상층양인들이 군복무에 흥미를 느끼지 못하게 되었다.

> 장령 이경동이 소매에서 차자를 꺼내 올렸다. …… 예전 법에 갑사는 첩정帖丁이 없고, 노비와 재주와 능력이 있는 자를 뽑아서 보충하여 그 시험을 중하게 하고 그 봉급을 우대하고 그 벼슬길을 터 주었으므로, 사대부의 자제가 이것으로 선발된 자가 많아 뒤에 명장이 된 자도 또한 꽤 있습니다. 지금의 갑사는 모두 정병正兵의 무리로서 오직 첩정의 자봉資奉만을 의뢰하니, 첩정된 자의 노고가 정병보다 갑절이나 심합니다.[142]

이처럼 군사직에 매력을 잃자 그들은 적극적으로 피역을 모색하게 되었다. 그러나 원칙적으로는 사족이라도 하더라도 군역을 지게 되어 있으므로 이들이 무조건 군역에서 빠져 나오기는 쉽지 않았다. 그러자 사족이 군사의 보인이 되어 경제적 지원을

140 김종수, 「16세기 갑사의 소멸과 정병입역의 변화」 『국사관논총』 32, 1992, 87~88쪽.
141 『중종실록』 권64, 중종 23년 11월 신축.
142 『성종실록』 권79, 성종 8년 4월 경술, 장령 이경동의 차자.

하고, 보인이 군역을 수행하는 역전현상이 나타났다. 1493년(성종 24) 군적 작성에 착수하면서 부유한 양인이 보인으로 빠져 나가는 현상이 논란이 되어 빈한한 정군과 부유한 보인을 바꾸어 정하라는 명령을 내리기도 했다.[143]

군사와 보인의 역전현상은 자연스럽고 필연적인 현상이었다. 군복무가 사환으로서의 의미를 상실하고, 군역이 고역으로 변하고, 보인은 줄어들어 군사에 대한 경제적 지원 시스템이 극히 박약해졌다. 결국 자연스럽게 가난한 보인이 군사가 되고 경제력을 지닌 인물이 보인이 되어 경제적 지원을 하는 구조가 정착하게 되었다.

> 교서를 내렸다. "지금 들으니, 유식한 사람, 혹은 부귀한 사람으로 능히 정군正軍이 될 만한 사람을 모두 정병의 보인으로 받아들여서, 숨기고 누락시켜 한가하게 놀고 있는 사람이 자못 많다고 하니, 모름지기 즉시 다 찾아내어 아뢰게 하라."[144]

사족들도 예외가 아니었다. 관직, 서리직 획득, 학생 등의 방법이 여의치 않을 때는 보인이 되어 고된 군복무를 피하려고 했다.[145]

여외정병의 폐지도 군사의 보인화의 원인이 되었다. 여외정병은 예비자원으로 편성한 것이지만, 상층양인들이 편안히 군역을 지는 수단으로 악용되었다. 1486년(성종 17) 여외정병을 혁파하자 전직 관료나 갑사, 별시위 등에서 거관하거나 탈락한 자, 부유한 양인 등이 보인이 되는 경향이 커졌다.[146]

이렇게 해서 가난한 보인이 군사가 되자 군사의 능력도 떨어지고, 장비, 군마를 제대로 장비할 리가 없었다. 이것은 조선의 군사력에 심각한 타격을 주었다. 정부는 군의 주력을 형성하는 이들을 다시 활용하는 방법을 강구해야만 했다. 다음 장에서 살펴볼 정로위의 창설은 이런 배경에서 출현한 것이었다. 그러나 헐역과 군사와 보인의 보직변경이 남긴 가장 큰 영향은 대립제의 활성화였다.

---

143 『성종실록』 권277, 성종 24년 5월 정축 ; 오종록, 「조선초기 정병의 군역-15세기 후반을 중심으로」『한국사학보』 창간호, 1996, 127쪽.
144 『성종실록』 권110, 성종 10년 윤10월 경신.
145 이 내용은 본고 9장 3절 정로위의 설치에서 상론하였다.
146 오종록, 「조선초기 정병의 군역-15세기 후반을 중심으로」, 『한국사학보』 창간호, 1996, 127쪽.

3. 군역의 대역

군사제도의 질적 저하에 결정적인 타격을 가한 현상이 대립제였다. 대립제란 군사가 다른 사람으로 군역을 대신하고, 대역의 대가를 지급하는 방식이다. 군사와 보인의 전환도 대립제의 일종이라고 할 수 있다. 대립제는 처음에는 군사와 보인, 군사와 대립자 간에 개인적인 거래형식으로 이루어졌으나 나중에는 직업적인 대립자가 등장하고, 국가의 공인 하에 군사가 군현이나 복무지에 포를 납부하고, 군현이나 복무지에서 대립자를 고용하는 방식으로 발전했다.

대립제는 군역에서만 나타난 것이 아니고 선상노비, 구사, 반당 등 신역을 지는 모든 업종에서 발생했는데, 신분이 낮고 역이 고된 곳에서부터 먼저 발생했다. 따라서 대립이 제일 먼저 성행한 곳은 선상노비로 15세기 후반에는 벌써 대립을 인정하고 과도한 수탈을 막기 위해 국가에서 대립가를 지정하게 되었다.[147] 그 다음이 군역이었는데, 대립이 제일 성행한 병종은 역시 역이 제일 고되다고 알려진 수군이었다. 그 다음이 정병, 다시 갑사로 확대되었다.

1) 대립제 발생의 원인

태조 6년 봉족제를 시행할 때부터 대립에 관한 언급이 나온다. 군역 자체가 가족(친족) 집단의 공동부담 형태를 띠고 있었기 때문에 대립은 비밀리에 존재할 수밖에 없었다. 그러나 이때만 해도 대립이 타인을 고용해서 대신 군역을 지게 한다는 의미보다는 가족, 친척 구성원 내부에서 필요에 의해 역을 서로 대신해 주는 구조였다고 할 수 있다. 그러나 보법의 시행으로 호수와 보인이 가구 구성을 무시하고 편성되기 시작하면서 대립제도 전혀 다른 양상으로 발전하게 되었다.

친족 간의 고통분담이라는 차원을 넘어서 군역대행, 영업행위로서의 대립제가 성

---

147 선상노비의 대립은 국초에는 금지되어 있었다. 그러나 1471년(성종 2년)에 벌써 공정가격이 책정되었다. 가격은 1달마다 면포 2필, 6달 안에 12필을 넘지 않는다는 것이었다(『성종실록』 권 10, 성종 2년 5월 정유) 이것은 군역에 비해 아주 높은 가격이었다.

행하게 된 일차적인 이유는 군역의 고역화였다. 평화가 지속되자 군을 사역현장에 동원하기 시작했다. 이런 사례는 조선 건국 초부터 있었다. 군을 동원하는 대표적인 사역은 궁성 건축과 수리,[148] 도성의 각종 토목공사, 축성, 성벽보수, 산릉역이었다. 사찰보수, 창고 건축, 심지어는 왕자 공주의 사택 건설, 동전 주조를 군사에 맡기기도 했다.[149] 축성 사업이나 자연재해나 기근의 대응을 위해 동원되는 경우는 군의 임무에 해당한다고 볼 수 있다. 그러나 산릉역이나 궁성수축과 같이 군사 본연의 업무와 무관한 사역이 늘어나자 군사들이 군 복무를 기피하고, 다른 사람을 대립시키는 대표적인 원인이 되었다.

그래도 건국 초기에는 팽배, 대졸, 수군과 같은 하위병종들이 주로 역에 동원되었다. 그러나 15세기 후반 군액이 팽창하고 군사의 자질이 떨어지면서 군사의 사역 동원이 새로운 양상을 맞이하게 된다. 특히 진관체제의 시행으로 중앙군과 지방군의 군

『경국대전』 호전 요부조

---

148 『연산군일기』 권32, 연산군 5년 2월 을묘 ; 『중종실록』 권83, 중종 31년 12월 임진.
149 『세종실록』 권23, 세종 6년 2월 계축.

적이 통합되면서 군인의 사역동원, 군역의 요역화가 급진전했다.

원래 군역과 요역은 동원기준이 달랐다. 군역은 군역 대상자를 찾아 개인에게 부과했지만, 요역은 가호 단위로 부과했다. 그래서 호역이라고 부르기도 했다. 호역을 매길 때는 가호의 인정수를 기준으로 하는 계정법을 사용하다가 세종대부터는 토지결수를 기준으로 하는 계전법을 사용했다. 『경국대전』에는 "전8결에 1명을 낸다"고 규정되었다. 그런데 개인이 8결을 경작하는 경우는 거의 없었고, 8결 이상의 토지를 소유했다고 해도 토지가 분산되어 있는 것이 보통이어서 이 규정이 전 8결을 경작하는 사람이 1명을 낸다는 의미는 아니다. 결국 이 규정은 2가지 방법으로 사용되었다. 실제 경작지를 8결 단위로 구획하고, 그 토지를 경작하는 가호들 중에서 1명을 내거나, 군현 또는 해당지역의 토지 총액을 기준으로 동원할 장정수를 할당하면(전체 토지가 80결인 마을은 8명을 내는 식이다) 해당 지역에서 그 인원을 충당하는 것이다.

보법과 진관체제가 시행되기 전까지만 해도 중앙군에 소속한 병사들의 군적은 중앙에서 보유하고 있었다. 따라서 지방에서는 모든 군역 대상자를 장정을 일원적으로 파악하지 못했기 때문에 요역을 징발할 때는 장정수를 기준으로 하지 못하고, 호구나 토지면적 같은 다른 기준을 병행해야 했던 것이다.

그런데 군사의 명부를 파악하지 못해서 가호나 토지면적으로 실제로는 총액제로 요역 징발자를 할당하는 방식을 사용한다고 해서 군사들이 요역에서 벗어났던 것은 아니다. 오히려 그 반대였다. 요역 대상이 되는 가호나 토지 안에 살고 있는 장정 중에는 군사들도 있었지만, 관아는 그들을 개인적으로 확인하고 보호할 수 없었다. 호나 면적 내에서 장정의 징발대상자는 가호와 지역 향리, 주민들에게 맡겨졌기 때문이다. 그들을 파악하고 있다고 해도 동원할 장정이 없으면 수령이나 향리들은 군사들, 특히 수군과 같은 하급 병종의 병사들을 징발할 수밖에 없었다. 이런 현상은 15세기 초기부터 발생하고 있었다.[150] 그래서 감사나 수령으로 하여금 각 고을마다 군사들의 명부를 별도로 만들어서 관리하도록 하기도 했는데, 이런 명부가 완전할 수도 없고, 명부를 파악해도 어쩔 수 없이 동원해야 할 상황이 늘 있었다. 그러므로 당시 제도나 사정으로

---

150 『세종실록』 권64, 세종 16년 4월 무진.

보면 폐단의 정도를 조절할 뿐이지 이런 사태를 근절시킨다는 것은 불가능했다.

진관체제를 시행하면서 중앙과 지방의 군적을 합쳤다. 이로써 군역과 요역 징발 방식의 구분이 불필요하게 되었다. 이것은 군역자원의 요역징발을 더욱 쉽게 만들었다. 1523(중종 18)년 12월에는 아예 요역 대상을 전결을 기준으로 징발하는 『경국대전』의 법을 버리고, 군정을 기준으로 징발하게 했다. 나아가 공물도 군인 몇 명에 어떤 물품 하나라는 식으로 부과하게 했다.[151] 군적이 군인의 명부만이 아니라 조세 대장으로 기능하게 된 것으로 조선후기에 군역이 조세화하는 단초가 여기서부터 열렸다고 할 수 있다.

15세기 후반부터 서울로 상경한 정병마저도 사역병화하기 시작했다. 팽배와 대졸은 경기의 연호군(정식 군인이 아니고 요역을 위해 징발한 장정들)과 함께 아예 서울의 요역을 담당하는 병종으로 각인되었다.[152] 정병도 전신인 시위패 시절만 해도 숙위군사로 간주되어 위상이 있었다. 그러나 정병으로 개칭되고 정병의 수가 크게 증가하면서 일반 군사로 격하되었다. 성종 4년에 이미 정병들이 모두 토목공사에 동원되어 정작 시위하는 군사는 하나도 없다고 하는 실정이었다.[153]

사역 동원의 최대 피해자는 수군이었다. 대체로 신분이 낮아 군정을 동원할 때는 우선적으로 동원되었고, 수군의 요역이나 사역은 해물채집, 고기잡이와 같이 공물조달, 수익사업과 관련된 것도 많아 수군의 사역이 제일 광범위하고 보편적으로 시행되었다.[154]

처음에 군졸의 사역화와 대립제는 하위병종에서 발생했다. 그런데 16세기가 되면 상위병종에서도 대립이 성행하게 되었다. 상위병종의 경우는 군인의 역졸화와는 또 다른 이유가 있었는데, 군제 개혁 초기의 취지와 달리 군사직이 사환직으로서의 의미를 상실하게 되었기 때문이었다. 군 복무가 관직획득이나 신분, 사회적 지위의 상승에 도움을 주지 못하고, 현재의 지방사회에서의 권위에도 별 영향을 미치지 않게 되

---

151 『중종실록』 권49, 중종 18년 12월 정미.
152 육군본부, 앞의 책, 1969, 235쪽.
153 『성종실록』 권35, 성종 4년 10월 경신.
154 수군의 사역에 대해서는 이 책 5장 참조.

자 사족들이 먼저 군역에서 이탈했다. 앞 절에서 살펴본 대로 이들은 군역을 회피하거나 빠져나가기가 곤란하면 오히려 자신들이 보인이 되는 것도 서슴지 않았다. 상위 병종에 속한다고 해서 지위가 올라가지도 않고, 보인이 된다고 해서 지역사회에서 자신들의 위치가 하락하지도 않기 때문이었다.

군사의 도망과 군적의 부실도 대립의 원인이 되었다. 군역부담이 커지면서 군사의 도망이 늘었다. 그러나 정부는 이 손실을 인정하지 않았고, 군적의 개정도 법대로 시행되지 않아서 이러한 변동을 신속하게 반영하지 못했다.[155] 도망, 사망 등의 이유로 궐원이 된 군사도 군적에 그대로 기재되게 되었다. 하지만 실제 군사는 없으므로 막상 군사를 번상할 때가 되면 수령이 이웃과 친척들에게 대립가를 징수하고 다른 사람을 고용해서 군사의 빈자리를 채울 수밖에 없었다.[156]

조역가의 책정도 대립제도를 발전시키는 요인이 되었다. 조역가란 군사가 군역을 복무하기 위해 사용하는 비용을 보인이 지출하는 것을 말한다. 그런데 보인이 줄어들자 군사들은 남아 있는 보인에게 모든 조역가를 전가하게 되었다. 정부는 보인에 대한 과도한 수탈을 막기 위해 1469년(예종 1년) 근무지와의 거리가 3일일 경우는 2필, 그 이상의 원거리일 경우는 4필로 공정했다. 그 이상의 포를 징수할 경우는 보인의 신고를 받아 처벌하도록 했다.[157] 조역가를 쌀이 아닌 포로 책정한 이유는 쌀은 가지고 다니기가 불편했기 때문이다. 이 법은 『경국대전』에서는 매월 1인 당 1필로 수정되었다. 위반자는 이웃까지 군령 위반으로 처벌하게 하고, 군사에서 보인으로 강등시키도록 했다.[158]

2) 대립제의 공인과 폐단

호수-보인 간의 친족관계가 유지될 때에 대립은 상호부조의 성격이 있었다. 그러

---

155 『성종실록』 권210, 성종 18년 12월 무진, 사헌부 집의 한사문 등의 상소 ; 『중종실록』 권9, 중종 8월 계해, 함경도 관찰사 고형산의 장계.
156 『중종실록』 권88, 중종 33년 9월 경자, 전라도 관찰사 김정국의 장계.
157 『예종실록』 권4, 예종 1년 3월 갑오.
158 『경국대전』 권4, 병전, 급보.

나 호수-보인이 전혀 무관한 인물로 구성되고, 대립이 영업화하면서 호수-보인 체제 밖에서 대립자를 구하게 되었고 대립은 일종의 영업행위가 되었다. 따라서 대립가의 구성에 경제적 보상이 첨가되었고, 대립가는 상승했다. 대립가가 앙등하고, 이윤이 증가하자 관과 향리가 대립을 알선하고, 강요하는 현상까지 생겨났다. 이것은 또 한번 대립가를 폭등시키는 요인이 되었다.

대립가의 기준은 군역의 고달픔이었다. 상대적으로 가난한 백성이 종사하고, 군역이 힘든 하위병종일수록 대립가는 높아지는 모순이 발생했다. 이렇게 대립가의 폭등과 모순이 증가하자 정부는 군역에서도 대립을 인정하고, 폐단을 줄이기 위해 대립가를 공정하게 된다. 1493(성종 24)년에 처음으로 군사의 대립가를 제정했는데, 토목공사에 동원하는 정병의 경우에 한해 1달에 3필로 규정했다. 이것은 선상노자의 대립가 1달 2필보다 1필이 많은 것으로 선상노비의 역보다 정병의 역이 더 고되다는 것을 의미한다.

〈표 6–9〉 15~16세기 대립가의 변천[159]

연도	대립가	면포
1493(성종 24)	8.5~9필	5승포
1493(성종 24)	3필(공정가)	
1497(연산군 3)	7.5~8필	5승포
1518년(중종 13)	7필(공정가)	5승포
1528년(중종 23)	50필	일반포(2~3승포)
1529년(중종 24)	30~50필	일반포
1536년(중종 31)	100필	일반포
1541년(중종 36)	3.5필(공정가)	5승포
1544년(중종 39)	60필	일반포

그러나 부분적이나마 정부가 대립을 용인하자 대립은 더 성행했다. 아예 전문적인 대립인이 생겨나 한 사람이 여러 병사의 역을 대립하는 경우도 생겼다. 병사의 근무

---

159 육군본부, 앞의 책, 1969, 243쪽.

기간이 3~4개월이므로 한사람이 서울에 상주하면서 여러 병사의 역을 계속 대립하는 방법이다.[160] 이렇게 대립이 일상화, 직업화하자 대립가는 계속 폭등했다. 1493년 정병의 실거래가가 2달에 17~18필 정도였던 것이 중종대에는 30필에서 50필, 100 필까지로 상승했다.

이같은 액면가의 급등은 시중에서 사용하는 면포가 오승포에서 3승포, 2승포와 같은 저질 면포로 바뀌었던 데도 원인이 있었다. 5승포를 기준으로 하면 악포 100필은 5승포 30~50필 정도로 중종 13년 공정가 7필에 비하면 5~7배 정도로 상승했다고 볼 수 있다.

대립가의 앙등은 가난하고 하위 병종의 군사들에게 더 큰 고통을 주었다. 군사들은 보인에게 대립가를 전가시키기도 했다.[161] 대립가가 너무 높아 농민들은 대립가를 마련하기 위해 고리대를 빌리기도 했고,[162] 전답을 팔기도 했다. 대립가는 역이 고될수록 높았기 때문에 상위병종보다는 하위병종에게, 군사보다는 상대적으로 더 약하고 가난한 보인에게 더 무거운 부담이 되었다. 고액의 부담을 견디지 못해 군사나 보인이 도망하면 남은 사람에게 전가되었다. 이것은 사회의 심각한 부조리이자 악순환이 되었고, 군제와 군역제의 존립을 위협했다.

문제의 해결방안은 대립을 양성화하되 대립가를 공정하거나 반대로 대립을 금지시키는 것이었다. 성종~중종대에 이 두 가지 방법이 모두 시도되었다. 대립금지의 최고 강경책은 대립자를 전가사변하는 것이었다. 이 방안은 1471(성종 2)년에 등장했다.[163] 1513(중종 8)년에도 다시 시행해서 1명을 대립하면 도형(유배 및 강제노역) 1년, 2명을 대립하면 도형 3년, 3,4명 이상이면 전가사변하는 법을 만들었다.[164] 그러나 일관되게 지속하지 못했고, 사변시켰던 사람도 얼마 후에는 방환하기 일쑤였다. 덕분에 법의 권위만 떨어지고 대립은 더욱 늘어갔다.[165]

---

160 『중종실록』 권49, 중종 18년 8월 신유.
161 『중종실록』 권87, 중종 33년 7월 무술.
162 『연산군일기』 권47, 연산군 8년 12월 갑자.
163 『성종실록』 권10, 성종 2년 4월 병오. 이날 양인은 변방에 충군하고, 공사천은 3천리 밖으로 유형을 보내는데, 실제 유형을 집행하지 않고 속전을 내도록 했다.
164 『중종실록』 권49, 중종 18년 8월 정묘.

정부도 이 사실을 알고 있었지만 별다른 방법이 없었다. 대립은 군역에 대한 반대급부가 전혀 없고, 군역을 수행하는 경제적 부담까지 친족집단이나 이웃 사람을 묶어 공동부담의 형태로 전가시키는 방법이 낳을 수밖에 없는 필연적 현상이었다. 법으로 금지한다고 금지할 수 있는 것이 아니었다. 그렇다고 대립제를 용인하면 군사력의 붕괴 역시 필연적이었고, 대립제의 용인이 초래하는 대립가의 앙등 또한 심각한 사회문제가 되었다. 정부는 이 고충을 해결할 수가 없었기에 양성화와 금지라는 상반된 정책 사이로 오락가락했다.

전가사변형이라는 강경책이 실효를 보지 못하자 정부는 대립의 양성화로 정책을 전환했다. 1493년(성종 24) 정병의 대립을 처음으로 허용했다. 대립가는 매월 1인당 3필이었다. 이후 위의 표에서 보듯이 여러 차례 대립가의 공정을 시도했다.

그러나 앞의 표에서 보듯이 이 공정액은 현실과 괴리가 너무 컸다. 대립의 절차도 개선했다. 처음에는 병사가 서울에 와서 자신이 복무해야 하는 관청의 서리에서 납부하는 것이 관례였다. 그러나 이 과정에서 서리가 농간을 부려 남징이 발생한다고 보고 선상노비의 대립방식을 적용해서 지방관이 상번하는 병사의 대립가를 법정액수대로 포로 일괄징수해서 복무 관청에 납부하게 했다.[166]

이러한 제도는 분명 일정한 효과를 보았다고 여겨진다. 그러나 대립가의 법정가격과 절차를 준수해도 한사람이 몇 사람의 대립가를 내어야 하는 문제는 해결할 수 없었다. 이미 많은 군인과 보인이 도주했고, 정부에서는 이 궐원을 인정하지 않았기 때문에 이미 지방에서 납부해야 하는 군사 정원은 실제 정원의 몇 배가 되어 있었다.

더욱이 이 같은 대립가의 공정은 정병과 중앙 관서의 경아전이나 사역인에게만 해당하는 것이었다. 지방에서 복무하는 병사나 수군에게는 허용하지 않았다. 그 이유는 명확하지 않은데, 정부의 관리감독권에서 멀리 떨어져 있어 부정부패가 증가할 것을 우려했던 면도 있고, 군역제의 완전한 해체를 초래할지 모른다는 우려도 원인이 되었던 것 같다. 하지만 수군의 방군수포와 같이 지방사회에서도 대립은 만연했다.

대립의 성행은 군사력을 크게 약화시켰다. 1515년(중종 10)에 발생한 삼포왜란 때

---

165 『중종실록』 권10, 중종 5년 3월 신사.
166 『중종실록』 권88, 중종 33년 9월 경자, 전라도 관찰사 김정국의 상소.

까지만 해도 조선은 그럭저럭 동원체제와 병력을 유지하고 있었다. 그러나 16세기 중반으로 들어서자 군사제도는 급격히 와해되었다. 1555(명종 10)년에 발발한 을묘왜변 때는 정규의 군사제도가 거의 기능을 하지 못하여 임시징발, 승도의 강제동원까지 해야 했으며, 정규군이 왜군과 거의 전투를 벌이지 못하고 방관하는 상황까지 발생하게 되었다.[167]

---

167 육군본부, 앞의 책, 1969, 293~294쪽 ; 본서 9장 3절 참조.

참고문헌
찾아보기

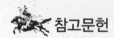 참고문헌

1. 사료

『조선왕조실록(朝鮮王朝實錄)』

『고려사(高麗史)』

『고려사절요(高麗史節要)』

『경국대전(經國大典)』

『경국대전주해(經國大典註解)』

『대전속록(大典續錄)』

『대전후속록(大典後續錄)』

『수교집록(受敎輯錄)』

『대전회통(大典會通)』

『대명률직해(大明律直解)』

『눌재집(訥齋集)』(梁誠之)

『대동야승(大東野乘)』

『만기요람(萬機要覽)』

『병장설(兵將說)』

『병정(兵政)』

『삼봉집(三峯集)』(鄭道傳)

『서정록(西征錄)』

『신기비결(神器秘訣)』(韓孝純)

『신전자초방(新傳煮硝方)』(金指南)

『신증동국여지승람(新增東國輿地勝覽)』

『양촌집(陽村集)』(權近)

『역대병요(歷代兵要)』(鄭麟趾 · 俞孝通 · 李石亨)

『연려실기술(燃藜室記述)』(李肯翊)

『용비어천가(龍飛御天歌)』

『제승방략(制勝方略)』

『증보문헌비고(增補文獻備考)』

『진법(陣法)』

『진설(陣說)』(韓孝純)

『화기도감의궤(火器都監儀軌)』

『화포식언해(火砲式諺解)』(李曙)

『명실록(明實錄)』

2. 단행본 (박사학위논문 포함)

(1) 국내

강성문, 『韓民族의 軍事的 傳統』, 鳳鳴, 2000.

강성문, 『한국 군사사의 재조명』, 황금알, 2005.

계승범, 『조선시대 해외파병과 한중관계』, 푸른역사, 2009.

국방군사연구소, 『민족전란사 9-왜구토벌사』, 1993.

국방군사연구소 편, 『한국무기발달사』, 1994.

국방군사연구소편, 『한국의 군복식발달사 1.2』, 1997.

국방부전사편찬위원회편, 『조선시대군사관계법-경국대전 · 대명률-』, 1986.

국방사학회편, 『國防史學會報-논문집-』, 1977.

김기웅, 『무기와 화약』, 세종대왕기념사업회, 1977.

김순남, 『朝鮮初期 體察使 硏究-奉命出使宰相制의 形成과 展開-』, 고려대 박사학위논문, 2003.

김순남, 『조선초기 體察使制 연구』, 경인문화사, 2007.

김순자, 『韓國 中世 韓中關係史』, 혜안, 2007.

김일환, 『조선초기 군기감의 무기제조연구』, 홍익대 박사학위논문, 2000.

김영수,『건국의 정치』, 이학사, 2006.

김재근,『朝鮮王朝軍船研究』, 一潮閣, 1971.

김재근,『거북선』, 正宇社, 1992.

김재근,『속한국선박사연구』, 서울대학교 출판부, 1994.

김정자,『한국군복의 변천사연구-전투복을 중심으로-』, 세종대 박사학위논문, 1996.

김주홍,『한국의 연변봉수』, 한국학술정보, 2007.

김한규,『한중관계사Ⅱ』, 아르케, 1999.

김한규,『요동사』, 문학과 지성사, 2004.

남도영,『韓國馬政史〈개정판〉』, 한국마사회 마사박물관, 1997.

문화재관리국,『한국의 甲冑』, 1987.

민현구,『朝鮮初期의 軍事制度와 政治』, 韓國研究院, 1983.

민승기,『조선의 무기와 갑옷』, 가람기획, 2004.

박가영,『조선시대의 甲冑』, 서울대 박사학위논문, 2003.

박원고,『明初朝鮮關係史研究』, 一潮閣, 2002.

반윤홍,『朝鮮時代 備邊司 研究』, 景仁文化社, 2003.

방상현,『朝鮮初期 水軍制度』, 민족문화사, 1991.

서병국,『宣祖時代女直交涉史研究』, 敎文社, 1970.

심승구,『朝鮮前期 武科研究』, 국민대 박사학위논문, 1994.

육군본부,『韓國軍制史-近世朝鮮前期編』, 1968.

연세대학교국학연구원편,『經濟六典輯錄』, 다은, 1993.

연세대학교 국학연구원편,『중세사회의 변화와 조선 건국』, 혜안, 2005.

오종록,『朝鮮初期 兩界의 軍事制度와 國防體制』고려대 박사학위논문, 1992.

유승주,『조선시대 광업사연구』, 고려대출판부, 1993.

유재춘,『韓國 中世築城史 研究』, 景仁文化社, 2003.

육군군사연구소,『한국고대무기체계』, 1979.

육군본부군사연구실,『한국군제사:조선전기편』, 1968.

윤훈표,『麗末鮮初 軍制改革研究』, 혜안, 2000.

이상백,『李朝建國의 研究』, 乙酉文化社, 1947.

이성무,『朝鮮初期兩班研究』, 一潮閣, 1980.

이성무,『韓國의 科擧制度』, 한국학술정보, 2004.

이인영,『韓國滿洲關係史의 研究』, 乙酉文化社, 1954.

이재룡,『朝鮮初期社會構造研究』, 一潮閣, 1984.

이재철,『朝鮮後期 備邊司研究』, 集文堂, 2001.

이중화,『朝鮮의 弓術』, 조선궁술연구회, 1929.

이현수,『朝鮮初期 軍役制度 研究』, 한국정신문화연구원 박사학위논문, 1997.

이홍두,『조선시대 신분변동 연구』, 혜안, 1999.

장학근,『조선시대해양방어사』, 창미사, 1998.

장학근,『조선시대 군사전략』, 국방부군사편찬연구소, 2006.

전해종,『韓中關係史研究』, 一潮閣, 1970.

정두희,『朝鮮初期 政治支配勢力研究』, 一潮閣, 1983.

정하명,『고병서해제』, 육군본부, 1979.

정해은,『한국전통병서의 이해』, 국방부군사편찬연구소, 2004.

정해은,『한국 전통 병서의 이해(Ⅱ)』, 국방부군사편찬연구소, 2008.

조인복,『韓國古火器圖鑑』, 대한공론사, 1975.

차문섭,『朝鮮時代 軍制研究』, 檀國大學校出版部, 1973.

차문섭,『朝鮮時代 軍事關係研究』, 檀國大學校出版部, 1996.

차용걸·심정보,『壬辰倭亂 前後 關防史研究』, 문화재연구소, 1989.

천관우,『近世朝鮮史研究』, 一潮閣, 1979.

채연석,『韓國初期 火器研究』, 一志社, 1981.

최승희,『朝鮮初期 政治史研究』, 지식산업사, 2002.

한영우,『朝鮮前期社會經濟研究』, 乙酉文化社, 1983.

한영우,『改正版鄭道傳思想의 研究』, 서울大出版部, 1983.

한충희,『朝鮮初期 六曹와 統治體系』, 啓明大出版部, 1998.

한충희,『朝鮮初期 官職과 政治』, 계명대학교출판부, 2008.

허선도,『韓國 火器發達史(上)』, 육사육군박물관, 1969.

허선도,『朝鮮時代 火藥兵器史研究』, 一潮閣, 1994.

(2) 국외

宇田川武久,『東アジア兵器交流史の研究』, 吉川弘文館, 1993.

劉謙,『明遼東鎮長城及防禦考』, 文物出版社, 1989.

有馬成甫,『火砲の起源とその傳流』, 吉川弘文館, 1962.

周緯,『中國兵器史稿』, 明文書局, 1981.

太田弘毅,『倭寇-商業·軍事史的 研究』, 春風社, 2002.

3. 논문

(1) 국내

강성문,「조선시대 여진정벌에 관한 연구」『軍史』18, 1989.

강성문,「조선시대 環刀의 기능과 제조에 관한 연구」『학예지』3, 1993.

강성문,「조선시대 片箭에 관한 연구」『학예지』4, 1995.

강성문,「조선초기 화기 방사군의 실상」『학예지』6, 1999.

강성문,「조선시대 활의 군사적 운용」『학예지』7, 2000.

강성문,「朝鮮初期 六鎭 開拓의 國防史的 意義」『軍史』42, 2001.

강성문,「조선의 역대 화차에 관한 연구」『학예지』9, 2002.

강성문,「조선시대 도검의 군사적 운용」『고문화』60, 2002.

강순애,「조선왕조실록을 통해 본 環刀의 의미와 기능」『학예지』11, 2004.

강신엽,「조선중기 李鎰의 관방정책」『학예지』5, 1997.

강신엽,「국궁에 반영된 철학사상」『학예지』7, 2000.

강신엽,「조선시대 大射禮의 시행과 그 운영-『大射禮義軌』를 중심으로-」『조선시대사연구』16, 2001.

강신엽,「조선시대 雲劍·別雲劍·寶劍 연구」,『학예지』11, 2004.

강영철,「朝鮮初期의 軍事道路-北方 兩江地帶의 境遇에 대한 試考-」『韓國史論 7-朝鮮初期 國防體制의 諸問題-』, 國史編纂委員會, 1980.

강은경,「朝鮮初 無受田牌의 性格」『東方學志』77·78·79 합집, 1993.

강지언,「威化島 回軍과 그 推進 勢力에 대한 검토」『梨花史學研究』20·21합, 1993.

곽낙현,「武經七書를 통해서 본 조선전기 武科試取에 관한 연구」『동양고전연구』34, 2009.

곽낙현,「조선전기 習陳과 군사훈련」『동양고전연구』35, 2009.

김광수,「鄭道傳의「陣法」에 대한 고찰」『陸士論文集』51, 1996.

김광철,「朝鮮前期 良人農民의 軍役-正兵을 中心하여-」『釜山史學』3, 1980.

김기훈,「弩解번역」,『학예지』4, 1995.

김구진,「麗末鮮初 豆滿江 流域의 女眞 分布」『白山學報』15, 1973.

김구진,「吾音會의 斡朶里女眞에 대한 研究」『史叢』17·18, 1973.

김구진,「初期 毛憐 兀良哈 研究」『白山學報』17, 1974.

김구진,「尹瓘 九城의 範圍와 朝鮮 六鎭의 開拓」『史叢』21·22합, 1977.

김구진,『朝鮮初期 對女眞關係와 女眞社會의 實態』『東洋學』14, 1984.

김구진,『조선초기에 韓民族으로 동화된 土着女眞』『白山學報』58, 2001.

김구진,「조선전기 여진족의 2대종족-오랑캐(兀良哈)와 우디캐(兀狄哈)」『白山學報』68, 2004.

김구진,「조선시대 6鎭 방어전략-제승방략체제의 연구-」『白山學報』71, 2005.

김구진,「조선시대 女眞에 대한 정책」『백산학보』88, 2010.

김당택,「李成桂의 威化島回軍과 制度改革」『全南史學』24, 2005.

김대중,「고려말. 조선초 화약병기 연구의 현황과 과제」『학예지』9, 2002.

김동경,「조선 초기의 군사전통 변화와 진법훈련」『軍史』74, 2010.

김동경,「정도전의『진법(陣法)』과 태조대 군사력 재건」『한국문화』53, 2011.

김미경,「칠성검연구」『학예지』11, 2004.

김범수,「선초 의흥삼군부연구」, 단국대 석사학위논문, 1984.

김석형,「朝鮮初期 國役編成의 基柢」『震檀學報』14, 1941.

김성수·김영일,「한국 군사류 전적의 발전계보에 관한 서지적 연구」『서지학연구』8, 1993.

김성혜·박선식,「조선시대 도검의 실측과 분석」『학예지』5, 1997.

김성혜·김영섭,「도검의 기능성 연구」『학예지』6, 1999.

김순규,「弩」『학예지』2, 1991.

김순규,「조선시대 수총운용의 성격」『軍史』26, 1993.

김순규,「동서양 전장의 도와 검」『학예지』4, 1995.

김순남,「世宗代 體察使制의 運用」『韓國史學報』14, 2003.

김순남,「成宗代 體察使의 變化와 築城司의 設置」『史學研究』71, 2003.

김순남, 「朝鮮初期 敬差官과 外官」『韓國史學報』18, 2004.

김순남, 「朝鮮 世祖代 體察使 韓明澮에 대하여」『韓國史學報』23, 2005.

김순남, 「조선 成宗代 御史의 파견과 지방통제」『歷史學報』192, 2006.

김순남, 「조선초기 賑恤使臣의 파견과 賑恤廳의 설치」『朝鮮時代史學報』41, 2007.

김순남, 「조선초기 敬差官의 對外交隣활동」『軍史』66, 2008.

김순남, 「조선초기의 국방대책의 수립과 시행-재상급 국방전문가의 활약을 중심으로」『朝鮮時代史學報』45, 2008.

김순남, 「조선 燕山君代 여진의 동향과 대책」『韓國史研究』144, 2009.

김순남, 「조선 成宗代 兀狄哈에 대하여」『朝鮮時代史學報』49, 2009.

김순남, 「조선 성종대의 建州三衛」『大東文化研究』68, 2009.

김순남, 「조선전기 滿浦鎭과 滿浦僉使」『史學研究』97, 2010.

김순남, 「조선 中宗代의 북방 野人 驅逐」『朝鮮時代史學報』54, 2010.

김순자, 「高麗末 東北面의 地方勢力研究」, 연세대 석사학위논문, 1987.

김순자, 「고려말 대중국관계의 변화와 신흥유신의 사대론」『역사와 현실』15, 1995.

김영민, 「영남지역 板甲에 대한 일고찰」『고문화』6, 1995.

김영숙, 「갑주에 관한 연구-우리나라를 중심으로-」, 원광대 석사학위논문, 1986.

김영주, 「조선전기 군역에 관한 연구」, 충남대 석사학위논문, 1982.

김용곤, 「朝鮮前期 軍糧米의 確保와 運送」『韓國史論 7-朝鮮初期 國防體制의 諸問題-』, 國史編纂委員會, 1980.

김용곤, 「조선전기 조군-조운과 관련하여-」『명지사론』1, 1983.

김웅호, 「朝鮮初期 京軍再編과 '首都防衛'」『서울학연구』23, 2004.

김일환, 「朝鮮初期 軍器監別軍考」『實學思想研究』12, 1999.

김일환, 「朝鮮初期 月課軍器制下의 軍器製造」『朝鮮時代史學報』16, 2001.

김일환, 「朝鮮初期 監鍊官制下의 軍器製造研究」『韓國史學報』10, 2001.

김일환, 「조선초기 군기감 무기제조의 변화추이」『학예지』12, 2005.

김일환, 「임란기 서경 유근의 사환과 지방관활동」『韓國人物史研究』15, 2011.

김성준, 「李澄玉과 六鎭」『史叢』12·13합, 1968.

김정자, 「한국군복의 변천연구」『대한가정학회지』24-4, 1986.

김정자, 「한국고용복복식의 변천고」『복식』11, 1987.

김정자, 「한국군복식 발달사에 관한 소고」『학예지』4, 1995.

김정자, 「고려시대 갑주에 관한 연구」『복식』29, 1996.

김종하, 「조선왕조의 봉족제」『영남대논문집』9, 1975.

김주홍, 「朝鮮前期 경기중부지역의 烽燧 고찰」『祥明史學』8·9합, 2003.

김재근, 「조선왕조의 수군」『軍史』1, 1980.

김종수, 「16세기 甲士의 消滅과 正兵立役의 變

化」『國史館論叢』32, 1992.

김종수, 「조선초기 甲士의 성립과 변질」『典農史論』2, 1996.

김종수, 「高麗·朝鮮初期의 府兵」『歷史敎育』69, 1999.

김종수, 「高麗·朝鮮時期 中央軍의 變化」『典農史論』7, 2001.

김종수, 「朝鮮初期 府兵制의 改編」『歷史敎育』77, 2001.

김종수, 「朝鮮初期 中央軍制의 整備와 私兵制改革」『朝鮮의 政治와 社會』, 集文堂, 2002.

김진봉·차용걸·양기석, 「조선시대 군역자원의 변동에 대한 연구-호서지방의 경우를 중심으로-」『호서문화연구』3, 1983.

김진태, 「조선초기 군역제 연구」, 경희대 석사학위논문, 1988.

김창수, 「成衆愛馬考」『東國史學』9·10합, 1966.

김태영·서정상, 「조선초기 군역편제의 추이와 개혁방향」『경희사학』19, 1995.

김태진, 「선초 총통위의 양상」『素軒南都泳博士華甲紀念史學論叢』, 1984.

김호동, 「조선초기 울릉도 독도에 대한 공도정책 재검토」『민족문화논총』32, 2005.

김호일, 「梁誠之의 關防論」『韓國史論 7-朝鮮初期 國防體制의 諸問題-』, 國史編纂委員會, 1980.

김호종, 「세조의 국방정책에 관한 일연구」『안동대논문집』1, 1979.

김화선, 「우리나라 군복사의 고찰」, 홍익대 석사학위논문, 1985.

남도영, 「상승국에 대하여-선초의 내사복시·겸사복 성립에 대한 일고-」『東國史學』9·10합, 1966.

남도영, 「朝鮮初期의 兼司僕에 대하여」『金載元博士回甲紀念論叢』, 1969.

남도영, 「조선시대의 봉수제」『歷史敎育』23, 1978.

남도영, 「조선시대 군사통신 조직의 발달」『韓國史論 7-朝鮮初期 國防體制의 諸問題-』, 國史編纂委員會, 1980.

남의현, 「명대 요동정책의 성격-요동도사 방어체계의 특징과 분석을 중심으로-」『동아시아의 영토와 민족문제』, 2008.

노기식, 「만주의 흥기와 동아시아 질서의 변동」『중국사연구』16, 2001.

노기식, 「명청 대립시기 만주와 몽골·조선의 관계 변화」『16~7세기 동아시아의 국제질서 모색』, 명청사학회, 2004.

노상복, 「양성지의 비변십책」『軍史』7, 1983.

노성태, 「세조대의 보법」, 전남대 석사학위논문, 1987.

노성호, 「명종대 수군 강화정책 연구」, 한림대 석사학위논문, 1996.

노영구, 「조선초기 수군역과 해령직의 변화」『한국사론』33, 서울대, 1995.

노영구, 「군사제도」『한국역사입문 2』, 풀빛, 1995.

노영구, 「조선시대 병서의 분류와 간행 추이」『역사와 현실』30, 1998.

노영구, 「율곡 이이의 軍政改革論과 그 계승」『역사문화논총』1, 2005.

노영구, 「《國朝征討錄》편찬의 특징과 자료적 가치」『藏書閣』18, 2007.

노영구, 「세종의 전쟁수행과 리더십」, 『오늘의 동양사상』 19, 2008.

노영구, 「태권도 전사(前史)로서 조선시대 도수무예의 전개」 『문화로 보는 한국사 2-물질문화와 농민의 삶』, 이태진교수정년기념논총간행위원회.

도현철, 「대책문을 통해본 정몽주의 국방 대책과 문무겸용론」 『한국중세사연구』 26, 2009.

리영룡, 「15세기 우리나라 화포군의 신분구성과 편성」 『력사과학』 1990-1호, 1990.

문형진, 「조선시대 군사관련법 제 규정과 사례 연구」 『군사연구』 120집, 육군군사연구소, 1995.

문형진, 「동국병감에 나타난 전투현황과 전술 형태분석」 『군사연구』 122집, 육군군사연구소, 2006.

민현구, 「한국 軍制史 연구의 회고와 전망-조선전기를 중심으로-」 『史叢』 26, 1982.

민현구, 「朝鮮初期의 私兵」 『東洋學』 13, 1983.

박가영, 「조선시대 甲冑의 제조」 『학예지』 12, 2005.

박도식, 「朝鮮初期 講武制에 관한 一考察」 『慶熙史學』 14, 1987.

박 돈, 「高麗末 東寧府征伐에 대하여」 『中央史論』 4, 1985.

박원호, 「永樂年間 明과 朝鮮間의 女眞問題」 『亞細亞研究』 85, 1991.

박원호, 「宣德年間 明과 朝鮮間의 建州女眞」 『亞細亞研究』 88, 1992.

박원호, 「15세기 동아시아 정세」 『한국사 22-조선 왕조의 성립』, 국사편찬위원회, 1995.

박원호, 「鐵嶺衛의 位置에 관한 再考」 『동북아역사논총』 13, 2006.

박윤서, 「조선시대 궁시의 발달」 『학예지』 1, 1989.

박재광, 「15-16세기 조선의 화기 발달」 『학예지』 9, 2002.

박재광, 「조선시대 도검 연구의 현황과 과제」 『학예지』 11, 2004.

박재광, 「여말선초의 화약. 화기 제조에 대한 일고찰」 『학예지』 12, 2005.

박재우, 「高麗 恭讓王代 官制改革과 權力構造」 『震檀學報』 81, 1996.

박 진, 「族親衛의 설치와 성격」 『史叢』 65, 2007.

박천식, 「戊辰回軍功臣의 冊封顚末과 그 性格」 『全北史學』 3, 1979.

박홍갑, 「朝鮮前期의 宣傳官」 『史學研究』 41, 1990.

박홍갑, 「朝鮮前期 武班蔭職 研究-部將을 中心으로」 『水邨朴永錫教授華甲紀念韓國史學論叢 (上)』, 1992.

박홍갑, 「조선시대 군사훈련기구 훈련원의 성립과정과 역할」 『軍史』 43, 2001.

박홍갑, 「조선초기 훈련원의 위상과 기능」 『史學研究』 67, 2002.

박홍갑, 「조선초기 금군(禁軍)과 숙위(宿衛)체제」 『조선시대의 과거와 벼슬』, 집문당, 2003.

박희현, 「각궁과 화살의 제작」 『民俗藝術』, 교문사, 1989.

방상현, 「조선전기의 봉수제-국방상에 미친 영향을 중심으로-」 『사학지』 14, 1980.

방상현, 「조선전기 수군 군역고」 『경희사학』

11, 1983.

배영복, 「세종대왕의 국방사상」『軍史』 28, 1994.

송병기, 「世宗朝의 兩界 行城築造에 對하여」 『史學研究』 18, 1964.

신명호, 「조선초기 해양개척과 어장개방」『조선전기 해양개척과 대마도-한국해양사연구총서1』, 국학자료원. 2007

신용남, 「여말선초 군역부과의 보편화 과정과 그 추이」, 경희대 석사학위논문, 1988.

심승구, 「朝鮮初期 武科制度」『北岳史論』 1, 1989.

심승구, 「朝鮮初期 都試와 그 性格」『韓國學報』 60, 1990.

심승구, 「朝鮮初期 覆試에 대한 檢討」『擇窩許善道先生停年紀念韓國史學論叢』, 一潮閣, 1992.

심승구, 「朝鮮 宣祖代 武科及第者의 身分 -1583~1584년의 大量試取 榜目을 중심으로-」『歷史學報』 144, 1994.

심승구, 「朝鮮 端宗代 武科及第者의 身分과 그 政治的 性格」『震檀學報』 88, 1999.

심승구, 「조선시대 무과에 나타난 궁술과 그 특성」『학예지』 7, 2000.

심승구, 「16世紀 武科의 運營과 推移」『朝鮮의 政治와 社會』, 집문당, 2002.

심승구, 「조선전기의 觀武才 연구」『鄕土서울』 65, 2005.

심승구, 「조선시대 사냥의 추이와 특성-講武와 捉虎를 중심으로-」『역사민속학』 24, 2007.

안재한, 「조선시대 회화에 나타난 도검의 모습」『학예지』 11, 2004.

오종록, 「朝鮮初期 兵馬節度使制의 成立과 運用(상,하)」『震檀學報』 59·60. 1985.

오종록, 「朝鮮初期의 邊鎭防衛와 兵馬僉使·萬戶」『歷史學報』 123, 1989.

오종록, 「高麗後期의 軍事 指揮體系」『國史館論叢』 24, 1991.

오종록, 「朝鮮初期 兩界의 翼軍體制와 國防」『水邨朴永錫敎授華甲紀念韓國史學論叢 (上)』, 1992.

오종록, 「朝鮮初期의 營鎭軍」『宋甲鎬敎授停年退任紀念論文集』, 1993.

오종록, 「조선초기의 국방정책-양계(兩界)의 국방을 중심으로-」『역사와 현실』 13, 1994.

오종록, 「조선 초기 正兵의 軍役」『韓國史學報』 1, 1996.

오종록, 「朝鮮初期의 國防論」『震檀學報』 86, 1998.

오종록. 「朝鮮前期 軍事史 研究의 現況과 課題」『軍史』 36, 1998.

오종록, 「세종 시대의 북방영토 개척」『세종문화사대계 3』, 세종대왕기념사업회, 2001.

오종록, 「申叔舟의 軍事政策과 宰相으로서의 經論」『역사학논총』 3·4합, 2003.

오종록, 「朝鮮時期 軍事史 研究의 동향-2001 2004-」『軍史』 53, 2004.

오종록, 「조선초엽 漢陽 定都 과정과 수도방위」『韓國史研究』 127, 2004.

원영환, 「한성부연구(3)-도성과 수도방위를 중심으로-」『鄕土서울』 41, 1983.

유세현, 「한국의 쇠뇌-그 형태와 제작을 중심으로-」『학예지』 4, 1995.

유세현, 「조선시대 角弓과 交子弓의 제작실태」 『학예지』 12, 2005.

유승주, 「朝鮮前期의 軍需鐵鑛業研究」 『韓國史論 7-朝鮮初期 國防體制의 諸問題-』, 國史編纂委員會, 1980.

유재춘, 「15세기 明의 東八站 地域 占據와 朝鮮의 對應」 『朝鮮時代史學報』 18, 2001.

유창규, 「李成桂의 軍事的 基盤-東北面을 중심으로-」 『震檀學報』 58, 1984.

유창규, 「朝鮮初 親軍衛의 甲士」 『歷史學報』 106, 1985.

유창규, 「太宗代 軍指揮體系의 변화와 집권층의 갈등」 『水邨朴永錫教授華甲紀念韓國史學論叢 (上)』, 1992.

유창규, 「高麗末 崔瑩 勢力의 형성과 遼東攻略」 『歷史學報』 143, 1994.

윤대원, 「여말선초 江華의 방어체제」, 고려대 석사학위논문, 2001.

윤동섭, 「조선 弓角에 대한 소고」, 동국대 석사학위논문, 1965.

윤병태, 「조선시대의 군사서적 간행」 『軍史』 8, 1984.

윤훈표, 「朝鮮初期 武科制度 研究」 『學林』 9, 1987.

윤훈표, 「高麗末 朝鮮初期 兵器의 製造 및 管理體系에 관한 研究」 『東方學志』 77·78·79합, 1993.

윤훈표, 「朝鮮初期 京軍의 編成에 관한 研究」 『서울학연구』 2, 1994.

윤훈표, 「朝鮮初期 武器點考體系의 改編과 그 運營-법전 규정의 변화를 중심으로-」, 『人文科學研究論叢』 16, 명지대인문과학연구소, 1997.

윤훈표, 「朝鮮初期 外方武班의 褒貶制」 『實學思想研究』 10·11합집, 1999.

윤훈표, 「高麗末 國防財源 調達體系의 改編」 『實學思想研究』 13, 1999.

윤훈표, 「朝鮮初期 '軍官'의 機能變化」 『河炫綱教授定年紀念論叢-韓國史의 構造와 展開』, 혜안, 2000.

윤훈표, 「朝鮮初期 甲士의 統率體系」 『實學思想研究』 17·18합집, 2000.

윤훈표, 「朝鮮初期 軍功褒賞制의 改定과 身分移動」 『史學研究』 63, 2001.

윤훈표, 「麗末鮮初 軍法의 運營體系와 改編案」 『韓國思想史學』 21, 2003.

윤훈표, 「麗末鮮初 軍事訓鍊體系의 改編」 『軍史』 53, 2004.

윤훈표, 「朝鮮前期 北方開拓과 領土意識」 『韓國史研究』 129, 2005.

윤훈표, 「麗末鮮初 身分制의 改編과 武班層의 變化」 『중세사회의 변화와 조선건국』, 혜안, 2005.

윤훈표, 「朝鮮前期 領職의 除授」 『實學思想研究』 29, 2006.

윤훈표, 「朝鮮前期 軍法의 適用과 軍令의 運用」 『軍史』 61, 2006.

윤훈표, 「朝鮮初期 武經講習制」 『歷史와 實學』 32, 2007.

윤훈표, 「조선초기 階級法 運用에 관한 試論的 考察」 『歷史와 實學』 37, 2008.

윤훈표, 「조선 세조 때 兵政(병정) 편찬의 의미와 그 활용」 『歷史와 實學』 40, 2009.

윤훈표, 「조선초기 發兵符制의 실시」 『學林』 31, 2010.

이강칠, 「정익공 이완장군의 유물에 대하여」

『학예지』 6, 1999.

이강칠, 「한국의 갑주: 여몽연합군의 잔존유물을 중심으로」 『문화재』 15, 1981.

이강칠, 「한국의 갑주: 정충신장군의 갑주와 충렬사 소장 갑주를 중심으로」 『복식』 5, 1981.

이강칠, 「한국의 갑주(2): 皮甲을 중심으로」 『고고미술』 142, 1979.

이강칠, 「한국의 갑주(3): 두정갑을 중심으로」 『고고미술』 145, 1979.

이강칠, 「한국의 갑주(4): 출토유물 중 철제갑주를 중심으로」 『고고미술』 147, 1980.

이강칠, 「한국의 갑주소고:두석린갑을 중심으로」 『고고미술』 136·137합, 1979.

이강칠, 「한국의 화약병기」 『학예지』 9, 2002.

이광린, 「號牌考」 『백낙준박사환갑기념국학논총』, 1955.

이규철, 「조선초기(태조기~세종대) 대외정보 수집활동의 실상과 변화」 『역사와 현실』 65, 2007.

이기백, 「고려 말기의 익군」 『이홍직박사회갑기념 한국사학논총』, 1969.

이겸주, 「임진왜란전 조선의 국방실태」 『한국사론 22』, 국사편찬위원회, 1992.

이명희·장세옥, 「고려 말-조선 중기 전함개선과정에 관한 고찰」 『군사연구』 125집, 육군군사연구소, 2008.

이미나, 「갑옷에 대한 연구-조선왕조시대를 중심으로」, 이화여대 석사학위논문, 1983.

이민수, 「세종조의 국방정책과 국민복지」 『역사교육논집』 13·14합, 1990.

이민웅, 「조선전기(15·16C) 수군의 변천사」 『이순신연구논총』 14, 2010.

이상창, 「조선조의 대외위협 인식과 평안도 관방체제의 변화」 『군사연구』 125집, 육군군사연구소, 2008.

이성곤, 「조선시대 四寅劍의 연구」 『생활문물연구』 20, 국립민속박물관, 2007.

이석재, 「조선시대 도검의 유형분석」 『학예지』 11, 2004.

이석재, 「眡眥紋 연구-조선검의 고동, 그 명칭의 오류」 『학예지』 11, 2004.

이석재, 「조선시대 刀劍·矛戟의 결합구조연구」 『학예지』 12, 2005.

이승해, 「조선시대 도검에 나타난 문양과 매듭장식에 관한 연구」 『학예지』 11, 2004.

이인영, 「廢四郡問題管見」 『震檀學報』 13, 1941.

이장희, 「壬亂前의 西北邊界 政策」 『白山學報』 12, 1972.

이장희, 「朝鮮初期 土班武職의 性格」 『韓國史論 7-朝鮮初期 國防體制의 諸問題-』, 國史編纂委員會, 1980.

이장희, 「조선전기 변계수어와 토병」 『軍史』 2, 1981.

이장희, 「조선전기 토병에 대하여」 『남사정재각박사고희기념동양학논총』, 1984.

이장희, 「임란전후 한국의 사회동태」 『아시아문화』 8, 1992.

이장희, 「朝鮮前期 事大交隣關係와 國防政策」 『軍史』 34, 1997.

이재룡, 「奉足에 대하여」 『歷史學研究』 Ⅱ, 1964.

이재룡, 「朝鮮初期의 遞兒職에 대한 考察」, 『歷

史學報』35 · 36합집, 1967.

이재룡, 「朝鮮前期의 水軍」『韓國史研究』5, 1970.

이재룡, 「朝鮮前期 良人農民의 軍役과 土地所有」『東洋學』9, 1979.

이재룡, 「朝鮮初期의 翼軍」『崇田大論文集』12, 1982.

이재성, 「승자총통에 대한 과학적 연구」『학예지』12, 2005.

이재호, 「朝鮮 備邊司考」『歷史學報』50 · 51합집, 1971.

이재훈, 『太宗 · 世宗代의 三軍 都摠制府』『史學研究』69, 2003.

이재훈, 「朝鮮 太宗代 三軍鎭撫所의 成立과 國王의 兵權 掌握」『史叢』61, 2005.

이재훈, 「太宗代 節制使 · 牌頭와 중앙군의 지휘」『韓國史學報』39, 2010.

이종학, 「實戰에서의 병력동원문제」『韓國史論 7-朝鮮初期 國防體制의 諸問題-』, 國史編纂委員會, 1980.

이지우, 「朝鮮初期 奉足制의 推移와 實態」『慶南史學』2, 1989.

이지우, 「朝鮮初期 保法의 推移와 實態」『慶南史學』3, 1990.

이지우, 「조선초기 순작의 실태와 추이」『경대사론』8, 1995.

이태진, 「조선 전기 군역의 포납화 과정」, 서울대 석사학위논문, 1969.

이현수, 「조선전기의 병역제도」『학예지』2, 1991.

이현수, 「조선초기 講武 施行事例와 軍事的 기능」『軍史』45, 2002.

이현숙, 「조산시대 융복에 관한 연구」, 성균관대 석사학위논문, 1981.

이현숙, 「조선시대 군복에 관한 연구」『학예지』4, 1995.

이현희, 「朝鮮前期 來朝野人의 政略的 待遇에 對하여」『史學研究』18, 1964.

이현희, 「朝鮮前期 留京侍衛野人攷」『鄕土서울』20, 1964.

이현희, 「朝鮮前期 野人의 誘京綏懷策攷」『一山金斗鐘博士 稀壽紀念論文集』, 1966.

이현희, 「對女眞貿易-對野人 交涉政策의 背景」『韓國史論 11』, 국사편찬위원회, 1982.

이현종, 「조선초기의 대외관계」『한국사 9』, 국사편찬위원회, 1981.

이혜은, 「조선초기 교통망과 교통수단에 관한 연구」『國史館論叢』80, 1998.

이홍두, 「朝鮮前期 雜色軍」『軍史』39, 1999.

이홍두, 「조선초기 야인정벌 기마전」『軍史』41, 2000.

이희관, 「高麗末 · 朝鮮初 前衛官 · 添設官에 대한 土地分給과 軍役賦課」『高麗末 · 朝鮮初 土地制度史의 諸問題』, 西江大學校人文科學研究所, 1987.

이희관, 「朝鮮初 太宗의 執權과 그 政權의 性格」『歷史學報』120, 1988.

임명미, 「介冑와 軍服과 戎服에 관한 연구」『한국의류학회지』3-1, 1979.

임영정, 「선초 보충군산고」『南溪曺佐鎬博士화갑기념논총 현대사학의 제문제』, 1977.

임용한, 「14~15세기 喬桐의 군사적 기능과 그 변화」『인천학연구』3, 2004.

임용한, 「고려후기 수군개혁과 전술변화」『軍史』54, 2005.

임용한, 「조선전기의 국방의식」『군사연구』

126, 육군본부, 2008.

임용한, 「조선 건국기 수군개혁과 해상방어체제」『軍史』 72, 2009.

장경숙, 「영남지역 출토 縱長板甲에 관한 연구」, 동아대 석사학위논문, 2000.

장병인, 「朝鮮初期의 兵馬節度使」『韓國學報』 34, 서울대, 1984.

장상주, 「정도전의 북진정책에 대한 연구-동북면 수복을 중심으로-」, 안동대 석사학위논문, 2007.

장학근, 「朝鮮前期水軍萬戶考」『海士論文集』 26, 1987.

장학근, 「선초『武經七書』의 도입 배경」『동서사학』 2, 1996.

전형택, 「보충군 입역규례를 통해 본 조선초기의 신분구조」『역사교육』 30·31합, 1982.

정구복, 「1596년 평안도 鎭管官兵編伍册」『고문서연구』 5, 1994.

정다함, 「조선 초기 壯勇隊 설치 배경과 운영실태」『韓國史學報』 24, 2006.

정두희, 「三峯集에 나타난 鄭道傳의 병제개혁안의 성격」『震檀學報』 50. 1980.

정두희, 「朝鮮 世祖―成宗朝의 功臣研究」『震檀學報』 51, 1981.

정두희, 「朝鮮建國初期 統治體制의 成立過程과 그 역사적 意味」『韓國史研究』 67, 1989.

정연식, 「조선시대의 도로에 대하여」『韓國史論』 41·42, 서울대, 1999.

정청주, 「朝鮮初期의 別侍衛」, 전남대 석사학위논문, 1983.

정태헌, 「눌재 양성지의 국방관」『素軒南都泳博士華甲紀念史學論叢』, 1984.

정하명, 「朝鮮初期의 體探」『陸士論文集』 32, 1987.

조동걸, 「韓國軍史의 原流意識」『軍史』 5, 1982.

조영록, 「水牛角貿易을 통해 본 鮮明關係」『동국사학』 9·10합, 1966.

조혁상, 「조선조 劍舞詩에 나타난 검의 이미지」『학예지』 11, 2004.

조혁상, 「조선조 寅劍의 상징성연구」『軍史』 62, 2007.

지두환, 「조선전기 군역의 납포체제 확립과정-군호제 붕괴과정을 중심으로-」『한국문화연구』 1, 1988.

차문섭, 「선초의 갑사에 대하여(상,하)」『史叢』 4·5, 1959·1960.

차문섭, 「선초의 충의·충찬·충순위에 대하여」『史學研究』 19, 1967.

차문섭, 「중종조의 정로위」『사학지』 1, 1967.

차문섭, 「군사조직」『한국사 10』, 국사편찬위원회, 1974.

차문섭, 「軍事制度」『韓國史論 3-朝鮮前期』, 國史編纂委員會, 1975.

차문섭, 「조선전기의 국방체제」『東洋學』 14, 1984.

차문섭, 「군사조직」『한국사 23-조선초기의 정치구조』, 1994.

차용걸, 「朝鮮 成宗代 海防築城論議와 그 樣相」『白山學報』 23, 1977.

차용걸, 「朝鮮前期 關防施設의 整備過程」『韓國史論 7-朝鮮初期 國防體制의 諸問題-』, 國史編纂委員會, 1981.

차용걸, 「高麗末 倭寇防守策으로서의 鎭戍와

築城」『史學研究』38, 1984.

차인배, 「朝鮮前期 成宗~中宗代 '捕盜將'制 고찰」『史學研究』72, 2003.

채연석, 「주화와 신기전의 연구-조선초기 (1377~1600)의 로케트에 대하여-」『歷史學報』70, 1976.

채연석, 「조선 소총통의 발달-세종시대 총통의 내부구조를 중심으로-」『軍史』1, 1980.

채연석, 「조선초기(1400~1467) 화기의 연구」『韓國史論 7-朝鮮初期 國防體制의 諸問題-』, 國史編纂委員會, 1980.

천관우, 「조선초기 오위의 형성」『歷史學報』17·18합, 1962.

천관우, 「오위와 조선초기의 국방체제」『이상백박사회갑기념논총』, 1964.

천관우, 「조선초기 오위의 병종」『史學研究』18, 1964.

천영경, 「조선세종대 선군연구」, 숭전대 석사학위논문, 1986.

최영숙, 「군복식에 대한 고찰」, 성신여대 석사학위논문, 1988.

최영창, 「조선초기의 수군과 수군역」, 고려대 석사학위논문, 1989.

최영희, 「龜船考」『史叢』3, 1958.

최진희, 「국궁의 과학적 분석」『학예지』7, 2000.

최효식, 「조선시대 우림위의 성립과 그 편제」『東國史學』15·16합, 1981.

하차대, 「朝鮮初期 軍事政策과 兵法書의 發展」『軍史』19, 1989.

한충희, 「朝鮮初期 文·武散階의 淵源과 整備 小考」『仁荷史學』10, 2003.

한문종, 「朝鮮初期의 倭寇對策과 對馬島征伐」『全北史學』19·20합, 1997.

한성주, 「조선초기 受職女眞人 연구-세종대를 중심으로」『朝鮮時代史學報』36, 2006.

한성주, 「조선초기 二重受職女眞人의 兩屬 문제」『朝鮮時代史學報』40, 2007.

한성주, 「두만강 지역 여진인 동향 보고서의 분석-『端宗實錄』기사를 중심으로」『史學研究』86, 2007.

한성주, 「朝鮮 세조대 毛憐衛 征伐과 여진인의 從軍에 대하여」『강원사학』22·23합, 2008.

한정수, 「여말선초 관위 인식과 수문장 제도의 성립」『군사연구』131집, 육군군사연구소, 2011.

한희숙, 「조선초기의 雜色軍」『韓國學研究』1, 1991.

한희숙, 「조선초기 군역과 농민경영에 관한 연구」『國史館論叢』61, 1995.

허선도, 「麗末鮮初 火器의 傳來와 發達 (上·中·下)」『歷史學報』24·25·26, 1964.

허선도, 「陣法」『國會圖書館報』, 1972.

허선도, 「『制勝方略』研究-임진왜란 직전 방위체제의 실상(上·下)」『震檀學報』36·37, 1973·1974.

허선도, 「'鎭管體制 復舊論' 연구-유성룡의 군정개혁의 기본시책-」『국민대학논문집』5, 1973.

허선도, 「『兵政』(影印 및 解題)」『韓國學論叢』4, 1982.

허선도, 「조선전기의 화약병기의 발달과 그 금비책」『東洋學』13, 1983.

허선도, 「世宗朝의 火器發達」 『世宗朝文化研究
　　(Ⅱ)』, 한국정신문화연구원, 1984.
허선도, 「近世朝鮮前期의 烽燧(上・下)」 『韓國
　　學論叢』 7・8, 1985・1986.
허선도, 「조선전기의 화약병기 대외금비책」
　　『학예지』 2, 1991.
허흥식, 「高麗末 李成桂(1335~1408)의 세력
　　기반」 『歷史와 人間의 對應』, 한울,
　　1984.

(2) 국외

宮原兎一, 「14・5・6世紀朝鮮における火藥」
　　『東洋史學論集』 2, 東京教育大, 1953.
宮原兎一, 「李朝の軍役制度‘保’의成立」 『朝鮮
　　學報』 28, 1963.
麻生武龜, 「朝鮮軍制史－附 警察制度史－」 『朝
　　鮮史講座』, 朝鮮史學會, 1926.
北村明美, 「李朝初期國役制度‘保法’의成立に
　　ついて」 『朝鮮史研究會論文集』 29,
　　1992.
衫山博, 「中國・朝鮮・南蠻의技術과軍事力」
　　『日本歷史』 8, 1976.
小田省吾, 「李朝時代의水軍」 『朝鮮史學』 6, 朝
　　鮮史同攷會, 1926.
有井智德, 「李朝補充軍考」 『朝鮮學報』 21・22
　　合, 1961.
重吉萬次, 「備邊司의設置에就きて」 『青丘學
　　叢』 23, 1936.
池內宏, 「朝鮮における水軍의起源及び其의組
　　織」 『服部博士古稀紀念論文集』, 1936.
春名徹, 「アジアにおける銃と砲」 『アジアのな
　　かの日本史 6』, 東京大學出版會, 1993.
河內良弘, 「燕山君時代의 朝鮮과女眞」 『朝鮮學

報』 81, 1976.
河內良弘, 「中宗・明宗時代의 朝鮮과女眞」 『朝
　　鮮學報』 82, 1977.
河內良弘, 「李朝成宗時代의女眞과朝鮮」 『朝鮮
　　學報』 133, 1989.

찾아보기

『한국군사사』권별 집필진

구분	집필진		구분	집필진	
고대 I	이 태 진	국사편찬위원장	조선 후기 II	송 양 섭	충남대 교수
	송 호 정	한국교원대 교수		남 상 호	경기대 교수
	임 기 환	서울교대 교수		이 민 웅	해군사관학교 교수
	서 영 교	중원대 박물관장		이 왕 무	한국학중앙연구원 연구원
	김 태 식	홍익대 교수	근현대 I	이 헌 주	국사편찬위원회 편사연구사
	이 문 기	경북대 교수		조 재 곤	동국대 연구교수
고대 II	임 기 환	서울교대 교수	근현대 II	윤 대 원	서울대 규장각 HK교수
	서 영 교	중원대 박물관장	강역	박 영 길	한국해양수산개발원 책임연구원
	이 문 기	경북대 교수		송 호 정	한국교원대 교수
	임 상 선	동북아역사재단 연구위원		임 상 선	동북아역사재단 연구위원
	강 성 봉	한국미래문제연구원 연구원		신 안 식	숙명여대 연구교수
고려 I	최 종 석	동덕여대 교수		이 왕 무	한국학중앙연구원 연구원
	김 인 호	광운대 교수		김 병 렬	국방대 교수
	임 용 한	충북대 연구교수	군사 사상	임 기 환	서울교대 교수
고려 II	김 인 호	광운대 교수		정 해 은	한국학중앙연구원 선임연구원
	홍 영 의	숙명여대 연구교수		윤 대 원	서울대 규장각 HK교수
조선 전기 I	윤 훈 표	연세대 연구교수	군사 통신·무기	조 병 로	경기대 교수
	김 순 남	고려대 초빙교수		남 상 호	경기대 교수
	이 민 웅	해군사관학교 교수		박 재 광	전쟁기념관 학예연구관
	임 용 한	충북대 연구교수	성곽	서 영 일	단국대 교수
조선 전기 II	윤 훈 표	연세대 연구교수		여 호 규	한국외국어대 교수
	임 용 한	충북대 연구교수		박 성 현	연세대 국학연구원
	김 순 남	고려대 초빙교수		최 종 석	동덕여대 교수
	김 일 환	순천향대 연구교수		유 재 춘	강원대 교수
조선 후기 I	노 영 구	국방대 교수	연표		한국미래문제연구원
	이 민 웅	해군사관학교 교수	개설	이 태 진	국사편찬위원장
	이 근 호	국민대 강사		이 현 수	육군사관학교 명예교수
	이 왕 무	한국학중앙연구원 연구원		이 영 화	한국학중앙연구원 연구원

『한국군사사』 간행위원

1. 주간

준장 오상택 (현 육군 군사연구소장)

준장 이필헌 (62대 육군 군사연구소장)

준장 정대현 (61대 육군 군사연구소장)

준장 신석현 (60대 육군 군사연구소장)

준장 이웅희 (59대 육군 군사연구소장)

2. 사업관리

대령 하보철 (현 한국전쟁연구과장)

대령 신기철 (전 한국전쟁연구과장)

대령 김규빈 (전 군사관리과장)

대령 이동욱 (전 군사관리과장)

대령 임방순 (전 군사관리과장)

대령 유인운 (전 군사관리과장)

대령 김상원 (전 세계전쟁연구과장)

중령 김재종 (전 군사기획장교)

소령 조상현 (전 세계현대전사연구장교)

연구원 조진열 (현 한국고대전사연구사)

연구원 박재용 (현 역사편찬사)

연구원 이재훈 (전 한국고대전사연구사)

연구원 김자현 (전 한국고대전사연구사)

3. 연구용역기관

사단법인 한국미래문제연구 (원장 안주섭)

편찬위원장 이태진 (국사편찬위원장)

교열 감수위원 채웅석 (가톨릭대 교수)

책임연구원 임용한 (충북대 연구교수)

연구원 오정섭, 이창섭, 심철기, 강성봉

4. 평가위원 　　김태준 (국방대 교수)

　　　　　　　　　김　홍 (3사관학교 교수)

　　　　　　　　　민현구 (고려대 교수)

　　　　　　　　　백기인 (국방부 군사편찬연구소 선임연구원)

　　　　　　　　　서인한 (국방부 군사편찬연구소 부장)

　　　　　　　　　석영준 (육군대학 교수)

　　　　　　　　　안병우 (한신대 교수)

　　　　　　　　　오수창 (서울대 교수)

　　　　　　　　　이기동 (동국대 교수)

　　　　　　　　　임재찬 (위덕대 교수)

　　　　　　　　　한명기 (명지대 교수)

　　　　　　　　　허남성 (국방대 교수)

5. 자문위원 　　강석화 (경인교대 교수)

　　　　　　　　　권영국 (숭실대 교수)

　　　　　　　　　김우철 (한중대 교수)

　　　　　　　　　노중국 (계명대 교수)

　　　　　　　　　박경철 (강남대 교수)

　　　　　　　　　배우성 (서울시립대 교수)

　　　　　　　　　배항섭 (성균관대 교수)

　　　　　　　　　서태원 (목원대 교수)

　　　　　　　　　오종록 (성신여대 교수)

　　　　　　　　　이민원 (동아역사연구소 소장)

　　　　　　　　　이진한 (고려대 교수)

　　　　　　　　　장득진 (국사편찬위원회 편사연구관)

　　　　　　　　　한희숙 (숙명여대 교수)

집 필 자

- 윤훈표(연세대 연구교수) 제1장, 제2장, 제3장
- 김순남(고려대 초빙교수) 제4장
- 이민웅(해군사관학교 교수) 제5장
- 임용한(충북대 연구교수) 제6장

한국군사사 5 **조선전기 Ⅰ**

초판 인쇄 2012년 10월 15일
초판 발행 2012년 10월 31일

발 행 처 육군본부(군사연구소)
주   소 충청남도 계룡시 신도안면 부남리 계룡대로 663 사서함 501-22호
전   화 042) 550 - 3630~4
홈페이지 http://www.army.mil.kr

출   판 경인문화사
등록번호 제10-18호(1973년 11월 8일)
주   소 서울시 마포구 마포대로4다길 8 경인빌딩(마포동 324-3)
대표전화 02-718-4831~2   팩스 02-703-9711
홈페이지 http://www.kyunginp.co.kr
이 메 일 kyunginp@chol.com

ISBN 978-89-499-0874-8 94910 세트
      978-89-499-0880-9 94910
육군발간등록번호 36-1580001-008412-01
값 50,000원

ⓒ 육군본부(군사연구소), 2012
※ 파본 및 훼손된 책은 교환해 드립니다.